少数民族卷

四川抗战历史文献

主　编　四川省地方志工作办公室

分卷主编　王　川

四川大学出版社

项目策划：舒　星
责任编辑：高庆梅　舒　星
责任校对：谢正强
封面设计：墨创文化
责任印制：王　炜

图书在版编目（CIP）数据

四川抗战历史文献．少数民族卷 / 四川省地方志工
作办公室主编．— 成都：四川大学出版社，2018.4
ISBN 978-7-5690-1751-9

Ⅰ．①四… Ⅱ．①四… Ⅲ．①抗日战争史－四川
Ⅳ．① K265.06

中国版本图书馆 CIP 数据核字（2018）第 082902 号

书名　四川抗战历史文献·少数民族卷

主　　编　四川省地方志工作办公室
出　　版　四川大学出版社
地　　址　成都市一环路南一段 24 号（610065）
发　　行　四川大学出版社
书　　号　ISBN 978-7-5690-1751-9
印前制作　四川胜翔数码印务设计有限公司
印　　刷　成都市前智印务有限责任公司
成品尺寸　185mm×260mm
印　　张　34.5
字　　数　831 千字
版　　次　2020 年 7 月第 1 版
印　　次　2020 年 8 月第 2 次印刷
印　　数　501-2000 册
定　　价　210.00 元

扫码加入读者圈

◈ 读者邮购本书，请与本社发行科联系。
　电话：(028)85408408/(028)85401670/
　(028)86408023　邮政编码：610065
◈ 本社图书如有印装质量问题，请寄回出版社调换。
◈ 网址：http://press.scu.edu.cn

四川大学出版社
微信公众号

# 《四川抗战历史文献》编纂委员会名单

## 2015 年 5 月—2016 年 5 月

主 任 委 员：陈越良　四川省人民政府副秘书长

副主任委员：张邦凯　四川省政协文史委主任
　　　　　　王承先　中共四川省委党史研究室主任
　　　　　　丁成明　四川省档案局局长
　　　　　　马小彬　四川省地方志工作办公室主任
　　　　　　侯水平　四川省社会科学院院长　四川省社科联副主席
　　　　　　何天谷　四川省人民政府文史研究馆馆长
　　　　　　赵川荣　四川省图书馆馆长
　　　　　　何一立　民革四川省委会专职副主委

委　　　　员：钟　钢　四川省政协文史委副主任
　　　　　　李文星　中共四川省委党史研究室副主任
　　　　　　张辉华　四川省档案局（馆）副局（馆）长
　　　　　　王孝平　四川省地方志工作办公室机关党委书记
　　　　　　汪　毅　四川省地方志工作办公室副巡视员
　　　　　　张　彦　四川省社会科学院历史研究所所长
　　　　　　何先进　四川省图书馆特藏部副主任
　　　　　　何一民　四川大学历史文化学院教授
　　　　　　陈廷湘　四川大学历史文化学院教授
　　　　　　王　川　四川师范大学历史文化与旅游学院院长
　　　　　　曾　敏　成都市档案局局长

## 2016 年 6 月—2017 年 7 月

主 任 委 员：蔡　竞　四川省人民政府副秘书长

副主任委员：丁成明　四川省档案局局长
　　　　　　马小彬　四川省地方志工作办公室主任
　　　　　　侯水平　四川省社会科学院院长　四川省社科联副主席
　　　　　　何天谷　四川省人民政府文史研究馆馆长
　　　　　　何一立　民革四川省委会专职副主委

委　　　员：钟　钢　四川省政协文史委副主任
　　　　　　江红英　中共四川省委党史研究室副主任
　　　　　　张辉华　四川省档案局（馆）副局（馆）长
　　　　　　王孝平　四川省地方志工作办公室机关党委书记
　　　　　　张　彦　四川省社会科学院历史研究所所长
　　　　　　何先进　四川省图书馆特藏部副主任
　　　　　　何一民　四川大学历史文化学院教授
　　　　　　陈廷湘　四川大学历史文化学院教授
　　　　　　王　川　四川师范大学历史文化与旅游学院院长

## 2017 年 8 月—2017 年 12 月

主 任 委 员：钟承林　四川省人民政府副秘书长

副主任委员：马振犊　中国第二历史档案馆馆长
　　　　　　丁成明　四川省档案局局长
　　　　　　马小彬　四川省地方志工作办公室主任
　　　　　　侯水平　四川省社科联副主席
　　　　　　何天谷　四川省人民政府文史研究馆馆长
　　　　　　何一立　民革四川省委会专职副主委

委　　　员：郭必强　中国第二历史档案馆副巡视员
　　　　　　刘鼎铭　中国第二历史档案馆办公室副主任
　　　　　　许　茜　中国第二历史档案馆利用部副主任

钟　钢　四川省政协文史委副主任

江红英　中共四川省委党史研究室副主任

张辉华　四川省档案局（馆）副局（馆）长

赵　行　四川省地方志工作办公室副主任

张　彦　四川省社会科学院历史研究所所长

何先进　四川省图书馆特藏部副主任

何一民　四川大学历史文化学院教授

陈廷湘　四川大学历史文化学院教授

王　川　四川师范大学历史文化与旅游学院院长

## 2018 年 1 月—

主 任 委 员：钟承林　四川省人民政府副秘书长

　　　　　　朱家德　四川省人民政府副秘书长

副主任委员：马振犊　中国第二历史档案馆馆长

　　　　　　陈建春　四川省地方志工作办公室主任

　　　　　　侯水平　四川省社科联副主席

　　　　　　何天谷　四川省人民政府文史研究馆馆长

委　　　　员：郭必强　中国第二历史档案馆副巡视员

　　　　　　刘鼎铭　中国第二历史档案馆办公室副主任

　　　　　　许　茵　中国第二历史档案馆利用部副主任

　　　　　　钟　钢　四川省政协文史委副主任

　　　　　　江红英　中共四川省委党史研究室副主任

　　　　　　张辉华　四川省档案局（馆）副局（馆）长

　　　　　　赵　行　四川省地方志工作办公室副主任

　　　　　　邓　瑜　四川省地方志工作办公室机关党委书记

　　　　　　陶利辉　四川省地方志工作办公室副主任

　　　　　　张　彦　四川省社会科学院历史研究所所长

　　　　　　何先进　四川省图书馆特藏部副主任

　　　　　　何一民　四川大学历史文化学院教授

　　　　　　陈廷湘　四川大学历史文化学院教授

　　　　　　王　川　四川师范大学副校长

# 《四川抗战历史文献》编辑部名单

## 2015 年 5 月—2017 年 7 月

## 2017 年 8 月—2017 年 12 月

编　辑：高伟明　四川省地方志工作办公室市县志工作处副处长

　　　　朱艳林　四川省地方志工作办公室市县志工作处副调研员

　　　　张　华　四川省地方志工作办公室市县志工作处主任科员

## 2018 年 1 月—

主　　编：陈建春　四川省地方志工作办公室主任

　　　　陈廷湘　四川大学历史文化学院教授

执行主编：何一民　四川大学历史文化学院教授

副 主 编：张辉华　四川省档案馆副馆长

　　　　赵　行　四川省地方志工作办公室副主任

　　　　邓　瑜　四川省地方志工作办公室机关党委书记

　　　　陶利辉　四川省地方志工作办公室副主任

　　　　徐学初　西南民族大学政治学院教授

　　　　王　川　四川师范大学副校长

编　　辑：高伟明　四川省地方志工作办公室市县志工作处处长

　　　　朱艳林　四川省地方志工作办公室市县志工作处三级调研员

　　　　张　华　四川省地方志工作办公室市县志工作处四级调研员

# 《四川抗战历史文献》专家组名单

首席专家：何一民　四川大学历史文化学院教授

特邀专家：谭继和　四川省社会科学院研究员

　　　　　王嘉陵　四川省图书馆原副馆长

　　　　　陈廷湘　四川大学历史文化学院教授

　　　　　徐学初　西南民族大学政治学院教授

　　　　　王　川　四川师范大学副校长

　　　　　侯德础　四川师范大学教授

　　　　　吴宏远　成都市建川博物馆副馆长

# 《四川抗战历史文献》审查验收小组成员名单

组　长：何一民　四川大学历史文化学院教授

成　员：陈廷湘　四川大学历史文化学院教授

　　　　高中伟　四川师范大学原副校长　四川省委宣传部副部长

　　　　姚乐野　四川省社会科学院副院长　四川大学教授

　　　　李　健　西华师范大学原副校长

# 四川抗战历史文献·少数民族卷

# 编 委 会

主　　编：王 川

副 主 编：田利军

执 行 主 编：朱晓舟

执行副主编：龙显章

**本书编纂委员会：**

| | | | | | |
|---|---|---|---|---|---|
| 王 川 | 田利军 | 朱晓舟 | 龙显章 | 温文芳 | 陈 鹤 |
| 杨 柳 | 左 茜 | 陈沛杉 | 邹 敏 | 王 睿 | 马正辉 |
| 徐文渊 | 卿 建 | 陈艺瑞 | 刘朋乐 | 朱 可 | |

# 总　序

　　中国人民抗日战争暨世界反法西斯战争，是正义和邪恶、光明和黑暗、进步和反动的大决战。在世界反法西斯战争中，中国人民抗日战争开始时间最早、持续时间最长。面对侵略者，中华儿女不屈不挠、浴血奋战，以决死之意志赢得近代以来国家独立和民族解放的关键性胜利，也是近代以来中国抗击外敌入侵的第一次完全胜利。这场战争，彻底打败了日本军国主义侵略者，捍卫了中华民族五千多年发展的文明成果，彻底粉碎了日本军国主义殖民奴役中国的图谋，洗刷了近代以来中国抗击外来侵略屡战屡败的民族耻辱，重新确立了中国在世界上的大国地位，开辟了中华民族伟大复兴的光明前景，开启了古老中国凤凰涅槃、浴火重生的新征程。

　　在抗日战争中，中国人民以巨大的民族牺牲支撑起世界反法西斯战争的东方主战场，为世界反法西斯战争胜利做出了重大贡献，而四川人民更为此做出了特殊贡献。1945年10月《新华日报》发表社论《感谢四川人民》，其中写道："四川人民对于正面战场，是尽了最大最重要的责任的：直到抗战终止，四川的征兵额达到三百零二万五千多人；四川为完成特种工程，服工役的人民总数在三百万人以上；粮食是抗战中主要的物资条件之一，而四川供给的粮食，征粮购粮借粮总额在八千万石以上，历年来四川贡献于抗战的粮食占全国征粮总额的三分之一，而后征购与征借亦自四川始。此外各种捐税捐献，其最大的一部分也是由四川人民所负担。仅从这些简略的统计，就可以知道四川人民对于正面战场送出了多少血肉，多少血汗，多少血泪！"1946年5月7日《新民报》发表社论《莫忘四川》称："假如没有四川，我们就不能想象抗战何以能支持如此之久。"抗战十四年，四川被国人公认为"民族复兴基地"，"在整个民族解放战线上作最前进之先锋，在实际战事上为前方之后盾"，在人力、物力、财力等方面为支援抗战而倾其所有，其贡献与功绩可"历千万祀，与天壤而同久，共三光而永光"。

　　有鉴于四川及四川人民为抗战胜利所做出的巨大贡献，为让中华儿女乃至世界人民了解中华民族复兴之路的坎坷和所做牺牲，更为让历史铭记巴蜀儿女在国难关头感天动地的付出，四川省委、省政府高度重视传承和弘扬抗战精神，2014年10月对民革四川省委会参政议政委员会顾问、四川大学教

授何一民，民革四川省委会专职副主委、省政协副秘书长何一立提交的《关于编纂四川抗战历史文献，加强对四川抗战历史研究的建议》做出"关于编纂四川抗战历史文献，由省志编委组织研究、提出意见"的批示。按照该批示的要求，四川省地方志编纂委员会（简称省志编委，2015 年 7 月 30 日更名为四川省地方志工作办公室）立即组织人员就编纂"四川抗战历史文献"分别听取民革四川省委会、中共四川省委党史研究室、四川省社会科学院、四川省档案局（馆）、四川大学历史文化学院、重庆市有关部门领导、专家意见，研究论证编纂的必要性和可行性。同年 11 月 4 日，省志编委向省政府呈报《建议批准编纂〈四川抗战历史文献〉的报告》，随后省政府批复同意编纂《四川抗战历史文献》，由省志编委牵头组织编纂。2015 年 5 月 4 日，省志编委印发《〈四川抗战历史文献〉丛书编纂工作方案的通知》。同年 5 月 20 日，省政府召开《四川抗战历史文献》编纂工作专题会议，正式启动编纂工作。

编纂出版《四川抗战历史文献》具有重大的现实意义和学术意义。

首先，编纂出版《四川抗战历史文献》具有重大的现实意义。

一是有利于弘扬中华民族伟大的爱国主义精神，增强民族凝聚力，构建社会主义核心价值体系。十四年抗战，巴蜀儿女之所以为中华民族最终战胜日本军国主义侵略提供无以计数的人力、物力、财力支持，盖有爱国主义为精神支柱也。在战时巴蜀儿女的思想世界里，"四川是四川人的四川，四川更是中国人的四川""中国的苦难是四川的苦难，中国的屈辱是四川的屈辱""爱国与爱乡邦实一体两面"。面对日寇的侵略，四川人民同全国人民一起，"排除一切歪曲的认识，克服一切事实的障碍，前赴后继，百折不挠""务即摩顶放踵，贡献民族斗争"。正因为如此，编辑抗战时期四川相关历史文献，以展现巴蜀儿女高尚的爱国主义情操，必将增强当下中国人，尤其是四川人的爱国意识和民族观念，为中华民族的伟大复兴提供丰富的思想资源。

二是有助于反击当前日益活跃的日本右翼势力企图重构历史记忆和历史观的言行。日本右翼势力企图掩饰或美化 1931—1945 年日本军国主义对中国对亚洲乃至对世界人民所犯下的侵略罪行，如否认 1937 年的南京大屠杀，拒不承认第二次世界大战时期日本军队的"慰安妇"制度等。对于这股反人类、反历史的逆流，若任其发展，势必歪曲历史记忆，进而威胁世界和平。在这样的现实语境下，编辑抗战时期"民族复兴基地"四川的相关历史文献，向世界再现四川人民可歌可泣的抗战史迹，必将有助于粉碎日本右翼势力篡改历史的图谋。

三是有益于以史为鉴，强化中华儿女的历史意识、历史记忆，从而使中华民族的复兴道路更趋畅达。中华民族是最具历史意识的民族，也是最善于透过历史智慧擘画未来发展前途的民族。编辑作为中国抗战史重要组成部分的四川抗战历史文献，重温巴蜀儿女在抗日战争中所表现出来的自强不息、英勇无畏、同舟共济、艰苦奋斗的民族精神，能强化中华儿女的历史意识、历史记忆，从而使中华民族复兴道路更趋畅达。

四是有助于丰富巴蜀文化的内涵，加强民族团结。巴蜀文化源远流长，然为世熟稔者集中于三星堆文化、金沙文化、秦汉以来的蜀文化及饮食文化，抗战文化却没有得到充分的开发与弘扬。而四川抗战文化本身即为巴蜀文化在历史脉络的重要衍生品，其所蕴含的强烈的家国意识、民族观念及自强不息、百折不挠的精神等，值得大力弘扬。故此，编辑抗战时期四川历史文献，不仅能延长巴蜀文化的传承谱系，而且能使区域内外人士进一步认识四川、了解四川。

此外，四川各少数民族在抗战时期，为支持抗战也做了很大贡献，因而记载他们的抗战事迹，有利于加强民族团结。1931 年九一八事变不久，十三世达赖喇嘛的驻京总代表贡觉仲尼、九世班禅大师驻京办事处处长罗桑坚赞及时联络诺那活佛、松朋活佛等康藏旅京人士，于 10 月 7 日成立"康藏旅京同乡抗日救国会"，召集在京藏族学生及各界代表共商抗日救国大计，做出多项抗日决议，发布"康藏旅京同乡抗日救国会"宣言，发表《为国难告康藏同胞书》。1934 年，四川道孚县灵雀寺堪布麻倾翁发表《告五族同胞书》，呼吁"五族男女同胞，废除私见"，共同抵御外来侵略。卢沟桥事变后，四川各少数民族更是积极投身于抗日运动。如 1937 年 12 月，"四川回民抗敌后援会"（后改为"中国回民救国会四川分会"）诞生；1938 年 9 月，藏族学者喜饶嘉措大师在重庆发表《告蒙藏人士书》，号召佛门僧徒团结起来，一致抗日，挽救国家厄运。多位藏传佛教大德高僧，也利用一切机会宣传抗日，所到之处，或聚众演讲、宣传抗日，或诵经读典、为国祈祷，听众深受教育和鼓舞。因此，编纂出版《四川抗战历史文献》，弘扬四川少数民族的抗日精神，有利于加强民族团结。

其次，编纂抗战四川文献具有重大的学术意义。

一是可以更有效地保护和利用抗战时期四川相关历史文献。关涉四川、四川人民在抗战时期所经所行之各种史事的载体，门类繁多、文本多样，此前尚无系统化的整理。这导致研究者在利用相关文献时，往往挂一漏万，不能全面真实地反映历史原貌。同时，主客观原因造成的四川抗战时期历史文献毁损现象亦时有发生，这极不利于传承历史记忆和培育历史意识。沧桑变幻，岁月流逝，当代人都亲身经历了许多事件。当事人在的就比较清楚好写，当事人不在，甚至物是人非，则会出现史料搜集方面的困难。再过若干年，这一代人都不在了，这一代的一些事就难以说清。特别是当前加快对建

设四川的老一辈领导、专家学者的数十年历史经验及"三亲"（亲历、亲见、亲闻）资料的抢救性保护，形势紧迫，意义重大。因此，无论是拓展四川乃至中国抗战史研究的深度，还是"抢救历史"，都有必要系统地搜集、整理抗战时期四川历史文献，并编辑成册。此举既方便学术界研究，更要传诸后世。

二是可以为深入开展四川抗战史研究提供新资料和开拓新领域。前事不忘，后事之师。抗战史研究向来为中国近现代史研究的重心之一，但21世纪以前，研究视角多聚焦于宏观层面。随着新材料的发现、新研究方法的运用、新范式如民族国家范式的流行，尤其是地方史研究的日益深入，抗战史研究呈现出从宏观走向微观，从中心转移到边缘的趋向。在这样的学术背景下，编辑抗战时期四川历史文献，一方面势必为抗战史研究发掘更多的材料，另一方面必将深化如中华民族认同在抗战时期如何深入四川人民心灵、抗战与四川现代化进程的关系等问题的研究。

编纂组
2020 年 7 月

# 《四川抗战历史文献》凡例

一、《四川抗战历史文献》（以下简称《文献》）是一部大型历史文献丛书，旨在系统地发掘、整理四川一地抗日战争的相关历史文献，记录四川抗战伟大历史，传播四川抗战历史文化。

二、本《文献》所收历史文献上限为 1931 年 9 月抗战爆发，下限为 1945 年 8 月日本战败投降。为保持文献的完整性、系统性，个别文献适当上溯或下延。

三、本《文献》收录文献空间范围为抗战时期的四川省（包括重庆市及 1939 年至 1945 年的西康省）。

四、本《文献》收录文献内容为抗战时期的四川省（包括重庆市及 1939 年至 1945 年的西康省）行政区域内形成的档案、书籍、报刊以及亲历、亲见、亲闻等文献资料。如国民政府与四川省政府公文、历史档案、报刊文章、文学作品、文艺作品及其他各类公私文书等。文史资料选辑、口述史等各类历史文献，也在本《文献》收录之列。

五、本《文献》共 11 卷（具体册数根据资料情况进行调整），分为大事记卷、政治卷、社会卷、经济卷、军事卷、文化卷、科技教育卷、卫生卷、少数民族卷、川渝图书馆抗日战争时期出版图书联合目录和亲历、亲见、亲闻资料卷，个别卷下分册。

六、本《文献》对符合收录范围的相关文献一般不做裁选，以保证收录的原真性、系统性、完备性。

七、本《文献》部分卷次适当配以珍稀抗战图片，以图片见证四川抗战历史。

八、本《文献》以四川省档案馆、四川省图书馆、四川大学图书馆、四川师范大学图书馆的藏书为基础，中国第二历史档案馆、台湾中国国民党党史馆、台湾文献馆、台湾"中央研究院"等各公藏机构、个人藏书为补充。

九、本《文献》所收录每种文献原则上注明名称、卷数、著者、版本、时间、版别，或者收藏之公私机构、个人。

# 编辑说明

一、本卷是四川省地方志工作办公室主持编纂的多卷本《四川抗战历史文献》的《少数民族卷》。

二、本卷所辑录的历史文献，主要包括 1931—1945 年在当时四川省（包括今四川省、重庆直辖市）、西康省（1939 年 1 月 1 日正式成立，其行政管理范围部分在原四川省区域内，1955 年 10 月撤销）的与民族事务相关的各类抗战历史文献。从目前情况来看，1937—1945 年的史料占了绝大多数。

三、当时四川省东部的秀山县、酉阳县等地，1997 年至今隶属于重庆市，系土家族、苗族等少数民族同胞聚居地，现为秀山土家族苗族自治县、酉阳土家族苗族自治县等少数民族自治县。抗战时期，这里涌现了大量的抗战人物及可歌可泣的事迹，其史料，已收入酉阳土家族苗族自治县档案馆编著的《酉阳抗日战争资料集》（巴蜀书社，2015 年 6 月）公开出版发行，为避免重复，本卷未予收入。

四、本卷抗战历史资料的来源，主要是抗战时期民族地区报刊，如极为罕见的原驻西康省南部定乡县（今四川省甘孜藏族自治州乡城县）等地的国民革命军第二十四军某旅旅部主办的《戍声周报》，以及四川省阿坝州档案馆、阆中市档案馆等档案管理部门的馆藏历史档案。

五、为保持内容的整体性与连贯性，本卷所辑录的文献一般均原文照录，个别与主题无关的部分，酌予删节。

六、档案标题均为编者所拟，一件一题或一组一题。

七、文献中的繁体字改为简体字，异体字改为现在通行的规范字。年份以原文为准，不做更改。原文献中标点不合理处，适当修改。表格中的部分数据，由于原始数据统计有误，适当修改。

八、修改符号的使用：

1. 错字、别字的校勘，在原字后的"〔 〕"中注明正字。

2. 增补的内容，在"［ ］"中注明。

3. 难以识辨的字，因文献残缺、脱落、污损、覆盖而致部分内容字数不

清、模糊难辨，则以"□"表示。

4. 文献中删节的部分，以"〈前略〉""〈中略〉""〈后略〉"标明；段内有删节者，以"……"标明；文献附件有删略者，以"〈略〉"标明。

九、民国时历史文献多为竖排，本卷以横排收录之，原文中"如左"均改为"如左〈下〉"或"如左〈右〉"。

十、原文中一些带有时代烙印的记载、时事评价、政治称谓等，一仍其旧，不代表编者和出版者的意图。但为慎重起见，必要时仍对某些称谓施加引号，表示原作者所陈并非历史的真实情况或带有政治、民族偏见，如文献中称少数民族为"夷人"，污蔑共产党和红军为"赤匪""共匪"等；对某些历史事件的记载和评价施以脚注，表明编者和出版者的立场，如红军长征途中经过阿坝，打击国民党和土豪劣绅，主张民族平等，号召民族团结，解民于倒悬，但当时作者基于反动的政治、民族立场和囿于时代的局限，歪曲历史事实，大加污蔑红军和共产党等，请读者甄别判断。

# 前　言

本卷的四川抗战史料，分为"川康民族地区对抗日战争的贡献""抗战时期川康民族地区基本概况""国民政府对川康民族地区的治理""抗战时期川康民族地区的社会与经济"四个部分。时四川藏族地区分为康区（1939年1月1日归西康省管辖）和川西北藏区两部分。

具体而言，本卷的抗战史料包括了抗战时期川康民族地区民众对于抗日战争的支持与贡献，如抗战宣传与动员，西康省政府主席刘文辉为民族救亡抗战而对四川各界人士进行的宣传与动员，四川省第十六区行政督察专员公署、第十六区行政督察保安司令部下发给各"番夷"的谕单、"夷务"工作；以及川康民族地区对抗战的支持，如川西北土司土官支持抗战情况，藏传佛教上层人士如麻倾翁发表《告五族同胞书》，噶拖喇嘛寺（今甘孜州白玉县藏传佛教宁玛派寺庙噶托寺）呼图克图捐献棉衣、藏洋等多样的抗战举动，以及筹办"昂布多青法会"等法会祈祷抗战胜利的活动，果洛抗腮土官康万庆等人捐款抗战飞机的活动，康藏民众抗敌赴难宣传团为抗日救国而进行的公开宣言，藏族僧民慰劳抗敌将士代表团的具体活动，战区儿童边疆宣传团的情况等。

此外，川康民族地区保甲编练、难民救济、矿产开采、森林保护、粮食问题、国民教育、禁烟禁毒、人口、壮丁、枪支等情况，《戍声周报》等报刊所见的边地民众对于抗战建国的认识与评论、抗战诗文、土司土官的政治态度、彝族上层人士如岭光电对彝区普遍情况的论述、防空救济，以及抗战时期川康民族地区的社会与经济，如川康公路和乐西公路的建设、四川省府补助羌民学生求学、"中国回民救济协会"请求发展回民中小学教育的相关电文等，也是本卷的重要组成史料。

就目前发现的史料看，抗日战争时期川西北民族地区禁烟禁毒的内容，也较为突出，因此，本卷酌选了其中有代表性的某些史料。

　　抗战时期川西北及西康少数民族地区相关的抗战文献，遗存下来的甚众，公私文献均有，涉及政治、经济、社会、宗教、军事、文化生活的方方面面，千头万绪，可以继续追踪的地方还多。本卷所收编，仅仅是沧海一粟，但愿这"一粟"能为抗战时期川西北及西康民族地区相关历史研究提供便利。希望以此为契机，推动新的抗战史料线索的不断发现，以推动四川少数民族抗战史研究的深化。

# 目　录

# 第一章　川康民族地区对抗日战争的贡献

## 一、抗战宣传与动员

### 1. 抗战建国周年纪念日告全国军民书

蒋中正

全国的将士和同胞们：

自从日寇侵犯我们卢沟桥以来，我全国奋起抗战，到今天足足有一年了！这一年中间，战区扩大到九个省份，将士牺牲几至十万人，民众死亡不胜计数。我们的农村、田园、工业建设以及文化机关全被毁坏，壮丁青年惨遭杀戮，多数同胞流离痛苦，至于老弱妇女受到敌军兽行惨不忍闻的凌辱屠杀，尤为历史上未有的惨毒。但是从开始抗战到如今，我们的民心士气越打越团结，越战越坚强，前线将士英勇的牺牲，后方民众热〔烈〕的奋斗，举国同胞民族意识的发扬，已经使国际上观听完全改变，把中华民族的荣誉地位积极提高，使暴戾骄横的敌寇惊惶无措，进退失据，相信照此奋斗，一定是一天天踏上光明的道路，一步步接近最后的胜利。在这个抗战周年重要纪念日，中正以统帅的地位，对于为国遭难坚忍奋斗的同胞们，要表示无限的感慰，对于一切殉国殉职的忠勇的死者，更愿与我全体军民一致表示崇高的敬意！

抗战一年的经过，敌我两方有一个很显著的不同之点，这就是敌人"狼顾豕突百出其伎"，而我们的方针和决心则"坚定明确始终如一"。从敌人方面来说，军费预算增加了一次又一次，兵员调增了一回又陆续不断的调增二回三回到无数回，在策略上始而宣称速战速决，继而标榜长期作战，继而又声言猛力结束战事，至于政局的变换，经济的动荡，处处可以看得出敌国的杌陧不安，也处处显出敌寇的不顾一切而将悍然求逞。至于我们一方面，自始就从最危险最恶劣的局面上作澈底的打算，早已定下了始终一贯的决心，早已作承受一切艰难痛苦的准备。我在去年七月间告诫国民，就说明我们要保持我们民族的生命，要负起祖宗先民所遗留给我们的历史上的责任。战端一开，无论何人，都应该负守土抗战的职责，都应该抱定牺牲一切的决心。在双十节广播词中，我要求国民认定抗战非一年半载可了，要决心承受几十倍于今日的困苦和艰难。这两次讲演中所说的话，每一字一句到今天都依然适用。我们是早已决定用最大的牺牲，求最后的

胜利，我们抗战意义很简单，我们为保卫民族生存和独立自由而抗战，也为正义公理而抗战；我们抗战的目的很明确，我们要维护国家领土主权的完整，要打击到敌阀放弃侵略，要使敌阀根本改正其侵略中国的传统政策来重现东亚和平。这个目的未达到以前，我们的抗战就一天不停止，虽至寸土个人，亦必奋斗到底。我们的决心早经确立，海枯石烂，始终不渝。所以敌人尽管是暴戾凶横，日甚一日，我们是始终处之泰然，战局虽有一时一地的进退得失，我们的决心始终不受丝毫的变动。我们以不变来挽回历史未有的奇变，保持人类的公理，我们抗战开始时决定的方针，一定要贯澈到最后胜利取得之一日！

这一个意义和使命，由于战局的进行一天天普及于国民，我们国民确实比抗战以前更坚忍，更沉着，更勇敢，也更能团结。我们确能够做到闻胜不骄闻败不馁，我们一般军民也普遍确立了最后胜利的自信，我们国民和前线将士受尽千辛万苦而不辞，也都能够体谅到国家的艰难，任受任何痛苦和缺乏也不减少其卫国卫民的热忱。这种精神，真堪垂诸万世，作后代的楷模。但是就一般的状况来说，我觉得我们军民还只是尽到一部分的责任，还不足以应对一天天严重的环境。我们实在还不够刻苦，不够坚忍，不够努力，我要求我们军民闻胜勿骄，乃是要我们再接再厉，造成更大的胜利；我们说闻败不馁，乃是要求我军民愈挫愈奋，而不是漠视成败；我们要求大家坚定最后胜利的自信，乃是要大家积极奋斗去求取胜利，不是要大家怀着信心而坐待胜利。要知道我们有了决心，必须同时有积极的奋斗来实现这个决心；我们有了自信，也必须有配合着这个自信的行动。战争是争取时间空间的，不进步就要退步，不积极动作就要失败。我们大家抱定最后牺牲的决心是不待说了，但是要争取胜利，乃是要随时随事准备着牺牲。我们要牺牲享受，要牺牲小我的幸福和利益，要牺牲个人的自由，而充其极处，则不惜要牺牲我们的生命。现在抗战已经一年了，今后战局将更持久更辛苦，所以我们必须时刻有严正的自觉，我们前线官兵不但要牺牲，还要苦心努力，使我们的牺牲换得更大的代价，我们后方同胞工作要特别紧张，生活要极端节约，我们要自问：有钱的出了钱么？是毫无保留的贡献了我们的所有么？有力的已出了力么？是毫不顾惜的贡献了我们的力量么？我们当前的环境这样的危急，我们应做的事项多到不胜枚举，我们万不能再期待，我们稍一徘徊就要失丢了我们唯一报国的机会。将士们！同胞们！严肃起来！紧张起来！

在报国卫国的这一次神圣抗战中，每个国民都能有同等的贡献，并不因地位的高低和职务的轻重而有所分别。简单一句话，就是要各竭其能各尽其职，举几个例来说：我们在前线，从一个担任指挥的高级长官到连排长和士兵以至于一个输送兵、担架兵，其职务是同等重要的，有时一个输送兵的尽职，能有挽回整个战局的力量。在后方，从担任新兵训练的高级长官以至于一个最低级的干部，教育方面，从一个研究战时重要技术的专门教授到民众学校的教师，从各级行政官吏到一个保甲长，从各种国营经济事业交通事业的主管首脑到一个技工职工，地位虽有高低，贡献却是一律。在服务的性质上说：从一个在前线冒着炮火浴血奋斗的战士，到一个在后方流汗劳动，从事生产的农夫，都是对于国家负有同样的责任，这不过是约略举几个例子，我们就可以知道在完成抗战使命的神圣任务中间，没有一个人可以不尽力，没有一个人可以自外于国民的责任，最要紧的就是要各尽最大可能的贡献，使一点一滴的力量从各种部门，各种方向，都汇向一个总目标，合成一个巨大而坚实的力量，来摧毁一切的障碍，克服一切的困难，造成抗战的胜利。再则我们国家要支持抗战，必须实行极端的节约，各种足以消耗财力的不必要的消费，各种可供输出的原料品制造品，都要尽量节约。我们死且不惜，况于忍饥耐寒，况于节衣缩食。国民多节省一分的耗费，前线就增加一分的力量，这又是十分重要的一点，从今天起，就得立定决心来实行节约，我要求我全国的将士同胞们，要承认过去一年的努力不够，刻苦不够，从今更要急起直追的来补偿，要认识自己，检查自己，鞭策自己！

要达到抗战胜利摧毁敌寇暴力，协同动作和精诚团结，更是十二万分的重要。我们要乘此纪念日的机会，坦直忠实的反省一下，检讨一下过去的工作。我们前线各单位在协同一致的动作上已做到一无遗憾了么？能够迅速很有效的联系而不使珍贵的时机耽误了么？如果只能勇敢，不懂联系，那只是匹夫之勇，于抗战的要求是不能适应的！再则我们行政工作和军事动作密切的配合上了么？我们军民合作已做到了指臂相联动止合拍的程度了么？我们的国防经济和产业建设已经和抗战的要求相联系了么？如果有缺憾，就应该坦白的承认，很勇敢的去改正！至于我们一般矢志救国领导国民的同胞们，更应该用最大的努力，克制自己，鞭策自己，做到绝对的精诚团结。我们过去一年间所得到的友邦的同情和世界的重视，由于我们的英勇，也由于我们的统一和团结，敌人所〔是〕害怕的而千方百计想要破坏的，也就是我们的团结。所以我们必须发抒精诚，做到钢铁一般坚固的团结，那就是说要精诚纯一，一切的言论动作，完全以"国家至上""民族至上"为前提，以"军事第一""胜利第一"为目标，胸次廓然，除开国家民族的利益而外，一些不夹杂丝毫的渣滓。我们同是黄帝的子孙，当前的命运只有一个，不奋斗，即灭亡，能团结，即有前途。生死利害既是绝对的共同，还有什么不可以牺牲？以我们的事实的团结，对敌人作有力的答复，于抗战前途是异常重要的。所以我要求我全国军民，无有例外的做到协同和团结，我们都绝对一致！永远一致！

上面所说的都是当前我们每一个将士和国民所应该自反自勉的要点。现在敌人因国内外危机四伏，不能不以孤注一掷的姿态，作最后猛烈的挣扎。我们在这个第二年抗战开始的今日，必须要集中力量，提高牺牲的决心，和他作最艰苦的战斗，造成我们最后胜利的起点。最近这一两个月内，实是战局转捩〔折〕的重要关头，我们各战区的将士同胞们，必须特别的矢勤矢勇，一切的奋斗要以巩卫武汉为中心，以达成中部会战胜利为目标，沦陷区域的同胞们，要乘敌力分散的时机，赶快起来和残余的敌人拼命，报复我们的仇恨，驱逐敌军于我们国境之外。后方的同胞们，要有钱出钱，有力出力，加紧生产，加紧组织，来增强前方的力量，造成战局有利的形势。尤其是担任武汉附近作战的部队，要立定与阵地共存亡的决心，协同民众，誓死奋斗，我们一般民众，更要知拼命乃是安全，规避既无生路。在最近的战斗中，至少要表示出我们坚忍〔战〕斗的精神，比前一年有进步。所以我们必须军民一致，绝对的同生死共患难，切实合作，大家要各竭其能，各尽其责，服从军政当局的命令，执行个别规定的任务，每一个人民都要加入一种抗战的工作来协助军队达成使命，以我们的血汗扑灭敌人狂妄的企图，加速敌人力量的崩溃，使第二年的抗战，引入更光明有利的前途，也就是对于国际上日渐增厚的同情作一个切实的报答。总之，最近进行中的中部战事，乃是全国军民一些也不好忽

略的一个大关键，我讲到这里，再要提出两点极重要的意思，讲明我们非奋斗不可的道理，讲明我们能奋斗必可得到胜利的道理。

我要求全国军民沉心静虑的想一想，我们被占领区域内的同胞，受敌人蹂躏残杀压迫奴辱的情形怎么样，他们所过的是怎样的一种生活？再想一想被敌军占领七年的东四省，有我们三千万的同胞，所过的又是怎么样的一种生活？在那些在这次抗战中被占领区域内的同胞们所受的痛苦，我们还直接间接的听得到，看得见，至于东北四省，则是呼声不可得而闻，苦状不可得而见，真是奴隶牛马无可告诉。比较起来，还不知道要黑暗痛苦到多少倍。我们同是中国的国民，黄帝的子孙，稍有天良，如何能不引为切身的耻辱，如何能不急起直追，援救那些告诉无门的同胞们，使重复自由，再见天日？我们若果还漠不关心，那么我们被占领的九个省区内的同胞，转眼就要处于东北同胞同样悲惨的境遇，而我们自身和我们的邻里亲族，也免不了过被占领区域内的一样惨痛的生活！况且敌人处心积虑，不但是要亡我国家，简直是要灭我种族。敌军的暴行，不但是有形的焚烧掳掠，奸淫屠杀而已，在北方各省，在其他占领的城镇内，他们寇军管领的地方，哪一处不是妓馆赌窟，到处林立，毒品毒物，贩卖公开，制造土匪，制造汉奸，固然是要斫丧我们民族的体力，消灭我们民族的道德，就是他们以不忍听闻的兽行，聚成千成百的女子于一窟而施以凌辱，又何尝不是要消灭我们的廉耻观念和民族意识？所以我们如不决心奋斗，势必至于种族渐灭，万劫不复。世界历史上侵略他人的国家，从没有像日寇这样的凶毒。我全国军民，我们要自救，要救我们的子孙，要保全我们的民族，就得把握住这个重要的时机，誓死予敌寇以打击，再不能有一刻的因循，贻百世无穷的悔恨！

我全国的军民，更要彻底想一想，我们神明华胄，受敌寇如此压迫凌辱，我们庄严的河山原野，任敌军恣意残踏，我们奇耻大辱这样深，当前危机这样重，我们若还不能洗雪耻辱，予打击者以打击，那么在个人固生不如死，在国家也存不如亡！世界上断没有如此靦颜苟活的民族能独立生存于世界上的。最近敌人的侵略格外凶狂，在我们国土以内竟有受敌人豢养的汉奸傀儡，用桀犬吠尧的声口，诬蔑本党，诋毁抗战，以为及今不谋和平，则国家即将灭亡。这种亡国奴的论调，凡有血气的同胞，没有不切齿痛恨。我们须知中华民族的国民性，是对敌人永不屈服的，而且是不怕敌人的残暴凶横的。

我们民族有一句古训："楚虽三户，亡秦必楚。"这是何等壮烈的气概！这就是说我们中华民族的国民，决不会被敌国凶暴所威慑，而且是敌人愈凶暴，我们愈能坚忍。我们要自信中国五千年的历史，凡是中华民族的敌人，自古以来，就没有不被我中华民族消灭的，何况我们现在民族意识已普遍到全国，三民主义更是深入人心，我们全国从海外侨胞到乡村民众，男女老幼，敌忾心的坚强与普遍，不但是百年以前所未有，也是十年前所未见。我们有无穷无尽的抵抗力量和前仆后继百折不挠的决心。所以我说，就是一兵一弹，也要与敌人拼命决斗到底，而且必能得到最后胜利。这不是空洞的理想，这是我们历史所昭示的事实，也是抗战一年以来所确切证明的事实。我们把握住这个自信，一定能以我们宝贵的血肉的代价，促起敌阀放弃其侵略，而换起〔取〕永久真正的和平。在最后胜利的一天，当然就是真正和平实现之日。若果我们在目前情形之下求和平，其结果无非使子子孙孙永为奴隶，永为牛马，就是保存了国家的形式和名义，其祸害比亡国还要惨〔残〕酷。大家要知道我们今天所受痛苦残杀的灾祸，就是甲午以来亡清皇室以至袁世凯畏战苟安，不顾民族百年祸福所留的遗毒。前人所种的恶因，到我们这一时代受到了这样惨痛的恶果。如果我们今天还不下"拼民族的生命来争民族的生存"的决心，还要蹈从前以苟安心理来鼓励侵略疯狂的覆辙，那么今昔异势，敌人的深心毒计也不比以前简单，我们岂但不能求得一时的苟安，就是三百年以后，也不能恢复我们民族的自由和独立生存。我们今天所以自处之道，只有两点，在个人是死中求生，人人拼必死之心，就一定能得到生路；在民族要团结奋斗，从最恶劣的局面作打算，尽到我们这一代的责任，以求上可以对祖先，外可以告世界。我相信如真能举国一致，同抱这种决心，至少亦必使敌人同归于尽，何况国际正义，日益伸张，敌国危机，日益深重，抗战前途，正有无限光明的希望。我们今天正应该发挥我们大无畏的精神，向着艰苦奋斗的长途英勇迈进。我们一般国民只要问我们前线经过战斗的官兵，便知敌人的外强中干，毫无足畏。我们前线的将士没有不异口同声的说，我们军队的勇敢和牺牲精神都比敌人旺盛，我们的敌忾心和攻击精神比敌人还要更强。这并不是说我们就可轻忽敌人，不必努力，正以〔因〕为如此，我们一般国民更须坚强我们的自信，齐一心志，立定决心来共同拼命。就战争心理来说，我不怕敌，敌必怕我；就一般事理来说，我们不怕艰难，就没有不可以克服的艰难。同时我们更要知道胜利的目标愈接近，我们的奋斗便应该更艰苦。

抗战到今天已一年了，今天以后的战事，要求我们全国军民的牺牲更要十百倍于往日，我们必须格外谨慎，格外勇敢，格外的克〔刻〕苦耐劳，冒险犯难，越过重重的荆棘，奔赴光明的大道。

将士们！同胞们！我们要一心一德，精诚团结，奋发努力！我们要不负全世界爱护正义和平的无数友邦人士的期待，我们要取得光明的胜利来安慰我们死难的同胞，拯救沦陷区域内苦痛的同胞。我们更要对得起一切英勇牺牲的先烈，完成他们未竟的志业，无愧于我们历史的使命！

（资料来源：《抗战青年》1938 年第 1 卷第 5 期）

## 2. 抗战一周年纪念宣传大纲

（中央社）汉口廿六日电　中宣部政治部制定抗战一周年纪念宣传大纲。

一、去年七七是牺牲的最后关头，也是抗战建国的光荣开始。（一）一年前卢沟桥事变发生以后，蒋委员长曾经说过："卢沟桥事变的推演，是关系中国国家整个的问题，此事能否结束，就是最后关头的境界。"（二）蒋委员长又说："最后关头一到，我们只有牺牲到底，抗战到底。"（三）所以七七是中华民国历史中最重大的关头，从去年这一天起，我们只有牺牲奋斗，抗战到底，惟有牺牲才有出路，惟有抗战才能建国，因此去年七月七日，也就是抗战建国的光荣历史的开始。

**三个阶段**

二、一年来抗战的三个阶段。（一）在抗战第一期中，敌人集中最精锐的陆海空军

向我们进攻，企图速战速决，但我军在上海英勇作战，坚持了三个月，使敌人受到极大损失，在南口及晋北山地上的战争，也连续消耗了敌人不少的实力，在这一期内，我军虽退出首都及京沪线、沪杭线各大城市，但已达到了消耗战的初步，粉碎了敌人速战速决的政策。（二）在抗战的第二期中，敌人调集三四十万的大军，以夺徐州，贯通津浦，我军不但在徐州坚守六个月，使敌人付了绝大代价，并且在台儿庄还建立了歼灭敌兵数万，击溃敌人最精锐部队板垣师团和矶谷师团的光荣战绩。并击破了敌人扫荡黄河北岸的计划，在江南则压迫敌人退守交通据点。我军所得胜利，足使敌人国内动摇，进退失据。（三）现在转入第三期抗战阶段中，敌人企图以最后力量，进攻武汉及华南，但我国实力已大见坚强，地形也有利于我，在武汉的四周，以及其他战区，必能给敌人更大的打击，所以第三期抗战，将成为决战的开始。

**越打越强**

三、我越打越强，敌越打越弱。（一）从人力上说，敌人本来打算以十五个师团来征服我们的，现在已出兵至三十五个师团以上，死伤至四十万人之多，若要进攻武汉及华南，还须调更多的军队，现在已不够分配，以后消耗愈大，员额愈少。反之，我国因人口众多，兵员易于补充，现在我军力已比一年前增强，以后愈战愈久，兵力愈强。（二）从物力上说，敌人资源不足，财政困难，本来已成泥足，战争开始以后，军需工业畸形发展，对外贸易激减，以至一般产业停滞，农村破产，物价高涨，五十万万日元以上，皆军事特别费，无法筹集，金融发生恐慌，战争愈久，经〔金〕融崩溃愈速，反之，我国海口虽被封锁，内地人民生活并无变化，产业由于旧的搬移，新的建设，生产反见增加，至于武器补充，亦较前更为丰富，更为精良。（三）从地势上说，以前战争多在沿海及大平原上，且有铁路、公路的利用，利于敌而不利于我，现在敌军深入在山地及河川地带作战，敌人优良武器失其效用，我以逸待劳，不难将敌人扫荡歼灭。（四）从精神上说，我们精神上的力量较敌人胜过千百倍，一年来全国团结，一致在蒋委员长领导下坚决抗战，力量集中，意志统一，舆情激昂，士气旺盛，而敌则军阀与财阀冲突，政党与军部暗斗，人民反对战争，士兵毫无斗志，不但后方逃避兵役者日多，前线士兵自杀逃亡及整队叛变者亦不少。（五）过去一年来的事实证明，从人力、物力、地势、精神各方面来看，我越打越强，敌越打越弱，所以最后胜力〔利〕必属于我们。

**纪念意义**

四、七七是抗战建国的纪念日。（一）因为去年七七是全国抗战的发端，民族复兴的起点，所以国府以七七为抗战建国纪念日，以后每年七七都要举行纪念。（二）纪念七七是表示我国军民抱着钢铁般的抗战意志，扫荡倭奴，非到最后胜力〔利〕不止。（三）纪念七七是表示我国军民都抱定抗战必胜，建国必成的信念。

五、纪念七七要追悼阵亡将士及死难同胞。（一）一年来整千整万武装同志，为了国家民族在前线作壮烈的牺牲，他们已经杀身成仁，所以我们要追悼他们。（二）尤其是整千整万在火线上捐躯的士兵，他们都是无名的英雄，更值得我们的敬仰哀悼。（三）一年来整千整万同胞，死亡在敌人的惨无人道的炮火轰击和飞机轰炸底下，尤其沦陷区域内，我同胞惨遭屠杀的，不可胜数，我们也应追悼他们。（四）在七月七日那天，全国各省县市镇边区及沦陷区域内，应该举行追悼大会，各机关各学校各团体，公祭阵亡将士及死难同胞，各宗教团体应同时举行祈祷礼，海外侨胞，亦同时举行追悼仪式。（五）全国各省县市镇都应该择定适当地点，建立抗日阵亡将士纪念碑，先于本年七月七日举行奠基典礼。（六）七七正午一二点钟，全国人民不论室内室外，都应该肃立脱帽，俯首默哀三分钟，是日全国停止娱乐，全体国民一律素食一天。（七）以后全国人民行经各处阵地、将士纪念碑前，或基地前，均应脱帽以志崇敬。

**动员民众**

六、纪念七七，要组织民众训练民众。（一）为要持久抗敌，战胜敌人，必须动员全国民众的力量，组织民众，训练民众，使全国人民"人人敌忾，步步设员〔防〕"，以制敌死命。（二）训练民众的目的，在使民众有抗战的决心与能力，以援助军队工作，加强抗战力量。

七、纪念七七，要帮助军队工作。（一）为了战胜敌人，全国民众要一致动员，帮助军队工作。（二）壮丁及青年应履行兵役义务，踊跃入伍受训，开赴前方，以补充兵员，增强军力。（三）一般民众应踊跃捐助，有钱出钱，有物出物，以供给军事需要，应实行劳动服务，努力生产，以增加抗战资源。（四）各地民众，应力谋自卫，巩固后防治安，绥靖后方秩序。（五）民众应各就其能力，分担各种军队服务，如向导，谍报，肃清汉奸，担架运输，掘战壕，建筑工事，救济伤兵，接济粮秣，以及缝洗炊烧，采买慰劳等。（六）敌人占领区域的民众，应与敌人不合作，并随时随地袭击敌军，破坏敌人交通，并消灭汉奸及伪组织。

八、纪念七七，要慰劳伤兵，救济难民。（一）在七七纪念日，要募款购买慰劳品，赠送伤兵，对伤兵举行游艺慰劳集会宣讲，以鼓励伤兵，增加士气。（二）七七纪念日，应捐助衣服食品及金钱，慰劳并救济各地难民。

**保卫武汉**

九、纪念七七要疏散人口，保卫武汉。（一）大武汉是全国经济、政治、交通、文化的中心，必须我们用最大力量来保卫它，坚守它。（二）保卫大武汉，不仅是武汉及附近地方的工作，必须全国一致努力，各战区在整个计划下，同时向敌人反攻，失陷区域的民众也应该用种种方法牵制敌人，打击敌人。（三）保卫武汉的主力是军事力量，但民众力量的配合，也非常重要，所以在保卫大武汉的动员中，必须加紧组织民众，训练民众。（四）老弱妇孺，不能直接参加作战，为了要坚守武汉，准备和敌人作战，应把他们疏散到后方，以免遭敌机轰炸的无谓牺牲，疏散的时〔候〕，应有秩序，有准备；疏散到后方时候，应参加生产，从事宣传，做一部分的抗战工作。

十、口号。七七是抗战建国纪念日，军民一致抗战到底；踏着先烈的血迹前进；为死难同胞报仇；疏散人民保卫大武汉；打倒日本帝国主义；抗战必胜建国必成；中华民国万岁；中国国民党万岁；领袖万岁。

（资料来源：《戍声周报》第88期，1938年7月11日）

# 3. 第二期抗战边疆宣传大纲

**一、宣传的原则**

（一）说明第二期抗战中敌我的形势，使边疆民众明了敌人的危机和我国的优越条件，以坚定其抗战必胜的信念。

（二）揭发敌人的阴谋，阐明抗战的国策，使边疆民众洞烛敌人的诡计，坚信政府的立场，不至受敌煽惑，误入歧途。

（三）暴露敌人的残暴和蛮横行为，以激发边疆民众同仇敌忾的心理，加强二期抗战的力量。

**二、宣传内容提要**

（一）第一期抗战的形势

甲、军事上的形势——敌弱我强，敌难我易。

第一期抗战，即自卢沟桥事变起，至放弃武汉止，十八个月的艰苦斗争，结果使敌人愈战愈弱，我军愈战愈强。敌人在南北各战场死伤的官兵，在七十万人以上，消耗的战费超过了九十万万日元。敌人原想速战速决，但其泥足愈陷愈深，以至士兵厌战情绪日益高涨，前线的反战运动日益澎湃。因之其战斗力异常薄弱，仅恃优良的武器作最后之挣扎。第二期抗战开始后，我国军队不仅在配备上和训练上大加改进，精神尤较前振奋，而且第二期作战进入地形复杂之山岳地带，敌人重兵器失其效能，给养之运输亦感困难，正可发挥我军之英勇精神，与敌人实行肉搏战。今后的战局，是敌难我易，敌弱我强。试观第二期抗战开始以来，业逾五六个月，而敌人始终胶着于鄂北豫南及赣北一带，毫无尺寸进展。而敌人所占据的地方，反都变成我正规军及游击队纵横活动之所，使其进退失据，欲罢不能。敌人显然已逐渐走上覆灭的道路了。

乙、财政上的形势——我国法币信用稳固，敌人财政濒于破产。

第二期抗战开始后，我国财政基础异常稳固，法币信用昭著，不仅在国际上通行无阻，即在敌人统治下的区域，人民亦莫不竞相使用法币。敌人虽用种种方法，企图破坏法币之信用，终归无效。最近日元跌价（按：日元仅合法币八角二分，且有续跌之势。）足证我国在经济战上已占绝对优势。敌人因连年从事优〔侵〕略战，消耗巨量现金，国家财政枯竭，已濒破产之境。报载□国因敌人无力以现金交易，停止对日军火输出，可知敌人将由财政上的破产，形成军事上的溃败。

丙、国际上的形势——国际对我同情加深，敌人外交陷于孤宜〔立〕。

第二期抗战开始后，国际形势逐渐好转。各国对我由道义的声援而变为实质的协助，贷款的如英美□□，英美法为长江航行问题及上年间鼓浪屿租借问题对日态度的强硬，美总统罗斯福制裁侵略国的迭次积极表示，以及国际援华运动的扩大，在在都显示国际对我同情的加深，敌国外交的陷于孤立。最近德意两国成立反共军事同盟，而素以反共自任的日本，竟徘徊观望，不敢参加。十足表现其色厉内荏外强中干的窘相。国际反侵略阵线，即英法苏的同盟协定，盛传即将成立，更与〔予〕侵略者以莫大的威胁。

从军事上、财政上以及国际的形势上，都可看出敌人的危机日深，我们的国力日强。最后胜利，必属于我。

（二）敌人的阴谋和我们的对策。

甲、敌人的狂妄口号——敌人见我抗战的坚决和全国意志的团结，于是便在军事行动以外，想出种种威胁利诱的方法，并且提出种种很动听的口号，如"建立东亚新秩序""共同防共"以及"民族自决"等，来诱惑我们，分化我们。兹遵照最高领袖的指示，将敌人的阴谋口号，逐一说明如后：

子、所谓"建立东亚新秩序"。

依照敌国外相有田上年十一月十九日的解释，"东亚新秩序"云者，即在日满支三国政治经济文化各方面之密切联络与互助，与阻止"赤祸"，拥护东洋文明，撤除经济壁垒而使中国脱离半殖民地，以期东亚之安定。实则他们不过借此为名，以行其鲸吞中国之实而已。我们最高领袖在《驳斥敌相近卫荒谬声明演词》里说，"换句话说，他们要以防止'赤祸'的名义，控制中国的军事；以拥护东洋文明的名义，消灭中国民族文化；以撤除经济壁垒的名义，排斥欧美势力，独霸太平洋；再以日满支经济单元或经济集团的名义，扼住中国的经济命脉，也就是'推翻东亚的国际秩序'，造成奴隶的中国，以遂其独霸太平洋，宰割世界的企图的总名称……"

丑、所谓"共同防共"。

最高领袖在《驳斥敌相近卫荒谬声明演词》中说："所谓共同防共，是要中国和他缔结防共协定，是要在华北驻兵，并划内蒙为防共特区。姑无论他所谓共同防共的涵义如何，而在我们全国一致实行三民主义的中国，若再谈共同防共，完全是无的放矢。我们可以说，他不过是要以共同防共的名义，首先控制我国的军事，进而控制我国的政治、文化以至于外交而已。"

寅、所谓"民族自决"。

敌人还有一个阴谋，就是利用"民族自决"的口号来分化我国内各民族的团结。最显著的例子，如敌人企图建立所谓大蒙古国，并胁使德王作傀儡，进行脱离祖国的运动。现在不仅多数蒙古同胞深明大义，不受其诱惑，就是德王自己也深悔一时不慎，受敌愚弄，陷于进退维谷的苦境。须知敌人口中的"民族自决"，便是个别击破的代名词。敌人见我国地大人众，不易一口鲸吞，才想出这个逐渐蚕食的办法。我蒙藏回民同胞，必须明了敌人的奸计，以及我国内各族之唇齿相依的关系，不要受敌人的挑拨离间，误入歧途，自取覆亡。

乙、我国的立场和对策。

子、我国的抗战国策，在卢沟桥事变以前我们最高领袖曾发表两个原则，就是"和平未到绝望时期，决不放弃和平，牺牲未到最后关头，决不轻言牺牲"。当时我国的策略，是想委曲求全，不令战事爆发，以便从事国力的充实和国防的建设。但是狂妄的敌人不让我们有喘息的余地，发动"七七"事变，实行武力侵略，结果使我们不得不被迫应战。及至南京撤退，我中央于二十七年四月在武汉召开临时全国代表大会，才决定了"一面抗战，一面建国"的基本国策，一直到现在，我们都是本着这个国策前进的。

丑、关于解决民族问题的方针。

临全大会还发表了我国民族问题的解决方针，兹将大会宣言中有关民族问题的一段节录如下：

"中国境内各民族，以历史的演进，本已融合为整个的国族，且第一次全国代表大会宣言中，已对于诸少数民族预为之诺言矣，'于反对帝国主义及军阀之革命获得胜利以后，将组织自由统一的（各民族自由结合的）中华民国'，此为对于诸少数民族最大之诺言，愿此诺言之实践，必有待于此次抗战之获得胜利，盖惟根据于自由意志之统一与联合，乃为真正之统一与联合，在未获得胜利以前，吾境内各民族惟有同受日本之压迫，无自由意志之可言。日本口中之民族自决，语其作用，诱惑而已，煽动而已，语其结果，国土零星分割而已……"

寅、最高领袖的指示。

最高领袖在《驳斥敌相近卫荒谬声明演词》中，曾有如下之指示："总之，这一回战事，在日本是精神道德整个崩溃没落的暴力横行，在我们是毅然担起世界正义责任的义战。日本现在的军阀，正是失了理智，逞其兽性奔骤驰突，可以冲破一切轨〔规〕范，摧毁人类的一切文明与福祉。本来世界负有条约责任的各国，为要冲开黑暗，重复光明，都应该负起制裁强暴维持国际条约的责任，但大家都相顾逡巡，中国就只有不顾一切牺牲，来担起了这个正义绝续、公理存亡关头的大责任。我们这一次抗战，在本国是为完成国民革命之目的，求得中国之自由独立平等，对国际就是要拥护正义，恢复条约的尊严，重建和平秩序……我们只要守定立场，认定目标，立定决心，愈艰苦，愈坚强，愈持久，愈奋勇，全国一心，继续努力，最后胜利，必属于我。"

（三）敌人的暴行一瞥

〈中略〉

## 三、宣传的方法

（一）讲演。利用庙会、跳神会、赛马会，以及其他各种集会，遵照本大纲规定范围，向群众作公开演讲。

（二）印发宣传品。根据本大纲规定范围，编印蒙藏回文传单、小册子，或其他宣传品，随时随地张贴散发。

（三）张贴标语。根据本大纲规定范围，制印蒙藏回文标语，在交通要道以及蒙藏回人民集居之处张贴。

（四）展览抗战文件。搜罗敌人炸轰不设防城市、破坏宗教寺院、屠杀人民、奸淫妇女，及我国官兵英勇杀敌之各种照片，以及其他有关抗战之文件，利用时间地点，公开展览，以暴露敌人的丑恶，表现我军之英勇。

（完）

（资料来源：《康导月刊》1939 年第 1 卷第 10、11 期合刊）

## 4. 蒋介石抗战二周年纪念日告全国民军书提要
### （原题为"总裁抗战二周年纪念日告全国民军书提要"）

一、一年来抗战愈战愈强……精神意志更统一……战果较前期增加……敌后活动更勇锐。

二、世界友邦政府的同情援助，更积极公开，公理正义，日益昌明。

三、敌人前一年进展了一千八百公里，这一年只进展三百一十公里。

四、敌人的疯狂加紧只是苦闷无路，冒险心理的反映。

五、敌人勾结败类向我政治进攻的失败……汉奸的和平运动实在是亡国运动……汉奸的和平便是奴隶的和平、亡国的和平……我们今天只有胜利，只有达成抗战目的，除外并无第二条路。

六、抗战中痛苦和牺牲的价值与意义……艰难危险不是避免可了……寇仇外患不是投降可止。

七、要贯彻精神总动员、维护国家权力法令的绝对性……要提高战斗精神，加强战斗力量……人人竭能尽责以争民族的生存。

（资料来源：《七七抗战建国三周年纪念刊》1940年）

## 5. 抗战建国三周年纪念日致辞
### 蒋宋美龄

三年以前的今天，我们整个的中华民族开始武装起来，抵抗日本的侵略，我们的目的是要使中国永以一个自由独立的国家，生存于天地之间。

中华民国二十六年——一九三七年的七月七日，是一个重大而可纪念的日子。这个日子，在历史上将成为一块重要的标石，它将显示给后世子孙，在这个时代，世界正义如何发生可悲的动摇，它将使后世的人们明白看出生在这个时代的那些所谓世界政治家，是如何的迷惘愚暗，竟至不能了解中国的命运，为整个世界文明存亡之所系，但在我们中国人民来说，这一天却是一个光明新时代的开始，是晨曦的初升。

就在这可纪念的一天，我们以军力较弱的国家毅然奋起，凭着无限的勇气与坚定的决心，抵抗那自诩为战无不胜的第一等强国。经过了其他国家所未曾经历过的血与火的洗礼，我们恢复了我们民族的人格，引起全世界的尊敬，尤其重要的，我们恢复了数百年来在异族压迫下久已消沉了的民族自尊心。我们从此一致认识我们民族力量的伟大与我们民族使命的重要。

由于这一次抗战，我们将百年来桎梏我们的那种苟且怠惰与麻木不仁的恶劣习性铲除了，代之而起的，是普及全国的自觉的爱国心。我们对于保卫国家主权，决定国家前途，巩固民族生存，都具有牢不可拔的信心，确信我们具有达此种目的的力量。更不能

不提起注意的，我们在整整三足年的时间中，首先尝受到摧毁人类文明的暴力的凶毒，而我们始终以只手与之相坚持。我们发挥民族坚韧的潜力，抱着镇定沉着的气概，秉着坚卓奋斗的目标，把那些投降屈服等卑贱念头完全扫除净尽了。

我们所经历的艰难和困苦，真无异于一首悲壮的史诗。就像我草拟此文的今天，敌机正投下无数炸弹，爆炸的声响，从广而且远的范围内，四面回荡过来；在我视线所及的，是一股一股的浓烟，闪烁着火焰的怒舌；在我听觉所及的，是房屋焚毁，墙垣倾倒的声响，是高射炮的怒吼和机关枪的呼啸。这种种景象与声音，表示着我们的生命财产受着多大的牺牲，偿付着多大的代价。

然而这又算得什么？今天或明天，我或你，都有机会在杀人的敌军残暴行为下作壮烈的牺牲，这有什么关系呢？我们前线几十万战士先烈，我们全国几百万的无辜同胞，早已用生命来作为争取国家生存的代价了。在我们获得自由之前，必然要经过更多的牺牲，才能使后死者继续努力，达到胜利与自由的目标。

我以为最关重要的，是国家至上的信念。我们要知道，我们每一个同胞的生存，无不是已死军民先烈牺牲所赐予，所以我们应当为中国而生，也应当为中国而死。我们应当尽我们的力量，为实现最后胜利而不断努力。我们立定志愿，要从胜利中产生出一个新的中华民国。这一个新中国，对人类进化有坚强的信念，对维护国际正义与人道原则，有不屈不挠的决心，对未来世界的命运，有充足的勇气与力量，披荆斩棘，去承接来日的光明！

（资料来源：《妇女新运通讯》1940 年第 2 卷第 13、14 期合刊）

## 6. 蒋介石为抗战建国三周年纪念日对美广播演讲词
### （原题为"总裁为抗战建国三周年纪念日对美广播演讲词"）

美国民众诸君：

贵国广播电台要求我今天对贵国民众用广播讲话，我在中国对日抗战第四年开始的重要纪念日，得有机会和美国朋友们讲话，觉得十分欣幸，觉得特别有意义。我们中美两国不只是隔水相望利害密切的友邦，而且在维护正义保卫远东和平与人类文明的立场上，我们两大民族实在是志同道合，肩负同等责任的好友。中国抗战的意义，美国人民认识得最清楚。美国对于中国抗战的种种同情和援助，中国全体军民不只是感激，而且是兴奋。

中国抗战三年了，我不必向诸位详述我们战争的情况，我们作战是艰苦的，但同时是坚强的而持久的。由于我们坚强的抗战，日本的兵力已经大大的消耗，今天日本虽有扰乱太平洋的野心，实际已经没有行动的自由。这一点便是我们中国军民牺牲奋斗的代价，诸位是知道的。在三年以前中国起而抗战的时候，我们就决定不仅要用我们全力来保卫本国的生存，更要保卫国际信义，人类公理，与远东及世界的和平。

美国政府和人民从种种方面而援助我们的好意，我和中国军民认为唯有坚决抗战到底，乃是最好的报答。我们一定要战到日本军阀根本觉悟，根本放下他侵略的武器，尊重他对于国际条约，尤其九国公约所负的义务。这个目的一天不达，我们的抗战一天不停。我们认为中国应该不顾一切牺牲而抗战，是中国国民对于民族祖先的义务，也是对于远东大局和世界和平所负的义务。我们觉得世界友邦的同情我们，并不是有所偏私于中国，而是为着共尽其保持人道正义与消灭侵略戎首的责任。在这个世界变动剧烈，日本野心扩张的今天，我们中国更觉得过去抗战价值的重要和未来责任的巨大。我敢向各位保证，中国一定尽到这一个责任，同时也盼望友邦们及时尽到共同应有的责任。

我深信我向美国人民提出共同制裁日本的要求，是一些也不唐突的，而且一定能得到有效的反响的。我个人对于美国朝野从九一八以来的态度，有两点感觉，第一点，是美国反对日本暴力侵略，态度始终不变。第二点，我觉得美国在采取步骤之前是审慎的，沉着的，但一旦决定有所作为了，却是很坚决而不含糊的。罗斯福总统所说，"和平非仅赖希望与空言可以求得之"。我从这句话里，看出"美国的审慎，就是美国的坚决"。

但是现在是已经到了美国采取必要步骤的时候了。日本现在的行动，他漠视了赫尔国务卿的声明，他更想试探美国禁运授权法究竟能发生多少功效，为着贯澈美国一贯的反侵略政策起见，为着及时遏止太平洋上的火源起见，我以为美国对日停止一切物资的供给，和增强对华援助，是已到了不可再缓的时候了。美国的国民，不仅要作美国国策的后盾，还应该积极促成美国国策的实现。我在一九三七年曾经记〔说〕过："公理正义的力量，一经发动，必至贯澈目的为止。"今天特以中国抗战统帅的地位，为美国友人，重述此言。

（资料来源：《中央党务公报》1940 年第 2 卷第 28 期）

## 7. 川康绥靖公署主任刘湘为民族救亡抗战告川康军民书
### （1937 年 8 月 26 日）

中华民族为谋巩固自己之生存，对日本之侵略暴行，不能不积极抵抗，此盖我全国民众蕴蓄已久不可动摇之认识。今者，自卢沟桥事件发生，此一伟大之民族救亡抗战，已经开始；而日本更乘时攻我上海，长江、珠江、黄河流域各大都市，更不断遭其飞机之袭击。我前方将士，奋不顾身，与敌作殊死战，连日南北各路，纷电告捷。而后方民众，或则组织后援，或则踊跃输将，亦均有一心一德、誓复国仇之概。

默察此次战事，中日双方均为生死关头，而我国人所必须历尽艰辛，从尸山血海中以求得者，厥为最后之胜利。目前斗争形势，不过与敌人搏斗于寝门，必须尽力驱逐于大门之外，使禹域神州，无彼踪迹，不平条约，尽付摧毁，然后中国民族之自由独立可达，而总理国民革命之目的可少告完成也。惟是艰苦繁难之工作，必须集四万万人之人力财力以共赴。而四川为国人期望之复兴民族根据地与战时后防重地，山川之险要，人口之众多，物产之丰富，地下无尽矿藏之足为战争资源，亦为世界所公认。故在此全国抗战已经发动时期，四川七千万人民所应担荷之责任，较其他各省尤为重大。

我各军将士，应即加紧训练，厉兵秣马，奉令即开赴前方，留卫则力固后防。各界

奉公人员与文化知识分子，更应集中精力，分配部门，一致努力于后方民众之组织训练与战时管理建设诸工作。

我农工商各界广大民众，为组织中华民国之主要分子，尤应认清责任及民族解放与民族抗战之不可分割，敌忾同仇，毁家纾难，在国家统一指挥下，整齐步调，严整阵容，在整个民族解放战线上作最前进之先锋，在实际战事上为前方之后盾。如此军民一心，上下共济，舍国家民族无意识，掷身家性命于脑外，只知抗敌是目前唯一的中心，只知抗敌解放中国是唯一的坦道，排除一切歪曲的认识，克服一切事实的障碍，前仆后继，百折不挠，则最后胜利终必属于我民族，而抗战始于斯时告其完成。

湘忝主军民，誓站在国家民族立场，在中央领导之下，为民族救亡抗战而效命。年来经纬万端，一切计划皆集中于抗敌。睹我七千万同胞抗敌情绪之高亢激昂与其意识之坚决，所以领导提挈之者，唯恐落后。今战幕已启，正吾人躬行实践之时，是非诚伪，正于斯时判决。我各界人士尚不及时奋然兴起，平日空言高论之谓何？务即摩顶放踵，贡献民族斗争。湘倘或不忠于抗战，愿受民众之弃绝；抑或各界人士反暴弃退缩，湘亦执法以绳其后。须知国家民族之生命系于此时，非可再容吾人之瞻顾与假借也。至敌我长短，政府知彼知己，早经分析；连日前方战报，亦已予吾人以事实上之证明。

总之，我民族为自己生命及世界人类公理与正义而奋斗，势逼至此，虽赤手空拳，犹当与彼飞机重炮一角，何况我优势正多，前途利钝，只系于吾人今后决心与努力之程度如何。我各界人士，其共兴起！我各界人士，其共懔之哉！

（资料来源：《四川教育评论》1937年第1卷第3、4期合刊）

## 8. 昆明行营发表告边疆土司书

军委会昆明行营边疆宣慰团团员及土兵八十余人由团长高玉柱，副团长喻杰才率领，日内即将向滇越边境出发。现该团已制备大批奖状，甲、乙、丙、丁等奖章，大小幅之匾额，代表行营颁予各土司。并携有行营告边疆土司书，原文如下：边疆各土司同胞：我们中华民族自黄帝立国以来，素重仁道，爱好和平，对内柔服怀德，对外协和敦交。这种遗规旧德数千年不渝。但自近百年来，受了帝国主义的侵略压迫，掠夺我土地，抢取我财产，复挑拨我内部的团结，图遂他们蚕食鲸吞的兽欲，尤其是日本军阀，更是阴险狼毒，二十六年七七事变以来，蹂躏了我十数省区，荼毒了千万生灵，现在这毒焰更直接蔓延到我们的边地来了。您们将受到如现在沦陷区及被炸区的同胞一样的痛苦，是不能不对我边地土司同胞，为深切之忠告，扼要言之，约有数端：

国家至上。一、国家至上的原则是时代的思潮，也是我国抗战力量的必胜信念的源[泉]。个人的生命与财产，必需靠国家的保护，如国家不存，则个人一切的利益都无从保障。过去政府因内忧外患的交迫，对于边地同胞的福利未能多所顾到，这是引为遗憾的，现在敌人已进犯我边境，抵御敌人保护边胞的利益，政府责无旁贷，所望边疆同胞认清现势，一心一德，精诚团结，有力出力，有钱出钱，在政府领导下争取最后胜利。

实现主义。二、三民主义为国父孙中山先生拔取我国数千年来教化之情美，融汇世界学说，再本革命之经验而创立。本党继承国父遗志，以三民主义为抗战建国最高原则，对日抗战与打倒帝国主义为我国民革命必经阶段，现在全世界正从事于正义与横暴之大决战，此不仅本党之责任日益加重，同时更要求我边胞深切了解服膺三民主义，三民主义实现之日，即是解除国人痛苦之时。

　　开发资源。三、边地形势险要，资源丰富，在国防上之地位异常重要，所以开发边地物资，发展边地人力，实为巩固国防所必需，凡我边胞应体念国家之困难，知其自身所处地位之重要，革除陋习，振奋精神，开发富源，使抗建力量日益增长。

　　以上三点务望各土司同胞深切体认，尽量遵行。更以土司为边胞之领袖，一言一行，万民景从，自要有真正作人之君、作人之师的精神与态度，率先倡导，诚恳力行，作一般边胞的榜样，然后边地的前途方有无限的希望。现在强敌压境，抗战御侮的重任，即将加在边地同胞肩上，亟应团结起来，共同抵御外侮，这是各土司的责任，也是边胞的任务。能如此则各土司功在国家，永为国人所尊重，中正于本年新生活运动纪念日，已号召全国人民为边胞服务，我深信全国人民必以无限之热忱与同情，尽最〔大力〕为边胞服务，此次特派高玉柱、喻杰才两同志率领边疆宣慰团，宣扬政府德意，慰问土司边民，全民同胞都热烈期望各土司精诚领导全体边胞，为国家生存与本身利益多多努力，保卫边疆，完成使命。委员长蒋中正，行营主任龙云。

（六月二十四日）

（资料来源：《边疆通讯》1942年第1卷第1期）

## 9. 康藏民众抗敌赴难宣传团为抗日救国告西陲同胞书

　　中华民国是汉、满、蒙、回、藏，四万万五千万同胞结合而成，这五族人民又好比五个弟兄，逆水同舟，大家利害相同，生死相关，假如船覆，均难幸免。现在中华民国遭遇着空前大难就是与东邻的日本自从今年七月七日，在北平卢沟桥冲突起，发生全面大战，现日本已先后动员飞机五百架，兵船三百只，陆军五十万，在平、津、察、绥、上海一带与我军队激战。虽胜负一时现难分解，但在此两个月以内，日本所受损失，据其军部发表，已死海陆空军军官三千数百员，士兵三万四千数百名，损坏飞机六十余架，军舰十八艘，商船二十余只，战车四十余辆。原来日本对于我国军队，过于轻视，今一旦见我国官兵猛勇善战，短期之内，竟受如此重大损失，所以他们前线的士气已馁，后方的民心厌战，不过其国内主战派军阀，现在尚掌握大权，毫不悔悟，继续的增调大军来华。我力在此两月以内，虽亦有相〔当〕壮烈牺牲，但是全国已经统一，境内所有军民均敬谨听命最高统帅蒋委员长之指挥，犹如以臂使手，以手使指，中国地方之大，人口之多，现已动员作战的陆军有七八十万，已准备动员的常备陆军约有二百余万，训练有素，可以调遣的各省保安团队亦不下二百余万，再就各省近数年中分期征调训练的壮丁，至少有一千万以上。所谓兵多将广，绝非日本岛国望尘所及，不过器械稍差。惟现代作战最重要的是飞机，我中国已备有最新式战斗机一千余架，是够与日本的飞机相拼。现在我国内地人民无论老幼，对于日本，莫不切齿痛恨，有钱者出钱，有力者出力，人人愿在中央指挥之下，

*15*

拼命杀敌。皆因日本对我国蛮横残暴、阴险刻毒，真是无以复加，六年以来，把我中国人民欺凌不堪，强占我们的东北四省不算，还要进图中国的全部同胞齐作奴隶而后甘。我中央政府暨蒋委员长因过去国内尚未完全统一，又因一切国防准备未就绪，含羞忍辱，直到今日，才同他清算总账。日本又常常不讲国际公理，现在世界上英、美、法、俄各大国，均不与他为友，愿尽量与我国帮忙。又如前几年与中央军转战数年，奔窜西陲各省的十数万共产党红军，现亦已"投诚"。

中央最近蒋委员长委朱德为第八路军总指挥，彭德怀为副指挥，已经出发抗日。看来现在举国一致对日搏斗，世界各国又均为我帮助。最后胜利，必归我国无疑，惟长期战争，不知何时结束。在此几千里战场上，国家要准备每日消耗许多的生命合〔和〕金钱，又战区均在我国境内，人民生命财产之损失，更难统计，大家要知道现代的国际战争，是全民相争，前线空中地底、水上水底同时交战，一个弹的效力，能杀千余人，或破毁一个整个村镇，至于双方的飞机，远近轰炸，经济及水陆交通之彼此封锁抵制，再再影响全国地面，所以在后方士农工商全体人民，必须在政府统治之下，一齐动员，各尽其能。

所以，现在内地的人民，东起浙江，西迄川滇，各地无不紧急准备，一如战时景象，犹有我们康藏及川滇边境一带地方人民，有的或不知道，有的或知而不详。诸位亲爱的乡亲们，要知道我们也是中国的一部份〔分〕国民，也是一家的弟兄之一，我们亦应尽我们的心力，决不能漠不相关，并且我们都是佛教信徒，对此中原空前的劫难，岂能无感慈悲之念。本团同人，自维康藏智识份〔分〕子，为国为乡，特自动组织，旅行各地宣传呼吁，冀使大家明了大局，除拟请乡亲们捐助首饰救国，另有宣言说明外，本团谨以至诚，希望各乡亲实行下列三点：

一、战争期内，请各地僧俗人民格外奉公守法，睦邻勤业，以维持后方的安宁和发展，免得政府有后顾之忧。

二、请各地僧俗同胞，在地方政府领导之下，组织抗敌后援团体，从事后援工作，若能组织战地慰劳团或服务团更佳。

三、请各地僧俗公私人民，在地方政府领导分配之下，踊跃购买救国公债，并对于本团所到地方，请捐输首饰以作国家抗敌军费。

（资料来源：《戍声周报》第 73 期，1938 年 3 月 28 日）

# 10. 国民抗敌公约宣誓

一、不违背三民主义

二、不违背政府法令

三、不违背国家民族的利益

四、不做汉奸和敌国的顺民

五、不参加汉奸组织

六、不做敌军和汉奸的官兵

七、不替敌人和汉奸带路

八、不替敌人和汉奸探听消息

九、不替敌人和汉奸做工

十、不用敌人和汉奸银行的钞票

十一、不买敌人的货物

**誓词**

我们各本良心宣誓，遵守国民公约，绝对维护国民政府，服从蒋委员长领导，尽心竭力报效国家，倘有背誓行为，愿受政府的处分。谨誓。

中华民国二十八年

（资料来源：阆中市档案馆所藏民国档案，全宗号345，目录号55，案卷号20）

## 11. 四川省第十六区行政督察专员公署、第十六区 行政督察保安司令部给各番夷的谕单

（一）我们中华民国是合汉满蒙回藏五族一家，既是一家人，便是我们的民族，如果有别国的人来欺侮我们的民族，我们要大家去抵抗他。

（二）现在横暴的日本人，用兵来攻打我们，虽然失去一些地方，可是我们在蒋委员长领导下，"长期抗战"就是安心永远和日本人打，日本人不过炮火稍好，我们的人多钱多，也有很好的炮火，日本人把我们没有办法，到头还是我们要打胜仗。

（三）我们和日本人打仗来保我们的民族，全国的人都是有钱的出钱，有力的出力，十六区的汉夷人民，也要大家做成一把子，联成一气，听从政府的命令，有钱的出钱，有力的出力。

（四）日本人，自来不要脸，不要命，说话做事可鄙，听说有假装我们的人，或买通我们的人来到边远地方，散布谣言，说什么我们打不过他，说什么皇帝要登基，一概是假话，全是奸细和内奸的勾当，大家不要信他，并且不可当奸细和内奸去犯蒋委员长的法。

（五）大家要知道，日本人如果派奸细和内奸来，只是欺哄一时，如果他大兵一来，便把一个地方的民姓，不分男女老幼，杀的干干净净，这是已经被日本占领地方的实在情形。

（六）成都的大宪，川康绥靖主任是邓锡侯，我向你们说过，现在四川省政府主席是王缵绪，曾经当过军长，集团军总司令，他和邓主任都是中央政府蒋委员长亲信的大员，一面派兵去打日本人，一面在管四川的军政大事，我是奉他两位的命令来办事。

（七）我在你们十六区很久，我望你们要拥护蒋委员长，要拥护邓主任、王主席，要听从我的命令。不准听信谣言，不准当奸细和内奸，不准闹口嘴打冤家，不准百姓抢人，一些都是为好的话，你们好好听从罢，以前给的公事，也好好遵行罢。

此谕。

四川省第十六区行政督察专员兼保安司令：谢培筠

中华民国二十八年二月二十六

（资料来源：阿坝州档案馆所藏民国档案，全宗号8，目录号1，案卷号1020）

## 12. 关于后勤物资的募捐

### 四川省政府教育厅训令
### 发动学生举行征募寒衣及慰劳品运动
（二十七年厅字第 51 号）

事由：令发动学生举行征募寒衣及慰劳品运动，并于结束后具报备后查由。

令阆中县立初级中学：

案奉省政府秘一字第 10699 号苛代电开："案准四川省党部函开：案奉中央执行委员会文电开。查我抗战将士浴血用命，与敌作殊死奋斗，伸张正义。现序属秋令，寒风将起，诸将士御寒衣竭。亟待预先筹划。兹定于九一八纪念日举行大规模之征募棉背心，式样依军政部之规定及慰劳品运动，务仰该党部切实推行。转饬厅属踊跃从事，率先倡导，是为至要。等因。奉此。除分令外，相应函达请烦查照。"等因。查厅定征募期间虽经过去，但事关抗战，凡我后方民众，念及前方将士之浴血死拼，对于征募棉背心及慰劳品，实属义不容辞。仰该校奉令后，即行发动学生，踊跃征募。惟计划必须周详，手续必须严密，且不得因征募而荒废课业。厅征募之衣物，自行设法妥交。于征募事件完结后，必须将征募经过及一切有关为据，详细报呈本厅备查。除分令外，合行令仰该校遵照。

此令。

中华民国二十七年九月

厅长：□□

（资料来源：阆中市档案馆所藏民国档案，全宗号 345，目录号 634，案卷号 12）

### 阆中县政府第二区区署训令
### 民众自由捐助
（民字第 212 号）

转令民众自由捐助作为慰劳前方将士伤兵难民及出征军人家属之用

令各联保办公处：

案奉阆中县政府、省政府电："抗战建国节，应劝导民众自动□，作为慰劳抗战将士伤兵难民及出征军人家属之用，其捐款数额公务员可在二角至二元之内自行认定，由各机关阅案交当地抗战建国周年纪念筹备会统筹支配。"等因。奉此，除公令外，合行令仰该主任遵照并办理，并令所属一体遵照办理。所有公务员及民众捐款，不拘多寡一并送交本县。

此令。

中华民国二十七年七月七日

区长：赵子沆

（资料来源：阆中市档案馆所藏民国档案，全宗号 345，目录号 636，案卷号 9）

### 四川省第十四区行政督察专员公署训令
### 各级工作人员应踊跃从事工作
（二十七年秘字第 2426 号）

令阆中县政府：

案奉四川省政府二十七年秘字第 12284 号训令开："案奉，国民政府军事委员会委员长行营，渝公一字第 124967 号巧字代电开：案奉，军事委员会第 6381 号训令内开，抗战建国极艰难，各党政军警机关，各级工作人员，自应淬砺奋发，互励以赴，凡有关抗战建国之重要事项，须体察环境苟足，以正地方观感，增人民信念者维我本身职责，亦应踊跃从事，不惮烦劳，促使官民融洽，国本日固，进查各级公务人员于应尽之事，多不躬自参加，以为倡导，致贻敷衍泄沓之机，于人民以不良印象，殊有未合，为此通令，嗣后务须尽心竭力，主管人员尤须以身作则。等因。奉此。除分令外，相应电达查照，并转饬所属一体遵照。等因。奉此，查抗建时期之公务人员对于国家所负责任至为重，应恪尽职守，共赴事功，为人民倡导。早经本府严令申诫，有案兹事前，固除分令外，合行令仰该署遵照并转饬所属一体遵照，倘有仍前沓泄敷衍从事者，即由各该机关主管随时据实列举报后核办，勿得徇隐。此令。"等因。奉此，查抗战建国期间，各级公务人员，均应振刷精神，互勉事功，用正地方观感，而增人民信念。兹事前因，除分令外，合行令仰该府遵照，并转饬所属各级行政人员一体切实遵行，始终不渝，各机关长官尤当以身作则，树立榜样，倘仍有泄沓，应据实艰巨，报请核办。勿忽为要。

切切此令。

中华民国二十七年十一月

专员：林维干

（资料来源：阆中市档案馆所藏民国档案，全宗号 345，目录号 762，案卷号 1）

## 13. 康区的抗战宣传与集会

### 新运会倡导抗日

本县（理化县——编者注）新运会连日会议，对于抗日宣传，分讲演、游艺两股，并将前线胜利消息，大书壁报，各处张贴，唤起民众一致御侮。

（资料来源：《戍声周报》第 44 期，1937 年 9 月 6 日）

### 西康举行宣传抗战集会

［西康］宣传抗战举行集会，此间党政军各界以抗战入于最紧要之阶段，新省来年建立，宁属乃□□所系，主张于二十八年□□，联合举行大规模之集会，以宣传抗战建

国之意义，且纪念新省成立。爰于十一月十九日，在县政府内东阁，约集当地党政军各机关法团及各学校代表开谈话会，并决定即日成立筹备会。〈后略〉

（资料来源：《康藏前锋》1938年第5卷第6期）

## 康南抗日后援会来电

（衔略）均〔钧〕鉴：倭奴进犯无任发指，枕戈待旦，愿为先驱，康南抗日后援会代表火竹香根、包昂武、冷龙登巴、甲骨倾珍、崇西曲阿。

（资料来源：《戍声周报》第42期，1937年8月23日）

## 康南民众请缨抗日之声威
### 毅　公

日本帝国突然逞其残暴，向我北平、绥东、上海、南京急冲猛扑，恣意轰炸，赖中央军事领袖，神武指挥，以海陆空军之威力，风驰电扫，分头击破，正追剿芟夷酣畅之际。康南民众闻此消息为之震怒狂欢，立由火竹香根、包昂武、冷龙登巴、甲骨倾珍、崇西曲阿诸闻人，组激昂阔大之抗日后援会，已通电请缨，宣告全国矣。

康省民众，枪刀快马，家有而户习之，尤其三岩、乡、稻等地，以掠夺为能事，杀人为耕种，史所著闻，震撼邻省。此尚武骄威之民，非经国家训练，疆吏陶镕，乃天候地段涵煦磨砺使以成之。因其地广人稀也，遂能长途远涉而餐卧冰雪；因其刚直简易也，遂能跨陵狡兽而烈啖生胾；浸润佛理，故淡漠存亡；秉性爽朗，故极重义气，是以理城祝捷，则群情雀跃，此次请缨，则挥戈奋武。

曾宣抚司令南巡工作，所持之最紧要者，在各民众安分就范，守业从公，偶以中英藏过去交涉之事件，演讲灌输，俾有以知惕励勉勖而已。不意各地民众，一闻国事之营〔荣〕辱消涨〔长〕，非特神飞色舞，发扬蹈厉，大有履友创及，不可朝食之概，边地之人，尚且如此，况中原明耻教战，慷慨之士哉？日本，日本尔可能与我共此天日耶？

（资料来源：《戍声周报》第42期，1937年8月23日）

## 章镇中在甘孜的抗战宣传

此间驻军一三七师四一一旅八二一团章镇中团长，有鉴于中日战事日趋扩大，边民以交通阻隔，形同聋聩，几不知国家危亡已到最后关头。特于团部张贴壁报，每日将电台收得抗日消息，照录披露，以激励人民爱国情绪，俾共趋救亡图存之途径云。

（资料来源：《戍声周报》第54期，1937年11月15日）

## 西昌的电化教育

军委会政治部电影巡回放映队日前到达此间，稍事休息后，即开始在各处放映，无限制欢迎民众参观。西昌因看电影机会极少，故往观者极踊跃，每晚均到男女民众约数千人。连夜演放《抗战第五辑》《抗战第六辑》《八百壮士》等，激发民众抗敌情绪，灌输爱国知识，使西昌每个民众都深信抗战之必胜，建国之必成，及非建国无以保卫祖国，非抗战无以延续国家生命。电化教育之影响民众，实深且巨也。

（资料来源：《抵西放映抗战影片》，《康导月刊》1940 年第 2 卷第 8 期）

## 14. 防止敌人在豫皖边境欺骗利用我民力物力办法及对过境回籍难民宣传纲要的档案文献

四川省政府关于防止敌人在豫皖边境
欺骗利用我民力物力办法及过境回籍难民宣传的密令

（民字第 33216 号）

令第十六区行政督察专员公署：

案奉国民政府行政院二十七年九月二十三日渝字第七六七一号梗六代电开："密据第五战区司令长官部代电，密准军委会政治部艳治民代电内开，密准赈济委员会歌代电开：'据本会第四救济区宋代特派员星驰勇呈，皖西北如正阳关、寿县凤台等处之敌回窜蚌埠转攻六安、潜山、太湖，因此间难民多遗巡于战区边境并有若干回返故里，敌人为利用民力，以怀柔欺骗之术设所收容，故在皖豫边境之难民教育宣传极为重要。'等语。查皖豫边境各处民力物力资为敌用深堪注意，特电察照并祈转电豫皖各战区司令长官暨两省府查照为荷等由。除分电外相应电请查照等由，兹拟定防止敌人在豫皖边境欺骗利用我民力物力办法及过境回籍难民宣传纲要各一份，除分行饬属一体遵照办理外，谨附原定办法纲要各一份随文抄请鉴核并恳分令各省党部军政部及赈济委员会外合行抄发，原附办法纲要电仰遵照办理并饬属一体遵照办理，同计抄发防止敌人在豫皖边境欺骗利用我民力物力办法及过境回籍难民宣传纲要各一份。"奉此，除分令外合行抄发原办法纲要令仰该署遵照办理并饬各县政府一体遵照。

此令。

主席：王缵绪
民政厅长：胡次威
中华民国廿七年十月廿三日

计抄发防止敌人在豫皖边境欺骗利用我民力物力办法及对过境回籍难民宣传纲要各一份。

四川省第十六区行政督察专员公署密令

（民八字第 2000 号）

令各县政府：

案奉四川省政府廿七年民字第三三二一六号密令，抄发国民政府行政院廿七年九月二十三日渝字第七六七一号梗六代电，密据第五战区司令长官部拟呈，防止敌人在豫皖边境欺骗利用我民力物力办法及对过境回籍难民宣传纲要，饬即遵办并特属一体遵办等

因，除分令并遵办外，合行抄发原办法及纲要各一份令仰该县政府即便遵办为要。

此令。

中华民国廿七年十一月三日

专员：谢○○

附抄发防止敌人在豫皖边境欺骗利用我民力物力办法及对过境回籍难民宣传纲要一份：

## 防止敌人在豫皖边境欺骗利用我民力物力办法

一、密派特务人员混入回籍难民中间活动；

二、密令别动总队及各地游击队如遇敌人诱用民力割窃稻梁〔粱〕及利用其它物力时予以袭击或劫夺；

三、临近战线之县将难民组织割收队运输队于敌人疏于防范时或夜间动员收割稻梁〔粱〕随即运送至安全地带储藏；

四、各地救济难民工作人员对回籍难民经过时应注意慰问宣传尤应揭发敌人利用回籍难民之阴谋；

五、对离乡之难民应积极救济运送疏散至安全区域，务使难民低度生活得以保障不致受敌人诱惑为原则；

六、后方已收容之难民应施以各种训练使之参加生产补充部队或有计划使之返乡进行特务工作；

七、印发委座"八一三"等随渝区域□□□□□□□□□□□□□□□□□□；

八、拟定对过境回籍难民宣传纲要，使工作人员遵照切实宣传。

（资料来源：阿坝州档案馆所藏民国档案，全宗号8，目录号1，案卷号901）

## 对过境回籍难民宣传纲要

一、被难同胞颠沛流离历经艰苦，渴念家乡自属人情，惟此时敌寇未灭乡土未复，如贸然回籍而不思自卫杀敌报仇之法，将必不可免受敌人之驱使与宰割，其悲惨情形或更百十倍于今日之避难也；

二、抗战以来敌人对我平民滥施轰炸恣意屠杀，烧劫奸淫空前未有，今更实施毒化政策（逼我陷区同胞吃食白面红丸等毒品并扎毒针）、奴化政策（改教课书授日文），强迫我同胞上前线作战，采用中国人杀中国人之毒计，掠占领区内之儿童大批运回日本以供日后之奴，使敌人用意深固，不仅亡我国家且欲灭我种族；

三、因敌人最终之目的在灭我种族，在占领我广大之土地，囊括我无尽藏之富源，故不惜我四万万五千万同胞之生命，只积极于急性慢性的双重残害，必欲斩尽杀绝而后快，但一面复大肆无耻之宣传，不云"陷区内之秩序已恢复常态"，即云"陷区内已成王道乐土"，以欺骗一般无知之被难同胞，待其被骗回籍之后，敌人乃施以"欲杀先肥"之诡计，先以小恩小惠笼络其心，久而久之即显露其可怕之狰狞面目，继而施以阴毒险狠之手段，奸淫屠杀一任其心之所好，而已故被难同胞绝不可轻受其欺骗；

四、因敌人目的在我土地与富源，决无独厚于某一中国人之理。沦陷区内常有家拥巨资以献媚于敌人求做"顺民"而终遭杀戮致人财两空者层出不穷。至丧心病狂之汉奸为虎作伥，敌人不过欲利用之于一时，非真爱汉奸，亦非当汉奸即可免死。到了日寇踌躇满志灭亡了中国以后，他一定要拿出烹走狗的手段，"汉奸""顺民"同归于尽而且遗臭万年，为后世唾骂；

五、被难同胞因生活困难而返里深堪同情，非去作"顺民"或供敌人驱使，而必须有自卫之计划，抱杀敌之决心，回故乡深入敌人腹心从事于侦探、破坏、游击、宣传之实际工作以扰乱敌人之后方，瓦解敌人之战意，协助国军以达消灭敌人之目的，以遂报仇复土之素志，较之束手待毙有益多矣；

六、敌人现利用我回乡难民割取稻梁〔粱〕，掠为彼之粮秣，吾人民必陷于饥馑，吾人应绝不为其利用，组织割稻队割取稻梁〔粱〕，组织游击队夺取敌人粮秣及其他军资，以打击敌人，替我们的被难父老昆弟诸姑姐妹至亲好友报仇；

七、吾人回籍之后即应联络亲戚朋友与本城本镇或本乡本村之同胞组织严密之侦探网，侦探敌情报告国军，组织多数之破坏队破坏公路、桥梁、机场、仓库使敌人运输补充陷于绝境，组织广大之游击队牵制敌军之后方或侧翼使其不敢锐意前进，组织宣传队向同胞宣传敌人之暴行与欺骗之阴谋并宣达我政府对沦陷地区同胞眷怀之德意，报告政府对抗战到底复仇雪耻之决心与"我愈打愈强敌愈打愈弱"之事实，则丰功伟绩实可与前线抗战将士相比论而无愧色；

八、吾人今日身受之千难万苦，田园荒芜，骨肉流离，皆敌人所造成。此仇不报将何为人？须知中华民国为一整个之大家族，绝不容敌人之分离割裂，吾人虽暂时遭受一切痛苦或失去政府之保护，但政府实未尝一时忘怀，必有一日能使吾人回到快乐之家乡，与亲爱之父母兄弟妻子同享太平之年。彼时中华民国亦已成为独立之自由强盛之国家矣！吾人必须坚此信念，忍受暂时之痛苦，不动摇不畏怯不受敌人之欺骗，不向敌人屈服，始不愧为爱国之同胞，黄帝之子孙。

（资料来源：阿坝州档案馆所藏民国档案，全宗号8，目录号1，案卷号901）

## 15. 1938 年 9 月，藏族学者喜饶嘉措大师在重庆发表《告蒙藏人士书》

敬礼十方自在具回无畏议论如日一切智者释迦师子无垢莲足之前，现在为我亲爱的中国边疆净信三宝的蒙藏同胞寄奉一言：古圣贤们常为众生谋取福利而努力，就是希望一切生灵不相侵害，亲爱居处，犹如母子兄弟一般，所以他们常随着各人智力的大小，说出种种的理〔礼〕教，制成种种的规律，教大家遵守，不但如此，就是现今世人所称为富强国家的有心人，为谋世界和平，深思熟虑，都认他所奉的宗教为纠正人心的根本。有个外国人曾对我说："如能集合世界英俊，在宗教上共相研讨，或可得一弭乱的良法。"我认为很对的，我们中国在从前就有四种宗教，次第产生，周朝的道教，汉朝的佛教，唐朝的回教，元朝的耶教，迄今还都拿他〔们〕的善言善行为一切众生谋和平

安乐，在世间法方面也有孔子的学说和诸子百家，尤其是孔学的"仁""义"等五德，和他的全部思想，都是以兴谋福利，促进大同为依归，是很可赞叹的。

中国今日的情形，大家想必很愿知道吧，日本帝国主义者是亚洲黄色的民族，是标榜着信奉佛教的国家，又是世界强国之一，他居然不念唐宋以来所受中国文化政治保育之恩，忘了佛徒应守因果惭愧之事，不顾列强有识人士的耻责，而多行不义，在以往四十多年来，不断地侵略中国，尤其他们近年来自认为锐意维新，国力强盛，军备充足，他们的思想，以为中国虽然地大人多，但毫无军事的准备，加之连年内乱，国力衰弱，不易统一，以为乘此用兵，便可唾手征服中国，倘若迁延时日，等到中国民族复兴，全国统一，那就很难为力，所以他在去年战事初起的时候，就有三个月内征服中国之狂言。看他们这种居心和妄论，他们还能对于佛教有真正的净信吗？至于中国方面，向来酷爱和平，认为兵凶战危，能使亿万人的生命财产遭受损坏，因此在和平没有绝望以前，还在努力和平，敌人虽来侵略，仍然在种种方面，忍辱负重，委曲求全，然而敌人不察，自从九一八以来，占我国土，侵我主权，焚杀淫掳，肆所欲为，从没有厌足之心，去年卢沟桥事变发生之后，我全国唯一领袖，蒋委员长，坚决的表示，以为日人的暴行，已为世界人士所共见共闻，我们的忍耐，是有限度的，时至今日，除了抗战，别无他法，即使剩了最后一人，最后寸土，我们也抗战到底，决不能片刻停止，因此就毫不迟疑兴了抗敌义师，以与日人周旋。须知我国这次的抗战，是为维护人道正义而战，世界列强中，主持人道正义，维护世界和平的国家，没有不直接间接地对我们实心援助，这实在是很可感谢的。

如果依照日人去年的骄张和狂言，现在的中国，是已经被征服了，但是事实胜于妄想，因为三宝的加被，因果的真实，和前方将士舍生取义的英勇决心，后方民众团结一致，努力纾难的种种力量，虽经了一年三个月的战事，他们所认为占领的地域，还不到我国三分之一，反观他国内所受的损失，真可说是无量无数，这好像病人因打人而自被击伤，乞丐因抢棍而自破头颅，疯狗因狂噬而自己被咬了，一切恶报，都露骨的表现出来了，列强在肚里耻笑他，自己在痛苦中生活，至于他们官兵的伤亡被俘，军用品的消耗损失，飞机军舰的击毁，国力的衰耗，人民的痛苦，其损失的程度，实在是不可以数字计，尤其最近在他们国内常遭风水之灾，他们军队中常发现传染病，受害也很不小，这不是他们暴行恶业所感受的现前的果报么？现在的日本，充分地表现一个外强中干的情形，对于战事，真到了不罢不了欲罢不能的境地了。就是他们所谓占领区域，除了一些重要城市和交通线外，多数的州县和乡镇，不但事实上无力管理，并且有许多义勇军和游击队，风起云涌似的天天和他们对抗，声势很大，弄的他首尾不顾，疲于奔命，所以在实际上他们并无所得。

至于他们违背人道的暴行，又是不堪枚举。照国际的惯例，在战事对于宗教、医生、老弱妇孺及非战斗的民众，是不可乱肆杀戮的，但在日本，就不是这样，他们对于寺庙僧侣、医院医生、老弱妇孺及非武装的民众的种种杀害和蹂躏，实在是骇人听闻，固然轰炸军事阵地，破坏战地交通，是战争上所难免，但他们却一方面所自认为佛教的信奉者，一方面又对于不识战争为何物的寺庙，乃至非武装的民众，那样的乱施轰炸焚烧奸淫掳掠。试问他们这样的恶意暴行，还能齿于人类吗？他们并在沦陷区域施行毒化政策，对于我们的民众，有施毒而杀害的，有打绝嗣针和哑针的，有使成残废病夫的，也有使失掉知觉的，此外还拿鸦片红丸白面等种种毒品，大量的给我们的人民吸食，使人民都上了瘾，成为无用的废物，这样的存心和手段毒辣，真可谓"无微不至"，他们究竟是为善为恶，也就很可明显的知道了。还有日本的和尚，不但都有妻室婚嫁，和一般俗人一样，并且还有去当兵杀人的，岂不更是笑话吗？所以他们倡言建立的所谓"满洲佛国"，和宣传在重修蒙古寺庙的诳言，无非是想把一般有旧思想的人诱骗到黑暗的地洞里去罢了，稍有智慧的人，都很容易了解，也是应当要知道的，这就是格言所说"渔人以钓饵诱杀诸鱼类"的故事。现在清废地〔帝〕溥仪，及以前甘为汉奸的汉蒙人民，都好像被魔女所惑的商人一样，内心痛苦，无所适从，常常在想念中央甘露似的善意和恩惠，真是无限的悔恨，所以秘密通信表示忏悔和临阵反正的，也日有所闻。

（资料来源：《蒙藏旬刊》1938 年第 156—158 期合刊）

# 16. 对日本的经济战略

## 四川省第十四区行政督察专员公署训令

（二十七年秘字第 2694 号）

令阆中县政府：

　　案奉四川省政府二十七年秘一字第 9982 号训令开："案准，国民政府军事委员会政治部二十七年七月十六日治民一字第 1326 号公函开：'顷准军政部秘送：□□募到蒲山二员所研究之如何打击日本经济战略，建议一件，其中不无可供参考之处，除分别函令外，相应拟同原件，函请查照酌情为荷。'等因。附抄原建议一件，准此。查原建议所举各项，大部分应由中央统筹办理，惟第四项，□□□卖仇货一节，此项工作，足以抵制敌人经济侵略，本府早见及此，前经组设省肃清仇货委员会，并于各重要县市酌设分会，负责与办肃清仇货事宜，现已见实效，全省仇货，亦经本府体察情形，限期本年十月底止，一律肃清，期满后倘再有仇货发现，无论其来源如何，概行没收法办，俾重肃政。此项办法，即经通饬遵照在案。惟敌情狡诈，奸商众多，诚恐防范稍疏，仍复乘间侵入，致使功亏一篑，等准前由，除分令外，合行抄发原件，令仰遵照，并转饬所属各县政府饬属一体遵照，于各该县市肃清仇货分会结束时，即由当地政府就本机关内自行指定专员，继续负责，随时严密查禁，勿任此灭复燃。如已报肃清后，辖境内再有仇货发现，即为〔唯〕当地政府各负责人是问。勿稍抗泄，是为至要。此令。"等由。计抄发原建议一件。奉此，除分令外，合行抄发原件，令仰该府即便遵照，认真办理为要。

　　此令。

　　计抄发原建议一件。

中华民国二十七年九月十五日

## 如何打击日本之经济战略

日本之经济战争，着眼在破坏我抗战经济基础，并巩固其在占领区内经济资源利用，其榨取方式如下：

一、轰炸中国工厂建筑及交通。

二、没收占领区内之农产品、贵重用品、机器、船只、铁轨等以供军用。

三、霸占京沪一带工厂复工生产，使出品能倾销于南洋及澳洲等地，以换收外汇或原料。

四、独占开发华北矿业，特别是大同及开济二煤矿，用以输入日本，供战时重工业之需要，最远在上海设立之华中铁矿公司，其性质亦类此。

五、发行伪钞，获取法币，借图一方面扰乱我法币信用，他方面吸收我外汇及现银。

六、在占领区域内施行新关税税则，意在对华贸易上占绝对优势，等等。

吾人对敌之此种险毒之经济战略，缺乏优势之海空军强力以报复，诚属憾事，惟吾人亦有若干有效之方法可供采用者：

1. 政府应有大规模之别动机关，在被占区域内组织有计划的游击战及破坏运动（例如焚烧工厂、炸毁发电厂、切断交通运输等），使敌方经营之一切企业，不能安定进行，地方居民不敢与敌寇产生关系。

2. 外交使节对各国政府及民间之宣传活动，使其不买日本货物，不卖原料物品给日本，不承认伪组织，不贷款予日本，倘遇日本在国外购取必须之原料武器时，我方须设法用同样价格（有时甚至出较高者）取得之，如此项原料不能运回国内，可在国外存储，或再图卖他国。

3. 宣传在被占领区内国民，不与日寇合作，不用仇货，不收伪钞，并须由政府颁布法令，在占区内之居民，如协助日寇，破坏国家主权者，剥夺公权，随地处以死刑。

4. 在政府势力内之地区，绝对禁卖日货，凡商店剩有之日本商品，由当地政府即日对存或付低价征用，以免混淆，海关入口检查，尤须严格。

5. 仿造伪钞日钞，以扰乱敌之货币（欧战时俄国仿印德马克钞票，曾有效果）。

（资料来源：阆中市档案馆民国档案，全宗号345，目录号47，案卷号4）

## 17. 关于战区儿童边疆宣传团的情况

### 中国战区儿童边疆宣传团三年来工作地区与经过
仲 昭

中国战区儿童边疆宣传团在冯云仙先生领导之下，于廿七年十月十二日在渝正式成立，以后即去成都，以便转道西康。到了成都以后，因为环境关系，未能深入西康，乃改变计划,向川西北番子区域及川西南夷民区宣传。在川西历经温江、灌县等十三县,元通场、街子场等三十五乡镇;川南方面,系由眉山、嘉定而进入雷马屏峨各县工作,计在川南先后经马边等二十二县,石角营等四十三乡镇,收获以在大小凉山一带为最大,不仅尽了宣传责任,而且作了调查工作,并展开今后工作计划。

(资料来源:《边政公论》1941年第1卷第3、4期合刊)

## 记抗建中的一个小小组织——战区儿童边疆宣传团的一段小史

冯云仙

要获得我们抗战的最后胜利,必须动员民众、组织民众,要动员民众、组织民众,必须着重宣传。在第二期抗战开始的时候,总裁就曾经宣示我们:"宣传重于作战,后方重于前方。"当时抗战的宣传工作,也是盛极一时的,可是都偏重于后方的几个大城市。至于在前方,在广大的农村中,尤其是在荒远的边疆地方,可以说还是很不够的。边疆地方的老百姓,简直不知道为什么要抗战,或者什么叫"抗战"。在抗战走上更艰苦阶段的今天,谁都不能否认,开始边疆从事大后方的建设,是支撑长期抗战,争取最后胜利的唯一要件。假如老百姓连什么叫抗战与为什么要抗战都不知道的话,"开发"和"动员"如何谈得上?在现时情况之下,要开发和建设边疆,必先从事于宣传以启发民智,以提高民众对于抗战建国的认识。

南京失陷后,作者随同工作机关到了汉口。在工作需要中,筹办妇女战时服务团,担任防护工作,开始抢救难童。后来发觉难童不但需要抢救,而且需要教育。于是我们才又开始办理起难童教育来。由于我们的奔走呼吁与各方的同情协助,我们的工作虽在轰炸声中亦得顺利进行。由第一次十六个难童的抢救,增展到抢出了三千七百四十六个小天使;由一个难童学校的组织,扩展到二十四个学校。以后更进而率领着战时服务团团员在蒋夫人领导下,前往开封、郑州一带战区抢救难童,运回汉口。

这个问题,在当时已引起许多人的注意。抢救和保育,都后起有人。我们于是又想到了将来儿童的安置问题。"移民于边"原是国父的大计。"开发边疆"又是当前的要道。但是上面已经说过,要开发边地,须先着重宣传。战区难童们受过了相当时期的训练后,已经有不少的聪明孩子可以充任宣传员。于是我们就着手编成了一个中国战区儿童边疆宣传团,让他们作一个边疆宣传的先锋队。让战区儿童们来作宣传工作,在当时还是一种尝试,但结果却是很成功。因为他们本身具有很多优点:他们富于爱国热诚〔忱〕,他们喜欢奔走,不辞劳苦,他们有活泼天真的态度,他们有清脆响亮的歌声,他们的国语容易说得流利,而且他们都来自各个战区,他们可以把他们在沦陷区域中自己亲眼看见敌人杀害他们的父兄的情形,欺凌他们的亲人的情形,亲身饱受着敌人的皮鞭毒打的情形,和亲眼看见敌人抢去了东西,烧毁了房子才走的情形,都写实地报告出来。以他们自身所经过的痛苦,以这种血腥的事实,传播到大后方,传播到文化最低的社会与遥远的边疆去,用它来感动后方的同胞,激发他们抗战情绪,使他们认识到日本军阀的残暴,而自动起来参加抗战,自动地有钱出钱,有力出力。

边疆宣传团的组织,是经过百般困难的。好在我们都能够忍受困难,所以还能够比

较差强人意地展开我们的工作。团员生活方面是童军管理，工作方面分六股负责：

第一是演讲股。在全盘工作中，它总占着重要地位。许多小团员往往从演讲上博得了大众的同情和热泪。共作了三百七十九次演讲。演讲的对象，自空军、陆军、军校学生、大学生，以至高初小学生，士兵壮丁和一般民众。在四川省党部指导下，各种纪念会必参加。

第二是话剧股。这是我们工作中最热闹的一个部门。因为他们的演出很真实，感动力很强。我们演出的剧本，计有《祖国的儿女》《小三子》《活捉东洋人》《收复失地》《怎么办》《咱们要反攻》《来几个杀几个》等，同时又穿插了金钱板、花鼓、独角戏、"机器人"、双簧等用旧瓶子装新酒的杂耍。总计我们这三年六个月来，运用戏剧的方式作宣传，在城市乡村共有二百四十六次。

第三是歌咏股。这一部门也是我们在工作上收效很大的一部门。我们不仅在每次演剧的前面来一个前奏，并且我们的小团员，还经常地在小学校里、贫儿寄托所里、难民收容所里、壮丁队里，教唱抗战歌曲，发起歌咏大会，参加广播电台或娱乐场去表演。从音乐方面，播植了爱国种子。我们的歌曲，计二百十余首。小团员们拿他们的响亮的吼声，替代着英勇冲锋的号角，替代着文字战士的笔杆，鼓动起每一个不愿做奴隶的人们，一致来参加抗战。

第四是救护股。敌人在前线失利之后总习惯玩一玩轰炸后方的把戏。虽然后方民众的抗战情绪可以抵抗敌人滥炸政策，后方的消极防空也做得还好，但有时也难免有一部份〔分〕同胞在敌机下惨遭牺牲。因此后方救护工作也不可轻于忽视。我们小团员在每次敌机轰炸之后，也负起一部〔分〕救护责任，如担架包扎换药等。他们对于这种工作，从实际生活经验中锻炼的，正如他们歌咏、演剧，做得一样熟练。

第五是文字股。编有壁报，流动张贴。墙壁标语，暨纸标语传单，亦经常绘制。每至一地，即分别散发。壁报每周出刊一次，每次五份，每份四大张。内容图文并重，文字着重通俗趣味，由各小团员执笔，指导员改正。

第六是展览股。我们常常举行漫画、街头画巡回展览，抗战照片与边地生活照片巡回展览，以帮助演讲、歌咏、话剧的宣传，使民众们对抗战对边地更明晰的认识。我们所收集的前方英勇将士浴血抗战的照片，敌人奸淫烧杀的照，以及边地照片，政府救济难童照片共三千四百二十张。每次展览，观众至多。我们走过的地方，除各大城市不计外，多在"川边"的夷民区、番民区。计经过大小五十余县，乡镇一百四十余，学校一百五十余所。尤以在大小凉山一带停留的时间最久，收获亦最大。因为我们在那里不仅尽了宣传责任，而且附带作了调查工作；不仅作了调查工作，而且已为难童的将来的安置与垦殖事业奠立了一个基础。

以上是我们战区儿童边疆宣传团的一段小史，也可以说是我们在抗战建国过程中的一点小组织与小贡献。现在工作算是已经"告一段落"，但是还不能说是"终了"。今后希望我们能够有一个大的组织，使我们能够有一个较大的贡献，来贡献于国家！

（资料来源：《组织》1943 年第 2 卷第 9 期）

## 18. 话剧《放下你的鞭子》剧本（部分）

（两人扭在一起打了起来，青工把汉子打倒，观众叫好）

青工：（一手抓住汉子的前胸，一只手打）你说你还敢用鞭子打人吗？

路人甲：叫他说还敢用鞭子打他的姑娘吗？

（汉子不应，直睁着两眼发痴）

香姐：（哭泣的香姐走进青工）好先生，请你放放他吧！

青工：这畜牲我今天非教训他一顿不可。

香姐：请你放了他吧，这不是他的错。

青工：不是他的错?! 他这样狠毒的用鞭子打你！

香姐：（悲伤的）是的。

青工：他把你当做畜牲看待，你还替他说好话？

香姐：不是说好话。

青工：（放开手）这怎么讲？……这究竟是怎么一回事？

　　《放下你的鞭子》：剧中描写了一对从东北沦陷区流亡到关内的父女——香姐和香父为维持生计，在街头卖唱。一次女儿香姐饿的支撑不住，摔倒在地，香父气的举起鞭子抽她，香姐疼的在地上打滚。这时，人群中出来一位青年，高声喊道："放下你的鞭子！为什么要这样痛打可怜的女儿！"父亲向青年诉说了日寇占领了他们的东北家园，给他们带来的逃亡的苦难。说到伤心之处，父女抱头痛哭。那位青年向大家宣传："如果我们不起来抗日，这样的灾难，将会落到我们每一个人的头上！"

（资料来源：阆中市档案馆馆藏民国文献，全宗号 345，目录号 635，案卷号 6）

# 二、川康民族地区对抗战的支持

## 1. 藏族僧民慰劳抗敌将士代表团抵渝

　　拉布楞〔拉卜楞〕百零八寺及所属各部落"藏族僧民慰劳抗敌将士代表团"抵渝后，备受各界之热烈欢迎。充分表现我民族团结，容〔融〕合无间之气象。连日该团在渝曾先后谒见中枢重要当局，并向林主席、蒋委员长、陈诚司令及空军将领献旗，以示崇敬及慰劳之意。

（资料来源：《拉布楞慰劳抗敌将士代表团抵渝》，《康藏前锋》1938 年第 5 卷第 6 期）

## 2. 德格土司捐款二百元劳军

西康德格土司泽旺登登拥护中央，崇敬领袖素极忠诚，此次对于抗战意义，极为明了，特筹足法币二百元，派员呈缴蒙藏委员会驻康调查组组长潘申五，转呈蒙藏会，呈蒋委员长转发前方将士慰劳，藉表敬意。该会据报，以德格土司位于西康北部，介于康藏之间，关系重要，该土司勉筹捐款，慰劳抗战将士，其数虽微，足资表率，其义之深，更足以发扬我全民族抗战之精神，尤属可贵，特于六月二十二日呈请行政院，逾格褒奖，以昭激励云。

（资料来源：《边疆情事：西康德格土司捐款二百元劳军》，《蒙藏旬刊》1938 年第 153 期）

## 3. 泽旺登登土司捐款慰劳抗战将士

"有力的出力，有钱的出钱。"这是在民族抗战展开后，两句普遍的救国口号。抗战一年有余，广东、广西、云南、贵族、四川、湖南，以及其他各省，多少武装将士，多少青年儿女，潮涌般地参加到前线作战，"有力的出力"这句口号总算是正在加强的实践着；"有钱的出钱"呢？一年以来，内地各省多少良心爱国的同胞，拿出他们的金钱献给国家，尤其海外侨胞到现在已有了八千万巨额的捐款（据侨务委员会陈树人先生谈称）贡献政府，其爱国热诚，令人肃敬！但是后方有钱的富翁富绅富贾，未肯捐出其万一者，亦未尝不大有人在！这又岂能不使我们痛心！

但在文化落后荒僻的西康北部边疆地方，德格土司泽旺登登，慨然捐出二百元，献呈蒋委员长慰劳前方将士。以一个见闻有限的边徼土司，能这样激发爱国热忱，输财抗战，其数虽微，而足以发扬我五大民族抗战之精神，实属难能可贵，尤足以愧煞内地的守财奴、拔一毛而利抗战者不为的富翁富绅富贾！我们对于泽旺登登土司的爱国热忱，十二万分的敬佩！我们更希望边疆的土司头人王公喇嘛都要踊跃输将，勿使泽旺登登专美于前。去岁九月，西康巴安刘家驹先生倾囊捐献千元，本刊曾为文以表扬，今后伫待我边疆爱国同胞、群起捐献，我们当濡笔以表扬其义举！

（资料来源：《泽旺登登土司捐款慰劳抗战将士》，《蒙藏旬刊》1938 年第 153 期）

## 4. 噶拖喇嘛寺呼图克图捐献棉衣及藏洋的情况

**为呈报噶拖喇嘛寺呼图克图献赠棉衣捐藏洋一百元**
**请由县府月领政费项下照数扣缴由**
（省财字第〇〇七七号 二十八年一月二四日发）

二十七年十二月十四日呈一件为呈报噶拖喇嘛寺呼图克图献赠棉衣捐藏洋一百元请

由县府月领政费项下照数扣缴由

呈悉，准予如请垫缴，并发收据，仰即撰饬知照。

此令。

附发收据一纸，注法币五十元正。

主席：刘文辉

财政厅长：李万华

附原呈：

窃职县所属河坡村噶拖喇嘛寺呼图克图信□，闻我前方将士喋血抗战，值兹严寒天气，尤能一致用命，实为钦仰。特献赠棉衣，捐款藏洋一百元，用表国民职责，交由县长转汇。惟本县交通梗阻，汇款不易，拟请由职府月领政费项下照数扣缴，发给收据。是否有当，合无仰恳钧会俯赐核办示遵。

谨呈。

西康建省委员会委员长：刘

白玉县县长：羊泽

（资料来源：《西康省政府公报》1939 年第 1 期）

## 5. 抗战时期果洛抗腮土官康万庆、抗干土官康克明将赈款捐为抗战飞机的档案文献

### 果洛抗腮土官康万庆、抗干土官康克明将赈款捐为抗战飞机的呈

（军字第 0312 号）

案查兹奉钧府二十八年四月财民字第 08997 号训令开："合行遵令发给直字第 8981 号支付命令一纸计法洋三千元正，仰该县政府即便遵照承令，会同理番县政府切实办理赈济果洛难民以示抚恤。"等因。奉此，遵于奉到赈款后一面函请理番县政府会同办理赈济，一面谕请抗腮土官康万庆，抗干土官康克明来县领赈。迭经催促，该土官等或以因病迁延，或以大股青〔海〕军压境无法分身到松等情，一再呈请展缓，以故此案迟迟未结。此次奉派捐款献机，曾委谷粟寨土官吴贵孝亲赴关外向各土官宣传。该抗腮土官康万庆、抗干土官康克明呈略称："职地虽属广大，但遭'匪祸'，经济落后人民穷愚，而在当前全中华民族一致抗战建国之下，再加我蒋委员长宏恩无量，职愿虔诚遵命将前赈济抗腮抗干三千元敬作献机以进愚弱边民区区义务。谨具收到赈济费条据各一份，请予转解。"等情。除将该土官等捐作献机之款专案解送外，特将领赈物收据二张，理合具文呈请钧府俯赐备查令遵。

谨呈四川省政府。

计呈抗腮土官康万庆、抗干土官康克明所领赈物收据各一纸。

松潘县县长：黄○○

附收据：

今领到松潘县县政府转发四川省政府赈济抗腮（抗干）国币一千五百元正，此款领清，特具领条为据。

中华民国三十年六月二十八日

抗腮土官康万庆、抗干土官康克明（盖拇印）具

（资料来源：阿坝州档案馆所藏民国档案，全宗号5，目录号1，案卷号393）

## 6. 若尔盖部落为抗战购置军马的档案文献

### 班岳土官即日来喇嘛寺面请商购军马

径启者：本主任奉军政部何（何应钦——编者注）部长转奉蒋委员长命令开前方抗战胜利需要马匹补充，兹指定在若尔盖十二部落地方采购军马，并指定应由班佑土官转知十二部落各土官分担承购等因，本主任于本月二十四日抵此喇嘛寺，易马之茶包亦已运到，此次平买平卖，不赊欠分文，特请贵土官即日来喇嘛寺面商分担数目，国家抗战所关坐候胜利所紧务。此致班岳土官。

主任：周家英

民国二十九年六月三十日

（资料来源：阿坝州档案馆所藏民国档案，全宗号8，目录号2，案卷号635）

## 7. 卓克基土司索观瀛为抗战献金相关文献

### 土司索观瀛关于献金慰问前方忠勇将士
### 给四川省第十六行政督察区专员公署的呈

呈四川省第十六区行政督察专员谢

事由：呈为献金慰劳前方忠勇将士由

附件：法币贰佰元。

#### 索观瀛的呈

窃职住牧边陲，世笃忠贞。先父怀仁及叔季皋，宣劳党国，驰驱效命，常尽以身殉职，胥在专座洞鉴之中。职生长汶川，涂禹就学，束发授书，粗知礼义。追袭职卓土，抚驭番众，边关安静，抒国忧严。抗战开始之初，愤激中心，午夜彷徨，痛恨倭奴，侵夺无厌。蒙我最高领袖委员长不忍锦绣河山、神明华胄陷于倭奴鲸吞之下，率领全国军民发动神圣长期抗战。牺牲报国，人有同情，职心殷敌忾，有志请缨，执以戍守边陲。日惟宣扬，诵经祈祷，祝我国家早得最后胜利，并竭力宣传，唤起民众抗敌情绪。今者全国纷纷举行七七抗战、建国纪念，追悼前线阵亡将士，并举行献金运动。职逖听之

余，有感于衷，深念卫国健儿奋身杀贼，忠勇取义，壮烈牺牲，猿鹤虫沙，大可哀痛。谨率合家眷属，将节衣缩食所得法币贰佰元专差缴呈钧座俯予转汇中枢汇发前线，以慰死者不朽之英，以劳忠勇前驱之士。区区微义，如恒河一勺、太仓一粟，款款征诚，聊申爱国于万一耳，无任惶悚待命之至。谨呈。计呈现金法币两百元。

职：索观瀛

中华民国二十七年九月二十一日

### 四川省政府给索土司献金百元的嘉奖

呈一件　据理番县索土司献金贰佰元转呈恩赐嘉奖由

呈悉。据呈解卓克基长官司索观瀛献金法币贰佰元，已由府核收兼并本省七七献金款项累解。该县长官司，袭职边陲宣劳戍役，关怀国难，慷慨输将忠义之风，殊堪嘉尚。惟所请呈奖一即，按照褒奖条例规定，须献金在五千元以上，始得转请。兹特破格由府题颁匾额一方，文曰"忠义可风"，用昭激劝。仰即录令转给领可也！

此令。

主席：王缵绪

中华民国二十七年十二月三十日

### 又：十六行署的说明

前据该县卓克基长官司索观瀛呈七七献金二百元到署，当予转呈，兹奉四川省政府二十七年十二月三十日秘字第一四九五九号指令开：呈悉。云给领可也等因，附匾额题字一件合行令由该县府转给承领。此令附匾额题字一件。

中华民国廿九年一月

专员：谢□□

秘书：杨□□（代行）

（资料来源：阿坝州档案馆所藏民国档案，全宗号8，目录号1，案卷号1010）

## 8. 康区军民的抗战献金运动

### 川康军连长闵玉泉购买救国公债

据八二二团一营二连连长闵玉泉报称"抗战正酣，国难日急，愿捐历年储金国币二百元，购买救国公债，用表爱国热忱"等情。据此，除批令外，查该连长出自寒畯，戍边尤苦，减衣缩食，赖克有此。夫嫠不恤纬而忧宗周之陨，高也饮犊以缓暴秦之加，媚闺走贩，均知体国，此中〔种〕血泪，昭于来世，况我军人，荷疆场之任，卫藩屏之重。今日寇紧逼，东南喋血，禹甸倾荡，念之惶汗，该员踊跃乐购，为同辈倡，轻财重

国，有足多者，特予通令嘉奖，俾资导率，除分令外，合行令仰该团长即便转饬所属一体知照为要。

（资料来源：《文电：旅司令部通令各团文》，《戍声周报》第 54 期，1937 年 11 月 15 日）

## 川康军四零八旅成立小组会并筹献金办法

四零八旅旅长，因校阅北道部曲，返理之后，积极整理一切应办积案，奉炉方转来高级领袖规定之小组会议训令，即于八月二日午后，召集旅部官佐士兵正式宣布，成立小组会议筹备会，行礼如仪，初由组长讲解小组会议公文细则后，并讨论部内官兵自愿献金办法，诸事完竣，宣布散会。

（ 资料来源：《一周消息：成立小组会并筹献金办法》，《戍声周报》第 92 期，1938 年 8 月 8 日）

## 八一六团机枪连连长徐智东纪念七七单独献金
### ［曾］德柔

八一六团机枪连连长徐智东，纪念七七自愿献藏币二十元，已交该连调雅安受训之中尉排长吴国梁，带呈曾旅长请为转兑，曾旅长当即交与李培芳参谋，命负责邮汇成都中央银行云。

（资料来源：《戍声周报》第 98 期，1938 年 9 月 19 日）

## 理化献金运动
### 毅 公

八月二日陆军一三六师四零八旅旅长曾言枢氏，协同理化县长张朝鉴氏于理化治城举行抗战献金运动大会。酿人民涓滴之微，励将士扫荡之气。扶助军实，正所以效忠政府；同仇敌忾，实昭著一致团结。我武汉、长沙、贵阳、成都各市皆于七七国难日，先后举办。边疆蔽塞，风息迟迟，曾、张两君意在追哀国难，深志沉痛，忧心之勤，亦良悲矣。

是日风雨黯云，气象衰瑟，军政各界，愈益勤谨，乡村民众，不惮泥泞，一堂跻跻，既慨且扬，豪客悲烈，前所未有。计所献金，喇嘛寺藏洋四百四十八元一咀[①]；香根活佛藏洋七十五元半（半元合二咀）；市乡民众藏洋一百零一咀半，又法币八元三角；县府藏洋二百二十二元；旅部三百零六元一咀；二营第六连法币二十九元二角。共藏洋一千一百五十二元一咀半，法币三十七元五角。

抗敌讨贼，武备财用，中央固有精密计划，自不在此，有此亦足以见人民爱护国家之激昂热烈也。关外民众，方之内地，教育悬绝，见闻局隘，有此表现，尤不易得，更而进之，策敌前锋，摧寇御侮，不难为之，惟有司之责焉，实群情之所望也。

（资料来源：《戍声周报》第 92 期，1938 年 8 月 8 日）

---

[①] "一咀"就是四分之一个藏洋，两咀就是半个藏洋。此计量单位，清末民国康定以西的关外一些地方才有。

### 理化踊跃献金，汇兑前方鼓励士气

理化地广人稀，又康汉语言不通，但经当局提倡献金爱国，一般人民仍积踊跃。献金办法系由官方人民分别负责，探得旅部为彭鸿恩、蓝鸿登，县府为史建侯，乡街民众方面为瞿敬如、冯万镒、罗泗芳、崔洪春，喇嘛寺为传号，连日以来均极努力，计收得藏洋一千一百五十二元一咀半，国币三十七元五角，闻不日即汇往前线，鼓励士气云。

（资料来源：《戍声周报》第 92 期，1938 年 8 月 8 日）

### 巴安县"八一三"献金大会概况

（巴安特讯）此间抗战建国大会，自昨（十三）日举行献金运动，军政僧俗均皆踊跃捐输。本日该会又召集各机关法团及僧俗民众等，于八一六团部办公厅会商分组劝募办法。除当场公务人员自由捐集大洋一千余元外，城区共分六组劝募，更请刘委员太太及驻军刘营长太太领导军政眷属及土司头人家之妇女共成一组，分道劝募。至本日（十七）止，闻各组共募得大洋七百余元，统计此次共有大洋贰千肆百余元，耳环戒指银器六十余件，以四百余户口之巴安，有如是踊跃捐输之巨款，实难能可贵。军政首长莫不称快。

（巴安特讯）八月十三日为抗战建国周年纪念日，此间各界筹备举行纪念大会及献金运动临期计划，傅保安司令、赵县长、各机关法团，及古学佛都督，大小喇嘛村保土司头人约千余人，行礼如仪，后由傅司令讲演抗战一年来我军之战略改进，及敌我战备之分析。最后由古学佛都督讲述抗战建国期中，僧俗民众均应各输诚意与力量，拥护中央，以期达到抗战必胜，建国必成之目的。语颇详尽，意颇真诚，全场僧民无不为之感动。故当宣布献金时，汉康僧俗民众及小学生，莫不倾囊捐输，是日共计募得大洋五百余元，兹特将该会致蒋委员长及慰劳各将士家属文电二通并抄，以饷〔飨〕阅者。

> 汉口蒋委员长钧鉴：倭寇肆虐，犯我神州，炮轰弹炸，毒焰横流。天生圣哲，硕画茒筹，屡摧强寇，声震美欧。敌图武汉，决战开始，力谋保卫，复兴在此，康藏同胞，忠贞共矢，破釜沉舟，誓雪国耻！西康巴安县抗战建国纪念大会叩。

> 汉口蒋委员长请分转前方抗敌将士暨各地阵亡将士家属同鉴：七七事变，抗战经年。前敌将士，废寝忘食。直、苏、晋、鲁，歼寇万千。台庄大捷，岛夷胆寒。五族一心，拥护领袖。唯命是听，抵抗奋斗。捍患御侮，保全华胄，众志成城，肤功克奏。寇露衰竭，全力来扑，企图武汉，以遂乃欲。抗战建国，军民互助，必胜必成，复兴民族。有功将士，成功同志，成仁先烈，懋赏特恤，有典有则，丁兹纪念，满腔热血，整装倚马，特命杀贼。西康巴安县抗战建国纪念大会叩。

查卢沟桥事变为日本帝国主义者欲以武力征服我国之积极行动，我中央军事最高领袖蒋委员长为救亡图存，领导全民一致抗战，迄今不屈不挠于牺牲奋斗、艰苦卓绝之中，争国家之光荣。凡有血气，均应各尽所能，贡献国家，共谋最后胜利。兹值抗战建国纪念，筱波侨居巴安，吃穿而外，已无长物，除将现金钢洋卅元助捐外，愿将平生积

蓄之西康美明电灯公司股本大洋伍百元悉数呈献，藉表爱国微忱，敬希汇大会，径电该公司，觅承顶〔丁〕，将款交出，汇汇前方，不胜翘企祷盼之至。

卸任巴安县长吴筱波谨启

（资料来源：《八一三献金大会盛况，只四百余户之人口共捐法币贰千数百元，卸任县长吴筱波洗家助战》，《戍声周报》第 95 期，1938 年 8 月 29 日）

### 西康第三区保安司令部参议吴君筱波的一封信

敬启者：

吾国不幸，迭遭倭寇之强暴，侵占我疆土，杀戮我同胞，炸毁我城市，豺虎不足喻其凶，蛇蝎不足喻其毒。一年以来，我前线之英勇将士浴血抗战，杀身成仁者，不知凡几，战区妇孺，无辜被害者，何可数计。我中央最高领袖蒋委员长为救亡图存，领导全民抗战建国，不惜任何牺牲，争取最后胜利，凡有血气，莫不敌忾同仇，一致奋斗。现值寇存我亡，寇亡我存，千钧一发之际，所有后方人力物力财力，均应贡献国家，共图力挽狂澜。筱波戍边十年，自愧文弱，不能请缨杀贼，无补时艰，良深内疚。昨值巴安举行抗战建国周年纪念，爰将现有钢半洋一百一十八元，暨戍边所积之电灯股本大洋伍百元，悉数呈献，以报国家之恩，除将股票函送纪念大会，请径向电灯公司设法觅顶〔丁〕措款汇汇前方应用外，用特函达贵经理，即希查照办理是荷，再本股应领红息，并请截至股本顶出日止，算交敝同事王冠群君代收为祷。

此致。

西康美明电灯公司经理公鉴

股东吴筱波谨启<br>廿七年八月廿五日

（资料来源：《戍声周报》第 97 期，1938 年 9 月 12 日）

### 甘孜抗敌后援会献金及慰劳前线将士概况

（甘孜通讯）此间抗敌后援会，现将全甘七七献金交由西康省银行甘孜办事处兑渝后，复于日前在县府开会商议征集慰劳信，及捐送医药费办法。业经议决，在甘公务人员各写慰劳信两封，各校学生每人写慰劳信一封，本城商号共写慰劳信十封，驻军章团士兵亦每人写信一封，均已如限缴交后援会收转，闻共约五千封之谱。至医药费捐助办法，刻已发出捐簿多本，正分头进行，一俟捐足成数，即兑交重庆云。

（资料来源：《戍声周报》第 153 期，1939 年 10 月 9 日）

### 西康省理化县各机关公务员及公役七七献金姓名表

曾言枢法币壹佰元，张朝鉴六十元，谢石书贰拾元，王庆恩、张万春、谭志龙、彭鸿恩、曾璧辉、刘爱民，以上每人拾元，何采臣、刘仲华、蓝鸿登、刘敬之、曾崇礼、周伯刚、曹质彬、熊清然、廖千有，以上每人伍元，邹少文四元，周绍瑞叁元，高代芳贰元，史建候、陶大成、龙吉淦、李茂林、孙人一、黄平绩、刘慰亲、李程九、姜大熙、伍尚猷、杨绪富、张少云、董楷、钟鼎新、张子云、徐树清、刘泽、傅振声，以上每人壹元，梁天佐、曾德柔每人伍角，以上肆十壹员名，共捐法币叁佰壹拾叁元。

（资料来源：《戍声周报》第 192 期，1940 年 7 月 8 日）

## 西康省立理化小学学生七七献金姓名表

罗绒泽仁、松躲着马、单贞阿章、曲贞、彭错翁家、扯那母、昂翁劣西、仁贞拉母、米珠、谢文渊、格绒俄母、劳节那母、泽里庸章、松躲格绒、土登、阿土、阿诺、阿扯、余马罗宗、得云英、阿真、格绒拉孟、格绒着马、波车、格松那母、当真泽批、曲喜、邓珠、王泽批、阿区、所绒那母、阿生、阿泽却贞、刘少华、张明从、降央、克珠、李淑芬、王云和、泽翁着马、孙学林、阿根、李玉莲，以上肆十四名，每人捐洋贰角，共收捌元捌角。

（资料来源：《戍声周报》第 192 期，1940 年 7 月 8 日）

## 西康省理化县县立小学学生七七献金姓名表

赵俊夫法币贰元，宋香芸、冯琼霞、汪素蕙、刘玉莲，以上每人壹元，曹素芳、史永康各伍角，雷树雨、张竞成、郑述成每人四角，伍寿康、王忠、佘树康每人二角五分，罗方兴、向淑贞、聂建忠、金蔚康、杜学文、邱仲康、李国栋、欧珠、丹贞汪青、丹贞彭错、觉磜、一噶、阿洛、罗方昌、吴建民、王德馨、徐康民、雷民生，以上每人贰角，何兰玉一角伍分，李克明、宅仁竹马、丹贞竹马、不朱日琴、贾存信、朱却错、杨伯祥、彭错降央、刘建秋、王孝、何建康、孙长寿、阿诺、仲噶、宋国斌、陈秀英、阿车、杨喜、阿称、格木、着马拉母、马莲香、丹贞纳母、徐康治、谢桂香、崔群羊，以上每人壹角。共伍十九名，计收法币壹拾伍元肆角。

（资料来源：《戍声周报》第 192 期，1940 年 7 月 8 日）

## 西康省理化县汉康商民七七献金姓名表

蒲鑫金捐法币贰拾元，刘自省、庆和各拾伍元，冯万镒、赵均生各拾元，贾忠玖元，郭大成、罗泗芳、彭错堂开、杜鹤林、杨国栋、贾孚富、牛烈，以上每人伍元，周荣孝、张金声各肆元二角，官文通、王际发、汪安民、翟敬如、黄海清，以上每人贰元，吕明章、白志忍、洛松、阿宅、噶松竹马、张阿刀、阿却丹珍、阿兄、宋玉林、郝桂花，以上每人壹元肆角，王三省、洛朱、孙庆荣、李耀宗、王三槐、刘银山，以上每人壹元，洛绒彭错、缪占云、官孝华、史殿臣、柏龚、吴焕秀、阿贞、杜文华、王振铎、姜大兴、潘永富、向柄楠、阿力，以上每人伍角，李淑芳、彭错、宅仁桑生、阿珍，以上每人贰角伍分，大吉、韩玉成、汪修、徐文志、杨喜、阿贞、夺吉、昂翁、阿

打，以上每人贰角，孙四女、罗铭轩、赵清平，以上每人壹角。以上六十五名，计收法币壹百陆拾贰元捌角。

（资料来源：《戍声周报》第 192 期，1940 年 7 月 8 日）

## 9. 有关川西北土官派代表请缨抗战的档案文献

### 国民政府军事委员会委员长行营快邮代电
#### （字第 17669）

茂县谢专员勋鉴：

据松潘县毛尼沟大土官郎介、大小姓大土官荣德清等敬电略称，抗战发生，我夷族一致拥护领袖，乃派狼巴赴辕申诉一切，不幸奸人马登霄假翻译为名上下蒙蔽，窃毛尼沟土官印信假造电文，指狼巴系冒充代表，不胜诧异。兹恳准将狼代表撤回，并祈饬县府严究翻译假名之奸人等情。查郎巴又名昂正卿，前以四川路西番兵总代表名义赴汉请缨，今据该专员本年三月唁电查明，系招摇冒充在案。兹据前情，无论狼巴与郎巴是否一人，既据申请撤回，自可姑予免究，惟前后两电各执一词，究竟孰真孰伪无从揣定，以及所请严究翻译各节，是否确有其事，情节何如，希饬松潘县府一并查明核办，具报委员长行营俭侭渝。

李任民（印）<br>中华民国二十七年七月

（资料来源：阿坝州档案馆所藏民国档案，全宗号 8，目录号 1，案卷号 1011）

## 10. 川康军将士对抗战的支持

### 各尽所能随分报国

七月十六日午前七钟，旅长集中旅团部官兵在办公所讲话，略谓日军近在北平向我廿九军部挑衅，中日战事，恐难避免，政府已令全国军队克分准备，我同胞应各尽所能，以备国用。同志们服务西陲，职司国防，不能到东北赴难，则当随分报国，须知康藏国防，亦属重要，望各同志枕戈秣厉，以待时机云。

（资料来源：《戍声周报》第 37 期，1937 年 7 月 19 日）

### 八二八团成立抗敌分会，秣马厉兵待调杀敌

（巴安社）巴安自巴、白、德、义四县联合抗日后援会成立后，各界捐输，极为踊跃。驻军八二八团以军长刘，业经抽调八连精锐，预备开拔赴敌。闻之不胜兴奋，特于

本月四日成立军人干部抗敌分会，一面加紧宣传民众，一面努力日常操作，秣马厉兵，待命开赴前方杀贼，以尽军人之天职云。

（资料来源：《戍声周报》第 51 期，1937 年 10 月 25 日）

## 后方人员整顿精神，加紧工作，与前线杀敌同一卫国

迩来国战日急，关外生活又苦，旅部人员及部队官兵，无不思归。二十九日行升旗礼时，许代旅长训话略云：军人朝气应随时修养贯著。今晨转经升旗，虽寒风刺骨，各同志仍未曙即起，按时进行，有如此精神，足见皆能严守旅长之教训。近日纷纷请假，急欲赴前线杀敌者甚多，此种现象，于国家前途，极为良好，须知临阵杀敌需人，稳定后防亦需人。国家遭此非常之变，我统帅自有全盘计算，凡属军人，在未调赴前线时，能在后努力工作，其精神与效能，实与前线同志无差别也。今后望各同志自拔自奋，健全技能，等待时机，以报国家，以救民族。闻者莫不叹服。

（资料来源：《戍声周报》第 74 期，1938 年 4 月 4 日）

## 戍康部队要如何才能达成"安定后方，巩固国防"的责任
### 何伯勋

自抗战军兴以来，今已逾两载，其战绩之伟大，固赖于前线将士之英勇牺牲，而后方军民之精诚团结，实亦予前方士气莫大之兴奋。环观我国上下，自最高领袖以至贩夫走卒，莫不一德一心同仇敌忾，此所以支持时间愈久，战斗力愈益增强，前面抗战坚决精神，亦愈加表现。近日本势成骑虎，欲罢不能，已发出长期作战之呼声，弱点已暴露无余。我国乃为国家民族生存，伸张正义而战，咸具有与日偕亡，抗战到底之决心。期于此奠定抗战建国之基础，湔雪过去种种耻辱，及一切不平等条约之解除，故今后战局愈持续，亦愈困难，同时需要于我后方之安定，与军民继起牺牲者至深且切。

我戍康部队，杀敌有心，请缨无路，非图旦夕之苟安，实肩国防之重任。自宜惕励忧勤，克〔恪〕尽职守，以释中央西顾之忧，无形中可以增加抗战力量。若使舍本逐末，徒骛高远，则虽纤芥之微，动牵大局，影响前方，至非浅鲜〔显〕，吾人任务既若是其巨，窃愿就当前应注意及改进之点，抒陈管见，以资参择。

一、关于部队之训练也。训练在熟习诸法则制式，期于活用，同时养成协同一致之精神，以求士气之团结，诚宜不可稍忽者，顾训练之科目繁多，关外气候生活等之苦寒，实难与内地一一相提并论。择其切于实际，约有下列各项：

（1）射击。康省人民慓悍，尤以康南为最，一般夷民，对于射击术，颇称精确，每人携带弹药，至多未达二十发，非至有效射界时，决不妄放一枪，其节弹药如此。在部队则不然，子弹数量，较夷民数倍以上，平时对于射击，多不讲求，有事时，十难命中一二，故夷民对我常起轻视之心。今后愚以为对于此点，应注意射击学理之了解，并使士兵修得射击之要领，时时练习，以期命中之精确，庶火力发扬，可收杀敌致果之效也。

（2）爬山。关外崇山峻岭，谚为"蜀道难行"，于康尤甚，各士兵均系来自内地，

于山路行走，大都感受困难，到有事时，夷民身既矫捷，又系超乘，是以胜不可制，败不可追，部队势难尽为骑兵，战场上受种种之限，故惟于平时对爬山练习，应不断施行以求补此缺陷。

（3）行军。道路崎岖，已如前述，关外交通不便，部队推移，舍徒步实无他法，故于行军一科，亦属不可偏忽也。

（4）余各器械术之练习，臻于优长，可以攀登崖岸，超越沟渠；拳术精练，可以增进体力，为战斗之补助；劈刺及刀术，可以肉搏，遂行白刃战之任务，训练随心，固视吾人因时因地出之而已。

二、关于官兵精神之涵养也。有一分精神，然后有一分之事业，历观古今来英雄豪杰之成大功立大名者，罔不由艰难困苦中得来也。

（1）要有刻苦耐劳之精神。关外苦寒，诚不可讳，间有意志薄弱官兵，辄见异思迁，结果终难造就，盖由于不悉国情，不明任务之关系。现在强敌压境，国危寇深，当兹全面抗战之际，凡属国民，均有献身卫国之义，安定后防，其功亦不下于效力前线。边地虽苦，犹可饱食暖衣，享受已愈于浴血战士，我官兵应于刻苦耐劳上痛自惕励，期无忝于职责。

（2）要有边疆事业兴趣。语云"志在圣贤，则为圣贤；志在豪杰，则为豪杰"，志之所在，何患不成。吾人既奉守边疆，即当效法班生、张骞辈，班张亦犹人耳，初奉使西域，其艰辛为何如，既平定诸夏，博封侯之赏，立不世之勋，抑何壮哉！舜亦人，我亦人，吾辈若能本此旨趣，以赴事功，亦安见今人之不如古人也？

〈后略〉

（资料来源：《戍声周报》第 147 期，1939 年 8 月 28 日）

## 11. 巴安壮丁自愿接受军事训练

（巴安社）此间县府，成立县总队部后，即筹备壮丁训练，现已拟定短期训练计划，于前〔十八〕日召集坶城四村民众，及城区士绅商讨训练进行，而四村民众代表，以抗战期间边防紧要，自愿每周受军事训练操一日，以期共赴国难云。

（资料来源：《国难严重，巴安壮丁自愿受整天的军事训练》，《戍声周报》第 69 期，1938 年 2 月 28 日）

附：关于民兵训练的相关文献

### 阆中县国民兵团部训令

（阆团字第 1840 号）

令第三区队部：

案奉四川省军管区司令部仁字字第 1330 号代电开："兹颁发四川省各县（市）国民

兵组训实施办法一份，除呈报军政部并分电各师区各专署各国民兵团各县政府外，合电该部遵照为要。"等因。附发四川省各县（市）国民兵组训实施办法一份。奉此，除将本部前奉颁国民兵普集训实施办法发上外，合亟节抄原办法一份令仰该队切实遵照为要。

此令。

## 节抄四川省各县（市）国民兵组训实施办法一份

第一条　本办法根据军政部渝仁役训字第 11773 号电颁国民兵组训办法八项规定及前颁四川省各县（市）国民兵组织管理教育实施细则并参酌本省实际情形订定之。

第二条　各县（市）国民兵团后备队暂行停办，国民兵训练一律以乡镇为训练召集单位普遍实施，如乡镇地区辽阔，可分保设训练场所施训。（原文缺第三条，编者注）

第四条　国民兵受训地点以利用公共场所庙宇祠堂学校广场等为原则，并应适中不可偏于一隅。

第五条　国民兵普遍训练时，除以乡镇保队附负责实施训练外，并由各师区所属部队遵照修正战时各部队协助国民组训办法之规定尽量派干部赴所属县（市）各乡镇保协助训练。

第六条　各县（市）国民兵训练以未受训国民兵为主，每期召集训练年次以十九岁起至三十五岁止，共十七个年次，配合编组实施。

第七条　各县（市）后备队在未办理结束以前，其中分队长应派赴各乡镇负巡回督导之责，后备队结束后，应分派督练赴各乡镇保巡回督导训练，不得逗留县城或逗留无国民兵训练之区。

第八条　各县（市）国民兵训练，每年训练五期，每期训练两月，每日训练三小时，农忙时期酌予停训，并规定各期起止日期如下：第一期二月一日至三月一日，第二期三月四日至五月三日，第三期七月一日至七月三十一日，第四期九月一日至十月三十一日，第五期十一月一日至十二月三十一日。

第九条　各县（市）国民兵于农忙停训时期，各级干部应增进组训技能，将区乡镇保队附甲班长斟酌分期调训，每期训练两周，分两期调训完毕。

第十条　各乡镇队国民兵训练时应配订政训课程，由国民兵团政治室派员巡回到各乡镇实施训练。

第十一条　各县（市）乡镇队国民兵训练时，乡镇保队干部尚未充实以前训练责任由副团长派督练员分别到各乡镇负责巡回编训。

第十二条　各县（市）国民兵每期训练时间为一小时，其学术课时间及次数分配表、教育日数时间基准表、学术进度预定表等，均照前颁四川省各县（市）国民兵组织管理教育实施细则附表之规定办理之。

第十三条　每期国民兵训练结业时，各乡镇部应造具受训国民兵名册呈报团部备查。

第十四条　国民兵组训练期中如有规避情事应依兵役法治罪条例暨陆军兵役惩罚条例办理之。

第十五条　各县（市）国民兵受训期中若因事请假超过二十小时者应顺延二期补训，并由团部转报师区备查。

第十六条　凡已训练之国民兵应编为预备队并遵照前颁四川省各县（市）国民兵组织管理教育实施细则第十条之规定，视其需要分别编组警备队救护宣传等各种任务班（队）以维持地方治安。

第十七条　受训国民兵所用教育器材以步枪为主，由受训国民兵自备，如不能自带教育用枪时，可在当地军警宪兵部队借用。

第十八条　各县（市）乡镇保队国民兵普通训练所需各项经费，概由县地方预算统筹支配。

（资料来源：阆中市档案馆民国档案，全宗号 363，目录号 88，案卷号 64）

## 12. 火竹香根呼图克图在雅江的宣教

又理塘喇嘛寺前堪布火竹香根奉调赴康，参加五明学院会议后，蒙委为该院筹备主任及佛教宣化师，本月由康返理。道过此间，应渡口各水手之请，于江滨设座，念经超度溺毙亡魂，听经男女，约达百数十人。该宣化师于讽诵经典之余，向民众宣传抗战必获最后胜利，劝导夷汉民众一致拥护蒋委员长，长期抗战，有力出力，有钱出钱，并拥护刘委员长建设新西康云。

（资料来源：《戍声周报》第 108 期，1938 年 11 月 28 日）

## 13. 关于筹办"护国息灾法会"的相关电文

### 刘军长电

理化曾旅长：

顷准中国佛教会长戴传贤，正副理事长张继、屈映光、陈其采江电开，请译转理化蚌浦寺大宝法王、悉地宝法王慈鉴：顷奉命启建息灾法会，策动四众一致，伋祷敬恳驾临贡噶寺主持法坛，已派代表随贡噶佛回康筹备，并先派喇嘛趋迎，务乞早日命驾，以慰全民渴望，等由。又准傅常、潘昌猷江电开，顷林、蒋两公倡建护国息灾法会，请康藏大德修法，推贡噶佛回康，求现住理化蚌浦寺之大宝法王、悉地宝法王，来贡噶寺主持法坛，其电报恳译为藏文，饬由理化县长专送，更乞加函劝请。至贡师回康，诸乞照拂等由。复准贡噶法狮子江电开，请送理化大宝法王、悉地宝法王师父慈鉴：汉地朝野同求三宝加被，启建护国息灾法会，权请上师驾临贡噶本寺主持法坛，望勿他往，弟子即同法会代表回康，并先专人迎请，敬恳慈悲来坛等由，希即照译藏文，妥为转送为要。

文辉（鱼秘印①）

## 曾旅长覆电

康定主席刘：

鱼电奉悉。蚌浦寺是否即德格之巴崩寺？大宝法王是否即噶马八仁波伽？悉地宝法王是否即可都仁波伽？又贡噶寺是否即康定第五区所属？并恳示知。

职：言枢

四月八日

（资料来源：《戌声周报》第127期，1939年4月10日）

## 文电：刘主席电

理化曾旅长言枢：

鱼电所称即来电所指各大德也。

刘文辉（灰秘印）

## 刘主席电

理化曾旅长：

前准中国佛教会戴会长季陶等电请译转理化蚌浦寺大宝法王、悉地宝法王，等电，业于鱼秘电请译转，兹准戴会长蒸电询有无覆电，希速覆为要。

文辉（寒秘印）

## 曾旅长上刘主席电

康定主座：

寒奉悉。大宝、悉地两法王，现尚在稻城，距理约七站，前电译送，计时尚在途间，得复定即电呈也。

职：言枢

四月十五日

（资料来源：《戌声周报》第128期，1939年4月17日）

---

① "鱼"代表日期，"秘"代表是秘密电报，"印"代表原文献有印章，下同。

## 14. 关于筹办"昂布多青法会"的相关电文

### 曾旅长致张秘书长电

康定张秘书长尊鉴：

康定启建祈祷抗战速胜、建国速成之昂布多青法会日期，请电示知，因香根大师拟约康南各寺同时举行，以期必验故也。

言枢（叩）

七月十四日

（资料来源：《戍声周报》第 193 期，1940 年 7 月 15 日）

### 文电：张秘书长来电

理化曾旅长：

寒悉，康定现未举行大规模法会……于安却〔党〕寺请有喇嘛诵护法经，火竹香根如愿为抗战祈祷胜利，希即转告自由定期……可也。

弟：张为炯

删秘印

（资料来源：《戍声周报》第 194 期，1940 年 7 月 22 日）

# 三、边地民众对于抗战建国的认识与评论

## 1. 国难期中夷胞应有的认识

岭光电

甲、绪言

夷胞在川康边境者，综计有二百万之多，在黔在滇在湘，则其在千万以上。以如此人口，如此住区，兼具有忍苦耐劳之德性，其在西南国防上，所占重要性何待述说。尤其以多未开化，若未琢之玉，其所蓄生命力之伟大，实人人所认识。吾人对之除望其在国难期中，尽其力能，以赴抗建之工作外，对将来之复兴，尤有厚望也。

乙、过去与现在

〈中略〉

丙、国难对夷胞之威胁

过去历代国难，是片面局部，某一部分对其他一部分的，其结果朝代换换姓名，人

民换换信仰，甚或一时兵荒马乱，受短时的祸难了事。虽无何好处，亦无何坏处。目前则不仅一国对一国，且亦一国对数国，一族对数族。其结果在空间上论，是军事的、政治的、经济的压迫，甚至文化的、种族的压迫；在时间上论，是长久的、无止的。似此之国难，可谓令人谈虎色变，极人世之惨毒也。倭寇目前对我国之侵略，其目的何在，分析言之：第一步以其暴力征服中国，使四万万人尽为其牛马，任其生杀予夺，任其支配利用，消灭其反抗，消灭其文化，及民族国家意识，成其真实牛马。第二步，更是消灭本地人口，藉殖其倭鬼，其归结在东亚物是倭寇所专有，人是尽属倭鬼，此目的如果实现，半世界人口将被摧残，将被消灭。故倭寇为遂其兽欲，不惜冒世人之大不韪，演其人世罕有之惨剧。我国则以正义所在，生存所关，奋其最大之努力，不愿任何之牺牲，拼死抵抗，以博光明之前途。抗战之起，实非偶然之行动也。

……夷胞在目前，犹保持原始状态，一切一切，均不足道，均待先进同胞之扶持。乃近年以倭寇进侵关系，人力物力，俱受牵制，不能专力来经营边区，或经营亦不能如期进行。至边民之教育、政治、经济、生活之改革，效率上受莫大影响，迟迟无进。此国难对夷胞前途所予之直接威胁也。以抗战前后论，抗战胜利是终属于我，谁亦不能否认。但抗战期中，若能尽其力能，参加奋斗牺牲之工作，则党国可增加一伟大力量，促成胜利之早日实现。抗战以后，则可增高夷胞在国内各民族中之地位，共同享受自由平等之幸福。否则于抗战无所裨益，于将来地位，不免有所影响。此无形中，在间接给予夷胞前途之威胁也。

目前战争，是立体的、全面的，绝非一地一城之争。所以所谓后方者，今成为前线；昔谓安全时间，今为危险时期。何前何后，非可预料，只看我最高统帅之政略战略而定耳。故夷胞住区之入战区，亦将可能。果如此，以彼之残暴，对我其他有智识有能力同胞犹如此，对我知低能弱之夷胞，其行为更将无所忌惮，所受摧残，将不堪设想。此虽似是而非之预想，但亦属必然者，于夷胞前途为不可不预防之威胁也。

以上各项推论，前二项是必然现象，即后几项亦属可能。无论和〔如〕何，善处则有利，否则一翻〔番〕暗淡，实所不免。凡我夷胞，当共注意于此。

丁、认识上应有的表现

上面我们已把夷胞情形及国难所给予之威胁，均提要谈过。由此当知我夷胞此后亟应有一翻〔番〕自身需求，整个党国要求的表现，以此增进地位，得到发展。其表现为何，以管见所及应：

1. 停止内争，团结图存。以目前社会制度关系，夷胞内争非常之激烈，致互相倾轧，互相残杀。一切力量，全耗于摩擦。既不能用于自身利益上，亦不能用于党国生存上，此实莫大之遗恨。尔后当自行制止内争，互相团结，以私有武力，平时作维持治安之用，非常时听从党国命令，运用于国防上，力求避免过去无意义之牺牲消耗，及无义之隔阂牵制等。转移风气，团结人心，为自身创造一崭新之光明前途也。

2. 自求进化发达。夷胞文化之低，生活之恶劣，不仅目前自身遭受牵制，且将来大有受时代淘汰之虑。故目前促进文化，改革生活，实为必要工作。我政府亦鉴及此，曾加注意，只受国难影响，难以较大力量办理。以此我夷胞为脱离野蛮境域，应积极响应政府一切，一方（面）协助一般政府派往夷区工作人员，及私人团体，倡办教育实业

等事；一方面则我夷胞中，凡有智力财力者，为民族之生存进化计，贡献其一切于民族，从事教育开发等。务期于早日藉内应外援之力，求得进化发展之良果也。

3. 服从政令安定后防。目前若干夷胞系与汉族同胞□政□发生深刻之隔阂，致对汉民时常予以劫扰，对政府法令，多在反对中。此不仅使彼此感情，形成恶劣，影响后防甚巨。此后宜对政府一切设施，加以深刻认识，进而服从所颁法令，执行一切规定，使对内对外，均有一系统可循，增进自身之利益，融洽民族间之感情，以图消灭过去之不良现象，而体念国家艰难，一致巩固后防治安，实最应有之表现也。

4. 服兵工役以尽国民义务。后方重于前方，实为至理。后方指何，即接济前线之一切准备也。目前后方一切，头绪固多。但至要者，为交通经济之建设，及兵员之补充。后一项以我语言之隔阂，智识之低落，尚未应征。前二项则工役早已轮到夷胞身上，并曾参加工作，只未能表现显著成积〔绩〕耳。我夷胞当对此有深刻认识，不论何项，当以为国民者之天职，流汗流血均属义不容辞而努力参加。使夷胞骁勇善战，吃苦耐劳之精神，充分发扬，以尽职责，而增前途之光荣，裨益抗建，实亦应有表现也。

戊、结论

在上面以〔已〕述夷胞情形及国难期中所受威胁与认识表现等，用意在指明自身历史背景与自身优劣之点，与可能应有之工作，而不失时机，不负职责，而以提高地位，以加强与他族之关系，相扶相助，共达文明大同之境也。吾人在此，应认识过去为中华民国国民，将来亦永为中华民国之国民，对自身发展上，须得先进同胞之指导，方克有济。对党国犹须在危难时期，尽其最大努力，牺牲奋斗，方始有裨益。希望夷胞一致把握时机，一致努力奋斗，抱国亡我亡，国存我存之决心，参加抗战建国，求光明前途，增民族地位，夷胞曷归乎来。（三十年二月）

（资料来源：岭光电《保情述论》，成都开明书店，1943 年，第 63~72 页）

# 2. 抗战期中边疆青年最重要的任务

## 海 舟

从去年七月七日到现在，我们空前的神圣的民族抗战已经一年多了。这一次的战争，是中华民族存亡，历史绝续的关键，是四万万五千万同胞最危险们〔的〕关头，是汉满蒙回藏苗六大支族休戚相共表现得最明显的时期。我们若不拼全力把敌人赶出去，祖宗的墓庐便无寄托之所，后世子孙便无生息之地。所以应当地无分南北，更无分内地边疆，都要一样的参加这次神圣的民族抗战。今春三月二十九日国民党临时代表大会之际，各边地的代表一致向蒋委员长献旗并赴台儿庄慰问抗战胜利的将士，表示边地民众热忱拥护中央抗战的意思。这样固然值得兴奋，但不应仅此以为满足。我们边地的同胞，更应当进一步积极的参加抗战工作，增强抗战力量，争取我们最后的胜利。所以我觉得最富热血最有作为的边疆青年，应当和内地青年一样的负起抗战建国的责任。不仅如此，还有两件更重大的任务。

第一，击破敌人挑拨离间的阴谋。我们都知道，敌人对华侵略的策略，一向是采取挑拨离间的险恶手段，化整为零的毒计，以便实施其各个击破的伎俩，而收以最少牺牲，获得吞并中国的功效。例如二十四年的内蒙自活〔治〕，二十五年的德王独立组织大蒙古帝国，以及今春一时谣传的西北回回国。虽然后者未成事实，但其为敌人之阴谋实无可疑。由上所述，可见敌人的毒计，想分离我民族之团结，咸〔减〕少抗战的力量，进而更利用我同胞同室操戈、自相残杀而坐收渔人之利。其用心之险恶，可谓极矣。所以边地青年，除与内地青年同样担负抗战工作之外，还要随时随地注意敌人的阴谋，击破敌人的毒计。

第二，促进各族精诚团结参加抗战。在这次神圣的民族抗战期中，不题〔提〕信仰如何，不问案〔宗〕教如何，都应当一直精诚团结，共赴国难，这个意义是谁都承认的。但是这是信念，这是希望，我们不要忽略事实。我们六大支族间，因为生活习惯的不同，宗教信仰之相异，以及政治上的关系，常常发生摩擦，假使我们各族确实精诚团结，毫无隔阂的话，那么敌人又何从能施展其挑拨离间的阴谋呢？可见我们各族间，仍然有更进一步的精诚团结的必要。所以我们边地青年应当首先站在民族线上，抗战高于一切的立场上，抛弃过去的成见，捐除一切的纠纷，大家携手共同走上民族解放的大道。

要知道不系〔识〕破敌人挑拨离间的阴谋，不能得刲〔到〕各民族间的真正的精诚团结，不能精诚团结，便不能增强抗战的力量，获得最后的胜利。上述的两种任务是如何的重要。

现在大中华的半壁山河已落敌手，从前所谓内地的地方大都沦于异族，我们的边疆快变成内地了。我们边疆的青年们，赶快起来吧，争取我们民族抗战，担负神圣的责任，增强抗战的实力，参加神圣的民族最后的胜利。

二十七年八月三十一日稿于重庆南温泉

（资料来源：《康藏前锋》1938 年第 5 卷第 3 期）

## 3. 四川道孚县灵雀寺堪布麻倾翁发表《告五族同胞书》

凡世界有生命之动物，均需根据佛旨，一视同仁，绝不可畸重界恶，奸诈虚伪。但近时人类行事，大与佛理乖逆，人心日益畸险，官吏每多以个人权利为中心，不顾人民之困苦。列强侵略，无法抵抗，民怨四塞，朝夕忧惶。想我地大物博，数千年来文明之中华大国，将被蚕食沦亡。事急矣，不宜再争权夺利，因循待毙。甚望五族男女同胞，废除私见，挽回颓败习气，亲诚互助，实遵先总理遗教，刷新政治，洗雪宿耻，使国富民强，庶几可矣。

倾翁生长边荒，潜沉佛法，学少无术，复乏游览之识，每阅书报，见国家衰弱景象，不啻身受刀刺，寝食难安，痛心报国无从。前康藏军事发生，得衔领奔驰金沙江岸，调节锋尖，热诚悲苦，期达民族和好，尽我天职。今藏事虽平，国难犹殷，仍未敢苟安一时，于礼佛诵经静修外，则训导全体喇嘛，发奋为雄，以图将来效命国家，区区愚忧，愿我同胞共鉴之。

（资料来源：《蒙藏月报》1954 年第 1 卷第 5 期）

## 4. 抗战建国期间西南边疆之国防建设——为抗战建国三周年纪念而作

田久安

　　抗战军兴，于兹三载。这三年当中，抗战建国在积极执行，愈战愈强，而愈接近于胜利之期。但检讨过去而策动将来，实为国人今日应有之主要观念。回想三年来之坚决抗战，一方面已使敌寇陷于泥淖，不可自拔，乃稳固了抗战必胜的基础；一方面则积极从事政治、经济、社会、文化等建设运动，一日千里，突飞猛进，已奠定了建国必成的柱石。而所以能达到此种途径及其支持之力量何在，实际说来，实在广阔边疆蕴藏力量之供应耳。是以建设边疆巩固国防，实为抗战建国目标所指。乃自国府西迁以还，西南数省遂为抗战建国之主要根据地，国防之不二重镇矣。固然西南边疆支持国防力量之各种建设，三年来已在积极执行，是有长足的进展。但此不过初步之根基，距吾人所希求之标的尚远，自当继续努力，而使整个的"大西南"，担当起来，复兴民族的大任，以外通印、缅、安南而畅通国际路线，内联各省而执行其抗战建国中枢之职务，当如何积极建设国防以求抗战必胜，建国必成。

　　论西南边疆之国防建设，并非单纯指毗邻边境之几处国防线或国防重镇地带的建设而言，乃系指整个"大西南"地带之国防建设。建设整个西南国防力量之政治、经济、文化等，方可巩固西南国防，否则将无成功之希望。因此在未论及西南边疆国防建设的本质之前，对所称应建设西南边疆之范围，应予以概括的说明。研究边疆之学者与专家，对于西南边疆之范围划分的观点，虽无大出入，但亦不尽同。有以四川、西康、贵州、云南、广西、广东六省属之者，有以四川、云南、贵州、广西四省属之者，介乎两说之间者，则以四川、西康、云南、贵州、广西五省属之。按诸地理，度之情形，三说皆不尽合。考六省之说，将广东省划入，以地理位置而论，实超出其范围，似较不当。四省之说，略西康而不言。考西康，当川藏两地之冲，外邻缅印，为国防要路，实我西南边疆的主要地区，何可舍而不论耶？故此说更较不当。察诸五省之说，较各说为合理。一般研究西南边疆者，大都以此为其范围。但此说徒以政治区划为其范围标准，在大体上视之，固相差甚微。唯考诸地理，察诸实际，亦未免有牵强之处，尤其当此抗战建国的目今形势之下，正从事大西南之建设时代，其所谓西南国防建设之"关系地带"，自不应仅此之呆板的划分。川、康、滇、黔、桂五省固在范围之内，此外事实上，湖南省西部沅水流域一带即乾城（第四区）邵阳（第六区）两督察专员区所属十五县之地，与湖北省大江西南，即恩施（第七区）督察专员区所属八县及长阳五峰占全省六分之一的面积，均应包括于今日西南边疆的范围之内。无论于地理位置与在抗战情势而论，此种划分皆较为切当。西南五省与湘鄂两省的关系部分，面积计约为二百余万平方公里，几等于欧洲的英、法、德、波与捷、奥之几个风云国家的总面积。在此广大区域中，四川及湘鄂关系地带，土壤膏腴，农业甚盛，全区各地之林产亦极茂盛，四川、云南的矿产蕴藏更为富饶，而西康、云南、广西更为我西南边防之首冲的最前线。我抗战以来，仰给于后方的资源者，多赖西南各地的供应，其仰给于友邦军火的援助者，亦多由西南之国际路线而来。苟能积极对西南边疆的政治、经济、交通、文化等予以建设开发，而使之成为国防上的主力，则胜利可期，前已言及。的确，抗战三年来，西南边疆国防力量之培植与建设，在政府方面，已成为唯一建设的目标，在团体及一般国民亦莫不积极从事，为个人的当前急务。是以大西南国防力量的建设，已成为举国一致之动向，风起潮涌，高唱入云。无论政治、交通、文化等均有相当之进展，精益求精，佳益期佳。今当抗战建国第四年开始的今天，欧战紧急了，法国危怠了，日寇积极阴谋夺取香港，并拟据海防以侵安南，则我西南国防更为急迫矣。当今情势变更之际，更应预为防范，早为巩固之计，于是西南边疆国防之建设，更为紧迫，更为当前急务。

政治之独立，领土之保全，使无妥善之国防政策，从事积极建设，一切则将无从论起。盖国防建设之真义，乃消极与积极二者同时并进，方克〔可〕成功。若仅有捍卫国家，保护领土为对象的一切军事之消极国防，而缺乏国民精神之发扬，全民政治之建设，国民经济之培养，国家交通之开发，国民智能之开导，国民生产技术之改进以及一切政治经济之行为而足以直接间接充实国力，巩固国家之积极国防，必无坚强之国防线。消极国防，固为维护领土完整的基本奠石，然若无积极国防建设为之支持，则恐更无成效可言。尤以边地交通之建设，边民文化之启迪，边地经济之加强为首要，不然其政治仍不免受外人压迫，其领土仍不免受异族宰割，二者实互以为用，缺一而不可……徒有军备不足以言国防，徒有文化亦不足以言国防，徒有优越的政治经济势力，也不足以言国防。唯有使军备、文化、政治、经济、交通兼筹并顾，在自强自立的原则下，为适宜的运用与坚强的发展，方可完成一巩固的国防线。

西南边疆为国防重镇，尤当值此情势之时，其国防建设之途，自然亦不能越此消极与积极兼筹并顾的原则，就是建设整个大西南的政治、经济、交通、文化，种种建设来加强军事的力量与设施，而巩固西南国防，以御日寇之夺取安南，假道攻华之诡计，并为全民族抗战之支持。今特将西南国防之消极与积极两方之建设，约目今形势而提供其建设之首要途径如次：

一曰军事力量之加强与部署。此即所谓消极的国防建设。此所言者，并非指西南边疆各地的普通军事建设而言，乃系对今日局势之需要，而加强国境上之军事设备与将来军事之积极行动而论。此前——抗战三年来，西南国防除日寇进攻南宁，桂越镇南关交通断绝外，其他各国防线并无紧张之形势。中法交通无阻，西南亦无受敌威胁之隙。是以西南边防军事之积极设备，似少有注意。但在抗战第四年开始的今天，欧战变化了，法国不支弃战了，敌人谋取越南加紧了……

我们可以断定日本必趁火打劫，夺取越南，一方面一举侵略了中国以外的土地，实际步入其南进阶段，一方面藉以假道攻我云桂威胁行都。这自然是其迷梦。不但法国本身，必不轻易放过，即国际间亦恐不能漠视。但虽如是，我国亦不能不未雨绸缪，预为准备。预防之策，甚为简单。唯有采自卫之手段，加强桂越、滇越边境之军力，苟一旦日本有侵安南之事实，则我即起执行自卫。今读王外长关于敌方威胁法国政府停止中越间一般货运事宜宣言的最末一段：

"……日本如侵占越南，其目的将不仅夺取法国属地，势必更取道以攻华，故日本如在越南等地有武力侵犯行为，中国政府为维持其生存独立与遂行其一贯之反侵略主义

计，不能不因日本之逼迫而采取此种局势下一切必要之自卫措施。"

这个宣言，将我政府应付日寇侵越南之态度与对策，表示［得］异常清楚，国人自极力拥护其执行。所以目今应积极部署军事之一切必需行动，但此不仅指保卫一条国际路线而言，因日寇苟侵凌安南，直窥我滇边，其滇越铁路何用矣。是以为保护此线之畅通，中越往还关系之不为日寇所阻计，其军事自卫行动，应更积极起来，以达到中越交通顺利，关系无阻为止。噫，西南边防急矣，国人当急起从事一切之动员，种种之建设，以为国防军事的供应准备。

二曰国防交通之建设。此为积极国防建设之一。交通有如人身的血脉，关系国内外贸易，抗战军事的进展与战时文化的沟通至为重大，故自抗战以来，我国当局鉴于实际之需要，乃积极从事后方交通之建设。而交通工具中之主要者，即为铁道之应用。战时军队之供给，军需给养的输送，多倚靠铁路为便。卢沟事变起，我沿海区域之铁道，多被敌人破坏，况已多处在战区，自不能用。于是后方铁路之建设，则为政府上下所积极，而尤以西南国际交通路线的修筑，更为迫切重要。依抗战形势度之，西南国防建设之特殊性，而国际交通路线之保护与建设，实为其首要之途，自然一般交通建设亦为加强国防力量之主力，今不过提出其特殊性的国防交通建设，略一般而不赘也。乃自广州失陷，武汉不守，粤汉铁路因之失利。于是滇越铁路与滇缅公路成为西南仅有的国防路线，其建设攸关于抗战建国之前途，既重且巨。抗战以来，滇缅铁路之积极建筑，以使应用于抗战所需，已不暇余力，唯于今日日寇急图越南之际，使滇越铁路一旦发生阻碍，中越贸易必受其阻。为使我西南国防交通路线之畅通无阻计，一方面固然必得采自卫之措施，阻敌人之破坏与威胁，他方面仍须积极在赶筑滇缅及叙昆两铁路，使之提前通车。此两路完成后，则川、滇、黔、桂可联成一气，脉络贯通。即令滇越铁路发生障碍之时，而我西南之军事上经济上，尚有利器可恃，不致陷入绝境。国防之巩固极可图焉！

三曰边民政治文化之促进。此为积极国防建设之二。此处所称之政治，系谓边民对于政治之认识力与执行力，而并非谈实际之政治建设。国民对于现行政治之认识力之强弱与民族文化之优劣，实能影响于国家之安危，而边地各民族其低弱的政治文化程度之影响更为重大。民族文化程度不够，政治力量不足，其对抗战意识必极薄弱，其对建国运动必甚消极，而终则影响于国防建设，必极重大。何况我西南边疆，尚有文化落后之多数同胞耶！

我西南边民，异常复杂，除汉满蒙回藏之外的各族，亦多数居于西南边疆各地，其分布情形：

四川西南部有夷族曰猓猓；西北部松潘、里番一带西北境有番族；南部近贵州一带有苗族。

西康散住于原属西康全境之番民；西昌附近诸县山林中之猓猓人；住居南境之少数苗、猺、白夷、摩些等族。

云南种族之复杂为全国各省之冠，在接近黔蜀一带有化苗及猡猡二族；西北有摩些、怒夷等族；西有白夷、窝泥等族。

贵州为苗族分布之中心，其东部以铜仁为中心有红苗；中部有白苗及青苗；以黎平、都匀二地为中心而延至东南部有黑苗；以贵阳附近为起点西经安顺而至云南一带有花苗。

广西平南、修仁、象县、桂平、武宣、蒙山、昭平七县有徭人；北部有花苗等族。

湘鄂关系地带，湖南西部永绥、乾城周围等县之溪谷中大部为红苗、黑苗、土蛮、纥纥等族所居；湖北西南境恩施、鹤峰、咸丰、来图等地多苗。（以上各地边民之分布情形，根据国立编译馆译《苗民调查报告》，庞新民著《两广猺山调查》及屠恩聪、王振著《新中国分省图》说明所载。）

上述之各边地同胞，或以开化较晚，一切政事文物，尚在混沌时代，或虽开化甚早，而以中经衰退，以致文化反而落后。此诸边民占西南边疆之住民的一个相当的数量，而其文化尚极为落后，自然对于政治之设施更无认识之能力。当与抗战建国之执行，缺乏积极之执行力量。无论政府机关与团体人民，苟能积极，尽量抚绥边地诸民，施以相当教育，提高边民政治意识，促进其文化程度，消融各种族之界限，精诚感格，使之无形同化，认识三民主义，奉行三民主义，凝结为强固之国族，共同奋斗。若此则西南边地未开化居民地带，文化提高，政治加强，以期与全国同胞达到意志集中之地步，于是国防力量之支持，必发生一极大之效力。往往谈边地国防建设者，多忽略此点，吾人以为一般国民政治与文化之促进，已为共通所注意，今特提出边民政治文化之促进以为建设国防之主义，以供参证，而引起注意焉！

四曰国防经济之建设。此为积极国防建设之三。"经济建设以军事为中心"，无论在任何方面的经济建设，都是使国防力量的增加，以期达于相当时期，而可击退敌人，完成建国的使命。

总裁曾昭告国人："现代的战争，不是这一个国家的政府和军队与别一个国家的政府和军队的决斗，而是一个国家和别一个国家的人力、财力、物力的总决赛。其物质能持久之供给者，即能得到最后的胜利。"

在五中全会又说："关于经济建设，不仅为抗战胜负所系，也为建国成败所关。"

自总裁几次的训示当中，可以明了经济建设与抗战建国的密切关联，在长期抗战中更占其重要的地位。

西南为抗战建国之根据，巩固西南国防即足以向敌人作总的反攻，期以最后歼灭敌人。但国防之巩固，不仅实行建军、充实政治、动员民众，而且需要动员所有的物力财力，实行战时经济建设，以供应抗战上之大量物力财力之资用。

我们所提到的西南国防建设，系专就工业一方面而言，自然其他各方面的经济，是亦为国防力量的主要供应者，但以篇幅关系，特不论及。的确，自抗战以来，西南重工业的建设，已在积极进行，重工业为国防力量的基础，所以在抗战二周年之时，翁部长曾说：

"我们已将汉阳钢铁厂及大冶矿场的重要设备迁运入川，连同购运的汉口六河沟化铁炉，在四川重建一个钢铁厂。此外在西南我们还要建设一个规模相当的钢铁厂，这两个钢铁厂完成之后，我们在军事上所需的钢铁，便可大部分自己供给，除却这两个大钢铁厂之外，我们在西南各省还设了若干煤力炼铁厂及电力炼铁厂，以供目前的需要。"

从此可以知道西南重工业的积极兴办已在计划与执行，自然现在有其相当之成果。

吾人当此越南风云紧急之时，愿对西南经济建设提供一点意见。依目前情势观察，军事工业宜于叙昆路所经之川、滇、黔交界适当地点积极为大规模的建设。地位适中，庶于前方接济后方之补充便利，况又可便利运输昆明以接济于滇越国防线上之应用。且工厂深在腹地，即将来滇缅滇越两路线均感威胁时，而已有准备，无缺乏之虞。复特说明，所设工厂，自不仅限于上述一带地方，不过总要在交通便利而不易受敌人威胁之地方耳。是以谨希全国上下一起致起，扩大西南国防经济之建设，以为抗战物力财力之基础焉！

总〔综〕上所述，系就现今欧局变化，法国失败，日寇拟夺安南紧急时期，我西南边疆无论为应付现在局势与支持长期抗战计，简单供献其国防建设之要途。当此抗战建国第四年开始的今天，应在总裁领导之下，一致团结，齐心努力，充实政治力量，完成经济建设，提高民族文化以加强西南国防力量，造成一坚强之国防线，而完成抗战建国之大业。

1940 年 6 月 26 日 于江北任家花园

（资料来源：《七七抗战建国三周年纪念刊》，1940 年）

## 5. 少数民族问题之中心意义

散布在我国领域内，而与我国历史有密切关系之少数民族，其种类不下十余，其人口不下千余万。尤其如蒙、藏、回、苗、徭、倮等少数民族，不但能保持其特殊的社会生活，未尽与我同化，且在历史上曾与我们汉族发生许多冲突，形成一个或深或浅的沟渠。如欲消灭其政治上的纠纷，并促进其社会生活得与我保持平衡的发展，以相互打成一片，共同努力于抗战建国，收益当甚大。何况在这些少数民族或我国之周围，原有不少的弱小民族，找不到出头的机会。假使因我解决少数民族问题之合理，启其相与团结，共同携手之心，则其有利我抗战建国之前途者，更非浅鲜。

然而直到现在为止，我们有些人不是对此种少数民族漠不关心，即是仍存歧视之见，以为种类不同，其心必异；甚或妄自尊大，以彼为蛮夷，不甘自居于平等的地位。凡此错谬的观点，自足影响此种问题之解决。

近年来一般学人对于我国少数民族之研究，已一天一天的加多，而且已渐渐脱却写"山海经"的态度，想从其语言、文字、生活、习惯、礼制、宗教、艺术乃至其社会生活之各方面作一系统的研究。这不能不说是一好的现象，可是这种研究，仍多只能为"民俗学"添加零零星星的材料，不能直接提供作我国"社会学"之一部，尤其不能为我国抗建之需要提供解决这个问题的实际方案，当然还是美中不足的。

至若我们历来对于这些少数民族的政策，亦都只是偏于消极的压服或羁縻，而不能从积极上解决相互间的矛盾，并发挥其力量。近年来的政策，虽略有改变，但尚未克奏肤功。因而对于抗战，固不能责其有巨大的贡献，对于建国，亦难望其作共同的努力，这不能不说是一很大的损失。即于三民主义说，也是以很大的污点。所以现在对于这些少数民族的问题，似乎已经应该不是空谈或研究的时候，而应该是本着抗战建国的需要，予以澈底解决的时候。

因此，本刊本期对此种少数民族之研究资料的提供，不仅想藉此提高研究的兴趣，俾对此能作更深一层的认识；且想藉此吸引国人之注意力，使能根据抗战建国的需要，依照"对内各民族一律平等"的精神，而努力于此种少数民族问题之合理的解决。

（资料来源：《大学》1943 年第 2 卷第 8 期）

## 6. 川康军驻理化之一部"总理纪念周"概况

### 1938 年 8 月 7 日

八月七日，例行纪念周，李同志报告抗战概要后，刘同志讲解民权初步，关于结会、动议、修正案、动议之顺序，权宜及秩序问题等，一一说明，并望各同志随时集会，依式习练，以求娴熟云。

建立纪念抗日阵亡将士塔，工程现已过半，近日无数僧俗，拌粘土铸佛菩萨像，每人动以百计，准备藏于塔中，以求存没两利。

（资料来源：《戍声周报》第 145 期，1939 年 8 月 14 日）

### 1939 年 9 月 25 日

二十五日例行纪念周，首由彭同志鸿恩报告国际情形，次由李同志培芳报告近一周来我方抗战胜利情形，再由刘同志树德报告宁属禁烟以连坐法，限期一月内肃清烟毒消息。然后由曾主席勉励各官佐士兵努力研究边事，抓着现代，即事穷理，以期将来应付得当。末规定由下周起，每纪念周完毕以抽签式，实行讲演康语，考核成绩，由蒲翻译记其讲词，译电员译成汉语，俟全体官佐士兵讲毕，再行评定优劣。

（资料来源：《戍声周报》第 152 期，1939 年 10 月 2 日）

### 1940 年 6 月 17 日

（理化）十七日例行纪念周，四零八旅部彭同志报告国际情形，李同志报告抗战概况，继由王参谋主任庆恩报告非积极建设不能支持抗战，非戮力抗战不能实施建设，先阐明理论，次征引事例，清辩滔滔，往事历历，予会同人对于抗战建国国策之认识益清，信仰拥护之热忱亦愈奋厉云。

（资料来源：《戍声周报》第 190 期，1940 年 6 月 24 日）

### 1940 年 6 月 24 日

（理化）六月二十四日例行纪念周，彭同志报告敌我经济，谓迩来我国物价高涨，

其原因在日用物品之供不应求，及奸商之囤积商货操纵行市，非通货膨胀所致，经济部现以法币柒仟万元采办日常用品，平价购销，已能减除奸商之操纵，而国家银行实行收缩法币，停止抵押又足以减少奸商之囤积，物价减低，即在目前，法币购买力之加大，转瞬可见。至于抗战三年以来，我国增发之十八万万法币，以今直接税局之成立，增收财产、遗产及战利所得等税，足以收回此项超额，是为我国民生问题及法币问题之最好现象。至于敌人虽为工业国家，但其原料之脆弱，实为各工业国之第一，每年仰赖外国输入之原料，常在百分之七十以上，侵我以后，军需工业原料之输入激增，和平工业原料之输入，大加限制，而其政府欲求出入之平衡，又勒民节用，强迫输出，致使人民大感服食用品之艰难，和平工业之工厂大多倒闭，现其国内足以换取外货之物，罗掘俱穷，各项公债之发行，已不知其数，经济崩溃之象已成，我们最后胜利之日亦将届。盖抗战之初，敌人经济虽优于我，开战以来，其所消耗较我巨而且速，而其国力之生产不及我农业国之多，所以相形之下，我之经济已优于彼，而其总崩溃之一日，即我最后胜利之日云。继由曾旅长历举第一次世界大战，德国失败，及楚汉分争，项羽失败情形证明，持久战争，不仅恃兵力之强盛，尤重在经济力之优越，希望部中同志相信最后胜利必属于我，毋以地土之得失，及武器之优劣为虑，只要大家动员精神，抵抗他一切飞〔机〕大炮，抗战到底，终必睹其崩溃，收复失地也。

（资料来源：《戍声周报》第 191 期，1940 年 7 月 1 日）

## 1940 年 7 月 1 日

（理化）七月一日为国民月会及总理纪念周，四零八旅部于是日午前九钟同时举行典礼。行礼如仪后，彭同志报告巴黎失陷以来，德军乘胜攻法，势如破竹，意军又侵入法之东境，相为犄角，法以形势失利，已经西使之斡旋，向德议和，并派全权代表赴德商定条件，欧局又将有最大之演变。谭同志报告国内战况，并谓鄂西退却，为我磁铁战术之预定计划，正为我歼敌之机会。王参谋主任讲说三民主义与抗战建国联系，阐明三民主义即抗战建国之唯一主义，希望大家努力抗建工作，务以三民主义为中心思想，时经两钟，然后毕会。

成都军分校高校班及军官班，行将毕业，续调各部中下级军官前往受训，以冀增强抗战力量。四零八旅部少校副官刘树德，上尉副官曾德柔，上尉参谋李培芳均于二号之晨戴月就道。"肃肃仆夫征，锵锵扬和铃。清晨当行迈，束带待鸡鸣"之句，不啻当时三官〔军〕之写真也。

七七抗战三周年纪念，此间各界，本月四日特在县府开筹备会讨论大会，一切事宜，并推定负责人员分头准备。七七午前十时，就城东纪念塔前开会，出会者除机关法团学校外，有香根宣化师，理化长青春科耳寺副堪布，铁棒暨僧俗民众五百余人。由曾旅长主席，行礼如仪后，主席报告开会意义，及抗战情况。次由香根宣化师讲演，略谓：我国清庭〔廷〕腐败，陷入沦亡，孙总理起而革命，创造三民主义，提高民权，我蒋总裁又继承遗志，扫荡内奸，复兴中华民族，奠定邦基。倭寇侵华，七七事变，抗战三年，为我奠大之光荣，友邦所称许，复引欧战列强，亦被德国征服，我国能持久抗战，必然取得最后胜利。西康文化落后，刘主席管领斯土，励精图治，秉承总裁抗战建国主旨，实行西康建省。近年以来，一切设施，均有新的推进，康区人民在此国难严重之际，尚能得此安乐者，这是总裁和前方抗战的将士同胞们的恩赐，其次是刘主席安定后防的好结果，再此那就要感谢地方上的驻军长官，不然我们是决不会有这样的安宁。我们康族同胞于安宁之余，只要与前方将士表着敌忾同情，敬祝抗战胜利，总裁健康，把敌人撼出去，使我国成为富强康乐云云。毕后，宣化师特向死难同胞讽经超度，然后到会大众呼着口号，向城中宣传游行而散，一面举行献金运动，一般人士颇为热烈，闻成绩甚佳云。

（资料来源：《戍声周报》第 192 期，1940 年 7 月 8 日）

### 1940 年 7 月 8 日

（理化）七月八日，四零八旅举行总理纪念周，彭同志报告法国对德降服已议定停战条约，并谓德国自攻色当以来，时仅三月，而法人竟屈于此最苛刻条件之下，良为可叹。吾国对日侵略，必须抗战到底，即就此德法条约之内容观之，可以知不战而亡之说，信非虚言也。谭同志报告鄂西我军之歼灭战况，说明敌人深入堕我术中，湘西敌军已无生还之望，绘形绘色，极为生动，听者无不兴奋欲狂。末由曾旅长历举孙子兵法之言，证明此次鄂西之战，我最高统帅，善伐敌谋，真未战而庙算先胜，故得算独多。希望部中同志趁此时会，认为武经证以现事，一一研讨，将来当用之无穷也云。

（资料来源：《戍声周报》第 193 期，1940 年 7 月 15 日）

## 7. 《戍声周报》中所见边地军民对于抗战的认知与评论

### 佳息传来，军民狂欢

七月廿九日午前八时，本部无线电台接得蓉消息云，俭（廿八）未我廿九军攻占卢沟桥，乘胜克通州、丰台及各要地，生擒逆贼殷汝耕，并限日军四十八小时退出河北云云。消息传来，军民欢舞若狂，顿时国旗高悬，炮声震耳，旅部官兵及驻理各营连均整队游往四处宣传。喇嘛寺僧侣亦结队奏乐，遍游全市。汉康各界同呼拥护蒋委员长收复失地，打倒日本帝国主义，中国国民党万岁，中华民国万岁口号。中华河山顿生喜色云。

（资料来源：《戍声周报》第 39 期，1937 年 8 月 2 日）

### 边民捷祝声中之国威蠡测

#### 毅　公

七月二十九日午前十一时，理城得蓉转平电，告我二十九军宋哲元部，已于昨夕暨本日次第克复通县丰台，生擒逆贼殷汝耕，并将卢沟桥、廊坊车站等地之日军完全击

退。即乘胜以限四十八小时之最后通牒，令日军退出河北，正追奔扫荡中。而此间一闻得消息，无论僧俗、汉藏、老幼、壮健疾弱莫不跃舞狂欢，额手称庆。瞬息之间，国旗朱锦格街蔽日，鼓乐鞭炮震野彻霄，累迹骈肩，填途塞巷，哄哄啧啧，喧哗乱耳，皆以打倒日本帝国主义，恢复中华领土为快意，结队进行，大呼口号，军学各界，均有阔大组织，以长青春科耳寺喇嘛乐队，率领刀剑荧荧之康民，英武高吭〔亢〕，最为激烈。

有此眼见之事实证明，如知言康藏同胞崇佛自了，薄弱于国家观念者为虚语也。至其所谓康藏民众不知敌国外患，昧于时势之武断批评，则更不能成立矣。余亦浅涉佛典，略考人类种族之性格矣，尝思人秉五□情而缘自我，是以慈暴爱憎，与之俱转，消涨执着，比例相若，妙见双空上善为能，中人以下，皆难语此，故爱祥和极殷者，恨极暴为□深，慰小己以为长乐者，亦□□欢而无苦，薰〔熏〕习佛法，守此甚笃。所以康省道行卓越之高僧可执锐以戡乱，诵经不休之民众能摧坚以御敌，凡来游历兹土者，莫不美康民慓悍粗豪之可爱，非□□也，固有其深刻之修养，不□之□□□。

越勾践以亡国之余，甲楯五千，卒雪吞并之耻；华盛顿乃编户之子，振起颠悴，终于破联盟之横。况我康省有蕴积深藏，谈日发指，□日五十余万骁勇善战之士，遑论中原举国之民哉，今我全国目川康为中华复兴之地，殆指此欤？使日人幡然猛省，而不相残于同文同种之国，睦宜邦交，共存共荣，则已矣。不然，而必以穷兵黩武为职志，中央将来用此素所韬养含愤之威力，其于中日战争最后阶段之惨境，可想象而知也。

（资料来源：《戌声周报》第39期，1937年8月2日）

## 在敌火下争夺生存之原则

毅　公

日本帝国，欲迅雷风烈完成其所谓东方大陆政策之野心，今已一切不顾，纵肆轰炸，企向我国作更进一步之发展，打开全面战局，已月余矣！我军事当轴为变更策略，虽放弃平津两点，而张家口之支撑，及上海、浦口、南京各处所得战绩，均操极大胜利，彼一受顿挫即呈现凌乱不堪之状态，友邦各国深为赞许，两君交绥哀者胜，有由然矣。

彼即恼羞成怒，乃恣其空军势力，向我武汉、杭州等地投弹破坏，向我广东、两湖、四川威胁，此乃扰乱后方，冀摇前线，期得乘势图逞之计划，益见其狼狈之破绽。殊不知内地各省已得政府调整部署，早有把握，不但不为其横暴丝毫所动，反引起纷纷出兵之动员。

国际宣战，有双方之最后通牒，撤回公使，移归侨民，划定战区，调开居民，而后作战之公约与方式。日本与我最近六年以来之周旋，或无端袭击，或假故夺地，皆不宣而战，极蛮横极凶暴之行为，自无国格、无公理、无人道之可言。此次我无辜市民，为其炸毙屠杀，最惨者动辄死尸万计，首为天津，次北平，次上海，次杭州，次南京，是随时随地，吾人之生命财产无不在其戕害糜烂之中，绝无躲闪之地。

我全国父老兄弟在此□地火力之下，欲求夺得生存，必须明确以下之条件与原则，剑及履及而实践之，庶几有济，否则各求幸免，机会一失，必无噍类矣！（一）誓与日本不共戴天，努力作业，严守秩序，以候政府调遣。（二）在必要时须放弃财产、住地，免坐以待毙。（三）惟有残杀敌人，始能消灭加害于我之力量。（四）惟有猛冲前进，始可避免敌人轰炸临头之威力圈。

（资料来源：《戎声周报》第 44 期，1937 年 9 月 6 日）

## 全面抗敌中之民众责任
### 毅　公

毁家纾难，春秋大之，被〔披〕发缨冠，先典攸高，处非常之变，蹈急遽之祸，而无断然之行者，是昧耻德安奴性而乐死亡也。今日本出倾国之师，逞海陆空军之暴力，侵据我东北，摧毁我沿海口岸，继续不断尽其残酷之能事，以向腹地推进，战线之长，北自外蒙克鲁伦经绥察，中绕平汉、津浦，东连青岛、山东，南绕淞沪、浙闽，以至于广州，缺长补短，犬牙相错，万里有余，为古今所未有。经我中央及各方面军，沉着应战，喋血两月，只闻酣战之成绩，未有较大之变动，实以前线将士效命于政府严整步调之下，赖得此耳。

日本少壮军人，欲迅展其远东策略，不惜残杀元老，违背民意，利在速急成功，故用全面破坏，见其乱突而怒窜，愈觉外强而中干，在此彼我掀夺存亡、间不容发之际，我全国民众，须认清彼所利用我之弱点，即在“不能全面应付”，我所能制彼之死命，即在“持久抗战”两点。我政府指挥策略，既已遏制其全面窜突之企图，欲求此策略能力之贯彻，或作更进一步之展望，及持久抗战之责任，则整个在我国民众也。古人所痛不在瓦解，而在土崩，波兰、朝鲜之人，吁天呼地，求死不得，国破家亡，其他何有？我黄帝裔孙，为今之计，惟有将“智力”“体力”“财力”作总集合，成大集团，不用丝毫须臾之瞻顾，以托之于政府，待其全盘计划与使用，方可以图存也。

（资料来源：《戎声周报》第 45 期，1937 年 9 月 13 日）

## 立国条件与战胜决定
### 毅　公

日本逞其海陆空军之暴力，向我沿海重镇，尽量摧毁，血腥风雨，忽届三月，比之锋镝伤亡，观其外务省报告，与我损失相若，不过在彼轻蔑国际战约，野蛮行为之下，我无辜人民之生命财〔产〕，横被糜烂较重耳。然在京、沪、广州各方面之战程，彼则无丝毫得计，而其穷凶极恶之能力，据各友邦观察评论，已觉泄露无余，而我之征调各省军队，方才开始，所谓长期鏖战与最后决胜，仅此一段现象而论，亦可以决定将来矣。

国于大地，必与有立，非横恣残忍掳夺酷烈之谓，必曰自身创造精深博大之文字、文化、学术、财赋也。我国文物悠久，勿须衔媒〔献媚〕，其余光涵煦之国家种族，不知几许。彼日本者，其立国成分，一凌杂丐赖之国家也，所谓文字也，依我独体偏旁而昧于六书；所谓衣冠起居也，依我六朝装饰，而盲于进退；所谓宗教信仰也，取我唐代佛乘而昧于中边；所谓维新学术也，盗我阳明唾余，而瞢于体要。荫广者，必有所庇，

57

厚施者，故不望报，假使印度与我一旦欲收回特权，其日本人之行动坐卧，将茫茫不知举措，脑筋摸索则昏昏昧于所从，真可笑，又可悯也。不过明治以来，其扩充武备，锐心欧美，略为较优，今遂积极奋其〔起〕爪牙，背本负义，以向直接恩给长养之中华，侵略发展，此种态度与企图，皆非国家自许之气象。然彼固无立国之原素条件也，所以尽管有大群之集合，而无国家之修养。

人有无赖依托，求生及其温饱，遽立反噬，则必为举世所不齿，而况谋国乎？我举邦之人，惟求坚持自有雄原立国之信念与裁乱讨叛奴之决心，继续稳定此三个月来之战绩，作十年二十年之拼对，以人口公论结算为归宿，彼我胜负，不卜可知。

（资料来源：《戍声周报》第 48 期，1937 年 10 月 4 日）

## 廿六双十节之转楗

毅　公

我革命先烈于二十六年前之今日，取民国于积压专横之帝制以授之吾人，厉燹浴血，费尽艰辛。鼎革之后，建设伊始，乃廿余年来天灾人祸，风雨飘飘，禹甸疮痍，慨内治之不竞，与强邻以机噬，遂东北摧颓，南疆糜烂，举邦倾动，未知所止，开基守业，责有攸归，凡我国人，稍有血气，抚膺思之，能不惶汗。

虽然以政纲丕革，纷乱理顺之期间久暂而论，其三数十年而定，或五六十年百年而后定，揆之古今中外，亦恒侧不足异也。又大难未已，为人乘危，狙夺侵削，更意料寻常之事，今日本因势陵〔凌〕逼，乐祸黩武，亦必至之现象。

多难兴邦，殷忧启圣，我能因御侮而团结，有团结而强国，乃此时也；或因小挫而散漫，以散漫而亡国，亦在此时。国人，国人，存亡、肖不肖之机楗；舒卷，失不失之操纵，尚在于我，愿猛勇直追，不旋踵以赴之，庶几有济，不然操之在我，悔无及矣。

（资料来源：《戍声周报》第 49 期，1937 年 10 月 11 日）

## 救国公债与国民财产

毅　公

我中央威武，折冲于日帝国意料之外，将四阅月，兵交而后见气势，鏖持而后知虚实。彼出其全力，胁袭我沿海防线，迄无尺寸进展，遂用假冒我国徽之飞机流泪毒瓦斯之化学武器，企图苟偷狂戾之一逞，其无国格、无道德之卑劣行为，已揭露无余，然此战争，在我长久之准预中，方动员开始，彼遂发现若斯之丑，如作更进一步之推测，战期延长，其下等手段之使用，可想见也。未雨绸缪而有济，临渴掘井必不及，政府为增坚御寇，澈底解决中日问题计，最近举办救国公债，以维将来雄厚之资力，我南洋侨胞、内地明达罄产助国，固不乏人，然国家者，众人之国家也，亦非部分之力量所能指〔支〕撑，栋折楗崩，绝无全者，婺不惜纬，妇用典簪，雪耻图存，惟此一时。

凡国民之身家财产，所以能得空间、时间上之存在者，统为其国家捍卫统治之力，换言之，无国家，则无国民，遑言国民所有之身家财产也。故国家之力量强，则国民之生活力亦强，国家之力量弱，则国民之生活力亦弱。致于国家亡，则国民之生活力亦与之俱亡也，是以亡国之民之生命财产，皆无主权，无保护之可言，其屠辱取与之权，皆绝对操之于战胜国也。

亡国之惨，若朝鲜、印度，最近之阿比西尼亚尽人皆知，不须举例，以欧战役之德意志而论，战败国非亡国也；其全国国民为战胜迫约之束缚，除捐尽现有家庭之资财，以抵赔款外，每人每年尚担债三千六马克，须偿三十年之久，于是德国人民遂有终日苦作而难得一饱者，终年奔波而难得一衣者，或易尽什物，始得少许材料，方造一二小工艺品，即为人抵债取去。此种焦头烂额之非人生活，德国国民挣扎十余年之久，仍一致团结，一致捐输，坚强其国家雄厚之实力，始打开现在新兴之局面。

就以上论列观之，国民之倾家救国者，正所以自全其能，自保其家也，况国家公债，非捐资可比，无论借出字数之大小，有债票，有期限，有子息也，我国家之笃实深厚，我政府之把握稳健，于此可见，故公债始举，而友邦各国，竞相购买，我同胞父老，深明大义，踊跃竞先，勿怀疑裹足而不前，遗怅悔就死之何及？

（资料来源：《戍声周报》第 50 期，1937 年 10 月 18 日）

## 抗日阵容变动与开展
### 毅　公

据最近数日之情报，我浦东阵地及太原巷战，均有失利，以表面观之，日人似觉得计，或用不清晰之头脑分析之，必谓中国挫衄过甚，或即不支，将如辽宁之役，当有长足之背进，恐恐然迫促使是虑，此皆昧于情实，肤浅之见，杞人之忧也。

举凡世界之国际战争，姑无问其版图舆〔与〕人口比重相若与否，惟视其以下三个阶段能力如何耳。

一、猛烈消耗战。

二、接济持久战。

三、最后决胜战。

日本与我之战争，甫入第一阶段之初期，远者不言，我人平心思之，自北平卢沟桥战事开始，至南口、大同两役以迄现在形势，经时相近五月，我之丧城失地，九一八之情况，可同日而语耶？彼用尽其极无人道之武器，据其外务省之报告，来华断脰流血之日兵，已阵亡十三万六千有奇，彼之消耗，又岂可与不月余而失三省一概而谈耶？

"守难攻易"，此战争之常识也。前之战线阵容，是彼攻而我守也，今之战线阵容，是攻守互势也。彼将慎固其新侵地而严防之，我又可转守而为攻也，彼穷凶极恶，在此一逞。我之牺牲仅各就地一方面之兵力，而中原及西南各省之军事，或才动员，或未开始，我不旋踵之新部署，将立刻完成，是续续之消耗战，必将重新展开。此阶段战争之延长性，使日人无觉悟，乃中日两民族不能共此天日之问题，何可以一时之得失与变动而判断胜负也？

（资料来源：《戍声周报》第 55 期，1937 年 11 月 22 日）

## 一九三八中日两国之脉搏

毅　公

最近五阅〔月〕来，日本人在中国耀武扬威，以南北战局大体上观察，太原得手，南京得手，自然是快意当前，酒酣耳热，忘却天高地厚，以炫胜利。在这咆哮煊赫之勾当中，突然一九三八年之关节到临，依拙见看来，极应乘此新胜，一鼓作气，以完成其所谓"亚洲大陆政策"而却变为愁眉不展，反觉气馁，乃知其过去种种，实为"肝筋火旺"，其中病源，甚为复杂，略指数点，为留心此毛病者为探讨焉。

一、日本以为九一八之役，不兼旬之间，竟寇取三省，进窥察绥，可谓非常顺利，此次事变，遂以为企图之比例，其蠢想以为大概不须四个月，中国疆域即可全得，殊不知开战以来，迥非畴昔，虽然表面上在占优势，而里子上却遭极大之牺牲，处处碰壁，处处失利，其"速战速决之梦呓"，遂一变而为"长期周旋如何可了"之慢性呻吟也。

二、日本预计，只在十个师团以内，即可解决侵吞中国问题，谁知今已用到其全国兵力四分之三，连准备对付英美之主力舰，已全部出动而并未达到其愿望之侥幸，岂不闷头也哉！

三、此五个月战争中，日本外邦贸易，均被谢绝，全国经济遂告停顿，而其全国国民，遂增加了四十八亿之追加预算负担，民间惶哗，首脑亦为之失措，在中国遂已鲜明表示永远御侮之事实，而日方即感将来继续之应付，窘迫危险之变迁，有不可思议之苦。

四、日本兵力，据其外务省之统计，在此短期消耗战期，业已损失三分之一，而其全国国民皆力求设法避免兵役，政府亦无其他办法，殊令丧气。

五、积极侵华政策，纯为少壮军人派刚愎自用，甚为元老派所否认，今势成进退维谷之际，政潮遂乘时而起，天皇何能宴食？

总此以谈，日本乃虚骄于神胄，而实慌乱肝膈，中华以农主国，虽都市破坏，而无伤于经济也；人口众多，虽牺牲重大，而无伤于元气也。团结御侮无分歧之役也，惟求贯澈杀敌雪耻之决心，持久冲锋之激战，可迫倭奴由贫血而入膏肓也，值此彼我竞争生存之年，大好光阴开始之日，愿我国猛起直追之。

（资料来源：《戌声周报》第 61 期，1938 年 1 月 3 日）

## 第一七七教训倭奴

毅　公

"倭奴"为日本之达名，举世所知也，今欧美人不称倭奴，而曰 Japan，中国人不呼倭奴，而曰日本者，以 Servant 及婢隶皆僇辱下人之卑词，在二十世纪，万邦协盟，一视等齐，不宜施之同侪之国，故爱而重之，削其贱污，各友邦及我国家皆不以下呼之词唤其本名，而余乃呼之，非因尔摇荡我边疆，问鼎于中原，不惜降尊纡贵，使为□□，□□□□。

吾家世系，旁行邪上，至公历纪元前二百十九年，时有方士徐福字君房者，忬秦之暴，绐始皇求不死药，携齐鲁怪迂之士，委巷荡检逾闲之女，各三千人，楼船浪虾夷不返，生聚教养，自为风尚，夷夏隔绝，久假不归，建邦立国，遂为夷种。该夷不亡徐氏之德，尊为主人，自称婢奴，不亡本也。诸奴中以倭种最为优秀，尚武力，善制佩刀，大者谓之太刀，小者谓之协差。宋时曾以入贡，欧阳修有《日本刀歌》美称倭刀。遂领本州、四国、九州及五百□□□不齐之夷，故又以倭奴代表其全体也。

《汉书·地理志》曰："乐浪海中（汉武帝灭朝鲜置乐浪郡，乐浪海者，及今之日本海及黄海也）有倭人，分为百余国。"颜师古注云："《魏略》曰倭在带方东南大海中，依山岛为国，渡海千里，复有国，皆倭种，亦曰倭奴。"又《元史》曰："日本国在东海之东，古称倭奴国。"皆沿倭奴之本称也。

由此可知，倭奴者皆徐氏之家奴也。《韩非子》云："严家无悍奴。"唐律有奴仆不善，罪属主人之条。自倭奴袭陷我徐州时，举国父老无不责让徐氏，不原谅徐氏之弃教于此悍奴者，为日已久矣。今不得已，复执主人之权，求免增重累之□，再教训尔倭奴。余不忍尔奴种殄绝，尽灭吾家生尔育尔之意，尔其听诸。

尔奴子奴孙，敢违吾徐氏之教，尔竟猖狂犯分一至于此，唐尧云四方有罪，罪在朕躬，尔奴有罪，罪在徐氏教之不先，徐氏何能辞。虽然自责自痛，亦怜尔何蠢蠢不自量其恶积，倾殆乃尔不自省不自知也。

往事岔集，暂不置论。尔去年七月七日寻衅于我故都卢沟桥，昌言发展所谓尔之大陆政策，以为开始，尔荒谬绝伦之宣传，自诩只须十万人即可摧毁中国之主力军，时间只须四个月，即可完成全部侵略中国之任务，腥风雪〔血〕雨，不觉经年，在时间上已铸成历史之证据，已昭著尔梦呓之错误。据尔外务省次第之报告，此一年中，尔海陆空军之伤亡数，已达四十七万余人以上，战舰击沉在四十艘以上，飞机被毁在七百架以上，以计划而言，是又铸成历史之证据，又昭著尔梦呓之错误。

在尔构成卢沟桥衅端之际，一再向我中央提出，认为地方事件解决之请求，乃延荡漫衍浸假演变而为不宣而战之国家战事。夫国与国战，必须相互爱惜自有之国格，须□有时间与战区之规定，虽俘虏□卒，国际公约，皆有保护条例，尔既蛮横，尽丧国格，恣意狂炸中国城皇与无辜之市民矣！在尔疯□愤豕狂啮怒践蹂躏残破恶战之下，除暴虐无理之破坏外，尔所得之优胜有几？清夜自思，尔不爽然觳乱，必哑然自失。尔南进之军已得安庆而窥武汉，表面上观之，尔可谓满志矣！杭州、上海有不断之中国军与尔肉搏也，尔北进之军已薄郑州而迫信阳，表面上观之，尔可谓得意矣！勿如中国之军已克复古北口而直指察绥也，外强中干，探汤识热，尔当能自知也。

尔穷凶极恶之企图，其如彼攻守战略之技术乃如此，真令人哭笑不得，尔知腆颜乎？顷英军事专家观尔侵华，战斗最近之构成，剀切著名，昭告世人曰："以中日目下战争形势而论，中国军队在必要时虽放弃武汉，迁移长沙，日军纵得南移，而中国军队又可周旋北往，迂回更动，谁得谁失，长期久持，以待其惫，未始非中国之利也。"尔以顷观察为何如？英军事家亦非悬拟推断，乃就既已形成战况而为言。

尔逆袭南京之后，为尔着想，当泰然自足，引为大庆，尔何以惶然不安，反托德邦出而调停耶……狂奴……尔亦知尔一狙一啮之技其有穷也……向早……我军事领袖已明告尔"非尔灭绝，即我覆亡"，此血债耻债，使中国只有一人民一兵卒，非向尔索清不

可，愿尔尽搜尔之奴子奴孙，源源继续而还也。

尔陆相板垣声称准备十年以与中国周旋，方之四个月内即可平定中国谬语，尔又何其客气耶？或云尔"既尝辛味，始知燥辣"，我方期与尔作无穷之对消，杀个痛快，尔之口味即已大减，乃即形成吾家之懦奴，又是吾之忧也。

七七纪念，乃尔之狂暴奴性癫噬恣戾以援予中国者，中国为伸张人道，扶持正义，捍卫东亚之和平，维护世界之公理，不能不齐心并力以九皇六十四民之神胄为总动员，以杀止杀，以惩吾家之悍奴……倭奴……勿勿……中国苟有孑遗，绝不容有七七存在，尔奴子奴孙苟有一个尚息息喘延于陆地，尚偷生于世，中国人民必以为七七尚有未尽净消灭也，必尽除之。时日曷丧，与汝偕亡。尔勉旃，勿多谈。

（资料来源：《戍声周报》第 88 期，1938 年 7 月 11 日）

## 纪念廿七双十壮语怒澜波程
### 毅　公

倭奴小丑，在掀开卢沟桥战端之际，发出三数个月内，即可摧毁中国之军力，造成东方大陆政策局势之狂吠，遂尽量发挥其四十余年处心积虑盗袭中国，最残酷最毒辣之武器，以向我国家，用无人道、无国格之手段进攻。

我政府人民，一致剿御，腥风血雨，忽忽已达十五个月之久。今中央主力拱卫武汉，鏖战数月，充绰裕如，游击支军，分头扫荡，又横行于吉林、山西、杭州、江西之域，倭奴企图，竟何如哉？

今倭奴所图，既已难成，欲罢又有所不能，所谓"跨虎难以下背"也，其惟一方略，只有尽量驱其三岛厌战之民，无辜而就死地也。中国睡狮，为欧洲所憬憧，又非虎可伦比，一旦扰觉，威棱所加，倭奴亦可想尔。威廉二世欲并吞世界，称最可虑，厥为中国，一则曰深堪为忧之"黄祸"，再则曰"支那之黄色恶魔"，正谓此也。

威廉之所见，非虚语，因有中国五千年来光荣历史之伟迹，因有中国已横吞千数百国之证件，寰球霸主，亦已丧气，倭奴奈何？

虽然，我自逊清以来，内战大伤，晚近板荡，天灾未已，倭奴故能乘瑕蹈衅，用逞其欲，势使然也。孟子云："无敌国外患者国恒亡。"今全国猛省，一致御难，夫其将以之而兴中国耶？愿我国人赴兹塞难，若协谋操舟，以破巨浪，并力则可共存，不并力则必共亡，冲斯怒澜，长风迈往，一猎横滨之域，亦有何难？愿勇猛先驱，凌厉乘时。时乎时乎，不再得也。

（资料来源：《戍声周报》第 101 期，1938 年 10 月 10 日）

## 酣战局势之新展开
### 毅　公

我抗日阵容，欲企图配备迈进之调整，不能不严固武汉，以便措施，是以自宣布拱卫"大武汉"以来，于豫东太康、淮阳、柘城至黄河南岸一线，豫南罗山达许家冲一线，江北广济、凤凰山一线，江南瑞阳富地一线，山西济源、阳城一线，皆取游击策略，以维守势。然敌以精锐各个重袭，迄今亦未丝毫得意。

于此一面应战一面部署之中，所收建树成效，于东战场太昌、常熟等六县之民众，经我精密组织，已完全造成武装区域，枪弹均一律饶足，除京沪、京杭两路，与锡沪等公路交通线各据点外，其余市镇村落皆在我控制指挥之下。

山东主席沈鸿烈、山西主席鹿钟麟及徐向前三氏，曾屡会商于鲁北，讨论整个华北战区民众组织，抗敌大计及军事政治之特殊实施，经亲到视察，及已进行而达一阶段者，业有十二县之多，所到各县，村落市镇之民众皆列队欢迎，并高呼打倒日本，保护中华民国领土完整之口号。

察、绥两省及辽北以达黑龙江之域，所有民众，均苦日本摧残侮辱及地方失陷之惨，遂纷纷自动团结，锄鑱荆棘以为武器，蜂拥怒潮作不断的以向敌之后方扰乱，日寇竟至无法制止，郁闷不堪。倭相板垣近已宣昭各地云，今后决改善以往之动作，将必采用极端亲善之策略，以图变更仇民之心理。但我当局早已对于各个爱国团体，用有坚强之组织，故其声势日益扩大，日益煊明，以上均属于敌火下之工作也。

我新疆十四民族积极准备抗战，共有代表六百六十九人，齐集省会讨论动员问题，已渐由理论化而达具体化矣。

川滇黔各省民数财资，均极富饶，我政府推进抗战建国之大计，关于建设兴作方面，业已大半成功，兹后于前线经济、粮食、军用物品，兵员增加，均有极妥善极深厚之办法，以上属于后援经济之工作也。

我军事领袖，有此全盘计划之安详处置，于是各线前敌遂由守势而渐处于攻势矣，是以罗山及小罗山均经我先后夺回，南城、沙窝线之敌已受极大之顿挫。广济西北方之高地，亦被我占领，敌厚兵屯聚，瑞通之道路，已被我全部破坏。瑞武线之敌，经我猛击，业由南浔方面退去。星子线之敌，被我歼灭，在一联队以上，此种摧敌酣战之新局面之形成，纯系由倭寇横暴不能持久，一降而为怯懦的现象所驱使也，我中央尚未明令总攻击也。

临此有史以来空前之大寇，我全国父老兄弟切不可以得一地便放肆而喜，以失一地便憔悴而忧，须沉着把稳，尽其人力财力智力，听我高级领袖之指挥，所谓最后胜利，操之于我，庶几有豸。

一九三八·十·二三·于理化

（资料来源：《戊声周报》第 103 期，1937 年 10 月 25 日）

## 国难中双十节
### 黄宁宇

哈哈！以二十余年不服政府、骄横关外的定乡县，今天也有军政学农各界民众，在这里很热烈的联合庆祝我们的国庆日了，这真是破天荒第一次啊！真是稀奇，真有值得热烈纪念的贷〔价〕值。

的确，以定乡县而有今天这样一个现象，是千万值得热烈的庆祝纪念，不过大家在这庆祝当中，可不要忘掉了还有一回大事啊！什么大事呢？就国难当头，我民族已到了

最后的生死关头，这一回事。

唉！这个时候，我们后方的同胞，尚在很消闲的服装楚楚举行庆祝，恐怕前线的同胞正在很激烈的焦头烂额拼命抗战吧！我们尚在后方悠扬的奏乐，恐怕前线的飞机、大炮，日本正在轰轰隆隆的射击南京和淞沪一带吧！我们尚在这里高声入云的朗唱党歌，恐怕首都和淞沪等地的同胞，正在父母兄弟姊妹们骇得搂抱着一团伤心痛苦吧！我们尚在这里循声朗诵总理遗嘱，恐怕前线的同胞，正在战战兢兢的默祈总理在天之灵护佑生命吧！这！这！这真是天各一方，苦乐悬殊了，唐贤诗云：“料应天涯共此夜，几人欢笑几人烦？”我今亦云：“料应神州共此时，几处庆祝几处伤！”唉！前线的同胞们啦，你们为着国事，演出了血肉横飞、妻离子散的惨痛，我特别万分精诚的向着前线，给你们行一个一百二十度的三鞠躬礼，代表后方的同胞道歉！同时我不免感不自禁，悲从中来，如泉涌般的洒了满胸的同情泪！

写到这里，我忽然——神经紧张！血管沸腾！恨不能一翼飞到前线去，与抗战和受难的亲爱的同胞们，洒尽我满腔热血，携手含笑的死难祖国！但是事实上又岂能办到呢！我只好搁下了笔，望着全中国的后方同胞们，大声疾呼的叫道：

> 后方同胞们，一致联合起来，
> 一致联合，节衣缩食，毁家输〔纾〕难！
> 一致联合，尽忠职守，巩固后防！
> 一致联合，卧薪尝胆，誓作后盾！
> 一直联合，枕戈待旦，为国效命！
> 一直联合，投笔从戎，复兴民族！
> 收复东北失地！打倒倭奴日本！
> 中华民国万岁万万岁！

结果，我还有几句忠告：现在我们的国家，实在是到了非常时间，千万不要认为儿戏！这种非常时间，希望同胞们宁肯抛弃我的家，切莫抛弃我的国。只要国一存在，区区一个家，是不成问题的，如果国亡了，岂止我家同逼〔归〕于尽，连我一身都无立足之地呢！所谓“皮之不存，毛将安附”，朝鲜和安南亡国奴的惨状，就是我们前车之鉴了！我们要想中国存在，唯一的办法：只有将我的家、我的身，共同拿出来，贡献给我的祖国。此即蒋委员长训示的：“要图公共权利，须先牺牲个人权利。”大家有了这种个人和家庭的关〔观〕念轻、祖国和民族的关系重的伟大精神，自然就能继续先总理的革命精神，将来不但中国不得灭亡，恐怕反要将日本帝国打倒，造成我民族的复兴。纪念日与今天这十月十日的双十节国庆节，一样的永远光荣纪念，那就对得起我们建国国父孙总理和前线抗战死难的各位同胞了！

二六·一〇·一〇·于定乡县府

（资料来源：《戍声周报》第 49 期，1937 年 10 月 11 日）

## 随分报国

### 黄宁宇

吾国自此次卢沟桥事变发生以来，倭奴横行，抗战扩大，凡我国民，在过去有若水火之不相容，阋墙之不相下者，时至今日，均已化除意见，吴越一家，抱定与国共存亡，誓抗战到底之决心。爱国表现，义举风起，有力者出力，有钱者出钱。报端每日之披露，如自动参战，毁家纾难等事实，民气伸张，其有先于吾国历史多矣，同一国民，同一责任也，但身处内地之同胞，得有机而自动抗战，而毁家纾难，以尽国民之天职，至若吾侪身处最远之关外西康者，既无机以参战，更无家以纾难，将何以尽天职，报主〔祖〕国欤？有之，其惟随分报国乎？

所谓随分报国云者，即就各人之位置，尽应尽之责任，群策群力，使中央无一切后顾忧，如以个人言之，处身政界，则当清白乃心，实践杨震之四知，无一毫贪汙〔污〕行为，勤慎将事，努力领袖之三干，无一件留难案牍，个人如是，是即个人能随分报国矣。推而至于全县全省以及于全后方之军商学界，胥莫不如是。是即全后方皆能随分报国矣。今日之中国，据后方者，果尔皆能随分报国，国家尚有灭亡之祸，吾不信也。

如以为不在其位，不谋其政，抗战大事，是乃当道诸公之事，吾侪职卑责小，举动有何轻重乎？噫！若此辈者，真是自暴自弃，不知个人与国家有密切之关系也！夫国也者，积多数人民而成者也，国家必以人民为主体，而存亡恒视人民之爱国心理为转移，故云："国家兴亡，匹夫有责。"不见乎郑之玄〔弦〕高乎？昔秦袭郑以其无备也，玄〔弦〕高经商相遇，即一面以乘牛犒秦师，假示郑已有备，一面使告郑君，迅速准备抗敌，秦因帅师而还，郑遂不至覆亡。若玄〔弦〕高者，可谓随分报国矣。不然秦师袭郑，高事也乎哉？高犒师也，高责也乎哉？而高告郑也，诚以"覆巢之下，完卵难栖，国若灭亡，我家焉托"，忠义愤发，故有此慷慨犒师之报国举动耳！嗟夫！国难急矣，灭亡临头矣，吾国后方之同胞，慎毋以位置之大小遂轻重其爱国热忱，总希各尽厥职，各尽厥力，效法郑商人玄〔弦〕高之随分报国精神，彼倭奴虽横，最后胜利之必属于我，敢断言也。

二十六·十一·于定乡县府

（资料来源：《戍声周报》第 54 期，1937 年 11 月 15 日）

## 全面抗战与全部抗战

### 耘 刍

国与国战，乃疆域种族存亡问题，相互无假贷苟偷幸免之余地。敌以我人口建筑为惟一摧毁之对象，以我全部领土为驰骋屠戮之战场，故凡寇到之境，除政府军外，我父老兄弟，均有义无反顾、出而应战之必要，不然则惟己身膏白刃，子孙为奴隶矣。寇以舰队出击，则我沿海及长江口岸皆前线矣。寇以飞机出击，则我举国任何一地皆前线矣。我父老兄弟诸姑姊妹，惟有一致团结，分头组织，随时随地作大敌当前、充分应付救济之准备，刻刻作方面出击之奋发，所谓全面抗战，又不应独指前敌临战之区段也。

以最近三个月来战争之经验而推测之，敌猛袭晋绥，又分势南扑，横摧直撞，国格人道，一切不顾者，在力图彼我武器上之消耗。方之于欧战初期，与德国之对邻邦方略，如出一辙然则再进一步之拼对，可判断而知，以此论之。

第一期武器拼对战。

第二期人口拼对战。

第三期经济拼对战。

第四期粮食拼对战。

第五期困疲忍耐拼对战。

第六期国格拼对战。

我国家新臻统一，百废待兴，突然以当六十余年处心积虑、充分准备、意图灭我之倭寇，以武器拼对而论，我当然不敌。我军事领袖，以展开阵线，企图当前之应付，正用俄国坚壁清野以诱骄德强有力之消耗方式，故放弃一城，背进一地，乃运用方面之必要策略。凡我国人，断断不宜以现在东西战场变更战斗之形势，摇动沉着对策之信念也。

全国父老，应确信我军事领袖以挪揄计划，分头碎破倭寇之第一期气焰后，必有决定胜算之操纵在，此胜算操纵者，即第二期至第六期之拼对也。以鄙见所及，中日战争只能到第二期之末尾，即可解决，绝不至第三期以下之阶段也。倭奴人口只当我数十分之一，其俄国勍敌不计外，三韩、台湾之人，未尝梦寐一刻忘情于报复倭奴之宿仇。彼内蕴肝膈之重疾，外抗雪耻之雄师，转瞬之间，即可见倭寇之摧败零落之下场也。

人口、经济、粮食、困疲忍耐、国格诸拼对，乃敌我国家全部鏖持之对抗战争，欧战时德国即败于第三期粮食战争也。我政府此刻一面应付东西战场之暴敌，一面部署西南各省之建设，井井有条，丝毫不紊，此种沉着开朗之态度，极为各友邦认识钦慕健羡。我全国父老应深知此项国策，乃操有极稳健极周到之把握，当父教其子，兄教其弟，夫教其妇，夙兴夜寐，摩顶放踵以赴我政府之指导。

我政府深思远虑于第三期之拼对应付，关于内部之消耗，如粮食、钢铁、煤油、布帛等等之统制，已明令全国矣。国人不但应紧缩强制遵守而勿渝，急当更一步作企图大量生产补充之努力，庶不负政府苦诣救亡图存之国策也。

（资料来源：《戍声周报》第51期，1937年10月25日）

## 最后胜利之乐观

### 黄书云

国家之强弱，视乎群众之决心；战争之胜败，系乎最终之结局。项羽之百战百胜，而终困于刘邦；少康之一旅一成，而卒兴乎〔复〕夏祚。俄之逼于法也，焚莫斯科而避之。法之迫于德也，弃巴黎而迁焉。此皆转败为胜、反弱为强之往事，朗见于中西史册者。是故有凯末尔，土耳其可以复兴；有希特拉，而德意志可以重振；有莫索里尼，而义〔意〕大利可以再强，立国之道，特患无伟人崛起耳。蒋委员长，沉毅坚卓，具长期抗战之决心，为全国人所拥戴。暴日虽强，视拿破仑与威廉第二何如？彼以雄才大略之君，拥广土众民之势，军威所至，几于气吞全敌，锐莫能当，而滑铁卢之败，抑郁以终，凡尔赛之盟，削弱已甚。佳兵不祥，前车可鉴，今倭人外强中干，上无翁威廉之雄主，下无俾士麦、惠灵吞之大才，徒以少年军阀，冒险贪横，欲遂其席卷东亚，横霸太平洋之野心，不惜违反民情，竭尽国力，背弃盟约，以犯天下之大不韪，内之财政，则民力将不支，外之国交，则列强均不直，四十二国之谴责，足以知公论之不容，国联工会之宣言，均为日货之抵制，败征已见，险象环生，目前之小利，得足操最终之胜利哉？况乎以力服人者，不足以得其心；残民以逞者，不足以成其事。彼无端开衅，毫无名目之可言，而焚毁我□□，屠戮我人民，奸淫我妇女，劫掠我财务，破坏我文化，残贼我学生，荼毒我难民，不解中日何仇，一残至此？此欧美评论报，所以目日为东方匪国也，是岂文明国所宜出此者乎？且彼杀吾俘虏，全无人道，而我则优待彼俘虏，使彼愧服之至。查获其信件，知其厌战之深。人心即天心，胜负之机，我固如操胜券矣。以兵力言，彼之征发将尽；以财力言，彼之国债已多；以物力言，彼之原料不足；以工业言，则制造厂多停；以商务言，则销场日少；以国际言，益形孤立，德、意虽联合，而不肯助其攻我，以邻邦言，俄兵压境，满蒙之危险，终必出于一战。是故彼之情急，而利于速战，我之计决，而利于持久，勿以初败而馁其气，勿以失地而灰其心，勿以久战而惜其费。古人云，两国相争，哀军者胜，愿我国人共勉之。

（资料来源：《戍声周报》第 63 期，1938 年 1 月 17 日）

## 最后胜利之乐观（二）
### 黄书云

现在之国家，非政府所独有，当前之战争，亦非军人之专责。盖国也者，全国人之所依托，凡军政学、农工商、老幼男女，无论其为智识分子、劳动分子，人人皆有爱国之心，即人人皆有保国之责，故在上有伟大之英雄主之，在下须有无数之英雄助之，尤须全国整个之群众，团结以扶之，而后人力多，财力足，物力充实，乃足以挫凶焰而遏颓波，亦收最终之效果焉。往者甲午之战，乃李鸿章与日本军人之战也；辛亥（应为辛丑——编者注）之战，乃义和团与八国联军之战也。若夫今日之战，在日本仅少壮军人之野心，而非普通日人之公意，而我国则蒋委员长领导于其上，各省军人听其指挥焉，全国民众服从其命令焉。以地域言，合二十四行省为一心；以人口言，合四万万五千万人为一体；以财力言，举全国之赀财为战费；以物力言，罄全国之粮饷器械土产为资源。且欧美之舆论咸表同情，各国之工商，彼〔竞〕相抵制，或假我以金镑，或助我以器械，或售我以军实。孟子云："得道多助，失道寡助。"胜负之分，固不在目前之局部，而在他日之收场矣。然而战域益广，战情日亟，战祸愈深，战费亦弥巨。日人之兵器精，炮火烈，飞机众，贪心甚，骄气张者，不汲汲准备，著著进行，事事整顿，现在之危机莫遏，后来之险象尤多，将何以为长期之抵抗战哉？夫日本决无中止之侵略，中国决无屈服之理由，故彼此决无和平之希望，是非全国总动员不可行，新兵器既层出不穷，战法愈变，战线愈多，时间愈长，兵员愈增，军需愈大，各种之消耗亦愈繁。且平地战变为堑壕战，肉搏战变为机械战，前线战变为后方战，地面战变为空中及地下战，

白日战变为黑夜战，此皆有形之战争也，亟须以无形之精神，积极筹备之。计总动员之计划，曰"政治动员"。其在内政者，一在教育，须激动各校员生，雪仇复耻，于课本、图画、书报杂志，均灌输此思想而尤要者，在使大学生之工作，努力于科学之发明，以助政府而增国力；一在社会，凡报纸新闻杂志皆为鼓舞民心、训练国民之工具，使潜移默化，造成国民对外之意识，而名人之讲演，团体之活跃，尤政治动员之推进器也；一在国民之组织训练，使之倾向主战，痛恨敌人，养成大众战之精神，为全民族之抗争，不使抱悲观而隳锐气。其在外交者，己国之力，不足以制敌死命，则必联络各国，以加增势力，如希特之联英、意，艾登之联法、意。法之牺牲大借款以联俄，又运用手段以联英而离间德、奥是也。今日本迭击英、美之商船战舰，侵袭香港之领空，威胁新加坡之要塞，骄横树敌，致英、美将联合舰队东来，正我运用外交之大好机会；而苏俄之添兵满、蒙边境，外蒙之取消独立，合谋抗日，尤我良好之时机。况朝鲜反动，已焚烧总督府；台湾内向，又组织反日军，固不止东四省之义勇军，为其腹心之患也。二曰"军事动员"。凡军队之调动，物质之配当，交通之统制，险僻小路之预防，损失伤亡之补充，伤兵之救济，难民之安插，壮丁之训练，妇女儿童之灌输与教导，皆当一一精密筹备之。且彼为征兵制，民多不愿，我则以五当一而有余；彼为侵略，民多厌战，我则救亡图存，悲愤可用，一切战略上之准备，优点如何，劣点安在。至于战术，则东战场之平原，西战场之山地，江河流域之船只，彼为生地，我为熟路，彼兵分而力薄，我扼要而待劳，主客不同，难易迥别。三曰"材料动员"。马匹之饲养，托运之征调，舟车之拨遣，飞机之购制〔置〕，兵器弹药之分配与接济，海路虽阻，香港与缅越，可以入口，私厂之制造，可以补助，服装之储存与发给，地图之制备与分发，我以地大物博之国，为同仇敌忾之谋，经略有方，无忧不给。四曰"经济动员"。税金之整理，储蓄之奖励，公债之征募，钞票之稳定，财产之调剂，外款之借贷，经费之省节，私人外款之转移，我海外侨胞热心祖国，捐项迭来，贷金亦易，英、美、法之大借款，既表同情，资源不竭。五曰"产业动员"。燃料之如何统制，粮食之如何节存，技术之如何改进，输送之如何便利，给养之如何充裕，邮电之如何发达，特种工业之如何创设，原料之如何增进，谷畜之如何加多，肥料农具之如何改良，我国地多温带，素称天府，亟加倡率，生产自丰，以上种种，皆大有为之资，及今图之，补牢未晚。至于应战之法，一曰"焦土战"。日兵所到，焚掠实多，与其留以资敌，不如忍痛自毁，彼进无所得，退多遇阻，最为制敌之方。二曰"游击战"。出没无常，防备不易，既无聚歼之虑，又收截获之功，东三省之义勇军，不过三四万人，而日军十万无可如何。今战线既长，随处可以邀截之，惟此法足以扰其后方，断其横脉，亦兵法用奇之道也。三曰"消耗战"。日军恃其炮火，肆行滥发，消气〔耗〕之巨，数倍于我，我沉着慎敏以应之，彼武器渐亏，需费日巨，死亡益多，征发不易，此坐困之道也。四曰"持久战"。彼外强中干，利在速决，逞其极恶，惨无人道之手段，不惜牺牲人命，民既厌战，实力不充，占地既宽，备多力薄，而我之新军日益充实，源源接济，反守为攻，长期抗之，自生内变，待其气馁力竭，我决操其胜算矣。总之，事机至此，万难求和，盖屈降则永为奴隶，抗战则决可复兴。西人评论，谓中国如久抗，则日本终无所得，而俄人虎视眈眈，终当乘其疲敝，以泰山压卵之势，为环攻三岛之谋。是日本之分崩离析，自速灭亡，固可指日而待也。吾国人毋自矜，亦毋自馁。埃及之屈于英有年矣，埃人不自甘于下人，英之戍兵不能不撤。印度之制于英有年矣，甘地不肯与合作，而印之宪法不能不改。况我为独立之国家，为列强所公认，我不自亡，日安能亡我，请拭目以观最后之胜利焉可。

（资料来源：《戍声周报》第 64 期，1938 年 1 月 24 日）

## 最后胜利的又一明证
### 鸿　爪

吾国与倭奴激战，已达年余，虽国土日蹙，而吾领袖以抗战到底之决心，日励国人，再接再厉，以消耗敌人力量，增加倭寇困难，而求最后之胜利，今竟屡败屡战，斗志日坚，国人爱国热忱，日益膨胀，民族抗战力量日益增强，而敌方以补充之困难，输送之艰巨，伤亡之过多，已成强弩之末，其人民厌战思想，逐日腾沸，种种演进状态，恰与吾国人心形成反比。所以我们领袖，决定最后胜利必属于我也。常观前线将士，直接杀敌者，其与敌人伤亡率之比始为十比一，今已进至一比一，其抗战心志之激奋，抗战力量之增强，固足以证明最后胜利之属我。兹复就后方各种现象观之，亦有足为最后胜利之明证者，固不在粤、汉之得失也。兹就后方之四川及西康两省言之，昔时祸国殃民、互争权利者，今已协同抗敌、和衷共济矣；昔时不闻国事、漠不关心者，今亦知其休戚与共，以争取国家之独立矣。以康地之僻陋，其人民癖于佛法，不知国家为何物者，今亦能献金于国、拥护抗战，而于精神方面，更常祈祷佛法，以护国退敌矣。是后方人心爱护国家之思想已非前比，即人心方面之一种良好现象已得最后胜利之要素也。又川、康两省，频年灾荒，今岁丰收，实为数年来所未有。民以食为天，军以粮为重，军事丰足，抗战自易，是天意方面又得最后胜利之要素也。即此二者，有激昂之民气，充实之糈储，得天之助，因地之利，未有不能灭敌者，是即后方现象，足为最后胜利之明证也。

（资料来源：《戍声周报》第 107 期，1938 年 11 月 21 日）

## 纪念国庆时之感想
### 鸿　爪

中华民国产生在狂风暴雨、惊涛骇浪之中，现在算是成长足二十八年了，她在忧患中度此二十八年的时光，每日与她的敌人——国内外军阀及帝国主义者——不绝奋斗，打破了许多难关，消灭了许多障碍，今天虽然难犹未已，但她的命运已入佳境。而且她各部的健康已多表现得充满可爱，故我们庆祝她的生辰，虽然强盗在室，不免闻乐不乐，居处不安，然而想及她自强不息的精神，发扬蹈厉的生气，不患不能排山倒海灭此朝食，这是我们于国难中纪念国庆应当于努力挣扎之外，抱此乐观的。古人云多难兴邦，又说乱极必治。所以这种遭遇，遂可说是我们必然振兴的现象。

普通抱乐观主义的人，说中华民国地大物博、文明悠久，有四百二十八万方里的版图，大于日本数十倍，非日本所能吞并；有四万万五千万的人口，几度同化敌人，非日本所能征服；有五千年悠久的历史，非日本所能消灭。这种说法，都远不是我们真的乐观，如英吉利以一十二万余方里之小国，而辖一千三百二十余万方里之属地，以四千余

万之人口，而统制属地四万万以上之人，其以小制大，以少驭多，已有成例。而我数千年之文化，乃祖先创业，垂统之功，子孙如不能守成，终不免为败家子弟，故地广人众、文明悠久，皆不足以保证其不亡。不过其可喜者，地大物博，则抗战之资源充实，战能持久，人口众多，则兵员之补充不难，伤亡无惧，历史悠久，则有固有之文化道德，含蓄最深，求之则得，是其发奋为雄图强致富之凭藉甚厚，非地小民寡者能追及，故当清政府腐败，国势极弱之际，祸急燃眉，几召〔遭〕瓜分，而世界人士咸以睡狮喻我，即以有此凭藉，足以速致富强也。

我现在所谓立抱乐观的意思，实不仅此。我们有了健全的领袖，有了统一的政府，有了奋斗的民众，凭藉着丰富的资源与雄厚的人力，一面抗战，一面建设，抗战是日入佳境，建设是日见成功，行见敌人转即歼灭，国势转即巩固，向之私心自用党派分歧者，其意志与力量已集中于一共同目标之下，群策群力，以求抗战必胜，建国必成，实在是多难兴邦的气象，所以当今天，是应该以乐观的心理来庆祝他的诞日。

（资料来源：《成声周报》第 154 期，1939 年 10 月 16 日）

## 抗战三周年纪念感想

### 鸿 爪

我国抗战已三周年，前方将士，愈战愈强，后方同胞，愈苦愈奋，建国事业，日异月新，外交情形，日入佳境，教育日发达，内政日修明，虽寇犹未灭，而建国之基，已臻巩固，用兵之道，已日坚强，胜利属我，理无或讹，胜利日近，事实已具，即以西康论之，亦足以证其必然也。

我之必胜，相对之理也。自敌我之外交言，敌以侵略之野心，欲亡我国，而剥夺诸国在华之利益。我以不屈不挠之精神，为国家民族之生存，而维世界人类之正义，我博得各国政府人民之同情与其经济正义之援助，而敌反遭各国之抨击与制裁，其不如我一也。以敌我之经济言，三年来敌人军费之消耗，大我十倍，虽彼有数十年之蓄积，而遭我始终贯彻之消耗战争，已成先天不足、后天失调之虚症，经济崩溃已临前夕。我国地大物博，蕴藏丰富，虽失地广大，敌人只占我点线，而其经济物品之产生，源源不穷，故其经济力量之撑持，尚绰有余裕，其不如我者二也。以兵员而言，敌国人口不及我国四分之一，常备兵不过贰百万，三年之伤亡，至少已达百数十万，故其近来之补充者，大半老弱，已不及初时之精锐善战。而我兵役制度，日渐完善，前方常保三百万之精兵，后防壮丁犹源源入伍，且我以争生存，而国民皆敌忾填膺，彼以逞凶横，而国民多惜死厌战，一愤一怨，相去天渊，其不如我者三也。以此三要敌皆□我，虽其器械精良，而我以精神补充物质之不足，再以三长与之持久，彼虽凶残，其能久乎？

至以我之建国言之，后方各省，新兴事业，日有所闻，效率之速十倍曩昔，如川、滇诸省，三年来建树之成绩，足有二三十年长足之进展。即此西康边区，文化落伍、地方闭塞、人民顽固、习俗鄙野之地，在此抗战期中，政治则由特别区而建为行省，教化日新，学校日盛，党务工作，几偏〔遍〕各县，川康、滇康公路相继建筑，轻重工业，次第创办。人民之爱国思想，抗战情绪，亦日热烈，民七得荣之康族同胞，即曾请缨杀敌，最近宁属之倮族同胞，已有趋赴前线。虽彼早失教养之弱小兄弟，尚犹如此，建国不成，抗战不胜，有是理乎？且吾抗战之初，康族同胞，对于抗战，颇滋疑惧，必胜信念，虽大喇嘛，心犹谓非，今以前敌将士之浴血奋斗，殉国先烈之英勇牺牲，坚持拒敌，未及三年，而其知识分子无不深信我之必胜，其一般不识字者，亦谓菩萨已言，胜终属我，而各庙寺之修法祈胜者，自动捐资，毫不稍吝，岂非虽边区之民，亦能动员精神集中意志于抗战建国乎？以全国之民，而皆为抗建是图，彼深入泥淖，外强中干之敌虏，能不自败乎？故以一西康论之，最后胜利，必属于我，亦足以证其必然也。

（资料来源：《戍声周报》第 192 期，1940 年 7 月 8 日）

## 8.《戍声周报》所载关于抗战的诗词

### 醒来吧

董智渊

塞外没有热天，

那火炉旁边的黄粱，四季都是酣畅，

殊不知东风摇曳，快将你吹入临死之乡！敌人是业已闯进来了。

他人都在为我们惊慌，

亡国奴的模样将要扮在自己的身上，

我们应如何紧张！！细想，

可怜的人们：

快快觉悟吧！

休说亡国还是百姓一样的上粮，

朝鲜就是榜样，

他们的父母妻子，长年不能相望！

唉！那里寻得倒人道、公理！

快丢掉苟安暂逸的思想，

换上刀和枪，

前进杀敌，不要彷徨！

把我们的鲜血，洒遍那无边的疆场，

国家前途，或许还有一线曙光！

二六·七·一〇。

（资料来源：《戍声周报》第 38 期，1937 年 7 月 26 日）

## 军次理化得丰台战闻
### 耘 匋

闻道倭奴寇宋军，彻宵忧悒乱纷纷。
彷徨万里浮云隔，惘怅边关积雪深。
往事罪魁争误国，内讧开户揖强邻。
从头收拾旧山河，天下兴亡在小民。

（资料来源：《戍声周报》第38期，1937年7月26日）

## 感 怀
### 彭鸿恩

国战传闻寇益猖，中原回首泪双双。
鸱鸮重毁吾精室，虎豹深窥我庙堂。
淝水符〔苻〕坚骄速败，昆阳刘秀愤终王。
卧薪倘使能师越，一旅中兴夏少康。

（资料来源：《戍声周报》第45期，1937年9月13日）

## 七 七
### 绮零女士

倭寇以七七而狂，
睡狮以七七而醒，
卢沟桥下的血浪吼着，
桥畔的芦花招展无恙，
昏昏残月是半窥半笑，
溯〔朔〕风凛凛助阵，
杀！杀杀杀杀！
创造了，创造了残酷的古景。

团结，团结，
团结我们这四万万五千万的生命为一条生命，
膨胀，扩大，
震怒撼山岳，
海涛倒沸腾，
排除障碍，
拉翻愁城，
是威廉二世所深虑的"黄祸"，

是黄帝的子孙。

匆匆一年过了，
莽莽神州，
已牢缚了四十七万惨淡哀哀的倭奴游魂，
重新努力，
兴奋前进，
倭奴服了疯狂药，
我们打了吗啡针，
冲入毒瓦斯内寻呼吸，
炸弹破片下面觅生存，
努力，努力，
努力我们未来七七的光荣。

（资料来源：《戍声周报》第 88 期，1938 年 7 月 11 日）

## 边军怒吼
二营六连一班中士　赵光汉

一

整日的凄风苦雨，满天的黑烟愁云，宛如我伤亡将士们的怒吼，受压迫同胞们的呼声。

二

天将晚而复暗，灯将熄而复明，贫困的俄罗斯，现已成立了劳农政府，弱小的土耳其，现已渐渐兴胜〔盛〕，惟我唯〔伟〕大的中华民族，还在受人蹂躏。

三

可恨的倭奴日本，独不念我们同是黄种人，虎狼最暴不食同种，飞鹰最毒亦不餐同类，帝国制的倭鬼，惨无人道二十万分。

四

想从前何等威武，多么光荣，各国每年进贡称臣，叫它们左车〔转〕不敢右转，命它们下俯不敢上瞬，而今啊！成了这样……的情形，既要为它们蹂躏而死，不如和它们决斗而牺牲，或者还求得一点儿的生存。

五

愿同胞勿忘当年，总理的热忱，计划的情深！努力！努力！前进！前进！拥护领袖，杀尽敌人，救人民于水火，烈士含笑于幽冥，收我土地，复我国魂，□□自由平等，独立称尊，同享太平！

（资料来源：《戍声周报》第 95 期，1938 年 8 月 29 日）

## 凭吊抗战阵亡将士

唐伏龙

将士们，将士们，
奋勇杀敌捷足登，
摧破人间的横行，
乘着倭奴残暴的凶气，
增加我们冲锋的精神！
炮弹轰炸，
毒气伤人，
有我们血肉，
作国家的长城，
敢于牺牲，才得生存！

丈夫死当做雄鬼，
何须流连儿女情！
杀杀！杀杀杀！
进进！进进进！
为中华民族雪耻辱，
为黄帝子孙争光荣，
忠党忠国，
成功成仁，
黄花岗的烈士走先头，
将士努力随后跟，
打倒帝国主义，
洗尽禹甸的膻腥，
先后伟绩，
同量齐等。

有代价的死亡，
有正义的战争，
黄土叠新冢，
埋骨难埋名，
大哉将士们！
你们的声誉，
与国家并存，
与天地齐永，

可歌可泣，

爱国精魂！

（资料来源：《戍声周报》第 97 期，1938 年 9 月 12 日）

## 九一八纪念的感想

谟禹

同胞们！

时代的巨轮不着〔住〕的转着，

这惨痛的"九一八七周年纪念日"又到了，

回头想：

七年来的过程——

东四省，

北五省，

经济中心的上海，

政治中心的南京，

美丽中心的杭州，

……

都已相继的丧失了。

睁眼看：

满野血腥，

遍地疮痍，

昔日的歌楼舞馆，

而今是碎瓦颓垣，

□□□□□，

□充满了较安全的地带，

像丧家之犬像亡国的奴，

呀！这是如何的令人痛心呵！

同胞们！

我们的国土，

能再让人践踏吗？

我们的同胞，

能再让人残杀吗？

谁无切齿之恨，

谁无恻忍之心，

不，我们要发出最大吼声，

来洗刷我们近百年来的公仇，

同胞们！

我们不要再眼迷心醉歌舞升平，

我们要消灭敌人拯救同胞，

不做民族的赘物，

要为国家的英豪。

（资料来源：《戍声周报》第 108 期，1938 年 11 月 28 日）

# 第二章　抗战时期川康民族地区基本概况

## 一、彝区社会调查与基本概况

### 1. 川西夷地考察纪略

冯云仙

**弁言**

四川的雷、马、屏、峨向来为夷人盘踞，土地广大，蕴藏丰富，古称天府之国，胥缘于此。大小凉山夷人，是包括四川的雷、马、屏、峨，西康的盐源、盐边、西昌、宁南、德昌、会理、通安、越西、▲宁〔原文如此，应为冕宁——编者注〕，云南的禄劝、潜江、缓〔绥〕江、丽江（多半汉化）等县的夷人，古为獠族，即今之猓猓是也。

夷人所占地方，纵横约一千五百余里，物产之丰富，地域之辽阔，在抗战的大后方实占极重要之位置。凡有志边疆事业者，莫不深入考察，详加研讨，藉资贡献国家，作为一种治夷的参考资料。

我是一个没有事业心的人，不过对于边区——尤其是夷人，素未到过的大小凉山的夷人，很感兴趣。我听说从前有个法国教士谢神父者，亲到大小凉山传教。据他谈起来，大小凉山可称为世界上的真正自由的"国家"，足见大小凉山之所以为大小凉山，实有考察与研究的价值和必要了。

此次我奉命率领中国战区儿童边疆宣传团驰赴雷、马、屏、峨等县，从事边区的宣传。初到马边，即逢素告奋勇、作夷务工作的党部张书记长立卿同志，谈论夷地的情形以及风土人情，煞是有趣，真所谓"见所未见，闻所未闻"。

因此，更提起了我前进的精神和勇气，亟欲深入，探其究竟。以我一个孱弱而无学问的女子，走马观花似的观察，虽不能够考察详明，然而对一般社会人士理想中的凉山谜，亦可以揭示其万分之一。

至于古今筹边之士，以及精研和考察边区的专门学者，对于大小凉山夷地之形势，夷人之风俗、言语、习惯、人情，自然有不少的批判与著述，供诸社会，藉咨镜鉴，根本用不着我来介绍，只不过对于夷人的政治、军事、经济、教育、交通、伦理诸大端，个人实认为有特别研究之必要。谨就管见所及，记其荦荦大者，挂一漏万，在所不免，

读者幸鉴谅焉！

**一、关于政治方面者**

A. 以阶级制度形成他的统治的局面

大小凉山的夷人，古称獠族，今为猓猡，分为黑夷、白夷两种，以大小凉山为中心，散居在川康滇的各县。黑夷为该族之正统，以贵族阶级自居，汉人称之曰"黑骨头"。白夷则系黑夷的娃子，是被黑夷掳去的汉人，辗转相卖，变成黑夷的奴隶，名曰"娃子"。年荒代远，已不自知其为汉人矣！

白夷略分为四种：一曰"当家娃子"，又名"掌标子"，不分男女，即娃子中最忠实能干者，负管理主人对内对外一切事务之责任；二曰"一代娃子"，即直接黑夷之百姓，代族既久已发展家族者；三曰"三代娃子"，即白夷之奴隶，担任白夷家中之一切劳苦工作；四曰"难民"，即初由汉地掳去之汉人强迫夷化者。

黑夷常以领袖自居，自汉时到今二千余年，一贯保持其部落时代的酋长制度，每家黑夷都有四大百姓，还是纳粮上税，然仍脱不了奴隶的范围，不过比较一般娃子究竟自由得多了。黑夷的一代娃子发展了家族之后，即分散在某山脉（大半均占山头和山腹）并有其土地，但一切主权仍操之黑夷。此黑夷既有土地，有人民，有主权，无形中已形成一个发号施令的集权政治。

B. 以坚强的保守性巩固他的统治局面

夷人数千年来，仍然保全其祖宗之血统，言语、饮食、服制、风俗、习惯，一代传一代，成为风气，牢不可破，使其一般娃子认为是应该供给黑夷作奴隶的。而一娃子受黑夷的利用，因袭黑夷的统治方法，转而加诸其他娃子，于是保守性的存在遂成为统治方法中的必具条件。

例如黑夷以贵族自居，其婚嫁决不匹配白夷，汉人更无论矣。于是一代娃子就说一代娃子要配一代娃子，决不与递下之娃子配偶，亦是养成他们自尊的心理。他们说"黄牛配黄牛，水牛配水牛"，就是这个道理。虽其内幕里面不免有逾越的事实，而面子上仍然界限严格，不敢公开，盖所以保持其传统式的统治方法也。

又如乌抛家的哈卜儿，他是黑夷。这个夷人曾经进过中央陆军军官学校，他脱去他的肮脏污浊的夷人的衣服，穿上了军官呢的黄色服装，在军校时完全过的汉人一般的生活，他心中也觉得较之夷人生活舒服万分。但毕业回家之后，仍然脱去汉装，穿上夷服，做起那肮脏龌龊的样子，并且打上了赤脚。我想夷人并不是毫无脑筋的人，为什么舍掉舒适而文明的生活，去过那野蛮的非人的生活呢？这其中却有他相当道理存在。因他于军校回家之时，完全穿的黄呢的军官服。他的当家娃子就向他说："完了完了，你已经变成汉人去了！"因此，他为保持他的特殊地位起见，不能不又穿上夷服。这就是一个显明的例证。

其他言语、风俗、习惯，莫不具备有他的特殊的保守性，非此不能掌握他们的政治全权，非如此不能支撑他们的统治局面。

C. 以驭下有方加强其统治力量

黑夷的阶级虽然特殊，但其关于自奉方面，无酒论食服（应为"无论酒食服"——编者注），还是平等的，与白夷并无多大差异。此其一。黑夷每到汉人地方，汉人如单独送他的粑饼和肉，他绝对不吃的。因为黑夷所到之处，都有几个白夷（即娃子）同行，他是要他的娃子都有吃的然后才吃，他并不是真实体恤他的娃子，因为不如此不能统驭故也。此其二。黑夷凡遇"打冤家"（即打仗）时，他一定是站在队伍的前面，冲锋陷阵，他必身先士卒以为表率。此其三。有此三者，皆足以增加白夷之信仰，而加强其统治的力量。其他统驭之法甚多，不及尽述。

D. 以"打冤家"为其最高的制裁方式

大小凉山以及川康滇三省连折各县的夷人，都是一种部落时代的未经开化的民族。举凡夷民一切生杀争夺之权，悉操之各个直属黑夷之手，即是一切一切，任凭黑夷如何宰割，莫敢与之反抗。老实说，这是一个无政府主义的表现者。

夷人头上都蓄有一攒毛，名曰天菩萨，不准人摸的。这天菩萨的来历我是不大清楚，据说起来，是诸葛武侯平南蛮的时候，把这些蛮子打得很惨，个个慑服，说他是天菩萨。后来人头上蓄一攒毛，是顶敬诸葛先生的意思，所以就不准人摸。近来听说也有没那么严重，白夷的天菩萨，黑夷可以随便摸摸，白夷如果摸了黑夷的天菩萨，那就不得活了。

由此看来，黑夷就是统治阶级者，黑夷之上，再没有一种管辖的机关来统治他们。因此，他们各支黑夷，总以杀人越货为能事。以杀人越多，武器越多，为最有势力。他们夷人就说"硬"，"硬"就是强。他们等于国家一样，还是要图强，要强才能生存。

万一这家夷人与别家夷人发生纠纷的时候，既上无政府以为之解决，只有诉诸武力，以武力来裁制，打个你死我亡，这叫做"打冤家"。所以说"打冤家"就是他们最高的制裁方式。

**二、关于军事方面者**

A. 夷人的武力及其配备（原文献无"B"条，编者注）

"知己知彼，百战百胜。"所以要想治夷，对于夷人武力的考察当不可漠然视之！

夷人以杀人越货为能事，已如上述。因此，他为了要掠夺别人的东西，不能不准备武力。为了要保守自己的东西，不能不准备武力。为了要与别人"打冤家"，更不能不准备武力。所以夷人对于武力极为重视。然其自己却以民族落后的关系，不能制造枪炮以及其他现代的一切武器，因此尽量设法购买。近年以来，为了政府力量未能深入夷地的关系，以致禁烟废弛，无法撬动，许多白银转流夷区，现在夷人可谓富且极矣！于是购械之资既多，武器来源亦易，若以整个夷人而论，其枪支约在十万左右（以系熟悉夷情者之估计）。然因其无技术人才之故，每枪一坏，既不能修理。因而坏枪甚多，无法使用。即如此次到达凉山，沿途夷人率队来迎，所携枪械，异常拙劣，即到凉山后，特请参观他们的武器，所见大多损坏。以整个夷人十万左右枪支，堪用者仅有其半耳。听说雷波方面的夷人，其武器多滇省来者，内中之外国枪颇多，因其有力量之故。所以该方面的夷人无所顾忌，随时造反，就是这个缘故。

夷人因时因地不同，为适应他的特殊环境起见，所以其武力的配备，亦有其他特殊不同之处。各支夷人，各有他的力量，有时还要互"打冤家"。虽然如此，但一旦遇有外患到来，他们为着他们整个的生存问题发生了危险，他们也就无条件的联合起来，一致对外。他们的联络法是"打哨子"，就是呐喊"窝火"二字。他们的居住所在，不是

山巅便是山腰。只要在山上打个"窝火"，一山传一山，马上能达数百里。于是大家持枪荷戈，前来接应，这就是他们环境而形成的天然配备。

不特此也，就是他们日常生活起居饮食当中，亦莫不有军事上的准备和研究。夷人穿的是大裤脚，是用来便于涉水的；打的是赤脚，是用来便于爬山的；吃的糌粑、面末，是用来便于作行军时之干粮的；最特别的是他的毡衫，是用来便于宿营的。无论天时季候如何，或是旷野，或家屋，都是用他的一件羊毛毡衫和衣而卧。平时也就如此，战时方便可知。

大小凉山位置于夷地中心，且为可耕作之高原。粮食矿藏，均极丰富。此处即是他们大本营之所在的地方。此回初入夷地之时，正是七月间的时候，所有夷人均告丰收，因为天气炎热之故，自命为贵族的黑夷，大半携眷赴凉山避暑去了。当其到凉山时，举凡家中一切珍贵物品，必然随身带去。据说，恐怕世道混乱，大凉山比较安全稳妥一些。如此看来，大凉山岂不是夷人的大后方吗?!

### 三、关于经济方面者

夷人保守性最强，由汉至今，虽经过二千多年的历史性，而其生活习惯的一切，毫未稍加改变。所以他们的经济形态还是保守着他们原有传统式的以物易物的一个共同共通的原则。后来为求他们需要的方便起见，渐渐使用白银以为之媒介。于是整个夷族的社会的经济因而活跃起来，但仍逃不了货币制度的范围。

夷人不但重视武力，而且重视金钱。他的财产就是牛羊与娃子，一贯的奴隶经济制度〔使〕其需要于内地的物品只限于锅、布、盐、酒，而夷区的一切出产除其可以自足自给不计外，尚有山货、药材、鹿茸、麝香、虫子、虫草、贝母以及其他各种特殊品类，均系极重要之出口货。如以白银为率，每年入超总在百分之九十以上。因此，现在夷人比较富足，听说富者有白银几万锭之多，贫者亦千百等。

总之，夷人的经济，大可分为农村与商业之二种，然均系各自为政漫无组织。他们重视金钱，而忽略经济，他们的白银都窖在地下，有时取出晒一晒太阳，仍然还藏起来。他们这种经济，我无以名之，名曰"死的经济"。这也是他们的特殊环境有以造成，本无足怪。

夷边汉人之武力及其配备：

1. 属于历史性者

〈中略〉

2. 属于现实情形者

民元以来，多以内战关系，迄无宁日。政府对于边区无暇顾及，以致夷人迭次乘间相率变乱，失地统在三分之二以上。事实俱在，稽诸各县县志，可得其详。固不待乎个人之冗叙也。

抗战而后，我贤明政府外抗强敌之侵略，内谋后方建设，于百忙中分力注意边区，尤其是大小凉山的整个问题，分派专门人才作分门别类的调查，复奖励移民以作生产建设之初基，其用心不可谓不苦矣！

因此对于边区事业之感兴趣者，不乏其人。一般有志之士，相率赴边垦殖，以雷、马、屏、峨一个区域统计，所有垦场已达数十余个，枪支约数千余支，配合地方武力，约在一万以上。然比较整个夷人之武力，似觉相差太远，且均含有地区的性质。一旦有警，在在堪虞！

### 四、关于教育方面者

A. 根据传统思想的教育

夷人一贯的传统思想，就是报复主义。凡遇"打冤家"的时候，主要黑夷必要向其家人（娃子在内）讲说家族的历史。对于历代宗祖"打冤家"的战史从头至尾讲说一番，以励士气。例如挨近雪口山这边的夷人，于民七年反起出来，把场烧了，杀死数百汉人。夷人声称，某年某自〔月〕某日在某地的牛被汉人牵去，由某年起至某年止，汉人共牵他们好多牛，共杀他们好多鸡。这些这些，都是他们传统思想的报复主义所构成的一个铁的事实。

其次，就是比"硬"，这也是他们传统思想的一种好斗的特性。无论在火炉边，饮茶喝酒，大家谈论的时候，都是要比"硬"的，看谁比谁"硬"，谁就是英雄。夷语称为"硬都都"。就是父子之间，也离不了比"硬"的事情，因为这是他们一种传统教育，也可以说是他们民族的特性。

B. 适应现实生活情形的教育

夷人的教育一半是根据传统思想，一半是适应生活情形。譬如说，如何谋生、如何发展家族、如何存储白银、如何穿衣吃饭行路，以及其他关于日常生活者都是生活上的教育。其教育异常简单，勿待琐渎。

C. 秘密的教育

黑夷每年一到暑天，都要到凉山避暑，并且携眷同行，声称暑天外面鬼多，肯害病。为了避鬼避暑计，非到凉山不可。其实为要实行对于白夷"奴化教育"，不能当着白夷说明一切，假借暑天的机会，大施其所谓"奴化教育"的教育，这也是一个必然的现象。有人说，每年黑夷到凉山开秘密会议一次，为着他们民族的生存，这也是一个必然的现象。总之，夷人文字极简单，刻在木板上，名叫打木刻。要欲表达他的思想，除言语外无他，无论教育或会议，均系以言语代之。换言之，教育即是会议，会议即教育。所以我说他们是秘密的教育，这一点真真值得我们注意！

### 五、关于交通方面者

夷人为了他们自卫和生存的关系，对于接近汉地附近的夷地的交通，特别的壤，荒草蔓野，道路崎岖，狭隘之处几于人不能容。且无食粮，无房舍，凡有曾经深入夷地者，莫不视为畏途，趑趄不进。但一上了大凉山，则是一个平广的大高原，道路也比较宽大一点，不过均系土路，并无石砌，如遇大雨，则道路泥泞，行走困难。然亦较之峰峦层出之小凉山平夷而易行得多了。

沿途小溪甚多，并无桥梁。关于水道交通工具，只窊□附近有一藤索楷，其他两山挟溪的地方，亦有溜筒之设置。溜筒是由这山到那山，用一根绳索，一端高，一端矮，以竹筒笼于索上，人过溪时，直抱竹筒，由上梭下。大凡□溜筒之地，必然去来各别一绳，以利交通。如遇溜筒□无之时，则洄水过之。

至于夷人陆地的交通工具，则用赤脚、脚马子（用铁制的）、马、背子，并无滑竿，

因为滑竿是汉地才有，夷地是没有的。

**六、结论**

凡是一民族之能生存于世界上，亘古今而不灭亡者，自然有他们的关于生存方面的必具的特殊条件，这不是偶然的。大小凉山的夷人之能绵延至今的缘故，也就是这个道理。

总之汉有汉道理，蛮有蛮道理，有情通而理未合者，亦〔有〕理合而情未通者，非可以一墨绳之。

不过大小凉山的夷人，虽有他特殊的种种构成他们生存条件的绝对的因素，而智识低落，凡事不求进步，在此科学突飞猛进，工业长足发展的二十世纪的今日，未见得能长久保持整个民族的生存。

夷人不信医药，死亡率特大，其婚姻制度之特别，必然生殖不繁。有此二者，已沦为自生自灭的一种脊椎动物，其不消灭者，仅有其时间性耳。

我此次考察所得，仅用客观的态度，很忠实的报告于读者之前，未敢多所批判。

至于如何化夷、如何治夷、如何开发边区、如何采取国防资源、如〔何〕建设后方生产，关于这一些问题，敬待海内明达详加研讨，藉以贡献国家，作有力者的呼号，庶几其有豸乎。

（资料来源：《川康建设》1943 年第 1 卷第 1 期）

## 2. 宁属的倮倮——民国三十一年八月十八日在国父纪念周报告

贺 燮

我们到此地来发展宁属的公路交通，应该知道此地的环境。所谓环境，就是天时、地利、人事。认识环境之后，才能把握时机，创造环境或改变环境。兄弟今天奉到局长的面谕，报告宁属的倮倮，就是要使大家明了此地的人事。各位都知道，开发宁属，必先治夷，治夷必先发展交通。但是要发展交通，首先还得透澈的了解夷情。倮倮在宁属占最多数，大约有 1919143 口。其中分黑夷白夷，黑夷 365325 口，白夷 1553818 口。至于宜苏、呷密、仲家、摩苏、苗、西番、挞虏、斯屠、粟米、拢夷、水田各种族，只是少数，我们不谈。今天只报告倮倮的社会状态，因为倮倮的情形也相当复杂，三十分钟谈不完，只能叙述其大概。

倮倮又分白夷黑夷两种，其社会组织，似我国古代的部落制度，黑夷居于领导地位，黑夷之中又分若干支族。各有一定的辖区，各守其境界，不相侵犯。白夷即是黑夷的奴隶，称为娃子。如某支族有娃子潜逃到其他夷支，无论亲家或冤家，都可以白银赎回。黑夷的种族观念最森严，力排别的民族。汉人不敢入夷区居住，夷人也不与汉人通婚，他们的口号为"黄牛是黄牛，水牛是水牛"（自喻黄牛，喻汉人为水牛）。夷汉界限极严，所以几千年以来，仍度〔过〕其原始时代的人类生活。夷区内没有政治组织，也没有街市场镇，各支夷人散居在各支所辖的区域内（所谓娃子，即为黑夷家产之一部分），或三五家一处，或几十家一处，一支夷人里一定有一个英雄能善战、工谋略、巧言语的黑夷为酋长。

他们……重英武，贪利势，无理智，缺乏人性，有时子杀父，父杀子，甥杀舅，舅杀甥，亲家变成冤家。保倮的酋长（即一支族之长），其领导地位，采行世袭制，父死母袭，母死子袭，子死孙袭。父母死而没有子孙，即以女袭。父母所有财产，则须俟父母双亡后由兄弟平分继承，女子虽然没有继承权之规定，但出嫁时，父母将其一部分财产（娃子在内）作为陪奁。家政操诸于女子，未嫁的处女，对外更有调停支族间战事的权能，对内有管理家政的全权。由此可见保倮社会之中，还有极强烈的母系中心之遗留。他们的阶级，保倮有两句俗语是"汉人有钱买房子，夷人有钱买娃子"。

娃子，俗称"白骨头"（又称白夷）。白夷原是汉人，或系被黑夷用白银买去的，或者是被黑夷掳去的。黑夷掳去汉人的方法异常巧妙而且多，对俘虏所用手段亦极辣毒。被掳之人绑到目的地后，第一步对待，即先脱去其衣服，再不准穿鞋袜，赤脚，把土砖烧红烙脚板，烙一次便用新鲜萝卜擦一次，残酷可想，到脚板烙焦后才止，以便将来赤脚可以在山上行走。掳去转卖的也很多，甲转卖乙，乙转卖丙，卖到深山里，使其不辨方向，不识途径，无法逃脱。娃子买卖之价值，以体力之强弱而定高低。娃子之中其奴隶地位有等第，分当家娃子、明头娃子、锅椿娃子、三道娃子四种。（1）当家娃子，在明头娃子之中遴选富有经验而能干者充当。代替主人统率娃子，管理一切，协助一切，此为头等。（2）其次明头娃子，另有家室与财产者。每年向他的主人缴纳白银三两，并服役若干日。（3）再其次为锅椿娃子，是在主人家里服劳役的，服役有相当的时间，几年或几十年之后，才能另营私业，升为明头娃子。（4）三道娃子，是娃子所属的娃子，即奴隶的奴隶（多为明头娃子所豢养的娃子，地位很低，生活极苦）。

（资料来源：《川滇西路工务局月刊》1942 年第 4 期）

## 3. 夷族中之奴隶制度

### 岭光电

夷人对于被俘者、被抢掠者、买得者、归降者，均称曰娃子，含有最低阶级或奴隶之意（一般人称黑夷之属夷曰娃子，其实可分为白夷与娃子二种）。在一般夷人（即白夷）对土司和黑夷自称曰"解"，其义为娃子，然系自谦之词。凡娃子初到主家时，概无自由，其生命财产权操于主人之手，可听由主人以百元或数十元转卖与人，若有偷盗潜逃等情，可随意生杀之。平时须与主人工作，若代人工作所得之金钱，则由主人没收。及住相当时间后，主奴相得，始可帮人，或制造什物变卖，或分种土地，以积存金钱。至此，由主人买或取相当女子（娃子阶级）为之婚配，自立家，并由主人给予田地耕种，或给予口粮。此时每日仍须替主人工作若干时间，但可自主往来谋生，其女子出嫁所得聘金，须以二分之一送与主人。此时娃子在社会上之地位，与白夷则无甚差异，只不能与白夷通婚嫁耳。迨至五六代后，彼此均相忘，始可通婚。

（资料来源：《康导月刊》1940 年第 2 卷第 8 期）

## 4. 岭光电对彝区普遍情况的论述

第一，高山夷优于矮山夷。处于高山之夷，其繁殖力、体质、天赋、耐劳力、德性等，俱优于矮山夷，并矮山夷住居久必移居高山，否则不数代，又告人口减少，财产耗尽，不得已仍需让高山夷来往也。推其原因，平地气候固好，而夷人生活习惯不良，不讲卫生，易遭温暖地之病症——疟疾、痢疾、霍乱、麻子、天花等——侵袭，无法治疗。又其本来特长为牧畜，于到矮山行耕耘，不能再事牧畜，舍长就短，生产不增，生活亦不安。在高山则气候凉，少传染病，牧畜良好，耕种亦易，终年劳动，使各方俱有增长可能，最适夷人之生活繁殖也。

第二，土司弱于黑夷。不论何区都有生熟夷之别，生夷远离城市，不习汉文语，不知汉情，不与汉人往来；熟夷则居于政府势力范围内，或有土司为统率者。以人口论，生夷（黑夷）固多；以组织单位，以及政府关系，夷区声望论，则黑夷远非可比。但若干年来，土司实居衰退失败之地位。其例：各土司之渐次灭绝者，如雷波扬姓，西昌都姓、安姓，会理卢姓，昭觉安姓，马雄阿令姓。如领区被占受逐者，沙玛之迁往金沙江边，越嶲彭姓之去普雄，昭觉洛勿之去原住地，到处流离，瓜别已姓之受侵占等，莫不令人惊异。以为有政府之助，本身名望高，属区大，何能为分散、智识低落之黑夷所侵略。实则有其原因：一、土司方面。土司以本身为世袭制，只要长子，虽愚亦不能不承袭职务。土广民众，权高养丰，一切可任其所欲，于是一生不求自立，以骄奢淫惰过日，政事多由头目负责，使本身与人民俱不能有丝毫进步，间有能者，不过使人民安居乐业，或稍扩属土而已。对人民仍不愿其进步，顾虑于智能进步后，不易驾驭，又不愿人民强悍，以平时生事，不便料理，孜孜以文雅顺驯是奖，使人民失去固有勇武耐劳精神。对外来智识一知半解，入门不能升堂，会穿汉服不能汉语，会戴顶子不敢见汉官，上下同愚，侥幸过日，一旦有事，便束手无法矣。生夷来侵不能抵抗，服从政府而不能为政府办事，于是腹背受敌，事以皮币不得免，事以珠玉不得免，欲不失败不可得也。二、犹有怪者，土司内部，每有弟兄分家分人，争权夺利之事，屡酿惨祸，于是有谚曰："土司以单为贵。"一般人奉以为规，不愿子女过多，更不愿兄弟过多。此使土司亲族永不能增多。不遇袭击死亡，尚可过日，否则不灭绝即衰退也。以此言发展何可得？三、又有一事，亦为土司失败原因：凡政府法令中之禁止或征取事，能及土司区，稍犯即遭处分，受莫大损失；其有奖励者，不能施及土司，终有过而无功也。生夷区，政府力土司力俱不能达，杀人越货，种毒贩僮，为所欲为，任其专利。在此常有东吴杀人，架〔嫁〕祸于曹，或见黄牛便是马之情。土司不论何事俱有责任。把事办好，捐力捐钱，结仇结怨，结果最好不过口头奖励，办不好便是损钱损力，还要损命。土司想学生夷，则离政府不成土司，犹其传统观念牢不可破，以为土司系皇家所封，离政府为不道，环境也不许。若想接近政府，又不胜其烦苛，有裁削之危险，进退维艰，受气过日也。又人类之自私好利心，比其他心理为重，故智侵愚，强侵弱，是一定之理。相侵后有一方失败，亦必然之理。在宁属一代，汉夷相处，夷必败退。此于贸易上、生殖上、纠纷上尤为显然。如土司区与城市，来往甚密，以生产易原料，以工商业与农牧相接触，经济上必多失败。发生事时，汉人有政府，夷人无力找政府（有力仍生效少），只找土司，土司又属政府，无能为力。结果不是让步，便弃家遗产，铤而走险。土司却负其责，受其处分（受夷民之怨与轻视政府与汉人之怨恨）。此不过举其显著，其他不胜枚举。观此可知土司区（熟夷）之失败情形也。

第三，生夷优胜黑夷强盛之原因。一、人多关系多。俗云土司靠百姓，黑夷靠亲戚，即讲求人口繁殖，多结亲戚之意。每一黑夷，均准此原则，组织家庭，对人处事，于是凡人成年，即立一小家庭，自求生活，自结亲戚，以为援助。一人有数子，即有数人在外活动，结数处为亲戚，亲戚连亲戚，发生无限力量。平时相助过日，有事团结抵抗，以图发展也。二、黑夷均崇尚勇敢，事事以具自卫力为先，作战时具胜则存、败则亡之观念，以屈辱被俘为耻，宁死不渝。常见黑夷结队作战，身先士卒，奋呼冲杀，其战斗力之强，远非熟夷所能望其项背也。三、生夷优〔悠〕游法外，杀人越货种毒贩人，虽至为罪，犯法，仍不能处罚且获莫大厚利，其财产日益增加，其武力随之而扩张。受双重剥削之熟夷，与之何能相比？四、生夷住地崎岖多山，道路不良。又彼此村落相照，尽有亲戚关系，对熟夷或汉民则团结一致协同行动，以彼之悍强，利用其地形亲族，实非熟夷所能抵抗也。

第四，夷人最好"打冤家"，是人人所知，其害足以减少人口，妨害进步，扰乱秩序，消耗财产。其情之惨，分宗即成仇难，亲戚相残，在所不惜，谁与闻之，亦为慨叹。至引起冤家之原因，人多忽之，兹述主因于下：一、好胜自尊心过盛，以致彼此间，语言土地婚姻名誉行动等争执时，双方俱欲得胜，受人尊崇，相持不下，即引起冤家，即有一方屈辱或受损失，亦铭记在心，时刻想法报复，以求胜利，显扬名声。于是一代有仇，即传于数代，冤仇永结不解也。二、互助心过甚，倮民亲戚关系，最为重视，各亲所亲，各疏所疏，亲戚与人生仇时，即往相助，引人仇为己仇，一有死亡，更非报复不可，更成自己之深仇，使亲戚连亲戚，扩大范围，相杀至两败俱伤，精疲力倦始已。后代之相报否尚未可知也。三、倮人在一支内，或小事，尚有制裁之理论，与耆老，弭止内部之争执。至重大事，及两支间事，则各执一词，肆行倔强。亲戚调解不过词语劝导，无力阻止，即劝止亦为强者张目，使弱者静伏而已。非有理以服，有威以止，强弱稍变，即不免旧事重提也。以上数事为冤家之内在原因，其他受人逼迫相杀，行恶结仇（生夷作恶，熟夷生祸，于是生熟相残），醉酒相残等，为外在原因。其造成冤仇时少也。近驻军中有以夷制夷为策，强迫利诱相残，造成最坏之现象也。观上各项，可知黑夷之兴强，故若干年来，黑夷力量渐次扩张，不仅土司熟夷不足阻其锋，汉人或政府亦无方弭其乱也。

（资料来源：岭光电《若干年来倮民之活动》，1942 年。见岭光电《倮情述论》，成都开明书店，1943 年，第 12~17 页）

## 5. 宁雷马屏峨昭百余万被奴隶之汉族急待解放书

刘芷汀

中国为三民主义共和国，凡中华民国各民族一律平等，而今有违反民生主义、民族主义最不平等之事实昭然者，其宁属雷波、马边、屏山、峨边各地㑩族中之百余万家娃，名为白夷其人乎。白夷者，本我汉族人民也……白夷畜牧深山巨壑间，饥寒憔悴，逐年死亡。而黑夷则逐年聚众抢掳汉人，以银锭购买汉人以填补之。至今靡已，人道安在哉？仁人义士若知其实况，当奋慨以拯救我为奴隶牛马之汉族，以雪此奇耻大辱也。孰意历宋元明清之政府，不为根本之谋，仅为羁縻之计。若遇黑夷大股出巢，阻滞商旅，则择尤剿办，椎牛饮血，投诚即已，随服随叛，优容至今。专制时代之君王，惟图君位之巩固，以此小丑不足危害社稷。百余万之汉族为奴隶牛马，置诸度外，奚劳计虑。君主专制，无足怪者。而今政体革新，以民生主义、民族主义号召于世，必不忍坐视此数百万为奴隶牛马之汉族而不顾。

〈中略〉

今且略述白夷作家娃之苦事：黑夷以除人为彼之奴隶，视汉人为劣种贱族，自以为优种贵族。黑夷不得与白夷及汉人通婚姻，有通婚姻者，则全体鄙弃之，积薪以毁毙，或勒令其死，以保持其特殊阶级，至于今不变。而其被奴隶牛马之百余万白夷，衣不暖，食不足，居室不避风雨，既如前述，且终身胼胝其手足，为黑夷劳作耕牧。黑夷至其家，必饷之食，黑夷有凶吉事，必苛派其财而劳其力。黑夷出巢焚掠，与别支械斗，兵戎相见，必调白夷前驱效死。黑夷妇女乘骑，白夷鞠躬，以背受其足，而上下马鞍；黑夷饮酒，白夷双手举杯至顶跪进。事违黑夷意，令白夷死，不敢不死。严禁白夷说汉话，及与入山贸易之汉人交谈。不从者，施以严刑，其置之死。掳来之男女，终身不许到汉区市场贸易，有贸易者，乃白夷之子孙也。白夷逃出山被擒，施以酷刑而后致之死，不容其生。白夷贫弱庸愚，病无医，冤莫诉，死亡消灭，其幸而不死亡。相传日久，既不习汉语，且无所储蓄。千万人中有一二焉，逃出夷区而至汉区，无人为之筹谋生计，居无室，耕无地，求作雇工而人之不信，终于饿毙，故不能不在深山苟且偷生，以度残年。甚至昔年有白夷欲革命，离脱奴籍以复汉，而汉官受贿，助以兵力，压迫白夷者。更有官兵人民耗饷劳力，驱逐黑夷，使白夷归汉，而又主持招回黑夷，恢复其势力，迫归汉之白夷再为奴隶者。又有率黑夷征服黑夷，白夷离脱奴籍而求援，以之赠奖出力之黑夷，仍为奴隶者，且有汉官以逃出之白夷为家奴者。是既为奴隶终难脱奴籍，否则必死其身，断其嗣，而后免为人奴。……号称民国，首重保民，倡言民生，民必能生。倡言民族，民族平等。今作白夷之汉族，能保其生命乎？能享受平等之福乎？吾人不能不深思猛省也。而统呼曰边民，讳称㑩族，即谓之平等待遇，施以厚泽。抑思此民乃在川、康、滇三省间，实非中华民国之僻远荒陬，边隅之民也，且其民大多数为文明之汉族也。南美洲之黑奴，二千二百万文明人，奴隶四百万野蛮人也。宁雷马屏峨之白夷，十余万野蛮人，奴隶百余万文明人也。野蛮人被奴隶，有人解放之，文明人被奴隶，不惟无人解放，且为其主加强其势力焉，巩固其团体焉，人道主义安在？

今欲实行人道主义，解放白夷，非遣散黑夷不可。因主去而家娃自然解放。解放后，增加其生产技能，俾经济优裕，衣食居住乃能改进，与汉人通婚姻。施之以国民教育，使知识日开，思想动作乃克纯正，与汉人同习俗。遣散黑夷于内地各行省，令其开垦荒土，自耕而食，与汉人混合，同居数十年后，自然同化。性虽凶悍，其势孤弱，何能为祸？似此黑白夷人两不相依、两不相害，同化、进化、德化，方有实现之希望。

〈后略〉

（资料来源：刘芝汀《倮区汉奴吁天录》，出版地不详，1947 年，第 39～42 页。按，刘芝汀曾发表《宁雷马屏峨昭百余万被奴隶之汉族急待解放》一文，与《倮区汉奴吁天录》收录的文章相较，在文字上稍有出入）

# 6. 川滇西路沿线夷人治理问题之商榷

贺理阳

## （一）前言

川滇西路是国际交通线之一部，又是川康滇三省经济之动脉。由乐山起至祥云止，共长一千零七十三公里。在这公路未修之前，旅客多经旧道，很少在这条路上往来。最近两三年，政府用了很多的人力、财力及物力，花费两年多的时间，才将这荆棘丛生的峻岭叠嶂修筑成了公路。使社会国家，宁属人民，受益匪浅！

我们知道公路修通之后，仍须改善或补修，全线始能畅行无阻。但是改善或补修，还要大批工程人员才能担负此项重任。可是，听说有几处的工程人员时被夷人骚扰——行窃、掳劫，使其不能安心工作，甚至汽车亦被拦劫。如此，工程人员将裹足不前，旅客视为畏途。试问：养路无人，汽车又何能畅通？无人行走，则此路修筑失去意义。言念及此，不禁蹙首痛心！

诚然，夷患是数千年来未能解决的问题，也是宁属八县中整个的问题。但我们不能因噎废食，须下最大决心，先从局部着手，同心协力，按部就班，解决这项问题。换言之，先将川滇西路的夷患肃清，使交通便利，有利于抗战建国，这也符合所谓治夷的原则的。"由近及远""由熟及生"，理由很明白。沿线的夷人多系熟夷（见附注），比较地容易管制，容易教化。如熟夷治理好了，生夷自然逐渐感化而易管教。所以我今天提供愚见，献给有关当局作参考，以维治安。亡羊补牢，犹未为晚。

（注：夷人有生夷熟夷之分，熟夷者是常与汉人来往之夷人）

## （二）川滇西路沿途夷情

兵法云：知己知彼，百战百胜。于今我们要维持川滇西路的治安，须先明了沿途的夷人情形。川滇西路除金沙江南至祥云二百八十八公里已经破坏，与大渡河北至乐山三百二十公里不经过夷区外，从金沙江以北至农场四百六十四公里，沿途都住有夷人（其情势表见后）。

附表内所列之数字，乃调查估计所得。有的夷区无法调查，以致遗漏；有的夷人住

在地离公路虽远，仍来捣乱，而未列入；有的汉匪伪装夷人也来骚扰。关于汉匪骚扰，则非本文讨论范围。不过表述各支的夷人，并非个个都在为非作歹，为非作歹的只是少数。原来他们也知道有政府，有法令。惟少数不肖之徒，生性强悍贪狠，或无法维系生活，不得不从事烧杀掳掠，以解决其生活问题。

### （三）川滇西路沿途地形

宁属全区为一高原，岗峦重叠，道路崎岖，夷人数千年来恃险叛乱为患，政府几无法敉平。今只就川滇西路金沙江至农场一带时生夷患的地点，将其地形简略言之。盖夷匪出劫的地方，似有一定，没有汉匪那样狡猾，神没鬼出。

会理县境夷匪之出没，以油菜地、分水岭两地为最。油菜地离会城十七公里，离夷门五公里，四面高山丛林，中间一凹地，便于行劫，附近虽有几家住户，亦无力出而〔面〕干涉。分水岭离会城四十三公里，离摩□营二十公里，亦为夷匪行劫之地。据说，此地是古所谓的"卑水"，蜀汉诸葛武侯南征的时候，曾在此扎营，"山势险峻，下临深渊，上倚绝壁，道途狭窄，不可方轨"。

西昌县境夷匪行劫大致在锦川桥、木株湾、麻栗寨三处。锦川桥背山面水（安宁河、白水河），民国二十三年曾被夷匪烧劫殆尽。木株湾离铁匠房约三里，左接牛头山，右界安宁河，异常僻静。麻栗寨可说是起伏地，地面相当之宽广，夷匪常于此地行凶。现有夷人保哨，匪患稍戢。

冕宁县境夷匪行劫大致在北山关、大桥、羊巴府三处。北山关离冕宁县城约五公里，离大桥镇约两公里，〔为〕由冕宁县城至大桥镇必经之道。这山是横担山底山脉，约有二千余公尺之高，夷人就住在这山的两头。肇事的时间在拂晓或黄昏的时候，只身行走，确很危险。大桥是一个场镇，有几十家汉人，夷人并不到此抢掠，却在此骚扰。因大桥附近所居的夷人相当复杂，果鸡支、老五支、撒特支、罗洪支等，相互间是"冤家"，每因"赶场"而起冲突，扩大战争，以致影响场镇之安全。羊巴府在野鸡洞山下，离大桥镇约七公里，是上述几支夷人的地区交叉点，此地的夷匪最猖獗。

越嶲县所属的拖乌、铁寨寨、栗子坪，夷人很少抢劫，只有少数不肖的夷人随时捣乱，借钱、借物、夜行偷窃，使工程人员颇感不安。

### （四）维持川滇西路的治安办法

我们由上述的地形及夷情看来，殊令人不寒而栗，为川滇西路的治安前途忧〔虑〕。为交通便利计，自当设法维护此路的安全。关于维护办法，分为治标与治本两种，陈述如下：

甲、治标办法

1. 派兵驻防——沿途的保安队、交通警备的兵力，甚为薄弱，且其防地又相当广阔，不够分配，似应增加力量，保卫各段工程人员之安全。

2. 组织义勇队——这是弥补保安队交通警备队力量之不足，或力量之不能及的办法之一种。由地方政府调集公路两旁所住的汉户壮丁组织成立，昼夜轮流巡逻，以本局各分段所辖工作地段为其巡逻区域。

3. 派夷守哨——夷人守哨，始创于清咸丰同治之前。如冕宁县之哈哈、药炉口、黄草梁等哨，创设于咸丰二年，西昌县之白窑一哨，创于清同治末年。嗣因其他种种关系，这种制度不甚普及。此路有夷人守哨者，有铁匠房、麻栗寨，但不能完全可靠。守哨夷人务必选择其中之优秀者担任此项任务，且沿途之重要据点，亦均须添设哨所，与义勇队密切联络。

4. 任用夷官——夷人之名利心较重，我们尽可利用他们的这种心理，委任各夷支的头目，酌加官衔，使其统制该支夷人守哨。但是为便于统一指挥起见，各有关机关应会同组设一个上层机构，以管理各哨的事宜。

乙、治本办法

1. 积极训练——作者在数年前曾提出过：训练保偻才是治夷的根本办法，也是开发宁属的初步工作。据调查，业经中央军校西昌行辖西康省政府训练过的夷族青年，确也不少，计黑夷1280，白夷7550，合共8830人，且均有相当的成效。现在希望轮流抽调此路沿线各夷支的青年加紧训练，提高国家观念，转移自私自利心理与纠正其错误的种族观念及不法的行为。

2. 普及教育——教育与训练同等重要（或更重要），应该双管齐下。因为训练的对象和教育的对象不同。夷族的儿童，倘从幼小时就灌输新的知识，大了时不成问题的是一个良民。所以儿童教育决不可忽视。现已办有边民小学，省立的计九所，学生约四百余名，私立的计七所，学生约三百名。我以为还不够，在此路经过的重要场镇，选择适当的地点，再增加几所小学或职业学校，如小关河、夷门、锦川桥及麻栗寨、礼州、泸沽、大桥、拖乌、栗子坪等地，都有设置学校笼络夷民的必要。

（五）结论

川滇西路的治安，确是一个严重问题。上述情形，并非虚构。现当国家复兴的时候，不仅想法维持此路的治安，且要计划消灭此种祸患。笔者提出来的治标与治本两种简单的办法，一是救济目前，二是防御将来。虽不算十分高妙，但也可说是对症下药之方。

但是在举办这几个事体的当中，一则因经费的影响，二则受人事的牵制，困难仍然很多。不过，我们凡事下了决心去做，困难总可以克服的。川滇西路的重要性，人所共知，绝对不能因经费人事之困难而不维护此路的治安，以致失掉此路的价值。敬希有关人士注意及此，早为商议筹划，积极解决这项问题，使川滇西路的交通畅行无阻，而发挥它伟大的功效！

**附川滇西路沿途夷情调查表**

| 支别 | 住地 | 人口 | 枪支概数 |
| --- | --- | --- | --- |
| 阿哦□老虎支 | 二板房 | 1650 | 200 |
| 必□一支 | 摩挲营 | 650 | 40 |
| 绿安支 | 黄柏箐 | 2000 | 250 |
| 李德发支 | 下村 | 1360 | 20 |
| 傅家支 | 玉虚山 | 6160 | 20 |

续表

| 支别 | 住地 | 人口 | 枪支概数 |
|---|---|---|---|
| 谢家一支 | 德昌 | 1300 | 50 |
| 哥倮一支 | 德昌 | 330 | 150 |
| 大小阿家七支 | 德昌 | 720 | 80 |
| 母咀一支 | 德昌 | 800 | 80 |
| 毛家 | 麻栗寨 | 5130 | 60 |
| 朱家 | 麻栗寨 | 1336 | 10 |
| 阿什家 | 黄连坡 | 3720 | 20 |
| 糯米支 | 落腰 | 708 | 10 |
| 粗布支 | 西溪 | 5180 | 50 |
| 李崇德支 | 拖木沟 | 6120 | 100 |
| 改汉白夷 | 大石板 | 500 | 30 |
| 改汉白夷 | 礼州 | 500 | 30 |
| 改汉白夷 | 锅盖梁 | 200 | 20 |
| 租租支 | 泸沽 | 1080 | 50 |
| 果鸡支 | 枧漕沟 | 1730 | 200 |
| 罗洪支 | 大桥 | 6980 | 400 |
| 阿六支 | 凹古脚 | 4200 | 200 |
| 瓦渣支 | 凹古脚 | 900 | 50 |
| 老五支 | 野鸡洞 | 103□8 | 400 |
| 撒特支 | 鱼海子 | 1116 | 100 |
| 阿喊支 | 拖乌 | 3680 | 150 |
| 落乌阿什支 | 鲁坝 | 1780 | 50 |
| 那兹支 | 菩萨岗 | 1476 | 100 |
| 海鸡支 | 栗子坪 | 1080 | 300 |
| 阿□支 | 符箕湾 | 4200 | 300 |
| 落马支 | 洗马沽 | 420 | 50 |

（资料来源：《川滇西路》1943 年第 1 期）

# 7. 彝人将黑盐塘盐厂交还政府

盐源县属黑盐塘盐厂，盐质纯洁，产量丰富，自清咸丰年间开办以来，川滇商贩云集，极为繁荣。自民十三四年间，雷匪云飞扰乱黑盐，该地附近各支夷人，乘势扰害盐厂，肆行劫杀，甚至踞厂熬盐，毫无忌惮。黑盐塘盐厂从兹沦陷夷人手中，盐业停顿。后驻军团长兼县长赵光清率兵前往剿办，失机溃退。夷人遂大肆烧杀，全厂付之一炬。至民廿六年，周县长同驻军吴团暨保安队团队与滇军会师剿办，因地势险恶，仍遭失败。自是夷人更轻视军队，抗拒政府。去年刘主席南巡宁属，德威远播，远近生熟夷众，纷纷投诚。刘主席为谋国计民生，发展边区经济，开发宁属资源，增加抗战力量计，乃下最大决心，以军事、政治、经济、教育诸端同时进行，并责令宁属财监处会同屯委会负责，复派财监处秘书刘慕陶为黑盐塘盐务委员，会同两盐边务督察专员陈光普氏，积极整理。又令陈氏组织自卫总队，陈兼总队长，汪鼎新任副总队长，商同黄草政治指导区区长曹受天办理盐塘治安，并准兴〔与〕盐公司之请求，在黑盐塘经营盐业。现经陈刘汪曹诸氏数月之努力，该地夷人已将井灶交还政府。兹者刘汪曹三君，同赴盐塘，从事整理，沦陷夷人手中已十余年之黑盐塘盐厂，必能从兹恢复矣。

（资料来源：《一月来康事辑要：黑盐塘盐厂即恢复——夷人已将井灶交还政府》，《康导月刊》1940 年第 3 卷第 4 期）

# 二、康区社会调查与基本概况

## 1. 关于西康土司的调查

### 准蒙藏委员会函请将本省土司头人姓名地点及现任职务等列单见示一案令仰遵办由

（省民字第一五九号 二十八年三月七日发）

令宁属各县局：

案准蒙藏委员会渝日字第○○一八○号公函开："查边省土司，原为前清遗制，民国以来，多已改土归流，旧有土司头人，亦由地方政府酌畀新职，本会现为办公上参考起见，拟请贵省府将所辖境内已改土归流各土司之姓名，所在县治、现任职务，及原有名称，列单见示，其有尚未明令改流者，亦盼一并查复，藉便考查，即希查照办理见复为荷。"等由。准此，除分令外，合行令仰该县局长即便遵照办理，具报来府，以凭汇转。

主　席：刘文辉

民政厅长：段班级

（资料来源：《西康省政府公报》1939 年第 3 期）

## 西康现存土司调查表

| | | | |
|---|---|---|---|
| 康定 | 明正土司 | 甲联升 | 毫无势力 |
| | 咱里土司 | 古之邦 | 原系土千户，已废 |
| | 下鱼通土司 | 甲安仁 | |
| 泸定 | 沈边土司 | | 已废 |
| | 冷边土司 | | 已废 |
| 道孚 | 鱼科土司 | 降泽 | |
| | 绰斯甲土司 | 哈旺 | |
| 甘孜 | 孔撒土司 | 德钦旺母 | |
| | 东谷土司 | 得颇 | |
| | 白利土司 | 巴勒 | |
| | 阿都土司 | 翁噶 | |
| 德格 | 德格土司 | 泽旺登登 | |
| | 玉隆土司 | 高中卜松 | 土千户 |
| 邓柯 | 林葱土司 | 彭错格乃热得 | |
| 雅江 | 崇西土司 | 阿曲 | 其子阿称主事 |
| 理化 | | 毛丫土司 | 张根生 |
| | 曲登土司 | 然登汪巴 | |
| 丹巴 | 丹东土司 | 登昆（坤）山 | |
| | 巴底土司 | 王寿昌 | |
| | 巴旺土司 | 登凤台 | |

（资料来源：《四川月报》1938年第12卷第2期）

# 2. 果洛番族土司访问记

### 范维新

为着参加民族抗战，贡献边区人力物力，不远千里，历尽艰苦，自川康青边区越大雪岭，来到成都的果洛番族土司康克明、康万庆二酋长，罗桑端珠活佛，和许多土官，是值得人们的钦佩的！大家对于这边远同胞的情况，一定都很希望明了的，我为了要解决大众的渴望，特到他们的寓所去访问。

人民尚仍度着古时代的生活。（原文缺少第一部分——编者注）

二、政治组织。他们的政治，尚系部落酋长似的封建制度，分上中下三部落。上果洛土司康马常，管辖土官二百名，熟番二千户，生番七千户，寺院二个，堪布二人，活佛三十名，喇嘛一千二百余人。中果洛土司康克明。管辖土官二百三十五名，熟番二千户，生番七千五百户，寺院二十九个，堪布二十九人，活佛五百名，喇嘛一万名。下果洛土司康万庆，管辖土官三百三十三名，熟番一千五百户，生番九千三百户，寺院十五个，堪布十五人，活佛二百名，喇嘛九千六百名。以康克明为果洛番族的酋长，有枪一万八百枝，土官之下尚有保甲长类似的组织，他们正积极努力于全境的开化和统一政治的工作。

三、经济状况。经济尚停滞于牧畜阶段，以物易物，以有换无，一般人民饲养牲畜，仍本先民之自生自灭的方法，缺乏科学底管理。兼以本区缺乏农作食物的辅助，一般牧畜人民之衣食住行，全赖牧畜的供给，经济不能发展，根本原因在此。至出产方面，家畜有马、牛、羊等；牛有牦牛、犁牛、奶牛、牛奶、酥油；野兽有鹿、狐、猞、狼、虎、豹、水獭、山獭，以及獭皮最为贵重，每件衣料，价值数千元。药材有大黄、鹿茸、麝香、红花；农作出产很少的，豆麦、青稞等。中果洛金矿极富，出产金块，金牛、金马甚多，常被各方野心者所垂涎。其余铜、铁、煤矿亦多，惜未开采。

四、宗教文化。寺院为该地学术机关，家有子弟二人以上者，得送其一剃发为僧，研究哲学、天文、地理、医学、文学、数学等。一般人民对于佛教意识非常神秘与深刻，其中虽有红、黄、白、黑诸教派别的不同，但一般僧俗对于黄教首领崇奉的虔诚则一。对于各地有奇异之山石皆信以为神，每于共信之日，咸集中于此，跑马歌舞，尽欢而散。缺乏森林木料、建筑梵宇之区，则以石片上刻六字真言或各种咒语，堆积如山，长至数里。偶见一灵异之小孩，即脱帽下跪，若被拒绝，则引为终身不幸。其宗教意识的神秘，于此可见一斑了。本区人民多系族居于崇山峻岭、岗峦起伏的山谷当中，交通既感不便，因而彼此往返，亦甚困难，在政治上即不能不形成部落酋长式的封建社会。盖不仅四邻各族断绝往来，即同文同种之民族亦相互仇视。在此场合之下，外间文化当然不易侵入。以故一般人民犹度着极简单古朴的生活。至云〔于〕艺术，如绘画图案佛像，本系僧人职业，但本区之梵宇僧人之能此者则有〔犹〕如凤毛麟角。僧徒虽众，皆各住于帐幕之中，若遇当地会期，则撑幕召群，其幕之大可容数百人，其样式构造亦颇似东方建筑，其持幕之绳索木棍虽繁，但甚坚固而不畏狂风暴雨。据云经典较为高深者甚稀，而技艺当尚在萌芽时代也。

五、社会道德。番民道德，仍袭古代先民之制，如奉养双亲为一致遵行的哲学理论。矜孤恤寡、敬老怜贫，为社会的人伦哲学，不然，即必受社会舆论的制裁。无子嗣者女子有继承之权。女子因年长还未出嫁，与异性交媾孕育而生子时，可以抚养成人以继其业，不然，即另招东床，亦可继嗣，亲友无过问之权，社会亦不能予以非难。此外尚有一特殊现象，即极端崇拜英雄，鼓励劫杀，大有斯巴达之民风。

六、拥护抗战。他们因鉴于国势危急，为拥护中央长期抗战，特推举代表康克明土司，康万庆土司，王万扑土官，襄骞多巴土官，多叽花尚土官，查哪活佛，查哪丹袖管家，查匡土官，多马尚土官，谢泰土官，罗桑活佛，郎康土司，章亚活佛暨黑水土司苏司令永和代表杂俊土官，郎都管家等四十余人，不避艰险，越大雪山，经黑水、嘉孜、罗波、易竹、灌县来到成都，晋谒当局，并参观中央军校暨各大学。参观中央军校的时候，荷蒙陈教育长和政治部邓主任暨各位官长殷勤招待，恳切指导，代表表示非常感激。更有一件意外的事件，就是遇见他们番族的学生绽仲科，也在中央军校求学，使他们得到一个很好的翻译，襄助他们办理一切事情。现在他们正准备赴重庆晋谒最高领袖

蒋委员长，先举行献金、献马，贡献边区人力、物力、财力以供抗战军需，共驱倭寇，复兴中华民族。并望各界人士对于边区开发工作，给以更大的援助。

（资料来源：《黄埔（重庆）》1939 年第 2 卷第 2 期）

# 3. 记青年土司邓坤山

## 岷 真

在现存的西康土司中，一般人爱把丹巴的巴底、巴旺、单东三土司相提并论，称为三土。巴底、巴旺位于丹巴的西北部，跨于大金河流域的两岸。单东却位于丹巴的西部，跨在丹东河流域的两岸，他们是壤地相接、犬牙相错，成了"辅车相依"之势。

他们的祖先，原来都是部落的酋长，一直到清康熙时代，归附清廷，封巴底安抚司、单东革什咱安抚司，后来析巴底为二部——巴底、巴旺，同晋为宣慰使司。宣统三年夏，才由代理边务大臣傅嵩炑饬单东革计咱缴纳信印，又由单东革什咱土司往说巴底、巴旺土司，先后缴纳信印，改土归流。

改流以后，名义上虽然另换一个名词——总保，然而他们却不折不扣地保存着沿袭已久的土制，现在巴底总保王寿昌，年二十许，赋性阴柔，遇事模棱。过去发号施令，完全由他的妻子——绰司甲土司之女——所挟持，近已死去。巴旺总保登凤台，是一个四十余岁的老妇，以前由他的儿子王福元充任总保，福元死后，才由他出来听政，他近来已经有了眼病，黄昏以后，越发模糊，所以也就喜静佞佛，不大多管闲事。惟有那不甘独处的习性，没有改变，他确是做到"阅人多矣"这句老话，直到现在还有一个面首与他同居。现任单东总保邓坤山，他生的那年，正是傅嵩炑逼着单东缴纳印信改土归流的时候，今年刚届三十岁。在三土里面，他是颇露头角的一位人物。因此作者特别把他提出来，作一个简单的介绍。

邓坤山藏名"日则"。他的父亲为儿子们延聘了一位何姓塾师，依着汉人的习惯，替日则的长兄命名登龙，长姊命名登凤台，日则就命名登坤山，完全以登字为姓。后来坤山发现百家姓上没有登姓，不大雅观，自己就在登字之旁，加个"邑"字（鄧，邓之繁体——编者注），就成为邓坤山了。但他对官府和汉人，才用这个名字，对自己的属下，仍然用着日则。

熟悉当地掌故的人，对于他的出生，是否是他母亲的儿子，颇成疑问。据说他的长姊登凤台，在未出嫁以前，就与单东喇嘛寺的一位喇嘛，发生恋爱，暗种麟胎，为了维持土司家的尊严，秉着家丑不可外扬之训，就把这初生的儿子推在母亲身上，马马虎虎地掩饰过去了。

他共有七弟兄，而他却是行五，照例，这土司的尊位，是不易轮到他的身上。因为他的长兄登龙，承继土司不久就死去了。三兄降参做了喇嘛，在革什咱的巴躰喇嘛寺占有较高的地位，其余弟兄，有的在绰斯甲入赘，有的在拉萨留学，留在单东的，只有他和他的四兄然登两人，而然登偏又酗酒惹事，不及他聪明勇敢，在人民一致拥护之下，他就承继了土司的尊位了。

他在未继承土司以前，也曾与然登发生过一场争竞。登龙之妻，系明正土司家之女，登龙死了，依照康区习惯，如没有较大的儿女承继，可与登龙的另一弟兄同居，称为转房，这另一弟兄，也就获得了土司的尊位。因此然登为要继承土司的尊位，曾经费了很大的努力，企图博得嫂子的青睐，达到同居。而邓坤山恰与之相反，他绝不愿与他的嫂子同居，他曾经受过两年小学教育，加之又受了塾师的指导，认为非礼，认为除了嫂子以外，还可以娶得着旁的有地位的女子。结果，他只凭自己的聪明勇敢，得到人民拥戴，卒战胜他的四兄然登。

本来单东革什咱土司所辖的区域，相当广大，道孚的革西保和丹巴的革什咱（格西与格什咱，一名异译）都归他统治，格西保为了穹远的原因，首先就脱离了他的支配，革什咱头人将初罗布，统治着革什咱上下六百户，力颇雄厚。在清光绪二十三年，也相继起而反抗土司，力谋独立，单东土司率民兵与战，革什咱败，将初罗布遂遁居于明正土司所辖的二十四村境内。丹巴设治，三土起而反对，陈遐龄率兵往讨，军次旄牛，将初罗布前往欢迎，愿为前导，事平，以功委为革什咱总保，从此革什咱遂正式脱离单东，将初罗布父子相继死，有媳阿家，与通司彭满太苟合，彭遂一跃而为总保，力尤雄厚，单东土司且为侧目。因谋结以婚姻，经人撮合，彭满太允将其女许配坤山。后彭满太轻单东土司之力，尤轻视坤山，声言悔婚，坤山大愤，思将有以报之。某次，彭满太偕同从人赴党岭温泉沐浴，泉在丹东境内，坤山闻讯，阴率健儿伏于途次林中，彭至，伪为欢迎，出献酒肉，遽前执其手，而数其罪，手刃之，于是坤山遂以勇敢闻。康人最崇拜英雄主义，杀人不眨眼之魔王，在他们眼中，算是了不起的人物，邓坤山能够手刃彭满太，报昔日悔婚之怨，这是何等的聪明，何等的勇敢，这就是他获得土司尊位的最大原因。

不过，他从前虽然拒绝与嫂子同居，到后来还是无法坚持到底，他们没有什么好的方法处置寡嫂，经过了一段长的时间，他蒙着羞惭，在姊氏登凤台苦劝之下，宣布同居。结婚不久，谈话时，还沿用惯熟的称呼——我的嫂嫂，后来却转变为我的妻子了。

他这位妻子，生于康定，略读汉书，因了环境的熏陶，生活习惯早已完全汉化。单东地处高寒，庄房牛厂，兼而有之，关外风光，究与康定有些差别，自从下嫁单东，虽比不上昭君出塞、文成和金城两位公主和番，然而停滞在原始时代的康人生活，总感到有些不惯。尤其是在起居方面，他爱好清洁，服饰方面，他爱好装饰，饮食方面，他爱好烹调，这恰与邓坤山的性情相反，在邓坤山本人感到他是康人，他要保存康人习惯。生牛肉、酥油茶、糌粑和净面馍馍，这已经算是无上的珍品，他的妻子需要那样，他偏要这样。所以闺房之内，免不了勃豀之声，结果，驯良的妻子，终于敌不过固执的丈夫的拗性，也只好忍气吞声，承顺丈夫的意旨，迁就丈夫的习惯。

自从他承继土司以后，政府虽然给以总保的名义，单东的人民，却不呼以总保而呼以甲波，甲波二字，在藏文里的含义，为国王或皇帝的称谓。比如康人称清室皇帝为甲那甲波，义为中国皇帝，这可见人民眼中的土司地位是何等崇高了。

邓坤山所辖的人民，现仅六百余户，全区步枪，依最可靠的统计，仅有七十枝左右。以这样薄弱的武力，而他却安居高位，博得人民的拥戴、邻境的称颂，不敢对他有所轻视，中间是有复杂的原因。

我们首先来检讨他的四围：他的东北部巴旺，是由他长姊登凤台统治着，亲密无

间；东部巴底，是由王寿昌统治着，他们历来就互通婚姻，素称辑睦。西北部绰斯甲，是由勒乌泽汪统治着，虽与他们有些龃龉，但他另一哥哥，却是绰斯甲里面一位大头人的赘婿，也不无关系。西部鱼科，是由翁洛统治着，与他们也有婚姻关系，现在非常要好。南部道孚所属的朱倭荡龙村，是由降错扎西统治着，地位虽然不高，而力量却也相当雄厚，尤其是与道孚姚日曲渣、木茹娃以及最近划隶泰宁设治局的工谷阿曲，都有相当交谊。降错扎西去年因了部民与单东发生一点纠纷，他俩在党岭晤面，尽释前嫌，结为盟友。东部革什咱，原属单东所辖，现任总保巴登，年仅二十，是一个汉化较深、努力向前的青年。因了革什咱过去曾隶属单东的关系，在邓坤山的脑海里始终不会忘掉，一向是公开的或秘密的想方设法，要把那个地方囊括入自己的领域，恢复从前的状态。直到去年，又把他仅达十四龄的姪女——登龙的女儿，许配给巴登，联成一气。

革什咱的人民，每年每户，要向他纳粮一斗，重约十斤。去年他又建修土司官舍，单东和革什咱的人民，每户被派纳一根木料。在革什咱人民间发生纠纷，不远百里跑到单东土司官舍，请求处理。邓坤山和巴登，在政府给予他们的名义，同是总保，无所轩轾，而巴登遇着邓坤山，总是垂手侍侧，不敢分庭抗礼，这一切，都足证明邓坤山的统治力量，渐渐又伸入了革什咱。

单东户口虽然很少，地域却相当辽阔。在他未任土司和初任土司的时候，境内出过不少失牛失马杀人越货的案件，这些亡命之徒，不是外来的仇人，就是外来的夹霸（夹霸，藏语盗匪之意）。这使境内的人民，不能安居乐业，感到切身的痛苦。假如土司没有适当的处置，会失去人民的拥护，引起人民的蔑视，相率逃亡，另寻乐土。邓坤山对于这个问题，非常重视。严密清查，遇着势力雄厚的敌人，就结为兄弟，约为盟友；遇有势力较弱的夹霸，就大开谈判，争回失物，索偿命价，以他不甚雄厚的武力，也能确保境内的安宁。

他虽然没有"不可一世"的气概，但自从接任以后推行一切事务，都很顺利，"自是"之念，也由此而日渐增加了。他对于官府，向取不即不离的态度，每任县长莅临丹巴的时候，也来谒见一两次，以后总是委派代表，推说有事。他有时愤然语人：他不是土司，只是替政府办差的"乌拉头"。他无力反抗官府，但也不愿完全听命于官府，政府一切命令，他表面服从而内心敷衍，他也许不明其妙，政府为什么今天把他们委做总保，明天把他们委做联保主任，后天又把他们委做乡长，好在政府玩的这些花样，不能影响人民对他的称呼——甲波，他也就受之不辞了。

老实说，改土归流是剥夺土司们的既得权益，站在土司的立场，要来拥护这项主张，无异于自己绑着自己的手，又把自己送到断头台上。所以他想在维持现状之下，恢复从前失去的土地，结好邻近的土司头人而巩固自己的地位至于永远。

据邓坤山所知，他们是从三十九族的穹波移来，现已住了三十五代。移来的时候，是由四弟兄分居四地：一居绰斯甲，一居黑水，一居汶川，一居单东。以此推算，恰有一千余年，正是唐吐蕃陷我松维以西的时代。

时代是前进的，土司制度是落伍的，千余年来，他们的土地日渐缩减，人民日渐陵替，以聪明勇敢自负的邓坤山，恐也阻止不了时代的车轮，而终将为时代的车轮所碾碎。

（资料来源：《康导月刊》1941 年第 3 卷，第 5、6、7 期合刊）

## 4. 林葱土司之武庙：草原散记之一

### 奋 节

废清末叶，林葱土司汪清真登曲衣聘德格名匠多人，建小庙于其境，历时三载，规模备具，所造神像本自格撒人物（俗称蛮三国），土人敬之，于今卅余载，而香火不绝。即俄洛格东、董撒热锅与其他附近牧民，莫不来此膜拜。

余前经土司境，至札曲上游，住阿俗叉叉寺内，闲暇作牧场游，度草原百武，徒涉一溪，鱼跃鸥翔，净水湍流，土礨三五，涟漪不兴，临此佳境，诚异乡漂流中一乐土也。引领左顾，即见禅林，碧桷朱垣，相间灼目，金幢兀立，帛幡飘飞，直若画中仙境。遂入庙，见赤服喇嘛，相与道问讫，导余入殿，参格撒。喇嘛示余曰：左乃侧勇单妈，右为夹扎异格，中为格撒扎陇，格撒者，即此三人也。老妪为扎陇之母，少妇为其妻，皆分坐两侧，英勇神姿，华严无比，令人敬畏。

两廊竖像共三十三尊，各持刀枪剑戟，尽皆武辈，眉目殊异，征衣鲜同，此皆"格撒"金兰三友之盟属也。喇嘛所撰格撒小说中人物，毕露刹中矣！康人尚武，于兹可见一斑。林葱土司，为人英明，修建是庙，除宗教与艺术价值外，盖另有深意存乎其间欤！

（资料来源：《康导月刊》1941年第3卷第5、6、7期合刊）

## 5. 会见德格女土司

### 涤 瑕

德格土司相传已有四十九代，她那世袭罔替的情形，直和敌酋天皇一样。我为答谢她一袋糌粑的馈赠，特于六月二十五日前去拜访。由通译的引导，走进她的会客室，我坐在汉式的布椅上，土妇绛央白母坐在我对面的藏毯上，藏毯右侧，依次坐着的，第一位是德格家有力头人夏客刀登，第二位是总理德格家财务的俄马相子。我首先向土妇致谢，次代刘主席略致慰劳之言，并勉以守节抚孤……我的话说完了，但答复我的，不是土妇绛央白母，而是坐在土妇下面的夏客刀登。

土妇年龄不过二十八岁，蓬松着头发，面容苍白清瘦，颧骨高耸，她常常偷觑着我，我揣度她的心情，大概是看汉官有怎样的仪表吧？说来惭愧，我以虞允文劳师而变为督师的办法，去权宜代表刘主席致慰劳之意，但除一根绫绸哈带外，无其他赠品。至于她们的招待，则烟茶交错，肴果满几，以宫邸式的房屋，陪衬着各种镀金的家具，我仿佛置身于罗马古宫。

六月二十七日，土妇又发出请柬，邀约我们耍柳林子。柳林子在濯曲的东岸，距德格县府约五六十步远，柳高数丈，围绕着草原的周围，柳条依依，随风摇动，濯曲的滔滔黄浪，从原侧流过。我住德格，一早一晚，都要同此地的汉人去逛柳林，或蹲坐在柳

林里的白石上谈天。但这天不同了，白布帐幕安置四五顶，蒸笼的热气，从柳树脚下薰腾出来，大小头人，汉康人众，男女老幼，交错往来，闹成一团。他们一共做了三桌汉席，请了三桌汉人，除了我们一行人外，还有德格的各机关法团。据他们说："土司泽旺登登在时，年年于阴历四五月间，要请客机关法团，耍一次柳林子。那时席桌比今天好，情况比今天热闹，自从泽旺去世，耍柳林子的胜会，已一年不举行了，今年又继武前事，比之以往，一切都有逊色。"言下不胜白头宫女说玄宗的感叹，但我已觉够富丽华贵了。

六月二十八日，又沿濯曲下流行进，大约十二钟光景到了换马的龚垭地方。龚垭较德格县治所在宽展，同时也有成列的柳林，据说柳林是民七德格陷于藏番，由藏军栽插的。时届夏令，天气一阵一阵的恶热，像我们这样终岁长征的人，已不知道什么是目的地，什么是疲劳，一个人踽踽而行在柳林里，望着山上的白云和濯曲的黄浪，呆痴的凝思。

六月二十九日走到了濯曲与金沙江合流处所的罔拖，从此折向南转，又沿金沙江进行，河岸是壁立的硬岩，江水在乱石里互相搏击，江水的波涛像高温度的沸水。有一段是在硬岩上搭成的栈道，人马在栈道上行走，简直不敢俯视，栈道过了，又遇着江边乱石路，天空一时下雨，一时阴暗，在午后三四钟才走到柏垭站。我睡在柏垭站的敞房里，床铺的天顶，钉有一方花卉精致的有色布，周围又绕以有色布的幔子。我仰卧在铺上，对着金沙江西岸藏番所辖的青山，打樵的康妇，牧羊的康童，歌声悠扬的在青山里活动，我的眼皮撑不住一天的劳顿，终于在这青寂的环境中面对着这大自然熟睡一夜。

金沙江的支流像树叶的脉络，我们常由脉络到达正干，又常由正干上溯脉络，六月三十日循着昌曲溯流而上，已是白玉辖境了。昌曲流域最大的村落为河波，我们六月三十日晚，便宿河波。据说"河"是康区所盛行的蛮三国上的蛮关帝，此人宋初生于邓柯林葱之雄霸，今林葱土司即其苗裔。蛮三国我在邓柯托人印了一部叫凯萨的一员将名，"波"是藏文移驻的意思，河波大概是凯萨将移驻该地得名。此地为白玉第一工业区，人民能制刀鞍、佛龛以及皮箱等物，尤其河波刀是驰名康区的。我本想在河波制一把剑，因无藏钱作罢，至于我们悉闻的二百多岁的河波老人，我问询此地的驻军闵营长，据说已死两三年了。

河波一过，便开始翻康北著名的噶陀山，由昌曲支流向上行，沿途青松翠柏，以及杂花野草，夹生道旁。山分三级，到了最高级，也同石渠的高峰一样，连野草都不生了。小西天或小西藏的噶陀寺便在山的第二级，这寺是德格五大寺庙之一，信奉红教，以藏历推算，从丹巴待谐到现在，已有一千多年的历史，因建修时，在土中发现一石，生有天然藏文字母噶字，所以便将此寺命名为噶陀。我们因山势太高太大，七月一日就宿在噶陀寺。

朋友，我以前不是认为寿灵寺富丽吗？又不是认为大金寺阔绰吗？殊不知到了德格的更庆看了六斤黄金制成的佛冠，又觉更庆寺富丽而阔绰，现在到了噶陀寺，又觉噶陀寺更富丽，更阔绰了。我们抵寺时，因时间尚早，看了外面的金光闪闪，听了内面的梵呗喃喃，引起我们参观的兴趣。先参观法轮殿，殿分三层，所有门楗衡桷，盍是铜制的飞龙翔凤，铜瓦铜羊一律是镀金，第一层塑莲花生道场，佛像环列；第二层塑观音菩萨道场，佛像甚多；第三层塑无量光佛道场，佛像更多。大佛全皆镀金，小佛亦生动之至，四周佛像的前面，陈设无数的净水铜碗，内插香馥的野花。守殿的喇嘛对我说："到了此地，等于到了西天，或到了拉萨。"我神秘地自想："此生真福德不浅。"

接引殿在我们去路的左侧，现尚有十多个工匠继续修塑，内有镀金无量寿佛一尊，镀金观音菩萨一尊，镀金的和纯银的双身佛四五尊。尤其珍贵的是装置活佛遗体的宝塔，除纯金的花卉外，又镶了无数的珠玑玛瑙，据说一塔的价值在百万以上。大雄宝殿也备极庄严灿烂，狞恶的小金佛像与慈祥的大释迦牟尼金像对立，小金佛像两侧，安置了无数用布封口的瓦罈，这是佛法的结晶，神秘的焦点。

释迦佛前面立了一块小石，石上有小孩的脚印，据说是朝山的人于路上捡得，特送此寺供养的，大殿外又有氈城式的木车一架，据说是莲花生大师出巡用的，又有经板十多种，据说这些经典，都是康北唯一的德格印经院所没有的。附近风景优丽，茅棚林立，据说有许多大德在内闭观〔关〕。周围森林茂密，却无一人采樵，据说是怕地神寨齐恼怒。

噶陀山确实高，在这个时间，山顶尚有积雪未化。翻过高峰，只见脚下一望无涯的青山，云雾断断续续在青山里起来，好像深青色的地氈上，铺上了洁白的草棉。下山的途径，特别陡峭，同时顺山的溪流，落差也特别大，通过很长一段青杠林，白玉村可以俯瞰了。白玉真是四塞之国，除白玉寺远望尚觉整齐外，其余村落都异常弯散而稀少，除县府和驻军外，入籍汉人只有三四家，我便住在汉人黄松柏家中。

白玉分三区十一村，区村长都是由德格土司委来的，他们除给县府办部分差粮外，余时大半是替他们的主子德格家办事。去年土司泽旺登登死了，曾下令邓德白石各境，不准采药打猎，白玉有七个人偏偏不奉命令，打了一个獐子，被德格家的区村长发觉了，将七人充军到藏，饬在藏转经三年，向故土司在天之灵忏悔。我抵白玉时，中区区长萨多，正大兴土木，无代价的征调人民兴修他的官寨子。他们不特人工不出工价，就连一木一石，都要人民自带，这位区长也曾代表人民，呈诉白玉的痛苦。我极不高兴的向他说："邓德白石四县人民的痛苦，是你们造成的。你们向我呈诉，最好是你们自身改良……"他惭愧无言而退。近来他们又奉德格有力头人夏客刀登的命令，准备枪弹，调集壮丁，声言要打白玉所管的三岩娃，实际是因德格土妇绛央白母拟招赘藏官，怕政府予以严厉制裁，而陈兵自卫，打三岩不过是烟幕弹而已。

白玉县府也同邓柯县府一样，邓柯县府是借的阿都家的官寨，久借不还，白玉县府是借的白玉寺跳神化妆室，也是久借不还。白玉寺据说是开山于元末明初，最初由噶陀寺喇嘛根桑西饶修建。落成时，原命名为朗吉菩提法院，康人以寺建于白玉村，后来竟称为白玉寺。白玉藏文为"光荣境界"之意，推测文意，大概此地必是古代道场，第一代噶马央师活佛，在清朝曾赴北京觐见乾隆皇帝，并受恩赏，封活佛为首座喇嘛，赐有封文玉印，文焚于火，现在存在的，尚有玉印一颗。白玉寺为什么建修在白玉村，这也有一段神话。据说白玉村对面的山，是山神白藏之宫，康人恭敬山神，便将对面的山，称为白藏圣地，在未修白玉寺时，根桑西饶夜坐圣地，俯瞰河谷，发现对岸小山脚边，自起灯火如萤，于是便将灯火处做了寺庙的中心。这灯是否如峨眉山的佛灯，或三台县的野火，我们不去理解它，让它在人们的心里神化了吧。

白玉人民在诺那闹乱时，也曾奉了德格土司的命令，蠢动一次。这次曾将某秘书缚在大堂上，一阵乱棒，并饬先将历年所上哈带，以藏洋一元，折价一根，先行缴楚，再说下文。可是蠢动的结果，终于促成自己的失败，现在白玉人民驯如羔羊了，他们一方面要履行国家的正当义务，一方面又要办理德格家的各种杂差，尤以河波的刀鞍工匠，几乎终年为德格的土司头人私人生产，河波简直是德格家的御用制造厂。我抵河波，德格所委的河波保正葱翁（现年七十）向我说了许多良心话："现在的公家，太不负责了，我们的负担，一天一天的加重，但我们的痛苦，一点不设法解除，我们当了政府的差，又当德格家的差，完了政府的粮，又要完德格家的粮，政府的人对人民固然优厚，但德格家的派员，不说大头人，就连一个小小荒渣（给土司跑路的勤务），马鞍上搭有一条红色坐垫的人，就耀武扬威，为所欲为，什么酥油费呵，蛮酒费呵，马脚费呵，口粮费呵，闹不清楚。我任河波保正五十多年了，我虽是德格家派来的，但自问良心，人民因有双重的负担，实在痛苦极了，我想政府是有力量的，为什听其水深火热而不加以援救……"

我听了这些话，心中也感觉惭愧，只得勉强安慰他："抗战方殷，务要仰体时艰……语"

近日义敦的冷卡石和南区的三岩娃，更肆行抢劫白玉人民，以至县长上任，抢了县长的被盖和骡子，县府附近，抢了科长的饲马，所以白玉地方既贫瘠，负担又深重，同时治安也成问题。

我明白了前日德格官寨之所以那样富丽，也明白了耍柳林子，为什么要招待汉人，同时也明白了大头人为什么要拥戴万世一系的土司。唉！这行政上的赘疣——土司，我愿他如六月间的积雪，遇太阳一晒便化，好让亿千万的新枝，蓬蓬勃勃长成参天入云的巨干，自由地开着如火如荼的生命之花。

三二年七月九日于白玉汉人黄松柏庄房

（资料来源：《康导月刊》1944 年第 5 卷第 10 期）

# 6. 德格土司之岁入

## 王子范

康民信仰佛教，各地佛寺随时建修法会，为国家人民祈祷和平幸福。其法会所需各款，自有基金，间有不济，由寺僧分头募化，人民无不踊跃输将，倾囊相助，固不必假手于土司为之聚敛，始克有济也。及德格土司，自清季改土归流后，赵使即禁其在各县擅征粮税，不料民七藏兵进驻冈拖河东，德白邓石同时沦陷，该土司向藏方夤缘，得复土职，藉收寺庙法会金为名，人民被其备苛敛，痛切肤髓，均敢怒而不敢言，故乃相率逃亡，另寻生路，稽诸户籍，自可证明。

廿一年川康边防军收复德白邓石，人民感庆来苏，不意该土司乘间而起，旧职复张，其每年收入地粮，据土司自称："上户原仅三十余石，中户二十余石，下户十余石。"惟现据调查所得，白玉一县，全年征至三百余石之多。其他印经费、酥油费、办公费、官租，以及其临时摊派各费，据人民所称，几二倍于国税，总计各款，白玉全年不下四五万元。若加以德邓石同各县收入统计之，全年当二十万元以上，其收入之巨，征敛之繁，可概见矣！兹将其收入各款，分列于后，以飨阅者：

一、每年每户上粮三斗五升或二斗五升，最穷之户，亦须上粮五升，其粮须送交德格，每斗脚价四五元，如准缴价时，须将脚价并入缴纳，五县人民无一漏网。

二、每年上户纳酥油一斤，中户半斤，最穷者三四两。按：藏秤一斤，合汉秤二斤。白玉一县全年约征五千余斤，若并德邓石同计之，当在二万斤以上。

三、每村按大小村落摊缴牛羊若干头，白玉为牛场最少之县，全年亦须缴牛三十余头、羊三百余只。

四、每村上火药费藏洋二十元或三十元，白玉一县在藏洋四五百元以上。

五、每年每上户缴元根、芜菁一背，中户三家共缴一背，须送德格交纳，白玉一县全年约千余背。

六、每村每年纳印经墨钞三十元，白玉一县共六百余元，此外须刻经木板八十余张、松膠廿五斤，其他县份摊派若干，未经确查。

七、每村每年上毪子二根，每根长二十余拖，一拖长六五尺，白玉全县共二十余根。

八、每村土司有官地数段，土司私产或数十段，由各该村人民代为耕种，收获后，送德格交纳。

九、土司遇有婚丧事件，或馈赠等临时费用，须按派户摊。

以上各项征敛，如有逾期不缴者，照应缴数加数倍处罚，且有笞杖刑之事，而收粮税代表，亦有下列之需索：每村凑口食五六十元，牛一头，铜壶一对，呷乌一个，垫子若干床，其有酥油酒食，须按日供给。由此观之，德格土司之财富日多，而人民之痛苦益深矣，望西康当轴诸公有以改善之也。

（资料来源：《康藏前锋》1937 年第 4 卷第 8、9 期）

# 7. 土司之子恒为土司

丹东土司之长子名邓昆（坤）山，承继丹东土司职，次子多乐，过继绰斯甲土司，第三子承继巴底土司名王寿昌，第四子继巴旺土司名王富元，第五第七两子入寺学喇嘛，第六子名宏兴，无恒业，镇〔整〕日醉酒。又其长女嫁明正土司，次女字鱼科土司，而昆山之女又嫁与汶川瓦寺土司，满门皆土司，果皆土司之子恒为土司乎！

（资料来源：《康导月刊》1939 年第 1 卷第 8 期）

# 8. 泸定土司概况

李元安

## 一、沿革

今泸定境内，清时共有冷边、沈村、咱里三土司，其即周、余、贾三家是也。贾姓，系土著，与康定明政司家同族。冷边土司周姓，沈村土司余姓，皆系天全高杨二家忠军官，因功受封，先后而至。其时约在清高宗乾隆年间，遍地荆棘，居民寥寥无几，其后逐渐开发，方具规模。改土后，土司势力渐消，今则与齐民等。

附：沈村余应安君，笔者至〔挚〕友也，为土司之后，曾言彼确为蒙族，惟家谱被毁，未能得见，甚为可惜。

## 二、组织

周、余、贾三家土司，地界毗连，其组织及设施略同，兹将其内部设置职员情形，列表示之于左〈下〉：

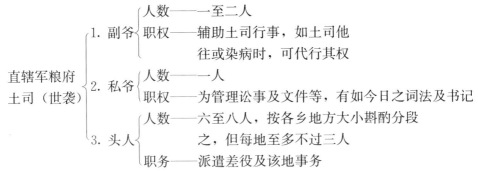

```
                    ┌ 1. 副爷 ┌ 人数——一至二人
                    │        └ 职权——辅助土司行事，如土司他
                    │                往或染病时，可代行其权
直辖军粮府           │ 2. 私爷 ┌ 人数——一人
土司（世袭）         ┤        └ 职权——为管理讼事及文件等，有如今日之词法及书记
                    │ 3. 头人 ┌ 人数——六至八人，按各乡地方大小斟酌分段
                    │        │      之，但每地至多不过三人
                    └        └ 职务——派遣差役及该地事务
```

上列职员中，如与土司居同地者，则每日须至衙觐见及办公，以示庄严谨慎，否则必究。职员之权利，除免差外，并无薪资。自年终封关印信（阴十二月十五日后至年初一月十五）开印期间，为其休息时，此时间内，无论有民事刑事及一切违法行为之发生，均置之不问。

## 三、朝觐问题

关于朝贡事，各土司均视为要务，且特订规章，所请十二年一大贡，六年一小贡是也。每次至京朝贡，土司必躬行，惟小贡时，可倩〔请〕人代行。所贡礼物，不外土产，如椒子、氆氇、药材之类。朝廷则按各地所缺之物以赏之，而其升级与否，亦以是为断。

## 四、一般情形

一、关于民事者。泸定汉康杂处，沈村土司边境（即今之磨西）另有少数猓族居之。汉族为他处迁移而来，当时，列入客民；康猓二族为土著，列入土民。土司之权，只限于土民，对客民则以宾礼相待。其行使之权如下：

甲、差徭：除客民外，土民皆有应差之义务。如遇达官贵人过境，则更事先派定差役专候迎送。不从则惩罚，逃则产业充公（各土司颇有因此而增加私人产业者），如有因事不能应差，则缴代金。

乙、诉讼：诉讼案件，土司据呈后，常饬私爷审讯之，其较难较重之事，则土司副爷等会审之，倘遇刑事案件，则请示上峰处理，于署内设有吊笼（即将人犯锁颈高悬处死）、监卡、枷等刑。

二、关于田赋者。买卖产业，仅土人有享受权。若客民瞒产，则列为土民，有同等义务。买业者私人书约而已，不投税过契，但须报告土司，否则，一经查觉，全业充公。各粮户于每年完草籽粮，常可银折合，粮额之多少，视其买卖之次数多寡而定，故颇不合理。最奇者，档户可不纳粮（档户多属客民），于是造成享业一人，纳粮一人之现象，档户且藉此免差。天主堂于泸定买少档多，盖基因于此。

三、关于兵备者。仅设少许土兵，常驻于每一土司辖地之边境。

四、关于教育者。土司对人民知识启导、地方文化发展，仍本清廷一贯之愚民政策，素不注意。初时但有少数私塾而已，其后改土归流，学风始盛，然亦未能普及。

五、交通。各土司对此素不注意，仅设驿站及鸣炮台于各地，以通消息而已。

六、礼俗。

甲、宗教：土司于各乡镇立庙，所谓家庙是也。土司每岁元旦日，必至各庙行香拜忏，表示虔诚，藉此以维人心，至于宗教之信仰，并无拘束，听人民自由崇奉。

乙、婚姻：土司对此颇为重视，人民嫁娶必从媒妁之言、父母之命，否则，认为不肖，施以责罚。

丙、丧礼：丧事之处理则最重衣衾棺椁之丰美，及请道士做法事，如"游城破狱"等之类。

丁、其他：信风水，信贞操，信八字，信邪教。

廿九年十月卅一日写于冷碛

（资料来源：《康导月刊》1941 年第 3 卷第 5、6、7 期合刊）

# 9. 甘孜县府废除土司

甘孜自宣统二年改土归流以来，即由政府委派总保保正等，办理地方事务，迄至民国二十七年，编联保甲，复委以区长保长职务。惟土司潜在势力仍未灭于往昔，人民对于政府，固应尽上粮当差之义务，对于土司，尤复遵照成规，完纳钱粮，供应差役，其所受痛苦，至深且巨。惟于前年事变，孔撒土司德钦汪母畏罪逃玉树后，土司名义即行废除，民众痛苦，从此减轻。本年一月，复有阿都土司翁噶潜赴西藏，喻县长见该土司翁噶，现任第三区区长之职，竟不辞而去，遗缺未便久悬，乃于一月二十五日召集该区民众，应其请求，每年推选保长二人，为公家服务，直接受绒坝岔区分所指挥，当推选土多、夺吉二人为保长，从此阿都土司，又告废除。

（资料来源：《康导月刊》1941 年第 3 卷第 5、6、7 期合刊）

# 10. 土司制度之成立及其流弊

葛赤峰

## 一、弁言

中国的土司制度，是一种值得重视的"地方行政制度"。其值得重视，至少有下列三方面的原因：第一，就时间言，土司制度之成立，已经有了二千年以上的历史。有史可据的，远在秦汉时代，这种制度已经肇始。第二，就地域言，土司所统辖的地域，至今尚占据西康贵州云南广西四川甘肃青海等七省的相当部分。第三，就其流弊言，土司制度无论对人民之生活，地方之治安，政令之推行，政府之收入等，均有极不良的影响。这种影响，在历史上已经暴露得非常明显，所以清代鄂尔泰曾有改土归流的创举，可惜那一次的改土归流未能彻底推行，致数千年来的土司制度至今依然存在。中国西南的若干土地和无数人民，依然在土司的掌握之下。本文拟将土司制度之成立及其流弊两点作一番检讨。

## 二、土司制度之成立

### （一）土司制度成立的时期

土司制度的成立，有史可据的，当始于秦汉，秦为土司制度肇始的时代，汉为土司制度规模粗具的时代。就秦言，樊绰《蛮书》有云："秦惠王并巴蜀，以巴夷为蛮夷君，世尚秦女。"从这几句话中，可以看出两点：第一，秦代已经任命蛮夷之人为蛮夷之长，亦即后代土司制度的肇始。第二，从"世尚秦女"一语，可知远在秦代，对于西南种族，已经采用婚姻政策。

在汉代，关于土司制度的记载即比较的多见，如下列诸例：

《后汉书·南蛮〔西南夷〕列传》：板楯蛮夷。高祖为汉王，发夷人还伐三秦，秦地既定，乃遣还巴中，复其渠帅罗、朴、督、鄂、度、夕、龚七姓。不输租赋，余户乃岁入賨钱，口四十。

《汉书·西南夷列传》：建元六年，使番阳令唐蒙风晓南粤，蒙上书说上通夜郎道为置吏。上许之，乃拜蒙以中郎将，将千人，食重万余人，从巴筰关入见夜郎侯多同，谕以威德，约为置吏，使其子为令。

《后汉书·南蛮西南夷列传》：哀牢夷，建武二十七年王贤栗等诣越嶲太守郑鸿，降请内属，光武以贤栗等为君长，自是岁来朝。平都夷，王莽时夷守枚根调邛人长贵为军侯，建武十四年，长贵遣使上三年计，天子即授越嶲太守印授。永初二年，青衣道夷邑长令田，与徼外三种夷，举土内属，安帝增令田爵号，为奉邑君。

读以上几段历史的记载，可知汉代的土司制度，已经粗具规模。例如"复其渠帅……七姓""入见夜郎侯多同……约为置吏，使其子为令""以贤栗等为君长""调邛人长贵为军侯……授越嶲太守印授"等，都是土司制度成立的明证。此外，"岁入賨钱，口四十"即后世土司纳贡之法。"自是岁来朝"即后世土司定期朝觐之法。"高祖发板楯蛮伐三秦"即后世调士兵征讨之法。青衣道，属蜀郡，而别有"夷邑长"即后世流官土官参治之法。"长贵为越巂太守"即后世土司以下又有土州土府之制。总之，有上述种种，故谓汉代的土司制度，已粗具规模。汉代以后，土司制度即日见发展，历史上之记载，亦渐增多，因非本文范围，姑从略。

（二）土司制度成立的原因

土司制度之成立，有其主观上和客观上的原因。主观上，最重要的有两点：第一，历史上中国英雄豪杰所争夺的，为关中之地与中原沃野，有了关中之地与中原沃野，就可以做皇帝而掌握天下。所以中国历史上所着重的是关中与中原，所忽略的是四夷边鄙之地。历代君主对于四夷边鄙之地，只求其相安无事，不来影响私人的"家天下"即十分满足。欲达此目的，最简便的手段，莫过于"以夷制夷"，因此产生了以夷人统治夷人的土司制度。第二，客观上的原因，历来中国如欲有事于夷狄，客观环境上的限制实在太大。因为边鄙之地距中原太远，交通又不便，如有所事，往往经济上与时间上之耗费过重，得不偿失。例如清代大小金川之役，前后费时七八载，耗银达七千万两以上，国家元气大伤。又如唐代讨伐南诏之役，丧师至数十万人。征讨之困难，已如上述。征讨以后，如再要派内地的人去屯戍或统治，则更加困难。历史上，应付蛮夷最成功的诸葛孔明在讨平南中以后，也深深感觉到这一点的困难。他说："若留外人，则当留兵，兵留则无所食，一不易也。加夷新伤破，父兄死丧，留外人而无兵者，必成祸患，二不易也。又夷累有废杀之罪，自嫌衅重，若留外人，终不相信，三不易也。"（见《汉晋春秋》）有此三不易，孔明故说"今吾欲使不留兵不运粮而纲纪粗定，夷汉粗安"，只有"皆即其渠率而用之"。"即其渠率而用之"，就是任命夷人中之酋长为夷人之统治者，也就是成立土司制度。总之，孔明就客观环境种种方面考虑的结果，觉得只有成立土司制度，为最得计之法。以上所言主观和客观两方面，为土司制度成立的原因。

（三）土司制度成立于中国西南原因

以上所言，为一般的中国土司制度成立的原因。但是中国的土司制度何以不确立于所有的"边鄙"之地而独确立于中国西南的川滇黔康桂甘青各省？这就不能不说到中国西南特殊的地理环境。土司制度是建立于农业社会的一种制度，人民居住的相当固定以及定期向酋长贡献定额的租赋和力役，都是土司制度成立的条件。而这两种条件，必在农业社会中才能完成。中国古代西南民族和北方民族的生活方式完全不同。北方民族，均营游牧生活，至今仍然。而西南民族，似自始即未曾经过游牧的阶段。西南民族何以未经游牧的阶段？约有下列诸因：第一，中国西南多山，为地势所限，不能产生广大良好的牧场以供游牧并自由迁徙。第二，丛〔崇〕山峻岭中易藏猛兽，此种猛兽，每为畜类之害，妨害游牧之发展。第三，中国西南民族原生活于黄河流域、长江流域的农业地带，未入西南山地之前，已学会了农耕技术，故退入西南山地以后，很自然的不经游牧阶段即入农业阶段。从上述三因，可知西南民族在古代已经定居，已从事农业，换句话说，已具备了成立土司制度的客观条件，故土司制度终于在此成立。反之，北方的匈奴鲜卑诸民族，始终滞留于游牧阶段，居住无定所，流动性极大，天子要羁縻也无从羁縻起。往往今天在这里，明天就不见了。在这种情形下，土司制度当然亦无从成立。以上所言，为土司制度所以成立于中国西南的原因。

### 三、土司制度的流弊

如上节所言，中国土司制度之成立，实有其不得已之原因在，故土司制度，自始即非一种理想的制度。果然，沿用了几千年以后，流弊百出，民不聊生。考土司制度之最大流弊，约有下列四端：

（一）影响人民生活

土司制度之最大流弊，为影响人民之生活。人民经济生活在土司制度下所受之压迫，实非一般人所能想象。历史上，已不乏此种记载。创议改土归流之鄂尔泰尝奏云："乌蒙（今黔西威宁一带）土司之租税，岁不过二百余两，然土司征取于苗民，殆可百倍。"这是说土司向政府缴纳租税，岁不过二百余两，而向人民征取者，竟达二万余两。此外，种种记载，如："土司一娶子妇，即土民三载不敢婚。""彼之官，世官也。彼之民，世民也。田产子女，唯其所欲，苦乐安危，唯其所主，草菅人命，若儿戏然。""土民有罪被杀，其亲戚尚出垫刀数十金。"土民在土司治下所过的非人生活，从这几段记载中可以看得清清楚楚。

以上是历史的记载。而今日土司对于土民的生活又如何？简单的说，其影响有增无减。若去年救国公债的缴收，就有类似鄂尔泰当时"租税岁不过二百余两，然征取于苗民殆可百倍"的情形。此外，土司利用特殊地位和势力，可以不服兵役，不纳租税，不缴公款，而将一切应有负担，转嫁于人民。

以下要举几个实例来证明。去岁笔者在黔滇川湘各省边地旅行时，对于黔西威宁县属某安姓土司，曾有如下之记载：

"……属下之佃民，每年要替土司服役至一百八十天之多。易言之，一年之中，足有半年是毫无代价的替土司工作。力役以外，又有苛捐杂税，如：

马租：在清代，规定土目每换一代，向佃民取马一匹。现在的方法，更加变本加厉。哪一家有好马，随时土目可以毫无代价的任意取去，使农民因此都不敢养好的牲口。

羊租猪租：每年一次。羊租，每头羊每年收小洋一元，最近又加一元而为二元。猪每年上租五钱至一两，合国币一元以上。苞谷租每角地（土地单位之名称，约当一家人所能耕种之土地）一年自二斗半至一担（此地的斗特别大，每斗约当通常五六斗以上，每担重约六百斤）。"

土目有婚丧典礼，即派佃民出钱，每家有多至三四十元者。此外，佃民所种松树漆树，土司得不准佃民砍伐，任意收归自用。

佃民向土司佃地之时，须缴"押头"百元，而一旦受退租待遇，押头并不发还，俗谓"干出身"，因此，佃民对土司之命令，都不敢与抗……土司每换一代，又令佃民加缴押头三十元。

看了这样重的力役和租税，可以想象得到土司属下的佃民，过的是什么生活。这是黔西一带的情形。此外，云南西部的情形，大致上亦与黔西仿佛，可以引最近《新华日报》记者闵廉君旅行通讯中的一段话来证明：

"在滇西边地，划分着十个土司区域，各人做着各人的土皇帝。土司占有一切土地，施行极厉害的封建剥削，他是一个区域里执有生杀予夺之权的最高者。直到今天，夷民见了土司，必须下跪。夷民自己没有田地，他们只有替土司耕种。每年除了把百分之三十到五六十的收获交给土司以外，还有许多支出，必须献给土司。主要的是土司家里的生育费、嫁娶费、小土司登位旅费、祝寿费、丧葬费、中秋端午之类的节费、过年旅费、洗犁耙费、霜降节祭费、土司家的柴薪费、边界勘界会议费、赶摆费、保冈费等等。"

西康方面，邱君述黔在《建设新西康之纲领》一文中，曾谓"土司喇嘛二者，实为康省施政之最大障碍"。又云："土司头人，据有土地，辖制人民，操纵金融，购置枪弹，实力日增，隐患堪虑。"

以上，举了几个实例，说明土司对于人民生活之影响，是如何惊人。

（二）影响政令之推行

影响政令之推行，是土司制度的第三个流弊。（原文缺第二个流弊——编者注）土司在其势力范围以内，有土地，有人民，有武力。故对政府政令，不是置若罔闻，即以私人之利害为依归，政令之影响私人利益者，如捐款、缴枪、筑路、征兵等等，土司不仅自己置之不理，亦不许其属下之人民参加。这种情形，去岁笔者在西南旅行时，曾数见之。在水城，派往修筑叙昆公路的数千人中，几全部从没有土司的两个区中抽出，有土司的两个区，每区仅出百数十人而已。在威宁，因为四乡土司土目等太多，政令在县城以外，几乎不能通行。土司之影响政令推行，于此可见。

去年旅行至滇东北之永善时，适本县发生一土司与县府武力对抗的事件。此事件的经过与结果，充分代表土司之强横跋扈及其影响政令推行之概况。五月三十一日的昭通东声闻日报，曾载此事如下：

"永善通讯"：本县大土司禄玉堂及其子珍卿，横霸一方，已十余年。勾匪殃民，鱼肉善良，过去县长，畏其势焰嚣张，致该匪窝巢之墨石驿，年来一切政令，均被阻挠破坏。半月前，本县奉令剿办，该匪据碉死守，致使县府力量，终难完成使命……〔下略〕

以一个土司之武力，竟可以对抗全县之武力而有余。这也是土司可以从容违抗政令之最大原因。后来县府协同军队，始将该土司扑灭。事后，清丈其所有土地，竟达两万亩左右。土司势力之大，亦可见一般。

（三）影响政府收入

前已言之，土司向其属下人民征取极重的租税和无限制的力役，以供个人的挥霍。人民的租税力役原应为政府所征取，今不纳于政府而纳于土司，显然是政府的一种损失，毋待赘言。至于土司的奢侈挥霍，在这里拟略为一提。

土司的奢侈淫靡，也是"自古皆然"之事。当然，集数千百人的脂膏血汗，来供养极少数的几个人，这极少数的几个人，必然的会奢侈淫靡起来。无论在衣食住种种方面，土司与一般人民相差之巨，凡使人难以置信。历史上的纪载，已不乏其例，举明末大旅行家徐霞客氏在其游记中所叙述的来说，住的方面，当时西南的一般县城乡镇，都是非常荒凉的，徐霞客描写贵族的普安云："城中荒敝甚，茅舍离离，不复成行……州署门廊，无一完者。"云南之亦佐，则"城外草舍三四家，城中亦皆草舍，求瓦房寥寥也"。黄草坝则"草房单舍，不甚整阔"，至于茅屋内的设备，又是"卧处与猪畜合秽"

或"牛畜杂处其中"。总之，当时民居，大多是卑舍且与"牛畜杂处"。可是土司的住宅，就大不同。徐霞客对黔之丰宁司尝云："唯司官所居三四层，皆以瓦覆，以垩饰。"于滇之丽江土知府木氏则谓"宫室之丽，拟于王者"。食的方面，在木氏宴客的时候，霞客亦有"大肴八十品，罗列甚遥，不能办其执为异味"之记载。当然，当地的一般人民的食比较起来，其相差不可以道里计。

徐霞客时代的情形，到现在依然是如此。住的方面，一般人民依然茅舍土垣，牛畜杂处其中，土司则仍"所居三四层，皆以瓦覆，以垩饰"。食的方面，亦相仿佛。此等情形，笔者均尝亲见之。

土司之挥霍奢侈，对于政府不利，对于社会不利，对于人民不利，对于自己亦不利，土司大多短命，即以骄奢淫逸、纵欲过度所致。

四、结语

以上，将土司制度成立的原因及其流弊，大略的叙述过了。由此可知土司制度的成立，原出于不得已。而土司制度之流弊，至今日已若是之甚。故今后之土司制度，实有加以彻底改革乃至铲除之必要。在清代，鄂尔泰曾有改土归流之创举，惜其后未能彻底推行，至今日我们应继承鄂尔泰未竟之事业，促其完成，以早日实现此抗战建国过程中必要之一举。

（资料来源：《边事研究》1939年第9卷第5期）

# 11. 康区土司头人问题之探索

## 文　阶

本省刘主席曾以土司、头人、喇嘛为西康社会三大特殊势力，并谓："土司、头人，性质相同，皆属于封建性之社会结构。"所谓三大势力，土司、头人即占其二，可见整个康区，泰半属于土头支配之下，称之曰大势力，其重要可知。因其势力强大，彼此之间，纵横捭阖，不免时起冲突，蔑视政府，地方扰攘不宁，政务推行维艰，盖以此也。

或以为土司、头人改流后名义早经取消，各地方政府咸委此辈为区长、联保主任等职，承办地方庶政，与腹地无异，若无此辈，恐各地方政府将一事莫举。我行政人员果善于运用，裨助实多。不知此说似是而实非，所谓土司者，即元明之季，以边徼难治，采用羁縻之方，就各部落首脑所册封之土官也，意在尔牧尔民，毋犯我疆，汝有贡，我有赏，如斯而已。所谓头人者，即土官不办事头目，更或小部落附庸于大部落，择其尤者以管理之，或大部落衰微，各小部落脱离自立，未获朝中封号，如是数者，皆作头人，是则土司、头人，即各地民众世袭之官吏也。自赵季和氏改流设治，于土官之上，复设流官，虽削职缴印，一时敛迹，然其实力仍在、偶像犹存，政纲失驭，死灰复燃，其间仅多一县政府而已。试问一般民众，宁拥护其故有官吏乎？抑拥护政府之官吏乎？宁亲近其种族相同日月星辰之官吏乎？抑亲近文语各别、行云流水之官吏乎？何去何从，宁待蓍龟？至谓若无此辈，将一事莫举，抑又非也。果能有妥善方案，将此封建残余根本予以减轻，压迫立可解除，政府事事能直接人民，即可就民众中遴选纯正老成者，委为区联保长，勤考绩，严赏罚，出类拔萃之士，势必倍出，较之农之子恒为农，牧之子恒为牧，土头之子恒为土头者，其贤与不肖，真未可同日语也。

或以为康人拥护领袖已成习惯，一切唯领袖之命是从，意志集中，力量集中。土、头存在，是不啻将康区数十万众统摄于数十人之手，驭简治繁，事半功倍，孰谓不可？不知此说亦偏重理论，孰〔执〕简驭繁固矣，顾执驭之法甚难，彼辈既狭有势力，常本其惯技，藐政府之强弱，为其对策之标准，因应之重轻，欲执驭人，反为人所执驭，事实甚多，姑不列举，兹特将康区之民族性及土头之特殊势力条述如下，藉充实吾说。

一、康区之民族性。西康民族性，与地理关系綦重，盖地势属于高原，四围阻绝，鲜与外界接触，墨守祖宗成法，一致养成简陋顽固性；自然环境之恶劣，致养成粗暴性；生产落后，物资不足，致养成贪吝性；坐井观天，夜郎自大，致养成妄动性；多数人民，绝对服从少数土酋，致养成奴隶性；部落酋长，争取民众，各自称尊，致养成狭义之团结性；因狭隘之团结，致养成民族间之雠嫉性。如是种种，不胜枚举！惟因佛法熏陶已久，上述种种特性，稍有变化而已。然在康南虽同样受佛教洗礼，掠夺之风仍炽，纯良又较康北为逊矣。

二、土司头人之支配力。在部落独立时期，土司头人即等于王侯，至中朝羁縻时期，即同官吏，在改土归流时期，即降为平民矣。第行之未久，死灰复燃，迄今部落之形态犹存，土头之势力仍在，对民众之支配力，无异往昔，生杀予夺，听其自恣，差徭繁夥，轮番驱遣，输粮纳税，例有常规，民刑诉讼自由处分，举凡所以役民钳民，利夺压迫者，无一不具，即杀伐战争，亦驱部民供其牺牲。土司之大者，俨然一小朝廷，小之亦一地方政府也。盖历史传统之观念深重，人民赖之如父母，信之若神明，遇土司之贤明者，固益增其拥护之忱，即不肖者亦敢怒而不敢言，绝少群起反对其酋者。人民纵奴隶以殁，亦认为份所当然，惟将其精神寄托于佛法中之六字真言而已。

三、现有土司头人势力概况。康南北土司头人之历史、势力、经济、才能、性情及其相互间之联系与纠纷，笔者早拟博访周谘，作一整个叙述，以飨读者，因材料未备，尚待着手，兹将物概括情况，略一述之。

甲、属于康北者

1. 邓德白石四县中，有土司二：一为德格之德尔格忒感宣慰司；一为邓柯之林葱安抚司。林葱壤地褊小，仅划为县之三两区，极盛时几与德格土司抗衡，今则式微矣。德格土司辖地纵横千里，奄有德格、白玉、石渠、同普四县，及邓柯之大部分，为康北一庞大土酋，部民万数千户，能征调快枪三千枝以上，属下头人大小百数十辈，玉隆、阿都，均有小土司之称，至今以玉隆为最盛。玉隆土司高中彭错年已耄耋，无子，赘德格头人夏克刀登为婿，将以嗣也。刀登精明果决，识见超人，远在一般头人之上，故近年各地逃民归之者甚夥，致玉隆之广袤区域，无法容纳，侵及于石渠竹箐，即俄洛野番亦有附属之者，其势骎骎有不可遏抑之概。

2. 道炉甘瞻四县中，部落复杂，甘孜有霍尔孔撒安抚司、霍尔麻书安抚司、霍尔东谷长官司、霍尔白则长官司、阿都头人；炉霍有霍尔章谷安抚司、霍尔朱倭安抚司；道孚有鱼科安抚司。章谷麻书早绝嗣，朱倭以背叛被诛亦绝，孔撒附逆逃亡未归，现仅存者，惟东谷、白则、鱼科而已。至瞻化之上瞻、下瞻、河东、河西、古路、通宵各部

落，从前或为长官司，或为土千户，除上瞻之夺告〔吉〕躬加附逆在逃外，余均如故。凡此诸部，各有众二三百家乃至五六百家，又各拥枪数百枝，对人民之威权如故，至若各县之头人自成部落，或附庸于土司者，尚不在此列也。

乙、属于康南者

1. 土司。巴塘、里塘之两宣抚司，早经绝灭，现仅存者，为毛丫、崇喜、曲登三长官司，住牧于雅江西部及理化义敦各县。毛丫势力独强，有众千家；崇喜、曲登各有四五百众，互为姻娅，然均唯毛丫之马首是瞻，其实力毛丫为最，崇喜次之，曲登又次之。

2、头人。巴安侍郎六络有洛瑜十五村之众，可号召二千人左右，与乡城正斗曲渣势力相等，联一气。稻城札西宜马与乡稻间之降磋宜马，势成对立，各不相下，而稻城之甲骨倾真亦有同样势力，初为降磋仆役，现则接近札西。凡此数人皆康南之著名人物，挟恃势力，敷衍周旋于政府与各部落间者也。此外有邦达刀结者，河西江卡头人，廿一年反对藏官来奔，寄往义敦之波密，有枪二百余枝，刀结英年多智，富有革新思想，为康南头人中杰出之辈，与康北之夏克刀登，皆康藏间之有数人物也。

综括上述，则康区之土司头人实非内地之土豪劣绅、区乡镇长可比。欲推行新政，则彼辈以守旧观念梗塞其间；欲与之争民，彼则深根固蒂，致力维艰；欲驾驭之而为我用，彼则有其固有立场，而不能倾心同化，革故鼎新；欲如赵季和氏之大刀阔斧，削者削、徙者徙，则又时不我与。故在今日之康区，对此问题咸抱相安无事思想，他非所计也，致有康区无能为之悲观论调。以愚观之，非不能为也，是在为之者若何为之耳？谨以谫陋所得，略举数条，以供治康者之参考。

一、建设国防军。据历史上之经验，武力实为经边之主要条件，在昔羁縻犹然，况兹深入而革新之、提挈之，非有雄厚武力，确难收预期效果。

二、健全县政。县政负管教养卫之责，领导人民之总枢，非有健全之县府、优秀之行政人员，实不足使土头辈心悦诚服，而收向化之功。

三、废除差徭。差徭为康民之枷锁，终年从事于各项徭役，无余力余时顾问其他，实为社会进化之一大障碍，应赶速完成现代交通，将一切差徭概行废除。

四、陶融土司头人。在省垣所在地，设备训练所，强制各地土司头人入所受训，其所有子弟亦应强迫入学，俾具足现代常识，而知所趋向。

五、培植康族人才。设法改良各县学校，限期造就人才，任以职务，使之观摩兴起。

以上五条，皆最感重要而亟待施行者，如行之有效，数年或十余年以后，土司问题或不若今日之严重也。

（资料来源：《康导月刊》1941年第3卷第5、6、7期合刊）

# 12. 从土司问题谈到衙门的标语

## 许文超

### 一、土司的由来

西康本部，在过去大半是自为部落，互争雄长，谁有力量，谁就可以霸据〔踞〕一方，俨然土皇帝一般。加以我国以往经营边疆，惯用羁縻远人的政策，把一些强横而又能欺负老百姓的豪徒加上什么土司土百户的封号，赐他们一大批铜印木戳，于是土司们就一人得道鸡犬飞升，老百姓们遂罪孽深重永作牛马了。

### 二、土司和老百姓

土司真是天之骄子，养尊处优，自高自大，是由历代传袭下来的。于是习惯成自然，遂把奴役小民，视为千该万该的事情了。老百姓的痛苦，当然在他们计开之外！

老百姓，每年除照例上粮纳税之外，还要服若干劳役，供若干杂差。服役期中，一切伙食用具，完全自备，报酬是一点没有。至于土司的冠婚丧祭，一切供应，全归老百姓负担，土司是一个钱也不出的。如二十七年德格土司泽汪登登结婚，每一家百姓是派的藏洋×元，酥油×斤……好事的县长出面干涉，结果反弄得自讨没趣。

### 三、土司和官吏

清季的赵季和用快刀斩乱麻的手段，居然在短短三年中，把全康的土司土百户之类，名号废除，印戳缴销。于是数百年来的土皇帝，大家都卷旗收伞，降为庶民了。

然而进锐者退速，赵氏一去，西康的土皇帝又死灰复燃，重振旗鼓，干杀官逐吏的勾当。曾经有一个时期，遍地骚然，几乎无法收拾。

### 四、土司在今天

事有必至，理有固然，社会进化到二十世纪，民国已届三十年，土司的社会已渐趋没落，奴隶们也渐渐的抬起头来。今天，居然知道政府对他们是好的，土司对他们是坏的。因此，去年甘变时，夏克刀登竭诚拥护政府到底，炉霍的百姓曾参加平乱，孔撒土司的百姓，有的曾宁死不肯反对政府，在在皆象征着百姓的觉悟、土司的崩溃。

有些人以为康人文化落后、脑筋简单，是容易欺骗的，说些什么"进蛮一寸，不如打蛮一顿"的口号，实际上康人是有康人的文化的，"抚我则后〔厚〕，虐我则仇"，在他们的脑筋里随时都用这两句话来丈量他们的统治者的。

### 五、漫谈"抓"的问题

"抓"的解释，在另一方面讲，似乎是所抓的东西，都是轻而易举的。

西康的土头们，差不多都有几十代的传统地位，积重难返，性同野马，都不愿受笼套和鞭策的，能不能抓，易不易抓，敢不敢抓，我看都大成问题。随时在谈抓的先生们，为什么老是在空中抓土头，而不在地下抓百姓呢？

其身正不令而行，我想还是自己确确实实的正起来，不管他"人"也好，"钱"也

好，"东西"也好，少去抓的为妙。

三十余年的土司头人，被这些擅长"抓"术的先生们，东一抓，西一抓，抓出不少的乱子来，其理由安在？人不被抓不伤，丝不被抓不乱；天下本无事，庸人自扰之，旨哉斯言！

### 六、土司问题的解决

如何解决土司问题，名言谠论，计划方案很多，作者不欲多嘴。作者是县行政人员，三句话不离本行，我们所谈的是现在西康的土司问题，归根结底，究竟怎么办呢？记得好些县府的大堂上，都有一块类似标语的匾额，"清、慎、勤"三字者，我想只要每一个县行政工作人员，即所谓临民之官，都能把这三个字认真的实行起来，敢说什么问题都是可以解决的，岂仅土司问题而已！

卅年三月廿五日于康定

（资料来源：《康导月刊》1941年第3卷第5、6、7期）

## 13. 解决土司问题之先决条件

### 之　北

西康关外各土司，自赵季和改土归流，收缴印信后，土司名义，早已不存，然而名义虽无，实质仍在，而且潜滋蔓长，势焰方张，究其原因，固由赵氏治边时间太短，未能彻底廓清封建余孽，但其最大症结，厥为：

（一）中央鞭长莫及，边吏尸位素餐。赵氏以后，继任边疆大使，或以昏庸老朽，或欲问鼎中原，戍边已非所愿，遑论治边，是以失地丧师，数见不鲜，人民塗毒，枢府增忧，固不仅土司问题已也。

（二）缺乏经边人才与经边计划。过去自称西康通或康藏问题专家者，或在雅州而写康俗，或在打箭炉而写康藏游记，转相抄袭，以讹传说，根本不以金枝玉叶之身体，尝蛮烟瘴雨之风味。反观西人，既有其国家之大量资助，复肯忍苦耐劳，深入穷僻，终身以之，故能通康藏语文，测图探矿，布教设医，按部就班，成绩斐然，斯真愧煞我矣！中央与地方，既乏留心边事、研究边事之人才，当然不能产生整个的治边计划，更遑论计划之实施。是则土司问题，至今日尚成问题者，是不为也，非不能也。

（三）土司的政治力量。土司虽有其传统封建力量，但若无御民之法、保民之方，则亦无法存在，因为政府与人民权利义务是相对的，即人民应纳税服役，政府应保护人民生命财产。关外土司所辖人民如果有外来强暴力量，即须报请土司保卫，土司绝对负责应付（不论对付方法之正当与否），不能听其自生自灭，否则百姓即相率逃亡，转归另一土司或强大头人去矣。因此土司平日虽对其人民刮骨吸髓，剥削备至，人民茹苦含辛，不敢怨言，盖有其保民而王之道。反观过去关外县府官吏，或驻军长官，每多为者不贤，而贤者不为，上既优游泄沓，无心边事，下更变本加厉，闹得一塌糊涂，不可收拾。自爱者每因上无整个治边计划，束手无法，听其自然演变，除饬令人民上粮当差外，丝毫无功德于民，更无论保护人民生命财产矣。所以人民乐于有土司，不乐于有官府，官府驱人民与土司，非土司与官府争人民，此土司存在与发展之重要原因也。

（四）土司的经济力量。人民衣食住行，莫不仰给于土地，关外土地，非人民私有，惟土司、头人、喇嘛寺得以其力量囊括割据，俨若疆界分明，经纬合度者，往往因争一草场，至于械斗，至于数世仇敌。其实土司为把握人民经济命脉，不能不如此严重把持也。人民既须土地放牧、耕种、挖金、挖药、猎兽以求生，是非仰赖土司获得土地不为功，即非拥护土司号听令从不为功，土司势力，焉往而不发展？土司又以其剥削民众、抽粮抽税、统制货物、经商盈余所得之大量资本，高利贷与民众，人民以土司为施惠者，土司以人民为剥削物，相因相成，筑成牢不可破之壁垒，此亦土司存在与发展之重要原因也。

土司存在之原因既明，解决此问题之方法，自是针对上举各项病根而加以医治。好在抗战以还，中央对于西康积极建设，划割四川宁雅两属，正式建为行省。省府成立以来，庶政尤多革新，刘主席莅任之始，即以六项施政大纲昭告国人，关外官吏亦经慎重选拔，已将上述各项弊端一扫而空。现在只要注意到西康问题是整个的，要解决须通盘筹划，不要枝枝节节着手，则事半而功倍矣。兹请提出解决土司之先决条件如次：

（一）交通问题：西康高原，平均海拔四千公尺，与内地交通阻隔，故其习俗语文自成系统而鲜汉化，今欲收同化之效，非改良交通不为功，前人论之详矣。

（二）移民问题：交通发展后，尤须以政府力重〔量〕大量移民，从事牧垦开矿，不然一齐众楚，仍难同化。

（三）土地问题：土司既以土地占有为其根据，移民之后，即恐发生土地主权谁属之问题，甚或酿成民变，此须特别注意，尤宜采用总理耕者有其地之办法，即土司所属人民，各给以相当土地，使其不受土司统治，而能独立生存，人民既能独立生存，当无拥护土司，反对政府措施之顾忌，土司丧失土地，把握人民无所根据，虽欲反对，孤掌难鸣，此釜底抽薪之法也。

（四）改善政治：关外县府，须由省府畀以权宜处置之特权，尤须加重县府力量，对土头等之越级呈诉绝对不理，必须由县府转呈，县府必须与人民打成一片，务使所有措施，皆不离人民立场，其他一切新政，斟酌办理，不可徒具形式，引起人民反感，致酿意外。此中情形，一言难尽，非久居关外身历其境者不知其中苦况，省府往往顾忌多方，限制太严，使关外县长多有宁愿受蛮气，不肯受上峰及驻军之气之愤激语，可胜浩叹！

（五）改良教育：移民以后，须积极推行教育，教化十年，收功自溥，但现在关外之教育，则只有病民，成为虐政，毫无好处。将来之教育，必与生活相适应，彻底废除当差教育。

以上各种先决问题解决后，土司根本失其存在性，无论积极的取缔，或消极的消灭，办法多端，轻而易为。不过为避免冲突计，仍宜采用消极办法，委土司以相当名义，逐渐转移其封建思想，禄足以养其生活，教足以化其狂妄，不使铤而走险，酿成事变。

非然者，头痛医头，脚痛医脚，十年以后，仍鲜效功，殷鉴不远，敢为此言。

（资料来源：《康导月刊》1941 年第 3 卷第 5、6、7 期合刊）

## 14. 西康建省：一个旅外康人的意见——敬向西康当局请求

### 炉　侠

西康在特殊政治形态下，已经挨过若干年头了，现在随抗战的发展而转进到新的阶段，就是孕育多年、难产的西康省政府，将于明年元旦正式出现了。在这四处烽火、河山破碎的今日，西康省政府的成立，对今后的抗战建国，将肩负很重大的使命。无疑的，今后西康的重要性，将要一天一天的加大，同时西康人民的责任，也将要一天一天的加重。

西康建省委员会刘委员长，自从他驻节西康以后，西康人民对他都有一种新的期望，在他言论上，或行动上，都能看出他对新西康之建设，确已下了最大决心。最近宁雅划归西康，迅速促成正式省府，都可以证明他这种决心。这次西康旅渝同乡大会，能够以热烈一致通过刘委员长建设新西康案，就可以看出西康人士对他已建立新的信仰。因为西康人民急切渴望着西康政治能够纳入正常轨道，西康各种建设能够循序的得到发展，因此西康人仕〔士〕竭诚的拥护刘委员长能够完成这个使命，尤其我们旅外同乡，更殷切的期望着。

西康在若干年前一向不问政治的，因为没有认识政治的知能。近十余年来，西康文化水准也渐渐高涨，我们西康人民也逐渐领会到政治与人民有不可分性的关系。〔西康人民〕不仅关心西康政治前途，而且极希望得到帮助政府推进政治的尝试。这次西康人士向当局要求康人参政运动，就是这个意思的具体表现。我们相信我们的动机是纯正的，毫没有什么偏狭观念，同时我们相信西康当局也一定能够采纳我们这个要求。

西康因为环境特殊——尤其有显明的民族界限存在，事实上与内地各省情形不同，在这新的省政府成立的时候，我们觉得机构上、人事上，都应当有适应环境需要的措施。因为今后新西康的建设，要在政府与人民协和下才能得到收获。换句话说，西康今后政治的推进，动力是在西康人民的身上，这不仅是特殊环境下的西康要这样，就是内地普通行省也是一样。不过，西康文化落后，人才缺乏，这个力量还不够发挥，尚有待于积极的培植。所以刘委员长在《建设新西康》一文里，很郑重的指出"以提高广大民众之政治与文化水准"，这是从前治边者不曾注意的问题。因为过去人民与政府之间，无形中存在着一个堡垒。刘委员长这种主张，是在西康切身感到的，中央也感觉到这个问题的重要，在迭次的党政会议中，都有扶持边民的议案，并且事实上也在努力进行。我们非常感谢中央这种德意。这次西康正式成立省府，过去也曾经过康人不少的呼吁，这次中央的决定，也可以说是中央重视康人意见的表现。我们这次康人参政运动，是纯理智的、绝对合力〔理〕的要求。我们尤其感觉到了为了国家和桑梓，我们并不注重在权利上之争取，而是希望能够发挥我们本能上对国家民族应尽的神圣义务，我们谨以至诚，恳求当局接受我们这个意见。

（资料来源：《康藏前锋》1938 年第 5 卷第 5 期）

## 15. 康藏交流之一瞥

巴安县中区茨荔隆后山草场牛马，前被三岩属之南格村匪徒劫去。县府以该匪地区系藏军所辖，曾函知藏军清查。藏军得信，即派三岩若本（营长）工布率领大头人喇嘛札喜等十余人来巴，面谒傅兼县长详询此案事实后，即派人到南格村切实清查。该匪等不敢隐匿，已将劫去牛马完全退交茨荔隆人民领回。此案经时四月，卒将劫物清回。此实康藏情感敦睦之又一表现。

（资料来源：《三月来康事辑要：藏军送还被劫牛马，康藏情感益臻敦睦》，《康导月刊》1941年第3卷第5、6、7期合刊）

## 16. 塔斯社记者赴西康考察

苏联塔斯社社长罗果夫，偕同该社记者斯可尔鑞夫[①]及舒宗侨二人于前日离渝，经成都赴西康考察建设情形。抗战后外国记者往西康内地考察者，此尚为第一人。

（资料来源：《康藏前锋》1938年第5卷第6期）

## 17.《西康康属各县户口分布》（西康省民政厅统计室，1945年6月）

| 县别 | 户数 | 人口 | |
|---|---|---|---|
| | | 男 | 女 |
| 康定 | 6825 | 24177 | 12810 |
| 泸定 | 5409 | 12103 | 11940 |
| 丹巴 | 3858 | 6134 | 6824 |
| 九龙 | 2636 | 6769 | 6499 |
| 道孚 | 1375 | 1659 | 2504 |
| 炉霍 | 2414 | 4881 | 4275 |
| 甘孜 | 3835 | 3865 | 6249 |
| 雅江 | 1380 | 2139 | 1833 |

---

① 据舒宗侨回忆，与其一同前往西康的第三人是司克渥策夫。舒宗侨：《在国共合作团结抗战的日子里——回顾在苏联塔斯社的一段生活》，见中国人民政治协商会议湖北省委员会文史资料研究委员会编：《湖北文史资料》1987年第2辑，总第19辑，《纪念"七·七"事变五十周年专辑》，1987年，第112页。

续表

| 县别 | 户数 | 人口 | |
|---|---|---|---|
| | | 男 | 女 |
| 瞻化 | 3657 | 6518 | 7711 |
| 定乡 | 1579 | 2481 | 3362 |
| 稻城 | 1362 | 2026 | 2488 |
| 邓柯 | 1462 | 1810 | 2505 |
| 德格 | 3975 | 5141 | 5499 |
| 石渠 | 3619 | 5099 | 6582 |
| 巴安 | 7403 | 10219 | 8636 |
| 理化 | 2192 | 3525 | 4526 |
| 得荣 | 1297 | 2147 | 3085 |
| 义敦 | 1705 | 5897 | 5709 |
| 乾宁 | 940 | 1950 | 1895 |
| 白玉 | 3251 | 6315 | 6139 |

# 三、川西北藏区社会调查与基本概况

## 1. 抗战时期有关川西北的少数民族及土司的调查表

### 四川省政府关于调查川西北少数民族及土司状况的密令

（民字第 14384 号）

令第十六区行政督察专员公署：

案准内政部密咨，内开："查西南各省边区，汉夷杂处，自古多事，明清以来苗变层见叠出，考厥原因，实由于当时政府忽略宣传，边官措施失当，坐令民族间之情感隔膜有以致之。值此西南抗战期间所有地方秩序之稳定，民力之团结，俱关重要，对于苗夷等族，极应因势利导，予以组织训练，使其效忠党国，藉以增强抗战力量。本部现拟编订宣抚苗夷方案，唯恐不明情形将来实施困难，特制定西南边区民族调查表式，先予调查，俾资参考，相应检送该项表式一份，咨请查照转饬所属苗夷等族聚居各县，从速调查填报汇转，以重要政"等由。附调查表式一份。准此，除分令外，合行抄发表式，仰即转饬所属苗夷等族聚居各县，限奉文十日内，从速详密调查各填表三份。除以一份分呈该署备查外，余两份径呈来府，以凭存转，勿稍延误为要。

此令。

附抄发西南边区民族调查表式一份

中华民国二十七年五月二十四日

主席：王缵绪

民政厅长：嵇祖佑

（资料来源：阿坝州档案馆所藏民国档案，全宗号 8，目录号 1，案卷号 1014）

### 西南边区民族调查表（靖化县）

| | | |
|---|---|---|
| 民族种类 | | 计有汉族、夷族、回族三种。其各族来源：汉族分前随军移驻者，客籍即外县迁入者。夷族多属西番种及少数羌人（羌多为夷所同化），现有生熟之分，在绰斯甲布者纯属生夷，在两屯纯属熟夷，且多为汉人所同化。回族则由青海、甘肃移来，因与汉族同居久，同化尤深。 |
| 居住区域 | | 县属绰斯甲布一带纯为生夷聚居，河东河西两屯仅住熟夷。汉族散居于城关及各镇乡间。回族仅有二百余家，人口甚少，皆杂居于汉族居住范围内。 |
| 人口数目 | 男 | 共约 21300 余名（计汉人共 5700 余名，回族在内两屯 510 余名，绰土 15000 余名） |
| | 女 | 共约 21800 余名（计汉人共 6200 余名，回族在内两屯共 590 余名，绰斯甲布共 15000 余名） |
| 壮丁 | | 共约 4840 余名（计汉人共 1600 余名，回族在内两屯夷人共 180 余名，绰斯甲布夷人 3000 余名） |
| 生活习惯 | | 各民族生活习惯，夷族微异，如（衣）系采用当地出产之牛羊毛织成圆领无扣之大衣，腰常系带。绰斯甲内草地生番男女一律都不着裤。（食）除少数能食玉麦，大部分吃酥油糌粑，惟性多嗜酒，醉则滋事。（住）除少数寨落外，多系帐篷。（行）男女一律着蛮靴步行或以马代步。（婚姻）不分父子兄妹只要同一辈分即可成婚，惟阶级甚严，头人以上限制尤大。（丧葬）有天葬、地葬、火葬、水葬之别，平时患病只凭喇嘛念经祈禳。（宗教）崇有佛教尤以活佛为尊，人家之有子弟者除留一人继承外，余均送学喇嘛。地位优荣，多乐从。（习性）崇尚英雄，迷信鬼神，多以田猎畜牧为生，惟情性狂悍，不讲法理，杀人鼓□□为荣幸，其团结力极强。年来各王斗争甚烈，但经调解当仍趋于好。而汉人入内贸易不慎被抢掠，经土司或官府追究属实都能照价归还，以其平时较为服从首领故也。至于两屯夷人及附居回族与各汉人等其生活习惯则与内地汉人无异。 |
| 过去开化工作情形 | | 当于清乾平定之初即分别设营置屯，一面震慑，一面管理，意在以夏变夷，藉收同化之效。故对于边事多尚怀柔政策。民国以来营兵全废，仅屯署负责抚驭，惜其地广大，在民十六年间虽经四川松理茂懋汶屯殖督办署察酌实际情形，拟就边区政治加以改善，卒因时局多故，一切设施均成理想，文化建设，全无发展。今后如欲发达边民之智识及开发边地资源并使夷民之生活习惯全就范围，非首从文化建设不为功也。 |
| 备考 | | |

中华民国二十七年七月三十一日　靖化县县长刘绍绪　填表

（资料来源：阿坝州档案馆所藏民国档案，全宗号 8，目录号 1，案卷号 1014）

### 西南边区民族调查表（松潘县）

| 民族种类 | | 松潘民族种类大可别之三族：一曰汉族，二曰回族，三曰夷族。夷族中又可别为三种：一蛮种，二羌种，三猓种。 |
|---|---|---|
| 居住区域 | | 汉回两族合住在县城及东南沿河各乡镇，蛮种多处关外西北一带，与甘、青、西藏、甘孜相连，羌族分处于关内南坪及上下三寨大小姓与东南各路，猓均处县西南小黑水地方。 |
| 人口数目 | 男 | 1. 汉回人口约 12425 丁；2. 关外蛮族 5 万余丁；3. 关内羌族约 14000 余丁；4. 猓族男约 2500 余丁。 |
| | 女 | 1. 汉回人口女约 9930 口；2. 关外蛮族女 4 万余口；3. 关内羌族女约 13000 口；4. 猓族女约 2200 余口。 |
| 壮丁 | | 1. 汉回壮丁共 5047 名；2. 关内外夷族从来未能深入调查，至今无精确统计，故壮丁数目不详。 |
| 生活习惯 | | 汉回人民同内地相同，唯关外蛮族都随水草而居，从事畜牧业，帐篷为屋。衣服则无分冬夏着皮袄或毡衫，食以大小包茶和酥乳拌糌粑，即炒面而食，日必七八次。牛羊肉，有时则生食也。生性剽悍，喜欢饮酒，行则乘马，语言与西藏略同，又文字亦用藏文，知识最低。崇尚喇嘛，生男 3 人以上则 1 人为僧。婚姻从媒，间有自由或抢亲制，人死则水葬、火葬、天葬（尸体弃深山鸟兽食之）。关内夷族与关外夷族略同，衣多生羊皮，间着绸缎、呢绒、羔皮镶以貂皮。食则饮茶之外，间食米麦。住房三层，下层牛马羊，中层人居，上层储粮或贵重物品。行多乘马。性则多驯良，重耕种畜牧，与汉人常通往来。间有通汉语者，稍具知识。婚丧祭与番族同。猓族生活习惯仍与羌族无异，语言系猓语。一种勤耕稼。周年蓬首赤足，性凶猛善战斗，以杀人掠夺为荣，罕有与汉人通往来者。 |
| 过去开化工作情形 | | 松潘面积广阔，达 19 万余方里，关外 72 部，关内百余寨。夷性犬羊，畏威不怀德，不数十年背叛一次，历朝虽设重兵大员以震慑之，有时鞭长莫及，政令不易实施，乃赐以长官司、土守备、千户、百户职衔，并颁给土饷，复赐予游巡，种种之赏需其政策无非示以羁縻，终未降服其心，故关外生番仍与原始人无异。关内各夷虽与汉人互通往来，但汉夷隔阂多未化。前清咸丰庚申土变，南坪方面各夷经大军剿抚，后多有改土归流。今则有冠姓氏操汉语者，过去开化较早，其他各夷积习如故。前年中央大军经此"剿赤"，各夷始知中央威德倾心内附。去年呈奉省令组设繁荣边区委员会，使各土官夷首常会与地方机关团体切联络互通声息，设汉夷学校招收夷民子弟。此后汉夷情感至臻融洽，将来政令不难推进。复经呈请专署转请省府增设夷务室，庶几多数夷民自然入于轨道也。 |
| 备考 | | |

中华民国二十七年七月二十一日　松潘县县长萧廉武　填表

（资料来源：阿坝州档案馆所藏民国档案，全宗号 8，目录号 1，案卷号 1014）

### 西南边区民族调查表（理番县）

| 民族种类 | | 羌族 |
|---|---|---|
| 居住区域 | | 理番县第一区属蒲溪沟、九子屯，三区桃坪、孔岔纳、龙溪乡、克枯村等地。 |
| 人口数目 | 男 | 3312 |
| | 女 | 3537 |

续表

| 壮丁 | 1268 |
|---|---|
| 生活习惯 | 人民完全自耕自食，关于衣的方面，除自织麻布毡子缝纫外（麻布为衫套以套以毡子背心）其间十分之二三比较生活余裕者，则以所余粮食变卖买布。至所用之油盐亦赖粮食买卖。至住的方面，鲜用木架，大半以石墙砌成，颇为坚固。冠婚丧葬与汉人略同，语言自成一种，民性较为谨厚。职业仍多务农，亦有部分经商或经营小手工业者。崇巫教，智识介于汉人与戎民之间，九子屯在清代尚设有学额，惟蒲溪沟较闭塞，民智较落后。 |
| 过去开化工作情形 | 理番县羌族开化甚早，原为汉官所直辖，多在现在三区地面，后逐渐徙至九子屯、蒲溪沟各地。清乾隆时杂谷土司苍旺猖獗，九子屯以上悉为所有，旋被讨卒。九子屯各寨设屯，仍有守备等职，嗣政治方面，逐渐发生力量，各地羌民愈趋同化，九子屯氏既得读书入泮，各羌民益倾心政府，民国以来与汉族相安无事。二十五年一律编组保甲，设立学校，羌民中亦有自任教师者。嗣后各种设施、各种训练与本县汉民同。 |
| 备考 | 按：理番县羌族即通考所载之白兰羌，周武帝保定元年及唐武德二年，均有使者入朝。 |

中华民国二十七年六月十六日　理番县县长龚万材　填表

（资料来源：阿坝州档案馆所藏民国档案，全宗号 8，目录号 1，案卷号 1014）

## 西南边区民族调查表（理番县）

| 民族种类 | | 戎族 |
|---|---|---|
| 居住区域 | | 理番县第一区属上下孟董屯、乾堡屯；第二区属杂谷屯、来苏沟、壤口、安曲、梭磨、卓克基、松岗、党坝；第三区属三番、黑水等地。 |
| 人口数目 | 男 | 13554 |
| | 女 | 14697 |
| 壮丁 | | 5579 |
| 生活习惯 | | 衣多牛羊毛所做之毡制成短衫，多不洗，间有衣布者。其酋长多衣普罗（最稠密之毛，织物来自西藏），履为革之长靴。除开化之三齐番及部分屯民之外均不裤，不濯足。食为麦、玉米、莜面与青稞，其较高寒之地便食牛乳所制之酥油。磊〔垒〕石为室，高数层，亦有板屋。在壤口则多张幕以居。好骑马，即步行登上山亦如履坦途。家庭及田间劳作多为女子，婚姻务求阶级，相亲亦须经订婚、结婚程序，但不甚严格。信喇嘛教，病及死均延喇嘛诵经，多用火葬亦有水葬、土葬者。壤口一带纯为藏语，黑水三番另为一种语言。性情强悍好斗，黑水人尤甚，以劫掠为能。多业农、采药。黑水三番一部分，有出外以掘井、砌房为业者。智识低劣，除喇嘛读藏文者，余多不读书。封建思想极深。 |
| 过去开化工作情形 | | 前清时分设土屯两制，于土设土司头人、乡约、寨首，于屯设守备、千总、外委等职。三番归化，亦设大小乡约。民国以来，就三番、松岗及其他汉人杂居之地设团总。二十八军平定来苏沟亦设团总。二十五年在旧屯地改编保甲，酌设学校。连年来苏沟方面有伐木公司开伐木材并在来苏及屯地产药之处招商承包、掘药。二十六七两年，上峰数度发给，报县长并亲往各地巡视，宣示政府威德，予以恩惠，尤对人口较多、民性较强悍之黑水特别注意，以恩信怀致其酋。为之，设汉人书记津贴薪资，谕令送夷民到城内入学，津贴其伙食杂用。现该本地夷民渐知倾向政府，惟迷信过深，对蕴藏矿产视为神圣。如能先慑之庞大武力，旋复给予相当利益，则短期内或有开发的可能。否则从破除迷信着手，殊非短期事也。 |

续表

| 备考 | 1. 理番夷民总而言之，均为番族，其中又可大别为羌族、吐蕃族，本表所谓戎族即吐蕃族也。2. 屯地已编保甲，现就统计结果，男 1554，女 1697，壮丁 579。其余各地并无统计，仅由估计而得，约共男口 12000 左右，女数在 13000 左右，壮丁在 5000 左右。特并合统计所得，列入各族栏内。 |
|---|---|

中华民国二十七年六月十六日　理番县县长龚万材　填表

（资料来源：阿坝州档案馆所藏民国档案，全宗号 8，目录号 1，案卷号 1014）

### 西南边区民族调查表（汶川县）

| 民族种类 | | 汶川县夷部民族分瓦寺民族与羌民族两种，瓦寺族原为西藏人。 |
|---|---|---|
| 居住区域 | | 西羌族聚居本县第一区雁门乡、索桥、萝卜寨、月里、通街楼及第一区绵篪乡、七盘沟、茨玉村等地方，瓦寺族居住第一区绵篪乡、草坡乡及第三区地面。 |
| 人口数目 | 男 | 瓦寺民族男 3265 丁，西羌民族 1781 丁。 |
| | 女 | 瓦寺民族女 2818 口，西羌民族 1721 口。 |
| 壮丁 | | 瓦寺民族壮丁 1215 人，西羌民族壮丁 894 人。 |
| 生活习惯 | | 瓦寺族、西羌族生活均极简单，衣为毪布（即羊毛和麻所织），食为玉蜀黍，住多平房，行多徒步（因属山岭并无舟车），婚丧祭礼极简单，唯尚锅庄（即歌舞），冠婚丧祭均行之。瓦寺民与羌民言语各不相同，除瓦寺民有西藏文可考外，羌民无文字可考，但多通汉话。性情淳朴、勤俭、嗜酒，微好斗争。 |
| 过去开化工作情形 | | 过去开化情形，因本府档案在二十四年"赤匪"来县府时，大军驻扎，全部损失，无可稽考。惟在本县夷族早与汉人同化，混合编组保甲，服从政令，今汉夷界限泯除将尽，今后工作，当尽力宣传政府教令，更应推广短期义教，启迪智慧，并注重宣传国家与人民关系及国际情况，引起民族国家意识，让汉夷结为一体，安定后方。 |
| 备考 | | 瓦寺族土司衙门尚存，土司之下为土舍，土舍之下为总管，总管之下为乡约，乡约之下为头人，此皆从前土司政治机构。 |

中华民国二十七年六月二十二日　汶川县县长李先谋　填表

（资料来源：阿坝州档案馆所藏民国档案，全宗号 8，目录号 1，案卷号 1014）

### 西南边区民族调查表（茂县）

| 民族种类 | | 羌 | |
|---|---|---|---|
| 居住区域 | | 四川省茂县渭门关、沟口寨、长宁、黑猫寨等地 | 四川省茂县小北、龙坪、曲谷、大姓等乡 |
| 人口数目 | 男 | 2203 | 2016 |
| | 女 | 2568 | 2017 |
| 壮丁 | | 849 | 839 |

| | |
|---|---|
| 生活习惯 | 1. 食以玉米，小麦、莜面，磨面烧饼煮汤或蒸糕为食，洋芋、油菜、野菜佐餐，油盐不常用，肉类不鲜食，惟素封之家则学汉人；2. 以内地汉人输入宽窄土布为内衣裤等，土产皮毛麻则以制硬背心、毡子、葛衫为外衣，坚韧耐久，可着十年左右，鲜洗濯，男女均不着□，女性以布被首，耳着大环或大珥莲船，盈尺仍略有形；3. 居住之屋为平房、碉楼两种，四周以石头砌成，平房上用土益，可瞭物，碉房每高数丈□，下层居牲畜；4. 婚姻以男女相悦为条件，但订婚也有媒妁以商聘礼，婚期礼用布酒牛羊，婚式有娶赘□；7. 番羌生活均劳苦，以挖药、耕种、猎兽为习，力作之余喜围聚饮酒，漫声而歌继以舞蹈，谓之跳锅庄。 |
| 过去开化工作情形 | 自明季以武功征服，后清初小□变乱，旋均底定，后向慕汉族文明，日渐习移。兼以商人前往贸易久而相洽，彼辈□常出互市，畛域遂泯。惟番族居地距离县治较远，仅编户入县，尚未完全同化，正逐步开化中。 |
| 备考 | |

填表注意：

1. 民族种类分别填注苗夷等类别；

2. 居住区域栏填注前项民族住居省县乡村；

3. 人口数目栏分别填写各该族男女各别总数；

4. 壮丁数目栏填注各该民族十八岁至四十五岁之男丁数目；

5. 生活习惯如衣食住行冠婚丧祭等以及语言性格职业知识程度均应详细填注；

6. 过去开化工作情形填注各该省以往边区民族工作经过情形，以后工作意见亦得列入。

兼茂县县长：谢培筠

秘书：杨○（代行）

中华民国二十七年六月十二日

（资料来源：阿坝州档案馆所藏民国档案，全宗号 8，目录号 1，案卷号 1014）

# 2. 抗战时期川西北各县土司调查表

## 四川省政府关于编制各县土司调查表的训令

（民字第 04051 号）

案准蒙藏委员会函开："查边省土司原为前清遗制，民国以来多已改土归流，旧有土司头人亦由地方政府的酌界新职，本会现为办公上□考起见，拟请贵省省政府收所辖境内已改土归流各土司之姓名、所在县治、现任职务及原有名称列单见示，其有尚未明令改流者亦盼一并查复，藉便查考，即希查照办理，见复为荷。"等由。准此。制调查表式，令仰该署即便转饬所属夷区各县填报两份转报来府，以凭汇覆。为要。

此令。

附表式一份。

主席：王缵绪

民政厅长：胡次威

中华民国二十八年二月七日

四川省〇〇县边地土司调查表

| 原有名称 | |
|---|---|
| 土司姓名 | |
| 现任职务 | |
| 所在地址及所辖区域 | |
| 所辖部落或支族 | |
| 改流时期 | |
| 备考 | |

〇〇县县长〇〇〇　　章　二十八年　月　日

填表须知：

一、本表须详定查填，不得草率敷衍；

二、未由政府畀以新职者不填"现任职务栏"；

三、尚未改流者不填改流时期栏；

四、本表须具两份，限奉文一月内呈复。

（资料来源：阿坝州档案馆所藏民国档案，全宗号8，目录号1，案卷号1014）

## 四川省第十六区行政督察专员公署
## 关于茂县外各县编制土司调查表的训令
### （专特）

案查前奉钧府二十八年二月七日民字第4051号训令，以准蒙藏委员会函，制边区土司调查表式，饬转所属遵照填报等，当即遵转去讫。兹拟本区各县先后填报前来，除茂县府呈旧有档案，已于二十四年经"赤匪"焚烧净尽[①]，嗣后即正式组织保甲，所有境内已改土归流，各土司头人之姓名无从稽考，无法填报。其余松潘、理番、汶川、懋功、靖化五县均造报，除各存一份备案外，理合具文捡同各该县表各二份请钧府核转令遵。

谨呈四川省政府

附呈各县表共十份

专员：谢〇〇

秘书：杨〇代行

中华民国二十八年六月九日

（资料来源：阿坝州档案馆所藏民国档案，全宗号8，目录号1，案卷号1014）

四川省靖化县边地土司调查表

| 原有名称 | 绰斯甲 |
|---|---|
| 土司姓名 | 纳旺勒尔乌 |
| 现任职务 | |
| 所在地址及所辖区域 | 周锁 |

---

① 作国囿于时代局限，以及对当时事件的不了解，做出了错误的判断。

续表

| 所辖部落或支族 | 以该夷地并县未久，每次调查均被拒绝，故无从填报 |
|---|---|
| 改流时期 | |
| 备考 | 绰斯甲奉令划归西康，现正准备划界中 |

靖化县长：刘绍绪

中华民国二十八年五月

（资料来源：阿坝州档案馆所藏民国档案，全宗号8，目录号1，案卷号1014）

四川省懋功县边地土司调查表

| 原有名称 | 鄂克什土司 | 八角碉守备 | 别思满守备 | 汗牛守备 | 宅垄守备 |
|---|---|---|---|---|---|
| 土司姓名 | 杨春普 | 穆缉光 | 古仕忠 | 金凤祥、古仕仁 | 雍鹤龄 |
| 现任职务 | 官寨联保主任 | 社训区队附 | 社训区队附 | 金现任保长，古现任联保主任 | |
| 所在地址及所辖区域 | 官寨达维日隆关 | 八角碉猛固山蓝家山红寨子扯耳脚五里牌 | 别思满登春沟 | 金汗牛上四寨、古汗牛下四寨 | 宅垄马耳领四足寨 |
| 所辖部落或支族 | 十六寨西番 | 十八寨西番 | 十四寨西番 | 八寨西番 | 三寨西番 |
| 改流时期 | | | | 民国十九年 | |
| 备考 | 虽编保甲，夷规仍未改变 | | 该守备所属未编保甲，极应声明 | 金为古守备三妹，古为古守备三弟 | |

懋功县长：傅棽若

中华民国二十八年四月十一日

（资料来源：阿坝州档案馆所藏民国档案，全宗号8，目录号1，案卷号1014）

四川省理番县边地土司调查表

| 原有名称 | 梭磨土司 | 松岗土司 | 党坝土司 | 卓克基土司 | |
|---|---|---|---|---|---|
| 土司姓名 | 无 | 无 | 泽尔纳 | 索观瀛 | |
| 现任职务 | | | | | |
| 所在地址及所辖区域 | | | 住党坝，辖有党坝全境 | 住卓克基官寨，辖有卓克基全境 | |
| 所辖部落或支族 | | | | | |
| 改流时期 | | | | | |

续表

| 原有名称 | 梭磨土司 | 松岗土司 | 党坝土司 | 卓克基土司 | |
|---|---|---|---|---|---|
| 备考 | 土司已绝嗣，各头人割据称雄 | 同左 | | | |

理番县长：龚万材

中华民国二十八年三月十日

（资料来源：阿坝州档案馆所藏民国档案，全宗号8，目录号1，案卷号1014）

### 四川省松潘县边地土司调查表（一）

| 原有名称 | 土千总 | 土千总 | 土千总 | 土把总 | 土千总 | 土千总 | 土千总 | 土额外 |
|---|---|---|---|---|---|---|---|---|
| 土司姓名 | 韩成德 | 祁郎吉 | 择乃王加 | 常渣 | 郎介 | 王道生 | 荣德清 | 泽明 |
| 现任职务 | | | | | | | | |
| 所在地址及所辖区域 | 寒盼寨，辖九寨六十里 | 祈命寨，辖十一寨八十里 | 山巴寨，辖十一寨四十里 | 七寨，辖八寨二百零五里 | 毛牛寨，辖八寨一百三十里 | 大寨，辖十二寨一百二十里 | 大小姓寨，辖五十三寨五百二十五里 | 羊洞挖药，辖二寨一百二十里 |
| 所辖部落或支族 | | | | | | | | |
| 改流时期 | | | | | | | | |
| 备考 | 系西番种 | 同左 | 同左 | 同左 | 同左 | 同左 | 同左 | 同左 |

### 四川省松潘县边地土司调查表（二）

| 原有名称 | 土外委 | 土外委 | 土千总 | 土千总 | 土千总 | 土把总 | 土把总 | 土千总 | 土把总 | 土把总 |
|---|---|---|---|---|---|---|---|---|---|---|
| 土司姓名 | 黄家娃 | 勒修他 | 宅望 | 桑渣考 | 阿冈 | 旦巴见菜 | 泽旺扎西 | 旦歌 | 若车 | 阿流 |
| 现任职务 | 现任踏藏联保保长 | | | | | | | | | |
| 所在地址及所辖区域 | 踏藏寨，辖三寨二十五里 | 阿按寨，辖四寨一百三十里 | 上包座寨，辖九寨九百里 | 下包座寨，辖十寨七百里 | 求借寨，所辖八百五十里 | 项菜寨，所辖无 | 班佑寨，辖四寨四十里 | 笃骂寨，辖六百八十里 | 南娃寨，辖一百六十里 | 下漫寨，辖五百五十里 |
| 所辖部落或支族 | | | | | | | | | | |
| 改流时间 | 民国二十六年 | | | | | | | | | |
| 备考 | 系西番种 | 同左 | 同左 | 同左 | 同左 | 同左 | 同左 | 同左 | 同左 | 同左 |

### 四川省松潘县边地土司调查表（三）

| 原有名称 | 土外委 | 土把总 | 土把总 | 土把总 | 土把总 | 土把总 | | 土千总 |
|---|---|---|---|---|---|---|---|---|
| 土司姓名 | 蕚万 | 甲花甲 | 阿搂 | 阿韦 | 而敬 | 额旺达界 | 郎诺 | 杨俊扎西 |
| 现任职务 | | | | | | | | 二十四年中央陆军第一师请中央委为游击司令 |
| 所在地址及所辖区域 | 唐扣寨，辖一百五十里 | 阿西寨，辖十寨五百八十里 | 撒路寨，辖八寨四百零五里 | 热当坝寨，辖七百五十里 | 北西寨，辖十七寨二百九十里 | 阿西寨 | 墨洼寨 | 阿坝寨，辖四十寨四百一十里 |
| 所辖部落或支族 | | | | | | | | |
| 改流时期 | | | | | | | | |
| 备考 | 系西番种 | 该土司住居帐房，游牧无定，与土房土司分治，系番种 | 系西番种 | 同左 | 同左 | 该土司住于固定之土房与帐房，土司分治，系西番种 | 该寨人民原系西藏甘孜所属，上年因匪迁移墨洼，归阿坝管辖，系番种 | 系番种 |

### 四川省松潘县边地土司调查表（四）

| 原有名称 | 土千总 | 土千总 | 土千总 | 土千总 | 土千总 | 土千总 | 土把总 | 土把总 | 土千总 |
|---|---|---|---|---|---|---|---|---|---|
| 土司姓名 | 如借 | 流西菊 | 徐家孝 | 黎妈 | 蓝西 | 达地 | 旦曾 | 完青 | 王青 |
| 现任职务 | | | | | | | | | |
| 所在地址及所辖区域 | 毛耳革寨，辖十八寨八百里 | 同左 | 茨木林寨，辖八寨四百里 | 侧坝寨，辖八寨三百八十里 | 乌木树寨，所辖十五寨三百里 | 蛇湾寨，辖十五寨四百一十里 | 抗腮寨，辖十寨七百里 | 抗幹寨，辖二十九寨四百五十里 | 贡吗寨，辖十七寨三百一十里 |
| 所辖部落或支族 | | | | | | | | | |
| 改流时间 | | | | | | | | | |
| 备考 | 该土司住居固定土房，不迁移，与帐房土司分治，系番种 | 该土司住居帐房，游牧无定，与土房土司分治，系番种 | 系猼猓种 | 同左 | 同左 | 同左 | 系西番种 | 同左 | 同左 |

松潘县长：黄白殊

中华民国二十八年三月二十二日

（资料来源：阿坝州档案馆所藏民国档案，全宗号8，目录号1，案卷号1014）

四川省汶川县边地土司调查表

| 原有名称 | 瓦寺宣慰使司 | | | | |
|---|---|---|---|---|---|
| 土司姓名 | 索海帆 | | | | |
| 现任职务 | 常备中队长 | | | | |
| 所在地址及所辖区域 | 第一区第九保涂禹山，辖第一区岷江河西全部及第三区全区 | | | | |
| 所辖部落或支族 | | | | | |
| 改流时期 | | | | | |
| 备考 | 本县境内土司政治力量毫无所有，土民悉信从政府，该土司无所辖部落及支族，改流时期不详。特此声明 | | | | |

汶川县长：张大明

中华民国二十八年三月十五日

（资料来源：阿坝州档案馆所藏民国档案，全宗号 8，目录号 1，案卷号 1014）

## 3. 抗战期间川西北民族地区各县保甲编组情况报表

（1）懋功县

四川省第十六行政督察区懋功县二十七年二月份保甲概况统计报告表

| | | 区别 事由 | 抚边特区 | 第一区 | 第二区 | 第三区 | 总计 |
|---|---|---|---|---|---|---|---|
| | | 保数 | 11 | 14 | 12 | 13 | 50 保 |
| | | 甲数 | 100 | 140 | 120 | 130 | 490 甲 |
| 户数 | | 原有 | 1787 | 1895 | 1240 | 1046 | 5968 户 |
| | | 迁入 | | | | | |
| | | 迁出 | | | | | |
| | | 现有 | 1787 | 1895 | 1240 | 1046 | 5968 户 |
| | 比较 | 增 | | 1 | 2 | | 3 口 |
| | | 减 | | | | | |
| 人口数 | 原有 | 男 | 3110 | 5264 | 2795 | 2075 | 13244 口 |
| | | 女 | 4087 | 2760 | 2368 | 2197 | 11412 口 |
| | 合计 | | 7197 | 8024 | 5163 | 4272 | 24656 口 |
| | 迁入 | 男 | | | | | |
| | | 女 | | | | | |
| | 合计 | | | | | | |

续表

| 事由\区别 | | | 抚边特区 | 第一区 | 第二区 | 第三区 | 总计 |
|---|---|---|---|---|---|---|---|
| 人口数 | 迁出 | 男 | | | | | |
| | | 女 | | | | | |
| | 合计 | | | | | | |
| | 出生 | 男 | 18 | 24 | 11 | 12 | 65 口 |
| | | 女 | 13 | 18 | 14 | 10 | 55 口 |
| | 合计 | | 31 | 42 | 25 | 22 | 120 口 |
| | 死亡 | 男 | 12 | 16 | 10 | 9 | 47 口 |
| | | 女 | 10 | 12 | 8 | 10 | 40 口 |
| | 合计 | | 22 | 28 | 18 | 19 | 87 口 |
| | 现有 | 男 | 3116 | 5272 | 2796 | 2078 | 13262 口 |
| | | 女 | 4090 | 2766 | 2374 | 2197 | 11427 口 |
| | 合计 | | 7206 | 8038 | 5170 | 4275 | 24689 口 |
| | 比较 | 增 男 | 6 | 8 | 1 | 3 | 18 口 |
| | | 增 女 | 3 | 6 | 6 | | 15 口 |
| | | 增 合计 | 9 | 14 | 7 | 3 | 33 口 |
| | | 减 男 | | | | | |
| | | 减 女 | | | | | |
| | | 减 合计 | | | | | |
| 壮丁数 | 原训练数 | | 504 | 593 | 570 | 555 | 2222 名 |
| | 现训练数 | | 78 | 45 | 54 | 48 | 225 名 |
| | 未训练数 | | 1038 | 1560 | 1507 | 1203 | 5308 名 |
| | 合计 | | 1620 | 2198 | 2131 | 1806 | 7755 名 |
| 干部训练 | 原训练数 | 保长 | | | | | |
| | | 甲长 | | | | | |
| | 合计 | | | | | | |
| | 现训练数 | 保长 | | | | | |
| | | 甲长 | | | | | |
| | 合计 | | | | | | |
| | 未训练数 | 保长 | 11 | 14 | 12 | 13 | 50 名 |
| | | 甲长 | 100 | 140 | 120 | 130 | 490 名 |
| | 合计 | | 111 | 154 | 132 | 143 | 540 名 |

续表

| 事由 \ 区别 | | 抚边特区 | 第一区 | 第二区 | 第三区 | 总计 |
|---|---|---|---|---|---|---|
| 民有枪支 | 公有 | | 90 | | | 90 支 |
| | 私有 | 72 | 40 | 100 | 38 | 250 支 |
| | 合计 | 72 | 130 | 100 | 38 | 340 支 |
| 保甲经费 | 收入 | | | | | |
| | 实支 | | | | | |
| | 盈余 | | | | | |
| | 不敷 | | | | | |
| 备考 | | | | | | |

### 四川省第十六行政督察区懋功县二十七年三月份保甲概况统计报告表

| 事由 \ 区别 | | | 抚边特区 | 第一区 | 第二区 | 第三区 | 总计 |
|---|---|---|---|---|---|---|---|
| 保数 | | | 11 | 14 | 12 | 13 | 50 保 |
| 甲数 | | | 100 | 140 | 120 | 130 | 490 甲 |
| 户数 | 原有 | | 1787 | 1895 | 1240 | 1046 | 5968 户 |
| | 迁入 | | | | | | |
| | 迁出 | | | | | | |
| | 现有 | | 1787 | 1895 | 1240 | 1046 | 5968 户 |
| | 比较 | 增 | | 1 | 2 | | 3 户 |
| | | 减 | | | | | |
| 人口数 | 原有 | 男 | 3116 | 5272 | 2796 | 2078 | 13262 口 |
| | | 女 | 4090 | 2766 | 2374 | 2197 | 11427 口 |
| | | 合计 | 7206 | 8038 | 5170 | 4275 | 24689 口 |
| | 迁入 | 男 | | | | | |
| | | 女 | | | | | |
| | | 合计 | | | | | |
| | 迁出 | 男 | | | | | |
| | | 女 | | | | | |
| | | 合计 | | | | | |
| | 出生 | 男 | 10 | 14 | 12 | 9 | 45 口 |
| | | 女 | 12 | 11 | 19 | 10 | 52 口 |
| | | 合计 | 22 | 25 | 31 | 19 | 97 口 |

| 区别 / 事由 | | | 抚边特区 | 第一区 | 第二区 | 第三区 | 总计 |
|---|---|---|---|---|---|---|---|
| 人口数 | 死亡 | 男 | 12 | 12 | 10 | 8 | 40 口 |
| | | 女 | 10 | 10 | 18 | 11 | 51 口 |
| | | 合计 | 22 | 22 | 28 | 19 | 91 口 |
| | 现有 | 男 | 3114 | 5276 | 2798 | 2079 | 13267 口 |
| | | 女 | 4092 | 2765 | 2375 | 2196 | 11428 口 |
| | | 合计 | 7206 | 8041 | 5173 | 4275 | 24695 口 |
| | 比较 | 增 男 | | 4 | 2 | 1 | 7 口 |
| | | 增 女 | 2 | | 1 | | 3 口 |
| | | 增 合计 | 2 | 4 | 3 | 1 | 10 口 |
| | | 减 男 | 2 | | | | 2 口 |
| | | 减 女 | | 1 | | 1 | 2 口 |
| | | 减 合计 | 2 | 1 | | 1 | 4 口 |
| 壮丁数 | 原训练数 | | 542 | 638 | 624 | 603 | 2407 名 |
| | 现训练数 | | | | | | |
| | 未训练数 | | 1038 | 1560 | 1507 | 1203 | 5308 名 |
| | 合计 | | 1580 | 2198 | 2131 | 1806 | 7715 名 |
| 干部训练 | 原训练数 | 保长 | | | | | |
| | | 甲长 | | | | | |
| | | 合计 | | | | | |
| | 现训练数 | 保长 | 10 | 10 | 10 | 10 | 40 名 |
| | | 甲长 | | | | | |
| | | 合计 | 10 | 10 | 10 | 10 | 40 名 |
| | 未训练数 | 保长 | 1 | 4 | 2 | 3 | 10 名 |
| | | 甲长 | 100 | 140 | 120 | 130 | 490 名 |
| | | 合计 | 101 | 144 | 122 | 133 | 540 名 |
| 民有枪支 | 公有 | | | 90 | | | 90 支 |
| | 私有 | | 72 | 40 | 100 | 38 | 250 支 |
| | 合计 | | 72 | 130 | 100 | 38 | 340 支 |

| 区别<br>事由 | | | 抚边特区 | 第一区 | 第二区 | 第三区 | 总计 |
|---|---|---|---|---|---|---|---|
| 保甲经费 | 实收 | | | | | | |
| | 实支 | | | | | | |
| | 盈余 | | | | | | |
| | 不敷 | | | | | | |
| 备考 | | | | | | | |

### 四川省第十六行政督察区懋功县二十七年四月份保甲概况统计报告表

| 区别<br>事由 | | | | 抚边特区 | 第一区 | 第二区 | 第三区 | 总计 |
|---|---|---|---|---|---|---|---|---|
| 保数 | | | | 11 | 14 | 12 | 13 | 50 保 |
| 甲数 | | | | 100 | 140 | 120 | 130 | 490 甲 |
| 户数 | 原有 | | | 1787 | 1895 | 1240 | 1046 | 5968 户 |
| | 迁入 | | | | | | | |
| | 迁出 | | | | | | | |
| | 现有 | | | 1787 | 1895 | 1240 | 1046 | 5968 户 |
| | 比较 | 增 | | | | | | |
| | | 减 | | | | | | |
| 人口数 | 出生 | 男 | | 16 | 9 | 6 | 10 | 41 口 |
| | | 女 | | 8 | 10 | 10 | 6 | 34 口 |
| | | 合计 | | 24 | 19 | 16 | 16 | 75 口 |
| | 死亡 | 男 | | 14 | 10 | 8 | 9 | 41 口 |
| | | 女 | | 6 | 8 | 8 | 6 | 28 口 |
| | | 合计 | | 20 | 18 | 16 | 15 | 69 口 |
| | 现有 | 男 | | 3116 | 5275 | 2796 | 2080 | 13267 口 |
| | | 女 | | 4094 | 2767 | 2377 | 2196 | 11434 口 |
| | | 合计 | | 7210 | 8042 | 5173 | 4276 | 24701 口 |
| | 比较 | 增 | 增男 | 2 | | | 1 | 3 口 |
| | | | 女 | 2 | 2 | 2 | | 6 口 |
| | | | 合计 | 4 | 2 | 2 | 1 | 9 口 |
| | | 减 | 男 | | 1 | 2 | | 3 口 |
| | | | 女 | | | | | |
| | | | 合计 | | 1 | 2 | | 3 口 |

续表

| 事由 | | 区别 | 抚边特区 | 第一区 | 第二区 | 第三区 | 总计 |
|---|---|---|---|---|---|---|---|
| 壮丁数 | | 原训练数 | 542 | 638 | 624 | 603 | 2407 名 |
| | | 现训练数 | | | | | |
| | | 未训练数 | 1038 | 1560 | 1507 | 1203 | 5308 名 |
| | | 合计 | 1580 | 2198 | 2131 | 1806 | 7715 名 |
| 干部训练 | 原训练数 | 保长 | 10 | 10 | 10 | 10 | 40 名 |
| | | 甲长 | | | | | |
| | 合计 | | 10 | 10 | 10 | 10 | 40 名 |
| | 现训练数 | 保长 | | | | | |
| | | 甲长 | | | | | |
| | 合计 | | | | | | |
| | 未训练数 | 保长 | 1 | 4 | 2 | 3 | 10 名 |
| | | 甲长 | 100 | 140 | 120 | 130 | 490 名 |
| | 合计 | | 101 | 144 | 122 | 133 | 500 名 |
| 民有枪支 | | 公有 | | 90 | | | 90 支 |
| | | 私有 | 72 | 40 | 100 | 38 | 250 支 |
| | | 合计 | 72 | 130 | 100 | 38 | 340 支 |
| 保甲经费 | | 实收 | | | | | |
| | | 实支 | | | | | |
| | | 盈余 | | | | | |
| | | 不敷 | | | | | |
| 备考 | | | | | | | |

### 四川省第十六行政督察区懋功县二十七年五月份保甲概况统计报告表

| 事由 | | 区别 | 抚边特区 | 第一区 | 第二区 | 第三区 | 总计 |
|---|---|---|---|---|---|---|---|
| 保数 | | | 11 | 14 | 12 | 13 | 50 保 |
| 甲数 | | | 100 | 140 | 120 | 130 | 490 甲 |
| 户数 | | 原有 | 1787 | 1895 | 1240 | 1046 | 5968 户 |
| | | 迁入 | | | | | |
| | | 迁出 | | | | | |
| | | 现有 | 1787 | 1895 | 1240 | 1046 | 5968 户 |
| | 比较 | 增 | | | | | |
| | | 减 | | | | | |

续表

| 事由 | | | 抚边特区 | 第一区 | 第二区 | 第三区 | 总计 |
|---|---|---|---|---|---|---|---|
| 人口数 | 原有 | 男 | 3116 | 5275 | 2796 | 2080 | 13267 口 |
| | | 女 | 4094 | 2767 | 2377 | 2196 | 11434 口 |
| | 合计 | | 7210 | 8042 | 5173 | 4276 | 24701 口 |
| | 迁入 | 男 | | | | | |
| | | 女 | | | | | |
| | 合计 | | | | | | |
| | 迁出 | 男 | | | | | |
| | | 女 | | | | | |
| | 合计 | | | | | | |
| | 出生 | 男 | 10 | 10 | 9 | 8 | 37 口 |
| | | 女 | 12 | 8 | 10 | 11 | 41 口 |
| | 合计 | | 22 | 18 | 19 | 19 | 78 口 |
| | 死亡 | 男 | 12 | 10 | 8 | 10 | 40 口 |
| | | 女 | 10 | 19 | 9 | 19 | 57 口 |
| | 合计 | | 22 | 29 | 17 | 29 | 97 口 |
| | 现有 | 男 | 3114 | 5276 | 2797 | 2078 | 13265 口 |
| | | 女 | 4096 | 2765 | 2378 | 2198 | 11437 口 |
| | 合计 | | 7210 | 8041 | 5175 | 4276 | 24702 口 |
| | 比较 | 增 男 | | 1 | 1 | | 2 口 |
| | | 增 女 | 2 | | 1 | 2 | 5 口 |
| | | 增 合计 | 2 | 1 | 2 | 2 | 7 口 |
| | | 减 男 | 2 | | 1 | 2 | |
| | | 减 女 | | 2 | | | |
| | | 减 合计 | 2 | 2 | 1 | 2 | 7 口 |
| 壮丁数 | 原训练数 | | 542 | 638 | 624 | 603 | 2407 名 |
| | 现训练数 | | | | | | |
| | 未训练数 | | 1038 | 1560 | 1507 | 1203 | 5308 名 |
| | 合计 | | 1580 | 2198 | 2131 | 1806 | 7715 名 |

| 事由 / 区别 | | | 抚边特区 | 第一区 | 第二区 | 第三区 | 总计 |
|---|---|---|---|---|---|---|---|
| 干部训练 | 原训练数 | 保长 | 10 | 10 | 10 | 10 | 40 名 |
| | | 甲长 | | | | | |
| | | 合计 | 10 | 10 | 10 | 10 | 40 名 |
| | 现训练数 | 保长 | | | | | |
| | | 甲长 | | | | | |
| | | 合计 | | | | | |
| | 未训练数 | 保长 | 1 | 4 | 2 | 3 | 10 名 |
| | | 甲长 | 100 | 140 | 120 | 130 | 490 名 |
| | | 合计 | 101 | 144 | 122 | 133 | 500 名 |
| 民有枪支 | 公有 | | | 90 | | | 90 支 |
| | 私有 | | 72 | 40 | 100 | 38 | 250 支 |
| | 合计 | | 72 | 130 | 100 | 38 | 340 支 |
| 保甲经费 | 实收 | | | | | | |
| | 实支 | | | | | | |
| | 盈余 | | | | | | |
| | 不敷 | | | | | | |
| 备考 | | | | | | | |

（资料来源：阿坝州档案馆所藏民国档案，全宗号8，目录号1，案卷号994）

（2）松潘县

#### 四川省第十六行政督察区松潘县二十七年三月份保甲概况统计报告表

| 事由 / 区别 | | | 第一区 | 第二区 | 第三区 | | 总计 |
|---|---|---|---|---|---|---|---|
| 保数 | | | 24 | 26 | 18 | | 68 |
| 甲数 | | | 199 | 179 | 148 | | 526 |
| 户数 | | 原有 | 1757 | 1866 | 1191 | | 4814 |
| | | 迁入 | | | | | |
| | | 迁出 | 3 | 4 | 3 | | 10 |
| | | 现有 | 1754 | 1862 | 1188 | | 4804 |
| | 比较 | 增 | | | | | |
| | | 减 | 3 | 4 | 3 | | 10 |

续表

| 事由\区别 | | | 第一区 | 第二区 | 第三区 | | 总计 |
|---|---|---|---|---|---|---|---|
| 人口数 | 原有 | 男 | 4104 | 5498 | 2822 | | 12424 |
| | | 女 | 3799 | 4143 | 1988 | | 9930 |
| | | 合计 | 7903 | 9641 | 4810 | | 22354 |
| | 迁入 | 男 | | | | | |
| | | 女 | | | | | |
| | | 合计 | | | | | |
| | 迁出 | 男 | 8 | 10 | 6 | | 24 |
| | | 女 | 6 | 11 | 7 | | 24 |
| | | 合计 | 14 | 21 | 13 | | 48 |
| | 出生 | 男 | 10 | 12 | 8 | | 30 |
| | | 女 | 13 | 12 | 7 | | 32 |
| | | 合计 | 23 | 24 | 15 | | 62 |
| | 死亡 | 男 | 9 | 13 | 9 | | 31 |
| | | 女 | 7 | 11 | 12 | | 30 |
| | | 合计 | 16 | 24 | 21 | | 61 |
| | 现有 | 男 | 4106 | 5505 | 2834 | | 12445 |
| | | 女 | 3804 | 4151 | 2011 | | 9966 |
| | | 合计 | 7910 | 9656 | 4845 | | 22411 |
| | 比较 | 增 男 | | | | | |
| | | 增 女 | | | | | |
| | | 增 合计 | | | | | |
| | | 减 男 | 7 | 11 | 7 | | 25 |
| | | 减 女 | | 10 | 12 | | 22 |
| | | 减 合计 | 7 | 21 | 19 | | 47 |
| 壮丁数 | 原训练数 | | 61 | 41 | 35 | | 137 |
| | 现训练数 | | 37 | 19 | 20 | | 76 |
| | 未训练数 | | 1345 | 2362 | 1127 | | 4834 |
| | 合计 | | 1443 | 2422 | 1182 | | 5047 |

续表

| 区别\事由 | | | 第一区 | 第二区 | 第三区 | | 总计 |
|---|---|---|---|---|---|---|---|
| 干部训练 | 原训练数 | 保长 | 8 | 20 | 12 | | 40 |
| | | 甲长 | 49 | 123 | 105 | | 277 |
| | | 合计 | 57 | 143 | 117 | | 317 |
| | 现训练数 | 保长 | | | | | |
| | | 甲长 | | | | | |
| | | 合计 | | | | | |
| | 未训练数 | 保长 | 16 | 6 | 6 | | 28 |
| | | 甲长 | 150 | 56 | 43 | | 249 |
| | | 合计 | 166 | 62 | 49 | | 277 |
| 民有枪支 | 公有 | | 30 | 30 | 30 | | 90 |
| | 私有 | | 8 | 39 | | | 47 |
| | 合计 | | 38 | 69 | 30 | | 137 |
| 保甲经费 | 实收 | | | | | | |
| | 实支 | | | | | | |
| | 盈余 | | | | | | |
| | 不敷 | | | | | | |
| 备考 | | | 本月份第一区署呈报迁出三户计男八女六 | 本月份第二区署呈报迁出四户计男十人女十一人 | 本月份据第三区署呈报迁出五户计男六丁女七口 | | 本县保甲长自上月训练一次后本月尚未训练，壮丁举办了各种训练，保甲经费本月未征收合并声明 |

### 四川省第十六行政督察区松潘县二十七年四月份保甲概况统计报告表

| 区别\事由 | 第一区 | 第二区 | 第三区 | | 总计 |
|---|---|---|---|---|---|
| 保数 | 24 | 26 | 18 | | 68 |
| 甲数 | 199 | 179 | 148 | | 526 |

| 区别<br>事由 | | | 第一区 | 第二区 | 第三区 | | 总计 |
|---|---|---|---|---|---|---|---|
| 户数 | 原有 | | 1754 | 1862 | 1188 | | 4804 |
| | 迁入 | | | | | | |
| | 迁出 | | 2 | 5 | 4 | | 11 |
| | 现有 | | 1752 | 1857 | 1182 | | 4796 |
| | 比较 | 增 | | | | | |
| | | 减 | 2 | 5 | 4 | | 11 |
| 人口数 | 原有 | 男 | 4106 | 5505 | 2834 | | 12445 |
| | | 女 | 3804 | 4151 | 2011 | | 9966 |
| | | 合计 | 7910 | 9656 | 4845 | | 22411 |
| | 迁入 | 男 | | | | | |
| | | 女 | | | | | |
| | | 合计 | | | | | |
| | 迁出 | 男 | 5 | 9 | 8 | | 22 |
| | | 女 | 7 | 5 | 15 | | 27 |
| | | 合计 | 12 | 14 | 23 | | 49 |
| | 出生 | 男 | 11 | 13 | 10 | | 34 |
| | | 女 | 9 | 10 | 7 | | 26 |
| | | 合计 | 20 | 23 | 17 | | 60 |
| | 死亡 | 男 | 8 | 10 | 14 | | 32 |
| | | 女 | 7 | 13 | 15 | | 35 |
| | | 合计 | 15 | 23 | 29 | | 67 |
| | 现有 | 男 | 4104 | 5499 | 2822 | | 12425 |
| | | 女 | 3799 | 4143 | 1988 | | 9930 |
| | | 合计 | 7903 | 9642 | 4810 | | 22355 |
| | 比较 | 增 男 | | | | | |
| | | 增 女 | | | | | |
| | | 增 合计 | | | | | |
| | | 减 男 | 2 | 6 | 12 | | 20 |
| | | 减 女 | 5 | 8 | 23 | | 36 |
| | | 减 合计 | 7 | 14 | 35 | | 56 |

| 区别<br>事由 | | | 第一区 | 第二区 | 第三区 | | 总计 |
|---|---|---|---|---|---|---|---|
| 壮丁数 | 原训练数 | | 98 | 40 | 55 | | 193 |
| | 现训练数 | | | | | | |
| | 未训练数 | | 1345 | 2362 | 1107 | | 4814 |
| | 合计 | | 1443 | 2402 | 1162 | | 5007 |
| 干部训练 | 原训练数 | 保长 | 8 | 20 | 12 | | 40 |
| | | 甲长 | 49 | 123 | 105 | | 277 |
| | | 合计 | 57 | 143 | 117 | | 317 |
| | 现训练数 | 保长 | | | | | |
| | | 甲长 | | | | | |
| | | 合计 | | | | | |
| | 未训练数 | 保长 | 16 | 6 | 6 | | 28 |
| | | 甲长 | 150 | 56 | 43 | | 249 |
| | | 合计 | 166 | 62 | 49 | | 277 |
| 民有枪支 | 公有 | | 30 | 30 | 30 | | 90 |
| | 私有 | | 8 | 39 | | | 47 |
| | 合计 | | 38 | 69 | 30 | | 137 |
| 保甲经费 | 实收 | | | | | | |
| | 实支 | | | | | | |
| | 盈余 | | | | | | |
| | 不敷 | | | | | | |
| 备考 | | | 本月份第一区署呈报迁出二户计男五女七 | 本月份第二区署呈报迁出五户计男九人女五 | 本月份据第三区署呈报迁出四户计男八女十五 | | 本县各保甲长前月训练一次。本月份尚未训练壮丁 |

### 四川省第十六行政督察区松潘县二十七年五月份保甲概况统计报告表

| 区别<br>事由 | 第一区 | 第二区 | 第三区 | | 总计 |
|---|---|---|---|---|---|
| 保数 | 24 | 26 | 18 | | 68 |
| 甲数 | 199 | 179 | 148 | | 526 |

续表

| 事由 \ 区别 | | | 第一区 | 第二区 | 第三区 | | 总计 |
|---|---|---|---|---|---|---|---|
| 户数 | 原有 | | 1752 | 1857 | 1184 | | 4793 |
| | 迁入 | | 2 | 5 | 3 | | 10 |
| | 迁出 | | 5 | 6 | 4 | | 15 |
| | 现有 | | 1749 | 1856 | 1183 | | 4788 |
| | 比较 | 增 | | | | | |
| | | 减 | 3 | 1 | 1 | | 5 |
| 人口数 | 原有 | 男 | 4104 | 5499 | 2822 | | 12425 |
| | | 女 | 3799 | 4143 | 1988 | | 9930 |
| | | 合计 | 7903 | 9642 | 4810 | | 22355 |
| | 迁入 | 男 | 4 | 8 | 3 | | 15 |
| | | 女 | 5 | 7 | 6 | | 18 |
| | | 合计 | 9 | 15 | 9 | | 33 |
| | 迁出 | 男 | 8 | 9 | 9 | | 26 |
| | | 女 | 9 | 10 | 9 | | 28 |
| | | 合计 | 17 | 19 | 18 | | 54 |
| | 出生 | 男 | 8 | 7 | 6 | | 21 |
| | | 女 | 9 | 7 | 13 | | 29 |
| | | 合计 | 17 | 14 | 19 | | 50 |
| | 死亡 | 男 | 6 | 9 | 6 | | 21 |
| | | 女 | 8 | 5 | 10 | | 23 |
| | | 合计 | 14 | 14 | 16 | | 44 |
| | 现有 | 男 | 4102 | 5496 | 2818 | | 12416 |
| | | 女 | 3796 | 4142 | 1988 | | 9926 |
| | | 合计 | 7898 | 9638 | 4806 | | 22342 |
| | 比较 | 增 男 | | | | | |
| | | 增 女 | | | | | |
| | | 增 合计 | | | | | |
| | | 减 男 | 2 | 3 | 4 | | 9 |
| | | 减 女 | 3 | 1 | | | 4 |
| | | 减 合计 | 5 | 4 | 4 | | 13 |

| 区别<br>事由 | | | 第一区 | 第二区 | 第三区 | | 总计 |
|---|---|---|---|---|---|---|---|
| 壮丁数 | 原训练数 | | 98 | 40 | 55 | | 193 |
| | 现训练数 | | 275 | | | | 275 |
| | 未训练数 | | 1070 | 2362 | 1127 | | 4559 |
| | 合计 | | 1443 | 2402 | 1182 | | 5027 |
| 干部训练 | 原训练数 | 保长 | 8 | 20 | 12 | | 40 |
| | | 甲长 | 49 | 123 | 105 | | 277 |
| | | 合计 | 57 | 143 | 117 | | 317 |
| | 现训练数 | 保长 | | | | | |
| | | 甲长 | | | | | |
| | | 合计 | | | | | |
| | 未训练数 | 保长 | 16 | 6 | 6 | | 28 |
| | | 甲长 | 150 | 56 | 43 | | 249 |
| | | 合计 | 166 | 62 | 49 | | 277 |
| 民有枪支 | 公有 | | 30 | 30 | 30 | | 90 |
| | 私有 | | 8 | 39 | | | 47 |
| | 合计 | | 38 | 69 | 30 | | 137 |
| 保甲经费 | 实收 | | | | | | |
| | 实支 | | | | | | |
| | 盈余 | | | | | | |
| | 不敷 | | | | | | |
| 备考 | | | 本月份第一区署呈报迁出二户计男四女五，迁出五户计男八女九 | 本月份第二区署呈报迁入五户计男八女七，迁出六户计男九人女十 | 本月份据第三区署呈报迁出三户计男三女六 | | 本县□ |

（资料来源：阿坝州档案馆所藏民国档案，全宗号8，目录号1，案卷号994）

（3）汶川县

## 四川省第十六行政督察区汶川县二十七年三月份保甲概况统计报告表

| 区别<br>事由 | 第一区 | 第二区 | 第三区 | | 总计 |
|---|---|---|---|---|---|
| 保数 | 20 | 18 | 10 | | 48 |
| 甲数 | ·162 | 164 | 81 | | 407 |

| 区别<br>事由 | | | 第一区 | 第二区 | 第三区 | | 总计 |
|---|---|---|---|---|---|---|---|
| 户数 | 原有 | | 1842 | 1681 | 840 | | 4363 |
| | 迁入 | | 7 | 9 | 5 | | 21 |
| | 迁出 | | 5 | 7 | 3 | | 15 |
| | 现有 | | 1844 | 1683 | 842 | | 4369 |
| | 比较 | 增 | 2 | 2 | 2 | | 6 |
| | | 减 | | | | | |
| 人口数 | 原有 | 男 | 4312 | 4154 | 2189 | | 10655 |
| | | 女 | 4179 | 3763 | 2029 | | 9971 |
| | | 合计 | 8491 | 7917 | 4218 | | 20626 |
| | 迁入 | 男 | 11 | 16 | 7 | | 34 |
| | | 女 | 9 | 12 | 8 | | 29 |
| | | 合计 | 20 | 28 | 15 | | 63 |
| | 迁出 | 男 | 7 | 10 | 6 | | 23 |
| | | 女 | 5 | 8 | 4 | | 17 |
| | | 合计 | 12 | 18 | 10 | | 40 |
| | 出生 | 男 | 18 | 28 | 12 | | 58 |
| | | 女 | 10 | 16 | 10 | | 36 |
| | | 合计 | 28 | 44 | 22 | | 94 |
| | 死亡 | 男 | 20 | 26 | 8 | | 54 |
| | | 女 | 12 | 13 | 7 | | 32 |
| | | 合计 | 32 | 39 | 15 | | 86 |
| | 现有 | 男 | 4314 | 4162 | 2194 | | 10670 |
| | | 女 | 4181 | 3770 | 2036 | | 9987 |
| | | 合计 | 8495 | 7932 | 4230 | | 20657 |
| | 比较 | 增 男 | 2 | 8 | 5 | | 15 |
| | | 女 | 2 | 7 | 7 | | 16 |
| | | 合计 | 4 | 15 | 12 | | 31 |
| | | 减 男 | | | | | 无 |
| | | 女 | | | | | 无 |
| | | 合计 | | | | | 无 |

续表

| | 区别 事由 | | 第一区 | 第二区 | 第三区 | | 总计 |
|---|---|---|---|---|---|---|---|
| 壮丁数 | 原训练数 | | | | | | |
| | 现训练数 | | 440 | 744 | 120 | | 1304 |
| | 未训练数 | | 1177 | 747 | 645 | | 2569 |
| | 合计 | | 1617 | 1491 | 765 | | 3873 |
| 干部训练 | 原训练数 | 保长 | 10 | 9 | 5 | | 24 |
| | | 甲长 | 12 | 20 | 4 | | 36 |
| | | 合计 | 22 | 29 | 9 | | 60 |
| | 现训练数 | 保长 | | | | | |
| | | 甲长 | | | | | |
| | | 合计 | | | | | |
| | 未训练数 | 保长 | 10 | 9 | 5 | | 24 |
| | | 甲长 | 250 | 144 | 77 | | 471 |
| | | 合计 | 260 | 153 | 82 | | 495 |
| 民有枪支 | 公有 | | 68 | 51 | 4 | | 123 |
| | 私有 | | 598 | 646 | 244 | | 1488 |
| | 合计 | | 666 | 697 | 248 | | 1611 |
| 保甲经费 | 实收 | | | | | | |
| | 实支 | | | | | | |
| | 盈余 | | | | | | |
| | 不敷 | | | | | | |
| 备考 | | | 本县本月实增户数6；实增口数31；保甲经费收支经本府速令催解财务会以符统一支付原则但仍未据报无从填列谨合声明。 | | | | |

### 四川省第十六行政督察区汶川县二十七年四月份保甲概况统计报告表

| | 区别 事由 | 第一区 | 第二区 | 第三区 | | 总计 |
|---|---|---|---|---|---|---|
| 保数 | | 20 | 18 | 10 | | 48 |
| 甲数 | | 162 | 164 | 81 | | 407 |

| 区别 / 事由 | | | 第一区 | 第二区 | 第三区 | | 总计 |
|---|---|---|---|---|---|---|---|
| 户数 | 原有 | | 1844 | 1683 | 842 | | 4369 |
| | 迁入 | | 8 | 7 | 4 | | 19 |
| | 迁出 | | 7 | 6 | 5 | | 18 |
| | 现有 | | 1845 | 1684 | 841 | | 4370 |
| | 比较 | 增 | 1 | 1 | | | 2 |
| | | 减 | | | 1 | | 1 |
| 人口数 | 原有 | 男 | 4314 | 4162 | 2194 | | 10670 |
| | | 女 | 4181 | 3770 | 2036 | | 9987 |
| | | 合计 | 8495 | 7932 | 4230 | | 20657 |
| | 迁入 | 男 | 9 | 8 | 3 | | 20 |
| | | 女 | 8 | 10 | 6 | | 24 |
| | | 合计 | 17 | 18 | 9 | | 44 |
| | 迁出 | 男 | 7 | 7 | 6 | | 20 |
| | | 女 | 5 | 6 | 5 | | 16 |
| | | 合计 | 12 | 13 | 11 | | 36 |
| | 出生 | 男 | 18 | 20 | 8 | | 46 |
| | | 女 | 10 | 14 | 6 | | 30 |
| | | 合计 | 28 | 34 | 14 | | 76 |
| | 死亡 | 男 | 10 | 11 | 8 | | 29 |
| | | 女 | 12 | 14 | 4 | | 30 |
| | | 合计 | 22 | 25 | 12 | | 59 |
| | 现有 | 男 | 4324 | 4172 | 2191 | | 10687 |
| | | 女 | 4182 | 3774 | 2039 | | 9995 |
| | | 合计 | 8506 | 7946 | 4230 | | 20682 |
| | 比较 | 增 男 | 10 | 10 | | | 20 |
| | | 女 | 1 | 4 | 3 | | 8 |
| | | 合计 | 11 | 14 | 3 | | 28 |
| | | 减 男 | | | 3 | | 3 |
| | | 女 | | | | | 无 |
| | | 合计 | | | 3 | | 3 |

续表

| 区别<br>事由 | | | 第一区 | 第二区 | 第三区 | | 总计 |
|---|---|---|---|---|---|---|---|
| 壮丁数 | 原训练数 | | | | | | |
| | 现训练数 | | 440 | 744 | 120 | | 1304 |
| | 未训练数 | | 1177 | 749 | 645 | | 2571 |
| | 合计 | | 1617 | 1493 | 765 | | 3875 |
| 干部训练 | 原训练数 | 保长 | 10 | 9 | 5 | | 24 |
| | | 甲长 | 12 | 20 | 4 | | 36 |
| | | 合计 | 22 | 29 | 9 | | 60 |
| | 现训练数 | 保长 | | | | | |
| | | 甲长 | | | | | |
| | | 合计 | | | | | |
| | 未训练数 | 保长 | 10 | 9 | 5 | | 24 |
| | | 甲长 | 250 | 144 | 77 | | 471 |
| | | 合计 | 260 | 153 | 82 | | 495 |
| 民有枪支 | 公有 | | 68 | 51 | 4 | | 123 |
| | 私有 | | 598 | 646 | 244 | | 1306 |
| | 合计 | | 666 | 515 | 248 | | 1429 |
| 保甲经费 | 实收 | | 21 | 21 | 21 | | 63 |
| | 实支 | | 21 | 21 | 21 | | 63 |
| | 盈余 | | | | | | |
| | 不敷 | | | | | | |
| 备考 | | | 本月实增户数1；实增口数2；保甲经费据财务委员会报三月份支各区社训区副队长各二十一元于各区应领三月份区经费时扣除，支给为该项经费收入，余仍未据报，无由填列，合并声明 | | | | |

### 四川省第十六行政督察区汶川县二十七年五月份保甲概况统计报告表

| 区别<br>事由 | 第一区 | 第二区 | 第三区 | | 总计 |
|---|---|---|---|---|---|
| 保数 | 20 | 18 | 10 | | 48 |
| 甲数 | 162 | 164 | 81 | | 407 |

| | | 区别 / 事由 | 第一区 | 第二区 | 第三区 | | 总计 |
|---|---|---|---|---|---|---|---|
| 户数 | | 原有 | 1845 | 1684 | 841 | | 4370 |
| | | 迁入 | 9 | 10 | 6 | | 25 |
| | | 迁出 | 7 | 8 | 4 | | 19 |
| | | 现有 | 1847 | 1886 | 643 | | 4376 |
| | 比较 | 增 | 2 | 2 | 2 | | 6 |
| | | 减 | | | | | |
| 人口数 | 原有 | 男 | 4324 | 4172 | 2191 | | 10687 |
| | | 女 | 4182 | 3774 | 2039 | | 9995 |
| | | 合计 | 8506 | 7946 | 4230 | | 20682 |
| | 迁入 | 男 | 12 | 14 | 6 | | 32 |
| | | 女 | 10 | 12 | 5 | | 27 |
| | | 合计 | 22 | 26 | 11 | | 59 |
| | 迁出 | 男 | 7 | 10 | 5 | | 22 |
| | | 女 | 6 | 9 | 3 | | 18 |
| | | 合计 | 13 | 19 | 8 | | 40 |
| | 出生 | 男 | 8 | 10 | 4 | | 22 |
| | | 女 | 6 | 12 | 5 | | 23 |
| | | 合计 | 14 | 22 | 9 | | 45 |
| | 死亡 | 男 | 6 | 11 | 4 | | 21 |
| | | 女 | 7 | 10 | 8 | | 25 |
| | | 合计 | 13 | 21 | 12 | | 46 |
| | 现有 | 男 | 4331 | 4175 | 2172 | | 10678 |
| | | 女 | 4185 | 3779 | 2038 | | 10002 |
| | | 合计 | 8516 | 7954 | 4210 | | 20680 |
| | 比较 | 增 男 | 7 | 3 | 1 | | 11 |
| | | 增 女 | 3 | 5 | | | 8 |
| | | 增 合计 | 10 | 8 | | | 18 |
| | | 减 男 | | | | | 无 |
| | | 减 女 | | | | | 无 |
| | | 减 合计 | | | | | 无 |

| 区别<br>事由 | | | 第一区 | 第二区 | 第三区 | | 总计 |
|---|---|---|---|---|---|---|---|
| 壮丁数 | 原训练数 | | | | | | |
| | 现训练数 | | 440 | 744 | 120 | | 1304 |
| | 未训练数 | | 1177 | 749 | 645 | | 2571 |
| | 合计 | | 1617 | 1493 | 765 | | 3875 |
| 干部训练 | 原训练数 | 保长 | 10 | 9 | 5 | | 24 |
| | | 甲长 | 12 | 20 | 4 | | 36 |
| | | 合计 | 22 | 29 | 9 | | 60 |
| | 现训练数 | 保长 | | | | | |
| | | 甲长 | | | | | |
| | | 合计 | | | | | |
| | 未训练数 | 保长 | 10 | 9 | 5 | | 24 |
| | | 甲长 | 250 | 144 | 77 | | 471 |
| | | 合计 | 260 | 153 | 82 | | 495 |
| 民有枪支 | 公有 | | 68 | 51 | 4 | | 123 |
| | 私有 | | 598 | 646 | 244 | | 1306 |
| | 合计 | | 666 | 515 | 248 | | 1429 |
| 保甲经费 | 实收 | | | | | | |
| | 实支 | | | | | | |
| | 盈余 | | | | | | |
| | 不敷 | | | | | | |
| 备考 | | | 本月保甲经费仍未据财务委员会列账到府，所有收支情形无从填报，合并声明 | | | | |

（资料来源：阿坝州档案馆所藏民国档案，全宗号8，目录号1，案卷号994）

（4）靖化县

**四川省第十六行政督察区靖化县二十七年一月份保甲概况统计报告表**

| 区别<br>事由 | 第一区（原属崇化特区） | 第二区（系合城区河东河西两屯及绰斯甲并设此专指城区而已） | 第二区属之河东河西两屯 | 第二区属之绰斯甲 | 总计 |
|---|---|---|---|---|---|
| 保数 | 15 | 14 | | | 29 |
| 甲数 | 100 | 109 | | | 209 |

四川抗战历史文献
（少数民族卷）

| 事由 | | | 第一区（原属崇化特区） | 第二区（系合城区河东河西两屯及绰斯甲并设此专指城区而已） | 第二区属之河东河西两屯 | 第二区属之绰斯甲 | 总计 |
|---|---|---|---|---|---|---|---|
| 户数 | 原有 | | 1425 | 1979 | （约）248 | （约）10000 | 13652 |
| | 迁入 | | | | | | |
| | 迁出 | | 494 | 912 | | | 1406 |
| | 现有 | | 931 | 1067 | （约）248 | （约）10000 | 13646 |
| | 比较 | 增 | | | | | |
| | | 减 | 494 | 912 | | | 1406 |
| 人口数 | 原有 | 男 | 2427 | 3362 | （约）519 | （约）15000 | 21308 |
| | | 女 | 2548 | 3742 | （约）595 | （约）15000 | 21872 |
| | | 合计 | 4975 | 7111 | （约）1114 | （约）30000 | 43200 |
| | 迁入 | 男 | | | | | |
| | | 女 | | | | | |
| | | 合计 | | | | | |
| | 迁出 | 男 | 725 | 1486 | | | 12211 |
| | | 女 | 646 | 1530 | | | 2176 |
| | | 合计 | 1371 | 3016 | | | 4307 |
| | 出生 | 男 | | | | | |
| | | 女 | | | | | |
| | | 合计 | | | | | |
| | 死亡 | 男 | | | | | |
| | | 女 | | | | | |
| | | 合计 | | | | | |
| | 现有 | 男 | 1702 | 1876 | （约）519 | （约）15000 | 19097 |
| | | 女 | 1902 | 2219 | （约）595 | （约）15000 | 19716 |
| | | 合计 | 3604 | 4075 | （约）1114 | （约）30000 | 38813 |
| | 比较 | 增 男 | | | | | |
| | | 女 | | | | | |
| | | 合计 | | | | | |
| | | 减 男 | 725 | | 1486 | | 2211 |
| | | 女 | 646 | | 1530 | | 2176 |
| | | 合计 | 1371 | | 3016 | | 4387 |

续表

| 区别\事由 | | | 第一区（原属崇化特区） | 第二区（系合城区河东河西两屯及绰斯甲并设此专指城区而已） | 第二区属之河东河西两屯 | 第二区属之绰斯甲 | 总计 |
|---|---|---|---|---|---|---|---|
| 壮丁数 | 原训练数 | | | | | | 536 |
| | 现训练数 | | | | | | |
| | 未训练数 | | 696 | 794 | | | 1490 |
| | 合计 | | 696 | 794 | | | 1490 |
| 干部训练 | 原训练数 | 保长 | | | | | |
| | | 甲长 | | | | | |
| | | 合计 | | | | | |
| | 现训练数 | 保长 | | | | | |
| | | 甲长 | | | | | |
| | | 合计 | | | | | |
| | 未训练数 | 保长 | 15 | 14 | | | 29 |
| | | 甲长 | 100 | 109 | | | 209 |
| | | 合计 | 115 | 123 | | | 2238 |
| 民有枪支 | 公有 | | | | | | |
| | 私有 | | | | | | |
| | 合计 | | | | | | |
| 保甲经费 | 实收 | | 24元 | 30元 | | | |
| | 实支 | | 20元 | 25元 | | | |
| | 盈余 | | 4元 | 5元 | | | |
| | 不敷 | | | | | | |
| 备考 | | | 表列第一第二区保甲数系就本期编整完成，所列计其两河及绰土尚待查编中 | 表列户数及口数系本期编整完成所数（两河及绰土未查编），其城区数即以前月份所报 | 表列第一第二两区壮丁数系就本期编整所报，计其两河及绰土尚在查编中 | 1.所列干部人员系开办保训，合一干部训练队时分别训练；2.表列民用枪支正登记中，俟已完竣即印册报，故未填 | 表列保经费，因地方财力困难，每一联保征收6元，以5元作为办公费，以一元作为常年编整费，故如上数 |

（资料来源：阿坝州档案馆所藏民国档案，全宗号8，目录号1，案卷号994）

### 四川省第十六行政督察区靖化县二十七年二月份保甲概况统计报告表

| 区别＼事由 | | | 第一区（原属崇化特区） | 第二区（系合城区河东河西两屯及绰斯甲并设此专指城区而已） | 第二区属之河东河西两屯 | 第二区属之绰斯甲 | 总计 |
|---|---|---|---|---|---|---|---|
| 保数 | | | 15 | 15 | | | 30 |
| 甲数 | | | 126 | 128 | | | 254 |
| 户数 | 原有 | | 1422 | 1975 | 243 | （约）10000 | 13639 |
| | 迁入 | | 1 | 2 | | | 3 |
| | 迁出 | | | 1 | | | 1 |
| | 现有 | | 1422 | 1972 | 248 | （约）10000 | 13641 |
| | 比较 | 增 | | 2 | | | 2 |
| | | 减 | | | | | |
| 人口数 | 原有 | 男 | 2424 | 3354 | 520 | （约）15000 | 21298 |
| | | 女 | 2545 | 3744 | 595 | （约）15000 | 21884 |
| | | 合计 | 4969 | 7098 | 1115 | （约）30000 | 43182 |
| | 迁入 | 男 | 2 | 5 | | | 7 |
| | | 女 | 1 | 2 | | | 3 |
| | | 合计 | 3 | 7 | | | 10 |
| | 迁出 | 男 | 2 | | | | 2 |
| | | 女 | 2 | | | | 2 |
| | | 合计 | 4 | | | | 4 |
| | 出生 | 男 | 3 | 5 | | | 8 |
| | | 女 | 2 | 5 | 2 | | 9 |
| | | 合计 | 5 | 10 | 2 | | 7 |
| | 死亡 | 男 | 2 | 4 | 1 | | 7 |
| | | 女 | 3 | 3 | 1 | | 7 |
| | | 合计 | 5 | 7 | 2 | | 14 |
| | 现有 | 男 | 2425 | 3360 | 519 | （约）15000 | 21304 |
| | | 女 | 2545 | 3748 | 596 | （约）15000 | 21887 |
| | | 合计 | 4968 | 7108 | 1115 | （约）30000 | 43191 |
| | 比较 | 增 男 | 1 | 6 | | | 7 |
| | | 增 女 | | 4 | 1 | | 5 |
| | | 增 合计 | 1 | 10 | 1 | | 12 |
| | | 减 男 | | | 1 | | 1 |
| | | 减 女 | 2 | | | | 2 |
| | | 减 合计 | 2 | | 1 | | 3 |

| 区别\事由 | | | 第一区（原属崇化特区） | 第二区（系合城区河东河西两屯及绰斯甲并设此专指城区而已） | 第二区属之河东河西两屯 | 第二区属之绰斯甲 | 总计 |
|---|---|---|---|---|---|---|---|
| 壮丁数 | 原训练数 | | 252 | 284 | | | 536 |
| | 现训练数 | | | | | | |
| | 未训练数 | | 500 | 624 | 182 | 3000 | 4306 |
| | 合计 | | 752 | 908 | 182 | 3000 | 4942 |
| 干部训练 | 原训练数 | 保长 | | | | | |
| | | 甲长 | | | | | |
| | | 合计 | | | | | |
| | 现训练数 | 保长 | | | | | |
| | | 甲长 | | | | | |
| | | 合计 | | | | | |
| | 未训练数 | 保长 | 15 | 15 | | | 30 |
| | | 甲长 | 126 | 123 | | | 249 |
| | | 合计 | 141 | 138 | | | 279 |
| 民有枪支 | 公有 | | | | | | |
| | 私有 | | 6 | 194 | | | 200 |
| | 合计 | | 6 | 194 | | | 200 |
| 保甲经费 | 实收 | | | | | | |
| | 实支 | | | | | | |
| | 盈余 | | | | | | |
| | 不敷 | | | | | | |
| 备考 | | | 本县关于保甲办理情形统计前月所报 | | | | |

### 四川省第十六行政督察区靖化县二十七年三月份保甲概况统计报告表

| 区别\事由 | 第一区（原属崇化特区） | 第二区（系合城区河东河西两屯及绰斯甲并设此专指城区而已） | 第二区属之河东河西两屯 | 第二区属之绰斯甲 | 总计 |
|---|---|---|---|---|---|
| 保数 | 15 | 15 | | | 30 |
| 甲数 | 126 | 128 | | | 254 |

四川抗战历史文献
（少数民族卷）

| 事由 ＼ 区别 | | | 第一区（原属崇化特区） | 第二区（系合城区河东河西两屯及绰斯甲并设此专指城区而已） | 第二区属之河东河西两屯 | 第二区属之绰斯甲 | 总计 |
|---|---|---|---|---|---|---|---|
| 户数 | 原有 | | 1422 | 1977 | 248 | （约）10000 | 13647 |
| | 迁入 | | 2 | 1 | | | 3 |
| | 迁出 | | | | | | |
| | 现有 | | 1424 | 1978 | 248 | （约）10000 | 13650 |
| | 比较 | 增 | 2 | 1 | | | 3 |
| | | 减 | | | | | |
| 人口数 | 原有 | 男 | 2425 | 3360 | 519 | （约）15000 | 21304 |
| | | 女 | 2545 | 3748 | 596 | （约）15000 | 21889 |
| | | 合计 | 4970 | 7108 | 1115 | （约）30000 | 43193 |
| | 迁入 | 男 | 3 | 1 | | | 4 |
| | | 女 | 2 | 1 | | | 3 |
| | | 合计 | 5 | 2 | | | 7 |
| | 迁出 | 男 | | | | | |
| | | 女 | | | | | |
| | | 合计 | | | | | |
| | 出生 | 男 | | | | | |
| | | 女 | | | | | |
| | | 合计 | | | | | |
| | 死亡 | 男 | 2 | | | | 2 |
| | | 女 | | 1 | 1 | | 2 |
| | | 合计 | 2 | 1 | 1 | | 4 |
| | 现有 | 男 | 2426 | 3361 | 519 | （约）15000 | 21306 |
| | | 女 | 2546 | 3749 | 595 | （约）15000 | 21890 |
| | | 合计 | 4972 | 7110 | 1114 | （约）30000 | 43196 |
| | 比较 | 增 男 | 1 | 1 | 1 | | 3 |
| | | 增 女 | | 1 | 1 | | 2 |
| | | 增 合计 | 2 | 1 | 2 | | 5 |
| | | 减 男 | | | 1 | | 1 |
| | | 减 女 | | | | | |
| | | 减 合计 | | | 1 | | 1 |

续表

| | | | 第一区（原属崇化特区） | 第二区（系合城区河东河西两屯及绰斯甲并设此专指城区而已） | 第二区属之河东河西两屯 | 第二区属之绰斯甲 | 总计 |
|---|---|---|---|---|---|---|---|
| 壮丁数 | 原训练数 | | 252 | 284 | | | 536 |
| | 现训练数 | | | | | | |
| | 未训练数 | | 500 | 624 | 182 | 3000 | 4306 |
| | 合计 | | 752 | 908 | 182 | 3000 | 4842 |
| 干部训练 | 原训练数 | 保长 | | | | | |
| | | 甲长 | | | | | |
| | | 合计 | | | | | |
| | 现训练数 | 保长 | | | | | |
| | | 甲长 | | | | | |
| | | 合计 | | | | | |
| | 未训练数 | 保长 | 15 | 15 | | | 30 |
| | | 甲长 | 126 | 123 | | | 254 |
| | | 合计 | 141 | 143 | | | 284 |
| 民有枪支 | 公有 | | | | | | |
| | 私有 | | 6 | 194 | | | 200 |
| | 合计 | | 6 | 194 | | | 200 |
| 保甲经费 | 实收 | | | | | | |
| | 实支 | | | | | | |
| | 盈余 | | | | | | |
| | 不敷 | | | | | | |
| 备考 | | | 本县户口异动情形仍谨就靖崇两地填注 | 本县保甲编组情形详前呈报 | 本县保甲人员及壮丁训练困难情形仍详前表 | 本县保甲经费困难仍详前表所报 | |

### 四川省第十六行政督察区靖化县二十七年四月份保甲概况统计报告表

| | 第一区（原属崇化特区） | 第二区（系合城区河东河西两屯及绰斯甲并设此则专指城区而已） | 第二区属之河东河西两屯 | 第二区属之绰斯甲 | 总计 |
|---|---|---|---|---|---|
| 保数 | 15 | 15 | | | 30 |
| 甲数 | 126 | 128 | | | 254 |

| 区别 / 事由 | | | 第一区（原属崇化特区） | 第二区（系合城区河东河西两屯及绰斯甲并设此则专指城区而已） | 第二区属之河东河西两屯 | 第二区属之绰斯甲 | 总计 |
|---|---|---|---|---|---|---|---|
| 户数 | 原有 | | 1424 | 1978 | 248 | （约）10000 | 13648 |
| | 迁入 | | | 2 | | | 2 |
| | 迁出 | | | 1 | | | 1 |
| | 现有 | | 1424 | 1979 | 245 | （约）10000 | 13648 |
| | 比较 | 增 | | 1 | | | 1 |
| | | 减 | | | | | |
| 人口数 | 原有 | 男 | 2426 | 3361 | 520 | （约）15000 | 21307 |
| | | 女 | 2546 | 3748 | 595 | （约）15000 | 21889 |
| | | 合计 | 4972 | 7109 | 1115 | （约）30000 | 43196 |
| | 迁入 | 男 | | 2 | | | 2 |
| | | 女 | | 3 | | | 3 |
| | | 合计 | | 5 | | | 5 |
| | 迁出 | 男 | | 1 | | | 1 |
| | | 女 | | 2 | | | 2 |
| | | 合计 | | 3 | | | 3 |
| | 出生 | 男 | 1 | | | | 1 |
| | | 女 | 1 | | | | 1 |
| | | 合计 | 2 | | | | 2 |
| | 死亡 | 男 | 1 | 1 | 1 | | 3 |
| | | 女 | 1 | | | | 1 |
| | | 合计 | 2 | 1 | 1 | | 4 |
| | 现有 | 男 | 2426 | 3361 | 519 | （约）15000 | 21306 |
| | | 女 | 2546 | 3749 | 595 | （约）15000 | 21890 |
| | | 合计 | 4972 | 7110 | 1114 | （约）30000 | 43196 |
| | 比较 | 增 男 | | | 1 | | |
| | | 增 女 | | 1 | | | 1 |
| | | 增 合计 | | 1 | 1 | | 1 |
| | | 减 男 | | | 1 | | 1 |
| | | 减 女 | | | | | |
| | | 减 合计 | | | 1 | | 1 |

| 区别<br>事由 | | | 第一区（原属崇化特区） | 第二区（系合城区河东河西两屯及绰斯甲并设此则专指城区而已） | 第二区属之河东河西两屯 | 第二区属之绰斯甲 | 总计 |
|---|---|---|---|---|---|---|---|
| 壮丁数 | 原训练数 | | 252 | 284 | | | 536 |
| | 现训练数 | | | | | | |
| | 未训练数 | | 500 | 624 | 182 | 3000 | 4306 |
| | 合计 | | 752 | 908 | 182 | 3000 | 4842 |
| 干部训练 | 原训练数 | 保长 | | | | | |
| | | 甲长 | | | | | |
| | | 合计 | | | | | |
| | 现训练数 | 保长 | | | | | |
| | | 甲长 | | | | | |
| | | 合计 | | | | | |
| | 未训练数 | 保长 | 15 | 15 | | | 30 |
| | | 甲长 | 126 | 123 | | | 249 |
| | | 合计 | 141 | 138 | | | 279 |
| 民有枪支 | 公有 | | | | | | |
| | 私有 | | 6 | 194 | | | 200 |
| | 合计 | | 6 | 194 | | | 200 |
| 保甲经费 | 实收 | | | | | | |
| | 实支 | | | | | | |
| | 盈余 | | | | | | |
| | 不敷 | | | | | | |
| 备考 | | | 本县户口异动情形仍谨就靖崇两地填注 | 本县保甲编组情形详前呈报 | 本县保甲人员及壮丁训练困难情形仍详前表 | 本县保甲经费困难仍详前表所报 | |

### 四川省第十六行政督察区靖化县二十七年五月份保甲概况统计报告表

| 区别<br>事由 | 第一区（原属崇化特区） | 第二区（系合城区河东河西两屯及绰斯甲并设此则专指城区而已） | 第二区属之河东河西两屯 | 第二区属之绰斯甲 | 总计 |
|---|---|---|---|---|---|
| 保数 | 15 | 15 | | | 30 |
| 甲数 | 126 | 128 | | | 254 |

四川抗战历史文献
（少数民族卷）

| 区别 / 事由 | | | 第一区（原属崇化特区） | 第二区（系合城区河东河西两屯及绰斯甲并设此则专指城区而已） | 第二区属之河东河西两屯 | 第二区属之绰斯甲 | 总计 |
|---|---|---|---|---|---|---|---|
| 户数 | 原有 | | 1424 | 1979 | 248 | （约）10000 | 13648 |
| | 迁入 | | | | | | |
| | 迁出 | | | | | | |
| | 现有 | | 1424 | 1979 | 245 | （约）10000 | 13648 |
| | 比较 | 增 | | | | | |
| | | 减 | | | | | |
| 人口数 | 原有 | 男 | 2426 | 3361 | 519 | （约）15000 | 21306 |
| | | 女 | 2546 | 3749 | 595 | （约）15000 | 21890 |
| | | 合计 | 4972 | 7110 | 1114 | （约）30000 | 43196 |
| | 迁入 | 男 | | | | | |
| | | 女 | | | | | |
| | | 合计 | | | | | |
| | 迁出 | 男 | | | | | |
| | | 女 | | | | | |
| | | 合计 | | | | | |
| | 出生 | 男 | 1 | | | | 1 |
| | | 女 | | | | | |
| | | 合计 | 1 | | | | 1 |
| | 死亡 | 男 | | | | | |
| | | 女 | | | | | |
| | | 合计 | | | | | |
| | 现有 | 男 | 2426 | 3361 | 519 | （约）15000 | 21306 |
| | | 女 | 2546 | 3749 | 595 | （约）15000 | 21890 |
| | | 合计 | 4972 | 7110 | 1114 | （约）30000 | 43196 |
| | 比较 | 增 男 | | | 1 | | |
| | | 增 女 | | 1 | | | 1 |
| | | 增 合计 | | 1 | 1 | | 1 |
| | | 减 男 | | | 1 | | 1 |
| | | 减 女 | | | | | |
| | | 减 合计 | | | 1 | | 1 |

续表

| | | | 第一区（原属崇化特区） | 第二区（系合城区河东河西两屯及绰斯甲并设此则专指城区而已） | 第二区属之河东河西两屯 | 第二区属之绰斯甲 | 总计 |
|---|---|---|---|---|---|---|---|
| 壮丁数 | 原训练数 | | 252 | 284 | | | 536 |
| | 现训练数 | | | | | | |
| | 未训练数 | | 500 | 624 | 182 | 3000 | 4306 |
| | 合计 | | 752 | 908 | 182 | 3000 | 4842 |
| 干部训练 | 原训练数 | 保长 | | | | | |
| | | 甲长 | | | | | |
| | | 合计 | | | | | |
| | 现训练数 | 保长 | | | | | |
| | | 甲长 | | | | | |
| | | 合计 | | | | | |
| | 未训练数 | 保长 | 15 | 15 | | | 30 |
| | | 甲长 | 126 | 123 | | | 249 |
| | | 合计 | 141 | 138 | | | 279 |
| 民有枪支 | 公有 | | | | | | |
| | 私有 | | 6 | 194 | | | 200 |
| | 合计 | | 6 | 194 | | | 200 |
| 保甲经费 | 实收 | | | | | | |
| | 实支 | | | | | | |
| | 盈余 | | | | | | |
| | 不敷 | | | | | | |
| 备考 | | | 本县户口异动情形仍谨就靖崇两地填注 | 本县保甲编组情形仍详二十六年十二月份呈报 | 本县保甲人员及壮丁训练困难情形仍详前表 | 本县保甲经费困难仍详前表所报 | |

（资料来源：阿坝州档案馆所藏民国档案，全宗号8，目录号1，案卷号994）

（5）茂县

**四川省第十六行政督察区茂县二十七年四月份保甲概况统计报告表**

| 区别　　事由 | 第一区 | 第二区 | 第三区 | | 总计 |
|---|---|---|---|---|---|
| 保数 | 27 | 41 | 20 | | 88 |

续表

| 事由 \ 区别 | | | 第一区 | 第二区 | 第三区 | | 总计 |
|---|---|---|---|---|---|---|---|
| 甲数 | | | 260 | 314 | 181 | | 755 |
| 户数 | | 原有 | 2640 | 3163 | 1725 | | 7528 |
| | | 迁入 | 20 | 15 | | | 35 |
| | | 迁出 | 12 | 10 | 2 | | 24 |
| | | 现有 | 2648 | 3168 | 1723 | | 7539 |
| | 比较 | 增 | 8 | 5 | | | 11 |
| | | 减 | | | 2 | | |
| 人口数 | 原有 | 男 | 5437 | 7410 | 3765 | | 16612 |
| | | 女 | 5894 | 7529 | 3901 | | 17324 |
| | | 合计 | 11331 | 14939 | 7666 | | 33936 |
| | 迁入 | 男 | 21 | 28 | | | 49 |
| | | 女 | 23 | 34 | | | 57 |
| | | 合计 | 44 | 62 | | | 106 |
| | 迁出 | 男 | 14 | 26 | 2 | | 42 |
| | | 女 | 16 | 24 | 2 | | 42 |
| | | 合计 | 30 | 50 | 4 | | 84 |
| | 出生 | 男 | 9 | 40 | 25 | | 74 |
| | | 女 | 10 | 33 | 17 | | 60 |
| | | 合计 | 19 | 73 | 42 | | 134 |
| | 死亡 | 男 | 3 | 30 | 5 | | 38 |
| | | 女 | 3 | 20 | 14 | | 37 |
| | | 合计 | 6 | 50 | 19 | | 75 |
| | 现有 | 男 | 5450 | 7422 | 3783 | | 16655 |
| | | 女 | 5908 | 7552 | 3902 | | 17362 |
| | | 合计 | 11358 | 14974 | 7685 | | 34017 |
| | 比较 | 增 男 | 13 | 12 | 18 | | 43 |
| | | 女 | 14 | 23 | 1 | | 38 |
| | | 合计 | 27 | 35 | 19 | | 81 |
| | | 减 男 | | | | | 无 |
| | | 女 | | | | | 无 |
| | | 合计 | | | | | 无 |

| 事由 \ 区别 | | | 第一区 | 第二区 | 第三区 | | 总计 |
|---|---|---|---|---|---|---|---|
| 壮丁数 | 原训练数 | | 854 | 390 | 939 | | 2183 |
| | 现训练数 | | | 960 | | | 960 |
| | 未训练数 | | 1874 | 1336 | 621 | | 3331 |
| | 合计 | | 2228 | 2686 | 1560 | | 6474 |
| 干部训练 | 原训练数 | 保长 | 2 | 4 | 4 | | 10 |
| | | 甲长 | 10 | 2 | 41 | | 53 |
| | | 合计 | 12 | 6 | 45 | | 63 |
| | 现训练数 | 保长 | | | | | |
| | | 甲长 | | | | | |
| | | 合计 | | | | | |
| | 未训练数 | 保长 | 25 | 37 | 16 | | 78 |
| | | 甲长 | 253 | 312 | 140 | | 705 |
| | | 合计 | 278 | 349 | 156 | | 783 |
| 民有枪支 | 公有 | | 18 | 79 | 22 | | 119 |
| | 私有 | | 5 | 96 | 87 | | 188 |
| | 合计 | | 20 | 175 | 112 | | 307 |
| 保甲经费 | 实收 | | 234.00 元 | | | | |
| | 实支 | | 117.00 元 | | | | |
| | 盈余 | | 117.00 元 | | | | |
| | 不敷 | | | | | | |
| 备考 | | | | 1. 本月迁入四户男十一丁女七口，内壮丁九名，迁出两户男七丁女三口，内壮丁一名，死亡内壮丁两名；2. 保甲经费尚未征收 | 1. 本月壮丁减少二人；2. 保甲经费尚未征收 | | 1. 本月迁入四户男十一丁女七口，内壮丁九名，迁出两户男七丁女三口，内壮丁一名；2. 本月保长14人受到训练；3. 保甲经费收入困难 |

### 四川省第十六行政督察区茂县二十七年五月份保甲概况统计报告表

| | | | 第一区 | 第二区 | 第三区 | | 总计 |
|---|---|---|---|---|---|---|---|
| | | 保数 | 27 | 41 | 20 | | 88 |
| | | 甲数 | 263 | 314 | 181 | | 758 |
| 户数 | | 原有 | 2648 | 3168 | 1723 | | 7539 |
| | | 迁入 | 5 | 9 | | | 14 |
| | | 迁出 | 4 | 7 | | | 11 |
| | | 现有 | 2649 | 3170 | 1723 | | 7542 |
| | 比较 | 增 | 1 | 2 | | | 3 |
| | | 减 | | | 2 | | |
| 人口数 | 原有 | 男 | 5450 | 7422 | 3783 | | 16655 |
| | | 女 | 5908 | 7552 | 3902 | | 17362 |
| | | 合计 | 11358 | 14974 | 7685 | | 34017 |
| | 迁入 | 男 | 6 | 17 | | | 23 |
| | | 女 | 5 | 24 | | | 29 |
| | | 合计 | 11 | 41 | | | 52 |
| | 迁出 | 男 | 4 | 16 | | | 20 |
| | | 女 | 8 | 16 | | | 24 |
| | | 合计 | 12 | 32 | | | 44 |
| | 出生 | 男 | 7 | 34 | 14 | | 55 |
| | | 女 | 5 | 23 | 6 | | 34 |
| | | 合计 | 12 | 57 | 20 | | 89 |
| | 死亡 | 男 | 4 | 23 | 14 | | 41 |
| | | 女 | 1 | 20 | 12 | | 33 |
| | | 合计 | 5 | 43 | 26 | | 74 |
| | 现有 | 男 | 5455 | 7434 | 3783 | | 16672 |
| | | 女 | 5909 | 7563 | 3896 | | 17368 |
| | | 合计 | 11364 | 14997 | 7679 | | 34040 |
| | 比较 | 增 男 | 5 | 12 | | | 17 |
| | | 增 女 | 1 | 11 | | | 12 |
| | | 增 合计 | 6 | 23 | | | 29 |
| | | 减 男 | | | | | |
| | | 减 女 | | | | | |
| | | 减 合计 | | | | | |

| 区别　事由 | | | 第一区 | 第二区 | 第三区 | | 总计 |
|---|---|---|---|---|---|---|---|
| 壮丁数 | 原训练数 | | 854 | 390 | 939 | | 2183 |
| | 现训练数 | | | 960 | | | 960 |
| | 未训练数 | | 1874 | 1326 | 621 | | 3821 |
| | 合计 | | 2728 | 2676 | 1560 | | 6954 |
| 干部训练 | 原训练数 | 保长 | 2 | 4 | 4 | | 10 |
| | | 甲长 | 10 | 2 | 41 | | 53 |
| | | 合计 | 12 | 6 | 45 | | 63 |
| | 现训练数 | 保长 | | | | | |
| | | 甲长 | | | | | |
| | | 合计 | | | | | |
| | 未训练数 | 保长 | 25 | 37 | 16 | | 78 |
| | | 甲长 | 253 | 312 | 140 | | 705 |
| | | 合计 | 278 | 349 | 156 | | 783 |
| 民有枪支 | 公有 | | 18 | 79 | 2 | | 99 |
| | 私有 | | 5 | 96 | 87 | | 188 |
| | 合计 | | 23 | 175 | 89 | | 287 |
| 保甲经费 | 实收 | | 234 | | | | |
| | 实支 | | 117 | | | | |
| | 盈余 | | 117 | | | | |
| | 不敷 | | | | | | |
| 备考 | | | | 1. 本月迁入二户男三丁女六口，内壮丁一名，迁出四户男六丁女七口，内壮丁六名，死亡内有壮丁五名；2. 保甲经费尚未征收 | 1. 保甲经费仍未征收 | | 1. 本月三区迁入两户男五丁女六口，内有壮丁一名，迁出四户男九丁女七口内有壮丁六名；2. 保甲经费除一保外均未征收 |

（资料来源：阿坝州档案馆所藏民国档案，全宗号8，目录号1，案卷号994）

（6）理番县

**四川省第十六行政督察区理番县二十七年三月份保甲概况统计报告表**

| | | 区别 / 事由 | 第一区 | 第二区 | 第三区 | | 总计 |
|---|---|---|---|---|---|---|---|
| | | 保数 | 25 | 8 | 22 | | 45 |
| | | 甲数 | 160 | 75 | 171 | | 406 |
| 户数 | | 原有 | 1686 | 539 | 1799 | | 4024 |
| | | 迁入 | 1 | 2 | 1 | | 4 |
| | | 迁出 | | | 1 | | 1 |
| | | 现有 | 1687 | 541 | 1799 | | 4027 |
| | 比较 | 增 | 1 | 2 | | | 3 |
| | | 减 | | | | | |
| 人口数 | 原有 | 男 | 3491 | 1017 | 3788 | | 8296 |
| | | 女 | 3630 | 1118 | 3824 | | 8572 |
| | | 合计 | 7121 | 2135 | 7612 | | 16868 |
| | 迁入 | 男 | 1 | 5 | 2 | | 8 |
| | | 女 | 3 | 4 | 3 | | 10 |
| | | 合计 | 4 | 9 | 5 | | 18 |
| | 迁出 | 男 | | | 2 | | 2 |
| | | 女 | 1 | 1 | 3 | | 5 |
| | | 合计 | 1 | 1 | 5 | | 7 |
| | 出生 | 男 | 2 | 2 | 3 | | 7 |
| | | 女 | 1 | 3 | 1 | | 5 |
| | | 合计 | 3 | 5 | 4 | | 12 |
| | 死亡 | 男 | 2 | | | | 2 |
| | | 女 | 2 | 1 | | | 3 |
| | | 合计 | 4 | 1 | | | 5 |
| | 现有 | 男 | 3492 | 1024 | 3791 | | 8307 |
| | | 女 | 3631 | 1123 | 3825 | | 8579 |
| | | 合计 | 7123 | 2147 | 7616 | | 16886 |
| | 比较 | 增 男 | 1 | 7 | 3 | | 11 |
| | | 增 女 | 1 | 5 | 1 | | 7 |
| | | 增 合计 | 2 | 12 | 4 | | 18 |
| | | 减 男 | | | | | 无 |
| | | 减 女 | | | | | 无 |
| | | 减 合计 | | | | | 无 |

| | 区别<br>事由 | | 第一区 | 第二区 | 第三区 | | 总计 |
|---|---|---|---|---|---|---|---|
| 壮丁数 | 原训练数 | | 627 | 424 | 1069 | | 2120 |
| | 现训练数 | | 30 | | 256 | | 286 |
| | 未训练数 | | 586 | 35 | 84 | | 705 |
| | 合计 | | 1243 | 459 | 1409 | | 3111 |
| 干部训练 | 原训练数 | 保长 | 14 | 8 | 21 | | 43 |
| | | 甲长 | 104 | 75 | 139 | | 318 |
| | | 合计 | 118 | 83 | 160 | | 361 |
| | 现训练数 | 保长 | | | | | |
| | | 甲长 | | | | | |
| | | 合计 | | | | | |
| | 未训练数 | 保长 | 1 | | 1 | | 2 |
| | | 甲长 | 56 | | 32 | | 88 |
| | | 合计 | 57 | | 33 | | 90 |
| 民有枪支 | 公有 | | | | 5 | | 5 |
| | 私有 | | 589 | 140 | 275 | | 1004 |
| | 合计 | | 589 | 140 | 280 | | 1009 |
| 保甲经费 | 实收 | | | | | | |
| | 实支 | | | | | | |
| | 盈余 | | | | | | |
| | 不敷 | | | | | | |
| 备考 | | | 1. 本月份各区婚姻嫁娶人数已并填入迁入迁出栏；2. 保甲经费正开始征收；3. 壮丁人数因迁核致各有增减；4. 民有枪支系并有各类各式土屯枪支数，至县保安队枪多借至民间，前任经手未将公私性质记明现正清理中并入本月列报数内 | | | | |

### 四川省第十六行政督察区理番县二十七年四月份保甲概况统计报告表

| 区别<br>事由 | 第一区 | 第二区 | 第三区 | 总计 |
|---|---|---|---|---|
| 保数 | 15 | 8 | 22 | 45 |
| 甲数 | 160 | 75 | 171 | 406 |

四川抗战历史文献
（少数民族卷）

续表

| | 区别<br>事由 | | 第一区 | 第二区 | 第三区 | | 总计 |
|---|---|---|---|---|---|---|---|
| 户数 | 原有 | | 1687 | 541 | 1799 | | 4027 |
| | 迁入 | | 1 | 3 | 2 | | 6 |
| | 迁出 | | 1 | 9 | 1 | | 11 |
| | 现有 | | 1687 | 535 | 1800 | | 4022 |
| | 比较 | 增 | | | | | 1 |
| | | 减 | | 6 | | | |
| 人口数 | 原有 | 男 | 3492 | 1024 | 3791 | | 8307 |
| | | 女 | 3631 | 1123 | 3825 | | 8579 |
| | | 合计 | 7123 | 2147 | 7616 | | 16886 |
| | 迁入 | 男 | 1 | 8 | 3 | | 12 |
| | | 女 | 2 | 9 | 5 | | 16 |
| | | 合计 | 3 | 17 | 8 | | 28 |
| | 迁出 | 男 | 2 | 27 | 2 | | 31 |
| | | 女 | 1 | 21 | 4 | | 26 |
| | | 合计 | 3 | 48 | 6 | | 57 |
| | 出生 | 男 | | 7 | 5 | | 12 |
| | | 女 | | 5 | 5 | | 10 |
| | | 合计 | | 12 | 10 | | 22 |
| | 死亡 | 男 | | 3 | 4 | | 7 |
| | | 女 | | 6 | 6 | | 12 |
| | | 合计 | | 9 | 10 | | 19 |
| | 现有 | 男 | 3491 | 1009 | 3393 | | 8293 |
| | | 女 | 3632 | 1110 | 3825 | | 8567 |
| | | 合计 | 7123 | 2119 | 7618 | | 16860 |
| | 比较 | 增 男 | | | 2 | | |
| | | 增 女 | 1 | | | | |
| | | 增 合计 | 1 | | 2 | | 3 |
| | | 减 男 | 1 | 15 | | | 16 |
| | | 减 女 | | 13 | | | 13 |
| | | 减 合计 | 1 | 28 | | | 29 |

162

续表

| | | | 第一区 | 第二区 | 第三区 | | 总计 |
|---|---|---|---|---|---|---|---|
| 壮丁数 | 原训练数 | | 627 | 424 | 1069 | | 2120 |
| | 现训练数 | | 30 | | 256 | | 286 |
| | 未训练数 | | 686 | 35 | 84 | | 805 |
| | 合计 | | 1343 | 459 | 1409 | | 3211 |
| 干部训练 | 原训练数 | 保长 | 14 | 8 | 21 | | 43 |
| | | 甲长 | 104 | 75 | 137 | | 316 |
| | | 合计 | 118 | 83 | 158 | | 359 |
| | 现训练数 | 保长 | | | | | |
| | | 甲长 | | | | | |
| | | 合计 | | | | | |
| | 未训练数 | 保长 | 1 | | 1 | | 2 |
| | | 甲长 | 56 | | 32 | | 88 |
| | | 合计 | 57 | | 33 | | 90 |
| 民有枪支 | 公有 | | | | 5 | | 5 |
| | 私有 | | 589 | 140 | 275 | | 1004 |
| | 合计 | | 589 | 140 | 280 | | 1009 |
| 保甲经费 | 实收 | | 60 | | | | 60 |
| | 实支 | | 90 | | | | 90 |
| | 盈余 | | | | | | |
| | 不敷 | | 30 | | | | 30 |
| 备考 | | | 1. 本月份各区嫁娶人数已并填入迁入迁出栏；2. 保甲经费仅一区详交县财政委员会60元，支社训队90元，不缴30元由区署垫支；3. 壮丁及枪支无增减 | | | | |

### 四川省第十六行政督察区理番县二十七年五月份保甲概况统计报告表

| | 第一区 | 第二区 | 第三区 | | 总计 |
|---|---|---|---|---|---|
| 保数 | 15 | 8 | 22 | | 45 |
| 甲数 | 160 | 75 | 171 | | 406 |

续表

| 事由 区别 | | | 第一区 | 第二区 | 第三区 | | 总计 |
|---|---|---|---|---|---|---|---|
| 户数 | 原有 | | 1687 | 535 | 1700 | | 3922 |
| | 迁入 | | | | 3 | | 3 |
| | 迁出 | | | | 1 | | 1 |
| | 现有 | | 1687 | 535 | 1702 | | 3924 |
| | 比较 | 增 | | | 2 | | 2 |
| | | 减 | | | | | |
| 人口数 | 原有 | 男 | 3491 | 1009 | 3293 | | 8293 |
| | | 女 | 3632 | 1110 | 3825 | | 8567 |
| | | 合计 | 7123 | 2119 | 7618 | | 16860 |
| | 迁入 | 男 | | | 9 | | 9 |
| | | 女 | 1 | | 7 | | 8 |
| | | 合计 | 1 | | 16 | | 17 |
| | 迁出 | 男 | | | 3 | | 3 |
| | | 女 | | | 2 | | 2 |
| | | 合计 | | | 5 | | 5 |
| | 出生 | 男 | | 1 | 4 | | 5 |
| | | 女 | | | 6 | | 6 |
| | | 合计 | | 1 | 10 | | 11 |
| | 死亡 | 男 | | 1 | 4 | | 5 |
| | | 女 | | | 3 | | 3 |
| | | 合计 | | 1 | 7 | | 8 |
| | 现有 | 男 | 3491 | 1009 | 3399 | | 8899 |
| | | 女 | 3633 | 1110 | 3833 | | 8576 |
| | | 合计 | 7124 | 2119 | 7232 | | 16475 |
| | 比较 | 增 男 | | | 6 | | 6 |
| | | 增 女 | 1 | | 8 | | 9 |
| | | 增 合计 | 1 | | 14 | | 15 |
| | | 减 男 | | | | | 无 |
| | | 减 女 | | | | | 无 |
| | | 减 合计 | | | | | 无 |

续表

| 区别<br>事由 | | | 第一区 | 第二区 | 第三区 | | 总计 |
|---|---|---|---|---|---|---|---|
| 壮丁数 | 原训练数 | | 627 | 424 | 1069 | | 2120 |
| | 现训练数 | | 30 | | 256 | | 286 |
| | 未训练数 | | 686 | 35 | 84 | | 705 |
| | 合计 | | 1243 | 459 | 1409 | | 3111 |
| 干部训练 | 原训练数 | 保长 | 14 | 8 | 21 | | 43 |
| | | 甲长 | 104 | 75 | 139 | | 318 |
| | | 合计 | 118 | 83 | 160 | | 361 |
| | 现训练数 | 保长 | | | | | |
| | | 甲长 | | | | | |
| | | 合计 | | | | | |
| | 未训练数 | 保长 | 1 | | 1 | | 2 |
| | | 甲长 | 56 | | 32 | | 88 |
| | | 合计 | 57 | | 33 | | 90 |
| 民有枪支 | 公有 | | | 1 | 5 | | 6 |
| | 私有 | | 589 | 140 | 275 | | 1004 |
| | 合计 | | 589 | 141 | 280 | | 1010 |
| 保甲经费 | 实收 | | 266.09 | 18 | | | |
| | 实支 | | 266.09 | 18 | | | |
| | 盈余 | | | | | | |
| | 不敷 | | | | | | |
| 备考 | | | 1. 保甲经费实收实解；2. 男女婚姻嫁娶已并入迁入迁出栏内；3. 二区新增公有手枪一支，合计如上数 | | | | |

（资料来源：阿坝州档案馆所藏民国档案，全宗号8，目录号1，案卷号994）

（7）第十六行政督察区

### 四川省第十六行政督察区二十七年三月份保甲概况统计报告表

| 县别<br>事项 | 松潘 | 理番 | 茂县 | 懋功 | 汶川 | 靖化 | 总计 |
|---|---|---|---|---|---|---|---|
| 区数 | 3 | 3 | 3 | 4 | 3 | 2 | 18 |
| 保数 | 68 | 45 | 88 | 50 | 48 | 30 | 329 |
| 甲数 | 526 | 406 | 758 | 490 | 407 | 254 | 2841 |

续表

| | | | 松潘 | 理番 | 茂县 | 懋功 | 汶川 | 靖化 | 总计 |
|---|---|---|---|---|---|---|---|---|---|
| 户数 | 原有 | | 4814 | 4024 | 7508 | 5932 | 4363 | 13645 | 40286 |
| | 迁入 | | | 4 | 34 | | 21 | 3 | 62 |
| | 迁出 | | 10 | 1 | 34 | | 15 | 1 | 41 |
| | 现有 | | 4804 | 4027 | 7528 | 5932 | 4369 | 13647 | 40307 |
| | 比较 | 增 | | 3 | 20 | | 6 | 2 | 21 |
| | | 减 | 10 | | | | | | 10 |
| 人口数 | 原有 | 男 | 12470 | 8296 | 16536 | 13244 | 10655 | 21298 | 82499 |
| | | 女 | 9988 | 8572 | 17278 | 11412 | 9971 | 21884 | 79105 |
| | 迁入 | 男 | | 8 | 78 | | 34 | 7 | 127 |
| | | 女 | | 10 | 70 | | 29 | 3 | 112 |
| | 迁出 | 男 | 24 | 2 | 35 | | 23 | 2 | 86 |
| | | 女 | 24 | 5 | 37 | | 17 | 2 | 85 |
| | 出生 | 男 | 30 | 7 | 72 | 65 | 58 | 8 | 240 |
| | | 女 | 32 | 5 | 66 | 55 | 36 | 9 | 203 |
| | 死亡 | 男 | 31 | 2 | 39 | 47 | 54 | 7 | 180 |
| | | 女 | 30 | 3 | 53 | 40 | 32 | 7 | 165 |
| | 现有 | 男 | 12445 | 8307 | 16612 | 13262 | 10670 | 21304 | 82600 |
| | | 女 | 9966 | 8579 | 17324 | 11427 | 9987 | 21887 | 79170 |
| | 比较 | 增 男 | | 11 | 76 | 18 | 15 | 6 | 126 |
| | | 增 女 | | 7 | 46 | 15 | 16 | 3 | 87 |
| | | 减 男 | 25 | | | | | | |
| | | 减 女 | 22 | | | | | | |
| 壮丁数 | 原训练数 | | 137 | 2120 | 2135 | 2222 | | 536 | 7150 |
| | 现训练数 | | 76 | 286 | 1010 | 185 | 1304 | | 2861 |
| | 未训练数 | | 4834 | 705 | 3325 | 5308 | 2571 | 4306 | 21049 |
| | 合计 | | 5047 | 3111 | 6470 | 7715 | 3875 | 4842 | 31060 |

| | 县别事项 | | 松潘 | 理番 | 茂县 | 懋功 | 汶川 | 靖化 | 总计 |
|---|---|---|---|---|---|---|---|---|---|
| 干部训练 | 原训练数 | 保长 | 40 | 43 | 8 | | 24 | | 115 |
| | | 甲长 | 277 | 318 | 41 | | 36 | | 672 |
| | | 合计 | 317 | 361 | 49 | | 60 | | 787 |
| | 现训练数 | 保长 | | | 2 | | | | 2 |
| | | 甲长 | | | 12 | | | | 12 |
| | | 合计 | | | 14 | | | | 14 |
| | 未训练数 | 保长 | 28 | 2 | 78 | 50 | 24 | 30 | 212 |
| | | 甲长 | 249 | 88 | 705 | 490 | 371 | 254 | 2157 |
| | | 合计 | 277 | 90 | 783 | 540 | 395 | 284 | 2369 |
| 民有枪支 | 公有 | | 90 | 5 | 119 | 90 | 123 | | 427 |
| | 私有 | | 47 | 1004 | 188 | 250 | 1306 | 200 | 2995 |
| | 合计 | | 137 | 1009 | 307 | 340 | 1429 | 200 | 3422 |
| 保甲经费 | 实收 | | | | | | | | |
| | 要支 | | | | | | | | |
| | 盈余 | | | | | | | | |
| | 不敷 | | | | | | | | |
| 备考 | | | 保甲长有一一七人受训毕业；保甲经费仍未征收 | 保甲经费现正开拔征收 | □ | 保甲经费现未征收 | 保甲经费未征收，故统计填报暂无 | 保甲经费尚未征收 | □ |

### 四川省第十六行政督察区二十七年四月份保甲概况统计报告表

| 县别事项 | 松潘 | 理番 | 茂县 | 懋功 | 汶川 | 靖化 | 总计 |
|---|---|---|---|---|---|---|---|
| 区数 | 3 | 3 | 3 | 4 | 3 | 2 | 18 |
| 保数 | 68 | 45 | 88 | 50 | 48 | 30 | 329 |
| 甲数 | 526 | 406 | 758 | 490 | 407 | 254 | 2841 |

续表

| | | 县别 事项 | 松潘 | 理番 | 茂县 | 懋功 | 汶川 | 靖化 | 总计 |
|---|---|---|---|---|---|---|---|---|---|
| 户数 | | 原有 | 4804 | 4027 | 7528 | 5932 | 4369 | 13647 | 40307 |
| | | 迁入 | 6 | 3 | 5 | | 19 | 3 | 63 |
| | | 迁出 | 11 | 11 | 24 | | 18 | | 64 |
| | | 现有 | 4793 | 4022 | 7539 | 5932 | 4370 | 13650 | 40306 |
| | 比较 | 增 | | | | 11 | 1 | 3 | 15 |
| | | 减 | 11 | | 5 | | | | 16 |
| 人口数 | 原有 | 男 | 12445 | 8307 | 16612 | 13262 | 10670 | 21304 | 82600 |
| | | 女 | 9966 | 8579 | 17324 | 11427 | 9987 | 21887 | 79170 |
| | | 合计 | 22411 | 16886 | 33936 | 24689 | 20657 | 43191 | 161770 |
| | 迁入 | 男 | | 12 | 49 | | 20 | 4 | 85 |
| | | 女 | | 16 | 57 | | 24 | 3 | 100 |
| | | 合计 | | 28 | 106 | | 44 | 7 | 185 |
| | 迁出 | 男 | 22 | 31 | 42 | | 20 | | 115 |
| | | 女 | 27 | 26 | 42 | | 16 | | 111 |
| | | 合计 | 49 | 57 | 84 | | 36 | | 226 |
| | 出生 | 男 | 34 | 12 | 74 | 46 | 45 | 1 | 212 |
| | | 女 | 26 | 10 | 60 | 52 | 30 | 1 | 179 |
| | | 合计 | 60 | 22 | 134 | 97 | 76 | 2 | 391 |
| | 死亡 | 男 | 32 | 7 | 38 | 40 | 29 | 2 | 148 |
| | | 女 | 35 | 12 | 37 | 51 | 30 | 2 | 167 |
| | | 合计 | 67 | 19 | 75 | 91 | 59 | 4 | 315 |
| | 现有 | 男 | 12425 | 8293 | 16655 | 13267 | 10687 | 21307 | 82634 |
| | | 女 | 9930 | 8567 | 17362 | 11428 | 9995 | 21889 | 79171 |
| | | 合计 | 22355 | 16860 | 34017 | 24695 | 20682 | 43196 | 161805 |
| | 比较 | 增 男 | | | 43 | 5 | 17 | 3 | 68 |
| | | 增 女 | | | 38 | 1 | 8 | 2 | 49 |
| | | 增 合计 | | | 81 | 6 | 25 | 5 | 117 |
| | | 减 男 | 20 | 14 | | | | | 34 |
| | | 减 女 | 36 | 12 | | | | | 48 |
| | | 减 合计 | 56 | 26 | | | | | 82 |

续表

| 事项 | | | 松潘 | 理番 | 茂县 | 懋功 | 汶川 | 靖化 | 总计 |
|---|---|---|---|---|---|---|---|---|---|
| 壮丁数 | 原训练数 | | 213 | 2120 | 2183 | 2407 | | 536 | 7459 |
| | 现训练数 | | | 286 | 960 | | 1304 | | 2550 |
| | 未训练数 | | 4834 | 705 | 3331 | 5308 | 2571 | 4306 | 21055 |
| | 合计 | | 5047 | 3111 | 6474 | 7715 | 3875 | 4842 | 31064 |
| 干部训练 | 原训练数 | 保长 | 40 | 43 | 10 | | 24 | | 117 |
| | | 甲长 | 277 | 318 | 53 | | 36 | | 684 |
| | | 合计 | 317 | 361 | 63 | | 60 | | 801 |
| | 现训练数 | 保长 | | | | 40 | | | 40 |
| | | 甲长 | | | | | | | |
| | | 合计 | | | | 40 | | | 40 |
| | 未训练数 | 保长 | 28 | 2 | 78 | 10 | 24 | 30 | 172 |
| | | 甲长 | 249 | 88 | 705 | 490 | 371 | 254 | 2157 |
| | | 合计 | 277 | 90 | 783 | 500 | 395 | 284 | 2329 |
| 民有枪支 | 公有 | | 90 | 5 | 119 | 90 | 125 | | 427 |
| | 私有 | | 47 | 1004 | 188 | 250 | 1306 | 200 | 2995 |
| | 合计 | | 137 | 1009 | 307 | 340 | 1429 | 200 | 3422 |
| 保甲经费 | 实收 | | | | | | | | |
| | 要支 | | | | | | | | |
| | 盈余 | | | | | | | | |
| | 不敷 | | | | | | | | |
| 备考 | | | 保甲经费尚未征收 | 保甲经费尚未征收□ | □ | 保甲经费尚未征收 | 保甲经费□ | 保甲经费尚未征收 | □ |

### 四川省第十六行政督察区二十七年五月份保甲概况统计报告表

| 事项 | 松潘 | 理番 | 茂县 | 懋功 | 汶川 | 靖化 | 总计 |
|---|---|---|---|---|---|---|---|
| 区数 | 3 | 3 | 3 | 4 | 3 | 2 | 18 |
| 保数 | 68 | 45 | 88 | 50 | 48 | 30 | 329 |
| 甲数 | 526 | 406 | 758 | 490 | 407 | 254 | 2841 |

四川抗战历史文献（少数民族卷）

| 事项 | | | 松潘 | 理番 | 茂县 | 懋功 | 汶川 | 靖化 | 总计 |
|---|---|---|---|---|---|---|---|---|---|
| 户数 | | 原有 | 4793 | 4022 | 7539 | 5932 | 4370 | 13650 | 40306 |
| | | 迁入 | 10 | 3 | 14 | | 25 | 2 | 54 |
| | | 迁出 | 15 | 1 | 11 | | 19 | 1 | 47 |
| | | 现有 | 4788 | 4024 | 7542 | 5932 | 4376 | 13651 | 40313 |
| | 比较 | 增 | | 2 | 3 | | 6 | 1 | 7 |
| | | 减 | 5 | | | | | | |
| 人口数 | 原有 | 男 | 12425 | 8293 | 16655 | 15267 | 10687 | 21307 | 82634 |
| | | 女 | 9930 | 8567 | 17362 | 11428 | 9995 | 21889 | 79171 |
| | | 合计 | 22355 | 16860 | 34017 | 24695 | 20682 | 43196 | 161805 |
| | 迁入 | 男 | 15 | 9 | 23 | | 32 | 2 | 81 |
| | | 女 | 18 | 8 | 29 | | 27 | 3 | 85 |
| | | 合计 | 33 | 17 | 52 | | 59 | 5 | 166 |
| | 迁出 | 男 | 24 | 3 | 20 | | 22 | 1 | 70 |
| | | 女 | 28 | 2 | 24 | | 18 | 2 | 74 |
| | | 合计 | 52 | 5 | 44 | | 40 | 3 | 144 |
| | 出生 | 男 | 21 | 5 | 55 | 41 | 22 | 1 | 145 |
| | | 女 | 29 | 6 | 34 | 34 | 23 | 1 | 127 |
| | | 合计 | 50 | 11 | 89 | 75 | 45 | 2 | 272 |
| | 死亡 | 男 | 21 | 5 | 41 | 41 | 21 | 3 | 132 |
| | | 女 | 23 | 3 | 33 | 28 | 25 | 1 | 113 |
| | | 合计 | 44 | 8 | 74 | 69 | 46 | 4 | 245 |
| | 现有 | 男 | 12416 | 8299 | 16672 | 13267 | 10698 | 21306 | 82658 |
| | | 女 | 9926 | 8576 | 17368 | 11434 | 10002 | 21870 | 79196 |
| | | 合计 | 22342 | 16875 | 34040 | 24701 | 20700 | 43196 | 161854 |
| | 比较 | 增 男 | | 6 | 17 | | 11 | | 24 |
| | | 增 女 | | 7 | 6 | 6 | 7 | 1 | 25 |
| | | 增 合计 | | 13 | 23 | 6 | 18 | | 49 |
| | | 减 男 | 9 | | | | | | 1 |
| | | 减 女 | 4 | | | | | | |
| | | 减 合计 | 13 | | | | | | |

170

| | | | 松潘 | 理番 | 茂县 | 懋功 | 汶川 | 靖化 | 总计 |
|---|---|---|---|---|---|---|---|---|---|
| 壮丁数 | 原训练数 | | 213 | 2120 | 2183 | 2407 | | 536 | 7459 |
| | 现训练数 | | 275 | 286 | 960 | | 1604 | | 2825 |
| | 未训练数 | | 4559 | 705 | 3321 | 5308 | 2571 | 4306 | 20770 |
| | 合计 | | 5047 | 3111 | 6464 | 7715 | 3875 | 4842 | 31054 |
| 干部训练 | 原训练数 | 保长 | 40 | 43 | 10 | 40 | 24 | | 157 |
| | | 甲长 | 277 | 318 | 53 | | 36 | | 684 |
| | | 合计 | 317 | 361 | 63 | 40 | 60 | | 841 |
| | 现训练数 | 保长 | | | | | | | |
| | | 甲长 | | | | | | | |
| | | 合计 | | | | | | | |
| | 未训练数 | 保长 | 28 | 2 | 78 | 10 | 24 | 30 | 172 |
| | | 甲长 | 249 | 88 | 705 | 490 | 371 | 254 | 2157 |
| | | 合计 | 277 | 90 | 783 | 500 | 395 | 284 | 2329 |
| 民有枪支 | 公有 | | 90 | 6 | 119 | 90 | 123 | | 428 |
| | 私有 | | 47 | 1004 | 188 | 250 | 1306 | 200 | 2995 |
| | 合计 | | 137 | 1010 | 307 | 340 | 1429 | 200 | 3423 |
| 保甲经费 | 实收 | | | | | | | | |
| | 要支 | | | | | | | | |
| | 盈余 | | | | | | | | |
| | 不敷 | | | | | | | | |
| 备考 | | | 1. 现训练壮丁275人；2. 现保甲长未训练 | □ | □ | 保甲经费尚未征收 | 保甲经费□ | 保甲经费尚未征收 | □ |

## 四川省第十六行政督察区二十六年六月份保甲概况统计报告表

| | 松潘 | 理番 | 茂县 | 懋功 | 汶川 | 靖化 | 总计 |
|---|---|---|---|---|---|---|---|
| 区数 | 3 | 3 | 3 | 4 | 3 | 2 | 18 |
| 保数 | 66 | 45 | 88 | 50 | 48 | 30 | 327 |
| 甲数 | 508 | 408 | 822 | 490 | 407 | 254 | 2889 |

四川抗战历史文献
（少数民族卷）

续表

| | | 县别<br>事项 | | 松潘 | 理番 | 茂县 | 懋功 | 汶川 | 靖化 | 总计 |
|---|---|---|---|---|---|---|---|---|---|---|
| 户数 | | 原有 | | 5404 | 5604 | 8208 | 5926 | 4346 | 14888 | 44376 |
| | | 迁入 | | | 17 | 26 | | | | 43 |
| | | 迁出 | | 72 | 1623 | 34 | | | 1248 | 2977 |
| | | 现有 | | 5332 | 3998 | 8200 | 5926 | 4346 | 13640 | 41442 |
| | 比较 | 增 | | | | | | | | |
| | | 减 | | 72 | 1606 | 8 | | | 1248 | 2934 |
| 人口数 | 原有 | | 男 | 12950 | 10465 | 17021 | 13147 | 10466 | 30218 | 94247 |
| | | | 女 | 10936 | 12608 | 18471 | 11384 | 9910 | 33572 | 96881 |
| | | | 合计 | 23866 | 23073 | 35492 | 24531 | 20376 | 63790 | 191128 |
| | 迁入 | | 男 | | 27 | 61 | | | | 88 |
| | | | 女 | | 11 | 71 | | | | 82 |
| | | | 合计 | | 38 | 132 | | | | 170 |
| | 迁出 | | 男 | 121 | 1947 | 68 | | | | 2136 |
| | | | 女 | 113 | 3362 | 72 | | | | 3547 |
| | | | 合计 | 234 | 5309 | 140 | | | | 5683 |
| | 出生 | | 男 | 54 | 1 | 47 | | | | 102 |
| | | | 女 | 41 | 2 | 46 | | | | 89 |
| | | | 合计 | 95 | 3 | 93 | | | | 191 |
| | 死亡 | | 男 | □□ | □ | 49 | | | | 49 |
| | | | 女 | 164 | | 46 | | | | 210 |
| | | | | | | | | | | |
| | 现有 | | 男 | 12741 | 8544 | 17012 | 13147 | 10408 | 52453 | 114305 |
| | | | 女 | 10700 | 9259 | 18470 | 11384 | 9970 | 21696 | 81479 |
| | | | 合计 | 23441 | 17803 | 35482 | 24531 | 20378 | 74149 | 195784 |
| | 比较 | 增 | 男 | | | | | | | |
| | | | 女 | | | | | | | |
| | | | 合计 | | | | | | | |
| | | 减 | 男 | 189 | 1921 | 9 | | | 8965 | 11084 |
| | | | 女 | 236 | 3349 | 1 | | | 11676 | 15262 |
| | | | 合计 | 425 | 5270 | 10 | | | 20641 | 26346 |

172

续表

| | | | 松潘 | 理番 | 茂县 | 懋功 | 汶川 | 靖化 | 总计 |
|---|---|---|---|---|---|---|---|---|---|
| 壮丁数 | 原训练数 | | 72 | 3145 | 2247 | 1324 | | | 6788 |
| | 现训练数 | | | | 960 | 113 | 1304 | | 2377 |
| | 未训练数 | | 2032 | | 3617 | 6287 | 2571 | 4842 | 19343 |
| | 合计 | | 2104 | 3145 | 6824 | 7718 | 3875 | 4842 | 28508 |
| 干部训练 | 原训练数 | 保长 | | 45 | 8 | | | | 53 |
| | | 甲长 | | 408 | 17 | | | | 425 |
| | | 合计 | | 453 | 25 | | | | 478 |
| | 现训练数 | 保长 | | | | | | | |
| | | 甲长 | | | | | | | |
| | | 合计 | | | | | | | |
| | 未训练数 | 保长 | 66 | | 80 | 50 | 48 | 30 | 274 |
| | | 甲长 | 508 | | 805 | 490 | 254 | 254 | 2311 |
| | | 合计 | 574 | | 885 | 540 | 302 | 284 | 2585 |
| 民有枪支 | 公有 | | 90 | | 101 | 90 | 123 | | 404 |
| | 私有 | | 47 | | 1283 | 250 | 1306 | | 2886 |
| | 合计 | | 137 | | 1384 | 340 | 1429 | | 3290 |
| 保甲经费 | 实收 | | | | 434.75 | 350 | | | |
| | 实支 | | | | 319.00 | 580 | | | |
| | 积余 | | | | 115.75 | | | | |
| | 不敷 | | | | | 230 | | | |
| | 备考 | | 保甲人员尚未实行训练；保甲经费尚未实行征收 | 壮丁现训练数、未训练数未统计；保甲长现训练数、未训练数未统计；民有枪支数未统计保甲经费未征收 | 增减男女数不清楚，现训练保甲长人数未统计□ | □ | □（保甲经费未征收） | 1.□；2.民有枪支数未统计；3.保甲经费未征收 | 保甲经费未征收 |

（资料来源：阿坝州档案馆所藏民国档案，全宗号 8，目录号 1，案卷号 994）

## 4. 抗战期间四川第十六区夷族分布地区人口武力调查表

### 卸任松潘县县长任造送各寨土官姓名清册

| 区　别 | 寨别 | 姓名 |
|---|---|---|
| 一区属 | 大寨 | 乔登保 |
| | 七寨 | 桑介牙 |
| | 毛牛沟 | 朗介 |
| | 大小姓 | 荣德清、禄哥 |
| 三区署 | 祁命寨 | 祁郎吉 |
| | 寒盼寨 | 韩成德 |
| | 山巴寨 | 吴范九（代理）、泽哥 |

三区署边民种类组织实力及其分布状况何如，政府是否可以完全统制本区民族，大别可分为汉、回、番、羌狨、猓、夷六种。羌狨为土著民族，无文字，分住于茂理汶三县。狨族因少于羌，历史之成就亦远不如羌早，为羌族同化不可复识别矣。回族人数较少，多系甘青两省转徙而来散居于各县，以教律谨严之故，其团结力甚强。又因教习读文能汉话，复与汉人交易往来频繁，多与汉人友谊相处感情和洽。番族则系康藏青海转徙而来，文字大体虽同西藏而语言则不统一，佞佛不通佛经，类多巫觋迷信，散处于松理两县大部区域。松潘关外（黄胜关）草地各部虽同为番族，然因转徙来源与先后之不同，各存部落之见，无复亲亲之义也。至猓夷则仅少数人口，不过数千。现处于松潘属之小娃沟各地，系云南生夷之徙征金川留住者，无文字，无礼教，大都以掠劫为生，剽悍异常，较番族尤为劣等。番羌猓夷各族原无组织，以实力之大于我而能利害我者为依归，至其枪弹则多自汉回奸民处得来。二十四五年"赤党"出入本区，其失落于番匪各地者数亦不少。其对政府之服从观念并非肇于国家国族，全以力量不如汉人政府可以利害自己耳。松潘关外草地广袤千里，县府鞭长莫及，彼等与政府之利害关系甚少。以是距离益远益难统治，谨分别表陈如左〈下〉：

### 四川第十六区夷族分布地区人口武力调查表（民三十年十月一日制）

| 县别 | 种族别 | 分布地区 | 头目姓名 | 人数 | 枪支 | 转徙来源 | 政府是否能于统制 | 备　考 |
|---|---|---|---|---|---|---|---|---|
| 松潘 | 西番 | 毛牛色子寺寨 | 土千总陈邦杰 | 320 | 70 | 青海 | 尚知服从 | |
| | | 拈佑阿革寨 | 土千总 | 200 | 90 | 清海 | 同上 | 现归牛毛的土官管辖 |
| | | 热雾寨 | 土守备王登喇嘛 | 690 | 250 | 同上 | 同上 | 同上 |

| 县别 | 种族别 | 分布地区 | 头目姓名 | 人数 | 枪支 | 转徙来源 | 政府是否能于统制 | 备考 |
|---|---|---|---|---|---|---|---|---|
| 松潘 | 猓猡 | 羖弥喜寨 | 土守备益西 | 1470 | 350 | 云南 | 不知服从 | 现归牛毛的土官管辖 |
| | | 茨木林寨 | 小土官徐家孝 | 650 | 300 | 同上 | 同上 | 现归羖弥喜土官管 |
| | | 七不徐之河寨 | 土守备黎妈 | 430 | 110 | 同上 | 同上 | |
| | | 麦褛蛇湾寨 | 土守备达地 | 780 | 400 | 同上 | 同上 | |
| | | 毛耳革阿按寨 | 土守备儒借 | 1250 | 450 | 同上 | 同上 | （即大黑水） |
| | | 毛耳革牟帐房 | 副土官流西菊 | 250 | 50 | 同上 | 同上 | 现归毛耳革阿按管 |
| | 西番 | 阿思岗大寨 | 土守备王道生 | 410 | 80 | 青海 | 能于统治 | |
| | | 三舍羊尚和药寨 | 土守备 | 550 | 60 | 同上 | 同上 | |
| | | 下泥巴寨 | 土千总常渣 | 360 | 40 | 同上 | 同上 | |
| | | 寒盼寨 | 土守备韩成德 | 560 | 50 | 同上 | 同上 | |
| | | 山巴寨 | 土守备泽哥 | 220 | 40 | 同上 | 同上 | |
| | | 巴躲寨 | 小土官吴范九 | 230 | 40 | 同上 | 同上 | |
| | | 祈命寨 | 土守备祈朗吉 | 520 | 50 | 同上 | 同上 | |
| | | 踏藏寨 | 土千总黄家娃 | 390 | 50 | 同上 | 尚知服从 | 二十七年改土归流，现辖第三区署 |
| | | 阿按寨 | 土外委阿钮 | 390 | 45 | 同上 | 同上 | |
| | | 挖药寨 | 土外委泽旺 | 110 | 12 | 同上 | 同上 | |
| | | 押顿寨 | 土外委 | 330 | 25 | 同上 | 同上 | |
| | | 中岔寨 | 土外委 | 310 | 40 | 同上 | 不能统治 | |
| | | 郎寨 | 土外委郎周 | 300 | 25 | 同上 | 同上 | |
| | | 竹自寨 | 土外委强喇嘛 | 120 | 10 | 同上 | 同上 | |
| | | 藏咱寨 | 土外委龙世周 | 300 | 20 | 同上 | 同上 | |
| | | 东拜五亚寨 | 土外委 | 300 | 30 | 同上 | 同上 | |
| | | 达弄恶坝寨 | 土外委 | 510 | 30 | 同上 | 同上 | |
| | | 香咱寨 | 土外委 | 570 | 50 | 同上 | 同上 | |
| | | 咨马寨 | 土外委 | 710 | 80 | 同上 | 同上 | |
| | | 八顿寨 | 土外委 | 390 | 50 | 同上 | 同上 | |
| | | 上包座佘湾寨 | 土千户宅旺 | 370 | 100 | 同上 | 尚知服从 | 当松岷大道 |

四川抗战历史文献
（少数民族卷）

续表

| 县别 | 种族别 | 分布地区 | 头目姓名 | 人数 | 枪支 | 转徙来源 | 政府是否能于统制 | 备考 |
|---|---|---|---|---|---|---|---|---|
| 松潘 | 西番 | 下包寨竹当寨 | 土千户桑渣孝 | 310 | 100 | 青海 | 能于统治 | 当松岷大道 |
| | | 川拓寨 | 土千户 | 560 | 110 | 同上 | 不能统制 | |
| | | 谷儿坝那浪寨 | 土千户 | 520 | 80 | 同上 | 同上 | |
| | | 变则红凹寨 | 土千户 | 640 | 120 | 同上 | 同上 | |
| | | 上撒路木路恶寨 | 土百户 | 250 | 50 | 同上 | 同上 | |
| | | 中撒路杀按□寨 | 土百户 | 210 | 60 | 同上 | 同上 | |
| | | 下撒路竹弄寨 | 土百户 | 490 | 110 | 同上 | 同上 | |
| | | 崇路谷汉寨 | 土百户 | 880 | 130 | 同上 | 同上 | |
| | | 竹路森纳寨 | 土百户 | 220 | 70 | 同上 | 同上 | |
| | | 土勒凹亥按寨 | 土百户作腮 | 260 | 50 | 同上 | 同上 | |
| | | 下勒凹卜顿寨 | 土百户 | 310 | 75 | 同上 | 同上 | |
| | | 班佑寨 | 土千户泽旺扎西 | 400 | 70 | 同上 | 同上 | |
| | | 巴细蛇住坝寨 | 土百户 | 650 | 95 | 同上 | 同上 | |
| | | 阿细拓弄寨 | 土百户 | 350 | 70 | 同上 | 同上 | |
| | | 上作尔格寨 | 土百户 | 200 | 30 | 同上 | 同上 | |
| | | 合坝独裸寨 | 土百户 | 210 | 30 | 同上 | 同上 | |
| | | 辖漫寨 | 土百户阿流 | 390 | 60 | 同上 | 同上 | |
| | | 下作尔格寨 | 土百户 | 380 | 50 | 同上 | 同上 | |
| | | 物藏寨 | 土百户 | 130 | 15 | 同上 | 同上 | |
| | | 热当寨 | 土百户阿登 | 250 | 25 | 同上 | 同上 | |
| | | 磨下寨 | 土百户 | 70 | 5 | 同上 | 同上 | |
| | | 甲凹寨 | 土百户 | 220 | 18 | 同上 | 同上 | |
| | | 阿格寨 | 土百户 | 260 | 20 | 同上 | 同上 | |
| | | 鹄个寨 | 土百户阿革 | 410 | 78 | 同上 | 同上 | |
| | | 郎惰 | 土百户 | 600 | 80 | 同上 | 同上 | |
| | | 上阿坝甲多寨 | 土千户折不洛 | 3410 | 2460 | 同上 | 同上 | |
| | | 中阿坝墨仓寨 | 土千户杨俊扎西 | 3850 | 3200 | 同上 | 同上 | |

续表

| 县别 | 种族别 | 分布地区 | 头目姓名 | 人数 | 枪支 | 转徙来源 | 政府是否能于统制 | 备考 |
|---|---|---|---|---|---|---|---|---|
| 松潘 | 西番 | 墨洼下阿坝阿强寨 | 土千户上基见错 | 4100 | 1310 | 民十九年由西康德格县迁来 | 能于统治 | |
| | | 上鄂罗克车木塘寨 | 土千户康克亮 | 310 | 70 | 同上 | 同上 | |
| | | 中鄂罗克□落寨 | 土百户康克明 | 1640 | 210 | 同上 | 同上 | |
| | | 下鄂罗克纳长寨 | 土百户康万庆 | 1200 | 120 | 同上 | 同上 | |
| | | 上阿树银达寨 | 土百户 | 810 | 75 | 同上 | 同上 | |
| | | 中阿树空简寨 | 土千户 | 1000 | 160 | 同上 | 同上 | |
| | | 下阿树郎达寨 | 土百户 | 880 | 70 | 同上 | 同上 | |
| | | 小阿树寨 | 土百户 | 540 | 60 | 同上 | 同上 | |
| | | 大姓丢骨寨 | 土千户丁明扬 | 480 | 70 | 同上 | 尚知服从 | |
| | | 大姓云昌寨 | 土千户荣德清 | 800 | 50 | 同上 | 同上 | |
| | | 呷竹寺寨 | 土千户安登沄 | 180 | 20 | 同上 | 同上 | |
| | | 中羊峝隆康寨 | 土司喇嘛稣 | 690 | 30 | 同上 | 同上 | 已编保甲 |
| | | 下羊峝黑角浪寨 | 土司 | 200 | 25 | 同上 | 同上 | 同上 |
| | | 芝麻寨 | 土守择利叟 | 300 | 18 | 同上 | 同上 | 同上 |
| | | 中田寨 | 土守备杨承先 | 300 | 15 | 同上 | 同上 | 同上 |
| | | 勿谷寨 | 土千总仇细踏 | 790 | 35 | 同上 | 同上 | 同上 |
| | | 边山寨 | 土守备 | 740 | 37 | 同上 | 同上 | 同上 |
| 理番 | 西番 | 二水龙坝、麻窝 | 头人苏永和 | 875 | 4800 | 西康 | 尚知服从 | |
| | | 沙板沟 | 头人沙板沟太太 | 10000 | 4600 | 同上 | 同上 | |
| | | 褓窝 | 头人功高羊平 | 6500 | 5250 | 同上 | 同上 | |
| | | 梭磨 | 头人色躬木忒尔 | 210 | 540 | 同上 | 同上 | |
| | | 来苏上四沟 | 头人汪都 | 470 | 200 | 同上 | 同上 | 已编保甲 |
| | | 来苏下五沟 | 头人孙格尔甲 | | 250 | 同上 | 同上 | |
| | | 三滩口 | 头人笃尔吉 | 1000 | 220 | 同上 | 不能统治 | |

续表

| 县别 | 种族别 | 分布地区 | 头目姓名 | 人数 | 枪支 | 转徙来源 | 政府是否能于统制 | 备考 |
|---|---|---|---|---|---|---|---|---|
| 理番 | 西番 | 三安曲 | 头人额尔窘喇嘛 | 310 | 100 | 西康 | 不能统治 | |
| | | 安匡 | 头人康尕雪尕 | 1200 | 80 | 同上 | 同上 | |
| | | 灢躺 | | 7000 | 40 | 同上 | 同上 | |
| | 羌 | 卓克基长官司 | 土司索观瀛 | 4200 | 670 | 土著 | 尚知服从 | |
| | | 松岗 | 土司 | 4000 | 500 | 同上 | 同上 | 土司绝后头人分治 |
| | | 党坝长官司 | 土司色尕海 | 1300 | 100 | 同上 | 同上 | |
| | | 三齐番 | 头人张天德 | 270 | 120 | 同上 | 同上 | |
| | | 新番 | 头人陈木匠保 | 370 | 100 | 同上 | 同上 | |
| 茂县 | 羌 | 大姓乡 | 乡长王朗基 | 716 | 210 | 同上 | 同上 | |
| | | 曲谷乡 | 乡长王国栋 | 1119 | 300 | 同上 | 同上 | |
| | | 龙坪乡 | 乡长杨国忠 | 580 | 300 | 同上 | 同上 | |
| | | 小北乡 | 乡长苏成开 | 940 | 250 | 同上 | 同上 | |
| 懋功 | 番 | 沃日安抚司 | 土司杨春普 | 3100 | 300 | 西康 | 同上 | |
| | | 八角碉屯 | 土守备木兰芬 | 740 | 100 | 同上 | 同上 | |
| | | 别思满屯 | 土守备古仕忠 | 1000 | 200 | 同上 | 服从政府 | |
| | 羌族① | 宅垄屯 | 土守备雍鹤龄 | 610 | 135 | 土著 | 尚知服从 | |
| | | 汗牛屯 | 土守备 | 800 | 175 | 同上 | 同上 | |
| 汶川 | 羌 | 瓦寺宣慰司 | 土司索观云 | 3000 | 200 | 土山者 | 服从 | |
| 靖化 | 西番 | 河西屯 | 土守备阿靖峰 | 1500 | 345 | 西康 | 尚知服从 | 已改土归流 |
| | | 河东屯 | 土守备胥仲臣 | 780 | 280 | 同上 | 同上 | 已编保甲 |

附记：本编所列人数枪数系依历年调查所得结果，估计未尽精确，合并陈明。又本区各民族如以十分作比，番族占十分之四五，羌族占十分之二五，汉族占十分之二，回族及猓族共占十分之一弱。

（资料来源：阿坝州档案馆所藏民国档案，全宗号8，目录号1，案卷号226）

---

① 本表有误，宅垄屯、瓦寺土司，均为藏族。

## 5. 抗战时期川西北各县粮食和矿产调查方面的档案文献

### 1937 年 12 月份四川省松潘县农产仓库调查表

| | | | | |
|---|---|---|---|---|
| 运销量 | 杂粮 | 无 | | |
| | 米麦 | 无 | | |
| 自用量 | 杂粮 | 20000 市石 | | 附记：1. 本表根据二十六年十二月份实况查报 |
| | 米麦 | 180000 市石 | | |
| 出产量 | 米麦、杂粮 | 200000 市石 | | 2. 单位以市石记 |
| 市县别 | | 松潘县 | | 3. 本县民仓系旧式的规模，最小平均每仓约可容 5 市石 |
| 公仓数 | | 1 | | |
| 公仓藏量 | | 150 石 | | |
| 民仓数 | | 无 | | |
| 民间储藏量 | 杂粮 | 无 | | |
| | 米麦 | 无 | | |
| 输入量 | 杂粮 | 2000 市石 | | |
| | 米麦 | 5000 市石 | | |

县长：萧廉武（代）

（资料来源：阿坝州档案馆所藏民国档案，全宗号 8，目录号 1，案卷号 748）

### 1937 年川西北煤铁及金属矿产调查表（一）

| 运销区域 | 矿所在地 | 职工人数 | 资本额 | 储存量 | 运销量 | 出产量 | 矿层蕴藏量 | 矿质成分 | 面积（方里） | 矿别 | 市县别 |
|---|---|---|---|---|---|---|---|---|---|---|---|
| | 沿岷江两岸 | | | | | | | | | 金 | 茂县 |
| | 松坪沟 | | | | | | | | | 金 | |
| | 天池 | | | | | | | | | 煤 | |
| 成都 | 漳腊金河坝 | 1000 | 100000 | 无 | 无 | 每日约产 10 两 | 未详 | 99% | 150 | 金 | 松潘 |
| | 牛牛山西侧 | | | | | | | | 120 | 金 | |
| | 毛牛沟一带 | | | | | | | | 150 | 金 | |
| | 小姓沟 | | | | | | | | 200 | 金 | |
| | 索花坝一带 | | | | | | | | 200 | 金 | |
| | 卡草地一带 | | | | | | | | 250 | 金 | |
| | 乾河坝 | | | | | | | | 50 | 金 | |

续表

| 运销区域 | 矿所在地 | 职工人数 | 资本额 | 储存量 | 运销量 | 出产量 | 矿层蕴藏量 | 矿质成分 | 面积（方里） | 矿别 | 市县别 |
|---|---|---|---|---|---|---|---|---|---|---|---|
| 成都 | 卫岩及附近 | | | | | | | | 5 | 金 | 松潘 |
| | 羊芋屯 | | | | | | | | 10 | 金 | |
| | 川主河坝 | | | | | | | | 5 | 金 | |
| | 祈命及水桶 | | | | | | | | 105 | 金 | |
| | 上下包座一带 | | | | | | | | 100 | 煤 | |
| | 三舍驿沟大山 | | | | | | | | 10 | 铁 | |
| | 南坪草地沟 | | | | | | | | 10 | 铁 | |
| | 漳东北红心岩 | | | | | | | | 10 | 铜 | |
| | 松北踏藏沟 | | | | | | | | 40 | 铜 | |

（资料来源：阿坝州档案馆所藏民国档案，全宗号 8，目录号 1，案卷号 748）

### 1937 年川西北煤铁及金属矿产调查表（二）

| 运销区域 | 矿所在地 | 职工人数 | 资本额 | 储存量 | 运销量 | 出产量 | 矿层蕴藏量 | 矿质成分 | 面积 | 矿别 | 市县别 |
|---|---|---|---|---|---|---|---|---|---|---|---|
| 灌县 | 下黑水色耳古 | | | | | | | | | 金 | 理番 |
| | 杂谷脑喇嘛寺 | | | | | | | | | 金 | |
| | 杂谷屯毕棚沟 | | | | | | | | | 银 | |
| | 红水沟 | | | | | | | | | 银 | |
| | 增头沟 | | | | | | | | | 铁 | |
| | 龙头铜厂 | | | | | | | | | 铜 | |
| | 毕棚沟 | | | | | | | | | 铝 | |
| | 威州 | | | | | | | | | 金 | |
| | 龙溪猪脑坝 | 14 | 5000 | 20公吨 | 380公吨 | 450公吨 | 不明 | 55％ | 15公亩 | 煤 | 汶川 |
| | 抚边 | 120 | | | 200市两 | 200市两 | | | 50000公亩 | 金 | 懋功 |
| | 银厂沟 | | | | | | | | 80000公亩 | 银 | |
| | 巴朗山脚 | | | | | | | | 120000公亩 | 石棉 | |
| | 日隆关达维 | | | | | | | | 80000公亩 | 锑 | |

| 运销区域 | 矿所在地 | 职工人数 | 资本额 | 储存量 | 运销量 | 出产量 | 矿层蕴藏量 | 矿质成分 | 面积 | 矿别 | 市县别 |
|---|---|---|---|---|---|---|---|---|---|---|---|
| 灌县 | 汗牛屯 | | | | | | | | 150000公亩 | 铁 | 懋功 |
| 西康省 | 绰斯甲之色耳巴 | 1500 | | | | 每日约6两 | | | 78公顷 | 金 | 靖化 |

附记：1. 本区各县矿产除松潘漳腊及靖化色耳巴之金矿、汶川龙溪猪坝金矿探采较有规模外，其余表列各矿或在夷地无人开采或系农人于闲时自由淘取；2. 本表根据二十六年十二月份实况查报；3. 本表以每一矿址为单位。

（资料来源：阿坝州档案馆所藏民国档案，全宗号8，目录号1，案卷号748）

## 茂县煤铁及金属矿产调查

市县别：茂县

矿别：金（沿岷江两岸）

煤（松坪沟）

附记：1. 本县矿产以产量不丰，故无调查数字；2. 沟口乡、吴家沟、驴子坪、平头村虽产沙金，产量极微；3. 天池、鞍子沟、花石沟、黑炭厂有人曾用旧法采掘出不少矿产。

专员兼茂县县长：谢培筠

中华民国二十六年十二月

（资料来源：阿坝州档案馆所藏民国档案，全宗号8，目录号1，案卷号748）

## 松潘县煤铁及金属矿产调查

1. 松潘县漳腊：沙金，150方里，矿质成分99%；出产量每日约10两，运销量每日约10两；储存量无；资本额100000；职工人数1000人；矿所在地：漳腊金河坝；运往成都。

2. 松潘黄胜关：沙金，120方里。矿所在地：牛半山西侧。

3. 松潘喀龙岗：沙金，150方里。矿所在地：毛牛沟一带。

4. 松潘小姓沟：沙金，200方里。矿所在地：小姓沟。

5. 松潘毛儿寨：沙金，200方里。矿所在地：索花坝一带。

6. 松潘卡草地：鸡窝金，250方里。矿所在地：卡草地一带。

7. 松东乾河坝：沙金，50方里。矿所在地：乾河坝。

8. 松城卫岩：沙金，5方里。矿所在地：卫岩及其附近。

9. 松潘羊芋屯：沙金，10方里。矿所在地：羊芋屯。

10. 松潘川主寺：沙金，5 方里。矿所在地：川主河坝。

11. 松潘祈命：沙金，5 方里。矿所在地：祈命及水桶。

12. 松潘包座：沙金，100 方里。矿所在地：上下包座一带。

13. 松潘三舍驿：褐炭，10 方里。矿所在地：三舍驿沟大山。

14. 松潘草地沟：赤铁矿，10 方里。矿所在地：南坪草地沟。

15. 松潘红心岩：赤铁矿，10 方里。矿所在地：漳东化红心岩。

16. 松潘踏藏：铜矿，40 方里。矿所在地：松北踏树沟。

17. 松潘踏藏：铜矿，10 方里。矿所在地：松北踏藏沟。

附记：1. 本表根据二十六年十二月份实况查报；2. 本表以每一矿为单位；3. 本表除漳腊外，其余各地均未开采，故产量各栏无法填报；4. 漳腊矿砂每一立方码内含沙金最多五钱，最少则仅一分以内。

松潘县长：萧廉武

中华民国二十六年十二月

（资料来源：阿坝州档案馆所藏民国档案，全宗号 8，目录号 1，案卷号 748）

## 理番县煤铁及金属矿产调查

沙金：面积不可考。矿所在地：下黑水色耳古。运销区域不可考。

沙金：面积不可考。矿所在地：杂谷脑喇嘛寺。

银：面积不可考。矿所在地：杂谷屯毕棚沟。

银：面积不可考。矿所在地：维关沟。

铁：面积不可考。矿所在地：红水沟。

铁：面积不可考。矿所在地：增头村。

铜：面积不可考。矿所在地：龙头铜厂。

铅：面积不可考。矿所在地：毕棚沟。

沙金：面积不可考。矿所在地：威州。

备考：本县出产以上各种煤铁及金属矿产惟因距离太远又属夷地且无人从事科学开采，故无法查其面积、矿质成分、层蕴藏量、出产量、运销量、储存量、资本额、职工人数、运销区域各项情形数字等。

理番县长：龚万材

中华民国二十六年十二月

（资料来源：阿坝州档案馆所藏民国档案，全宗号 8，目录号 1，案卷号 748）

## 汶川县煤铁及金属矿产调查

煤炭矿：面积 15 公顷；矿质成分 55%；矿层蕴藏量不明；出产量：450 公吨；运销量：380 公吨；储存量：20 公吨；资本额：5000；职工人数 14 人；矿所在地：龙溪猪脑坝；运销区域：灌县。

附记：1. 本表根据二十六年十二月份实况查报；2. 本表以每一矿址为单位。

主管机关长官：凌光衡

中华民国二十六年十二月

（资料来源：阿坝州档案馆所藏民国档案，全宗号8，目录号1，案卷号748）

## 懋功县煤铁及金属矿产调查

金：面积50000；出产量：200市两；运销量：200市两；职工人数120人；矿所在地：抚边；运销区域：成都、灌县。

银：面积60000；矿所在地：银厂沟。

锑：面积80000；矿所在地：日隆关达维。

石棉：面积120000；矿所在地：巴朗山脚。

铁：面积150000；矿所在地：汉牛屯。

附记：1. 本表根据二十六年十二月份实况查报；2. 本表以每一矿址为单位；3. 银、锑、石棉、铁尚未开采，本县无测量仪器，无法估计。金皆由当地农夫农暇时开采，并无集资开采，面积以公顷为单位。

懋功县长：乐九成

中华民国二十六年十二月

（资料来源：阿坝州档案馆所藏民国档案，全宗号8，目录号1，案卷号748）

## 靖化县煤铁及金属矿产调查

金矿：面积78公顷；矿质成分：未详；矿层蕴藏量：未详；出产量：每日约6两左右；运销量：未详；储存量：未详；资本额：未详；职工人数：约1500人；矿所在地：绰斯甲之色耳巴；运销区域：经道孚炉霍转运西康。

附记：1. 本县色耳巴金厂系由晋益公司呈准开采以距县遥远，矿务实际情形故未尽悉；2. 本县煤铁两矿现无人勘测开发；3. 本表根据二十六年十二月份实况查报；4. 本表以每一矿址为单位。

靖化县长：刘绍绪

中华民国二十六年十二月

（资料来源：阿坝州档案馆所藏民国档案，全宗号8，目录号1，案卷号748）

## 理番县农产仓库调查

出产量：米麦3565；杂粮17800。

自用量：米麦2800；杂粮9100。

运销量：米麦无；杂粮870。

输入量：米麦210；杂粮无。

民间储藏量：米麦 565；杂粮 7830。

民仓数：无。

公仓藏谷量：无。

公仓数：1。

备考：1. 本县不产稻作，人民概以玉米麦类等杂粮为食，就中以玉米为主要；2. 公仓一座因年久失修且民国二十四年、二十五年地旱，民仓不足，未能储藏；3. 本调查系本县已编保甲之三区而言，至县属四土三番等地则因其距离太远且属夷地未便调查。

理番县长：龚万材<br>中华民国二十六年十二月

（资料来源：阿坝州档案馆所藏民国档案，全宗号 8，目录号 1，案卷号 748）

## 6. 抗战期间为征兵问题对茂县、松潘等处盐场工人情况的调查

茂县团管区司令部为征兵<br>调查盐场工人状况给松潘县府的训令<br>（松字第三五九号）

令松潘县政府：

二十八年十二月十五日案奉成茂师管区司令部征二役字第 1096 号训令开：案奉四川省军管区司令部役字第 3127 号开，查各县公私工厂及盐场所有工人近因征兵之故时起纠纷，若不急谋补救殊于抗战生产难期两利，本部为统筹兼顾，推行尽利起见，特制订调查表式样，令发该部仰即转予所属团区遵守，将各该区所辖县市所有公私工厂及盐场各项工人自二十六年起各单位雇佣确数，遵照表式逐年填明，呈由该师管区备案报核。各管区合并后将各工厂盐场嗣后推行征兵及确定工人缓役，如何杜绝纠纷，防止弊端办法，切实敷陈意见用备参考，事关要政，切勿疏忽敷衍，除分令兼团区各市县外合行随文检发表式仰即转予所属各市县于文到两周内遵照表式填报备转到部，以凭汇集报核，勿逾期为要。

此令。

附抄发调查表式样一份

民国二十八年十二月二十三日<br>司令：熊家炜<br>部员：程天池

（资料来源：阿坝州档案馆所藏民国档案，全宗号 8，目录号 1，案卷号 226）

松潘县府关于填呈本县工厂人数调查表<br>给茂县团管区司令部的呈文及指令

案奉钧部总字第 359 号训令开："为奉抄发工厂工人之数调查表，饬照表式依限查

明具报，以凭汇转。"等因。计抄发调查表式一份。奉此，遵即抄转饬第三区属，遵照查填具报核转去讫。兹据该署转采金局暨福华公司填写上述调查表，请予核示，理合检同原表具文来请钧部俯赐核查。

谨呈茂县团管区司令部

计赍呈工厂工人之数调查表一二份

## 全衔指令役字第 0226 号

令第三区署：

本年二月十七日民壹4字第1号呈件——为遵令填呈工厂工人之数调查表赍请核转由，呈表均悉，仰候核转。

此令。

表存转。

民国二十九年二月

县长：黄〇〇

（资料来源：阿坝州档案馆所藏民国档案，全宗号8，目录号1，案卷号226）

## 松潘县政府第三区区署关于填报工厂工人人数调查表的呈
### （民壹拾字第壹号）

案奉钧署役字第0226号训令，饬填报工厂工人人数调查表一案。奉此，遵即转函采金局暨福华公司依照表式填送去讫，兹准填送到署，理合检呈原表随文赍请钧府鉴核祗遵。

谨呈松潘县政府

附检呈工厂工人人数调查表二份

松潘县第三区区长：谢华昌

## 国营松潘县金矿矿场矿工人数调查表
### （二十九年二月五日）

设厂地名：漳腊一根树安顺关　　　　负责人姓名：文澄　　公私性别：国营

工业种类：砂金矿

二十六年六月以前作工人数：

技术工人人数 ：未设立

普通工人三十五六岁上下人数：（此栏原文献未填，下同）

二十六年七月以后工作人数：

技术工人：

普通工人三十五六岁上下人数：未设立

二十七年全年工作人数：

技术工人 ：六人

普通工人三十五六岁上下人数：五人

二十八年作工人数：

技术工人：十六人

普通工人三十五岁以下四十二人、三十六以上人数八人

（资料来源：阿坝州档案馆所藏民国档案，全宗号8，目录号1，案卷号226）

## 四川省松潘县福华公司漳腊金厂矿工人数调查表

（二十九年一月　日制表）

设厂地名：漳腊　负责人姓名：王仲槐　　公私性别：私营　工业种类：金矿业

二十六年六月以前工作人数：

技术工人：五百人

普通工人三十五岁以下人数：四千人

三十六岁以上人数：三千五百二十三人；

二十六年七月以后工作人数：

技术工人：四百八十二人

普通工人三十五岁以下人数：三千九百五十一人

三十六岁以上人数：三千三百四十八人

二十七年全年工作人数：

技术工人：四百九十三人

普通工人三十五岁以下人数：三千八百七十四人

三十六岁以上人数：三千四百一十五人

二十八年作工人数：

技术工人：四百八十八人

普通工人三十五岁以下人数：三千七百二十三人

三十六岁以上人数：三千三百五十四人

（资料来源：阿坝州档案馆所藏民国档案，全宗号8，目录号1，案卷号226）

## 松茂灌等县增加农产

（1937 年 11 月）

　　茂县第十六区专员谢培筠，以该区所辖之茂县、松潘、理番、汶川、懋功、靖化等县，皆在西陲山区，地面九石一土，农作物每年只能收获一次，数量甚微。兹值国战当前，后方各地一切生产，亟应努力，使之增加。谢专员特于十月份令各县府区署认真督饬管地耕农，将就土宜，多种玉蜀黍、小麦、大麦、豆类等各种粮食。并尽力开荒，完全播种最易生长之马铃薯云。

　　又，灌县县境，岷江南岸之玉堂、中兴、石羊各场，为特产川芎、泽泻两宗药材之区，皆系农田栽种。年产川芎约一百六十七万斤，泽泻五六十万斤。均在冬季下种，翌年之夏季收获。今年夏季新产之川芎，运输出口者甚少，现堆存如山，市价大跌至十八九元一百斤，尚无人购买。兹又届新苗下种时期，各乡耕农，听联保甲长转奉县府增加粮食生产之命令，复经劝导，知芎、泽两药材将来销之难旺，所有田亩遂多改种豆、麦云。

## 松潘县县长为县城被炸致四川省政府主席张群电
### （1941 年 6 月 25 日）

成都。兼理主席张。密。县城梗日被炸，重伤达百余人，轻伤已登记者达二百人，未登记而疏散四乡者尚无统计。本县漳腊既有机场，并运到大批汽油。今后重空袭，决不可免除强迫民众疏散。恳请钧府立饬卫生处多派医士，并运大批药品，兼程来松速组织伤民医院，以资救济。松潘县长黄白殊。午。

## 第十六行政督查区专员严光熙为松潘被炸损失情形致川康绥靖公署电
### （1941 年 7 月 4 日）

成都。川康绥署。省府。密。松潘被炸情形据黄县长白殊续电：实死 198 人，重伤 204 人，轻伤 293 人，焚房 58 栋，毁坏 187 栋。除加紧医治、收容外，恳拨款救济。职严光熙叩。冬保印。

# 第三章　国民政府对川康民族地区的治理

## 一、抗战时期国民政府对彝区的治理

### 1. 关于保护彝人财产的电文

**奉令饬将投诚夷人优待办法暨保护夷人财产规则**
**呈核一案遵将宁属夷务委员会拟呈办法缮呈鉴核由**
（省民字第○○○七号　二十八年四月六日发）

　　前奉钧行营渝治一○五○二号训令："饬将关于宁属慎选文武官吏，改良夷民待遇，增强地方自卫能力各节，妥筹拟办复夺。"等因。遵于二十八年一月三十一日呈复奉钧行辕蓉行政第九号指令开："呈悉。仰将投诚夷民优待办法，暨保护夷人财产规则，迅拟呈核。此令。"等因。奉此，查此案昨据宁属夷务委员会将优待投诚夷人及保护夷人财产各项，并案拟具暂行办法前来，业经本府查酌情形，略予修正，饬遵在案。兹奉前因，理合辩同原办法，具文呈请钧行辕，俯赐鉴核示遵。

谨呈国民政府军事委员会委员长成都行辕委员长蒋
附呈优待投诚夷人暂行办法一份

西康省政府主席：刘文辉

附：

### 优待投诚夷人暂行办法

一、凡夷人不待用兵而自动投诚者，得依本办法，予以优待。
二、凡夷人投诚，须遵守左〔下〕列条件：
甲、清还被掳汉人及退还侵占汉人土地。
乙、申送户籍，暨武器清册。
丙、编联保甲，开通道路。
丁、以该支黑夷听差，绝对服从官府命令，不得再与野夷交往。
戊、不得再有抢劫、拉掳及私打冤家情事，犯者从严处办。

己、非经官府核准，不得添购武器。

三、自动投诚夷人，得享受左〔下〕列之优待：

甲、不取投诚费，不处罚款，如有自愿捐助军粮者，从优给奖。

乙、与汉民一律平等待遇，其生命财产，由官厅依法予以保护。

丙、夷人所有田地、山林、牛羊一切财产，准予各管各业，其耕种田地，升科报粮，发给管业证。惟应缴粮额，政府须提一部，作该夷人等教育医药等设备，以示优待。

丁、从前抢劫，一律予以核销，不究既往。

戊、白夷黑夷，一律平等，免除从前主奴关系。

己、白夷黑夷之优秀分子，得选任为保安队长、区长等职，如有特殊劳绩或才能者，得呈请上峰从优给奖或任用。

四、投诚夷人与汉人有典当借贷纠葛，在民国十八年以前者，依照邓司令从前规定办理，在十八年以后者，以现行法令办理。但须投凭地方首人公开调解，不得擅自拉掳，致干重究。

五、凡夷人负固不服，经武力征讨而后服从者，由军政长官相机处理，不适用本办法之规定。

六、本办法自呈准公布日施行。

（资料来源：《西康省政府公报》1939年第4期）

## 2. 峨边县政府布告

照得本县汉夷杂处，设治綦难，措施□失望平，陧因以丛生。本县长接篆以来，图治甚殷，博访周咨，勤求民隐，深知地方凋敝，民间疾苦。关于地方兴革事宜动与财力有关，自当力加整饬以□解除民间之痛苦，稍谋地方之幸福，□值非常时间，全面抗战展开，凡我国人，均应尽其所能贡献国家。县民虽俳处边隅，而爱国未敢落后。故在此紧要关头，急办之事特多，特就非常需要，参酌本县情形，揭□数端，为我全县汉夷民众告：

一曰汉夷亲善，共赴国难。查本县汉夷杂处，民智未开，□族□分汉夷，同是中华国民，风雨同舟，安危与共。本县长持遇公平，决无亲疏厚薄之分。地方人士，尤当体政府一视同仁之旨，共谋德感同化之功。勿因生活习惯之不同而生鄙弃漠视之心，勿因语言文字之不通而有欺骗播弄之举。务期亲善而泯诈虞，勿使猜疑而怀携贰。倘有无知夷人违犯规约，或有欺压汉人偷牛盗马情事，本县长自当严厉惩办也。

二曰训练民众，以备缓急。当此暴日侵凌日甚一日，凡有血气之人，莫不同伸义愤。迩来全国动员，各地征调前驱者，已达三次。本县虽来调集，内心究觉自惭。近来省府命令，关于社干训练、壮丁训练、民众训练，均有严察规定。本县人数虽不为多，而各项训练，仍应加紧实施。刻已分别组织，积极推行，须知充实民力，□系健全本身。有事则□征调，无事则卫地方，诚一举而有得，斯有备而无患。

三曰早完粮税，以济军需。值此国家存亡最后关头，公家需用孔急。粮税为国家正供，纳税为人民义务，□早均应缴纳，情势不容或缓。务各仰体时难，踊跃输将，提前扫解，以济急需！又况滞纳有则，明令昭然，新欠旧欠，不容短绌，倘有仍前观望者，绝当从严押追。

四曰厉行禁烟，以强国本。查鸦片为害，自深且烈，亡灭国种，利害显然，兹分数项言之。禁烟一事，在播种期间业经一再严禁，不准一粒入土，以后当随时派员密查，如有偷种情事，不问理由，绝对□法处治。禁运一事，亦经三令五申。近复查有夷人藉烟以掉枪，而汉奸则贪利而忘害，更有号称智识分子与有身份有地位者亦觉勾结奸夷泰然为之而不惜。此种情形，言之痛心。现奉省府严令，查禁务期澈底，决不能稍涉松懈，利私害公。嗣后如查出私运情事，尤当严惩不贷。禁吸一事，先从清理烟民，复行登记入手，查六年禁烟计划，屈指即届。本县烟民过去虽经登记，实际毫不确实。兹复奉令清理，限期完结。本府现已派员分赴各属联保甲，遵照规定清理办法，重新登记。务期本县烟民得一正确数字。既不得稍涉浮泛，亦不能稍有遗漏。将来分期传戒，始有根据。限期戒绝，亦有把握。倘或奉行不力，或规避不登者，一经查出，决即依法严惩！

五曰储备粮食，以裕民生。吾川粮食问题，迭因天干淫雨，螟患为灾，以致各项收入锐减。甚有本身尚不能维持者。即以本县而言，一年收获，亦感不敷。当此全面抗战期间，应即设法增加粮食生产，以谋本身之自足，一面更应节制粮食消耗，以供前方之需要。同〔关〕于前者，业经本府斟酌地方情形，拟就增加粮食生产办法，分别推行；关于后者，亦当遵照省府规定办法，举办仓储，以备急需。最低限度，本县三点仓储必须短期办竣。其他如煮酒熬糖，及一切不必要之消耗，均当酌量节制。

六曰征工筑路，以利交通。县属山路崎岖，交通极为阻塞，若不重新修筑，文化民生，难期富裕。本府业筹提出行政会议议决通过，并已拟定办法，令饬区联保甲负责督饬征工，照规定干线支线，分别修筑。务期县与县交，乡与乡通，最短期间全部竣事。将来交通既便，来往必多。文化输入，土产运出，则边地之繁荣可期，后防之建设是赖。

七曰推广民教，以启民智。本县交通不便，文化落后，对于民众教育一端，尚无深刻认识。为唤醒民众，提高民智，加强民力起见，本府决于各乡场镇，推广民众教育学校五十所，举凡汉夷男女成年失学民众，均须一律入学，□饬保甲严厉执行，后期教育普及，凡我汉夷同胞，均应仰体政府施教之苦心，踊跃受训，期于有得。

八曰为安本分，勿启讼争。本县长数月来之考查，亦觉民情好讼，偶因小故即酿争端，往返辩诉，耗财费时。苟能平心静气，详加审量，空于午夜之间，必有后悔之时。且民间多不谙诉讼程序，往之不问理由，不讲手续，激于一时之气愤，必到官府而甘心。本县长深恐法律失其尊严，人权无法保障，前已令饬区署不得受理民刑诉讼，并遵照省颁调解办法，依法调解，一面并布告周知在案，饬各自安生理，不得妄启讼端，空遭无谓损失。

总上数端，或为当前急需，或已见诸事实。以后愈当矢以决心，持以毅力，期与我汉夷民众努力推行，以求实现。为此剀切布告，仰汉夷民众一体知悉。务各仰体斯旨，切实遵行，上报国家，下利桑梓，本县长有厚望焉。切切此告。

中华民国二十六年十二月二十四日

县长：石完成

（资料来源：《峨边县政半年刊》1938 年第 1 期）

附：

## 《峨边县政半年刊》题词
唐步瀛

峨岭之边辟此要地，汉夷同居镕为一致。

司牧是邦因民乐利，文化靡开首重瀹智。

贵刊发行按时纪事，期月报可略师其意。

搜辑至宏启牖较易，爰缀俚词卓哉贤吏。

（资料来源：《县政半年刊》1938 年第 1 期）

## 3. 关于宁属土司纠纷的文献

### 本府指令
（省民字第○五九○号 二十八年四月六日发）

令盐源县长张洪雨：

呈一件为呈覆办理郎废土司旧管地方保甲情形一案由。

据呈郎废土司治邦，自被前十八区保安司令击溃后，已销声匿迹，该管地方保甲，尚待健全编组，自卫力量，亦须设法充实。各情已悉。查郎治邦与杨文发纠纷情形。前据靖边司令邓文富详陈，并拟具解决办法前来，当经本府于二月二十六日指令核准，并饬会同该县政府持平办理去讫。兹据前情，仰即就近商承邓司令，将该废土司旧管区内，保甲认真编组，人民自卫力量，极力设法充实，以资绥抚，而杜夷患，仍将遵办情形，专案具报。

此令。

主席：刘文辉

民政厅长：段班级

（资料来源：《西康省政府公报》1939 年第 4 期）

四川抗战历史文献
（少数民族卷）

## 本府指令
（省保字第○二四五号 二八年三月七日发）

令盐源县政府：

二十八年二月十一日呈——为该县右所土司八全忠，与米哨夷冲突经过，及处理情形，请予审查由。

呈悉。查该县长处理右所土司八全忠，与米姓哨夷等纠纷经过各情，尚无不合，应准照办。惟客商所受之损失，于清查明晰后，如何责令赔价？及令八全忠退还杨珍权之马，与米夷退还八全忠之手枪，是否遵照执行？彼此纠纷，是否从此即能了息？事关地方治安，仰仍将办理终结情形，详细报核！

此令。

主席兼保安司令：刘文辉

保安处长：王靖宇

（资料来源：《西康省政府公报》1939 年第 3 期）

## 4. 关于雷波编组彝人保甲的相关报道

雷波特讯：本县奉令整编保甲，县长兼统领陈德纯以各地投诚夷人，依照规定应编为特编保甲，已饬山夷委会委员长兼城厢联保主任刘殿遽负责编组，预计蕨柳湾可编为两保，乌角编一保，五关塞子编一保，扒哈编一保，那里沟、田家湾、水口坝、马鞍山等处，均可各编为一保。保长职即委该地夷酋充任。现已委定，白新元为乌角保长，黑夷杨正明为五关塞〔寨〕子保长，黑夷胡正德为水口坝保长，黑夷金区兹台为那里沟保长。闻县长拟俟各特编保甲编组完成后，即将夷人中十六岁以上四十五岁以下之壮丁，编组训练，以期同化而固边围云。

（资料来源：《边疆情事：雷波编组夷人保甲》，《蒙藏旬刊》1938 年第 156—158 期合刊）

## 5. 刘文辉巡视彝区的相关报道

### 盐源倮夷踊跃投诚

刘主席南巡视察民隐，解除汉夷痛苦，安定地方，积极建设，汉夷感戴。素未投诚之野夷，如戈鸡勿雷各支，闻风向化，自动投诚，请设官管教，已志前讯。惟两盐倮夷、西番、土司、汉回，过去彼此之间纠纷颇多，影响地方治安甚巨。刘主席极为关切，于离建时，派宁属屯垦委员会委员陈正刚氏为两盐边务督察专员，处理两盐边民一切问题。陈氏自入盐荥县境，夷人闻刘主席不收见面礼、不收投诚费、不准打冤家、汉

192

夷平等、兴学化夷等办法后，前来投诚者，甚为踊跃，各土司亦将来城〔诚〕。兹后两盐各种族过去之摩擦，可望停止。将在屯委会及省政府领导之下，可望合力维持地方治安，从事开发云。

（资料来源：《一月来康事辑要：盐源倮夷踊跃投诚》，《康导月刊》1939年第2卷第3期）

## 刘主席巡行各县区，沿途汉夷民众热烈欢迎拥护

〈前略〉

刘主席出巡宁属，六月十一日午前十二钟许抵越嶲。县府、驻军及各机关法团、学校、汉夷民众共千余人，均至北关外欢迎。即从未来城之一部分生夷，亦于此次来县，争相瞻仰主席风采。各机关法团等，于城内公共体育场举行欢迎盛会。主席来场，巡视要点如下：（一）经过越嶲感想；（二）建省后人民利益、国家利益；（三）各地智识分子及地方绅耆，应有之觉悟与努力。复述及治理宁属之态度，亦分三点如下：（一）汉夷平等；（二）兴利除弊；（三）奖善惩恶。并宣布撤销夷务总队部，夷务事项归由县府管理，用苏〔舒〕人民痛苦。分析详尽，约两钟许，始行完毕。午后四钟，主席召集全境各支生熟夷民代表，计五十余人，于行辕（县府内）堂见训话，由孙参军子文作翻译，讲述四点如下：（一）说明重视宁属及此次出巡之意义；（二）指责过去土劣勾结贪污官吏，扦隔〔格〕政府与夷民情谊之罪恶；（三）今后政府对夷民实施管教养卫四项办法，希各夷人体贴奉行；（四）汉夷各族，绝对平等待遇。上述四点，尤以管教养卫一项，解释极详，如编联保甲、肃清宵小、禁止旧有打冤家之错误举动；设立学校，推广夷族文化；确定夷人财产权，使各个夷民均有田可耕，不至穷困；或再饬银行贷款补助，开辟荒地；改善人民生活，保障夷人生命；设立医院，治疗夷民疾病等。该代表等敬聆之下，均眉飞色舞，欢欣莫名，旋即表示，对主席爱护夷民之设施，一致拥护，并互议通过，请当主席前，歃盟饮血以表精诚。即以白鸡一只，美酒一坛，将白鸡依照规例连续祷祝后，取血润入酒中，依次各饮一杯，饮毕乃欢腾而散。闻主席尚制有奖牌奖章，分别颁赐该夷人等，以资慰藉。

〈后略〉

（资料来源：《两月来康事辑要：刘主席巡行各县区，沿途汉夷民众热烈欢迎拥护》，《康导月刊》1939年第1卷第10、11期合刊）

# 二、抗战时期国民政府对康区的治理

## 1. 西康建省相关文献

### 西康建省委员会组织条例
（1935 年 2 月 2 日）

第一条　西康在省政府成立前，设西康建省委员会，筹备建省事宜并执行政务。

第二条　西康建省委员会直隶于行政院，并受中央主管部、会之指挥、监督。

第三条　西康建省委员会于不抵触中央法令范围内，得发布命令并制定单行规程。但关于限制人民自由、增加人民负担者，非经国民政府核准，不得执行。

第四条　西康建省委员会设委员五人至七人，由国民政府简派，并于委员中指定一人为委员长。

第五条　左（下）列各款事项，应由委员会议决之：

一、关于建省计划及发展地方经济、文化事项；

二、关于地方行政区域之划定及变更事项；

三、关于本省预算、决算事项；

四、关于地方官吏呈请中央任免事项；

五、关于增加人民负担事项；

六、关于处分省公产或筹划省公营事业事项；

七、关于地方绥靖事项；

八、其他建省委员会认为应议决事项。

委员会会议时，以委员长为主席。

委员会之议决案，由委员长执行之。

第六条　委员长因故不能执行职务时，由委员互推一人暂行代理其职务，期间以二个月为限，并呈报行政院备案。

第七条　西康建省委员会设左（下）列各处、科：

一、秘书处：掌理机要、文牍、庶务、会计及不属于其他各科事项；

二、民政科：掌理关于全省官吏之任免、宗教、礼俗及其他民政事项；

三、建设科：掌理全省实业、交通、水利及其他经济建设事项；

四、财政科：掌理全省财政事项；

五、教育科：掌理全省教育、文化事项；

六、保安科：掌理全省警卫、治安事项；

前项所列各处、科，如有减并之必要时，得由委员会呈请行政院核准减并之。

第八条　西康建省委员会设秘书长一人，简任；秘书二人，荐任；科员十二人至三十人，委任。

第九条　西康建省委员会因事务之需要，得酌用专门技术人员并得酌用雇员。

第十条　西康建省委员会因事务之必要，呈请行政院核准，得设立附属机关。

第十一条　西康建省委员会之行政经费，应编制概算书，呈行政院转请依法核定之。

第十二条　西康建省委员会会议规则及各处、科办事细则由该委员会定之，呈报行政院备案。

第十三条　本条例自公布日施行。

## 西康建省委员会成立宣言
### （1935 年 7 月 22 日）

西康东界川省，南接缅、滇，北连青海，西邻藏、卫，当国防之重镇，位西陲之中心。年赋虽所入綦微，而宝藏深储、地方待发；人口虽视腹地为稀，而体力健全、精神团结；其捍卫国家、复兴民族，与他省负荷之责任，初无二致。溯自逊清末叶，因应国情倡议建省，迁延岁月，竟以无功。民国成立以还，复值政象靡宁，迄未实现。迨我国民政府重奠邦基，统一五族，民十七经中政会议始复决定为省单位之一，迄今七年间恒以事会多虞，未遑建置。迩来国难日深，开发西北既为国家重要政策，参与政治复为康民新兴要求，建省实行，不容再缓。顾以造端宏大，困难滋多，因地理、民俗、疆域、物力俱有特殊情形，难与察、绥各区改省相提并论，不得不有过渡机关专负规划经营之责。故中枢所授本会之使命，与本会所持之职志，厥惟树立建省规模，兹特就荦荦大者撮要言之：

（一）交通之开发也。查西康虽与内地接壤，而人民习于故常，绝少往来，语言不通，习尚不同。而政化不进，地利不辟，民智不开，在在皆为交通未尽开发所阻碍。故欲建立行省，增进人民福利，非急从交通下手，其道未由。本会于中枢领导之下，拟先完成成康马路，次及南北中各干线与支线之公路，并整理推广水陆空航行邮电等项，化板滞为通灵，便庶政之推进，命脉机栝，胥系于兹。

（二）资源之点查也。西康一隅之力，本不足自荷建省责任，无论现在与将来，均有赖于中枢以整个政策为之协济。其资源所在，如畜牧、农林、矿产，皆具可为之价值。本会在中枢领导之下，首常［当］确实调查，次则详密设计，一面即择要试办，以作新省建设之基础。

（三）疆界之厘定也。西康省界，公私记载特详，无取繁征博引，要当先事厘定。谨按中枢颁发建省委员会条例规定，得由本会建议，将来自当遵照办理，仍必多方讨究、广集思益，呈明中枢为适当之核定。

（四）地方制度之决定也。西康虽于清末改土归流，地方制度实际多因仍旧，人民之组织与负担皆未能尽符法制。本会于中枢领导之下，当继续川康边防总指挥部调查户口工作，试行乡闾制度，以确定人民权利义务法律上之准则。

（五）教育方针之决定也。历来西康教育普遍成为佛教教育，文化为五明文化，人

生为超世人生；普通民众多具好善恶恶、勤苦耐劳、寡欲知足之美德；优秀分子多具深广智慧、博大胸襟与峻洁行为，故虽地带荒寒而社会极为安定。推本寻源，实在于此。只以注重出世之故，普遍民众每不娴于生产技能，优秀分子多不富于政治兴趣，以故衣食住行不免滞于困苦。将来交通发达，庶政推进，西康文化必且蒸蒸日上。第在新陈递嬗之交，对教育方针慎择得宜，固不难发扬优美文化，以增进康民福利；不得其宜，则固有者破坏无余，新兴者难乎为继。推其所至，诚恐利未见而害先滋，故本会于中枢领导之下，尤兢兢致意于此。今后当本康民旧有信仰，尊崇佛教为精神教育，以作康民指导人生行为之原动力，而以职业教育补其生产能力之不逮，用树新省文化之初基。

（六）自卫能力之培养也。西康人民以多数信佛之故，富于牺牲性质。于自卫身家外，尤具舍身卫教之精神。其体力复不似内地人民之孱弱，而高原畜牧习于勤动，富有勇健可用之资，是以川康边防总指挥部曾编组民兵七营。本会于中枢领导之下，当继续推广，并按保安制度审酌时地与民情从事编组，加意训练，以为新省民众自卫之倡导。

（七）各地人材之延揽也。西康智识阶级多数即为喇嘛，故喇嘛亦即地方绅士，其中学行并美更能系属一方人心者，所在多有。虽平昔不甚措意政治，而世出世智，类皆圆融。至于新兴青年，复多奋发有为之器。故本会为广求俊彦计，于中枢领导之下，当不分僧俗一致延揽，共图治理，既期措施悉当于人心，复为新省网罗多数之人材。

凡诸所陈，卑无高论，第就本会职权所及，适应地方实际需要，一本苦干之精神，权为低度之希望。文辉等材辁在巨，深愧弗胜，崇实黜华，相期振勖，所望贤达先进匡督不逮，幸惠韦弦，俾资范矩，是则文辉等所不任其企祷者已。敬布区区，伏维昭察。

（西康建省委员会委员长刘文辉，委员诺那、向传义、刘家驹、张铮、冷融、段班级）

### 西康行政督察专员公署厘定各县等级呈

（1936 年 8 月 24 日）

为呈复事。案奉钧座号午电："准内政部咨催迅予依法厘定县等案，饬于文到五日内将全康各县面积人口财赋分数逐一列表电呈。"等因。奉此，伏读电示甘孜升一等县，丹巴升二等县，义敦升三等县，仰见宪虑周详，至为钦佩。其余各县，或因情形特殊，或因地居偏僻，论财赋虽可升降，论情势又当保留，既不能依照未经测量之面积，复不能根据从前估报之人口。职谨审时度势，于各县表列备考栏，详细说明不能升降应保持原案之点，盖关外情形特殊，难与内地相题［提］并论。理合缮表赍呈钧览，俯赐采择。除电呈外，伏乞察夺，指令祗遵。

谨呈西康建省委员会委员长刘

### 西康建省委员会致四川省政府商请从速办理省界划分咨

（1938 年 6 月 11 日）

案准贵府民字第一六五四八号函开。奉行政院训令：川边二十一县改隶西康一案，经省务会议决议，公推吴委员景伯为川康划界会勘专员。等由。准此。自系为履行规定程序起见，除派本会委员王靖宇与贵府委员吴景伯商洽外，惟查川省疆域，素极完整，历史相沿，从少争议，根本上与其他省份之有插花瓯脱地者，殊不相侔。本会此次建议请划川边各县，完成西康省治，其所持理由，具载建议书中。而主要之点，尤有鉴于抗战情势，日迫一日，中央以沿海各省，受敌胁制，将筹划康缅滇青之交通网，与乎国际线路之新辟，所责望于边疆者，至重且巨，期于从速建省，促进新机，以负荷此重大责任。所请划拨各县，皆系整个区域，大都形式齐一，界限分明，事实昭然，无俟印证。且协议划界，更与两省互有争执，或发生新的纠纷必待勘定者，迥乎不同。故勘界程序，条例无不明文，而熟审时宜，手续似难求备。兹拟会同贵府呈请中央，俯念上开特殊情形，准予从速办理。并即就贵府与本会协商结果，将应行划入西康各县，按其固有疆域，定议分划，仍遵院令暨条例规定，绘图贴说，期共了然，盖亦执简御繁，殊途同归之一道也。如荷赞同，应请再行提经省务会议公决见复，以便会稿挈衔，呈候中央核准施行，实为公盼。此咨四川省政府。

（以下四川省、西康省疆域图，略）

## 国民政府行政院《关于川康划界、西康省名的训令》
（1938 年 7 月 30 日）

令西康建省委员会。案奉国民政府二十七年七月二十五日渝字第八九号训令开：案准国防最高会议二十七年七月二十一日汉字第六五三号函开：据本会议秘书处案呈行政院函内称：查西康建省委员会呈请划拨川边二十一县归入西康一案，前经本院召集关系各部、会一再审查后，提出第三六四次会议决议：西康地瘠人稀，为完成建省计划，其疆域可予调整，所请划拨川边各县，应由该建省委员会及四川省政府于适应国防设施、兵要地理及交通经济情形之条件之下，依《省市县勘界条例》办理，并经分令该建省委员会及四川省政府遵照在案。兹据内政部呈称，准四川省政府及西康建省委员会咨开：经两省协商拟将松潘、理番、茂县、汶川、懋功、靖化、名山七县仍隶川省，将雅安、芦山、天全、荥经、汉源、宝兴、越西、冕宁、西昌、会理、宁南、昭觉、盐源、盐边等十四县，金汤、宁东二设治局改隶西康，似可准予照办。至划界手续，既准咨明所划各县，无不地域完整，境界分明，且地段辽阔，履勘非短期所能竣事，以宁雅两属各县显明之旧县界为川康两省新省界，当无混淆不清之处，似可准予所请。俟本案核定后，再由两省依照前项条例派员履勘，于新省界主要地点树立界碑并绘具图说咨部核办备案。至原咨请将西康省改名建康省，似属可行。再西康疆域、省名既拟变更，可否同时成立省政府，撤销西康建省委员会之处，拟请一并核定。等情。并据四川省政府及西康建省委员会会呈到院。

经提出本院第三七二次会议决议：（一）川康划界，准照四川省政府及西康建省委员会会呈所请，转送国防最高会议核定。（二）西康更改省名，候建省筹备完全后再行呈候核办。抄检原件，请核定。等由。经本会议常务委员会第八十九次会议决议通过，相应录案并抄捡原附各件函达，即希查照饬遵。等由准此。自应照办，除函复外，合行

分别令仰该院转饬遵办。等因。奉此，查此案前录该委员会暨四川省政府会呈内政部具呈，经提出本院三七二次会议决议二点，函请国防最高会议秘书处转陈核定在案。兹奉前因，除分令四川省政府遵照及内政部知照，并呈复外，合行令仰遵照。

此令。

## 西康建省委员会主席刘文辉关于接管划归西康省各县（设治局）政务致四川省政府主席王缵绪电
### （1938 年 8 月 11 日）

径启者。前与贵省府协议会呈中枢请划雅安等十四县、两设治局归入西康一案，兹奉行政院渝字第 6093 号训令，转奉国民政府渝密字第 89 号训令，业经照准，并分令贵省府遵照在案。顷谒孔院长及渝行营张主任，均嘱遵令办理接收，裨便早日建省。特电奉商两事：一、拟于本年九月一日接收各县局政务，如荷赞同，即请贵府通令，届时移交西康，以便筹备。二、雅安等县各项政费，在过去由贵省省款补助者，仍请顾念边省瘠苦，由贵省府统筹，从九月份起，按月充分拨给，用资挹注。此项情形昨面商甘厅长典夔，允予赞同。再查此案经过，深赖贵省府力持大体，得于成。今后设施，尤盼维助。特此布臆，切候复示。

刘文辉（真）

## 行政院准予西康建省电
### （1938 年 11 月 28 日）

特急。康定。刘委员长：△密。西康准予建省，于二十八年一月一日成立省政府，业经本院第三九○次会议决议，并呈报国民政府，函达行营，及以敬（二十四日）院一电饬知该会及四川省政府。前呈请将西康省改为建康省一节，康省与西藏毗连，界务未清，更改省名，恐滋误会，自宜暂用原名，以免纷更。特达。

## 西康省政府成立宣言
### （1939 年 1 月 1 日）

西康建省，迄今而始完成，界泯华羌，民齐轨物，空前胜举，史册增光，士庶腾欢，星云兆庆，有由然矣。尝稽历代之治边者，囿于夷夏之见，固为群类之分，借爵赏以资羁縻，恃兵威而安反侧，相沿成习，寓意失平，情感靡通，精诚自蔽，劳徕未已，猜忌旋生，历唐宋元明而至有清，莫不习循复辙，一成不易。洎乎满清末叶，赵尔丰、傅嵩炑经营康藏，始欲力矫成规，新谋建树，垦荒创学，改土归流，数载敷施，略见成效，建省之议，实昉于斯，然徒有励精图治之心，转昧于正本清源之义。康人奉行佛教，久而益虔，万众身心，全系于此，盖其人生乐于出世，文化基于五明。普通人民既不娴生产技能，智识分子亦不感政治兴趣，倘导循有法，则治理非艰，策励无方，则隔阂即起。值此风波动荡之会，新陈递嬗之交，如任固有者破坏无余，而新兴者将难为继，顾赵、傅两氏，虑不及此，致功行愈力，而扞格愈深，计虑愈周，而距离益远，人亡政息，势有固然。

鼎革以还，国家多故，虽鞭长之莫及，实眷顾其未遑，间尝边政失修，戍军荡纪，人事俶扰，十有七年。迨文辉主政川中，兼领康事，亦以政务繁剧，烛照难周，吏不尽贤，军或逾范，驯至下情无以上达，上泽不能下敷，回首前尘，时深内疚！建会成立，三载于兹，虎尾春冰，常虞陨越，惩前毖后，讵求有功，行迹昭然，无待琐述。比以政府之决心，人民之努力，邻封之辅助，中枢之裁成，上下交孚，因缘聚契，建省大业，于以告功。至若宁、雅两区，近复划隶康省，昔为僻壤，今成腹心，位易要荒，责居领导，繁荣可待，利赖滋多，是皆过去情形，兹仅撮其梗概。

及今国难严重，环宇汹汹，正急于举国救亡，何有于西康建省？然而地方政府，耗心力，犯霜露，呼号奔走，以期其必成；中央当轴，排众疑，决大计，兼听独断，以促其实观者，盖有深切之意义存焉。溯自七七事变，寇焰方张，旧时版图，半沦战域，我全国国民，具抗战必胜、建国必成信心，曾于安全区域以内，尽力增加生产，发展交通，期以忍苦持久精神，博取最后胜利。康省东界川疆，西通藏卫，南邻印缅，北接甘青，形成国内政治轴心，抑亦国际路线交点，兼以农牧俱富，林矿并丰，无限地藏，立待开发。如辅以国防工业，示以现代楷模，西部藩篱，自臻巩固。矧我中央仁膏众庶，惠被遐荒，物与同胞，町畦失限，政行不忍，意切怀柔，尽等量以齐观，冀前驱而并驾，故毅然改治，聿观厥成，是又西康省政府成立之经过，不尽基于生产与国防两事已也。

吾人上膺国家付托之重，下系人民望治之殷，益以忧患寝深，职责綦巨，非矢忠无以报国，非抒诚无以抚民，非习劳无以资生，非协力无以御侮。往者中原富庶，物力畴丰，运际承平，烽烟不举；康区僻在西鄙，凤号高寒，给供曾赖以无忧，灾患亦恃以无虑。岂意畴昔之惠我者，现已划为游击战区；畴昔之安我者，现又重遭倭寇威胁。吾康处此时会，势宜自力更生，所望能以自给余资，得济前方匮乏，能以自卫余力，得备后起驰驱，望固过奢，心宁毋勉，力能共赴，事或有成。然康区在现状之下，物力既缺，人力尤微，而欲强事供张，无异束腹饰饱。此际惟有致力于披荆榛，驱虎豹，驾筚路，启山林，于颠连困顿之中，勉事于生产建设，境遇若此，舍是安图，从此愿与全康人民，共作艰苦之奋斗！

本此目的，拟订本年度施政计划大纲，项目多门，未暇详述。兹可提告于众者，厥为人事之整饬与事业之推行。关于人事者如严惩贪污，以清官守，必继之以贤能；穷治土劣，以正乡风，必征之于物望。举凡当地恶习，旧时陋规，迹近苛累，悉令屏除，法无亲疏，人宜自惕。再如全省人民，不论性别，或具卓识，或负专长，靡不尽量揽延，共图进取。关于事业者如经济建设方面，为筑路，为开荒，为牧畜，为造林，为兴水利，为启矿藏，为建工厂等，或举办已见成效，或设计尚待实施。凡服食之所需，资源之所出，莫不惟力是视，审择进行。如文化建设方面，为提倡识字运动，以减少文盲，为推广小学教育，以救济学龄儿童，为增设中等教育及职业教育，以培养青年智能，而期切于实用。其他属于财务行政暨保安行政者，为厉行一税制，以省烦苛，为实行预算制，以核名实，为普行军训壮训，以充实国民自卫能力等，俱应依法奉行，俾臻治理。

上述各事，固多疏漏，自谓侧重实际，幸免夸张，是必具体化而有决心，始克逐件设施；强力化而有弹性，始克适应环境。细流汇海，撮土为山，尚有赖于吾康全体民众。

西康省治，建立于国家危急存亡之秋，任重千钧，端繁万绪，前途事业，剧感艰难。然事在人为，功因力就，与其侈言事功，何若慎使人力。倘位称其才者，因才而敬事，则事无不行；人胜其职者，在职以图功，则攻无不克。故吾人常引以自励者三事：曰必听，曰必察，曰必行。听所以纳言，察所以虑始，行所以程功。常执以戒有司者三事：曰勿骄，曰勿惰，曰勿私。骄所以丧志，惰所以荒业，私所以败名。又常举以劝人民者亦三事：曰守分，曰守法，曰守约。分所以中节，法所以卫身，约所以戒侈。如各以三事自勉，奋志前趋，则振敝起衰，诚反掌间事。吾人于此，将以整齐步武，同跻于新西康之路。

## 蒋介石《训词》
### （1939 年 1 月 1 日）

西康据岷岭之高原，跨长江之上游，屏蔽川滇，控带藏卫，实为中国西南之奥区。前代政教不能及远，进步久滞。前清怵于边患，始置川滇边务大臣，且有改建行省之议。但以措置失当，坐树大梗。民国以来，国事日纷，无暇及于边计。国府成立，始于十七年九月宣布改省，维时川局未定，负责无人。二十四年始设西康建省委员会，以刘主席为委员长，主持其事，经营缔构，亦越三载，西康省政府于今年元旦实始成立。感经始之艰难，念成功之不易，故于刘主席暨省政府委员、厅长就职之日，略举数义，以相砥砺。

西康地势险阻，道路不修，民智闭塞，农产鲜少，兼与中央相距过远，政令不能下逮，民意亦未上达，在昔建省之艰，率由于此。今则川康公路旦夕可通，其他交通要道，亦当次第兴筑。省府行政经费，既由中央尽力补助，西南经济建设，亦在中枢规划之中。昔日所感之困难，皆已相当解决。尤以政府西迁，密迩康省，中央地方，无虞扞格，一切边政设施，自当以中央之力，予以促进。自今伊始，西康地方政治、建设事业之进度，惟视省府当局与地方人士之努力如何。

抑中正于此，尚有为诸君告者：前代政治，大率重内轻外，故其机构组织亦偏重中央而略于省部，偏重上级而略于下层，偏重腹地而略于边远。人才所萃，亦在内而不在外，中央则患人才之多，各省则患人才之少，而边远之区为尤甚。各级官吏一至边疆，终日愁叹，去之惟恐不速。边事之坏，此为大端。今刘主席与省府同人对于西康，艰难缔造，匪伊朝夕，其爱康之心，自异寻常。所愿自今以往，视西康政治建设之事业为终身之事业，锲而不舍，则西康之进步，固有出于寻常期待之外者。此为刘主席与省府同人告者一也。政治之刷新，必以建设廉洁政府为第一义，即在边区则尤要。稽之往史，自来边衅之开，与远人之叛，皆以镇抚之将吏躬行贪暴、诛求无厌为之端。诚以边荒之民，言语不通，习俗不同，主客之不安，军民之杂处，在在皆足以酿乱。但使长民者廉洁自励，有以深服边人之心，自能相感以心，相见以诚，主客之争，军民之衅，无自而作。故治边者尤在慎选官吏，树立廉洁政治。此为刘主席及省府同人告者二也。

以上两端，为自来治边之要义，亦即今日西康省政府成立以后施政之大端。大本既得，其他行政之措施、生产之建设，自能循序渐进，计日程功，无庸缕举。所望刘主席与省府同人，检讨既往，策励将来，俾西康之政府建设，蒸蒸日上。是所深望。

## 西康省政府《西康省施政总纲十七条》

（西康省政府 1939 年 1 月 1 日公布）

（一）为贯彻中央长期抗战之国策，对于政治设施，以安定边陲、组训民众、改进交通、开发资源、完成后方勤务为一切努力之方向。

（二）为使边民倾心向化，并积极参加抗战建国之工作，应同时力谋澄清吏治，厉行法治，发展边地文化与教育，扶植各项生产事业，以提高人民精神生活与物质生活。

（三）为增进行政效率，一面整饬纲纪，严惩贪污，同时设法提高各级行政人员政治认识及工作能力，振起忠勇牺牲、勤劳刻苦之精神。

（四）调整各级行政机构，使集中强化而有弹性，建置严密而运作敏活，俾能适应非常时期之需要。

（五）为充实全省军事政治新干部，应大量吸收省内外优秀青年，予以各项特种训练，以提高其民族意识，强化其战斗技术与精神。

（六）展开全省文化救亡工作，号召各县优秀知识分子回乡服务，以推进乡村经济政治及文化事业。

（七）厉行现代化县政建设，并力谋下层行政组织之充实与健全，对于保甲制度及人事运用，加以合理调整与改进，以期避免积弊而发挥效能。

（八）施行严密合理之粮食统制，以调节民食，供应军需，对于各地建仓积谷，同时加以整饬改进。

（九）改善全省财务行政，廓清征收积弊。并严格实行预决算，确立金库制度及会计稽核制度。

（十）采取各项简易确实之方法，于短期内完成全省土地之整理。

（十一）确立省本位计划经济，以谋全部之经济开发与整理，对于私人之投资及省外产业机关之移转，充分予以便利及保障其安全。

（十二）确认合作制度为农村经济之核心组织，力谋充实其资金，奠定基础，扶助其发展。

（十三）划定若干垦殖区域，拟定方案，筹拨款项，办理大规模移民垦荒，并大量收容战区难民，使参加垦殖。

（十四）全省交通事业，除国营外，应就本省财力所及，尽量设法改进，并以全力保障交通安全，增进运输之效能。

（十五）根据抗战需要及本省特殊情形，改善全省教育机构与内容，注重职业教育及民众教育，以提高人民之文化水准而增进其生活技能。

（十六）为确保安宁，巩固后方，除限期肃清散匪及认真整饬保安团队外，并厉行国民社会军训，充实民众自卫武力，期能协助驻军，维持地方自治，镇压汉奸盗匪。

（十七）对于宁属夷务，另定方案并筹划专款，作积极有效之推进。

## 西康省行政区划与各属情形

（刘文辉，1940 年 8 月 28 日）

本省行政区域，仍分为宁、雅、康三属，合计三十三县、三设治局。

建省前的西康，其境域即现在的康属。历代政府，以其僻处边荒，从来只采取羁縻政策，而不加以经营。洎前清末季，赵尔丰经营西康，始一变从来放任政策，而厉行改土归流，渐将西康土地从土司手中收归国有，并进而辟交通、办学校、开工厂、划垦区，拓殖经营，粗具基础。惜乎不久即值鼎革，变乱纷乘，不仅赵氏改土归流一切设施未能贯彻，而康区固有土地且日渐失丧，中经本人之惨淡经营，勉给金沙江以东之统治局面。故就康属之区划而言，应为三十三县，但现在实际管辖者不过金沙江东岸之十九县、一设治局；其西岸应如何规复，事关整个国策，又非地方政府所得而专行。

宁属地方，共为八县、一设治局。东以牛头山脉及金沙江，与四川、云南为界；西与康属九龙及滇省中甸、永宁等县毗连；北与雅属汉源及川省峨边接壤。自汉关越西，即已置为郡县，迭因夷乱，未能敷政。降至南北朝时，全部沦为夷巢。元代始复招抚土酋，重建州县，隶属云南。明代改隶川省，逊清仍之。

雅属地方，原为七县，现以名山县仍隶于川，实有六县、一设治局。此地原为康族居住，自汉武帝时即开为郡县，直到前清雍乾之际，始将其土司完全废除，而渐使康族同化。

综上三属地方之沿革，如就民国以来之建置而言，自系划川省之宁、雅两属以益西康；如追溯前清时代之建置，直等于划分四川为两省，与划分旧湖广省为湘、鄂省，同一事例也。

宁、雅、康三属，虽同隶一省，而情形各殊。其特殊之点，略述如次：

雅属建置较久，同化较早。现除宝兴略有西番遗族、汉源略有猓猓遗族外，其余则全为汉人，风俗习惯同于内地。关于管教养卫之政，凡内地所适用之法令，在雅属亦大致可以奉行。惟土地硗薄，人民贫苦，合六县、一设治局，人口才□□万，不及川省一中县，不能不谓为贫薄之区也。

康属人口约三十万，其中汉人及杂处康边之猓民共占人口总额五分之一，其余概属藏族。另在俄洛一带，尚有未归化之野番，其确数无由统计。藏族康人，尚停滞于游牧时代及部落时代之生活，习于固陋塞野而不知变。目前在康区各县，土司头人尚握有统治人民及管辖土地之实权；康属各地优秀男丁，大都遣送寺庙学习喇嘛，寺庙遂有代表一地意见及解决一地纠纷之政治作用；康民生前余财及死后生产，大部奉献于寺庙，寺庙则以之经营商业或借贷人民，辗转增殖；寺庙多强大武装，居民平时、遇外侮或外出经商行旅，均赖其保护。故康地政治上之管辖、精神上之教化、经济上之控制，均由寺庙喇嘛、土司头人操其实权。凡内地通行之政令，大都扞格不入，政府纵有良法美意，亦无由深及于人民。

宁区全境，汉人约九十余万，其余各族有猓猓、苗、西番、呷密、水田夷、么些等八种之多。除猓族外之六族，散居各县，其语言风俗，虽与汉人不同，然皆较为驯良，且为数不多。除西番、苗族各约四五万人外，余皆不过万人左右。而猓族为最强大，其人数向无确实调查，估计当在百万左右。宁属汉人所占地面，仅沿中间之通道一线，约占全宁面积四分之一，而猓族所占地面，则约全宁面积四分之三，历汉、唐、明、清，常为边患。宁属之所谓夷患，实即猓猡一族之患也，而过去政府对于宁属夷患，复未谋根本之整治。清末以来，为患尤日剧烈，汉人之死于夷、奴于夷，与财产之损失于夷者，不可纪极。因是汉人住地日蹙，熟地复成荒土，原有居民栗栗危惧，未来者更裹足不前。故宁属夷患不平，非但不足以言开发，即一切经常施行政设，亦无由推行。

此皆宁、雅、康三属在地理上、历史上及种族上所显现之差异也。

## 康属十九县辖地一览
### （1940 年）

康定县，下辖八区。第一区，辖城区及城东之菜园子、升航，城南之榆林宫。第二区，辖长春坝、安良坝、苏俄洛、白桑、柏桑、甲松、达然、自龙、八洽。第三区，辖西乌村、柯家日断、娃本村、将巴村、那龙马村、恶打村。第四区，辖洼西抗巴村、上将巴村、上恶打村、梭渣然西村、额西马村。第五区，辖阿太村、谷洼卡村、宜待村、吉曾村、木贞村、色恋绒村、玉龙村。第六区，辖瓦斯沟、日地、柳杨。第七区，辖鱼通。第八区，辖孔玉。

泸定县，下辖三区。第一区，辖河东、河西、烹坝、山风洲。第二区，辖冷碛、兴隆、化林坪、加郡、得安。第三区，辖磨西、复兴、咱威、杵泥。

丹巴县，下辖六区。第一区，辖城区、毛旦、坎旦。第二区，辖旄牛、东马、扎恩、东谷、井壁、各宗、吉宗、查纳、大马、白盖、永西、奎蓉。第三区，辖蒲鸹顶、吉巴、江达、格宗、羊马、梭坡、摹洛、大寨、中路、纳顶、边古、绒坝。第四区，辖三岔沟、黑风顶、火龙沟、太平桥、班古桥、半扇门、贡桃坪、阿娘沟、卞垭、喇嘛寺街、卡耳金约咱、上孟营、下孟营、九孟庄、上宅垄、下宅垄。第五区，辖巴底、巴极。第六区，辖革什咱、丹东。

雅江县，下辖四区。第一区——城区，辖麻子石、八角楼、卧龙石、白孜、江西村、甲灰村、噶拉村。第二区——宜马宗，辖宜马村、拉牙村、真打村、竹桑村、夺雅村、成奉村、水龙村、奔子绒、茨马绒、八衣绒。第三区——马崖，辖唐岗村、唐吉村、牙根村、谷吉村、马衣穴、热衣村、火哈村、两热村、夏熟村、子灰村、马灰村、博思村、半钟堂。第四区——崇西，辖西俄洛三村、崇西、根取卡、鲁窝村、志得、巴登村、牙霸村、唐俄村、麻即错、唐淀村。

瞻化县，下辖四区。河东区，辖甲拉溪、上吴日麻、中吴日麻、下吴日麻、一日沟、拉日麻、波兹、莫忒、然犀、热鲁、大盖洞达。河西区，辖鹤龙溪、博孜、古路、通消、洒日西、值日、麻日、披擦。上瞻区，辖饶禄、甲孜、谷日、色威、桑口、哈洼、亚恩、东大盖、西大盖、日巴、沙堆、阿色领大。下瞻区，辖甲溪、格日、洛古、

朱倭、甲斯孔、曲衣纳西、曲衣弄居、曲衣增格、曲衣忙补、曲衣东泽、曲衣补巴绒、八溪。

九龙县，下辖四区。第一区，辖八阿龙村、呷耳村、华丘村、三岩龙村。第二区，辖斜卡村、踏卡村、乃渠村、乌拉溪村。第三区，辖毛茹厂村、淇木林村、魁多村、万年村。第四区，辖湾坝村、三垭村。

巴安县，下辖五区。中区，辖城区、磨房沟、茶树山、小巴冲、邦渣公、口格村、党村、鱼卡通。东区，辖红日工、东南多、亚海工、白日工、中咱村、多擦村、仁波村、雪波村、昌波村、中幸绒、地乌村、热思村、白松村、俄堆村、喜松材、次乌村。南区，辖上葛绒、下葛绒。西区，辖机里村、竹巴笼、水磨沟、拉洼村、洛碧工、波戈喜、甲英工。北区，辖茶马工、冲丹村、英戈工、桑隆喜、扛日洛、即翁村、莫多村、松多村、即多村、卯实村。

德格县，下辖五区。中区，辖更庆、柯鹿祠、龚垭。东区，辖玉隆、中杂村。南区，辖八乌、八邦、墨学、白垭。西区，辖银南、汪步顶、卡波松。北区，辖竹箐、马垄。

石渠县，下辖六区。中区，辖坝土村、菊母村、额马村、蒙拟村、木日村。东区，辖格则阿日村、起乌村、他须村、长村、温波杂思村。南区，辖瓦许村、长许干马村、长许贡马村、格他贡马村、温波杂你村。西区，辖阿泽村、拟蒙村、洽擦村、蒙萨村、茫格村。北区，辖色许村、格则贡马村、长洒贡马村、八若村、高日村。特区，辖格则村、称都村、香科村。

得荣县，下辖五区。中区——奔都保，辖奔都村、木更村、藏光村、雍雪村。东区——八日保，辖学巴村、日水顶村、冈雍村、拿江村。南区——古学保，辖古学村、若蛙村、必雍村、日瞻顶村。西区——日雨保，辖映勉村、日堆村、日渴村、雪堆村。北区——卡公保，辖梭堆村、那锁村、梭堆勤武村、八即村、梭密村。

白玉县，下辖三区。第一区，辖白玉、章都、麻绒、昌太四保。第二区，辖河坡、热加、赠科、登龙四保。第三区，辖盖玉、九马、三岩三保。

炉霍县，下辖六乡（木城、雅德、宜拜、宜木、斯木、朱倭）、二汉保（虾拉沱、瓦达）、二汉甲（新都村、纳里村）、一总保（罗科马）、二牛厂（穸科、仁达沟）。

义敦县，下辖四黄教喇嘛寺（西宁寺、乃哥寺、乃昔寺、滚噶寺）、一红教喇嘛寺（亚所寺）、九村（竭坝、章纳、告乌、萨足、达香、搓笼、夺打、勒苁、工日），以及扎口、中因、将军台站、水葱站、东军、麦干多、二郎湾、三坝、波密、松林口。

道孚县，下辖八区二村。城区（灵雀寺）、麻孜区（居日、尤龙、觉母寺、龙步沟、韩家沟）、孔撒区（固衣、大寨、约尾沟、将军梁子）、明正区（脚窝沟、明正沟、新疆沟）、鱼科区（鱼科寺、鱼科牧场）、格西区（沙湾、觉罗寺、龙步沟）、瓦日区（姚日、下甲斯空）、查坝区（上查坝——竹里，中查坝——俄底、亚卓、扎拖、夹拖、兹汤寺，下查坝——各底）、朱窝汤龙村（官寨子、龙灯坝、松林口、葛卡、朱窝牛厂、汤龙牛厂）、木茹村（瓦得、各噶山、葛卡寺、各扎寺）。

理化县，下辖城区、噶坝区（绒堆、补巴村、绒米、噶西马）、毛丫区（郎布拉、白龙拉、达其拉）、曲登区（哈勒库拉、朝龙拉、曲鲁拉）四区。城区又分东南西北四区：东区，辖甲洼、哈衣、纳中、小孜、路村。南区，辖德窝、拉波、恶黑、墨洼、日灰。西区，辖喇嘛丫、拉耳塘、垄坝、雄坝、邓波、荣母。北区，辖五花、濯取、卡工。

甘孜县，下辖五区。第一区，辖蒲玉隆乡、麻书乡、孔撒乡。第二区，辖日利乡、林葱乡、贡陇乡。第三区，辖杂科乡、朱倭乡、阿都乡。第四区，辖宜马乡、东谷乡。特区，辖大塘坝牛厂、燃锅牛厂、拉扎寺。

定乡县，下辖五区。第一区，辖上乡城各村。第二区，辖中乡城各村。第三区，辖下乡城上段各村。第四区，辖下乡城下段各村。第五区，辖大竹乡各村。

稻城县，下辖八区。城区及其附近，为稻上区、稻下区，另有巨龙区、木拉区、赤土区、日洼区、蒙目区、东义区。

邓柯县，下辖五区。第一区，辖城厢及浪拖、孙巴纳、雪巴纳等村。第二区，辖宕拖、者巴、者巴牛厂等地。第三区，辖麻呷、口基岭、俄滋等村。第四区，辖阿俗、亚丁、多跟、浪拖等村。第五区，辖仁各、重撒、呷登、娘古、热巴、洼日等村。

## 张为炯《西康建省五年来之政治经济文化建设述要》
### （1944 年 5 月）

西康在抗战期中，完成省治，积极从事于政治经济文化各方面的建设，其所负之使命，至为艰巨，而工作之繁剧，环境之复杂，财力之不足，人口之稀少，较任何边区省份，尤属特殊。言面积，合康、宁、雅三属，有四十五万一千五百二十一方里之广，山谷纵横，雪岭重叠，森林茂密，矿藏殷富。言宗族，大别之则有汉、藏、猓、么些、僳僳、僰人、苗七种之多，在康属犹存封建之势力，在宁属复留猓族中之奴隶制度，生活停滞于农牧社会，经济□于发展。言文化，汉人虽略同内地，而文盲较多；藏区之宗教文化虽高，然固蔽塞，自阻其进步；猓族仅有简单文字，聊资特殊阶级之应用。言人口，合三属共有二百万人，而猓族占七八十万，犹待同化。言交通，过去多赖牲畜人力，道路未修，无法利用近代交通工具。凡此种种，实为内地各省所未见，边区各省所罕有，治理之难出乎常人意想之外。于此而言建设，其政纲政策之订定，若稍涉凿枘之病，岂惟建设无所依据，亦易蹈历代失败之覆辙。当省府成立时，刘主席即以主持边政十余年之经验，根据三民主义，确定厉行经济建设、改善人民生活、加强民族联系、加紧祖训民众、发展边地教育、彻底澄清吏治六项中心任务，为建设新西康之最高目标；复针对特殊环境之需要，提出建省四力政纲、经边三化政策，作为施行之原则。何谓四力政纲？即培养人民组织力，以克服散漫；培养人民知识力，以克服愚昧；培养人民生产力，以克服贫乏；培养人民生存力，以克服脆弱是也。何谓经边三化政策？即以德化代替威服、以同化代替分化、以进化代替羁縻是也。五年以来，一切施政计划，皆本此最高目标与政纲政策，精核拟订而执行之。更从执行计划上，逐年训练各级行政干部，以配合推行，用求行政效率之提高，达到预期之目的。政治建设方面：撮要言之，先后曾调整各县地区，增设设治局及特别模范政治指导区、普通区等，复选择文化较优、财力能胜之十四县，分期实施新县制推动乡镇自治，设立实验乡堡，□民意机关；调整宗

教，设立康区佛教整理委员会，阐扬佛教文化，设立石渠、理化、甘孜、德格、得荣各县五明学院；搜集史料，编纂省志，设立省通志馆；设置省县户政机构，从事户籍之调查整理；办理地政事业，设置地政机构；扩大卫生室组织，及设立各卫生院所，以保种竞争；整理省县人民团体，加强祖训工作，举办社会福利事业，以适应现时需要；整理康区差徭，减轻人民负担；办理边务，组训边民，从事拓殖生产，设置宁属屯垦委员会。经济建设方面：调整科则，整理地方自治财政；设立省县银行，调济金融，繁荣市场；厉行法币政策，推广省县合作业务；发放农贷，修筑雅属周公渠、青衣渠，宁属安宁渠，藉兴水利；改良农牧，培育森林，改良蚕桑。皆所以发达农村经济。兴办毛织、制革、酒精、造纸、化工、材料各工厂，从事技术之改良，品质之增加，以为工业之发达与展布；调查矿藏，开发资源，使地尽其利，物尽其用；完成川康、乐西、西祥、雅荣、康青各公路，整理驿道台站，修复桥梁，使交通便捷，货畅其流。文化建设方面：为提高人民知识，普设省县民众教育馆，办理巡回电化施教；作育地方人才，普设省县各级小学；造就师资，设立省县师范学校；培植专门技术人员，分设农业、工业、商业学校；化导边民，特办边民学校。上述政治、经济、文化三大政策，虽属筚路蓝缕，然经此数年惨淡经营，已随六项中心任务、建省四力政纲、经边三化政策，收其实效而奠定基础，边区赖以久安，国防因以益固。尤以征工、征役、征实、征购四大工作，在数量上，均有难能可贵之事实表现。然此种成果，仅属建设新西康之发轫，今后更有待于吾人之黾勉图功以求完成者也。

## 2. 抗战时期关于绰斯甲问题的相关文献

### 为据十六区专员查报绰斯甲布土司地方沿革一案函请查照

（四川省政府函本会文 民字第二一七七号 二十六年一月二十七日发）

案查前准贵会公函，嘱将绰斯甲布划归西康等由，业将该地沿革，及划归靖化县管辖经过，详为函复。请烦查照在案，兹据第十六区行政督察专员谢培筠呈称："查绰斯甲布土司系前清康熙时纳地投诚，先后赐以演化禅师及安抚使名义，后以随征大金土司有功，进封宣抚使，颁有印信，世世典守，承袭至今未经变更，《圣武记》卷七雍正西南夷改土归流下附录，及乾隆初《再定金川土司记》中，均有明文可考，专员往岁曾向绥靖屯署抄有该土司承袭世袭表，现存成都住宅。其地方在绥化县河西屯之南西北三面，成一环抱形状，官寨名周琐尔，距绥靖九十里，自周琐尔出发，东至热六壅让与理番属之松岗党坝交界，计程一百余里，南至恶里与西康原阜和属之塞尔达交界，计程八百余里，西至果洛克瞻对交界，计程一千余里；北至热尔谷，计程七百余里。现在土司为纳旺仍新，名纳旺勒耳乌，于前清光绪年间承袭。计管二十六年寨，约七千余户，外有草地帐房三千余户，地广民众，为吾川现存最大土司。管辖机关，诚如钧府所引四川通志各节；惟有阿尔古厅，裁并于懋功直属厅后，该土即归原绥靖屯管辖，百余年间，呈令来复，不可胜数。昔专员在代行松理茂懋

汶屯殖督办任内，出巡绥靖，亲见案卷甚夥，现经"匪灾"，虽已荡然无存，而绥崇
人士，颇能详确言之。绰土与前绥靖屯之关系，一如沃日土司之于懋功屯明正，丹
东格布什扎三土司之于章谷屯，巴底巴旺两土司之于崇化屯，直接属于屯，间接属
于懋功厅，均为各该管屯区之一部。今合绥靖崇化两屯为靖化县，绰斯甲全土当然
在其境中，绝非于两屯之外，新加合并。原函请将绰土归康，是欲将原绥靖屯本土
新加分割给之。所引傅华封西康建省记者，不过私家著述，何足据为要点，援为信
史？信如所云，既经改土归流，隶属道乎矣，则其人民组织，不为清制之乡保联牌，
亦应为自治之乡镇间邻，乃土司头人寨首之统治如故也；既经派员收印矣，则其后
该土行文，应无前清印信，乃民十九年至二十二年间，该土司所呈文书切结，故印
宛然，专员成都住宅，尚存数件，可以检呈。前廿八军现四十五军部，所存该土铃
印文卷亦多。去秋省赈会派员发放绥靖赈款，分摊该土二千元，饬其出具汉夷文切
结，盖用官印呈报，不久亦可送至，足资证验。所谓改土归流之最要手续，第一为
收印，第二为改制。今其言如彼，其实如此，不免矛盾。又查绰凯裕华两公司在该
土采金，系民国二年四川洪雅人萧剑秋，亲历该土，谕令具结交出二凯金矿。萧氏
得结，乃报由四川都督府呈请开采，并呈奉北政府大总统核准，原函谓在川边立案，
究非事实。至谓该土憎恶采金，曾于民国五年，驱逐金厂，因畏讨伐，潜向廿八军
输诚，其后该军重开二凯金厂，后被土司嗾使民众，逐厂杀官。自是以后，该土司
依违川康之间骑墙观望一节尤无事实可据。绰凯裕华两公司被该土驱逐与否，尚待
考证。若云因畏讨伐潜向二十八军输诚，查二十八军番号于民国十五年始有之，即
邓军长晋康担任清乡督办，亦不过始于民国十四年，更溯而前，犹未成军。其统治
松理茂懋汶以及抚绥崇三屯，乃在民国十六年江汉战役之后，时间相隔十余年，不
知其诚由何潜输？此其非事实者一也。二十八军于民国十九年开采二凯金矿，历时
五月，因无金而罢，始终未与绰土民众发生任何冲突。此其非事实者二也。自俄热
事件发生后，该土司随即具呈前屯殖督办公署悔改，往来频繁，未尝依违于川康间
骑墙观望，此其非事实者三也。此等近年事实，人证俱在不难覆查而得者也。详查
赵尔丰建省西康，其疆域区划，原未侵及懋属五屯，即章谷屯改为丹巴县归并西康，
亦系陈遐龄戍康时以武力攫去，并经屠杀反对士绅数人有案，巴底、巴旺两土之脱
离崇化而归丹巴，亦系同时强迫使然。盖懋属五屯，山川形势，风土人情，自成一
区，界限天然与川为近，与康迥殊。设使赵督有心攫取，维时川督系伊兄尔巽，纵
不完全归并，亦应化为一屯两屯，何至仅取绥靖屯中之一部，此不待辩而自明。再
查绰土地方，不但地广民众，牲畜成群，抑且有三大著名金矿，除二凯金矿区由乾
隆以至民初，断续开采百余年，业已枯竭外，其俄热色尔巴两矿区，据采金者言，
蕴藏之富，远逾漳腊，将来开发边区，正足资为富源，据设治委员於竹君呈报当地
绅民正在呈请设计开发，藉以维持劫后生计繁荣地方。倘哉改隶西康必至引起纠纷，
如其仍事坚执，合无仰恳钧府索回丹巴，恢复五屯原境，以慰大小金汉夷人民之宿
望！至于有关绰土之典籍卷案，谨当广为蒐集，陆续送呈。又原函更谓拟将色尔巴
俄洛二处改流设县，查色尔巴为绰斯甲南端辖土，仍为绥境；俄洛即果洛克，系松
潘县属地，松潘县治有明文可考。前清报载青海省政府呈请中央将该地划归青海，

设立同德县，经当地万庆大土官于民国廿四年四五月间电请钧府，仍愿归川管辖。专员备员省府，经奉钧谕签呈意见，有案可查。今西康建省会又一函而索三地，敬祈钧府查考档案，毅力主持，边政边民均幸甚矣。"等情。据此。查该专员所呈各节，均系实情，除指令并咨达内政部外，相应函请查照为荷！

此致西康建设委员会。

主席：刘湘

（资料来源：《西康省建省委员会公报》1937年第3期）

### 准贵府咨据十六区行政督察专员查报
### 绰斯甲土司地方沿革函请查照一案相应将错误各点函复查照由
（本会函四川省政府文 康民字第二三五号 二十六年二月三十日发）

案查本年一月六日接准贵府二十五年民字第一二二三〇七号公函，以绰斯甲历经川省管沿革及划归靖化县经过等由覆请查照到会，经由本会以康民字第一六七号公函覆请查照更正在案，兹复准贵府二十六年民字第二一七七号公函，以据第十六区行政督察专员谢培筠呈称各情函请查照。等由。准此，查谢专员呈复原文有根本误认者数点，分述于下：

一、沿袭防区时代之领土观念强争辖地：如谓"设使赵督有心攫取维时川督系伊兄尔巽，纵不完全归并，亦应化为一屯两屯何至仅取绥靖屯中之一部"，又"章谷屯改为丹巴县归并西康亦系陈遐龄以武力攫去""合无仰恳索回丹巴恢复五屯原境"等语，均认自川划出地方为丧失领土，再三言之，若不胜忽，夫今国家统一，川康皆同一体，绰斯之属川属康，宁得认为川康两省之得失，不过既经赵傅改流历隶川边有案，便不宜以片面偏见一意孤行蒙请划拨，以启边疆无谓纠纷也。西康全部何莫非四川旧辖之地，果使西康尚有设省必要，则川康界划自当以赵傅改流时期为断，事实上除丹巴之章谷屯系民国二年经两省政府商请中央政府自川划康外，全部畛界，皆仍赵傅改流之旧，此国人之所尽知，枢府载有铁案者也。数年以来，全国在防区恶制之下，多有争地争民私擅改属之事，要于省界，莫敢公然变更，即今国家统一时期，中央对于皖鄂两省厘正界线一事亦以审慎手续出之，谢专员认为绰斯有改隶靖化县之必要，自宜仿皖鄂近例，论列其政治经济上之必要理由，呈请中央派员会同两省政府虚心商讨以决定之，何得径行蒙请划拨，又复以"攫收""索回"等防区谬见努目相争耶。查绰斯户口虽众，地方实荒旷，改流设治，仍须年耗巨款，金矿虽富亦非唾手可拾，况以西康之贫有此未足为多，失此未足为损乎。本会之所争者，在省界久定，不宜无因而破，破则边疆奸民失意政府者，均将鼓荡滋事，或勾结邻省婪吏，妄请改属、以要官府，殊于政治前途不利也。现在道孚炉霍两县民众已经聚讼县府，请求追赔历年垫累差徭损失，与议定今后帮款足为征验，本会为维护国家体统，地方安宁，发为争议，宁有利其土地人民与所谓金矿之私意哉。

二、误引古史废文附会沿革：谢专员所引为《圣武记》《平定金川记》等书，皆属当时记载军事之文，非论隶属沿革者，以加谢专员偏见曲解，遂致谬说连篇，一胜历指，如乾隆平定金川两役曾调附近大小各土司如绰斯巴底巴旺单东明正穆坪等民兵助战，乃明清两代边地用兵常见之事，谢专员据此，遂谓明正巴底巴旺诸土司皆五屯属地，夫五屯乃平定大小金川两土司后就其原辖地分设，与其余土司安得有隶属关系乎？查嘉庆四川通志为记载川康土司沿革界至唯一之完本，谢专员文亦会引之，该书明载，明正单东巴底巴旺诸土司，属于打箭炉之阜和协管辖，今乃强指明正属章谷屯，巴底巴旺属崇化屯，绰斯属绥靖屯，不惟《四川通志》之所无，即《平定金川记》，及任何官私著述，亦何曾有此谬说耶？夫明正土司驻牧打箭炉，今之康定九龙雅江道孚及丹巴五县，皆其辖境，倘其真为章谷屯属土，则打箭炉厅与阜和协，岂亦寄驻于章谷屯地耶？诚如谢专员所云，绰斯为绥靖屯属，便应划入靖化县，巴底巴旺为崇化屯属，亦应划入靖化县也，打箭炉为章谷屯属，便亦应随章谷屯索还入川耶，是不惟引书谬误，设想亦太奇离。又其所列绰斯界至，系杂钞四川通志注文，原属乾隆时通译访问所记，尽都惝恍，即如西至果罗克瞻对交界，果罗克即俄洛，在康青两省之间，瞻对即瞻化县，在西康中心，与俄洛绰斯，尚隔炉霍甘孜等县，今乃引此谬文，以证界至，果使绰斯划归川省，则其西界，又可超过炉霍甘孜抵于瞻化境乎，其他杂采道听途说，与夫臆造之词，不胜列指，反谓身经其事，据档着书之傅嵩炑"西康建省记为私家著述不足为据"岂非谬乎。

三、抹杀边疆实况昧情曲解：谢专员经边，西陲情况，固当明悉，今乃故为曲解，以涂国人耳目，其强词夺理之情，反昭然矣，所谓"既经改土归流，隶属道孚矣则其人民组织，不为清制之乡保联牌，亦应为自治之乡镇间邻，乃土司头人寨首之统治如故"。夫西陲各县自雍乾以来之所陆续改流者，何县已经成立乡镇间邻之制，无论西康，即谢专员现辖之松懋各县，又何莫非土司头人寨首统治之地乎，谢专员又谓"俄洛即果罗克系松潘县属地"，试问谢专员所辖松潘县府对于果罗克地方，已经编制乡镇间邻耶，已能推行政令入境耶，抑或能考察其内部情形否耶，谢专员并此不能一闻俄洛有由康设治之说，已哓哓争恃不已，而可谓康省未将绰斯"改制"便应划入川省耶，又谓"既经派员收印矣，则其后该土行文，应无前清印信，乃民十九年至二十二年间，该土司所呈文书切结，向以故印宛然"。夫西康各土司印信，改流以来，经历任长官取验后，旋复退回暂用，因政局变革，遂未收销者甚多，如理化属之毛垭曲登，雅江属之崇禧，道孚属之绰斯皆是也，大抵当时度其窵远，或荒绝难制者，皆暂返印绶，以便约束夷民。其后且有新铸发给之事，此乃政府窳弱期中权宜之计，对于改流入县之事实，决不因之抹然，固不能以未销印即为未经改流之证也。又谓"二楷金厂由洪雅人萧剑秋论令具结交出报由四川都督府呈请开采，并呈奉北政府大总统核准，原函谓在川边立案，究非事实"，夫康地产业，何莫非由川人开创办理，当时川边尚未完成省制，凡在川边立案者，无不兼在川省备案，亦何足怪？如果其地属川，便无须在川边纳课，金夫之募集，食粮之采运，亦皆可自川直接办理，何以特须绕道康定道孚致一路驮运络绎商业勃兴于一时耶。

四、曲解该土与二十八军之关系为吹毛求疵之辩诘：如谓本会函川省府文中所指绰斯驱逐金厂因畏讨伐，"济向二十八军输诚"一节为"非事实"，以民国五年尚无二十八军之名为证，并谓逐厂之说"尚待考证"。夫绰斯乘八角之乱，驱逐二楷金厂，受害者一万余人，至今尚多流落康境，从事金业者，人证俱在，何待考证？自是以后，川边多

事，政府屠弱，靡言追究，民十七年二十四军兼理康政，重兴矿议，曾有追究逐厂之说，于时二十八军亦正经营松理茂懋，该土司乘时向该军输诚，自属"畏罪"越境投人，亦未明白宣布改属，岂非"潜向"，本会原函，但论因果，并未注明潜向输诚时间即在逐厂之年，何得妄牵时证，抹杀事实，又谓"二十八军重开二楷被逐非事实"，随称"俄热事件发生后该土司随即具呈前屯殖督办公署悔改，往来频繁，未尝依远于川康骑墙观望此其非事实者三也"。所谓俄热事变，即指金厂被逐之事，屯署职员兵夫伤亡颇众，谢专员何用自讳。绰斯金矿区包括甚广，惟俱在一分歧之河谷中，俄热、烧热、观音菩萨、二楷，各为其一小地名，二楷设厂最早，历史雄伟，边民例称此全金区为二楷，其河为二楷河，何得以俄热被逐为非重开二楷被逐乎？该厂金矿虽旺，自被逐后，至今未复，则绰斯是否拒绝二十八军，不言可喻，且该土司随向西康屯殖司令唐英输诚，受委为民兵营长具报就职有案，一面仍具悔呈敷衍二十八军之屯殖督办署，则"依违于川康之间"二语，又何莫非事实？夫边地土酋，逐官杀吏，而复以一纸空文敷衍政府，乃千百年来惯见之事，何得据为心悦诚服之证？至谓该土司对绥靖屯，"呈令来复不可胜数"即为隶属绥屯之证，若然则绥靖崇化两屯民众及其巨绅游击司令杜德珊等，对西康政府之去来呈令，多至盈栋，是绥崇皆应隶属康省矣！夫边疆番民，俗称"两面"，对于相邻政府，例有往还，况在二十八军积极招徕之下乎？若以该土司与二十八军之关系指为隶属四川之证，则鄂西各县，亦曾隶属川军，呈令更繁，岂遂可划入川省哉？总之，若论清代沿革，则全康皆川境也，责西康以改制，则全康皆土司也，论土司之背向，则防区时代之边鄙土官，决无有不依违骑墙者也，要在双方政府各能以义自守，认定一标准界限为守义之节，赵傅改流地域，即西康守义界标也，川省于此当亦知所栏止，若论康省需要，则宁雅金川皆有不可不划入康之理由，然本会亦何敢不依合理手续蒙请划拨耶？如果两省政府认为某区有改属必要时，自宜商得双方同意，以法理解决之，岂可一意孤行，不惜纷扰，面〔而〕坏国家体统乎！为此具函纠正谢专员误解之点，请仍划绰斯归康，以维定案，而叶边请，即希查赐覆为荷！

此致！

四川省政府委员长：刘文辉

（资料来源：《西康省建省委员会公报》1937 年第 3 期）

附：

## 西康绰斯甲土司武力反对属川中央应迅谋解决

阿炎

（道孚通讯）绰斯甲土司自赵大臣改流划归川边，历为本县九区之一，自民五驱逐二楷金厂后，即未支差粮，所有该土差徭，近年均由各保代支，尚未结算。近因四川谢培筠专员请将绰土划归川省后，道孚人民即向绰斯甲清算历年所代支应之差徭垫数，情形日趋严重，绰斯甲土司则以自赵大臣改流，划归川边以来，即与四川脱离关系，今复突被划归川省，惹起道孚民众之重大纷争，加重本身困难，甚为不愿。昨特派该土大头人土格坚赞来道陈述不愿改属川省情由，谓谢专员果要强迫，划该土入川省，则该土司甘愿索其币赋与谢专员开战，特来恳请道孚县府转将此情呈报西康建省委员会予以援助，并恳道孚民众一致予以武力援助等云，现该代表住姜家锅庄，并不日赴康定一行云云。

又（康定通讯）毗连川西边境之绰斯甲土，前经四川省政府咨请内政部划归四川靖化县后，西康建省委员会曾将该土改流归康经过咨请内政部及川省府查照，仍将绰斯甲土划归西康，兹闻川省府复据该省第十六区行政督察专员谢培筠呈复情形咨送内部及建委会，关于绰斯甲土仍应归属四川建委会，近复根据绰斯甲土改流入康各项理据咨复该省及内部查照。此一事件，迁延数月，迄未解决，当与兹川康省界亟宜确定之时，甚望中央予以注意，速正两省经界，而息纠纷，兹探得建委会咨覆原文如次……（笔者注：原文请见上文《准贵府咨据十六区行政督察专员查报绰斯甲土司地方沿革函请查照一案相应将错误各点函复查照由》）

（资料来源：《边事研究》1937年第5卷第6期）

## 3. 抗战时期关于绰斯甲划归西康省问题的几个档案文献

### 四川省政府准内政部咨为绰斯甲布
### 划归西康管辖已奉院令核准给第十六行政督察区署的训令

（二十六年民字第35948号）

令第十六行政督察区专员公署：

查西康建省委员会请划绰斯甲布地方归康省管辖一案迭经该署查明议后，并经本府综合各案，胪陈意见咨请内政部查照去讫，兹准民廿六年十月廿六日发五五七七号咨开："案查叠准贵省该府咨详述绰斯甲布应归四川省管辖意见，及检送绰斯甲布附近川康边境形势为请核办等由，并准西康建省委员会咨送绰斯甲布川康两省省界图说前来，当经本部查核以四川西康两省互争川康边境绰斯甲布地方一案，叠准四川省政府计西康建省委员会来咨，暨奉交西康建省委员会原呈，缕陈绰斯甲布属川属康在历史上之各项证据理由各执，互相驳斥案情复杂，虽经本部详加研究终乏妥善办法可咨解决。惟查核此次川康两省所送绰斯甲布地方川康省界地土之形势大致尚属相符。兹拟具意见三项开陈于下：

（一）关于绰斯甲布之隶属问题。绰斯甲布原属川省，抑属康省管辖，川康两省既各有历史上之根据，倘加考究，徒滋纠纷，且无此必要。绰斯甲布纵横八九百里，居民三万余人，有大雪山、邛崃山及大金川诸山川群山屏蔽，川流纵横，实无适当之山脉或河流可为两省天然之界域。惟该绰斯甲布前隶四川省懋功县即前懋功直隶时因有绥靖、崇化、抚边三屯之间隔，形成瓯脱之地，今虽归并新设之靖化县管辖，只因区域辽阔恐仍不免有鞭长莫及之虞。倘将该地划归西康另设新县，一切行政自可更较便利，且西康建省未久，辖县仅三十二，川省地广人众，辖一百五十县局。康省全省辖境原皆由川省划拨而来，兹拟将川康边境之绰斯甲布地方划归西康省管辖，川省政府或不至持异议。

至四川省政府原有请派员堪划绰斯甲布川康省界，同时会堪〔勘〕川甘川青等省省界之主张，整理疆界固甚重要，但际此非常时期同属国家土地，属甲属乙后何有此疆彼界之分？况川甘川青三省省界现既未发生重大天然纠纷，似无派员勘界之必要。

（二）关于四川省靖化县之存废问题。查四川省靖化县系于二十五年十月间呈准以绥靖崇化两屯及绰斯甲布地方合并设治。全县面积原为六万余方里，倘将绰斯甲布划归西康仅余绥靖崇化两屯约计南北一万五十里，东西八十里，面积约一万二千方里。较原有面积约减少四分之三，对于靖化县之成立颇有影响。为谋补救起见，拟将现归懋功县管辖之抚边屯并入靖化县，使绥靖崇化抚边三屯合并成为靖化县。

（三）关于绰斯甲布划归西康后之管辖问题。该绰斯甲布划归西康省后倘归并炉霍县管辖则区域过于辽阔，倘归并道孚县管辖则面积不特太广，形势欠整齐。查西康建省委员会来咨内有着手改定行政区域，所有土司纷纷呈请改流，正拟将绰斯甲、俄洛、色尔巴三地重新改流分设三县等语。是则康省原有将绰斯甲布改设一县之议。该地虽甚贫瘠，但矿藏丰富，畜牧成群，似可另设一县以便治理，而资开发。

上列三项意见倘蒙钧院核定拟即由部分别咨请四川省政府及西康建省委员会查照办理报部转呈备案，俾结悬案而解纠纷。"等语。并赍同原送地图呈请行政院鉴核在案。兹奉行政院二十六年十月十一日第壹—三九九三号指令内开："呈件均悉。准如所拟办理。仰即由该部转行遵照。此令。等因。奉此，查本案案悬日久只亟待解决，现值非常时期尤应早息纷争。奉令前因相应咨请贵省政府查照办理见后为荷。此咨。"等因。准此。查此案事关变更本省辖地及边区富源，内政部所议改划办法与实际情形，既不相俾，遽即遵行障碍必多，合亟令仰该署，迅即查酌议覆，以凭核办，勿延为要。

此令。

主席：刘湘

委员兼秘书长：邓汉祥

民政厅长：嵇祖佑

中华民国二十六年十二月一日

## 四川省第十六行政督察专员公署
## 就绰斯甲划归西康相关实情给四川省政府的呈
### （专特字第 26 号）

案奉钧府二十六年十二月一日发民字第三五九四八号训令，以内政部将靖化县绰斯甲地方划归西康办法，与实际情形，不相适合，令饬迅即查酌议覆，以凭核办。等因。遵即循读内政部原咨，细绎其将绰斯甲划归西康之三项意见，惟从西康请求，未合实际情况，殊胜骇异，谨掬陈如次：

一、绰斯甲属川属康，固同属国家土地，际此非常时期，诚不应由此疆彼界之分。但争执之源发自西康，而绰土属川事皆铁证，虽内政部原咨，亦有明文承认，此种正义言词，应以责之康省，而不应责之吾川，始合论理原则。况绰土官民，曾经自呈：如政府不顾事实，将该土划归西康，决即自卫抗战在案；边区番民，智虑寡浅，倘部议果付实行，不幸事件，殆难避免。该土势力雄厚，舍头者众，非徒本区番夷与之多属姻娅。

康藏甘青各部，亦率有密切关系，一旦衅起边疆，必致祸连数省。方今倭寇方张，宁堪重生内患。缅维时艰，公患体团，窃以为不能划归康省者，此其一。

二、川属绰斯甲地方，全在大金川以西及大雪山山脉之东部，与本区松潘并地理番松岗党坝两土及该靖化县之河西屯紧相连接，仅有色尔巴一地逾大雪山正脉而西。西康所辖炉霍道孚各县亦全在大雪山脉西部，仅有约百方华里之鱼科土司地方插入大雪山脉之东麓，两省天然界域，至为明了。至邛崃山脉，在岷江及大金川之间，与该土辖境，全部相涉。部议所谓该土地方大雪山、邛崃山、大金川等群山屏蔽，川流纵横，两省无适当之天然界域等提示未与事实吻合。该土官砦在周琐尔，踞大金川西岸，与理番县居党坝土司官砦隔江相望，北距靖化县治所仅九十华里，沿江上下，道路平夷，交通至便。部议所谓如归靖化县管辖，恐仍不免有鞭长莫及之虞等提示亦全非事实。至川康两省之境地比较，其广大相若，而康省设县较少者，由于财政支绌及无力开发，前经详呈在案，勿庸词费。顾事实，明是非，窃以为不能划归康省者，此其二。

三、旧抚边屯懋功屯在小金川流域，旧崇化屯绥靖屯同在大金川流域，界以万里城空峡诸山，青霄高岭，三时积雪，数百里间鸟道交通，仅有四处，前经陈明有案。部议割整个靖化县境界之三以界西康，是增加其荒远之面积，使其愈无开发之力量；割抚边以补靖化之不足，是便创伤之残躯，重生巨大之赘疣。此种办法，无异既经断鹤，又且续凫矣。顺自然，利行政，窃以为不能划归康者，此其三。

至色尔巴为绰土之一部，俄落为松潘县辖境，均非康属，本署前任呈明有案，兹奉部议，应再声明。查西康所辖三十余县，区域至广，现建省合所统治不过半载，其南境桑杂貉榆等地，沃野千里，地暖宜稻，富有建省资源，能加以经营，完整主雇，即使垦殖，尽是补助。于荒瘠之绰斯甲布地方，既惹番夷反感又妨靖化行政，应恳钧府转咨内政部鉴察此情一仍旧贯，咨请康省移此无谓之精神收复富饶之国土。是否有当，静候鉴核示遵。

谨呈四川省政府

专员：谢○○

中华民国二十七年一月十五日

（资料来源：阿坝州档案馆所藏民国档案，全宗号8，目录号1，案卷号1060）

## 靖化县长刘绍绪就绰斯甲划归西康引起
## 土司头人不满给四川省第十六行政督察专员公署的呈
### （秘字第152号）

事由：为据转绰斯甲布夷地隶属问题请愿情形并抄原呈译文请予核转祗遵由

窃查前奉钧署专特字二十七年十一月八日发第一九六九号训令，为□省府民字第三三七九二号训令，以绰斯甲布地方，经省务会议议决，划归西康管辖一案，当即转饬该土司遵照办理，并将遵办情形呈由核转及咨呈西康省政府各在案。兹于本年二月三日，据该绰斯甲布宣抚司纳旺纳尔乌及该土大小头人等，以不愿划归西康理由等词分别联名具报。同时复派有头人及寨首百姓等十余人来府面陈请愿。据此，县长当以绰土属川属康均为中央版图，既经明令划定，该土司等自不能藉过去无可征信之事实，妄为要求。

乃于传见之际，立即多方晓以大义，喻以利害，饬其转告全土头目百姓，一致服从。殊该夷人等情词坚决，似难理喻。且查该夷等思想封建，赋性狂悍，平时之畏威不怀德，好利而忘义。本其故技，今既有此现象，当思妥筹办法，俾期消患无形。在县长职守攸关，未敢缄默，究应如何办理，以利进行之处，除径呈省府核示外，理合抄同原呈及译文，具文呈请钧署核转祗遵。

谨呈四川省第十六行政督察区专员公署

靖化县县长：刘绍绪（印）

中华民国二十八年三月　日

附抄同原呈译文两份

### 绰斯甲土司纳旺纳尔乌的呈

四川省政府、靖化县政府就是我们的上司，那天杜司令官铁桥到我们绰斯甲来，他说："中央政府与省政府开了一百多次会议，现在把你们绰斯甲划在西康省了。"不久又接到县府来的公事，也是同样的把我们绰斯甲划归西康。接到这个命令以后，赓即召集所辖各头人各寨首以及牛厂娃，向他们说明我土司已经接到县府命令，说是中央政府把我们绰斯甲划在西康。他们听了以后，大家向我们报告，都齐声说二十四军把我们害苦太甚，都表示不同意，所以我才派了两个大头人同一个通司前来县府向县长请示。我们绰斯甲地方荒芜，人民贫寒，早已都觉得站不住脚，现在又划在西康，越发不得了。当然，县府来的命令我们是要服从的。官府管我，我管百姓，但是我们到了现在，简直不能够管百姓了。他们事事讨论如何，都要我来在县府要求县长，转请中央给我们一点恩惠。

中华民国二十七年全〔八〕月二日

绰斯甲宣抚司纳旺纳尔乌叩

### 绰斯甲头人寨首百姓的呈

我们上的上司是县政府，我们要报的事情：就是关于我们绰斯甲的事，已经向全体上下寨首商量过了，四川省政府部下的绰斯甲确是有很多苦情说不出来，我们绰斯甲的土司自从奉委后到现在，都是很服从命令的，我们的上司是四川省政府，我们平时也是很能够奉公守法的，并没有三心二意，做那不规矩的事情。"共匪"到了我们这个地方，二十四军口说保护我们，所以他到了我们绰斯甲。我们单是派人替他们运的粮，也有三千多石，并时常帮他们运粮运草，背柴背水，昼夜不停地跑来跑去，受了很多的苦楚，说起真是可怜。哪晓得"共匪"到了的时候，他们的兵没有去抵抗，反把我们的人马弄伤弄死大半，并且把房子烧了多少，结果把兵统统开走。前头县长来一个命令把绰斯甲划在西康。接到了这个命令我们就召集大小头人各寨首商量，把政府要绰斯甲划归西康的话说给大家听了，都认为二十四军手段毒辣，令人害怕，前后□准备一起逃跑。根本我们绰斯甲地方尽是山林石岩，土地疲薄，耕种都要三年一收，实在苦寒。我们在四川省政府、靖化县政府部下效力，如果实在把我们划在西康□吃苦不了，卓克基、松岗与绰斯甲连界，绰斯甲与靖化县连界。我们绰斯甲在里面，旁的地方尽都不划，单把我们绰斯甲划过去。当然，县府给我们的命令，我们又给百姓命令。百姓既不服从，如果一定要划过去，百姓们就会另外打主意逃跑，土司也把他们莫得办法。所以我们才联名上了一个报告，请县长帮我转呈，四川省政府、中央政府，给我们要求，一定中央不许我们。这当然不怪县长，也并不是不服从命令。不过二十四军把我们荼毒惨了，我们实在是难以再受。下面私章和拇印尽都是各大小头人、各寨首百姓盖的。无论怎样，都要请县长帮我们转请中央，假如准了，给我们一个命令，我们就长久服气。四川省政府、靖化县政府若是硬要划在西康省，那吗我们决定不服从西康的命令。

中华民国二十七年全〔八〕月十三日

绰斯甲头人寨首百姓等叩

（资料来源：阿坝州档案馆所藏民国档案，全宗号 8，目录号 1，案卷号 1060）

## 四川省第十六行政督察专员公署
## 关于绰斯甲头人代表到茂并拟赴省谒见给省府的呈
### （专特字第 107 号）

窃查靖化县属绰斯甲布土司地方前经钧府省务会议议决划归西康省管辖，业奉中央核准，令行下署，并饬靖化县府办理移交事务，现正进行划界各在案。兹有该绰斯甲布土司所属周琐头人索躲王甲等到茂，据称系奉该管土司委派暨全土大小头人百姓等公推，前来本署并晋省向钧府暨川康绥靖主任公署请愿，恳准仍属川省管辖，誓死拒绝划归西康等语。所呈番文禀帖二件，一为绰斯甲布宣抚司司高攘呷木察（系纳旺纳尔乌）所具，一为绰斯甲布大小头人暨人民代表公禀，均经译成汉文录呈附复。本署批示亦附呈备考。

该头人等于三月二日抵茂，次日递呈番文禀帖，当即派员翻译并询问一切情形。特于四日下午前予以接见。本署息事宁人，详切开导，饬其仍遵命令，隶属西康。措词要点，业以支电呈报在案。经开导后，该头人仍固执成见，不愿属康，且欲晋省谒见。观其词色，固甚坚强，察其里蕴，如康省能予先行优处，不遽施严格管理，未始无回心听命之可能。该头人之所以不强者，盖由于所奉土司命令及公众意甚为坚决，未便中途断改异耳。再则夷人出差，例须完毕使命，乃能归旋，该头人既携有土司呈文预完晋省未便阻止，到省之顷，钧座能赐接见，伊等固至欣望，否则派员代见亦可，开示大义，渥加抚慰，即足以表绥怀。如何？静候鉴核令遵。

　　谨呈四川省政府主席王

专员：谢〇〇

中华民国二十八年三月八日

附呈绰土禀帖译文二件、批示一件

## 四川省第十六行政督察专员公署给绰斯甲土司代表的批示
### （专署字第 463 号）

具呈人绰斯甲布宣抚司高攘呷木察

呈一件——为不愿改隶西康派员来署请愿由

呈悉。该宣抚司拥戴中央服从政令约束百姓，安静住牧，本专员素所深知。此次改隶西康省管辖一事，乃由西康境域比较狭窄。新兴建省，应具规模，特由四川省政府及前西康建省委员会共同商决，将川省宁雅两属一十六县局及该绰斯甲布地方，一并划归西康，以期建省工作早日完成，开发事业，国防布置，迅速实现。两省列峰，纯为国家至计，非于各该区域之人民土地，有所好恶于其间。此种计划，业经呈奉中央核准。宁雅两属早于去岁划交，该绰斯甲布地方顷始派员改划，该宣抚司应即仰体斯旨，勿得妄事骛疑，并仰转饬所属头人百姓，一体知悉，不必惶惑自扰。

夫绰斯甲布地方为国家土地，绰斯甲布之土官头人百姓为国家之人民，属川属康，固无差异。虽云边地苦寒，民生困难，加之以风俗习惯语言文物之不同，所有服役纳税义务，不能与内地人民等量负担。要知西康省政府受这样付托之重，抚治边疆，其能洞察民情，优待该部，当亦与四川相同，固勿庸该宣抚司及所属头人百姓鳃鳃过滤也。本专员业已电请四川省政府转电西康，对于治理该部，特加优待。该宣抚司今复对于西康所设统治该部，仍应如过去对于本省懋功厅及靖化县之服从，勿得随意去就致干未便。至该土头人百姓所具公禀，措词立意，均与该宣抚司来呈相同，未予另行批示，仰即转谕知照。再该宣抚司所献哈达一件、豹皮一张、仁寿果一件，业予收讫，奖给来人法币叁拾元。所派头人索躲王甲，业于三月四日召见详询，许予备文晋省，合并饬知。

此批。

专员：谢

中华民国二十八年三月四日

## 四川省第十六行政督察专员公署
### 就绰斯甲头人代表到茂并拟赴省谒见请愿不归西康给省府的电

成都纽密。绰斯甲头人索躲王甲受土司委派及头人百姓公推于冬日来茂，呈番禀二件，请愿仍属川省，誓死抵隶西康。赓即晋省谒见等情，经以开导：（一）改属西康系中央决定；（二）属川属康均系国家领土，人民并无差别；（三）现正抗战期间，不应后方小事分耗上峰心力；（四）准予转恳钧府专电请西康对该部优待等语详切开导。现值绰土移交，恳请转电西康优待，免生意外。

职谢○○叩

二十八年三月二日绰斯甲布土司所派周琐头人索躲王甲偕通司张洪兴到茂，据称于废历腊月十九日起程，经由党坝、虹桥、理番等地。携陈呈文二件，据其口译，爰记如次（本文系三月三日呈来）：

一

四川绰斯甲布宣抚司高攘呷木察谨禀上司谢专员座下：窃维绰斯甲布为国家之土司，绰土士庶实为国家之子民，小大人等，莫不虔凛斯义，以服从政府为职志，罔或爽其德而贰其心，向来对于靖化懋功两县命令，绝对遵行，可为明证。"共匪"窜扰时二十四军调派大批部队，前来协防，秣马粮食，油盐茶叶，需索供应，不可胜计。比及

"匪"至，未战先逃，并肆行掳掠丁壮牛马银钱什物，我绰土人民莫不含血愤恨，前经呈报有案。顷奉靖化县府训令，以我绰土业经划归西康省管辖。夫西康省者二十四军也，人民闻悉，莫不惊慌万状，舆情鼎沸，称如此隶属西康，宁愿他徙以避。我绰土原为极端苦寒之区，十年五获，人民生计艰苦万状，赖四川致高仁厚德，得以覆育至今。如隶西康，民何堪命？绰土之隶属川省，其与梭磨、卓克基、松岗、党坝四土情形相同，壤土相接，屏藩西缴，其去成都也近，其去康定也远，独使归康，实难遵命。我绰土土司头人百姓誓死不属西康，前经掬诚沥词陈报有案，今竟未邀垂察仍有划归之说，敬恳请专员转呈层峰收回成命，迫切陈词，仰祈眷佑。

二

上司谢专员钧鉴：绰斯甲布土司所属大小头人百姓等合词谨奉，窃查我等头人百姓，素来服从土司约束，并未向外滋事，并无携贰之心。绰土地方，极端苦寒，十年五获，难资温饱。"赤匪"窜扰之初，二十四军调派大批部队前来协防，秣马供应，粮秣需索，不可胜计，尤复不战不守，妄弃民等，任"匪"蹂躏，临逃之际，又掠去丁壮牲畜财物无数。"共匪"盘踞，奸掳烧杀，人口损失过半，财产全部牺牲，颠沛流离，幸获保全者不及半数。[①] 现闻绰土地方，寻将划属西康，靖化县府业已转发正式命令。惩前毖后，惶恐曷胜，哀我小民其无唯类。四川上司，如能怜此孑遗，鸣施保佑，则子子孙孙之感戴不忘。倘令属康，则誓死不从。兹经全体一致决议，如绰斯甲地方必须划归西康，则恳另给可以耕种饲畜之地，容我头人百姓，迁往住牧。时日不待，康省接收公文，急如星火，恳请钧座速赐保佑，并予给示。

谨此联名公禀

（下盖十个大头人明章及百姓代表指模）询明十大头人姓名：

1. 司高攘；2. 呷鲁文波；3. 达躲头人；4. 宁玛日哥；5. 章根头人；6. 戴拉头人；7. 泽尔头人；8. 卢扰头人；9. 狄或头人；10. 石忠头人。

三月四日午前，专座在会议厅接见索躲王甲详切开导，以属川属康均为中华民国之领土人民，以前所受二十四军痛苦已成过去，今后西康省府处理，对该部当能优加待遇。现值抗战期间，不宜以此等归属小事，致耗层峰心力。准予转请四川省政府转电西康省政府接受该部复优予待遇。

中华民国二十八年三月三日

（资料来源：阿坝州档案馆所藏民国档案，全宗号 8，目录号 1，案卷号 1060）

## 4. 刘文辉关于西康省治理的谈话

西康省政府主席刘文辉氏，前奉召到重庆晋谒蒋委员长述职。对记者曾畅述康省建省以来之政绩，兹特节录刘氏谈话如下：

---

① 这是土司头人为一己之私无中生有，夸大其词，目的是同国民党政府讨价还价。前后文档案中类似说法尚有。无根据，不足为信。照录仅供参考。

民族感情大为增进：一、关于民族联系者，康倮两族蔑视汉人之心理，历来无法打破。省府成立以后，对于康族，知其对于佛教之信仰极深，故决定以政护教，收拾已失之人心；以教补政，控驭脱辐之民众。旋又创立五明学院，轮集康区喇嘛，讲习观摩，教以近代科学常识。境内之高僧大德，昔日足不履康定，身不入官厅，口不言政治者，近亦联翩莅止，贡其所知，并愿传宣政府德意，奔走传呼而不辞劳瘁。复成立保安讲习会，召集大小土司头人，优其待遇，输以新知。毕业还乡，分途晓示于民众。向者康区之静的社会，年来渐呈活跃之象。对于倮族教育，亦加改进。

〈后略〉

（资料来源：《康汉倮感情增进，西康建省后一切有进步——刘文辉的谈话》，《边疆通信报（重庆）》1940 年第 2 卷总 56 号）

## 5. 关于康区差徭制度改革的报道

康省差徭制度，不独康民感觉痛苦万状，即政府推行政令，亦因交通不便，支差困难，颇觉迟缓。刘主席对此甚为关心，曾将改善差徭列为本年中心工作之一，积极图谋改善。复于五月七日午后一时，在省府会议厅召开差徭会议，计到刘主席、张秘书长、一三六师唐师长、黄委员、有关各机关首长暨关心差徭人士二十余人，交部视察高鋆亦被邀参加。由刘主席主席〔持〕，报告康省差徭之应从速改善，以解除康民痛苦之各种理由甚详，继即开始讨论办法。大体决议，先从废官价及整理康区交通着手，至澈底废除乌拉制度办法，亦商有相当结果，将缮呈中央核准后，即开始办理。直至三时始行散会。

（资料来源：《一月来康事辑要：解除康民支差痛苦，省府召开差徭会议，改善办法业巳大体决定》，《康导月刊》1940 年第 2 卷第 9 期）

## 6. 候谒刘委员长之各土司头人

刘委员长奉命来驻炉城，各县头人土司大喇嘛等，纷纷集中此间候见者，计有甘孜绒坝岔土司翁噶，炉霍格聪呼图克图及炉霍五乡代表洛绒次里、大吉、中次日、工却、仁曾罢、次翁巴登、罗布次里、郎加、图郎耶喜、清真、次真、丁真、兴陈廷，甘孜民众代表此翁扎喜、娄欧择里、夺吉康朱，雅江县区长杨得贵、麻里登巴，代表当珍共布、群迫、柔登、次雍共布、腾布、噶地、丁珍、朋错、土登，德格头人瞎哥郎加，邓柯大喇嘛土登，明正土司后裔甲联升等，一百数十人，或借住锅庄，或留居寺庙，至呈诉之件，或为辟谣以表示之诚意，或为报告诺那煽乱之内容，或为请赈等云。

（资料来源：《西康建省委员会公报》1937 年创刊号）

## 7. 西康德格土司派员谒刘文辉

德格土司泽旺登登，近派其头人泽刀率同邓柯、德格、白玉、石渠四县代表等到康晋谒建委会委员长刘文辉氏，报告地方情形，并恳请拨款抚恤灾黎云。

（资料来源：《西康建省委员会公报》1937 年第 3 期）

## 8. 迎昌都帕克巴拉呼图克图及理化扎噶呼图克图

贺觉非

双佛自南来，灵尽归胜堨。寺宇为之空，众人安敢怠。
好民之所好，黽勉为良宰。策塞出城时，百骑盛结彩。
青烟绕袈裟，白石砌磊魂。天地助光明，喇嘛奏乐恺。
视彼被迎人，学步尚有待。灵魂继前知，是为功德海。

贺觉非甫稿三十一年四月

（资料来源：《康导月刊》1942 年第 4 卷第 6、7 期合刊）

# 三、抗战时期国民政府对川西北藏区的治理

## 1. 抗战期间四川省第十六行政督察专员公署颁发的和谐民族关系之文献——《绥和番夷办法》

四川省第十六行政督察专员公署关于颁发《绥和番夷办法》给茂县政府的训令<br>（专特字第 168 号）

令茂县政府：

本区地处边徼，民族复杂，汉唐以还，协和维艰，每值国家多故，辄行豕突狼奔，近代以来，庚申辛亥，殷鉴不远。迩来念余年间，尤多蠢动跳梁之事。现在抗战方殷，国难日亟，中枢移前，事机愈迫，宜勤绥和辑睦之谋，以释层峰后顾之忧。此本区各级有司共负之责也。兹依照日前区行政会议，如何绥和番夷案决议：一、固结政府与番夷关系；二、消除汉番隔阂；三、保持各夷部间之和平三原则，制定绥和番夷办法六项。除分令并呈报外，合亟令仰该县政府即便遵照，切实施行，随时将办理情形具报查考为要。

此令。

专员：谢培筠<br>中华民国二十七年一月

计发绥和番夷办法一件

## 绥和番夷办法

一、各县府对于所属夷部，昔多视若化外，绝少文书往来，上下情义隔绝不通。一般政令各番夷未由知晓。今后一切下达民间之文书，均应分令所属各夷部。松潘理番靖化三县府，并应于额定书记中，设置精通番文者一人，以后下行夷部公文通用汉番两体文字对缮。

二、向来夷地贸易听任各地商贩自由前往，彼辈既惟利是视，又复良莠不齐，欺伪诈骗之行为，时辄有之，以致夷民仇恨汉人，渐成普遍心理，政府命令亦扞格难入。各县政府应立即斟酌实施情况，对所属夷部贸易，分区统制。其实施办法由本署另订饬遵。

三、各县番夷部落，小者地方数十里，大者千余里，积古以来，地方政府仅负管辖之名，未施统驭之实，念余年间，尤鲜顾问，遂致愈形隔绝，国家体制全不了解，方今国难日亟，倘受奸人煽惑，实为蠢动是惧。中央政府现移渝城，本区为全川后户，秩序安静，关系綦重，而驻军早已外调，保安队又甚寡弱，藩坦之力，实无可恃，辑睦之策，唯有羁縻。各县应速查明所属夷部首领之世系。官衔疆域实力等情，详晰来报，以凭报请核委相当名衔，正上下之名分，定行政之系统，俾其具怀德感恩之诚，泯离异叛变之志。

四、往时各县府受理夷人纠纷，恒以所纳搕头银两之多寡为胜负，汉夷诉讼则袒汉而抑夷，公是公非难靡有定。一般夷民视政府为受贿沉冤之所，政府威信因以低落，汉夷隔阂，维日加甚。今后各县府受理夷案，务必力去前弊，斩绝苞苴，察情尽词，依法处判，善者得其扶持，恶者有所惩警，俾知国家设官分职，在于理民，非以虐之。革昔日之睽离，履今后之巽泰。

五、各夷部互多仇怨，汉夷之间，亦每有刲辖，囊者政府既不能为曲直之判，双方遂少声诉于官，各怀怨恨，待将报复，甲地之人若过乙地，冤家行离其境，则将人货挡留，不辨是非，任意擅索，迄夫甲至乙所，乙亦如之循是……商贾裹足，政府不加制止，夷人何所挡留。其次，番人杀人越货之行，类都视若天赋特权，失主伤贼，反赔命价，此种荒谬观念，应予切实纠正，并严饬各部首领，禁止百姓去抢，俾各地交通畅行无阻，官商往来日趋频繁。

六、往昔地方官甚少接近夷人，恒假手于通司或地方人士，彼辈因缘为奸，对官府则挟番夷以自雄，对番夷则假官府以自重，操纵捉弄，高下在心，以致上下情意，莫由沟通。今后各县府应行严密考查，兼得实据，即予惩办，藉警奸回，各县长并应分期出巡各夷地，接见夷人，以俯视民之旨，而免蒙蔽。

（资料来源：阿坝州档案馆所藏民国档案，全宗号 8，目录号 1，案卷号 1073）

## 2. 四川省第十六行政督察专员公署关于保护
## 梭磨寺产给各喇嘛寺及大喇嘛的训令

**四川省第十六行政督察专员公署关于保护梭磨寺产给各喇嘛寺及大喇嘛的训令**
（专特字第 154 号）

令梭磨各喇嘛寺大喇嘛则忠甲木初：

倾据该大喇嘛来署面称：梭磨五沟内有土地房屋一十四处，原由该喇嘛寺管业，请予给示保护永维产权。其土地房屋所在地方：计马塘桥头上一处，名穰什粪；切思沟两处，名八批，名穹咯；硕竹沟四处，名阿崴，名仕达巴古，名祥渣卜咤，名色孙；石墨沟两处，名沟咯堡，名格尔基；格不尔墟两处，名甲尔补，名哈不梭；狼洞桥两处，名婆遮，名甲木苏；沟喏沟一处，名卡什里嗷打。拜称昔时该管梭磨土司曾给管业文件等现犹存执等语。所呈如果不虚，自应由各该喇嘛寺继续管业，其他土司头人百姓等不得侵占，特予令知，仰即遵存。

此令。

专员：谢

中华民国二十七年一月

（资料来源：阿坝州档案馆所藏民国档案，全宗号 8，目录号 1，案卷号 1062）

## 3. 抗战爆发前后土司土官支持抗战、服从政府、
## 国家意识日益增强的档案文献

**四川省政府任命李阳三**
**为宣慰松理茂懋汶土官边民委员一职的训令**
（民字第 24818 号）

事由：令委李阳三为宣慰松理茂懋汶土官边民委员仰知照由

令第十六区行政督察专员公署：

查该区松理茂懋汶一带，僻处边陲，风气闭塞，其土官边民十余年来，渐知倾诚内向，亟应派员宣慰，以资庸迪。兹查有松理游击司令苏永和之代表李阳三，堪任宣慰松理茂懋汶土官边民委员一职。除状委并训令该员秉承该署意旨暨商同上列各县之政府进行一切外，合行令仰该署知照。

此令。

主席：刘湘

民政厅长：嵇祖佑

中华民国二十六年八月三十一日

（资料来源：阿坝州档案馆所藏民国档案，全宗号 8，目录号 1，案卷号 1017）

### 四川省第十六行政督察区专员
### 谢培筠关于任用卓仓藏活佛给省府的公函

成都省①主席刘钧鉴：

卓仓藏等入谒系仰德威，倾心内附。职恳委名义，意在用汉变夷渐臻同化。其与奖给协剿有功各土司喇嘛荣衔事非一例，故拟呈各殊。祈改委卓仓藏为松潘阿西番部长官兼督导包座作革各部落事务，避却军职名义。再查作革十二部落班佑等土官久经式微，卓仓藏以教义得民兼领阿西崛起代兴，诸部服从。包座五部亦相继归属，政教合一并无流弊。

谨电乞示

职谢叩（有印）

（资料来源：阿坝州档案馆所藏民国档案，全宗号8，目录号1，案卷号1017）

### 四川省第十六区行政督察专员公署
### 关于卓仓藏、荣德清等土官刊发钤记、印模的呈
（专特字第330号）

事由：遵令分饬松潘阿西宣慰长卓仓藏等各情形并刊发钤记检呈印模祈鉴核示遵由

窃查松潘关内外大小土官卓仓藏、荣德清等晋省谒见，一应抚驭办法及有关情事。节经本署于二十六年四月十一日以专特第一五六号呈详细呈拟在案，旋奉钧府二十六年五月十二日发民字第一三〇一六号指令，核示分别委以宣慰长宣慰员名义，拨发赈款四千元，奖给子弹一万粒，辖地开发俟派员查勘再夺。保商队组设办法由署拟呈核定等因。六月中旬，各土官等由省领运款弹到茂，分别接见数次。谨将钧府赏委德意及其今后职责，与一切有关事宜，详为训谕。并经遵照核委职衔，每员刊给木质钤记一颗，分别令发承领，均于六月尾先后离茂返部去讫。至保商队组设办法，俟详查酌拟，另案呈核。所有此项令饬情形及钤记印模，理合报请查核，敬候指令祗遵。

谨呈四川省政府

专员：谢

中华民国二十六年七月八日

（资料来源：阿坝州档案馆所藏民国档案，全宗号8，目录号1，案卷号1017）

### 四川省第十六行政督察区专员公署
### 就委任卓仓藏、荣德清并刊发钤记给松潘县府的训令
（专特字第1238号）

事由：饬卓仓藏、荣德清等土官奉省令委为宣慰员各职并刊发钤记令仰知照

令松潘县政府：

查该县关外包座、作革各部落代表卓仓藏特请阿纽及关内云昌大土官荣德清，下尼

---

① 成都省指设于成都市的四川省政府，下同。

巴土官尚渣等，前者联翩入见，轮述下情，当经本署饬赴省府晋谒主席，并拟具抚驭办法呈核在案。兹奉省府二十六年五月十二日发民字第一三〇一六号指令开：呈一件均悉——仰即遵照。等因。该宣慰长卓仓藏、宣慰员荣德清等于六月中旬返茂，经本专员个别接见，将其职责范围及遵守政令诸端详为列示，并刊木质钤记五颗，文曰"松潘县阿西宣慰长钤记""松潘县云昌大姓宣慰员钤记""松潘县下尼巴宣慰员钤记""松潘县独玛宣慰员钤记""松潘县巴细宣慰员钤记"，依案领发承领去讫，合亟令仰该府知照，并随时监督为要。

此令。

专员：谢

中华民国二十六年七月八日

（资料来源：阿坝州档案馆所藏民国档案，全宗号 8，目录号 1，案卷号 1017）

### 四川省政府关于任用卓仓藏并刊发钤记印模的指令

（民字第 22250 号）

事由：为遵令分饬松潘阿西宣慰长卓仓藏等情形并刊发钤记检呈印模祈鉴核示遵由

令第十六区行政督察专员公署：

二十六年七月八日专特字第三三〇号呈一件——为遵令分饬松潘阿西宣慰长卓仓藏等情形，并刊发钤记，检呈印模，祈鉴核示遵由。呈悉。准予备查。

此令。

主席：刘湘

民政厅长：嵇祖佑

中华民国二十六年八月六日

（资料来源：阿坝州档案馆所藏民国档案，全宗号 8，目录号 1，案卷号 1017）

### 松潘大小姓土官荣德清就成立宣慰员办公处及
### 向大小姓土官番民宣传抗战守法等给四川省给第十六区行政督察专员公署的呈

事由：呈为呈报就职并启用钤记暨遵令照办及将办理情形具报请予鉴核俯赐备查示遵事

窃职二十六年五月十三日案奉四川省政府民字 2131 委任状开："委为松潘县云昌大姓宣慰员一职。此状。"等因。坿奉民字 13017 委任令一件。奉此遵令返家择于八月十二日在土守备署就职宣誓，成立松潘县大小姓宣慰员办公处。后于十月二十日奉到专座饬交松潘县府转发钤记一颗，于十一月二日敬谨启用钤记以昭信守。又于十月二十五日奉到专座谕单内开各谕等因。遵合召集大小姓全体民众，于十一月二日开会宣慰。正当国难期，中国五族应有一致合作精力，抵抗日寇，拥护政府，收复失地，复兴民族，巩固国家，遵守国法，务业安居。饬令各寨土目头人具结存查。职照钧谕逐一详细宣慰，俾民咸知。

以上所呈就职日期启用钤记及遵令照办暨办理情形，各缘由是否有当，除呈县府备查并分别函令布告外，理合具文呈请钧署鉴核俯赐备查指令祗遵。

谨呈四川省第十六区行政督察专员谢

松潘县大小姓宣慰员、土守备：荣德清

中华民国二十六年十一月

（资料来源：阿坝州档案馆所藏民国档案，全宗号 8，目录号 1，案卷号 1017）

## 四川省第十六行政督察专员公署
## 就荣昌土官启用宣慰员钤记及宣慰番民情形转报省府的呈
（专特字第 12 号）

事由：据松潘县云昌大姓宣慰员荣德清呈报就职及启用钤记日期暨宣慰所属情形转请鉴核由

案据松潘县云昌大姓宣慰员荣德清二十六年十一月未列日呈称："窃二十六年五月十三日……指令。"等情。除指令准予备查外，理合转请鉴核令遵。其钤记印模，本署前于二十六年七月八日以专特字第三三〇号呈赍请鉴核并奉令准在案，合并陈明。

谨呈四川省政府

专员：谢

中华民国二十六年十二月

（资料来源：阿坝州档案馆所藏民国档案，全宗号 8，目录号 1，案卷号 1017）

## 四川省第十六行政督察专员公署就增设番文书记员给四川省政府的呈
（专特字第 13 号）

事由：拟增设番文书记一员请鉴核令遵由

窃查本区所辖各县汉夷杂居，夷人公私文书，率用藏文，不识汉字。本署职员，又莫能或解番书。两载之间，呈令来后，诸感艰困，上下情意，难于宣通，长此以往，化民成俗，其于层峰设官分职之本意，亦无以仰副□明。兹拟于署内增设番文书记，每月薪俸实支三十元，于本署预备费下开支，并恳准以委任职待遇。其人选，现据松潘云昌大姓宣慰员荣德清呈荐王喇嘛九霄堪以胜任。业经令饬前来，俟到职后，另案呈请备查。可否？敬祈鉴核示遵。

谨呈四川省政府

专员：谢

中华民国二十六年十二月

（资料来源：阿坝州档案馆所藏民国档案，全宗号 8，目录号 1，案卷号 1017）

### 四川省第十六区行政督察专员公署
### 就启用钤记日期暨大咕噜劫案与推番文书记等情给荣昌土官荣德清指令
（专特字第 2239 号）

事由：据报启用钤记日期暨大咕噜劫案情事暨推番文书记等情核示令遵由

令松潘云昌大姓宣慰员荣德清：

二十六年十一月呈暨报告一件——为呈报启用钤记日期及大咕噜劫案并推荐番文书记由呈暨报告均悉。查核启用钤记及宣慰所属各情尚无不合，已予转呈省府。大咕噜劫案，既由该管松潘县府审讯，准予再行令饬秉公办理，并转饬毛牛土官严束所属百姓。所荐番文书记王喇嘛九霄，每月决给薪金实支法币二十四元，如试用之后，能力优长，办事勤能，另予酌量增加薪俸，并报请省府备案。如伊愿意，可饬其即速来署为要。

此令。

专员：谢

中华民国二十六年十二月三十日

（资料来源：阿坝州档案馆所藏民国档案，全宗号 8，目录号 1，案卷号 1017）

### 四川省政府关于增设番文书记给第十六区行政督察专员公署的指令
（民字第 06683 号）

事由：据请增设番文书记一案核示令遵由

令第十六区行政督察专员公署：

二十七年一月九日呈一件——拟增设番文书记一员由。呈悉。查核所称各节，尚属实情，准予增设事务员一人，专司番文书记职务，每月支薪三十元，即在该署准备费项下开支。

此令。

秘书长：邓汉祥（代行）

民政厅长：嵇祖佑

中华民国二十七年三月十一日

（资料来源：阿坝州档案馆所藏民国档案，全宗号 8，目录号 1，案卷号 1017）

### 四川省第十六区行政督察专员公署
### 就大咕噜劫案处理给松潘县府的指令
（专特字第 2238 号）

事由：据云昌大姓宣慰员报大咕噜劫案经过情形转饬秉公办理并禁止各夷盗劫由

令松潘县长萧廉武：

案据该县云昌大姓宣慰员荣德清二十六年十一月呈，"去年四月十二日职属碑志寺"云云，汉番民等情前来。查此案据该员到署陈诉详情，当将笔录发交该县长查办在案。

现既提保追交原犯，应即切实办理，秉公处断，屈者伸之，以坚其清白之诚，悖者惩之，以遏其鸥张之性。其毛牛土官所属百姓及其他部落，如确有不顾社会秩序肆意盗劫者，应予严令或派员申诫禁制。当此国难严重期间，边地治安，最关重要，夷民争执，务须平情办理，勿得忽延为要。

此令。

专员：谢
中华民国二十六年十二月三十日

（资料来源：阿坝州档案馆所藏民国档案，全宗号 8，目录号 1，案卷号 1017）

## 松潘县大小姓土官荣德清就毛牛沟土官<br>包庇劫匪请求制止等情给四川省第十六行政督察专员公署的报告

1. 前于十月十一日呈递钧座公文一件，系呈报就职启用钤记日期暨奉令遵办及办理各节情形，请予鉴核备查示遵。托有便羽代呈，殊伊玩忽疏视未便呈到。今将原呈文件寄邮补呈，尚祈鉴宥谅之为荷。

2. 去年四月十二日属碑志寺番民六十长勒兰扎西男女六人等，前去雪步寺赴观哑巴会，途至大咕噜山恶坝，被匪抢劫马五匹、银钱衣物、珊瑚琥珀等物共值银二千余两，杀毙一人，打伤一人，其余衣服剥尽。后买报信，查确为哉夺那等寨十二土匪所为。呈明县府，蒙沙前县长恩准颁发硃谕，令为逮捕正匪。彼时该寨不知其土官所辖，派队前去捕匪，途至物哉，尚距二里，被该各匪寨集众抵抗，不许前进。职本奉令捕匪，去丁负伤二名，亦一枪未还，登时旋队。该匪等一面放来牙人挽合，一面报告毛牛土官，而毛牛土官不为归束，反以护贼包庇，将职诬控县府，彼此互相兴讼。沙前县长又经哈通事马代表任羽通要求县府。沙前县长恩准私下调解。值此年终，又限期于本年正月十六日，惟限期未临，而毛牛土官陈仁清因病而亡，故延至今。前晋谒钧座，已经面呈，现由萧县长处判之中。昨日提堂审讯，令伊交出正匪十二名，伊祈限交，如县府不能解决，将来具诉钧座。恳祈观念，杜绝后患，以维民食。查毛牛土官所属红土坡夺部等连年所抢九六关大小姓牛马，不计其数。前误认猓匪，今确查明，概系伊之百姓所为。该匪寨等比如营业，□给贫费，盗回富得，当百元以五十元为售。现值牛价甚昂，设如本日购牛一头，去洋五六十元，即夜被盗，一犁未耕，于心何干。则我九六关大小姓汉番人民受伊莫大之害，甚于洪水猛兽，致使土地荒芜，人民不得聊生，而毛牛土官护贼包庇，养匪害民，知情分肥，种种不执，目无法纪，殊堪痛恨已极。总恳钧座设法制止，以维农耕而苏民生，职幸甚，汉番民等亦沾天恩德便矣。

3. 前面谒钧座令选聘译字番书，今有王喇嘛九霄番文熟习、书写精详，兼汉语通达，汉文译翻番文音语合符，毫无差讹。但我钧座需用请赐示知并注明每月薪水若干，令伊前往任事。但文字走漏一切职负全责。

此呈四川省第十六区行政督察专员谢

松潘县大小姓宣慰员、土守备荣德清于松潘县大小姓宣慰员办公处
中华民国二十六年十一月十三日

回复：二项令县秉公处办具复；三项月薪实支二十四元并报省府备案。

（资料来源：阿坝州档案馆所藏民国档案，全宗号 8，目录号 1，案卷号 1017）

## 松潘荣德清等土官请求赴茂及省府晋谒的呈

事由：呈为请示面谒俯赐鉴核示遵事

窃职等本年上季请示面谒钧署，蒙恩批准后未奉到命，准备至今，亦未定行俟。又奉得李宣慰委员阳三召集领带职等朝觐钧署及省府。兹因地方多事，亦未定决。职等会商，现刻前方战事方殷，后方治安巩固，非要面谒钧署不可，一也；再于松之土司各方内发生不良野性侵占守土，惯盗护贼致起种种交涉，亦非钧署不可处决，二也；其次松之各土司旧例三朝五贡，今省府新任主席例理前去贡献以表夷情，三也。以上三项职等应尽应理，会同具文，特派番丁尤诸八代持文，拟请钧署核准并恳转呈省府恩准，面谒实沾德便，除分呈省府外，是否合当理合具文呈请鉴核示遵。

谨呈四川省第十六区行政督察专员谢

松潘县大小姓宣慰员、土官：荣德清

大寨土官：王道生

七寨宣慰员、土官：尚查

漳腊商巴土官：泽忍王介

毛牛土官：郎介

中华民国二十七年十二月

（资料来源：阿坝州档案馆所藏民国档案，全宗号 8，目录号 1，案卷号 1017）

## 四川省第十六区行政督察专员公署给荣德清等土官赴省晋谒的批复
### （专特字第 2231 号）

事由：据呈面谒请示一案应予从缓仰知照由

具呈人：松潘县云昌大姓宣慰员荣德清等

二十七年十二月呈一件——为联名呈请面谒述职祈鉴核由。呈悉。现当抗战期中，后防治安关系重要，该员等均负有守土保民之责，远来茂县或至省城，往返数月，不特劳费不资，抑且于维护地方秩序不便，应予从缓。至各部落间积案纠纷，可呈请该管松潘县府依法解决。再该代表尤储八代，特由署奖给法币五元。

此批。

专员：谢

中华民国二十七年十二月二十九日

（资料来源：阿坝州档案馆所藏民国档案，全宗号 8，目录号 1，案卷号 1017）

## 四川省政府关于撤销宣慰松理茂懋汶边民土官委员办事处的代电

（民字第 21067 号）

事由：电知宣慰松理茂懋汶边民土官委员办事处业撤销由

茂县谢专员鉴：

查宣慰松理茂懋汶土官边民委员李阳三宣慰期间业已届满，现在铲除烟苗事宜亦经告一段落，除电饬即将办事处撤销结束具报并分行外，仰即知照。

主席：王缵绪（马省民①）（印）
中华民国二十七年七月
（资料来源：阿坝州档案馆所藏民国档案，全宗号 8，目录号 1，案卷号 1017）

## 四川省第十六区行政督察专员公署
## 请求继续委任李阳三宣慰边民给省政府的呈

（专特第 710 号）

事由：请继续委任李阳三宣慰边民祈鉴核示遵由

案奉钧府二十七年七月马省民代电，以宣慰松理茂懋汶土官边民委员李阳三，宣慰期间业已届满，查铲烟苗亦经告一段落，饬将办事处结束。等因。查该员奉委迄今，已届一载，对于查铲理番县属黑水烟苗，调解毛牛沟与苏永和、上三寨与下三寨及山巴与巴朗等重大纠纷，擘画奔走，卓著勤劳。其他饬办之事，均能奉命虔恪，圆满达成任务，颇有弘扬政府威德、谐和汉夷、辑睦边疆之力。当此抗战正酣时期，省防空虚，抚驭边番，该员正堪驱使，合无仰恳钧府继续委任，以资辅助地方政府之不足。或以该员对于松理两县夷情比较熟习，改委为松理边民宣慰委员亦可。如何之处，敬候鉴核示遵。

谨呈四川省政府

专员：谢
中华民国二十七年八月十八日
（资料来源：阿坝州档案馆所藏民国档案，全宗号 8，目录号 1，案卷号 1017）

## 松潘县第三区区长陈懋晳转巴躲土官关于缉拿凶案嫌犯的呈

县府钧座：

本日午前巴躲土官偕同米长清及老民十余人来署呈递公文（已另案呈转），以该寨地段发生劫案一事归纳结果。曾向职作如下之呈述及请求：1. 巴躲从来服从政府，从未杀人抢人，尽可明密调查；2. 发生事件，土官未在家致未报闻；3. 钧座饬其交出凶手，为钧威所慑服，未敢直辩；4. 九日全寨开会结果仍无线索，限期迫近，拟请改期

---

① "马"指二十一日，"省民"指省府民政厅，下同。

晋谒；5. 农历本月二十五日上下三寨将于漳腊飞机场开会清查此案人犯，二十八日即赴县面呈清查经过；6. 上下三寨一致协力务使破获此案；7. 要求职署将上述各项转呈钧座。当经职痛斥之并作如下之训示：1. 发生事件，土官未在家，老民牌头何不前来呈报，事后何以又来报，竟迟至今日；2. 按照番规"人不黑""地头黑"，不得藉词推卸责任，此案一日不破获则该寨一日不能脱责任；3. 十六日赴县晋谒，为县长面谕，不得违抗藉词延期；4. 以后无论何时何地何事开会，均必事先呈报当地区乡保甲，以凭转报；5. 余准转报核示。

谨肃即颂钧安。

职陈懋晢上
中华民国二十九年六月十一日
（资料来源：阿坝州档案馆所藏民国档案，全宗号 8，案卷号 381）

### 松潘县府要巴躲土官克日来府面谕并缉拿凶犯的指令

令第三区长陈懋晢：

六月十一日函呈一件——为拟转巴朗躲土官等面呈各情一案。

六月十一日函悉。仰即转谕巴躲土官克日来府听候面谕，不得借词推延，并限其短期内缉获凶手送案以凭究办为要。

此令。

县长兼军法处长：黄
中华民国二十九年六月十三日
（资料来源：阿坝州档案馆所藏民国档案，全宗号 8，案卷号 381）

## 4. 四川省第十六区专署关于抗战情形、编保甲、枪弹查报、宣慰夷民等档案文献

### 松潘县政府为准李阳三宣慰委员宣字第八五第八六号函复查报各部落户口、枪支等给第十六专署的呈

（民玖 4 字第 988 号）

为准李宣慰委员宣字第八五第八六号函复请查照各缘由转请核示祗遵由

案奉钧署二十七年专特字第四七号指令，为十二部落及包座各土官呈请免予晋省并邀恳四事一案，分别核示六项，经于本年二月六日以民玖 4 字第八四一号公函转请宣慰松理茂懋汶土官边民委员李阳三将一三五各项转饬各该土官知照，二四六各项希代为调查并酌拟办法函复过府以便协同办理去后。兹准宣字第八五号公函开："案准贵府二十七年二月六日民玖 4 字第八四一号公函略开，据十二部落及包座各土官呈请免予晋省并邀恳四事一案，经转呈专署核示六点函请将一三五各项转饬各该土官知照，二四六各项希代为调查并酌拟办法送府协同办理。等由。准此。除拟会衔转

令知照外惟着查明该土官等世系履历受封年代寨落户口员弁兵丁地区广狭粮税贡马石斗匹头一项。查该十二部落及包座各土地处关外，民风顽梗，掣肘诸多。若即派员调查，难免滋生误会，但为整饬边务计，似宜先从关内着手，用资启示，然后再派干员出关抚绥查报，一则既可统筹办理，二则可以联络感情。而调查方法则非集合点验，殊难着手。至拟番壮编组训练及防务分配各办法一项，尤待查明各寨落户口、人马、枪支等项，始能详密计划。准函前由，相应请查照为荷。"同日复准宣字第八六号公函开："案查前准贵府转奉行政督察专员公署指令十二部落及包座各土官呈请免予晋省并邀恩四事一案，原指令第二四两项着拟具编训防务各办法及查明各该土官世系履历等各节，本处前以关外情形特殊掣肘难办拟先从关内着手并集合点验用臻详密，业经于宣字第八五号公函复请查照在案，兹查大寨七寨牟坬沟大小姓各属人马枪支经由本处召集于下坬坝点验完竣，兹并订于本（二）月二十三日在下坬坝举行检阅。希贵府届时派员参加并订下星期在漳腊点验商巴祁命韩盼各属人马枪支，相应函请查照为荷。"各等由。准此。除将一三五各项会衔转饬各该土官知照，二四六各项催令繁荣边区研究委员会等备会赶速筹备成立妥拟具体方案实施外，所有李宣慰委员函称各情是否有当理合转请核示祗遵。

谨呈四川省第十六区行政督察专员公署

松潘县县长：萧廉武

中华民国二十七年三月十八日

（资料来源：阿坝州档案馆所藏民国档案，全宗号 8，目录号 1，案卷号 1020）

## 第十六区行政督察专员手谕
### （专特字 189 号）

为最近抗战情形及应遵守事件由

我国对日本作战期中，汉番人民应尽的责任，去年曾经详细令知。现在战争愈加激烈，一切情形，特别令函再谕知道。

一、中央政府迁到重庆，是长期作战的计划，并不是打败了。我国终究是打胜仗的。

二、刘（湘）主席这次出外打战，太劳苦了，在汉口因病去世，大家不要忘记他的功劳，各喇嘛寺要为刘主席念经。现在中央已经派大员继任四川省政府主席，一切政令仍然照常推行。

三、大家要把所属的百姓加紧训练，保证地方的治安，不准有抢人偷人的事情发生。

四、大家要劝百姓多多栽种粮食，多喂牛羊。

五、各部落各寨间如有口嘴（纠纷），要和平解决，以后不要随时惹起口嘴（纠纷）。

六、对于该管县政府的命令，要绝对服从。

七、如有奸人到你们地方卖枪弹，可以没收作为公用，把犯人送交该管县府处罚就是。

八、日本人要杀灭我们汉番人民的，如果有人说日本人很好，那就是奸人，你们就把他捉拿送交该管县政府惩办。

右谕。

中华民国廿七年一月

专员：谢○○

（资料来源：阿坝州档案馆所藏民国档案，全宗号8，目录号1，案卷号1020）

## 四川省第十六区行政督察专员公署谕单

字谕□□□知悉：

中华民国是我们汉满蒙回藏番夷各族人民共有的国家，我们人人都有维护国家主权、独立和保持国土完整的责任。无论哪一国，要来侵略我们的中国，我们人人都要联合去抵抗。

东方有一个小国，叫做日本，他是很蛮横无理的，从前估住［强迫］我们订了许多无理的条约，占据了我们台湾、琉球、朝鲜、辽宁、吉林、黑龙江、热河等处许多的地方，他还不满足，更想来占据我们河北、山东、山西、察哈尔、绥远、江苏、浙江、福建各省，以至我们四川省，将我们整个中华民国灭亡，把我们全国的人们，有钱有力有知识的通通杀完，无钱无力无知识的，拿去做奴隶，从今年七月间起，陆续派了很多的兵，来攻打我们中国。

我们忍无可忍，让无可让，已经同他打起仗来了。开仗以后，他用飞机炸弹、铁甲车、坦克车、大炮、机关枪、步枪、毒气和种种的新式武器，来攻打我们北平、天津、山西、上海各地，我们同他打，他还是打不赢。他又用兵船来把守我们的海口，也是无用。不过他的枪炮炸弹很多，一时还不肯罢休；我们有许多人民白白地被炸死了，许多房屋也被炸滥了。你们想一想，这种情形，是不是可恨？

我们要长久和他打仗，一定要全国的人都一心去打他，并且人人都要存一个要击杀他的决心，才能够把他打赢，才能够不挨日本兵屠杀，才能够不当日本人的奴隶。

现在我们中国，已经有了几百万大兵上了前线，飞机、枪炮也非常之多，自然打他得赢。可是后方的壮丁，即是年轻小伙子，要赶快调查清查，准备需人的时候，就好开到前方去打仗。你们各屯各土的人，从前打西藏，打台湾，打廓尔喀，打湖南苗匪，打甘肃石峰堡，打达州，打太平天国，都是去过的。如今去打可恶的日人，未必还怕吗？所以政府清查壮丁，你们要报实在人数；要训练壮丁，你们就叫百姓好好去操练，预备好去打仗。老实说，恐怕等不到你们上前线，日本人已被前方的军队打败了。只是前方打仗的军队，必要粮食，战区逃出来的人民也要粮食去救济，政府调查粮食的时候，你们须得照实报告。但是不要害怕政府就来提取你们的粮食，如果要的时候，一定要照市价给你们买的，不可多心多意！现在以后，年年都要劝百姓们多种粮食才好。你们地方所出的牛羊毛皮，可以制造军用器具，要多多的运出来卖！种鸦片烟既犯国法，又把种粮食的土地占了，你们万不可再种！这些都要紧紧地记着！

我们既是全国一心去打日本，我们后防地方，就要大家和气些，不可打冤家、闹口嘴，使政府担心。

现在统帅我们国陆军、海军、空军去和日本打仗的人就是你们都晓得的蒋委员长，中央已任命他做陆海空军大元帅，现在前线的部队，已经有四五百万人，并且准备在几个月内出足二三千万人。你们试想，我们中国的力量是何等伟大？！

我们四川省，算是后防地方，日本人打不来的。可是后防有后防的预备，刘主席既调大兵出川去打日本，又预备大批粮食和制造军用器具，并且预备二百多万壮丁，送上前线供给使用，这都是听从蒋大元帅的意思办理。

我以上所说的，也就是蒋大元帅和刘主席的意思，你们务必明白，还要照着做，那就很好了。假如有日本人来到你们地方做侦探，可把他捉送官府；如有人说日本好，便是卖国的汉奸，不要听信他的话，也要捉送官府，以便惩办。你们好好听我的话罢！

此谕。

专员：谢培筠

中华民国二十六年十月

（资料来源：阿坝州档案馆所藏民国档案，全宗号 8，目录号 1，案卷号 1020）

## 四川省第十六区行政督察专员公署谕
### （专特字第 8 号）

为谕示现在时局情形仰知照由

谕各番夷土官：

现在中央蒋委员长已经命令邓锡侯军长继任川康绥靖主任，于三月十六日在成都就职。所有四川和西康两省的大兵五十几万人，都由他指挥调遣，他已经是我们汉番民众的命主子了，他对你们是很好的，你们要知道。

我们对日本打仗，已经八个月了。从前虽然小有失利，但现在的形势已经转变好了，我们军队已经增加到一千多万，飞机也随时把日本军队轰炸得很多，并且飞到台湾和东京各地轰炸，日本的皇帝和人民都十分害怕。现在日本军队被我们打死的有一百万左右，他国内已经找不出壮丁来补充队伍，他的钱也用完了，子弹也存的不多了，在〔再〕一年左右，我们决定可以把日本消灭的。

现在已是春天，粮食应该下种，务要叫所属百姓多多种植，将来收成好，一年到头都有吃的，免得闹饥荒。鸦片烟不可种，免犯国法。

有人贩运枪弹到你们地方来，那些人都不是好人，你们立刻把枪支子弹没收了，发给百姓使用，防备盗匪，把贩枪的人捆送到茂县来，我要惩办他。

此谕。

专员：谢○○

中华民国二十七年三月

（资料来源：阿坝州档案馆所藏民国档案，全宗号 8，目录号 1，案卷号 1020）

### 汶川县政府关于本县夷民已编入保甲户口与汉民同化
### 无种族歧视给第十六专署的呈
#### （民字第一零四号）

呈复本县夷民已编入保甲户口与汉民同化无种族歧视请察核示遵由

案奉钧署二十八年专一字第一零二八号训令："奉转省府指令核示钧署转呈理番县府拟具宣慰夷民办法一案并饬催遵照前令迅拟报上项办法以凭核转。"等因。奉此，窃查职县夷民均已编入保甲户口，服从政令，与汉民同化，无种族歧视之别。兹奉前因，理合具文呈请钧署察核指令祗遵。

谨呈四川省第十六区行政督察专员谢。

县长：张大明

秘书：芮蔚（代）

中华民国二十八年五月三十一日

（资料来源：阿坝州档案馆所藏民国档案，全宗号 8，目录号 1，案卷号 1020）

### 懋功县政府为遵令拟具宣慰办法及工作情形给第十六专署的呈
#### （民字第七九五号）

为遵令拟具宣慰办法及工作情形请予核转备查由

二十八年三月三十日，案奉钧署专一字第三九零号训令："为对于各族事务，务须格外注意因势利导，并随时宣慰以融洽各族情感，仍将所拟宣慰办法及工作情形具报察核，以凭转呈备查。"等因。查职县所属夷族为西番，占全县人口百分之五十五，多以牧畜猎狩为生，所被汉族同化者，虽不乏人，而夷性愚诈，反复无常，如遇奸人煽惑，易肇边患，所幸汉人实力颇大，防范周密，尚无汉奸踪迹，俾得相安无事。奉令前因，理合拟具宣慰夷族办法及工作情形，备文赍呈钧署，俯予核转备查，并候指令祗遵。

谨呈四川省第十六区行政督察专员公署

附呈懋功县宣慰夷族办法及工作情形各一份

懋功县县长：傅楸若

中华民国二十八年四月六日

（资料来源：阿坝州档案馆所藏民国档案，全宗号 8，目录号 1，案卷号 1020）

### 理番县政府就制定宣慰夷民办法给第十六区署的呈（民八 1 字第 1 号）

事由：为遵令拟具宣慰夷民办法恳予鉴核示遵由

案查接管□内本年三月二日奉钧署二十八年专一字第三九零号训令："饬即对于苗夷各族事务务须格外注意，随时宣慰并将所拟宣慰办法及工作情形具报查核。"等因。奉此，遵即拟具宣慰办法随时宣慰理合具文连同办法赍呈钧署俯赐核转备查，伏乞指令

祇遵。

　　谨呈四川省第十六区行政督察专员谢
　　计呈理番县宣慰夷民办法三份

理番县县长：徐剑秋
中华民国二十八年四月九日

　　附：

**理番县宣慰夷民办法**

　　一、查本县夷民占汉人十分之八以上，为促进各夷民情感融洽，藉以开辟边地，增进行政效率起见，特斟酌本地情形订定本办法。

　　二、本县幅员辽阔，汉夷各族杂处其间，语言不通，互相隔膜，多增设通译员深入夷地宣传政府对夷民之一切德意。

　　三、凡关福利夷民之政令随时由政府拟具浅俗文字，并附书夷文张贴夷地。

　　四、由区联保甲人员随时深入夷地宣布政府开拓边疆福利夷民之主旨。

　　五、提倡汉人迁住夷地作垦殖工作，并与夷民通婚，俾其往来密切逐渐默移潜化。

　　六、夷民多不识字，应增设短期小学及民众学校藉以沟通思想、联络情感。

　　七、夷地多峻岩绝壁，道路险阻，应整理夷地交通路线，使其往来频繁、人烟稠密，各种开拓事业缘之而起。

　　八、夷民多不讲究卫生，应多置病院，广设兽医，使其逐渐了解卫生医药之功效。

　　九、夷地宝藏甚富，政府居〔基〕于提倡督遵保护三种原则下尽量宣慰开发，俾能福国利边。

　　十、夷民性情剽悍，畏威不怀德，政府应于夷地冲要处所设置警所以资震慑，一面促进各夷民头人自动精神拥护政府扶植政策，使一切计划得以实施。

　　十一、本办法未尽事宜得随时修改，但须呈准属峰备查。

　　十二、本办法自奉准之日施行。

（资料来源：阿坝州档案馆所藏民国档案，全宗号 8，目录号 1，案卷号 1020）

## 5. 国民政府军政部要求发动少数民族抗战及川西北土司土官上报所辖区域人口、壮丁、枪支，请缨抗战的有关文献

**四川省政府关于训练猺民增强抗战力量的训令**

（民字第 34679 号）

事由：为准军政部分电嘱征集训练猺民一案令仰遵照由
令第十六区行政督察专员公署：
案准军政部二十六年十月巧役代电开："查我国正发动民族抗战，各地猺民归化已

久，能识汉语言文字者为数甚多，自应按照现有役制，一律施行征集训练，以增强抗战力量，除分电外，特电查照。"等因。准此。除分令外，合行令仰该署即便遵照并转饬属遵照办理为要。

此令。

中华民国二十六年十一月十八日

主席：刘湘

委员兼秘书长：邓汉祥（代行）

民政厅长：嵇祖佑

## 四川省第十六区行政督察专员公署关于训练猺民增强抗战力量的呈

### （专特字第 504 号）

事由：

（一）奉饬训练猺民增强抗战力量覆本区无猺民由

（二）奉省令训练猺民增强抗战力量转饬遵照由

案奉钧府二十六年十一月十八日发民字第 34679 号训令："准军政部同年十月巧役乙代电，各地规划猺民，应即按照现行役制，征集训练，以增强抗战力量，转饬遵照。"等因。查本区无有猺民，除遵转各县外，理合覆请鉴核示遵。

谨呈四川省政府

## 又训令专特字第 2027 号

令松理汶懋靖各县政府：

案奉四川省政府二十六年十一月十八日发民字第 34679 号训令开："案准军政部……饬属遵照办理为要。"等因。除呈覆本区无有猺民外，令亟转令该府遵照！

此令。

中华民国二十六年十一月

专员：谢

（资料来源：阿坝州档案馆所藏民国档案，全宗号 8，目录号 1，案卷号 1017）

## 四川省政府关于夷民代表请缨杀敌应将夷区土司夷苗之
## 民族种类人口总数、壮丁及枪支数目暨对中央态度等项调查电复的训令

### （民字第 1073 号）

事由：准军事委员会政治部筱二电为夷民代表请缨杀敌嘱将境内土司夷苗之民族种类、人口总数、壮丁及枪支数目暨对中央态度等项查复电，仰即遵照查明电复由

茂县谢专员鉴：

准武昌军委政治部筱二电开："奉委座交下西南夷族沿边土司民众请愿代表喻杰才、高玉桂及西南边区土司夷苗等本年二月二日呈，为西南边区土司夷苗民要求抗战情殷，

经调查现有人枪约十余万，并有三万余众自愿出征参战，立可编组成军，请简派大员前来，就近指导组织西南边区联合抗日义勇军或各边区保安团队，分区集中训练，俾推动土司夷苗向化中央，并协助政府绥靖边陲，又可一新对外观感等情，相应电请贵府将辖境内土司夷苗之民族种类、人口总数、普通壮丁数目、武装壮丁及枪支数目、分布地区、原有组织训练状况及对中央对抗战态度等项迅为查明并请尽量参加意见见复。"等由。仰逐一查明电复，以凭办理。

委员兼秘书长代行主席职务：邓汉祥（省民役）（印）

中华民国二十七年四月

## 四川省第十六区行政督察专员公署
## 关于调查土司夷民情况给四川省政府的代电
### （专特 216 号）

事由：在电特示为夷民代表请缨杀敌饬将境内土司夷苗民族种类、人口总数、壮丁枪支数目、对中央态度查照电复遵照列表呈报并陈意见二点以核夺示遵由

成都省政府主席王钧鉴：

四月养民役代电，奉悉。兹遵将本区土司、夷族种类、人口总数、武装壮丁暨枪支数目、分布地区等项分别列表，赍请鉴核。查各该夷部人民并无现代组织及训练，仅恃土司头人沿用旧权力控驭，使服从一己驱策。夷族率居山谷，僻塞固蔽，头人多无远见，好与他族寻仇，倘生挑衅，则悉率其属以相水火，弱不敌者又习向强族拴头以自庇，强者则借张其威势，其能辑睦观善者，至居少数。在昔政局多故，无暇抚驭，遂任逞其夜郎率众互兢，及今政府威德兼被，乃各安堵。然局部时常骚乱，烦边吏平理，故论其人民，则主奴观念尚锢，必□难使，供对外抗战之役，务举其长酋，则封建思想萦迷意识，亦恐不任现代军事之统属，至对中央及抗战态度，迩来迭宣教令，顺达层峰意旨，各部均已屈服中枢，钧府威德，惟对政情隔阂偏私未泯，尚能一体公忠于抗战大局，除少数外，虽屡向其宣传仍不甚明晰，闭塞使然耳。本署考察情势，谨陈意见二点为下：（1）夷民习于故步，移易即不为功，设就原部负隅固守，尚惜一用，若从以征转战，不特不谙现代军事，且长酋畏却，部属胥溃影响阵线，如必欲征用，仍非久经训练，切实编组。然语言隔阂，习俗不同，经费困难，一旦调集，殊非易事。（2）夷部土司头人控驭其民，乘政局纷扰，则肆为地方祸乱，其武力今犹未杀。若计深远就其自请抗敌，部分调其精壮出外，严切编训，以削其势，兼筹补充前线，或为就近组织，或令编保安团队，则如虎添翼，一旦反侧啸聚深山，则祸患难图，恐绥靖边陲不得，反滋乱源矣。各该夷部或亦有请缨抗战之辈，可别择甄用，并查有否欲图活动地位以济私利之狡黠分子，用杜奸伪。是否有当，伏候察夺示遵。

十六区专员：谢○○

秘书：杨○代行（盖印）

中华民国二十七年五月十四日

附表一份

**四川省第十六区夷族分布各县种类、人口、壮丁、枪支数目查报表**

| 县别 | 夷族种类 | 分布地区 | 人口总数 | 壮丁数目 | 枪支数目 | 备注 |
|---|---|---|---|---|---|---|
| 松潘 | 西番 | 拈佑 | 200 | 65 | 90 | 尚知服从政府 |
| | | 热雾 | 680 | 200 | 250 | 同上 |
| | | 牟尼 | 310 | 100 | 100 | 同上 |
| | 猼猓 | 峨眉 | 1460 | 450 | 350 | 同上 |
| | | 七布 | 420 | 130 | 110 | 同上 |
| | | 麦杂 | 1300 | 420 | 130 | 同上 |
| | | 毛儿盖 | 1200 | 400 | 450 | 同上 |
| | 西番 | 阿思 | 390 | 120 | 80 | 同上 |
| | | 三舍（和药） | 450 | 150 | 60 | 同上 |
| | | 下泥巴 | 340 | 100 | 40 | 同上 |
| | | 寒盼 | 550 | 140 | 50 | 同上 |
| | | 商巴 | 440 | 110 | 40 | 同上 |
| | | 祈命 | 510 | 140 | 50 | 同上 |
| | | 羊洞 | 380 | 100 | 50 | 对政府信仰不深 |
| | | 阿案 | 390 | 50 | 45 | 同上 |
| | | 挖药 | 110 | 40 | 12 | 同上 |
| | | 押顿 | 300 | 40 | 25 | 同上 |
| | | 中岔 | 308 | 100 | 40 | 同上 |
| | | 郎寨 | 304 | 90 | 25 | 同上 |
| | | 竹自 | 112 | 35 | 10 | 同上 |
| | | 藏咱 | 330 | 100 | 20 | 同上 |
| | | 东拜 | 320 | 100 | 30 | 同上 |
| | | 达弄 | 500 | 150 | 30 | 同上 |
| | | 香咱 | 573 | 160 | 50 | 同上 |
| | | 咨马 | 582 | 180 | 80 | 同上 |
| | | 八顿 | 382 | 120 | 50 | 同上 |
| | | 上包座 | 332 | 100 | 100 | 对政府竭诚拥护，并在剿"匪"[1] 时期曾参加作战 |
| | | 下包座 | 382 | 100 | 100 | 同上 |
| | | 川柘 | 554 | 160 | 110 | 同上 |

① 这里指"围剿"红军。下同。

续表

| 县别 | 夷族种类 | 分布地区 | 人口总数 | 壮丁数目 | 枪支数目 | 备注 |
|---|---|---|---|---|---|---|
| 松潘 | 西番 | 谷尔坝 | 524 | 160 | 80 | 对政府竭城拥护，并在剿"匪"时期曾参加作战 |
| | | 双则 | 632 | 200 | 120 | 同上 |
| | | 上撒路 | 240 | 75 | 50 | 因处于川甘边境政府威信不易达到，故信仰较浅 |
| | | 中撒路 | 280 | 75 | 60 | 同上 |
| | | 下撒路 | 480 | 140 | 110 | 同上 |
| | | 崇路 | 880 | 260 | 130 | 同上 |
| | | 作路 | 220 | 70 | 70 | 同上 |
| | | 上勒凹 | 280 | 80 | 50 | 同上 |
| | | 下勒凹 | 300 | 100 | 75 | 同上 |
| | | 班佑 | 450 | 130 | 70 | 有小部分在剿"匪"时曾参加作战，对政府信任尚佳，但有大部分是自保主义，对政府若即若离 |
| | | 巴细 | 652 | 170 | 95 | 同上 |
| | | 阿细 | 352 | 110 | 70 | 同上 |
| | | 上作格 | 210 | 60 | 30 | 同上 |
| | | 合坝 | 210 | 60 | 30 | 同上 |
| | | 辖漫 | 390 | 110 | 60 | 同上 |
| | | 下作格 | 380 | 110 | 50 | 同上 |
| | | 物藏 | 130 | 30 | 15 | 同上 |
| | | 热当 | 250 | 60 | 25 | 同上 |
| | | 磨下 | 78 | 18 | 5 | 同上 |
| | | 甲凹 | 220 | 40 | 18 | 同上 |
| | | 阿革 | 260 | 50 | 20 | 同上 |
| | | 郎惰 | 690 | 200 | 80 | 同上 |
| | | 鹊个 | 410 | 130 | 78 | 同上 |
| | | 上阿坝 | 3312 | 920 | 460 | 在剿"匪"时期曾参加作战，对政府信仰较深 |
| | | 中阿坝 | 3720 | 1150 | 1200 | 同上 |
| | | 下阿坝 | 2110 | 610 | 310 | 同上 |
| | | 上羌落 | 251 | 60 | 70 | 该部落现属青海马步芳统辖，对政府颇知信仰 |
| | | 中羌落 | 1640 | 450 | 210 | 同上 |

续表

| 县别 | 夷族种类 | 分布地区 | 人口总数 | 壮丁数目 | 枪支数目 | 备注 |
|---|---|---|---|---|---|---|
| 松潘 | 西番 | 下羿落 | 1170 | 310 | 120 | 该部落现属青海马步芳统辖，对政府颇知信仰 |
| | | 上阿树 | 810 | 240 | 75 | 同上 |
| | | 中阿树 | 1020 | 310 | 160 | 同上 |
| | | 下阿树 | 810 | 200 | 70 | 同上 |
| | | 小阿树 | 542 | 100 | 60 | 同上 |
| | | 丢骨 | 480 | 130 | 70 | 同上 |
| | | 云昌 | 810 | 200 | 50 | 曾在剿"匪"时期参加作战，对政府竭诚信仰 |
| | | 呷竹寺 | 308 | 80 | 20 | 同上 |
| | | 中羊峒 | 698 | 110 | 30 | 同上 |
| | | 芝麻 | 303 | 82 | 18 | 同上 |
| | | 中田寨 | 317 | 65 | 15 | 同上 |
| | | 勿谷 | 782 | 160 | 35 | 同上 |
| | | 边山寨 | 741 | 170 | 37 | 同上 |
| | 总计 | | 42571 | 11930 | 7548 | |
| 理番 | 西番 | 梭磨 | 350 | 100 | 40 | 曾在剿"匪"时期参加作战，对政府尚存信仰 |
| | | 来苏上四沟 | 650 | 160 | 60 | 同上 |
| | | 来苏下五沟 | 650 | 150 | 50 | 同上 |
| | | 麻窝 | 285 | 620 | 500 | 同上 |
| | | 杂窝 | 1340 | 350 | 250 | 同上 |
| | | 沙板沟 | 3320 | 1100 | 600 | 同上 |
| | | 阳山七沟 | 880 | 270 | 160 | 同上 |
| | | 卓克基 | 5350 | 1250 | 670 | 曾在剿"匪"时期参加作战，惟势力薄弱，对政府颇知信仰 |
| | | 松岗 | 5230 | 150 | 500 | 同上 |
| | | 党坝 | 850 | 220 | 100 | 同上 |
| | 总计 | | 18905 | 4370 | 1730 | |
| 懋功 | 西番 | 鄂克什 | 6850 | 2100 | 300 | 对政府信仰尚佳 |
| | | 汗牛屯 | 1564 | 450 | 75 | 同上 |
| | | 宅垄屯 | 1129 | 310 | 35 | 同上 |
| | | 别思满屯 | 1582 | 350 | 200 | 颇知服从政府 |
| | | 八角碉 | 759 | 200 | 100 | 同上 |

续表

| 县别 | 夷族种类 | 分布地区 | 人口总数 | 壮丁数目 | 枪支数目 | 备注 |
|---|---|---|---|---|---|---|
| | 总计 | | 11884 | 3410 | 710 | |
| 靖化 | 番 | 绰斯甲 | 39678 | 11100 | 650 | 尚知服从政府 |
| | | 河西屯 | 1335 | 350 | 45 | 同上 |
| | | 河东屯 | 1020 | 300 | 80 | 对政府甚为信仰 |
| | 总计 | | 42033 | 11750 | 739 | |
| 各县总计 | | | 115393 | 31460 | 11663 | |
| 附记：此外尚有羌民散布于茂县全境、理番五屯及汶川一部分地方，约有 21557 人口，因改土归流已与汉人同化，无甚特殊势力。至番民人口、壮丁、枪支数目因无保甲编制难查其确数，概系估计，该番民等虽具自卫能力，若调遣入伍则颇不易，如具文述。 | | | | | | |

（资料来源：阿坝州档案馆所藏民国档案，全宗号 8，目录号 1，案卷号 1017）

## 6. 抗战期间川西北各县有关人口、壮丁训练、整编保甲的档案文献

### 松潘县第一区关于填报人口统计表、保甲组织表给松潘县政府的呈

案查前奉钧府民肆 6 字第一八八九号训令："为抄发人口统计、保甲组织各表，饬遵照填报一案。"等因。奉此当经职署以民字第六四号训令抄发原表，令饬各联保依限填报去讫。兹据各该联保先后具报齐全，理合制造成表，随文赍呈钧府俯赐鉴核示遵！
谨呈县长黄
计呈人口统计保甲组织报告表各一份

第一区区长：王世安<br>中华民国二十八年二月二十六日

松潘县政府批示：呈表均悉静候处理，此令。

附：

### 松潘县政府第一区保甲组织报告表

区别：第一区

区长姓名：王世安

区署地点：南街

所辖保数：20

联保别：

1. 城北联保主任：马仁寿；所辖保数及番号：5 保、一至五；办公地点：北街；所

辖场镇：城内河西（内城）、火烧屯（距城 10 里）、高屯子（距城 20 里）。

2. 城南联保主任：林刚如；所辖保数及番号：6 保、一至六；办公地点：南街；所辖场镇：城内河东（内城）、羊芋屯（距城 15 里）、大屯（距城 15 里）、右所屯（距城 20 里）。

3. 安顺联保主任：马祯明；所辖保数及番号：4 保、一至四；办公地点：石河桥；所辖场镇：红花屯（距城 5 里）、石河桥（距城 15 里）、雄维屯（距城 20 里）、西宁关（距城 30 里）、云屯堡（距城 40 里）、安顺关（距城 50 里）、得胜堡（距城 60 里）、新塘关（距城 70 里）、龙潭堡（距城 80 里）。

4. 镇江联保主任：杨泽孚；所辖保数及番号：5 保、一至五；办公地点：镇江关；所辖场镇：归化（距城 90 里）、白定关（距城 107 里）、镇江关（距城 120 里）、平番（距城 125 里）、澜达坝（距城 130 里）、平夷堡（140 里）、金瓶岩（150 里）、镇坪（160 里）、平定关（170 里）、靖夷堡（180 里）、白羊场（320 里）、溜索头（340 里）。

附记：1. 全区划分为四联保，共编为二十保，一百七十五甲。

2. 全区大小场所共二十六所。

中华民国二十八年二月
第一区区长：王世安
（资料来源：阿坝州档案馆所藏民国档案，全宗号 8，目录号 1，案卷号 671）

## 松潘县第一区署为遵令填报壮丁统计表给松潘县政府的呈
### （役字第 5 号）

二十七年十月二日案奉钧府民肆 6 字第一八八四号训令："为抄发壮丁统计报告表，仰遵照填报一案。"等因。奉此。查此案于奉令时遵即转令各该联保，并抄发原件，限文到七日内填报来署，以凭转报。去后核据先后据报前来，理合呈造成表具文赍请钧府俯赐鉴核示遵！

谨呈县长黄
计呈壮丁统计报告表一份

中华民国二十八年二月二十六日
第一区区长：王世安

附：

成茂师管区茂县团管区松潘县政府第一区壮丁统计报告表

| 联保别 | 18 岁至 30 岁壮丁 | | 30 岁至 40 岁壮丁 | |
|---|---|---|---|---|
| 城北镇联保 | 已曾受训 | 19 | 已曾受训 | 11 |
| | 未曾受训 | 103 | 未曾受训 | 59 |
| | 合计 | 122 | 合计 | 70 |

续表

| 联保别 | 18 岁至 30 岁壮丁 | | 30 岁至 40 岁壮丁 | |
|---|---|---|---|---|
| 城南镇联保 | 已曾受训 | 45 | 已曾受训 | 20 |
| | 未曾受训 | 57 | 未曾受训 | 79 |
| | 合计 | 102 | 合计 | 99 |
| 安顺乡联保 | 已曾受训 | 30 | 已曾受训 | 28 |
| | 未曾受训 | 41 | 未曾受训 | 29 |
| | 合计 | 71 | 合计 | 57 |
| 镇江镇联保 | 已曾受训 | 2 | 已曾受训 | 无 |
| | 未曾受训 | 72 | 未曾受训 | 107 |
| | 合计 | 74 | 合计 | 107 |

附记：
全区四联保统计共有壮丁 702 名；
全区 18 岁至 30 岁已受训壮丁 96 名；
全区 18 岁至 30 岁未受训壮丁 273 名；
全区 31 岁至 40 岁已受训壮丁 59 名；
全区 31 岁至 40 岁未受训壮丁 274 名。

中华民国二十八年二月二十六日　　　　第一区区长王世安

（资料来源：阿坝州档案馆所藏民国档案，全宗号 8，目录号 1，案卷号 671）

## 松潘县第三区保甲组织报告表

区别：第三区

区长姓名：何伯封

区署地点：漳腊营

所辖保数：19 保

联保别：

1. 漳腊主任：路鹏翔；保数及番号：4 保、1 至 4；办公地点：漳腊南街；所辖场镇：4；场镇别名：漳腊营（距城 40 里）、黄胜关（距城 50 里）、红桥关（距城 30 里）、白木桥（距城 60 里），均无赶集日。

2. 金河主任：谢廷辉；保数及番号：5 保、5 至 9；办公地点：金河正街；所辖场镇：1；场镇别名：金河坝（距城 40 里），无赶集日。

3. 小河主任：杨润根；保数及番号：5 保、10 至 14；办公地点：下河中街；所辖场镇：6；场镇别名：小河营（距城 180 里）、四望堡（距城 160 里）、施家堡（距城 150 里）、三舍（距城 90 里）、木瓜墩（距城 210 里）、峰厂堡（距城 195 里），均无赶集日。

4. 踏藏主任：胡登云；所辖保数及番号：5 保、15 至 19；办公地点：踏藏正街；

所辖场镇：3；场镇别名：踏藏（距城 220 里）、永和塘（距城 230 里）、汾汎塘（距城 250 里），均无赶集日。

附记：全区共分为 4 联保、19 保、169 甲。

中华民国二十七年十月

松潘县政府第三区区长：何伯封

### 成茂师管区茂县团管区松潘县政府第三区壮丁统计报告表

| 联保别 | 18 岁至 30 岁壮丁 | | 30 岁至 40 岁壮丁 | |
|---|---|---|---|---|
| 漳腊联保 | 已曾受训 | 25 | 已曾受训 | 21 |
| | 未曾受训 | 18 | 未曾受训 | 41 |
| | 合计 | 43 | 合计 | 62 |
| 金河联保 | 已曾受训 | 33 | 已曾受训 | 21 |
| | 未曾受训 | 55 | 未曾受训 | 107 |
| | 合计 | 88 | 合计 | 127 |
| 小河联保 | 已曾受训 | 66 | 已曾受训 | 54 |
| | 未曾受训 | 75 | 未曾受训 | 145 |
| | 合计 | 141 | 合计 | 199 |
| 踏藏联保 | 已曾受训 | 15 | 已曾受训 | 17 |
| | 未曾受训 | 83 | 未曾受训 | 111 |
| | 合计 | 98 | 合计 | 128 |

附记：
全区四联保统计共有壮丁 887 名；
全区 18 岁至 30 岁已受训壮丁 139 名；
全区 18 岁至 30 岁未受训壮丁 231 名；
全区 30 岁至 40 岁已受训壮丁 113 名；
全区 30 岁至 40 岁未受训壮丁 404 名。
小河联保壮丁数与前报略有出入。

中华民国二十八年一月二十八日　　　　　　　第三区区长谢华昌

（资料来源：阿坝州档案馆所藏民国档案，全宗号 8，目录号 1，案卷号 671）

## 松潘县第二区保甲组织报告表

区别：第二区

区长姓名：雷国纲

区署地点：南坪城内

所辖保数：21 保

联保别：

1. 永安主任：赵受百；保数及番号：7 保、1 至 7；办公地点：南坪城内；所辖场

镇：南坪（距城 360 里，每日赶集）、永丰乡（距城 365 里，不赶集）、安乐乡（距城 355 里，不赶集）。

2. 上塘主任：沈绍绪；保数及番号：5 保、1 至 5；办公地点：黑河塘；所辖场镇：白河乡（距城 255 里）、黑河乡（距城 335 里），均无赶集日。

3. 下塘主任：袁承基；保数及番号：8 保、1 至 8；办公地点：汤珠河；所辖场镇：郭元乡（距城 410 里）、月南乡（距城 375 里），均无赶集日。

4. 斜坡特编保主任：何永福；保数及番号：1 保；办公地点：斜坡；所辖场镇：斜坡乡（距城 450 里）、大驿城（450 里），均无赶集日。

附记：1. 全区划分 3 联保，1 特编保，共 21 保、206 甲、2186 户。

2. 全区各联保除南坪每日赶集外，其他户数零落偏远，故无赶集日期

中华民国二十七年

区长：雷国纲

成茂师管区茂县团管区松潘县政府壮丁统计报告表

| 区别 | 18 岁至 30 岁壮丁 | | 30 岁至 40 岁壮丁 | |
|---|---|---|---|---|
| 第一区 | 已曾受训 | | 已曾受训 | |
| | 未曾受训 | | 未曾受训 | |
| | 合计 | | 合计 | |
| 第二区 | 已曾受训 | 70 | 已曾受训 | 55 |
| | 未曾受训 | 304 | 未曾受训 | 428 |
| | 合计 | 374 | 合计 | 483 |
| 第三区 | 已曾受训 | | 已曾受训 | |
| | 未曾受训 | | 未曾受训 | |
| | 合计 | | 合计 | |
| 中华民国二十七年十二月 | | | | |

成茂师管区茂县团管区松潘县政府壮丁统计报告表

| 区别 | 18 岁至 30 岁壮丁 | | 30 岁至 40 岁壮丁 | |
|---|---|---|---|---|
| 第一区 | 已曾受训 | 96 | 已曾受训 | 59 |
| | 未曾受训 | 273 | 未曾受训 | 274 |
| | 合计 | 369 | 合计 | 333 |
| 第二区 | 已曾受训 | 70 | 已曾受训 | 55 |
| | 未曾受训 | 304 | 未曾受训 | 428 |
| | 合计 | 374 | 合计 | 483 |

续表

| 区别 | 18 岁至 30 岁壮丁 | | 30 岁至 40 岁壮丁 | |
|---|---|---|---|---|
| 第三区 | 已曾受训 | 139 | 已曾受训 | 113 |
| | 未曾受训 | 231 | 未曾受训 | 404 |
| | 合计 | 370 | 合计 | 517 |
| 附记：<br>全县三区统计共有壮丁 2446 名；<br>全县 18 岁至 30 岁已受训壮丁 305 名；<br>全县 18 岁至 30 岁未受训壮丁 808 名；<br>全县 30 岁至 40 岁已受训壮丁 227 名；<br>全县 30 岁至 40 岁未受训壮丁 1106 名。 | | | | |
| 中华民国二十八年三月 | | | 松潘县长：黄 | |

（资料来源：阿坝州档案馆所藏民国档案，全宗号 8，目录号 1，案卷号 671）

## 关于限期填报本县甲乙级壮丁确数的训令

### （役字第 1159 号）

令松潘县政府：

二十八年四月七日案奉四川省军管区司令部本年四月一日役一字第 716 号训令开："查本省征兵办法，前以保甲方在整理壮丁数目，虽情不得已，数以每甲一名为征调标准施行以来，此利与弊，时启争执。启谋改善，殊无良法，兹以各市县户籍人口调查登记，已略有端倪，将来丁额税赋之多寡自须求得壮丁确数以为比例，始能期其平允而免纠纷。为特制定四川省二十八年调查壮丁办法通令施行，除分令外，仰即知照并督促依限办竣具报为要。"等因。计发壮丁调查办法一份，奉此除分令外，合行抄同原件，令仰该县长即便遵照督饬所属遵限填报两份，以备存转为要。

计发二十八年调查壮丁办法一份

中华民国二十八年四月七日

（资料来源：阿坝州档案馆所藏民国档案，全宗号 8，目录号 1，案卷号 671）

## 松潘县政府关于限期填报本县甲乙级壮丁确数的训令

### （役字第 76 号）

令第一二三区署：

案奉四川省军管区司令部役一字第 716 号训令开："查本省，云云，为要。"等因。计发四川省二十八年调查壮丁办法一份。奉此，除分令外，合行照抄原办法，令仰该区署即便遵照，赶速依限照办为要。

计抄发二十八年调查壮丁办法一份

中华民国二十八年四月十二日

（资料来源：阿坝州档案馆所藏民国档案，全宗号 8，目录号 1，案卷号 671）

## 茂县团管区司令部关于壮丁调查办法给松潘县政府的训令

（役字第 497 号）

令松潘县政府：

二十八年四月七日案奉四川军管区司令部本年四月二十一日役一字第 830 号训令
开："查本部为明了全川壮丁人数，以定将来征丁之标准起见，前经订定调查壮丁办法，
以军役一字第 716 号训令通饬施行，并饬督促依限办竣，具报在案。查此次壮丁调查既
为将来配职兵之标准，自不容稍涉疏忽，以多报少，尤当切实查禁，除由本部派员分途
视察外，合行令仰该部认真督促办竣。对于各联保主任及保甲长并须随时派人勘察考
查，此令。"等因。奉此调查壮丁办法业经本部抄发在案，兹奉前因，除分令外，合行
令仰该县长即便遵照，督促所属认真调查，从速办妥具报为要。

中华民国二十八年四月二十七日

（资料来源：阿坝州档案馆所藏民国档案，全宗号 8，目录号 1，案卷号 671）

## 松潘县政府关于调查壮丁办法的训令

（役字第 0096 号）

令第一二三区署：

案奉茂县团管区司令部役字第 497 号训令开："二十八年四月……呈报为要。"等
因。奉此，除分令外，合行令仰该区署即便遵照，妥切办理，并将免缓禁役申请书于五
月二十六日连同壮丁名册呈报，以凭呈转为要。

附抄发免缓禁役申请书格式各一份

中华民国二十八年五月

（资料来源：阿坝州档案馆所藏民国档案，全宗号 8，目录号 1，案卷号 671）

## 茂县团管区司令部关于国民义壮常备队壮丁名册的训令

（役字第 510 号）

令松潘县政府：

二十八年四月三十日案奉成茂师管区司令部本年四月周日役字第 2524 号代电开：
"案奉军管区司令部军役二字第 478 号代电开：'案准军事委员会壮丁检阅团第四团四月
九日开，查本团不日出发工作，具有各种检阅手续，自应筹备一切，兹将本团所需各种
表册目录送请，分别缓急，转饬填报为荷。'等由。附目录表、各种表式八份，准此。
兹就有关各县市义壮常备队及适龄壮丁事项印发义壮常备队调查报告表，义壮常备队简
历册，省县国民义壮常备队壮丁名册，省县十八岁至四十五岁壮丁名册，各县户口壮丁
统计等表册式样各一份。仰该司令迅即转饬各级队、各县市府遵照查填，除常备队应照
表列数量制备，各表册俟检阅团到时呈出外，并须另造一份，报由该师管区随同各县市

应制册，于文到十日内呈报来部。"等因。奉此计发表式四份，除分令外，合行抄同原件，令仰该县长即便遵照查报本县情形，各表填报三份来部，以凭呈报为要。

计发表式四种

中华民国二十八年五月一日

司令：王学臣

（资料来源：阿坝州档案馆所藏民国档案，全宗号 8，目录号 1，案卷号 671）

## 视察四川省松潘县兵役情形报告表

县长姓名及略历：黄白殊；别号：无；四川省江北县人；年：36 岁；出身：上海中国公学毕业，四川县政人员训练所毕业；略历：历任新津、成都等县县长。

乡数：11

保数：61

甲数：549

户数：5670

人口：男丁数 16466；女丁数 12312；合计 28778

壮丁：甲级壮丁数 1113；乙级壮丁数 1333；合计 2446

受训壮丁数：532

义壮常备队现有壮丁人数：无

每月配赋应征兵额：每年一月份填报征兵表 70 名

各月份实行征发兵额：

二十七年十二月份：12 名

二十八年一月份：13 名

二十八年三月份：18 名

二十八年四月份：17 名

二十八年五月份：168 名

视察意见：

县（市）长亲自下乡宣传否：随时下乡宣传；

县（市）长对于兵役见解：积极提高民智以增强其爱国观念俾其乐于服从兵役；

县（市）长能否运用士绅协助兵役进行否：颇能运用士绅以助役政推行；

县（市）长经常给乡保长士绅讲解兵役法令否：除定期召集解说外还随时利用机会详为解说；

兵役科成立编组情形及人员办事精神能力：本县兵役科二十七年十二月成立，科长、办事员精神尚佳，能力强；

兵役宣传之文告通达各乡保甲否：汉人已编保甲，地点能通达；

出征人员家属优待办理情形：本县生活费高昂且受"匪患"，仓储无存，故对优待办法尚未实行；

常备队编组情形及成立情况：已令撤销；

征兵额配平均否：过重；

免缓征召亲定办理否：遵照亲定办理；

征兵名册是否属实[①]：

抽签实施情形：因情形特殊，系根据军区令采用"公推""指派"两种形式；

检查实施情形：

壮丁定期入队否：

对壮丁之待遇情形：

壮丁饮食及卫生：

壮丁营舍之配置：

有无顶替之情事：

征集费支发情形：由地方财政委员会按次拨支；

征募成绩：

征兵奖励：无；

兵役协会工作情形：

有无困难：壮丁逃匿关外草地无法捕送。

（资料来源：阿坝州档案馆所藏民国档案，全宗号 8，目录号 1，案卷号 671）

### 成茂师管区茂县团管区四月份辖区兵役情况表

松潘县

征集情形：奉令自本月份起征兵；

征集数目：17 人；

兵役宣传概况：县长暨本府各级职员随时在城乡各地利用时机向民众作切要宣传讲演；

优待概况：本县出产不丰，未有积粮以资优待，对优待壮丁家属以金钱优待；

监查情形：兵监委员会业经组织成立，正推进工作中；

说明：本表于每月五日前须将上月情况由团区送报本部，并报师区备查。

中华民国二十八年五月

（资料来源：阿坝州档案馆所藏民国档案，全宗号 8，目录号 1，案卷号 671）

### 松潘县政府第二区区署关于壮丁调查办法的呈

本年五月二日案奉钧府役字第 83 号训令开："为奉令催前发调查壮丁办法，仰遵照依限办竣，以凭呈转，勿再玩延致干查究，此令。"等因。奉此，遵查本署于同日奉到

---

① 原材料中此栏无内容，下同。

自卫总队部卫叁字第 261 号训令，并发适龄壮丁册式，业已遵照办理，呈报在案，兹奉前因，理合具文呈请钧府俯赐备查指令示遵。

谨呈县长黄

第二区区长：朱焕彬

中华民国二十八年五月二十一日

（资料来源：阿坝州档案馆所藏民国档案，全宗号 8，目录号 1，案卷号 671）

## 松潘县政府关于壮丁名册的令

为呈复遵办情形祈鉴核一案由

呈册均悉，查所呈壮丁名册未照本府役字第 67 号训令（附式二）格式造报，碍难核转，应即另造，至应予免禁缓等役者，着依照本府役字第 0096 号训令颁发各项申请书式样填明，呈由该署呈转来府，以凭核转。

此令。

原册发还。

民国二十八年五月二十八日

（资料来源：阿坝州档案馆所藏民国档案，全宗号 8，目录号 1，案卷号 671）

## 松潘县府关于转催克日速报调查壮丁统计表的训令

### （役字 0132 号）

各区署：

案奉钧部役字第 613 号代电："饬将壮丁统计表克日造报来部以凭呈转。"等因。奉此，查本县壮丁前次报为 2446 名，今复查有 2190 名，免役禁役复役在数内。短少原因系由外出或死亡所致，并无漏报，兹特填具统计表二份，理合具文呈请钧部鉴核呈转示遵。

谨呈茂县团管区司令部

附呈壮丁统计表二份

县长：黄○○

### 成茂师管区茂县团管区松潘县政府壮丁统计表

| 区别 | 18 岁至 35 岁壮丁 | | 36 岁至 45 岁壮丁 | |
| --- | --- | --- | --- | --- |
| 第一区 | 已曾受训 | 76 | 已曾受训 | 45 |
| | 未曾受训 | 193 | 未曾受训 | 191 |
| | 合计 | 269 | 合计 | 236 |
| 第二区 | 已曾受训 | 67 | 已曾受训 | 52 |
| | 未曾受训 | 298 | 未曾受训 | 415 |
| | 合计 | 365 | 合计 | 467 |

续表

| 区别 | 18 岁至 35 岁壮丁 | | 36 岁至 45 岁壮丁 | |
|---|---|---|---|---|
| 第三区 | 已曾受训 | 125 | 已曾受训 | 108 |
| | 未曾受训 | 219 | 未曾受训 | 401 |
| | 合计 | 344 | 合计 | 509 |

附记：
1. 全县共三区，统计共有壮丁 2190 名；
2. 全县 18 岁至 35 岁已曾受训壮丁 268 名，未曾受训壮丁 710 名；
3. 全县 36 岁至 45 岁已曾受训壮丁 205 名，未曾受训壮丁 1007 名；
4. 本县于二十八年三月以役字第 54 号呈文填呈统计表共有壮丁 2446 名，其后复查共 2190 名，计少 256 名。

（资料来源：阿坝州档案馆所藏民国档案，全宗号 8，目录号 1，案卷号 671）

## 松潘县第一区关于填报壮丁统计表的呈

案奉钧府役字第 0132 号训令："为奉令转饬克日速报调查壮丁统计表，以凭呈转一案。"等因。奉此，窃查职区壮丁统计先后据各该联保呈报，共为 505 名，其中除已曾受训 121 名外，其余 384 名约有半数均在免缓禁役之例。兹奉前因，理合依据上列统计数目分别已曾受训暨未曾受训，依式填报壮丁统计表，备文赍呈钧府鉴核俯赐核转指令祗遵。

谨呈县长黄

第一区区长：王世安
区员：刘锦（代行）
中华民国二十八年七月六日

计发壮丁统计表一份

### 成茂师管区茂县团管区松潘县政府第一区壮丁统计表

| 联保别 | 18 岁至 35 岁壮丁 | | 36 岁至 45 岁壮丁 | |
|---|---|---|---|---|
| 城北联保 | 已曾受训 | 19 | 已曾受训 | 11 |
| | 未曾受训 | 71 | 未曾受训 | 40 |
| | 合计 | 90 | 合计 | 51 |
| 城南联保 | 已曾受训 | 34 | 已曾受训 | 14 |
| | 未曾受训 | 42 | 未曾受训 | 53 |
| | 合计 | 76 | 合计 | 67 |
| 安顺联保 | 已曾受训 | 21 | 已曾受训 | 20 |
| | 未曾受训 | 30 | 未曾受训 | 24 |
| | 合计 | 51 | 合计 | 44 |

续表

| 联保别 | 18 岁至 35 岁壮丁 | | 36 岁至 45 岁壮丁 | |
|---|---|---|---|---|
| 镇江联保 | 已曾受训 | 2 | 已曾受训 | 无 |
| | 未曾受训 | 50 | 未曾受训 | 74 |
| | 合计 | 52 | 合计 | 74 |

附记：
1. 本区共四联保，统计加入免缓禁役适龄壮丁共为 505 名；
2. 本区 18 岁至 35 岁已曾受训壮丁 76 名，未曾受训壮丁 193 名；
3. 本区 36 岁至 45 岁已曾受训壮丁 45 名，未曾受训壮丁 191 名。

中华民国二十八年七月六日　第一区区长：王世安　区员：刘锦（代行）

（资料来源：阿坝州档案馆所藏民国档案，全宗号 8，目录号 1，案卷号 671）

## 7. 四川省第十六区松潘县抗战时期财政、保安中心工作方面的文献资料

**四川省第十六区松潘县抗战时期财政中心工作月报表**　　（二十七年二月份）

| 项目 | | 办理情形 |
|---|---|---|
| 整顿田赋事项 | 滥粮 | 本县原有流滥无着滥粮额八十五两九钱五分九厘五毫，业已奉令摊征有着民粮加收并已呈报在案。 |
| | 清厘 | |
| | 欠赋 | 本县仅前任内尚有二十五年度有着欠七十一元一角六仙四星，业已分令所属各区严饬保甲上紧催收并呈报在案。 |
| | 追收 | |
| | 田亩 | 本县田亩调查前已具呈，恩俟清丈委员会成立后赓即着手办理在案。 |
| | 调查 | |
| 改进营业税事项 | | 已由松潘县营业税稽征所长郭子林负责推进在案。 |
| 推广房捐事项 | | 本县无房捐，前已具呈，将未办情形填报在案。 |
| 其他 | | |
| 专员考核意见 | | 该县无着滥粮，现虽奉令加摊于有着粮上征收，然流滥粮无姓名，及其业址，仍需令饬详加清厘，以免错漏。再该县二十五年度有着民欠，上应限期严令追收清楚。其他当无不合。二月二十一日。 |

中华民国二十七年　　　月　　日　　　填报人：县长萧廉武（印）

## 四川省政府关于松潘县二十七年二月财政中心工作月报表的训令

（财字第 1131 号）

令第十六区行政督察专员公署：

据松潘县政府填报二十七年二月份抗战期间财政中心工作月报表一案到府，除以据报各节，兹分别核示为下。（一）关于整理田赋事项：1. 查表列该县有滥粮八十五两余之多，既已于有着粮内平均摊加征收，所有该县本月曾否清获滥粮若干柱，及其进度捐法为何，应即按月逐一填列，用凭查核。2. 查表列该县二十五年度欠赋尚少，着仍催收扫解，用资结束。3. 田亩调查，事关紧要，应即恪遵本府二十六年八月敬省财电规定调查事项，详密彻查，并将推行进度办法，按月逐一填列，用凭查核。以上一三两栏缺漏之处，着于下月详细叙明为要。（二）关于改进营业税事项：据称该县营业税虽已由稽征所长负责推进，但该县府仍应遵照通案，随时认真协助，用兹税政为要。（三）关于推广房捐事项准予备查。（四）其他事项准予备查。以上核示各节，仰即遵照。等语。指令印发外，合极令仰该专署遵照为要。

此令。

委员兼秘书长：邓汉祥

中华民国二十七年五月八日

### 四川省第十六区松潘县抗战时期财政中心工作月报表 （二十七年四月份）

| 项目 | | 办理情形 |
|---|---|---|
| 整顿田赋事项 | 滥粮 | 本县原有流滥无着滥粮额业已奉令摊征有着，民粮加收并已迭次呈报在案。 |
| | 清厘 | |
| | 欠赋 | 本县仅沙前任内尚有二十五年度有着欠柒拾壹元壹角陆仙四厘，业已分令所属各区严饬保长上紧催收并呈报在案。 |
| | 追收 | |
| | 田亩 | 本县田亩调查前已具呈，恳俟清丈委员会成立后赓即着手办理在案。 |
| | 调查 | |
| 改进营业税事项 | | 已有松潘县营业税稽征所负责推进在案。 |
| 推广房捐事项 | | 本县无房捐。 |
| 其他 | | |
| 专员考核意见 | | 该县整理田赋的事项仍未遵省府指令核示定点办理，殊为不合，仍应饬将欠粮额切实清厘，照规定专案报核，至二十五年度欠赋七十余元，应加紧催收扫解，以资结束。田亩调查应遵省府二十六年八月份省财电规定之项详密彻查，勿敷衍。五月二十八日。 |

中华民国二十七年五月　　日　　填报人：县长萧廉武（印）

**四川省第十六区松潘县抗战时期保安中心工作月报表**　　（二十七年一月份）

| 项目 | | 办理情形 |
|---|---|---|
| 铲除汉奸事项 | | （一）奉专署民贰字第七九七号训令□汉奸治罪条例查明通缉一案及奉川康绥靖公署法字第□训练之女汉奸分赴汉口四川等处刺探消息一案，俱已令饬各区严为防范。（二）本县地处边地，户口疏寥，凡外来行踪可疑之人一望而知，汉奸不易潜入，本月份无铲除汉奸事项。 |
| 肃清土匪事项 | 清剿任务 | （一）前奉十六区保安司令部第一零二号训令转奉省令饬查甘肃岷县夷匪劫案并防剿办法呈候核夺一案，遵已令饬夷务主任哈有德详查，去后据该主任后称详查情形并由本府加具防剿意见呈报请核转后，准甘肃洮岷路保安司令杨复兴咨同前由并请派队会剿，经以本县辖境辽阔又无驻军，无法派队会剿等由咨复并将原咨转请国保安司令核示中。（二）本县东路雪山附近时有劫案发生，经饬保安队长轮番派队兵一班在东路风洞关下草湾一带勤加巡逻，用维商道。 |
| | 取具层结 | 奉省府检发整理川黔两省保甲方案及本省各县整理保甲实施规则，令饬遵办。今已令饬各区署申送编整人员二十六名加以训练，一呈翻印方案五十份，关于取结事项饬遵照方案第十一条之规定并按说明各点切实办理。 |
| | 疑户管理 | |
| 其他 | | |
| 专员考核意见 | | 填报各项尚系确实，惟该县草地一节接壤甘肃地尚系部落畜牧，特代政令不转推行，已由我署函令有力土官严防汉奸□诱惑在案。二月十七日。 |

中华民国二十七年二月　　日　　　填报人：县长萧廉武（印）

**四川省第十六区松潘县抗战时期保安中心工作月报表**　　（二十七年二月份）

| 项目 | | 办理情形 |
|---|---|---|
| 铲除汉奸事项 | | 本县户籍稀少，调查户口殊为容易，汉奸不易潜入，本月份并未发生汉奸事项。奉省府保字二十七年第一九九号令发汉奸自首条例，又保字二十七年第八九二号令发汉奸暗号摘要；又奉十六区专员民贰字第二二四号密令，转奉层令饬严密防范汉奸潜踪，窥察我军内情各等因，均经密令各区署严为注意，切实防范，以固后方而利抗战。 |
| 肃清土匪事项 | 清剿任务 | 本月份本县地方并无发生土匪案件亦无清剿事项，惟据毛牛沟土妇禄哥呈雇工噶多行至羊角塘山中被不识人将牛马劫去。查其羊角塘地方即系毛牛沟土管境，经谕饬毛牛土官郎介限期清查，务获正贼真赃送案惩办。 |
| | 取具层结 | 本月本县关于取具事项已饬令编整保甲人员于编整时依四川省各县整理保甲施行规则第二项编整完毕后另案报核。 |
| | 疑户管理 | 此次奉令编整保甲，对于嫌疑户口已饬各整编人员于编造户口册时应详加查考，切实清查，以期消弭盗匪而免汉奸潜踪。 |
| 其他 | | |

续表

| 项目 | 办理情形 |
|---|---|
| 专员考核意见 | 查此次合肥失事由于汉奸混入抗日团体组织之中，以玉……仓卒。今后对于上项团体之组织分子更应暗中考查，分泾渭函。至于一切假借名义之私擅组织尤当严格考查，以遏乱萌。七月三十一日。 |

中华民国二十七年三月　　日　　　填报人：县长萧廉武（印）

**四川省第十六区松潘县抗战时期民政中心工作月报表**　　（二十七年二月份）

| 事项 | | 办理情形 |
|---|---|---|
| 民众训练 | 训练社干事项 | □本县二十六年经费收支，□令财委会填具旅店捐办法，分令各区署调查所辖境内各旅店数目列表报查，并转令壮丁在营训练之军事教官黄士元呈壮丁在营模范队经费表、组织表，由本府核减预算数为二百二十元，不得□。二三区署先后甲送学员六十八名，已转令壮丁在营模范队切实训练，已于本月十五日，□，奉令抄发各县壮丁在营模范队毕业学员同学会模式简章转令遵照办理，□入队学员经考试及格一律更名并一体任用。 |
| | 训练壮丁事项 | （一）本月份本县地方及区驻军、保安队又赴茂县整理地方防务，颇为空虚，故再令各区署遵照四川省各市县民力统制实施办法第五条四项应依照规定编训壮丁队维持地方治安并加紧训练以补充。（二）再令各区署克日填报壮丁统计调查清册，壮丁分类调查统计表一案，旋据各区署填报齐全当经本府汇请省府核示中。（三）奉专署二十七年二月十一日命令，本县无团队驻防，命将原欠保安队人枪由该府补齐等因，已转令各区署迅遵照原案规定由各保选送壮丁入队补充。 |
| | 训练民众事项 | 本月份训练民众事宜已于一月份训练民众事项栏内说明。将壮丁训练完毕后再行斟酌地方情形实施训练。 |
| 兵员补充 | 征送部募壮丁事项 | 前奉省府二十七年民字第三六八六六号训令，本县地远丁少，免予募送，故本月份无征送部募壮丁事项。 |
| | 编训省军抗战补充事项 | 再请省府指示义勇补充队经费筹拟办法，呈奉省府二十七年民字第二一九四号指令仍应遵照前列入二十六年度下期战时补充预算，统筹支发，已转令财委会遵照列入预算，一俟预算编成即行筹备编训。 |
| 粮食储备 | 充实仓库事项 | 本县平借还赈款一千元，前经呈奉省赈务会准作本县县仓基金，应购粮存储，已拨发第二区署六百元，三区署四百元；在南坪小河采买芋麦运松存储，俟购运完毕后再专案呈报，筹募仓谷及追收广元仓积欠，复据各区署金称去年秋收虽较上年稍裕，但自大灾兵匪后十室十空，入春以来据报一区之归化镇坪两联保，三区署之小河踏藏两联保，二区之勿角一带人民流亡又多，恳请缓征募追收，经本区复查相符，已照准暂缓。 |
| | 农贷事项 | 本月份仍未设立农村合作社，省合作金库亦未来县设立分金库，前呈请将农贷籽种款收回购储库，奉省赈务会指令核准并据各区署将承贷农民姓名、所购籽种类数量价格及贷放区域内分别造具清册前来，经本府汇请省赈会鉴核去讫一回，仍发各区署照册迅予收回，拟俟收齐后复再行分区拨发，惟据镇坪联保各保甲长蓝福田等呈，称天灾"兵匪"后地方瘠苦异常，现在人民迁移日多，请设法挽救以维户口而济民命，并请缓收贷款，现令一区署安抚绥中。 |

| 事项 | | 办理情形 |
|---|---|---|
| 禁烟禁毒 | 禁烟事项 | 本年二月二十日奉到十六区专署民捌字第二五二号训令，当即转饬各区督饬保甲切实查禁夷地偷种烟苗情形，并随时饬派委员前往各地密查，使无一茎发现。本县之土膏行店重新改组，其应具申请批准才能开业。至厘清烟民登记，各区已经册报来府，现正派员复清。一俟完竣即行汇报。 |
| | 禁毒事项 | 本县地处边陲，因路途遥远，对于毒品无人贩运，兼之迭奉层峰明令随时派员清查并严令各区保甲查缉，尚未有毒品、毒贩发现。 |
| 其他 | | （一）据上坭寺喇嘛报称该寺每年阴历正月十五跳神赛会到会汉番人类复杂酗酒赌博在所不免，请示禁止，当即出示严禁并由一区署派壮丁前往弹压，堪告安谧。（二）奉专署谢筱电转饬查明自称毛牛沟代表昂正即请愿出兵抗敌等因，当于漾日将调查该冒充代表情形，电复在案；旋据毛牛沟老民乔标等四人证明毛牛沟武力薄弱，抗战虽于如愿请饬郎正孝（即昂正即）先行回籍等情已批候，上峰核示饬遵。 |
| 专员考核意见 | | 查所报各事项尚无不合。三月十七日 |

中华民国二十七年　　月　日　　填报人：县长萧廉武（印）

<h3 style="text-align:center">四川省第十六区松潘县抗战时期民政中心工作月报表　　（二十七年五月份）</h3>

| 事项 | | 办理情形 |
|---|---|---|
| 民众训练 | 训练社干事项 | （一）训令社训总队部为转奉层令规定军训教官因抗战伤亡之奖恤善后办法。（二）据社训总队部造报壮丁在营模范。（三）社训总队部抄发教育中心工作实施办法。（四）经二三区署呈请委任各队长一案，核具所呈均未依照四川省军事训练实施办法第五条、第十二条办理，饬其另造具报审核中。（五）据社训总队部呈为奉军训会召开工作会议拟派军训教官黄士元赴省出席。社训总队为奉军府训字第一七四六号解释学校教职员应与各机关公务员同时受公训。复奉省府第一四二八一号寒教代电各级学校教职员在各校行课期内暂免参加公训。 |
| | 训练壮丁事项 | （一）本月份第一区壮丁训练人数计一百五十四名。（二）第二区报称该处正值大春播种，请俟下月开始训练。（三）第三区报称与二区略同。（四）省府第一零七二九号养省民①代电附发点验拨出壮丁办法经转各区署遵照办理。（五）令管狱署遵照省府第一零九零六号梗省民代电严禁以罪犯中人充当壮丁。（六）据代理保安第四中队长宋德荣报告，前呈各区推选壮丁现在尚应送四十二名，恳饬早送以便训练，已饬各区依额推送中。 |
| | 训练民众事项 | （一）本月第一区第一期商民训练人数计六十五名，公训学员五十五名，编整保甲受训人员六十人，民众训练指导员讲习会组织规程并抄发四川省战时民众训练指导员讲习会考试委员会规定，社训总队部一体知照。 |

---

①　"养省民"，"养"及后文的"梗""虞"等均为电报韵日化目，"养"为二十二日，"梗"为二十三日，"虞"为七日；"省民"是省政府民政厅的简称。

续表

| 事项 | | 办理情形 |
|---|---|---|
| 兵员补充 | 征送部队壮丁事项 | （一）训令各区署及漳腊福华公司、矿山事务所为奉省府第一二八七六号虞省民役代电，公营矿山之矿工应予缓征（二）抄发战时征募新兵接收办法，修订逃兵官长惩奖规则，士兵保育及逃亡处理办法，已遵令各区署一体遵照办理。（三）本县地远丁少，奉省府二十六年民字第三六八六六号训令免予募送，本月份无征送部募壮丁事项。 |
| | 编训省军抗战补充事项 | （一）抄发省府民字第二零一八号训令修正各县编训义勇补充队及兼顾地方治安办法，已饬各区署遵照。令区署克日将前令申送之义勇补充队一分队申送到齐，以凭编训，各区署佥称正值大春，恳请缓送。（二）义勇补充队经费自奉令不准向民间征收，后当即严令财委会筹措经费，旋据呈称二十六年□，学校、区署六成开支尚有不敷，请于二十七年度列入预算后再支，当经本府令饬先行□，二十七年度开始再拨还归垫，故该队现正在筹备中。 |
| 粮食储备 | 充实仓库事项 | 本月份召开二十七年春季行政会议经讨论决议：（一）广济仓之民欠应上紧追收，先由县府派员到区署会同召集本地士绅开会将借出单据详细审核，除（赤）贫及已死亡者免追收外，其余不能还者务必严厉追收。（二）本县各区自二十四来迭遭"兵匪"天灾后，仅去年丰收，除维持生活外，仅余种粮，如欲□，必致今年又无法下种，故各区俱未如期办竣。 |
| | 农贷事项 | 本月份召开二十七年春季行政会议：（一）关于农贷移作仓储一案议由各区署严厉执行并限期□，情形呈报县府核示其已收未收，并由各区署列榜通知，以免保甲经手人员弊混。（二）本月份仍未□□□，合作金库尚未来县设立分金库。 |
| 禁烟禁毒 | 禁烟事项 | （一）呈省府及专署据情转请行营派遣飞机到县宣传示威以资铲除夷地烟苗并请令饬苏永和一并铲除。（二）严令第一区署并大姓土官限期铲除小姓沟偷种烟苗具结呈报，谕饬大姓土官荣德清负责督铲该地偷种烟苗。（三）奉专署令为小黑水等处偷种烟苗恳请宣慰土官边民委员李阳三克日派员查禁。第一区长冯博文率事务员、队长各一员并武装壮丁二十名前往白草一带查铲烟苗。 |
| | 禁毒事项 | 本县地处边陲，实因道路遥远，对于毒品无人贩运。迭奉层峰明令随时派员密查，并严令各区保甲查缉，尚未有毒品毒贩发现。 |
| 其他 | | （一）转呈省府、专员，据繁荣边区研究委员会筹备经过情形并赍呈简章议案恳请核示。（二）准理番县政府咨谕饬阿曲土官清还尽头寨牛马并□，并到马塘会同理番县府蒋科长妥为处理。经硃谕严饬遵照，一面令夷务主任任羽通派员赴阿坝会商等。（三）奉专署特字第九三一号训令饬将林波活佛呈诉之案查明详复，当经转饬夷务主任任羽通、马代表登宵查清此案原委，会同详查具复，俟呈复后再行专案转呈。 |
| 专员考核意见 | | 该县充实粮仓既未经准缓办，应饬仍遵照前令办竣具报。其余大致尚无不合。 |

中华民国二十七年　　月　　日　　　填报人：县长萧廉武（印）

### 四川省第十六区松潘县抗战时期教育中心工作月报表　　（二十七年四月份）

| 项目 | 办理情形 |
|---|---|
| 加紧学校抗战课业事项 | 各学校对于课业方面曾有下列各项之改增：1. 减少部分次要课程，加授防空、防毒常识，按周分别举行讨论。2. 利用纪念周讲抗战时后方学生应尽之义务与应努力之工作。3. 各校均将早操列入课程，每日均举行早操及野外赛跑。4. 各校教材均以抗战需要为中心实施教导。 |
| 加紧教职员战时工作之研究训练事项 | 县中各校教职员曾有下列各项之研究与训练：1. 已组织反侵略宣传会，商讨如何宣传民众、如何激发民众意识，并组织抗战团体。2. 已组织抗战工作研究会每周开会一次，商讨抗战工作与实施步骤。3. 均纷纷筹划组织警卫训练队与救护工作训练队。 |
| 加紧学生战时勤务组织训练事项 | 县中各校学生纷纷从事下列各项之组织与训练：1. 遵省令已组织反侵略宣传队利用礼拜天向民众扩大宣传。2. 遵省令已组织救济战区流落儿童募款队分向民众劝募捐款以资救济。3. 各校学生已加紧受训防卫工作与救护工作。 |
| 加紧学生军训事项 | 县中各校军训课程曾有下列之改革与进步：1. 各校童子军训练已纳入正课，分操练与课程两部，按周分别讲习。2. 各校童子军防卫工作与警卫工作均较上月进步。3. 高小部女生救护工作亦较敏捷，看护工作更较熟练。 |
| 加紧战时民教义教普及事项 | 1. 县属各区长正筹划组织民众夜课，学校设法训练民众，藉以普及民众教育。2. 各短校均已正式行课，各校儿童均较上期增加，学生识字方面亦较增多，讲解课文方面亦较进步。3. 县属各区已先后设立民众短校二十余所，虽未足省府规定额数，但县区人口较少，兹据调查失学儿童仅有二千余人，此二十余校已足够容纳也。现本府仍积极严令各区长会同各区教育委员会详细调查该区现有之失学儿童文盲人数与空余庙宇及公舍来署查考，以凭设法尽量增设短校以资普及义教。 |
| 其他 | |
| 专员考核意见 | 查该县短期义务小学所数迭经令饬增设足额，仍未遵办。应请严令申斥，无任藉词搪塞。五月二十八日。 |

中华民国二十七年五月　　　日　　填报人：县长萧廉武（印）

### 四川省第十六区松潘县抗战时期教育中心工作月报表　　（二十七年五月份）

| 项目 | 办理情形 |
|---|---|
| 加紧学校抗战课业事项 | 1. 县府利用各校纪念周派遣县府中高级职员分赴各校轮流讲演敌军占领各地之暴行与争取最后胜利之条件及今后学生应负之责任。2. 各校除加授防空与防毒常识外，高级班中并加授劳作等课。3. 各校除将早操列入课程外，每日下午放学前将增加一小时国防演习以训练儿童身体。 |
| 加紧教职员战时工作之研究训练事项 | 1. 各校教职员曾合组一扩大兵役宣传会，除每日晨起分队宣传外，并利用礼拜日以作商讨如何激励民众自动从军抗战，如何鼓励民众组织抗战团体。2. 各学校教职员均纷纷呈请编入公训队受训。3. 各校教职员已组织抗敌座谈会详论前方、后方抗敌各种问题，将研究所得于每周星期六午后或星期日向学生讲演以促进抗敌宣传。 |
| 加紧学生战时勤务组织训练事项 | 1. 遵省令各校学生均组织救国雪耻宣传队与扩大兵役宣传队，除每日向民众宣讲外，并利用假期分赴各乡镇、各番寨、庙寺中宣传。2. 各校长于课余之时命各学生练习防卫及军事操并于早晨实行朝会，会毕升旗时向学生讲演抗战期中学生应尽之义务，午后降旗时则将本日收音消息择其可作宣传者向学生演说，以激发其抗敌救国情绪。 |

续表

| 项目 | 办理情形 |
|---|---|
| 加紧学生军训事项 | 1. 县府常令饬各校学生在课余多做射箭等瞄准演习。这等练习据调查颇有进步。2. 各小校高级班学生均已全体加入童子军训练、野外演习，其防卫工作、警卫工作均较上月进步。3. 各校高级班女生已全体加入看护训练与救护训练工作，均较上月敏捷而熟练。 |
| 加紧战时民教义教普及事项 | 1. 县府已令饬各通司与各夷务人员分赴各番寨及各庙寺向各土司及各喇嘛宣传推动儿童前往县府所属各校读书。2. 县属第三区溜索头及平坝两地均已各增短校一所，第一区窑坝与石河桥两地亦着手调查失学儿童人数，待呈报后即令开设。3. 各区拟办夜课学校正设法筹备经费。 |
| 其他 | |
| 专员考核意见 | |

中华民国二十七年　　月　　日　　填报人：县长萧廉武（印）

### 四川省第十六区松潘县抗战时期教育中心工作月报表　　（二十七年六月份）

| 项目 | 办理情形 |
|---|---|
| 加紧学校抗战课业事项 | 1. 本月县府利用各校纪念周派遣府中科长督学分赴各校轮流讲演前方抗战事情，为如何组织民众及我军必胜之信念。2. 各校已遵省令在公民社会常识等课已编入伤兵荣誉自敬敬人，自爱爱人及常□与国民之模范自居等章列入课程之中。 |
| 加紧教职员战时工作之研究训练事项 | 本月县府召集各级公务人员组织业余学术研究社并邀集各校教职员一体参加，每周星期六开会讨论一次。本月公开讨论之题目为：如何能争取最后胜利。结论：一、拥护中央统一领导。二、动员全国民众。三、提倡民众抗战生产。四、倡导节约消耗与鼓励民众献金。日本之危机结论：一、日本国内经济空虚。二、日本内部矛盾。三、人们反战运动。四、国际间的制裁。五、苏联与日关系的恶化。各级学校教职员每日清晨均自动组织公训队训练。 |
| 加紧学生战时勤务组织训练事项 | 1. 各校学生所组织之自治会工作员常利用纪念周及朝会、夕会向全体同学讲演爱国抗敌等故事以激发同学抗敌情绪，勉励同学爱好清洁。2. 各校校长令学生利用课余放假等练习国术外，还利用朝会、夕会向学生讲演，鼓励学生，使学生养成忠勇爱国的思想和节俭勤劳的习惯、任劳服务的精神。 |
| 加紧学生军训事项 | 1. 各校学生课余之暇所做之射箭、瞄准、演习均较上月进步。2. 各校童子军训练及女生看护训练均有相当进步。 |
| 加紧战时民教义教普及事项 | 1. 本府为普及番民教育计，拟在祈命、寒盼、山巴三番寨喇嘛庙中设立小学三所。惟本县地方经费支出曾于中央金矿队商讨每月由金矿队津贴大洋一百元，以作学校经费，近已商有头绪，本府现正派遣督学前往各庙查勘中。2. 本府拟在城区玉真宫内设立短小一所，现在增工培修庙宇。 |
| 其他 | |
| 专员考核意见 | 查该县本月份教育工作当无不合。　　八月三日。 |

中华民国二十七年八月　　日　　填报人：县长：萧廉武（印）

**四川省第十六区松潘县抗战时期建设中心工作月报表** （二十七年二月份）

| 项目 | | 办理情形 |
|---|---|---|
| 调查资源事项 | | 1. 查得县城东六十里之淘金沟大岩坊一带其土质多属冲积岩层，其沙土呈青黄色及赤棕色者甚多，岩层内含方解石及石英亦多，推定其中必含有沙金，大有试采价值。2. 据多数土人云淘金沟因昔年挖药夫役在沟内淘菜发现沙金故名淘金沟。 |
| 修建交通事项 | 公路 | 1. 民国二十五年陆军第四十一军驻防松潘时，拟以兵工修筑平松公路（由平武通松潘之公路），其测定路线沿旧有平松人行道西上至三义子，更西上经见火垭大寨等地而至松潘城，经本府技工于本月赴见火垭一带考察，发现见火垭系山之阴，积区甚深，将来如修平松路，公路仍以取道雪山鞍部及风洞关等地为佳。2. 由大岩坊有间道可通漳腊之东门沟，如将来由漳腊沿此间道修一条公路连接平松公路则可缩短途程十里以上。 |
| | 电讯 | 1. 本月下旬收音室因四脚真空管使用时间过久，有两个失去效力，所以暂停工作。2. 收音室已设法一方面向漳腊电台借用真空管，一方面托人在省购买。3. 电池价值飞涨，计真永备手电一筒涨至八角，但仍缺货，故收音工作倍感困难。 |
| 振兴水利事项 | | 1. 县城东门濒临岷江，去年夏水临向城垣，直冲崩塌约二百公尺。本月份为预防水患起见，已由本府订定修筑河堤计划，克日分别具工修造柳条笼埂以固城垣（因本县不产竹故用柳条砌埂）。2. 修筑柳笼堤埂规定每名民工由公家给以食，每日须背运石块六十背填入。 |
| 其他 | | 提倡垦荒，已派本府技士赴城东大岩坊扶羌纵横约三十里一带荒地考查，据称二月下旬该地昼间温度最高温摄氏三十度，该地土人素不种大麦、玉蜀黍等物，以温度推测可种大麦及玉蜀黍、洋芋等，今春拟由本府试种以资示范而作提倡，使农产品增加。 |
| 专员考核意见 | | 收音机料应在省购买，既较廉并免缺乏，真空管失效，亦应速添购，余尚无不合。 |

中华民国二十七年三月 二十七日　　填报人：县长萧廉武（印）

**四川省第十六区松潘县抗战时期建设中心工作月报表** （二十七年四月份）

| 项目 | | 办理情形 |
|---|---|---|
| 调查资源事项 | | 1. 归化沟之沙金矿。查得距城九十里之归化沟长约三十里，均出产沙金，有试采之价值。2. 发现三又坝犬恳牧场，查得城北岷江东岸之三又河流域其长约三十里，其两岸浅山叠翠绿草铺茵，原湿交错，可耕可牧，其入口成狭道形，一入其中别有天地，恍如世外桃源也。 |
| 修建交通事项 | 公路 | 本县无公路，仅有东南西北四路之乡村道路，本月份修路工作如左〈右〉：1. 修整松漳路。近因路旁高山雪化侵蚀泥土以致道路崩溃，故分头征工从事修整以便行旅。2. 修整水草坝桐道路，此路亦因化雪崩坏，亦分头征工修复。 |
| | 电讯 | 本月份因省府发给真空管到县，即每日照常收音，将所收消息张贴通衢并分寄各区、各机关、法团以广宣传。 |
| 振兴水利事项 | | 东外防泛河堤均已修筑竣工。本县东外河流近年每过江水大发，即直冲城垣，为防患未然计于本月份兴工修筑河堤，北起清□□首，南讫马家磨北端止，均已修筑竣工。 |

续表

| 项目 | 办理情形 |
|---|---|
| 其他 | |
| 专员考核意见 | 所报各事项尚无不合。五月二十四日。 |

中华民国二十七年五月　　日　填报人：县长萧廉武（印）

### 四川省第十六区松潘县抗战时期建设中心工作月报表 （二十七年五月份）

| 项目 | | 办理情形 |
|---|---|---|
| 调查资源事项 | | 1. 采得踏马沟之硫化铁矿。县城北约一百三十里之踏马沟素称产银甚富，经县府于本月派员前往采集矿石用土法熔炼之结果，认此矿为硫化铁矿，并非银矿。但此矿究竟是银是铁，拟另文连忙送呈省府化验以便真实鉴定。<br>2. 铁匠坝之金矿距城北二十里。岷江东岸之铁匠坝经查得出产沙金，有开采之价值，于秋收后农暇时能开导土人破除迷信，集资开采亦利源之一也。 |
| 修建交通事项 | 公路 | 本县尚无公路，上月份所修整之路系旧有之乡村道路，略举如左〈右〉：1. 修建黄龙寺道路桥梁，黄龙寺为本县名胜之区，风景绝佳，每至旧历六月十三至十六，番汉民众纷纷结队前赴该寺游览。番民且举行跳舞大会，尽情娱乐。但年来山洪暴发，通该寺之罗家□道路破坏甚多，县府于本月派员到该寺征集附近民工一一修复以便行旅。2. 又修建金漳大桥，金河坝通漳腊之桥梁因每日通过牛马甚多，于四月底颓坏，经县府派员督率修建，于本月中旬竣工。 |
| | 电讯 | 1. 本月收音逐日工作，每日所收消息，择其可资抗敌宣传者一一公布通衢，并绘具地图标出敌军位置一一加以说明。2. 又每日所收之消息张贴通衢并用油印多份分发各机关团体、学校、各间报社广为宣传。 |
| 振兴水利事项 | | 1. 继续修筑东门桥北河岸以防泛滥，城东门桥北河岸崩颓一段，河水涨发时势将泛滥，由县府征工修复完竣。2. 修筑古松桥东段河岸堤埂羊梱，古松桥东河之二岸堤埂均已颓坏不堪，一过洪水，两岸居民必受水灾，县府乃于本月初旬兴工，下旬完工。将两岸河堤及羊梱一一修筑完后，使两岸居民得以安居，因此段河流贯通松城，将城分为南北两半，关系至大也。 |
| 其他 | | 本县人民□查得伐木工人□毁灭森林不可复生□应予指导，使伐后森林得以保护。本月办理度政，□宣传与调查两项工作同时推动，俾符限期，其办理情形：1. 令商人辅助□推进一切工作。2. 印制白话宣传□新旧制说明及标语等，一一分别逐户送阅及张贴，要有普遍之宣传。3. 依照分所颁发之宣传大纲□不能识字之民众均知新制之重要及旧制之所害。4. □确实数量以备筹定，根据填好之调查表制印□。5. □□□□做计划：（1）制印换算折合等表；（2）确定新器种类及数量□定所；（3）筹划新器，运输新器分类交由商会分发各商户。 |
| 专员考核意见 | | 该县水利除河堤□□。 |

中华民国二十七年六月　　日　　填报人：县长萧廉武（印）

**四川省第十六区松潘县抗战时期建设中心工作月报表** （二十七年六月份）

| 项目 | | 办理情形 |
|---|---|---|
| 调查资源事项 | | 1. 试探东胜沟石河桥金矿。东胜沟发源于松潘城东四十里，经石河桥注入岷江。本月份县府派人在石河桥东胜沟旁山坡□金颇足开采，因此矿商纷纷到此挖金，现在已有金约一百□出金二两至三四两不等，该资源委员会、四川金矿办事处已将雄鸡口□划为国营矿区，已由办事处正式管理并抽收课金矣。2. 松潘城北约十里之土地庙发现金矿露头，尚待设法试探。 |
| 修建交通事项 | 公路 | 1. 本县因山路崎岖，道阻且长，将来纵有机械亦无道路可以运入，县府有鉴于此为发展边区计，拟计划修筑公路三条：第一条是由松城至平武之平松公路，公路长三百六十华里；第二条是由松城经黄胜关至甘肃拉不浪寺之松拉公路，长约九百华里；第三条是由松城至北□之路，长约五百华里，共计一千七百六十里。即以每里平均二百元以内计亦需洋三十万元，如此巨款非一般商户贫民所能担负，故虽积极计划，苦心焦思，亦尚无办法也。 |
| | 电讯 | 1. 每日早晚收音两次，除张贴通衢印发各机关团体、学校、各间报社外，并将所收消息本月份每分赴各街巷向民众讲演以唤醒其国家观念，促进民族意志。2. 重要消息派员分土官、喇嘛、活佛等到收音台下使聆广播，并找通译讲解，以期引起番民土官对科学的兴趣。 |
| 振兴水利事项 | | 本月份淫雨为灾，岷江水位涨至往年最高度，松城东外、北外及古板各河堤均被冲决口，当由县府设法抢修恢复，因此未演成泛滥之灾，至东路涪江上游北路、白河上下游亦经派员将洪水冲坏之路随时修复，以便行旅。又因本县系旱地作物区，故□田亩合并声明。 |
| 其他 | | |
| 专员考核意见 | | 该县县道虽须择要修筑，计划专案呈由本署核转省府示遵。七月二十四日。 |

中华民国二十七年七月 日 填报人：县长萧廉武（印）

（资料来源：阿坝州档案馆所藏民国档案，全宗号8，目录号1，案卷号764）

# 8. 抗战时期川西北各县夷务工作月报表

**四川省第十六区靖化县夷务工作月报表**

（民国二十六年十月五日县长於竹君 秘书 许子高 代行）

| 部落名称 | | | 绰斯甲布 | 河东屯 | 河西屯 |
|---|---|---|---|---|---|
| 内情调查 | 首领与重要人物近状 | | 土司纳旺勒尔乌前会同本县赈分会副主席孟和轩及河西屯守备阿靖峰在苍苍耳根办理劫案，尚未结束。 | 守备胥仲成并无异样。 | 守备阿靖峰前往绰斯甲布办理劫案，现未回寨。 |
| | 户口现数 | 户 | 约10000户 | 118户 | 130户 |
| | | 丁 | 约15000丁 | 250丁 | 261丁 |
| | | 口 | 约15000口 | 297口 | 393口 |

续表

| 部落名称 | | 绰斯甲布 | 河东屯 | 河西屯 |
|---|---|---|---|---|
| 内情调查 | 实力消长情形 | 并无消长 | 并无消长 | 并无消长 |
| | 与邻部仇好关系 | 为办理劫案与西康省道孚县属之俞科夷人几以兵戎相见，现已完全解释。 | 与其他部落无仇，与河西屯亲好。 | 与其他部落无仇。 |
| | 内政张弛情形 | 内政极端专制，系统严密，惟该土地大夷，横纵二普鲁以上，大有令出难行之势。 | 该屯汉化，已从现仍沿前清屯兵制度办理。其组织上严密。 | 该屯汉化，已从现仍沿前清屯兵制度办理。其组织上严密。 |
| | 道路及治安现状 | | | |
| | 农事现状 | 全部粮食业经收毕，值此"匪灾"之后，收入仅为往年的十之三四。 | 小麦业经种毕，其熟荒之土仍多无人耕种。 | 小麦业经种毕，其熟荒之土仍多无人耕种。 |
| | 出入口货物情况 | 出口为酥油、青盐、牦牛等，入口为布匹、茶叶等。 | 出口无，入口者为布匹、茶叶。 | 出口无，入口为布匹、茶叶。 |
| | 对于政府信仰变化之事实 | 尚无变化 | 尚无变化 | 尚无变化 |
| | 其他 | | | |
| | 民政 | 取缔不良风俗，严禁贩卖枪弹。 | 饬加紧屯兵训练，暇时多行围猎。 | 饬加紧屯兵训练，暇时多行围猎。 |
| | 财政 | 据报该土司仍征收二十四五两年粮税，夷民以"匪"后未种不承认，已由我派员查复尚未汇报。 | 该屯屯粮数目现经清理中。 | 该屯屯粮数目现经清理中。 |
| | 教育 | 随时晓以抗战形势说明夷汉一家，应具团结一致，共同抗敌之观念。 | 随时晓以抗战形势说明夷汉一家，应具团结一致，共同抗敌之观念。 | 随时晓以抗战形势说明夷汉一家，应具团结一致，共同抗敌之观念。 |
| | 建设 | 关于畜种之改良、选择，牲畜繁荣、造林等事饬其研究改善。 | 关于畜种之改良、选择，牲畜繁荣、造林等事饬其研究改善。 | 关于畜种之改良、选择，牲畜繁荣、造林等事饬其研究改善。 |
| | 保安 | 该土情形特殊，值此抗战之际，全土治安之维持内奸乱之防治，饬该土司切实负责。 | 该屯屯兵名额饷额及沿革情形令催速报，以凭转呈。 | 该屯屯兵名额饷额及沿革情形令催速报，以凭转呈。 |
| | 其他 | | | |

续表

| 部落名称 | 绰斯甲布 | 河东屯 | 河西屯 |
|---|---|---|---|
| 专员考核意见 | 该县夷务较为难办，应随时详查其内部变化情形，因势利导使之就范，以期逐渐推行政令。 | | |

## 四川省第十六区靖化县夷务工作月报表

（民国二十七年一月五日县长於竹君　秘书 许子高 代行）

| 部落名称 | | | 绰斯甲布 | 河东屯 | 河西屯 |
|---|---|---|---|---|---|
| 内情调查 | 首领与重要人物近状 | | 土司纳旺勒尔乌前会同本县赈分会副主席孟和轩及河西屯守备阿靖峰在苍苍耳根办理劫案，现已竣事。 | 守备胥仲成并无异样 | 守备阿靖峰前往绰斯甲布办理劫案，现已回寨。 |
| | 户口现数 | 户 | 约 10000 户 | 118 户 | 130 户 |
| | | 丁 | 约 15000 丁 | 250 丁 | 261 丁 |
| | | 口 | 约 15000 口 | 297 口 | 395 口 |
| | 实力消长情形 | | 并无消长 | 并无消长 | 并无消长 |
| | 与邻部仇好关系 | | 为办理劫案与西康省道孚县属之俞科夷人几以兵戎相见，现已完全解释。 | 与其他部落无仇，与河西屯亲好。 | 与其他部落无仇，与河东屯亲好。 |
| | 内政张弛情形 | | 内政极端专制，组织严密，惟该土地大夷，横纵二普鲁以上，则令出难行矣。 | 该屯汉化，已从现仍沿前清屯兵制度办理。其组织上〔尚〕严密，内政亦专制。 | 该屯汉化，已从现仍沿前清屯兵制度办理。其组织上〔尚〕严密，内政亦专制。 |
| | 道路及治安现状 | | 该土桥梁道路本月内业经完全建修竣事。 | | |
| | 农事现状 | | | | |
| | 出入口货物情况 | | 出口者系酥油、青盐，入口者为布、茶叶。 | 出口者系酥油、青盐，入口者为布、茶叶。 | 出口者系酥油、青盐，入口者为布、茶叶。 |
| | 对于政府信仰变化之事实 | | 尚无变化。 | 尚无变化。 | 尚无变化。 |
| | 其他 | | | | |
| 抚驭设施 | 民政 | | 重申禁令，严禁不良风俗，严禁贩卖枪弹。 | 饬速完成屯兵训练，以便一致抗敌。 | 饬速完成屯兵训练，以便一致抗敌。 |
| | 财政 | | 据报二十四五两年粮税该土司经告诫后并未征收。 | 该屯屯粮数目现经清理中。 | 该屯屯粮数目现经清理中。 |

续表

| 部落名称 | | 绰斯甲布 | 河东屯 | 河西屯 |
|---|---|---|---|---|
| 抚驭设施 | 教育 | 自抗战以来派员前往讲演国际形势，该土司对于本国兴亡颇怀休戚。 | 自抗战以来派员前往讲演国际形势，该守备对于本国兴亡颇怀休戚。 | 自抗战以来派员前往讲演国际形势，该守备对于本国兴亡颇怀休戚。 |
| | 建设 | 该土司属色尔巴夷地金矿经唐杰呈准，省府立案，现已正式开工，尚无他异。 | 为繁荣生殖起见，该屯守备由绰斯甲购回马牛羊多头以图牧畜进展。 | 为繁荣生殖起见，该屯守备由绰斯甲购回马牛羊多头以图牧畜进展。 |
| | 保安 | 据派往绰斯甲布办理劫案之本县赈分会副主席孟和鲨报称前次积案业经结束，所失各物现正由该土司负责赔偿。 | 该屯尚属安靖，并无抢掠等案件发生。 | 该屯尚属安靖，并无抢掠等案件发生。 |
| | 其他 | | | |
| 专员考核意见 | | 查核各项尚属实情，惟绰斯甲土所属色尔巴夷地金矿既经开采，务须谕知当事人对该处住民优厚待遇，免生反感致起事端。 | | |

## 四川省第十六区理番县夷务工作月报表

（民国二十七年一月八日县长龚万材）

| 部落名称 | | 梭磨 | 卓克基 | 松岗 | 党坝 | 来苏沟 |
|---|---|---|---|---|---|---|
| 内情调查 | 首领与重要人物近状 | □本地白脑壳头人在壤口□来苏沟□黑水公高羊平、塔斯歌均在原地。公高羊平向县长请求□特准其觐见。 | 土司索观瀛及各大头人均在原地，无异样。 | 各大头人王真等及头人司丹增等团总大□等均如恒。 | 土司泽戎纳及以下头人均如恒。 | 上四沟头苍旺及下五沟团总孙根尔甲恐受害，已去黑水。余如恒。 |
| | 户口数 | | | | | |
| | 实力消长情形 | 实力如前无消长 | 实力如前无消长 | 实力如前无消长 | 实力如前无消长 | 上四沟实力稍有分化下五沟 |
| | 与邻部仇好关系 | 壤口部落因盗窃牛马事与来苏沟发生嫌怨，余如恒。 | 与邻部关系如前，无新仇新好。 | 与邻部关系如前，无新仇新好。 | 与邻部关系如前，无新仇新好。 | 因盗窃牛羊与壤口、阿坝两处部落发生嫌怨。 |
| | 内政张弛情形 | 内政如前无特殊张弛。 | 内政如前无特殊张弛。 | 内政如前无特殊张弛。 | 内政如前无特殊张弛。 | 上四沟因头人已去更形混乱，下五沟如前。 |

| 部落名称 | | 梭磨 | 卓克基 | 松岗 | 党坝 | 来苏沟 |
|---|---|---|---|---|---|---|
| 内情调查 | 道路及治安现状 | 道路□康猫寺□。 | 道路均修复,麻耳哒桥梁继续培修中,治安亦宁谧如恒。 | 道路均陆续修复,治安亦宁谧。 | 道路已修复,治安亦宁谧。 | 道路均通,治安方面与阿坝人有冲突,余尚宁谧。 |
| | 农事现状 | 地冻天寒农作均已停止。 | 地冻天寒农作均已停止。 | 地冻天寒农作均已停止。 | 地冻天寒农作停止。 | 地冻天寒农作停止。 |
| | 出入口货物情况 | 出口羌活二万余斤,贝母数百斤,麝香数斤,羊毛二万余斤,生羊皮二千余张及生牛皮数百张等,输入茶叶四百余担,酒三百余斤,还有大量布匹。 | 出口羌活万余斤,贝母百余斤,麝香数斤,甘松二千余斤,菇数百斤,入口茶叶六十余担,米五石,酒百余斤,布匹。 | 出口羌活二万余斤,贝母五百余斤,麝香十斤,菇千余斤,羊毛一千余斤,野兽皮价值一千余元,入口茶叶百余担,布匹等二千余元,酒百余斤。 | 出口羌活二千余斤,贝母八九十斤,麝香约两斤左右,菇二三百斤,入口茶叶十余担,布匹数百元,米数石,酒一二百斤。 | 出口羌活二万余斤,贝母百余斤,入口布匹数百元、酒三四百斤以及茶叶等。 |
| | 对政府信仰变化 | 尚无变化。 | 尚无变化。 | 尚无变化。 | | |
| 抚驭设施 | 民政 | □黑水、色尔古□来苏沟等处偷种鸦片,政府组织查铲,查理、康猫寺大喇嘛协助政府□。 | 已由一区署督令该处土司头人不种烟苗切结。 | 已由二区署督令该处土司头人不种烟苗切结。 | 已由二区署督令该处土司头人不种烟苗切结。 | 已由一区署督令该处土司头人不种烟苗切结或已呈缴来局。 |
| | 财政 | 本府因黑水头人苏永和之请,办事员同该头人所派通司到来苏沟清查所有产业主权变更经过。 | | | | |
| | 教育 | 黑水头人苏永和派夷民王启新到城求学,由本府令入县立第一小学肄业并由县长津贴伙食,又本府救亡宣传团在杂谷脑召集壤口夷民晓以国势及政令,甚能理解。 | | | | 本府救亡宣传团在杂谷脑召集壤口夷民晓以国势及政令,甚能理解。 |

| 部落名称 | | 梭磨 | 卓克基 | 松岗 | 党坝 | 来苏沟 |
|---|---|---|---|---|---|---|
| 抚驭设施 | 建设 | 壤口白脑壳头人函呈县长报告康猫寺桥梁动工，当将前次出□时所允拨助及捐助之五十元付去。 | | | | |
| | 保安 | 饬壤口白脑壳头人约束所属夷民，无论是非曲直不能自由与来苏沟人滋事。 | | | | 饬二区署令孙根尔甲暂负来苏全部治安责任并不准对内对外滋事，又虹桥方面已由二区署查明并无惯匪劫掠。 |
| 其他 | | 卓克基波沿寨夷民被商人刘义山等呈控盗物。事奉本署令饬退为解决，当即令催二区调解主任王维斌速往调解。 | | | | |
| 专员考核意见 | | 查所报壤口部落因盗窃牛马事件与来苏沟发生嫌怨，虽经严令双方不准自由滋事，但应将盗案妥速处理了结，以杜纠纷。 | | | | |

### 四川省第十六区汶川县夷务工作月报表

（民国二十七年一月五日县长李先谋）

| 部落名称 | | | 瓦寺民族 | 西羌民族 |
|---|---|---|---|---|
| 内情调查 | 首领与重要人物近状 | | 土司承袭人索海帆现在省城未归，其余总管罗文焕明仲修，现任联保主任林镇江仍任联队主任。 | 陈昌宏仍任联保主任，余青海仍任水井湾杓小管理员并兼任雁门十三保保长，其余苏国明、杨清源分任保长如旧。 |
| | 户口现数 | 户 | 1271 户 | 742 户 |
| | | 丁 | 3265 丁 | 1781 丁 |
| | | 口 | 1818 口 | 1728 口 |
| | 实力消长情形 | | 土司所有土枪、机枪已完全登记，均受政府调遣。如此次界龙关发生清剿土匪，由三区黄区长借用枪支 20 余支，以维护地方治安。 | 羌民枪支无论土造机造一律登记，如此人民安居乐业，习惯皆与汉民同。 |
| | 与邻部仇好关系 | | 与邻部情感平常，无联络也无仇杀行为。 | 同左。 |

续表

| 部落名称 | | 瓦寺民族 | 西羌民族 |
|---|---|---|---|
| 内情调查 | 内政张弛情形 | 土司过去对土民陋规现未解除而萌生□力与股从性能均日呈崩□。土司索海帆感觉此情故对土民已十分注意，如瓦寺对卧龙关跟任达桥人民，二十六年地粮全免，钱粮酌免。 | 该族无内政组织。 |
| | 道路及治安现状 | 龙关头二桥现已加工赶造。去年因雪凝结太厚，须待二十七年三月雪化后始能动工。班关山、高店子十二月十七日闻有匪拦劫，死保安一，失踪一，失手枪一支、步枪两支。匪现尚未查获。 | 该族所居之雁门、河坪、族头等处交通较为便利，治安亦属无虞。 |
| | 农事现状 | 播种荷兰薯后，现正从事挖地，以便来年种竿麦。 | 同左。 |
| | 出入口货物情况 | 出口药材、花椒、木材等，入口货油盐、酒、布、米等。木材由岷江漂放出口。 | 同左。 |
| | 对于政府信仰变化之事实 | 对政府倾心内向，无阴谋叛变事情发生。 | 对官府法令能够遵守。 |
| | 其他 | | |
| 抚驭设施 | 民政 | 编连保甲训练壮丁、登记枪炮各项要政均已办理完毕，现正办理挨家登记漏登瘾民、壮丁人口，调查并遵照现定令派各小初校教员分区协助以期迅速完成。关于清理漏登瘾民较原数增加了两倍。 | 同左。 |
| | 财政 | 保甲经费已经开征，惟极感困难。 | 征收保甲捐推行以来尚无特殊困难情形发生。 |
| | 教育 | 三江口草坡及涂禹山一带初级小学及短期小学教员均经本府调集赶赴各区清查瘾民及人口壮丁调查等工作，故教学均停止。 | 雁门、河坪、高店子等初级小学及短期小学教员均经本府调集赶赴各区清查瘾民及人口壮丁调查等工作，故教学均停止。 |
| | 建设 | 卧龙关头二号桥由三区黄区长督修，因雪凝结太厚工暂停。 | 饬该族人民办理雁门、海口北陶及桥道之工作。 |
| | 保安 | 斑斓山之高店子发现土匪抢劫行商，与保安队互射，闻匪系宋老幺一股由宝兴窜入，已令三区黄区长联防协剿并由本府函宝兴、懋功两县会同清剿。 | 雁门一带壮丁随时与理番□□联保及茂县富村乡联保，均取联络轮番游击，治安实行稳固。 |
| | 其他 | | |
| 专员考核意见 | | 该县夷务系瓦寺土民，应设法逐渐促其变化，以期贯彻政令，其西羌民族渐归同化较为治理。 | |

（资料来源：阿坝州档案馆所藏民国档案，全宗号 8，目录号 1，案卷号 1014）

## 9. 关于抗战时期美籍牧师告教友在松潘被番匪 劫杀令松潘县府及土官处理的档案文献

### 美籍牧师孙守成给松潘县政府的代电

松潘县政府县长钧鉴：

住临潭旧城宣道会牧师美人孙守成所属住郎木寺艾牧师名世在该寺设立宣道会传道十有余年，去年八月间赴香港公干，迄今尚未旋回，有同住教友二人阎九全、阎昌德奉教多年，均系耶和华信徒，于本年五月十二日二人赴松潘教会领款，同伴有郎木寺僧呢哇（即头人）三人，又有住该寺商人三人一行共同八人。旋回时，于五月二十二日至完域多松沟口地方，突有番匪十余骑，各持快枪射击，登时将教友阎九全、阎昌德中伤殒命，击毙马一匹，同伴二商人各负重伤，性命垂危，惟僧人无恙，匪遂远飙。窃以为无论何地何人，保护教堂教民约法载明，现今同盟国家中美最有密切之关系，艾名世传道以来对于番人推诚布公，感情甚好，况刻近身入陷区，存亡难定，该匪等不念友好，不顾约法，胆敢惨无人道，伏路劫杀二命，殊于国际约法有大不合。除径电领事外，理合电报钧座鉴核，令饬郎木寺赛他、更儿的寺主在肇事地点澈究凶犯，严拿惩办，尊重公法而伸惨究，实沾德便。

住临潭旧城宣道会牧师：孙守成

民国三十一年六月十七日

松潘县府答复：查郎木寺、赛他寺该甘肃临潭县所管辖，更儿代为本县管辖，应咨临潭县饬办并由本府谕饬更儿代寺缉查劫匪究办，因系两寺交界之故，并谕饬照办情形。

七、十

（资料来源：阿坝州档案馆所藏民国档案，全宗号8，目录号1，案卷号582）

### 松潘县政府缉拿查办劫杀住郎木寺美教会教友阎九全等之番匪的硃谕

（法盗字第 544 号）

谕你郎木寺更儿代文色（土官）知悉，兹准住临潭县旧城宣道会牧师孙守成代电称：本年五月十二日有住郎木寺的教友阎九全、阎德昌二人，因赴松潘教会领款并有同伴，郎木寺僧呢哇头人又有商人三人同行，转回时至完域多松沟口地方被番匪十余人持枪抢劫击毙教友阎九全、阎德昌并击毙马一匹，同伴二人各负重伤，匪徒远飙。请转饬更儿代寺主严拿匪徒，依法惩办等情。据此，查该地番匪任意劫杀实属目无法纪，此次杀毙阎教友二人，不但对于国际约法大有妨害，且于保护教堂教民有违，文色亦有重大责任。合行谕仰该文色，即便遵谕迅速将此案番匪等上紧按各缉拿送案严惩，以张国法，事关重要，勿得违延庇纵，否则以该土官是究。切切此谕。

右谕郎木寺更儿代文色

中华民国三十一年七月十一日

（资料来源：阿坝州档案馆所藏民国档案，全宗号 8，目录号 1，案卷号 582）

## 松潘县政府为据电咨请转饬郎木寺赛他寺
## 缉拿劫杀阎教友九全等之番匪给临潭县政府的咨文

（法盗字第 545 号）

事由：为据电咨请转饬郎木寺赛他寺缉拿劫杀阎教友九全等之番匪等依法惩办

本年七月十日案据住临潭旧城宣道牧师孙守成代电开：松潘县政府云云，德便。等情。据此，除谕饬更儿代土官查缉匪徒送办外，查郎木寺赛他寺属于贵县管辖，该番匪等究属何寨番人，尚不明了，此案应相互办理，庶于该寺及番寨无可推诿，相应咨请。

贵府烦多查问，转饬郎木寺赛他寺或该寨土官查拿匪徒，依法严办，并希见覆为要。

此咨临潭县县政府。

中华民国三十一年七月十四日

县长：汪○○

（资料来源：阿坝州档案馆所藏民国档案，全宗号 8，目录号 1，案卷号 582）

## 四川省政府为松潘番匪劫杀教友请饬护案法办的训令

（秘一字第 1483 号）

令松潘县政府：

案准行政院秘书处孝（八）字第四二○○七号通知单开："美籍牧师孙守成代电为松潘土匪劫杀教友请饬护案法办，奉院长谕交四川省政府查办，相应通知抄送原代电一件。"等由。准此。合行抄发原代电令仰遵照严缉务获究办，具报此令。

中华民国三十一年九月

兼理主席：张群

附：

**照抄原代电**

重庆国民政府行政院院长钧鉴：

本会所属住南番郎木寺美籍牧师艾名世在该寺设立宣道会传道十有余年，去年八月间因公赴香港身陷迄未脱险。有同住教友阎九全、阎昌德二人奉教多年，均为基

督信徒。前于本年五月二十二日由松潘教会领款回。同行有郎木寺僧呢哇（即僧人首领）主仆三人，商人三名共八人。不意行至松潘属之完域多松沟口地方遇番匪十余骑，各执快枪射击，登时将教友阎九全、阎昌德中弹殒命，并击毙马一匹，同伴商人二名各负重伤，性命垂危，惟僧人无恙。匪遂抢劫而飙。窃保护教会教民约法所载，况中美同盟关系密切，艾牧师名世自传道以来对于番人推诚布公，勤劳堪嘉，刻身陷敌区，存亡未卜，只阎姓二人支持会务煞费辛苦。不幸遭此惨杀，殊觉寒心，该番匪等胆敢破坏国际约法，肆行劫杀，当时即分别报告松潘县府、甘肃省府、第八战区司令部请求缉办在案，讵意至今查无着落，殊觉失望，兹谨为维持教会并后方治安、政府威信计，理合电恳赐鉴尊重公法，严饬所属，务使获案依法惩处，无任待命之至。

美国驻甘肃临潭旧城宣道会牧师美籍孙守成唁

（资料来源：阿坝州档案馆所藏民国档案，全宗号 8，目录号 1，案卷号 582）

## 川康绥靖主任公署为缉拿杀害教友番匪给松潘县府的训令
（发绥蓉字第三八九二号）

令松潘县县政府兼理军法事务：

案奉军事委员会代电开："顷据甘肃省临潭旧城宣道会美籍牧师孙守成唁代电称本会所属住南番郎木寺美籍牧师艾名世在该寺设立宣道会传道十有余年，去年八月间因公赴香港身陷迄为脱险。有同住教友阎九全、阎德昌二人奉教多年，均系基督教信徒，前于本年五月二十二日由松潘教会领款，同行有郎木寺僧呢哇（即僧人首领）主仆三人，商人三名，共八人，不意行至番地完域多松沟口地方（系四川松潘属地），突有番匪十余骑各持快枪射击，登时将教友阎九全、阎昌德中弹殒命，并击毙马一匹，同伴商人二名各负重伤，性命垂危，惟僧人无恙，匪遂饱劫而飙。窃保护教会教民，约法载明，况中美同盟国关系密切，艾牧师名世自传道以来对于番人推诚布公，勤劳堪嘉，刻身陷敌区，存亡未卜，只阎姓二人支持会务煞费辛苦，不幸遭此惨杀，殊觉寒心。该番匪等胆敢破坏国际约法，肆行劫杀，当时即分别报告松潘县府、甘肃省府、第八战区司令部请求缉办在案。讵意至今查无着落，殊觉失望，兹谨为维特教会益后方治安计，理合电恳鉴核，遵重公法严饬缉拿，务使凶犯到案依法惩处，无任待命，等情。特电希缉办具报。"等因。奉此，将办理情形具报，以凭核转。

此令。

中华民国三十一年九月
主任：邓锡侯
副主任：潘文华

（资料来源：阿坝州档案馆所藏民国档案，全宗号 8，目录号 1，案卷号 582）

### 松潘县政府为缉拿杀害教友番匪给有关土官的硃谕

#### （法盗字第一六七四号）

谕你更儿代文色知悉，本府前据美籍牧师孙守成具报该管番匪劫杀教友阎九全、阎德昌等一案，前经本府谕令该文色将劫匪等查获送案法办，迄今数日未拟获解，殊属玩延。查此案关系重大，兹奉上峰严令缉办，未便久延。令再谕仰该文色即便兹谕于最短时间将匪等上紧缉拿务获解送来案，以凭法办，不可违延。

此谕。

中华民国三十一年十月十七日

松潘县政府：汪○○

（资料来源：阿坝州档案馆所藏民国档案，全宗号 8，目录号 1，案卷号 582）

### 四川省政府为查办杀害教友番匪给松潘县府的指令

#### （秘一字第 18306 号 ）

令松潘县政府：

本年十一月七日法盗字第一八四三号呈一件为奉令呈核，已饬更代文色将劫杀美籍教士之番匪等务获查送办由。呈悉，仰仍督饬上紧严，务获究办具报！

此令。

中华民国三十一年十一月

兼理主席：张群

（资料来源：阿坝州档案馆所藏民国档案，全宗号 8，目录号 1，案卷号 582）

### 松潘县政府为饬令土官缉拿杀害教友番匪给四川省政府的呈

#### （法字第一八四三号）

事由：为奉令呈复已饬更儿代文色将劫杀美籍教士之番匪等查缉送办由

本年十月十二日案奉钧府秘一字第一四八三号训令开……"为美籍牧师孙守成代电松潘土匪劫杀教友请饬获案法办一案令仰遵照上峰严缉务获究办具推此令。"等因。附抄发原代电一件。奉此，查此案前准美牧师孙守成电奉到府，谕饬本县所属番寨更儿代文色上紧缉匪送办，并咨请甘肃省属与本县毗连，云文县县政府严饬所辖赛他寺互为查劫匪，以资法办在案。奉前咨严谕更儿代文色速查缉务获办外，理合先将办理情形具文呈请钧府察核令遵。

谨呈四川省政府

全衔：汪○○

（资料来源：阿坝州档案馆所藏民国档案，全宗号 8，目录号 1，案卷号 582）

## 松潘县府为办理缉拿杀害教友番匪情形给川康绥靖主任公署的呈

### （盗法字第一八四四号）

事由：为奉令呈复已饬更儿代文色将杀美教士之番匪查缉送办请核示由

本年十月十六日案奉钧署法绥蓉字第三八九二号训令开：略。"为奉令特饬缉办番地完域多松沟口劫杀阎九全等匪犯具报一案仰遵照缉办具报此令。"等因。奉此，查此案前准美牧师孙守成电报到府。照省府文录，办理情形，具文呈请。钧署察核令遵。

谨呈川康绥靖主任公署

中华民国三十一年十一月七号

全衔：汪〇〇

（资料来源：阿坝州档案馆所藏民国档案，全宗号8，目录号1，案卷号582）

## 美籍牧师孙守成致电松潘县府查问教友被劫杀一案处理情形

松潘县县长汪钧鉴：

会属住南番郎木寺美籍艾牧师名世在该寺设立宣道会传道十有余年，去年八月间因公赴香港闻被敌执，迄今未脱险，有同住教友阎九全、阎昌德二人奉教多年，均系基督教信徒，前于旧年五月二十二日由松潘教会领款回，同行有郎木寺僧呢哇（即僧人首领）主仆三人，又有商人三人，共八人，不意行至番地完域多松沟口地方（系四川松潘县境），突有番匪十余骑各持快枪射击，登时将教友阎九全、阎昌德中弹殒命，并击毙马一匹，同伴商人两名各负重伤，性命垂危，惟僧人无恙，匪遂饱劫而飚。窃保护教会教民约法载明，况中美同盟国关系密切，况艾牧师名世自传道以来对于番人推诚布公，勤劳堪嘉，刻身陷敌区，存亡未卜，只阎姓二人支持会务，煞费辛苦，不幸遭此惨杀，殊觉寒心。该番匪等胆敢破坏国际约法，肆行击杀。当时即分别电报松潘县及甘肃省府第八战区，请求缉办在案。距今杳无着落，殊觉失望。谨维持教会并后防治安计，理合电恳鉴核尊重公法，迅赐饬拿凶犯到案依法惩处，无任待命。

甘肃省临潭旧城宣道会美籍牧师孙守成叩

中华民国三十二年四月十日

通讯地址：甘肃旧城宣道会

（资料来源：阿坝州档案馆所藏民国档案，全宗号8，目录号1，案卷号582）

## 松潘县政府关于教友被番匪劫杀一案办理情形的代电

### （法盗字第142号）

事由：为电复教友阎九全等被劫杀案办理查缉情形

甘肃临潭旧城宣道会美牧师孙守成先生代电查教友阎九全等被劫杀案，上年七月据报后即严密查办，惟匪徒等究不知属于何寨番人，并查郎木寺系甘肃临潭所辖境，已一面咨请临潭县政府转饬所属查缉。更儿代系鄙县所属，经即严令该土官上紧查拿番匪送案法办。在后嗣又奉本省省政府暨川康绥请主任公署先后令饬查缉法办到府，复经再谕更儿代土官认真查拿具覆在案，至今事已数月，尚未处获。至临潭县府究如何办理亦未准咨覆。查完域多松沟口地方与临潭交界素系不毛，由松到彼路远千里，兼系狂野，前已派探往查，未获实情，除再严饬更儿代土官加紧查缉务获究办外，其郎木寺赛他寺与临潭较近，请就近去临潭县府转饬所属寺院土官查缉，庶易破获案。敝府仍当从严办理，无俾违逃，以崇法制。特电谕复，希谅察为荷。

中华民国三十二年四月十七日

松潘县县长：汪〇〇

（资料来源：阿坝州档案馆所藏民国档案，全宗号8，目录号1，案卷号582）

## 10. 松潘县关于加强警力推进新县制的档案文献

### 松潘县政府警佐室关于加强警备力量促进新县制提案

（中华民国三十四年十一月行政会议提）

为建立警察增强武力保卫地方促进新县治案

理由：松潘县辖三区，幅员辽阔，汉回番夷杂居，人性反常，国家政令不易直达民间，地方自卫力量尚欠周密，每于春秋之间，烟匪即来潜居番塞各处，伙同番民，包种鸦片，种时政府无所闻问，而将成熟之际，则成群结党，数年以来，不但不知悔过，且结群攻城等事，扰害地方，违反国际公法，殊堪注意。

办法：就原警额外，则添设每一区署设一警察所。组织如下：

1. 设卡警三十名，警长三名，警士二十七名；

2. 公差夫役三名；

3. 设所长一人，巡官一人，事务员一人，统管其事；

4. 办事细则，照警察条例办理。

经费来源：

1. 口食费按照保安部队核发，由县府专案呈请；

2. 薪饷经费，应在预备项下支付；

3. 服装弹药，由各区署辖各乡镇保每于春季公开筹集、制发；

4. 警士来源由各保甲送优秀分子充任，在六月调换一次；

5. 设备区署指定合适地点成立之；

6. 武器由各该区乡镇保甲征借备用，由县府出具转发。

（资料来源：阿坝州档案馆所藏民国档案，全宗号5，目录号2，案卷号142）

## 11. 关于苏永和控制来苏、松岗及政府派兵进驻马塘强化治边的档案文献

### 理番县政府关于来苏情况及调兵进驻马塘
### 控制边民给第十六区行政督察专员兼保安司令公署的呈

事由：为详呈本县来苏情形，恳请调兵一营进驻来苏、马塘一带以便控制边民预防后患一案由

（一）本县来苏九沟为县城通达四土及草地之咽喉，为松理茂与懋靖联络之枢纽。十余年来，此九沟各大头人为互相攻杀及因造反为政府军队剿办消灭以尽，惟该处夷民约五百户，据案查，九沟土地纵横300余里，政府因势利导久已改编保甲，为本府第二区署所管辖之乡。

（二）民国二十九年，黑水头人苏永和之妇龙坝太太唆使来苏夷民刺杀其乡长孙绍卿，遂欲占有其地，自为头人。以人民痛孙惨死仇恨龙坝太太之故，遂并对来苏人民威挟利诱，并遣派活佛喇嘛驻来苏，煽惑年余。人民惑于归附黑水可以种烟之利，集众三百余人赴黑水欢迎龙坝太太归来苏，欲拥之以为来苏头人，改流归土，脱离保甲系统。是年十月底，职初到任，鉴于此事变对于政府威信及将来边治影响甚大，于是呈准上峰后亲率保安部队驰赴来苏。奋斗两月几经理谕势迫分解来苏内部，挽回来苏人心后，始将该龙坝太太驱迫出境，退出来苏。此事经过专署、省政府均有成案可查。

（三）今年七月，懋功、茂县烟匪围城之际，理番人心震摇，该黑水头人之妇复遣党羽杨绍武等潜到来苏活动，欲趁机造成事变，杀害倾向政府乡保长，占据来苏，阻塞懋靖粮道。幸杨绍武于举事前数日为来苏义民恩波根根等刺杀，其谋未逞。钧座核准遣派保安队及警察团队前往进剿，将彭匪等众击溃，收复甲壁两沟。然彭匪等仍潜将恩波根根杀害，窜逃黑水，复串求龙坝太太遣其子龙坝头人率黑水夷丁百余人偕彭匪等复到来苏。据苏永和报告，其子到来苏系调解当地夷民纠纷等语。但窥其久住不去，且来苏现无任何纠纷，即有纠纷而距职府甚近亦应经由该管区署及本府依法处理，亦无用黑水头人率兵远来代为调解。查其用意实仍谋侵占来苏，贯彻其积年阴谋。职据报告后，曾一再严令苏永和速将其子召回并经令其子龙坝头人速返黑水，勿得逗留滋事，并分令上下来苏保甲等不得附和。现龙坝头人仍借故推诿抗不遵命，续住来苏猛古，且已胁召来苏各沟人民轮番到其住处上班，苏永和亦尚无呈复到府。

（四）吞并之企划偷窥已久，如听其得志，将来后患无穷。惟今之计宜对其狂妄企图予以有力抑制，免势力坐大威望养成之后，难于就范。拟请于灌县方面增调保安部队一营，以先头二连进驻马塘，一连驻上来苏之渺罗，一连驻下来苏之六杆桥，一连留驻杂谷脑，营部设于马塘，以资加强震慑能力。如此措施，则来苏人民慑于政府兵威，且以政府有力可恃〔恃〕，不复畏惧黑水亦不致依附龙坝头人。且马塘为政府控制，则黑水与来苏之联络斩断，龙坝头人深处包围圈中，必将自行离开来苏，且不敢复有侵据之想。如此则来苏事件可以和平解决，不致毁损政府权益，亦不致伤及黑水头人颜面，引起任何事端。且来苏、马塘为经营四土之阶梯，来苏为政府确实掌握，则马塘据点，可以永远支持，马塘巩固，则黑水四土势力东西剖分，不复直接衔联，此后梭磨卓克基两土人民，因有马塘署，始能立脚稳固，发挥政治权利。待松岗、党坝改编保甲成功，政府确实掌握两土人民之后，则马塘、松岗两大据点，互为依援，内则协服四土，使不敢稍萌异志，外则可进以经营草地，使现在无政府状态中之草地各部落，咸可逐渐纳于规范之中。故来苏、马塘驻兵一举，实为用力小而成功大之贤明举措。务恳早予准行，以免坐失机会。待来苏人心已去，黑水势力侵过马塘，深入来苏之后，则后患难图也。

（五）由灌县方面增调保安部队一营进驻来苏马塘一带所应增加之运粮费用，兹谨列表附后，以供查阅。是否有当伏乞电示祗遵。

谨呈！

附呈由灌县方面增调保安部队一营进驻来苏马塘半年应需运粮预算表一份（由灌县起运）

中华民国三十一年十月三十日

理番县长：米珍

（资料来源：阿坝州档案馆所藏民国档案，全宗号2，目录号1，案卷号362）

## 四川省第十六区行政督察专员兼保安司令公署关于请省政府调兵进驻马塘及严饬苏永和的指令

（保参字第697号）

呈附均悉。查属于可行。除据情转请省府由灌县方面增调保安部队一营进驻来苏、马塘以震慑外，仰仍严饬黑水头人苏永和安分睦邻，不得擅自向松岗地方滋生事端，并召回龙坝头人免在来苏发生纷扰，应恪遵政府法令，切实铲烟，勿得违延。至来苏间一切行动随时详密呈报为要。

中华民国三十一年十一月九日

专员兼司令：王○○

（资料来源：阿坝州档案馆所藏民国档案，全宗号2，目录号1，案卷号362）

## 四川省政府只同意酌派十六区原部队进驻马塘的指令

（保一字第03861号）

事由：为据呈理番县属来苏地方特殊情形请准调兵一营进驻来苏马塘一带以资控制而弥隐患鉴核示遵一案，仰就该区原有保安部队酌派由

令第十六区行政督察专员兼保安司令公署：

三十一、二年成锐电一件，十月十四日保参字第六九六号、一月十九日民字第六一号呈两件。为据呈理番县属来苏地方特殊情形请准调兵一营进驻来苏马塘一带以资控制

而弥隐患鉴核示遵一案，仰就该区原有保安部队酌派可也。

此令。

中华民国三十二年四月十六日

兼理主席兼保安司令：张群

保安处处长：刘兆藜

## 四川省第十六区行政督察专员兼保安司令
## 关于调兵进驻马塘困难情形给省政府的呈
### （保参字第 470 号）

事由：为呈复本署无法抽调部队进驻来苏马塘一案情形乞核示由

前据理番县府呈报来苏地方特殊情形请准调兵一营进驻来苏马塘以资控制一案，经本署于三十一年成锐电及十一月十四日以保参字六九六号文、三十二年一月十九日以民字第六十一号两呈先后呈报在案。

奉钧府三十二年四月十六日保字第 03861 号指令，饬就本区原有保安部队酌派，等因。自应遵办，惟查本区协禁保安部队配驻区辖各县，计第二团分驻懋功县城、靖化、两河口、邓生、卧龙关与灌县等地，第四团分驻松潘县城、南坪、漳腊、镇平及茂县土门、干沟及理番杂谷脑、邱地等处。现值严防偷种烟苗及查禁紧急期中，实属无法抽派，仍应请由钧府另派部队驻镇马塘以专控制。再查本署三十一年十一月十四日以保参字第六九六号呈文附呈一营部队驻来苏马塘半年应需运粮预算表，是否可行，未蒙指示。并退鉴核示遵。

谨呈四川省政府

中华民国三十二年五月七日

全衔专员兼司令：王○○

## 四川省政府坚持第十六区自行调兵进驻马塘的指令
### （保一字第 5872 号）

事由：为据呈复本署无法抽调部队进驻来苏马塘一案情形乞核示——仰仍遵前令办理由

令第十六区行政督察专员兼保安司令公署：

三十二年五月十日保字第四七零号呈一件。为呈复本署无法抽调部队进驻来苏马塘一案情形乞核示由。呈悉。仍仍恪遵前令查酌办理。

此令。

中华民国三十二年六月三日

兼理主席兼保安司令：张群

保安处处长：刘兆藜

### 四川省第十六区行政督察专员兼保安司令
### 因各项困难情形放弃调兵进驻马塘给省政府的呈

（保参字第 710 号）

前呈复本署无法抽调部队进驻马塘情形一案，奉钧府三十二年五月保一字第五八七二号指令，饬仍恪遵前令查酌办理，等因。查马塘驻兵震慑夷地在事实上固属必需，而实力至少需派遣一营始足以资控制，就本区目前保安部队情形论实无法可以抽派。加之南北两线原有部队所需食粮虽竭尽所能尚感不济，如部队进驻马塘在运费及补助费未邀增拨而仅就原预算内统筹支拨事实上万难办到。事实如此，惟有暂时不调部队进驻马塘。奉令前因，请鉴核示遵。

谨呈四川省政府

中华民国三十二年六月十八日

全衔专员兼司令：王○○

（资料来源：阿坝州档案馆所藏民国档案，全宗号 2，目录号 1，案卷号 362）

### 四川省政府仍要求十六区自派部队进驻马塘的指令

（保一字第 06957 号）

事由：据呈复抽调部队进驻马塘因事实困难请暂不调乞示指令饬遵由

令第十六区行政督察专员兼保安司令公署

三十二年六月十八日保参字七一零号呈一件，为呈复抽调部队进驻马塘因事实困难请暂不调乞示由。呈悉。查米县长已民荷电请马塘驻兵以资防御。经电饬查核办理在卷。仰仍遵前电办理！

此令。

中华民国三十二年七月三日

兼理主席兼保安司令：张群

保安处处长：刘兆藜

（资料来源：阿坝州档案馆所藏民国档案，全宗号 2，目录号 1，案卷号 362）

### 四川省第十六行政督察专员兼保安司令
### 关于苏永和企图控制来苏、松岗给省政府的呈

（民字第 61 号）

事由：为呈复黑水头人苏永和迭向邻近部落滋生事端一案办理经过由

案奉钧府民国三十一年十二月二十五日民一字四三三五五号密令饬查理番县属黑水头人苏永和指使夷妇独妈率子硬波落尔日前赴松岗作土司一案，下署窃查苏永和野心素炽，迭向邻近部落滋生事端。上年来苏事件即其兼并事实之具体表现。前经理番县政府报请准由灌县调一营进驻来苏、马塘一带，以资控制而弥隐患等情到署。当经照保参字第六九六号呈文，据情转请核示，并照保参字一○九七号指令理番县政府严饬苏永和安

分睦邻，恪守法度各在案。旋据理番县政府第三区区长何域藩三十一年戌寒代电呈报，夷妇独妇率子硬波落尔日前赴松岗作土司等情，前来除电令理番政府迅派得力干员前往马塘会同何区长妥慎应付外，并由本署派员前往黑水晓谕苏永和不得轻举妄动，遗悔将来。兹据报称苏永和理谕势迫之后，终于本年一月撤回派往来苏武力，阴历二月中，撤回派往松岗之武力，云云。奉令前因，理合将经过情形呈复如后复查。夷性诡变，唯利是趋，非有武力挟持，终难望其就范。仍请准由灌县调兵一营进驻马塘、来苏一带，俾收长治久安之功。是否可行，理合呈请鉴核示遵。

　　谨呈兼理主席张

中华民国三十二年一月十九日

全衔专员兼司令：王〇〇

（资料来源：阿坝州档案馆所藏民国档案，全宗号 2，目录号 1，案卷号 362）

### 四川省政府关于苏永和控制来苏、松岗的密令

（民字第 43365 号）

　　令四川省第十六区行政督察专员兼保安司令公署：

　　案据理番县政府第三区区长何域藩戌寒代电称："窃四川边患南侧雷马屏峨，西侧松理茂靖。而西之野心最大为患最深者，莫若茂理间黑水之苏永和。苏永和本一小头人，再上门于龙坝，填房于麻窝，拥有夷人万余。二十八军经刘旅长耀奎两度打击，得以安守七年。于三十年冬指使龙坝乃妇率夷民六百赴来苏沟，估作头人，经严专员米县长派兵威胁几酿巨患。今年九月十四日，又使乃子松尔加冬带夷民 200 余人到来苏沟估作头人，下五沟人已暗允，派人上班。职先后往劝该子返回黑水，结果无效。至十一月四日，该麻窝夷妇独妈更率子硬波落尔日（独妈为苏永清之妇，子为苏永和兄长大儿子，年龄 12 岁）等人 500 余来马塘赴松岗作土司，沿途汉夷欢迎，陈酒设帐络绎不绝，颇极一时之盛。卜于十一月十二日抵松岗坐土司位，更有无耻智识汉人为之主谋划策，蒙蔽上峰勒索鸦片硬币不少，种下祸根。不但破坏行政制度影响抗战前途而为边区隐患，更不知伊于胡底。除分呈外恳钧府速派大力制止，使防患于未然。"等情。如考查所陈各节如果属实，殊堪隐忧。合行令仰遵即查明妥为设法防止，并将办理情形随时具报为要！

　　此令。

中华民国三十一年十二月二十日

兼理主席：张

民政所长：胡

（资料来源：阿坝州档案馆所藏民国档案，全宗号 2，目录号 1，案卷号 362）

### 四川省第十六区行政督察专员兼保安司令公署
### 关于派员晓谕苏永和的代电

（保参字第 827 号）

　　理番县米县长，倾据该县第三区区长何域藩戌寒代电称："窃四川边患，云云。未

然。"等情。据此合行令遵。仰该县长选派得力绅耆前往黑水晓谕该苏永和及其子妇毋得轻举妄动,后悔将来。另派干员前往马塘会同何区长密查硬落波尔日擅坐土司位一事。十一月二十一日是否实行及事实经过,苏夷最近在黑水、来苏、松岗、马塘等地动态如何?详查具报为要。

民国三十一年十二月二日

专员兼司令:王

（资料来源:阿坝州档案馆所藏民国档案,全宗号 2,目录号 1,案卷号 362）

## 理县政府关于政府人员唐仲禹
### 唆使苏永和贿赂及控制来苏、松岗的密呈
（机密字第 20 号）

事由:秘不摘由

倾据密报称苏永和之子松耳加冬到来苏作头人,其侄赴松岗作土司为仲禹唆使。苏永和曾贿赂生洋六千元、鸦片五千四百两使唐仲禹去专署、省政府请委唐,还向苏永和报专员为伊老友,专员读书亦为伊提携。已将土司头人之委发下县府。专员又送有苏永和步弹二十八箱,故苏永和派但木初率夷民十余人到钧府领委领子弹。结果委弹均无。废历九月十五日苏永侄子硬波落而日子松岗就土司位,举行祭天典礼,唐亦由马塘赶至,等情。据此理合据情转呈,钧署俯赐鉴核指令祗遵。

谨呈四川省第十六区行政督察专员兼保安司令王

民国三十二年二月

理番县长:米珍

（资料来源:阿坝州档案馆所藏民国档案,全宗号 2,目录号 1,案卷号 362）

## 理县政府关于苏永和有同伪满间谍勾结嫌疑的密呈
（机密字第 21 号）

事由:秘不摘由

倾据密报称,近据黑水来塘之商人谈,苏永和由挪不郎〔拉卜楞〕黄正清处运到无线电台一部,并有密码电本,可与北平通电等语。十一月下旬职赴梭磨查考,拟编保甲,便中到卓克基。土司索观瀛曾对职言:本年一月有北平女子两人均着夷服,由平至黄正清处,再由黄函介到黑水会苏永和面商要机,还经卓土得一晤谈,语甚支吾。随身带有地图数卷、望远镜一部、手照相机一只。当时即疑为伪组织之间谍。次晨便向西康路线驰去。近闻该两女子已被西康省府扣留也。总上所闻及事实,诚系苏永和野心最大而暗通伪组织确亦无疑也。职以此举于国家民族至巨,须转请省府早为制止以防患于未然。等情。据此理合据情转呈。钧府俯赐鉴核指令祗遵。

谨呈四川省第十六区行政督察专员兼保安司令王

民国三十二年二月

理番县长:米珍

（资料来源:阿坝州档案馆所藏民国档案,全宗号 2,目录号 1,案卷号 362）

## 理县政府关于苏永和召集土官秘密会议及
## 勾结伪满割据地方野心的密呈
### （机密无编号）

事由：秘不摘由

案据密报称，查去年六月唐仲禹以禁烟宣导员名义赴黑水，除已在泥巴渡种烟十余亩外，并同桑梓侯为苏永和划策召集一秘密会议，又称为九人会议。有唐仲禹、苏永和、桑梓侯、高羊平、沙道刚、杨继祖、黄正清（代表参加）、古丹墀、杨春甫，议决在川康甘青四省边隙之处，成立一行政特区，推苏永和作总兵，正清副之，仲禹任总参谋。第一步，以五屯黑水之实力，拥苏永和子作来苏九沟大头人，苏永和侄子作松岗土司，夷政府汉政府并成组织，夷管夷，汉管汉，各不相涉及。到武力充足与伪满军队沟通时，即与省政府县政府中央政府一并脱离关系。故至十月十七日，苏永和子松尔加冬到渺罗，再进猛古，自命为九沟大头人。至十一月四日，苏永和侄子同仲禹带五百夷人至马塘，仲禹侍侧，于苏永和侄子苏永和妇均行跪拜礼后，又偕行到松岗，二十二日就土司位，举行祭天典礼，仲禹为之主持大计，甚为得意。据黑水人谈仲禹在黑水自称系马塘区长。伊与王专员同乡，又系至交，专员之有今日，皆为伊父提携。如此安谈至为惑世。查仲禹竟为马塘区署指导员，并在宅后种烟，为人众共见，又助苏永和勾通伪满，故滋边患危害国家，法所难容。谨呈情，据此当经密询第三第四区区长，所称各节大致相符。理合据情转呈，钧署俯赐鉴核指令祇遵。

谨呈四川省第十六区行政督察专员兼保安司令王

民国三十二年二月

理番县县长：米珍

（资料来源：阿坝州档案馆所藏民国档案，全宗号 2，目录号 1，案卷号 362）

## 川康绥靖主任公署关于苏永和野心及勾结伪满
## 间谍给四川省十六区专员兼保安司令的快邮代电
### （法字 551 号）

事由：秘不录由

茂县王专员兼保安司令：

据理番县第三区区长何域藩密报称：查黑水苏永和经刘旅长耀奎痛击后野心稍弛。今已种五六载烟，换得大批枪弹，好步枪约一万五千支，重机枪两挺，轻机枪五挺。于二十九年曾一度作松岗土司。本年六月以谋士唐仲禹建议召集各头人夷官在麻窝开政务会议，决连那不郎〔拉卜楞〕黄正清于川甘康青四省边隙之处组织行政特区，推苏永和为总兵元帅，正清协帅，仲禹为总参谋。第一步以乃子为来苏九沟大头人，乃侄任松岗土司，而武力不足汉夷政府合流，组织汉官管汉民，夷官管夷人，以避免冲突，各不相涉。果于十月十七日苏子松尔加冬率骑兵百余名到渺罗，次进猛古，遂自命为来苏九沟大头人而不去也。至十月四日苏侄硬波落尔日约十三岁之谱同伊母独妈及唐仲禹带五百余人到马塘，夷汉人民沿途陈酒饰帐表示欢迎，致一时之盛。十二至松岗，二十二接土司位。举行祀天典礼，汉夷人贺者两万人。谋士唐仲禹随侍在侧主持大计，甚为得意。自谓运筹帷幄之中，决胜千里之外也。又查前次苏永和到松岗做土司亦为唐仲禹主谋贿买。此次以乃子乃侄做头人土司盛传唐仲禹实得鸦片六千两、硬币四千元，唐仲禹党五人活动费尚在外。松岗因闻苏永和侄将作土司即设有区署，唐仲禹从中斡旋说合贾区长开允，送厚礼将落尔日寄拜足下更名正方。双方取好，确实现汉夷政府合流之主张。唐仲禹随时向外宣传土司头人之制。省府绥署业经许可，其委状已由专署发下。如此狂妄至为惑世。又据黑水商人谈苏永和家有无线电台，可与天津、北平互通消息并有密码电本。又据卓克基土司索观瀛言，本年一月有北平女子两人由那不郎〔拉卜楞〕黄正清函介到黑水苏永和处后赴西康，经卓土与索晤面，随带有手相机、地图。聆其言语观其动静似为伪满间谍。闻刻已被西康省政府扣留也。即此两端可见苏之受伪组织委任实无疑义。除分呈外特为密报等情。据此查案关奸伪应予彻查。除密电西康刘主席查复捕获女间谍秘迅情形核办外仰即密查该苏永和、唐仲禹、黄正清等有无勾结伪满情事具报核夺主任邓锡侯、副主任潘文华。如法熙绥蓉印。

中华民国三十二年二月

（资料来源：阿坝州档案馆所藏民国档案，全宗号2，目录号1，案卷号362）

## 理县政府关于马塘区署指导员唐仲禹教唆指使苏永和的密呈
（机密字第25号）

事由：秘不摘由

案据本府第四区区署松治字第六号秘呈称："查黑水头人苏永和抗充松岗土司一案迭具明秘报告，实系现任马塘区署指导员唐仲禹教唆指使。此次苏妇苏侄来松后，该犯且正式来函（秘函存署）请求来松斡旋。具见其为苏促成此事之心如何尽力。而到松岗以后又复从中行贿，恬不知耻。查该唐仲禹身为政府官吏，明知苏永和抗充土司有干法纪，不惟不从旁劝诫反敢出头帮助，殊觉有败官常。比来一般奉派出使边地员司常放弃职守为虎作伥、奴颜婢膝、接近谄媚夷首之能事。如唐仲禹者尚不过例中之一。如此风不灭，将使夷匪之凶焰愈炽，而服官蛮荒之公务员则愈有被人践踏之危，实堪称痛。为此请求钧府拘案查办以肃视听而儆效尤。"等情。据此查所呈各节，迭具各方报告均属事实。如何处理之处复候核示祗遵。

谨呈兼专员王

民国三十二年二月
理番县长：米珍

（资料来源：阿坝州档案馆所藏民国档案，全宗号2，目录号1，案卷号362）

## 四川省政府转西康省查苏永和接触北平女子非伪满间谍的快邮代电

### （民一字第 99557 号）

事由：秘不录由

茂县王专员：

秘案查前奉国民政府军事委员会委员长成都行辕陬俭战代电为拔理番何区长域藩密报黑水苏永和蠢动情形及有北平女子由拉卜楞经黑水赴康定被西康省扣留各情，饬查明核办一案。当即电饬理番县政府确查，电复并分电西康省查询扣留情形各在案。兹准西康刘主席□□省教密电开："真电悉。查上年一月有籍隶吉林女子于级兰率同女生一人携有朱故将军子桥及太虚法师信函，由甘肃拉卜楞寺经本省丹巴、康定。当时曾引起本省各方注意，惟并未扣留。旋该于级兰受聘为国立康定师范学校教员。据该校长称平时尚无逾轨行动。暇时从事佛学研究兼学藏画等语。谨复。"准此。除电报行辕并分电理番县政府外，合行抄发行辕陬俭战代电，电仰遵照，仍将苏永和蠢动情形随时留意侦察具报为要。

中华民国三十二年四月七日

主席：张群

（资料来源：阿坝州档案馆所藏民国档案，全宗号 2，目录号 1，案卷号 362）

## 理番县给四川省第十六区行政督察专员兼保安司令
## 关于松岗区署夷民扰乱、马塘驻军、夷地禁烟公署的报告

据本县第四区区长贾开元五月二十七日报告称：（1）松岗乡阿思扎两头人，连日指使夷民到区署扰乱，已成包围之势，并与警察所哨兵发生接触，尚无伤亡。（2）两河口到松岗一日可达，请速商两河口驻军赴松岗应援。（3）马塘驻军问题，去年省政府专署即已核准，迄今尚未实现。恳请电催克日派往以资震慑，请拨手榴弹两箱。（4）全土尚无播种鸦片情事，但邻近县份普遍播种，如再不派兵，今年四土禁烟显系多事。谨呈。等情前来，除派员前往调查真相详情，并饬镇静妥为处置外，理合电呈鉴核示遵。

民国三十二年六月十日

职：米珍

答复：电悉。仰待令妥为平息，并随时将该地实情报告，毋得稍有延徇夸饰。至于邻近县份普遍种烟一事，乃烟匪惯谣，毋得轻信。

（资料来源：阿坝州档案馆所藏民国档案，全宗号 2，目录号 1，案卷号 362）

## 理番县给四川省第十六区行政督察专员兼保安司令公署
## 关于苏永和逼迫政府撤走松岗区署的报告

本晨据第四区区长贾开元由杂谷脑电话报称松岗各头人表明受苏永和指使保护其侄作土司。（苏）派遣夷人封锁要隘包围区署断绝粮食鸣枪滋扰，逼迫撤去区署。区长以

力量不支、援兵不到，只得将区署搬至卓克基暂时办公。特率警署巡官马珍玉及警员十余人回府请示调兵处置办法。呈请鉴核示遵。

民国三十二年六月二十日

职：米珍（印）

（资料来源：阿坝州档案馆所藏民国档案，全宗号 2，目录号 1，案卷号 362）

## 四川省十六区行政督察专员兼保安司令公署
## 关于松岗事件并请派兵进驻马塘给省政府的代电

（保参字第 764 号）

查马塘驻兵因顾虑部队现况及经费实际困难曾于本年六月十八日以保参字 710 号请予暂不调派鉴核在案。本月二十八日据理番县长米珍电报称：（1）松冈事件发生后苏永和之子在来苏大肆活动并强作猛古头人，派人回黑水召集人枪，意在阻断来苏交通以免政府进兵。（2）公高羊平（苏永和之姐夫）近向梭磨五沟及哈尔浪、王家寨等处每户派大洋一元，并调所有百姓与其建造官寨，同时又进行联络上壤口扎俊土官、阿坝麦桑土官、松潘昌皆头人阿平喜格、查理寺活佛及管家秦田等，意在强作梭磨土司逼迫政府撤销马塘区署。（3）现在情势紧迫，拟恳立即电调驻理城保安队派两中队星夜移驻马塘以资震慑。乞示等情到署。除以马塘驻兵必需一营以上之兵力，理城部队不能轻移。已电呈省府另派部队前往震慑等。该电复外查马塘驻兵急于需要，惟现驻本区之保安第二第四两团确已无法抽派，且兵力过少不惟不足收震慑之效还启夷人轻视之心。至于所需运费及补助费若不另行增加仅就协禁部队原有运费及临时费内统筹支拨事实上万难办到。特再恳钧府详察形势斟酌实情迅予鉴核示遵。

谨呈四川省政府

中华民国三十二年六月三十日

全衔：王〇〇

（资料来源：阿坝州档案馆所藏民国档案，全宗号 2，目录号 1，案卷号 362）

## 四川省第十六区行政督察专员兼保安司令公署
## 派员调查苏永和后的密报

成都槐树街兼专员王〇〇　　密

（1）此次向苏永和之攻心战凯旋，仗吾兄德威。谨陈经过。（2）旅途险恶处警告不虚，故兼程露宿。归时苏派枪护送。（3）黑水民气嚣张，各昔头人均尚明白军事。重新装备好枪好弹属实，但比之政府九牛一毛。（4）此次晤苏初面印象平常。王通司来约确系苏意。（5）到麻窝时告苏两日返茂意在催促，殊两日内苏未提，大有功成不动之概。扣苏、松岗既成事实，谈话就虚不着边际。对禁政、松岗、扣苏三事一字不提，只问各方情况，趁机将国外国内本省本区近况努力□写，俾作提高事件时强其就范。（6）已经数日黑水无正确消息，只有攻击王烟灰（元辉专员）之极度反动宣传影响苏民不小。（7）苏对兄认识适得其反，经弟解说仅疑信参半之境。（8）苏醉后说兄有本须有人事，

283

但屡启战端反为所困，烟贩加多反对者众。殊嫌美中不足，望兄努力于人和，请弟化解。弟以佛说善恶之争，恶虽有力善终必胜之。（9）苏认为近兄者必凶，但见弟并加解说后有谒兄意。惟事须从长。（10）苏欲向兄行贿，弟信兄始终廉洁故未考虑即拒绝，想为兄所乐闻。（11）松岗、扣苏两事经弟提出，苏认弟管闲事。说未闻政府反对此事。而伊可以藉此表现工作。尚望在其他工作上图功。今言撤回颇觉难堪。颇存不密讨论之概。弟见其倔强乃作束装回茂状并说既不听话则今后不再管黑水事。（12）苏见弟状反为不安，力挽稍住，并请弟谅解，愿听茂①要求全般指示。（13）弟以大道悬崖为前劝其悬崖勒马，苏颇领悟。劝其今后动向须绝对服从政府，有命遵办，有禁勿违，不可妄做主张，尤忌自由行动。苏说老人遗言长官政府均不可反对。伊启示于扣苏希圣、松岗希刚考虑如是。②（14）苏表示弟话无不敢从并愿在大道上前进，要求弟长住茂县藉与吾兄聊聊。（15）苏认兄之三头口号极痛快③，今已能念上两句并索去告民众书十本代为分发。（16）苏劝弟勿作小官，俾必要时弟为政令到黑水，伊可向民众指弟为大官乃可顺利推行。（17）苏表示愿诚恳追随吾兄报国，服从张主席、委员长意图，并说委座统一中国已见于佛经，谁敢不服从？弟以喇嘛教义和之以坚其意。向苏说兄及各级长官命伊如何便如何。（18）苏说弟系活佛转世，故喇嘛教经无不视若家人。今请以活佛之心为心，视喇嘛教区各家乡负起责任。并说伊之所想弟无不知。结论屡次要求弟向兄保证伊绝对服从吾兄及各级长官，政府有命绝对遵办。屡指神天共鉴。（19）攻打松理茂各县事，苏说绝无此理，绝无此意。求代为解释。（20）苏说万一政府因误会而向黑水用兵，伊决不还火，并亲到茂蓉吁请罢兵。（21）扣苏事弟逼苏表态，且经数日考虑，伊允阳历一月中旬以前撤退。允诺时嗓虚欲泪又不胜愤慨，举首望上者久之。（22）松岗事，苏说会奉张主席令召王泽和杨金定面示五点，已允苏接管其地。张主席绝不致失信边民，故要求维持名义，即以现制委任。万一政府必须食言，当于阴历二月内撤回。（23）苏对前数任专员及历任理番县长不无怨言，认为均系坏人，愧对长官，更不足为民之父母。因此苏有中国无人之观念。伊谒兄事，弟命其先谒米县长。藉作介绍。苏竟反对。（24）苏对川人又畏又恨，表示决不到理茂成都。但认兄及张主席为中央人。（25）苏又说约弟入藏学佛，不向世事。（26）苏两度醉后约弟同往胡宗南部投效抗日立功，藉以荫庇其子孙。弟主张由兄介绍伊，由兄派员回往即可。（27）黑水学校事，苏允兴办协助，并先向直辖各沟募集基金。弟前向兄谈过借款三万元与王启新买酒分送各沟募款。兹拟将社款借一万元与启新办理可否？请示。（28）赤不苏会议事苏允出席。（29）铲冬烟事，苏允于一月上旬以前办竣，但要求境外无烟。（30）苏允欢迎督署铲烟委员无论何地均可走到。弟意即刻派员随护送弟之壮丁赴麻窝携命令，限时十日收烟铲尽，二十日收扣苏兵马撤回，松岗事命其撤回，但勿限期。盖寄明令执行。上述之期与苏面允之期相合。兄前欲派之军事人员亦可藉此走遍黑水可否？一听钧裁。（31）杂窝

---

　　①　这里指四川省第十六行政督察区专员公署，时驻茂县。

　　②　"老人遗言"指祖辈传下来的话。后半句中的"扣苏希圣、松岗希刚"有误，应为"来苏沟、苏家帮、松网苏希圣"。

　　③　王元辉的三句口号未见档案及相关文献记载。根据当时国民党中央势力向黑水地区的推进以及禁烟、抗战两件大事，疑为"拥护蒋委员长""禁种鸦片，多种粮食""支援抗战，有钱出钱，有力出力"。

头人公高羊平及芦花太太弟亲往晤谈均表示绝对服从政府一切命令，今年不容存一株烟苗出土。亦要求境外不种烟，伊等乃易贯彻。（32）弟未去龙坝，弟提到扣苏事苏即派人召龙坝太太来麻窝，再命其派人召回扣苏兵马。弟临行时伊来表苏又派人前去。弟左途遇伊管家率十余人赶赴麻窝谈话，弟未发言。（33）麻窝太太已送苏希刚①赴松岗。苏已派人前去与太太商量，大约再数日可回麻窝。（34）去年黑水震灾，死六百余人，房屋、道路均崩塌，弟指为神意，苏亦引佛意说证之。（35）苏对禁政夷务猓猡子区均有建议，必要时当另陈其意。在吾兄领导之下努力报国，期获拔擢。（36）王启新应留或抑应赴理请详示。（37）设治事拟请从缓，恐逼之过甚，铤而走险，且深入夷地，百物奇昂，各经费不丰，徒新选一批贪污而已。倘势在必行应调现任县长前往。盖名位足以威夷，经费无需增加数倍。（38）临行时苏恳兄赐相片一张，约兄入黑水一游以图晤谈，并希望一切中国人早日服从委座之命令。（39）总之，苏永和深明大义，颇识时务，一切表示，弟均盼其实行，以上报党国。苏经弟劝之后大有英雄下马之概。吾兄高瞻远瞩当有怀柔远人而励来。兹以通塞委边乎。（40）夷性犬羊，古有明训。言行难符，事所恒有，当意奸人。

中华民国三十三年一月二十日

（资料来源：阿坝州档案馆所藏民国档案，全宗号2，目录号1，案卷号362）

## 12. 关于杂谷土妇高黛玉回籍问题的档案文献

### 四川省第十六区行政督察公署专员谢培筠就阻止
### 土妇高黛玉回籍给四川省政府及川康绥靖公署的签呈

敬签呈者：

顷据理番县长龚万材函呈称："杂谷脑土妇高黛玉企图返籍，频向各喇嘛传寄口语，有所煽动，对于兵役方面颇有谣传。职正设法侦查，严密防制中，恳向省府陈明。对于本区役政，特赐斟酌等语。查高黛玉原系杂谷屯土守备高承谦即高益斋之妇，承谦及其子高良，恃在边缴，跋扈恣肆，有种种不法行为。民国十六年，经前县长李守白先后呈准处死。该土妇不知敛迹，时时扬言为夫及子报仇，煽惑屯土，扰乱边疆。其在松理茂懋汶屯殖督办署时代，如民十七年及十八年来苏沟甲壁大头人司高让之率众击伤知事曾成武，并阻止李亚特营长率队取道该沟前赴懋功致有动兵讨伐之役，以及民十九年黑水苏永清之叛乱，皆该土妇密谋主使所致。迭动大兵，乃告靖谧，理属西路一带汉夷始获安枕。当时经前军长兼督办邓锡侯饬属设法将该土妇押赴成都，发交公安局管押。期间犹不时密派党羽回沟，多方蛊惑，所幸防范严密，其计未逞。迄民二十五年，该土妇饰词曾请各高级机关准予回籍。理属其他地方汉夷绅民闻之，群起恐慌，时经再任理番县长之李守白缕述经过，请准仍将该土妇安置成都，有案可查。例闻该土妇在蓉，系由绥

---

① 应为苏希圣。

靖主任公署按月酌给生活费，以示体恤，而资羁縻。该土妇虽一妇人，性行阴险，其于十六区各县屯土，皆有潜势力号召，倘竟放还，恐不特妨碍役政之进行，并将影响边区治安。除函告龚县长随时特别注意免生事端外，拟请钧署对于该土妇仍前严重监视，并给予费用，免其乘间回籍，致起重大纠纷。边地幸甚，边政幸甚。除分呈四川省政府、川康绥靖主任公署外，是否有当，理合金请鉴核示遵。

谨呈

四川省政府主席王

川康绥靖主任公署邓

四川省第十六区专员：谢○○

二十七年十二月七日于东胜街第三号

## 四川省政府指令

（二十七年民字第 40263 号）

令第十六区行政督察专员谢培筠：

十月八日签呈一件，为恳请仍旧严密禁止理番土妇高黛玉返籍一案由

签悉。准予转令省会警察局遵照办理。

此令。

主席：王缵绪

民政厅长：胡○○

中华民国二十七年十二月二十八日

（资料来源：阿坝州档案馆所藏民国档案，全宗号 8，目录号 1，案卷号 1018）

## 理番县政府就高黛玉产业情形给第十六区专员公署的呈

（法伍字第 10 号）

事由：遵令呈报高黛玉所有产业情形恳予核转示遵由

案查二十七年十月三十一日奉四川省政府民字第 33553 号训令："据省会警察局转呈边妇高黛玉呈恳将约值千余元产业房屋变卖以作常用住蓉之费，饬查酌实情拟具意见呈由该管专员公署核转来府以凭衡夺。"等因。当经龚前县长万材转饬第二区遵照去迄。兹据二区区长王光昌呈复称："查前奉钧府二十七年十一月法字第一一三七号训令转饬查明高黛玉产业一案，当经赵前任转令兴隆镇联保办公处查复在案。兹据该处呈称：案查前奉钧署二十七年十一月七日法一字第三三号训令后开：饬查明高黛玉田地房屋估值若干，现为何人耕种及田亩坐落地名逐一详实呈复，等因。奉此，遵即详查职属第四保境内营盘街有高氏破房基一块，现为原佃长寿管理，再查职属第六保达色沟有荒地一段，现由该高氏原佃杨洪顺正在开垦中。理合将奉令查明高氏产业情形详实呈复钧署俯赐核转令遵等情前来，理合备文转呈钧府察核示遵。"等情。据此，查该高黛玉仅有破房基一块及荒地一段，所值无几，且该地位居边远，变卖不易，理合将查明事情具文呈请钧署俯予核转指令祇遵。

谨呈四川省第十六区行政督察专员公署

理番县长：徐剑秋

民国二十八年四月三十日

（资料来源：阿坝州档案馆所藏民国档案，全宗号 8，目录号 1，案卷号 1018）

## 13. 理番县县长米珍出巡四土后关于国家边政治理问题的思考

〈前略〉索土司请以其子承袭一案，以时渠[①]已不敢再言。然余已呈奉主席复电照准，决定自动予之。四月二十一日索国坤行代理土司就职礼，老土司向余三鞠躬，以印授缴还余手，小土司再向予及印授三鞠躬，宣誓并接受余之训词后，余以印授付之。然后余面训老土司以续负全土重大事件之责，并面令在场之全土头人百姓服从新土司。此种仪式，在使边民重新确认县府崇高主权之地位，并使侵占土地，僭称土司，与私自承继，视土司头人为其自有之私产者，在其人民面前，失其凭据与精神上之地位。

余当日训勉之词，言及索氏先代为国立功，子孙乃有今日，望小土司继承乃祖乃父之志，勿堕先业一段，老土司感动甚深，双目盈泪。礼毕，渠宴余，大醉，入室，复大哭，其痛悔痛感之心理，可以想见。事后，渠每为人言及，尤复感念不置。

以索土司之助松岗一切均无问题。余归途所需粮食，亦由索购置充足，派马五十六匹送达马塘。渠自请金秋到县府专署省府晋谒致敬，并参观国家各项建设，如能实现，于彼之思想更新，四土进步均有关系。盖现在四土土司头人从未到过成都，且十九未到县城。近年以种烟之故，彼等自知有罪，虽百般诱导，亦不敢外出，索如外来，当能刺激一般耳目，引起他人效法也。余离卓时，索土司赠余骏马一匹，生洋、狐皮、豹皮、猪牛肉、茦菇等甚丰，余一一退还。渠三次送来，并多方托人请求。余收其马而转赠与卓克基新设之学校，作设备用，其余仍全数退还。渠私下送与随行官长警士之生洋，各该员等亦悉数退还。

九、还驻马塘

马塘附近数十里之夷民，及马塘街上之汉回居民，均已搬逃一空，余回马塘，但闻群犬昼吠，全街冷寂。询之，谓黑水人已至下瀼口、廓尔郎一带，来苏人已聚众断余归路。大乱临头，彼等逃难去矣！余立派留住马塘之保安龙中队疾越鹧鸪山回驻来苏住尽头寨，并派徐区长前往，查看来苏情形，相机开谕苍旺勒耳乌，速派夫马迎余，一面派人赴廓尔郎传率领前站黑水人之头人斑麻来见。

出动各地与余对垒之黑水人，在松岗为黑水麻窝五沟人（伪土司之母为麻窝太太，原为苏永和之嫂，现为苏永和之赘妻）调赴来苏者，为黑水龙坝五沟人（三耳甲波之母，为龙坝太太苏永和之嫡妻）而此次前来马塘一带者，则为黑水沙板沟头人。沙板沟太太为苏永和之姐，公高羊平头人之妻，在黑水势力最大，为声援其两侄，表示黑水对外一致起见，故派人前来。但松岗来苏侵略之举，究非沙板沟自身之事，与沙板沟无

---

① "渠"，指示代词，类似于"他"。这里指卓克基索观瀛土司。

益，故派来马塘之人，在黑水宣称甚多，而实际到者甚少，且未敢侵扎马塘街坊及过道。向外宣传，犹谓系奉命来与余送礼者，黑水内部情况，可以窥见一斑。

斑麻头人经保证后率二十人上街见余，诉称：奉沙板沟太太、高羊平头人之命，来此迎余送礼，别无他意。并申明无论麻窝龙坝在外惹出任何事件，沙板沟均守中立，决不帮兵助粮，请政府备案等语。余表示嘉勉，并告以苏永和本人不在黑水。本年黑水须沙板沟太太多负责任，饬转告沙板沟太太、公高羊平头人，将本年黑水烟苗完全铲净，斑麻允为转达，但乞余予以铲全黑水烟苗之命令一纸，予允之。渠代沙板沟太太请求将政府前年发还沙板沟太太管业之转经楼田地给管业证一纸，余并允之。沙板沟太太、高羊平头人送余生洋百元、麝香、豹皮、酥油、猪膘等项，余仅收哈达（等于名片）一幅，余均不受，斑麻要求七次，请求收受，余均未允。临行彼表示立率所部返黑水报命，如龙坝人有自灌口赴来苏者，彼将阻止之。马塘以北之黑水人，果随斑麻归去。龙中队进驻尽头寨亦无问题。上来苏乡之夫马亦已派来。余即起程返来苏。

十、来苏夷民抗铲事件

来苏九沟为县城通达四土及草地之唯一门径，苏永和必先控制此门径，对内用为挟制四土夷民，对外可以禁阻政府力量，而后其并吞四土之工作，始易完成。理番县府欲管理四土，解放边民，遏阻兼并阴谋抑制独立之势力扩张，亦必先能确实管制此四土门径，始有前进可能，此亦为必然之势，无可疑者。

余前过来苏，欲以和平方法，使三耳甲波离去之企图已经幻灭。更以三耳甲波利诱威胁，求委不成，封锁余之归路粮道，更派人追至卓克基，于大水沟将余之翻译现任来苏副乡长王庆余杀害，进一步向余示威。情势演进至此，无论余是否决意，均须准备作战，始能解此危局，返还县府，否则惟有向三耳甲波屈服。

余前在马塘、卓克基曾迭电省府、专署，请派兵到来苏下五沟，待余返时，上下夹击，会师甲壁将三耳甲波之众歼灭驱逐，使不逞之徒稍知法纪，使苏永和之头脑稍能清醒。嗣奉主席卯敬保一电，饬勿轻启事端。专员两次复电亦以"仰体国家艰难，勿轻言用兵"相嘱。幸三耳甲波前两次派人到黑水请调土兵五百人，其母以沙板沟太太申明中立，不允相助，未敢调派，恐其子惹下大祸，无法收拾。其后知其子杀害王庆余，业已肇事，调来龙坝人数百，又遇斑麻头人自马塘北返，劝阻于马河坝山，落在余后四百途程。来苏人见黑水人未允增兵，气焰大减，又以徐区长单骑先到上来苏，仓旺勒耳乌得徐之开谕，保证上来苏无事，遂亦申明中立，派夫马到马塘迎余。故余通过上四沟，毫无困难。及余到胆敢梁子，驻县境威州之保安第二指挥部亦已应余之请，派理汶两县所驻保安第四团之四个中队，连同县府令调之杂甘两屯壮丁，并由李大队长征亲率来邱地，与余相距六十里，甲壁三耳甲波之老营适在余等上下包围之中。此时，三耳甲波不特不敢再求余委彼为头人，不敢阻余之归来，且唯恐余对彼实施攻击。

余既奉省府专署"不准用兵"之令，李大队长亦早奉谢指挥官以不出事为原则之指示，故余等虽居有利形势，亦不敢自由动作。李大队长之任务在迎余平安返县，免余丧师屈服，故在此有利形势下，连电余返邱地。余亦思与李会师，面商和平威胁之策，使能不战而达成任务，故派徐区长绍光桑乡长梓侯（原甘坡守备，率两屯壮丁来邱迎余者）、何委员秉彝（原来苏乡长，王庆余后任余翻译）及保安龙中队留住八角碉，与三耳甲波交涉王庆余命案，并劝三耳甲波离去，而余则率警队返邱地。

过甲壁搜索尖兵在两山发现烟苗甚多，到邱地后，召下两保人民开会，乃知三耳甲波强迫九沟普遍种烟，烟籽由黑水搬来，每户预征烟税生洋五十元，不种者重罚。余以九沟距县城甚近，从未种烟，此风实不可长。乃决意暂住邱地，待烟苗铲净，各事办妥，始返县城。经与李大队长会商并召集文武同人开会后乃于五月一日先派警察廖中队返驻六捍桥（在邱地北20里）策应暂住八角碉之龙中队，一面函徐区长等，面命三耳甲波铲净烟苗。越日，徐等返邱地，所涉各事以三耳甲波反复无诚意，均无具体结果。保安龙中队亦暂住六捍桥，与警察廖中队取得联系，对甲壁方面施行压力。五月三日以迭次派人并函催三耳甲波铲烟，赔王庆余命债，仍无答复。并以龙廖两中队随余远巡两月，官兵疲病，实力单薄，惧有意外，乃增派保安杨中队进驻六捍桥北四里之二古溪，一面再派徐区长随往二古溪召三耳甲波之代表开会，再加开谕，俾能于威胁之下，服从命令，自动铲烟。

邱地距二古溪二十四里，杨中队于五月四日午前到达，分扎两夷寨，并无异状。午后派一分队往山上夷寨，突有大量夷匪向先行之一班偷袭。在毫无准备之状态下，雷分队长仲连及士兵五人被害，失机枪一挺，步枪五支。杨中队赓即被夷众扑攻包围，自夜达早，夷众扑围数十次，冀将杨中队全部解决。四日夜，余等得一不清晰之报告，次晨乃得详情，余与李大队长甚骇异。盖尚在和平交涉中，原料决无出事之理，且龙廖两中队原驻六捍桥并未出事，前三日龙中队留住八角碉之时，与三耳甲波老营仅据三里，亦未出事。二古溪距甲壁尚有三十里，何致竟起冲突，夷匪反复异常，行为鬼祟，殊难臆度也！余等原确守不开衅之旨，然三耳甲波侵占政府编保甲已久之地，断余交通粮道，杀害王副乡长，复强迫未种烟地带普遍种烟，在余之职责，已属万难容忍，今又敢首先肇事，偷袭我军，杀害官兵六人，提去枪弹，包围官兵，逼迫至此，纵谓仍须忍气，而杨连部队，万无任敌歼灭、弃置不顾之理。余与李君已决定宁受上峰万种惩罚，而不向三耳甲波屈服。驻六捍桥之龙廖俩中队，于五月五日午前出击，仰攻上山，逐寨前进，与夷众在丛林悬崖之间，猛烈反复拼斗，直至午后四时，两山夷匪伤亡甚多，全部败溃，向北夺逃，杨中队之围遂解。六日李大队长亲率驻邱地余部赴前敌指挥，而三耳甲波、苍旺勒耳乌悔罪请和之函亦于是日到来。余与李君尚在商酌之际，得悉黑水人是夜已大至。七日午前，黑水夷匪同时分向我二古溪一道桥，六捍桥龙、杨二中队即警察邹中队之驻地进攻。夷众每数十人汹涌来扑被我击中，数人遂反奔而退。移时复纠众鸣枪呼啸冲来，在我密集火力射击下，伤亡一批，又复退下，已而复来。如是往复，自晨迄暮，夷众伤亡已多，我部仅守六捍桥之警察邹中队阵亡警士一名，负伤二名，保安牟分队长以率队增援六捍桥，在途经半山凸出地带被对岸夷匪射中，负伤殉职。其余各部，以系据寨据工坚守，毫无伤亡。

三耳甲波围攻杨中队不下，被我均出援击溃，已知官兵不易解决，及黑水人大至妄念复起，以为可消灭我军，获一大胜，殊扑攻竟日，各处失利，伤亡众多，仍未得逞，黑水与来苏夷众以伤亡及口粮之故，内隙复起。于是此昏诞少年战志全失。除先派上来苏乡之师爷罗化群来军请罪外，复派黑水管家王启新（汉名，原为军校毕业生）续来军前请和。此时全体官兵在被人偷袭一再被攻之后，对夷匪憎恶缴越之情，不可遏抑，无

人赞同和平主张。均请将罗王扣留，连夜向甲壁进攻。余与李大队长往复商酌。以我军前进，固能击溃夷匪，而此役必即能了结。三耳甲波步步败退，我军步步前进，其求和之人即已再被扣。此后必不致再派人来。事态迁延之后，黑水夷众必将被迫倾巢来斗，并四处扰乱破坏各县秩序。上峰既一再诫勿用兵，何能予以支援，且必不任吾人硬干到底。与其事态扩大之后，难于收拾，毋宁姑准其请，待面呈省府专署得其允准后，再谋彻底解决来苏消除三耳甲波之道。

罗王两人允行之先决事项为立退部队失枪，铲净九沟烟苗。渠二人归后，杨中队所失机枪步枪赓即送来。又三日，据报：九沟烟苗已铲净，请派员复查。余派官兵九组，分赴各沟复查，越五日各组返报：各地烟苗确已完全犁去。乃复召九沟代表在邱地开会，提出若干条件，其为彼等具结承允及办到者计为下列各项：

1. 二古溪首先突袭官军之凶手，由该管首人负责交案法办。

2. 王庆余案先赔命价牛二十只，立即交清。王所失之枪支，马匹立即退还。

3. 自今年起九沟与政府缴纳罪粮，以示永远悔过之诚意。

4. 以后如有杀人肇事者，汉人遇害十八人抵命，公务员遇害百人抵命。

5. 九沟境内如有抢劫事件由所在保甲赔偿一切损失。

余与李大队长于五月二十日自邱地首途返城，留龙杨两中队续驻邱地，维持交通秩序。

二十六日返抵县城，奉省府辰梗保一电，斥余"擅启边衅"，语气严切。余筹划中彻底剿逐三耳甲波之计划，遂自不敢呈请矣。

十一、建议三事

今日边区之重大工作，为边务、禁烟、交通三者，夫人而知之。然数年以来，吾人于此三大工作之成就，殊嫌太少。余等从事边区工作已久之同人，衷心实不胜其恐惧。细为分解，发觉构成此种结果之原因固多，而吾人于边务未有具体完整之计划，于禁烟未有重大彻底之决心，于交通未作根本与长远之改造，实为最大无比之缺失。兹本余之浅见一剖陈之：

（一）以边务言苏永和之扩展实力：侵并土地，为一极具野心与有计划之重大行动，其企图统一川甘青康各省辖边民，另组独立机构，实行夷汉分治已由阴谋想象而趋于具体明朗之阶段。闻其与拉卜楞寺活佛商拟之计划，已将甘青西康所辖之夷地及四川十六区各县，尽数包括渠等新组织之地图内。渠数年来侵占来苏、松岗，统一四土之行为，尚为其未来若干行动之开端耳。我政府对于究持若何态度，显须有一明确坚定之政策，由此致策而规定吾人一切细小之行动。如吾人之决定为采取现实主义，承认苏等势力之扩展，以求边区暂时安定，待抗战后徐图整理，则理番县府现行对苏永和之策略，尤其在四土之种种措施，均有循此而彻底重新考虑之必要。与有关联之松茂等县府态度亦然。吾人将不必抑制苏永和之发展，且将示以鲜明德意给予名义承允其请求，俾其欲望得循正途实现，进而感载国恩，协助政府，免渠于失望迷惘之余，铤走歧途。以吾人今日国力之庞大，边民文化之低落，组织之散漫，人数之日少，较唐宋时对付吐蕃之处境，优越万倍。故在昔时可为坐大遗患之姑息政策，今日绥靖边区如有必要，实可一意为之。盖抗战后解决此类细小问题，殊无困难也。

反之，如吾人认苏永和之发展将延伸与扩大西藏之势力或造成另一蒙藏问题，且吾人不愿认许夷汉分治之理论，破坏民族与内政之统一，增多其他省县内之边民纠纷，则吾人即将坚强确定，制止苏永和及类似此种分裂势力之发展，是为吾人治边政策之基本元素，在任何情况之下，均为不可动摇者。如是则理番县府现行阻遏苏永和发展之行为，应全部获得上级政府之支持。其消极无力之部分，尚应加强而充实之俾能表现，此非一区一县地方性之暂时措施，而系国家政策之一部。则苏永和处此严整规律之下，于各方碰壁之后，或将自知其狂妄计划，终无实现可能，而渐致气妥渐行敛迹，亦非无可能者。

至苏永和现在反抗之实力，尚未达于可怖之程度。以余所审知者，黑水内部，在面临重大局势时，并不能完全听从苏永和一人之命令，将来亦系如此。梭磨等处，本身并无雄厚武力，故能接受黑水之统治，其能助于苏永和者，极为微妙。松岗全土在区署立稳，发生作用之后，伪土司继续刮削压抑其人民且有起而革命之可能（如十八年杀前土司高镶之故事）。卓克基全土老土司一日未死，尚不能任其子（苏永和之婿）以祖宗不朽之业，为他人冒毁灭之危险。至于拉卜楞寺远在草地北部，黄正清兄既第除以宗教关系在中枢信任之下，在草地部落中具有领导地位外，其本身尚在青海军威毁灭恐怖之下过活。在国家政策之下，各省行动齐一之后，拉卜楞所能给予苏永和之援助，除精神声势外，殊无他物。故苏永和之侵略行为，吾人如采取坚强阻遏之措施，而谓即能引起严重后果，或苏永和实行叛乱，而吾人现在即无能力可以制裁，将致影响抗战后方者，详察事实，皆不如此也。

以军事行动言之，前二十八军征剿黑水失败，与"赤匪"过黑水遭受重大损失，皆为深入黑水，使黑水夷胞感身家覆亡之痛，故能统一拼命。具于交通粮食各方面均予黑水，以种种获利机会，非黑水人之不可败也。吾人今日乃遏阻彼之向外发展，而非欲争取彼之老营。彼与吾人争斗之地区，在黑水之外，无论其为来苏三番或彼来扑松理茂县城，彼之失败盖百分之九十九，此无可怀疑者。故吾人于彼之扩展久已从事阻遏与抑制，迭予彼以各种打击，而彼并未作有力之异动。实扩展尚未成功以前，尚无能为也。

综上言之，今日十六区边务——如苏永和问题，是亟须有一完整之政策，以维长远坚定执行之依赖，且吾人今日有自由决定此种政策之优越地位，而无等彼延缓之必要。否则吾人今日若干努力在将来或为徒然，则今日实为浪费。若干行动，上下东西不能协调终致效力微少，或且有自相对消，此实不可忽视者。

（二）以禁烟言：据若干事实启示，今日以封锁运道查缉运售吸——口头或文字宣导，以从事禁烟其效果纵非徒然，亦至多只能对烟予以妨碍，而根本不能禁烟。反之，如吾人集中力量，从耕地上铲净烟苗并从种烟者之心理上铲净烟苗，乃为根本与唯一之禁烟途径。从耕地上铲净烟苗，必须武力硬打，从种烟者心理上永远铲净烟苗，必须彻底使用武力，大量剿杀施以血的教训。然后收其赖以种烟之任何武器，改进其赖以生存之物资环境。此外别无切实有效之法。武力硬打，彻底剿杀，没收武器而改进其赖以生存之物质环境，以数语内容之繁难沉重，人皆知之。然吾人须先辨明吾人在各省各地各方面对烟仅能施以妨碍所用之人力物力究为几何？如综合此等力量，而集合施用于少数种烟之地区，是否可以有为？且吾人如明认用于对烟妨碍之力量，多属徒然，用于彻底禁烟之力量，确系正当，则前者所须力量虽少，亦无足取，后者所须力量虽极巨大，亦不可吝啬。此原则上不可不先为确定者。

若谓抗战期间，此种艰巨费力之工作可能从缓，则各地各种封锁查缉之部队机关人

员，均可一律暂时裁除。现驻边区扼守交通线之部队，更可一律调出，盖既无彻底禁绝种烟之决心，则以多数兵力屯集粮食缺乏、物质高昂之边地，以防守交通线并非十分必要。既已不能禁绝种烟，则收烟之后，无论吾人如何努力施以妨碍，而烟土最后皆一一吸入瘾民腹内，为吾人所查缉焚毁者，谨微不足道之数目，实不值浪费许多人员与时间也。吾人于集中而少数之种烟地区尚无办法，于散漫而广大之烟毒泛滥安能制止？此事实上不可能考虑者。过去以武力铲烟，诚有若干失败，然考其原因，一由人谋之不臧，一由用兵之未彻底，非烟匪之不可能胜也。种烟均系人民，以政府有组织有训练之武力，以对付散漫愚昧之少数特殊人民，而谓终不能获胜，则吾人政府之统治能力必将动摇，无能稳立于天地之间。此吾人之自信不可不坚定者。

余僅以万分至诚，请我政府下重大决心，将一切禁烟之力量完全集中于禁烟，再以可能集中之多数力量，集中于一区一县，或一乡之少数地域。彻底硬打，凡属种烟抗铲之莠民，一一击败而剿杀之。铲净其烟苗，收尽其种子，并没收其任何武器，使数年或数十年之内，无能再敢种烟，再愿种烟。甲县完全彻底，再办乙县。以没收恃以种烟之武器，诛杀有力抗铲之莠民为目的，而不仅以地面烟苗为对象。故一年之内皆可从事此项工作，而无季节缓急之限制。以各县先后用兵为原则，而无兵分力薄，到处火燃，呼援不灵之痛苦。以一劳永逸，一次彻底为原则，而无年年调兵，日日转粮之消耗。以安心出事，主动攻剿为原则，而无被动挨打，一闻出事上下无主、推诿责难之种种失败因素。诚能如此，则一二县彻底剿铲之后，其他县区人民，在严重沉痛之血的教训中或可不待身受惩创而自动停种，缴出武器，亦非不可能者。如是则吾人长久浪费之现象可以终止，挫损威信之事件不致发生，广泛毒杀国民之烟毒大害，可以真正禁绝。望我贤明长官，有以俯查而实施之也。

（三）以交通言：边区与内地一切人为差异之现象，皆由交通造成，而开化边民、建设边区之根本办法，厥为改造交通。此已为今日之常识。吾人已有现代交通工具，可用以迅速摧毁边区千百年不变之陈迹，可用以普遍树立开发建设之便利基础，而克服一般困难。然数十年来吾人皆未致力于此，今日亦然。故今日吾人在边区所遭遇之诸种困难，与千百年前殊无二致。若吾人再不彻底考虑于修建公路铁路引用现代交通工具上努力，则千百年后至边区，将亦与今日并无二致。故吾人之祖先于较远边区所以仅为消极之羁縻，而不能积极有所作为者，殆全为此。吾人今日不愿见祖宗辛勤缔造用血肉生命所开拓宝藏丰富之空间，长归废弃，更不愿地位上本为国土中心之地带，重新滋长离心势力，长为烟毒巢穴，则吾人所当从事者，确应积极于交通工作长远与根本之改造，而无容再事迁延。

抗战结束以前，吾人无力在边区修建铁路，此为事实，然修建公路则并非不可能者。徒以本区各县财力技术两均奇乏，无法自动兴建，要须省府中枢大力主持，乃有可能。余谨再为历陈五点为向我高级政府率直呼吁之根据：

1. 边区之需要公路，较内地迫切万倍。

2. 十六区各县公路之修成，节省禁烟防边所用之兵力财力，即直接减少国库之负担，有助于抗战。

3. 以吾人观之，由成灌经十六区以达甘青两省之国道，较经川陕绥为直接。

4. 十六区修筑公路，并不较其他公路特为困难，其中汶理茂松一线，且无大山梗阻。

5. 十六区人民皆有义务修路之习惯与处理石土之技能，征调极为便利。

恳请主管长官对十六区修建公路特予重视，特予支助。早日派遣工程人员前来勘测，确定路线，估计用费，分段施工。其属于土工部分，由经过各县人民及军警余力，义务完成。至于石土桥梁涵洞之费用，则由国库支付，俾能集中。此一艰巨之工作，倘能早日完成，匪特有裨于边务与禁烟，其功用实遍及一般边区公务与边民经济生活。匪特补救过去一切之缺失，更能开启今后开发建设之诸种便利。匪特有利于边区尤其有助于抗战。其理由至为显明，无待余之赘陈者。望我政府长官有以考虑而实行之也。

十二、结语

余此次赴四土巡视，其观察方面，属于政治性者，将余数年来阅历研究之印象，证实与修正甚多。现兹所陈，自度极属切实，可为本县今后施政之根据与上级政府对本区本县边务政事指挥决策之参考。惟余所策划努力者，多在肇端是始，匪特尚无绩效之可观，且尚须经过若干之顿悟与加倍不断之努力。边区兴作，本属甚难，见效极缓极微，若后采者，一人一主张，一年一改革，则任何正确有益之策划，皆无成功之时，此余所深感触者。

至于禁烟方面，除来苏九沟，系以武力压制肃清，其彻底成功为死难诸君予以血肉所换得之代价外，其余各地皆未发生战斗。边民对余大体尚能信崇与敬畏者，悉为前代祖宗以武力征服其土地，以文化涵育其生存，余威遗泽其所赐。

余此行预定之目的，未获一一成功，尤以苏永和之子侄侵据松岗来苏两地，未能获得适当解决，余衷心引为深憾！余兹已明认此为整个边务——苏永和问题之一部，不能以勉强侥幸之心理，期冀急切意外之收获。而整个边区之政治，今日要须有一正确彻底之计划，以规定各时有效之工作，又须积极采取重大与实际之行动，以打破沉闷之现局，企求边政之进步，故再本其愚者之见，就本区本县之主要大事作真切沉重之建言。乞我各级长官鉴核指示。

中华民国三十三年六月八日理番县县长米珍谨悉

（资料来源：阿坝州档案馆所藏民国档案，全宗号 8，目录号 2，案卷号 613）

## 14. 四川省第十六行政督察专员公署关于李安宅巡视松理茂懋汶的训令及李安宅改进教育的建议

### 四川省第十六行政督察专员公署关于李安宅巡视松理茂懋汶的训令
（教壹 1 字第 524 号）

令茂县政府：

案准省政府教育厅厅一字第一六七四七号公函开："案奉教育部蒙字第二七八九〇号训令开：'顷据本部视察员李安宅呈送视察该省第十六区（即松理茂懋汶）教育部报告二至八号到部。其中关于该厅应行注意改进各点摘要如下：

一、汶川县短期小学有名无实，应饬该县视导人员切实督导改进。又该县地旷人

稀，宜实行巡视教育，应饬县切实推行，尤应转饬该县利用县府与索土司目前良好关系推行边地教育。

二、松理两县有少数教育行政人员、小学校长或教员等任其他有给职务妨碍本来工作，应饬辞去尽〔兼〕职以专责成。

三、该区各县应定订小学教员领薪办法，不可以领薪关系影响学生课业。其忠于职务著有成绩之外县教员生活不能维持时应特别设法予以救济。

四、该区汇兑困难，所有省立小学经费往往未能按时领到，今后应提前一个月汇发以免影响教职员生活。

五、该区各县寺庙所设之小学应由地方视导人员设法劝导或督促其立案并应遵照改进边疆寺庙教育办法办理。

六、该区各校应注意国语注音符号之推行，藉资促进国语之统一。

七、该区各县小学教师之待遇应酌予提高，至少应维持其生活。

八、该区地域辽阔积习未除，应特别注意视导工作，现有视导工作人员得酌量提高其职权。查视察员方靖四、秦朝富、彭鸿畴等工作均称努力，应由该厅予以奖励。

九、省立威州师范筹备工作尚称努力，应限于本年度内正式成立。

十、该区各县教育因县督学多兼他职，致地方教育视导无甚成绩应饬改善。

十一、该区各县文献历经各次灾变孤本流传所存无几，应设法复制以免失传。

十二、本部本年度补助松潘下三寨小学经费六千元已令该厅转发在案。该款办理情形应转饬具报备查。

仰即遵照此令。'等因。奉此，应遵照办理，除呈复外，相应抄同本厅决定办法一览表函，请查照转饬所属各县照办理具报为荷，此致。"等由。附送办法一览表一份。准此。除分令外，合行抄发原办法令仰该府即便遵照指示该县应行改善办法办理为要。

附办法一份

专员：严光熙

中华民国二十九年十二月二十日

（资料来源：阿坝州档案馆所藏民国档案，全宗号8，目录号1，案卷号1089）

## 15. 抗战初期靖化县灾情报告及政府购发耕牛、种子赈济方面的档案文献

### 靖化县府为报灾情请求赈济给四川省第十六行政督察专员公署的代电

茂县行政督察专员谢钧鉴：

天厌靖化，"匪祸"逾年，颗粒无收，人类相食。去冬播种不及十一，今则连受虫灾冰雹，一切惨状均经县长先后呈明有案。只以僻在边远，声气隔绝，又无中央及省内士大夫冒险往来，故虽陈明几仅视为报灾惯伎。今查赈长监察员深入民间躬亲目见斥米五角，饿殍载道，始知所呈并无虚妄，且有非文字所能形容者。盖靖化灾情之重大，不在于旱，乃在于无粮食，无籽种，无耕牛农具，而尤在于遍地哀鸿，无一比较富有之家可以互通缓急。虽曰人口较少，无如尽为赤贫。此诚其他各县所绝无而靖化所独有者

也。查六月三日《华西日报》载武胜、奉节等十三县经曾专员暨省赈会核得灾重赈少，为之增加赈款一二千元或七八千元。假使目击此间灾情，想仁人君子悲悯为怀，必不忍置靖化于武胜、奉节诸县下，用敢援例陈请钧座转达曾专员暨省赈会增加赈款以惠灾黎而解倒悬。职等谨先代灾民九顿首以谢。

查赈长邵一阳、监察员梅甫生、靖化县长於竹君同叩（有印）

中华民国二十六年七月十一日

（资料来源：阿坝州档案馆所藏民国档案，全宗号 8，目录号 1，案卷号 786）

## 四川省第十六行政督察专员公署
### 为靖化灾情严重请加赈款给省赈会的代电
（捜伍字第 120、1311 号）

事由：

1. 为据靖化县查赈长邵一阳等电报靖化灾情惨重请加拨赈款一案转请核示由
2. 为电复已转请省赈会加拨赈款电覆饬遵由

（一）

成都四川省赈务会邵主席勋鉴：

案据靖化县查赈长邵一阳、监察员梅甫生、县长於竹君等六月有日代电称："天厌靖化，'匪祸'逾年，云云。职等谨先代灾民九顿首以谢。"等情。据此查该县灾荒惨重，粮食奇缺，不仅以草根树皮代食，且有盗食新尸、诱杀幼孩充饥情事。饿殍道馑相望，其情之惨，莫能罄述。前迭据呈报均经分别转陈在案，兹据复报哀鸿遍地，住户均为赤贫，无力自救，似非加拨赈款不足以资赈济。用特电请援照武胜各县成例酌予加拨，活此灾黎。可否，切盼核覆。

四川省第十六区行政督察专员谢○○叩

秘书：杨○（代）

（二）

靖化县邵查赈长、梅监察员、於县长钧鉴：

六月有日代电接悉。靖化"匪祸"最久，受祸最深，灾情之重，为本区各县冠前。迭据函电报告灾况，均经分别特陈并于备报各县灾况时列为最重灾，请从优给赈在案。兹复据称哀鸿遍地，住户均为赤贫，灾重款轻无力自救，自非加拨赈款不足以资拯济。已为请特电省赈会酌予增加活此灾黎，除俟得覆另达外，特覆。

专员：谢○○

秘书：杨○代行（印）

中华民国二十六年七月十四日

（资料来源：阿坝州档案馆所藏民国档案，全宗号 8，目录号 1，案卷号 786）

## 四川省第十六行政督察专员公署
## 为靖化办理购发耕牛、籽种情形的指令与代电

（捻伍第 132 号、1413 号）

事由：

1. 据报购发耕牛、籽种情形附赍册表请予核转并拟以余款办理收容救济清册粘样册各一份请核示一案分别指示由

2. 为转报靖化县购发耕牛、籽种情形附赍册表请誊核注销并覆示余款用途由。

### 指　令

令靖化县政府：

二十六年九月呈一件——据报购发耕牛、籽种情形附赍册表，请予核转并拟以余款办理收容救济请核示一案分别指示由。呈暨表册均悉。兹分别核示如下：

一、查绥靖上年散余赈款共为二千九百八十三元贰角，余由刘特派员文彬交存二千九百六十二元四角外，共余二十元零八角，系由杜德珊连同领发绥崇流康难民据款尾余五百三十五元六角二仙并交该府，并经以总五字第 421 号及 500 号皓沁两代电转饬合并购发耕牛、籽种在案。兹阅来表，仅列刘特派员文彬所交之数，核与原案不符，应将杜德珊所交之款列入，计共该余存赈款八百六十三元八角九仙七星。

二、前项余款，可否拨办收容救济，待转请核覆饬遵。

三、核阅表册数目粘件，尚属符合。惟未据造具收支清册及注明种子类别，殊难查改，估念邮程遥远，往返需时，暂予捻同原赍表册，转请察核。仍补具经发籽种花名清册一份，赍署备查。表册存转。

此令。

专员兼主任：谢○○

秘书：杨○（代）

中华民国二十六年八月十四日

### 代　电

成都四川省赈务会邵主席勋鉴：

案据靖化县政府呈称："案查前奉均署总五字第 73 号寒代电云云，乞并核示。"等情。附呈经发籽种花名清册粘据册各一份，分配数目表三份。据此查该县上年散余赈款共为贰仟玖佰捌拾叁元贰角。原表只列刘特派员文彬所交之二千九百六十二元四角，共余二十元零八角，系杜德珊连同经手领发绥崇流康难民赈款尾余五百三十五元六角二仙并交该府经准。贵会审字第 69 号代电并案购发耕牛籽种特饬遵办在案。仍据表列数目加入杜交之款共余存八百六十三元八角九仙七星。兹据前情，除指令外核共发放及支付旅杂费用数目尚无不合。惟未造具收支清册且未注明籽种类别，殊觉不便查考。本应发还另造，因邮程遥远，往返动需月余，特会同原呈表册送请誊核，可否予以注销及以余款拨办收容救济统新示覆为盼。

四川省第十六区行政督察专员兼六路放赈主任谢○○叩（寒印）

中华民国二十六年八月十四日

附送经发籽种花名册清册粘件册数目分配表各一份〈略〉

（资料来源：阿坝州档案馆所藏民国档案，全宗号 8，目录号 1，案卷号 786）

**靖化县府关于领赈花名清册等及拟将散余尾款**

**拟办收容救济给四川省第十六行政督察专员公署的呈**

事由：为赍呈领赈花名清册暨分配数目表粘据册请予核转，并拟将散余尾数拟办收容救济祈核示由

案查前奉钧署总五字第 73 号寒代电转饬将本县去年散余赈款购买耕牛农具一案，当以耕牛购有成数，早经陆续分放，惟籽种缺乏，拟次剩余部分，购发籽种，经呈奉钧署总五字二十六年四月十六日发第 636 号指令照准以资兼顾在案。职赓即派员向邻县采购，陆续散发，现已竣事。理合将已放耕牛籽种数目造具清册暨分配表粘据册，备文呈请，核转示遵。再此次尚有散余尾数三百零七元四角七仙七星正。拟交由赈务分会办理收容救济，事竣后再行报请核销以昭核实，是否之处，乞并核示。

谨呈四川省第十六区行政督察专员公署

附呈领赈花名清册一份、赈尾分配数目表三份 粘据册一份〈略〉

代理靖化县县长：於竹君

秘书：徐子高（代行）

中华民国二十六年七月九日

（资料来源：阿坝州档案馆所藏民国档案，全宗号 8，目录号 1，案卷号 786）

## 16. 国民政府令土司土官协助开采金矿以应抗战所需的相关文献

**委员长行营关于金矿调查交涉**

**给四川省第十六区行政督察专员公署的电**

交通邮电局电报：茂县谢专员培筠据松潘金矿办事处主任曾璋电称，查绰斯甲金矿区产量宏甲于川康两省，当局用兵两次失败，但如证明真系中央开采尚可进行，请呈主任直接电令绰斯甲土司献矿，中央并电令林波寺活佛、广法寺大堪布及苏永和、白头人、索土司五人亲自帮助本处前往交涉。一面电令理番靖化懋功三县尽力协助，并可深入探勘藏金确丰，再作开采等计划祈电示遵等情，所陈办法是否可行，仰即查明核议，具覆渝委员长行营。

中华民国二十七年八月二十六日

（资料来源：阿坝州档案馆所藏民国档案，全宗号 8，目录号 1，案卷号 825）

## 四川省第十六区行政督察专员公署关于绰斯甲金矿情形的呈

（专特第 355 号）

事由：奉电议复曾璋所呈开采绰斯甲金矿一案谨呈实情祈鉴核由

案奉钧行营八月二十六日十八时电令："以据松潘金矿办事处主任曾璋请开绰斯甲金矿，饬查议所陈办法具覆。"等因。当以感电简呈，所陈办法与地方实情不符在案。兹将详细情形坦陈如次：

一、查绰斯甲产金区域，计有二凯，俄热、烧日、婆西、观音菩萨等处，惟二凯一处，曾于民国初年由绰凯裕华两公司相继开采，卓著成效，但确实产量不可得知。民十九年专员在代行松理懋茂汶屯殖督办署任内，曾奉前二十八军军长现川康绥靖主任邓（锡侯）命前往开采，逐处废坑纵横，经营数月，中间复经两次兵变夷变，所获甚鲜，损失资本万余元，盖其地已被前人掘尽。尚绰土当日虽经具结交金矿，阳奉阴违，乃其过后督以政，欲向俄热等处进展亦属无奈，不得不中止采掘。至于俄热位于二凯之下游，为冲积平原，长约十里，宽二三里，均含沙金，但终未开采亦未试探，究竟如何，难悬定。至烧日、太阳河口、婆西、观音菩萨等地，皆在俄热上下游，河谷不广，相传沙金堆积，当亦不甚为丰富，惟亦未经探采。

二、开采绰斯甲各地金矿最为困难者，一为绰斯甲土司纳旺勒尔乌头脑封建，以为探金则伤地脉，动辄武装抗拒，非有重兵不足以资震慑。一为地势险远，道路崎岖，食物工具转运维艰，如金脉不旺，即得不偿失。

三、曾主任璋所称令饬林波寺活佛、广化寺堪布、苏永和、白头人、索观瀛等五人前往交涉，及令理番懋功靖化三县尽力协助等语，似属不明地方情形。查绰斯甲布宣抚司，原属靖化县管辖，现已划入西康省界，三县政府业已无权过问。且该土素以僻居大金川河西岸，地广人众，负隅自雄，对于岷江流域各土，殊少关系。松潘林波活佛、理番黑水头人苏永和、王佐才（即白头人）等，前往接洽，恐未必能收效果。而苏永和、王佐才由来弁髦功舍，习为惯常，能否派往，尚属疑问。理番卓克基土司索观瀛，为绰斯甲布土司纳旺勒尔乌之长婿，但其妇早亡，姻亲已断，住地辽远，派遣亦难。金川广化寺堪布罗桑喜饶，以宗教关系虽可派往，恐效力殊微。若欲派员前往该土勘探金矿，除罗桑堪布而外，随往交涉比较适宜之人，拟应以派遣靖化河西屯守备阿靖峰，及河东屯守备胥茂廷及其子胥良臣暨为绰土司信任之靖绅等为便。该守备等与绰土司居地毗邻，素有交往，对政府命令，亦能恭谨奉行。

四、现在绰土已划归西康，尚未正式接管，所有宣谕采矿诸事，面见时本署自当令饬靖化县府恪遵办理，应请令西康建省委员会转饬遵办。至于探矿员工及随往开导汉夷人员，如需本区协助之处，自当竭力以赴并与曾璋处长就近协商办理。

以上各点是否有当，敬祈鉴核令遵。

谨呈国民政府军事委员会委员长行营

全衔专员：谢○○

中华民国二十七年八月二十八日

（资料来源：阿坝州档案馆所藏民国档案，全宗号8，目录号1，案卷号825）

## 四川省第十六区行政督察专员公署
## 给理番懋功及各土司头人保护往绰斯甲调查金矿人员的训令
### （建拾壹字第 1732 号）

事由：资源委员会探矿主任曾璋奉命前往绰斯甲布地方探采金矿仰保护协助由（下文同由——编者注）

令理藩懋功县政府：

懋功县政府抚边特区区长刘文彬、下壤口土官夺尔吉、梭磨头人色躲木忒尔、卓克基长官司索观瀛、松岗各沟大头人、党坝长官司色躲海，兹有中央资源委员会探矿主任曾璋奉命前往绰斯甲布地方探采金矿，以供抗战之需，任务重大，非同寻常，经过该县地时，务须妥为保护，拜予协助为要。

此令。

（资料来源：阿坝州档案馆所藏民国档案，全宗号 8，目录号 1，案卷号 825）

## 四川省第十六区行政督察专员公署
## 给靖化县县长保护往绰斯甲调查金矿人员的训令
### （建拾壹字第 1732 号）

令靖化县长刘绍绪：

兹有经济部资源委员会探矿主任曾璋奉命率同员役，前赴绰斯布甲地方探采金矿，以供抗战需要，到达该县时务须妥为保护，拜予协助，以期工作顺利进行。至绰斯甲布地方，虽经省府省务会议议决划界西康，现在明令未下，任隶该县管辖。该地夷人对开采金矿，素有反对情绪，曾主任固带相当人员可资接洽。该县长为地方长吏，仍应视任周琐，对该土司头人，剀切开导，俾知感悟，以免意外为要。

此令。

中华民国二十七年九月

专员：谢○○

（资料来源：阿坝州档案馆所藏民国档案，全宗号 8，目录号 1，案卷号 825）

## 四川省第十六区行政督察专员公署
## 为金矿勘探给松潘县政府的训令
### （廿七年建拾一字第 448 号、449 号）

事由：（一）为四川金矿勘探队克日到松工作仰切实进行由

（二）为四川金矿勘探队克日赴松勘则祈命一带金矿仰切实协助进行并传谕当地番民一礼遵照由

令松潘县县长萧廉武：

案查前奉川康绥靖主任公署电令为奉，派四川金矿勘探队赴松潘勘测，当地团队切

实保护一案，饬即遵办。等因。金矿勘探当以建拾四字第一二六号代电饬遵在案。现队长曾璋已率全体队员到茂，克日赴松，决向祈命、峨眉一带地方探勘，即行从事开采。事属开发资源，又系中央政府对抗战前途，影响关系至为重大。当此地方民穷财困之际，兴办各种事业，正可繁荣市面，苏息民力，活动金融。诚恐不良分子及当地番民迷信风水，别有用心，暗肆簧惑，丛生阻碍，应即刻〔刻〕切晓谕并予切实协助，认真保护。将来开采时，倘有损及私人利益，自当与补偿，格外优待。该县长为地方行政长官，对其重要事项，协助推行，责无旁贷。分令李宣慰员阳三、任夷务主任羽通、马通译官登宵、哈通司有德等负责开导，暨谕饬商巴、寒盼、祈命、巴躲土官一致协助，并由部派保安队护送外，仰即恪遵办理，不得稍有疏误为要。切切！

此令。

### 前衔训令二十七年建拾一字第 449 号

令宣慰委员李阳三、本署通译官马登宵、夷务主任任羽通、通司哈有法：

查开发资源为抗战重要工作，亦地方建设良图。本区幅员辽阔，蕴藏富厚，尤以松属金矿为要。现军事委员会为增强抗战力量，特派四川金矿探勘队赴松潘勘测，从事开采。前奉川康绥靖主任公署电饬保护，曾经通令沿途各县及保安队一体遵照在案。金矿勘探队队长曾璋已率全队队员抵茂，克日赴松，决向祈命一带工作，事关重要，且中央政府主办，于抗战前途，关系至为重大，而地方当此穷困之际，兴办建设事业，正可繁荣市面，苏息民力，活动金融。诚恐不良分子及当地番民迷信风水或别有用心，暗肆簧惑，丛生阻碍，应即刻〔刻〕切宣谕并切实协助进行。该员熟悉夷情，素孚众望，务本爱国爱乡大义，向各土官头人及民众，详细解说尽量劝导，使其彻底了悟，乐于协助，并予以种种便利，如有损及私人利益，自当与补偿，并格外优待，绝无苛扰。所有地方一切情形，尤望翔实陈述，如期审酌情势，顺利进行，救亡图存，实利赖及。除分令该县县长并谕饬商巴、寒盼、祈命、巴躲各土官一体协助外，仰即遵照办理，不得稍有疏误为要。切切！

专员：谢〇〇

中华民国二十七年三月十五日

回复：函李宣慰员阳三、马通译官登宵、哈通司有德，任夷务主任羽通切实开导番人协助金矿探勘工作。令萧县长、宋中队长切实协助金矿探勘工作。

三、十五

（资料来源：阿坝州档案馆所藏民国档案，全宗号 8，目录号 1，案卷号 825）

**四川省第十六区行政督察专员公署**
**关于金矿开采要求商巴、寒盼、祈命土官保护的谕**

（建肆字第 456 号）

事由：为松潘金矿采勘队赴该番地工作谕饬保护并说明情形仰遵照由

谕松潘县商巴寨土官商登保、寒盼寨土官韩成德、祈命寨土官祁郎吉、巴躲寨土官列噶腻：

现在对日本人抗战，日趋激烈，需要大批金银向西洋各国购买大量枪炮飞机，才能把日本着实打败。打败了日本人，才能保障我们汉番人民的生命财产。中央蒋委员长特别派曾绍实队长，率领金矿勘探队，前来松潘上三寨沿河一带地方探采金沙，以供抗战需要。曾队长和探勘队人员到达你们地方，务必切实保护，如果发现有金可采，对于地面上的耕地房屋，是要给予优厚的赏赐，决不使你们番人吃亏的。对于采金工人，曾队长决心严格管理，不会骚扰你们的。这些话都是开心见肠对你们说的，你们务要相信奉行。详细情形另外叫萧县长、李阳三宣慰员、马登宵通译官、哈通司有德、任羽通夷务主任和林波活佛向你们说明。

此谕。

专员：谢○○

中华民国二十七年三月十七日

（资料来源：阿坝州档案馆所藏民国档案，全宗号 8，目录号 1，案卷号 825）

## 四川省第十六区行政督察专员公署
## 要林波寺活佛及土官保护金矿开采的谕

（建肆字第 457 号）

事由：为松潘金矿采勘队前往工作饬该活佛转上三寨各土官百姓由

谕松潘县林波寺林波活佛：

现在对日抗战，日趋激烈，需要大批金银向西洋各国购买大量枪炮飞机，才能把日本彻底打败，才能保障我汉番人民以及喇嘛和尚的生命财产。中央蒋委员长特派曾绍实队长率领金矿勘探队，前来松潘上三寨沿河一带地方探采金沙，以供抗战需要。我已手谕上三寨各土官转谕所属百姓一并知道，曾队长和探勘队人员到达他们地方，务必切实保护。如发现有金可采，对于他们地面上的耕地、房屋，是要给予优厚赐金，绝不使他们吃亏，对于采金工人，曾队长决心严格管理，一定不会骚扰他们的。希望你也向他们刻〔剀〕切宣慰。我说的话，个个字都是从口里面出来的，决不欺哄他们。并且还要他们知道，人民的土地私有权，只是占有地面上的部分，地底下的东西都是国家的，国家要来开采，人民绝不能阻止，世界各地都是一样的。只是地面上的耕地、房屋国家给予相当代价的。现在前方战事非常激烈，各番人民如果不了解这种意思，不要中央开采，影响抗战前途，一旦日本人来占领首先就挨门挨户把人杀完，不只是不能保存金矿，而且生命财产都丧失了，危险是很大的，也希望你转告他们。

此谕。

专员：谢○○

中华民国二十七年三月十六日

（资料来源：阿坝州档案馆所藏民国档案，全宗号 8，目录号 1，案卷号 825）

## 四川省第十六区行政督察专员公署布告
### （建柒字第 444 号）

事由：为奸商造谣破坏统制收买沙金刻〔剀〕切晓谕由

查统制收买沙金，汇交国家银行调换，以供抗战之需，系遵照省颁抗战时期中心工作及规定办法办理，前线订定本区各县收买沙金暂行办法布告实行在案。旬日以来，一般不晓事理奸商误以为政府妨害其利益，辄行造谣阻挠，每藉代衡轻重时，以轻为重，乡民无知，受其愚弄，比来出售，反以为大称收买，剥削其生计。奸商又从而扩大宣传之，以期破坏统收，恢复私营。颁知统制收买沙金，以国家与贫民两利为目的，并无渔利观念存乎其间，现用戥子，详经验定，每两合与秤码九钱五分，绝非大称。如各卖金者不能确信，可商同众意，选送公平戥子，任意验定适合，准予采为标准。如有苦衷意见，准尽量呈明。总之，本署此举纯属为国为民，苟不亏折成本，无不可以抚顺民情。倘有不察虚实仍事造谣破坏者，一经查出，决予严惩不贷。

此告。

专员：谢〇〇

中华民国二十七年三月十一日

（资料来源：阿坝州档案馆所藏民国档案，全宗号 8，目录号 1，案卷号 825）

## 四川省第十六区行政督察专员公署
## 为拟具统制收买沙金暂行办法的呈
### （建玖字第 264 号）

事由：呈为拟具统制收买沙金暂行办法呈请鉴核由

窃吾国当此对日全面抗战之际，向外补充军实及国际汇兑，需用出自现金，当不在少数。伏读均府前颁四川省抗战时期中心工作第九、□□□□："促成沿江产金各县编组贫民淘挖沙金，加以统制，收买集中，贡献国家。"等语。并奉□□□长、何所长二十六年十月二十五日函示，以本区沿河各县所见积沙金数量颇多，饬提倡挖淘收买，后收有成数特向四川省银行调换法币，以裕资源，而利抗战。兹特依照上两项提示开发金属资源，依第三项之规定并参酌地方情形，拟定收买沙金统制实行办法，以与民共利，不使采金贫民受奸商剥削，并能实际统制，贡献国家为原则。本布告人民知照，并筹设收买处由茂县县府将淘金工人逐一登记认真办理外，理合缮具办法，备文赍请鉴核。惟查淘取沙金人民，具〔俱〕属贫苦，负锄冒雪，前往挖淘，或休或辍，本无一定计划及步骤，每日所得甚微，仅足糊口。既无组织设厂能力，更难责其依法设权，只有任其自由挖淘，加以统制收买。合并陈明，统□示遵。

谨呈四川省政府

计呈四川省第十六区行政督察专员公署统制收买沙金暂行办法一份

全衔专员：谢〇〇

（资料来源：阿坝州档案馆所藏民国档案，全宗号 8，目录号 1，案卷号 825）

### 四川省第十六区行政督察专员公署
### 为准行人民自由挖淘沙金并订定统制收买办法的布告
#### （建玖字第 72 号）

事由：告为准行人民自由挖淘沙金并订定统制收买办法仰遵照由

查金矿为抗战时期重要资源之一，本区沿河各县沉积沙金数量颇多，亟应尽量采取，贡献国家。现奉省府明令许人民自由挖淘。并由此依照省颁抗战时期中心工作，暨参酌地方情形，拟定收买沙金统制暂行办法，积极进行，期与民共利，杜绝奸商勒捐剥削，以贡献国家。除呈报外合行抄同办法，告仰人民一体知照，趁此水退农闲，务各努力淘取，尽量转向收买处变卖，公平给价，利民利国，两相其宜，幸勿因循自误为要。

此告。

中华民国廿七年二月　　日

专员：谢○○

附：

### 四川省第十六区行政督察专员公署各县收买沙金统制暂行办法

一、四川省第十六区行专署为统收各县市场沙金汇集国家银行以供抗战需要，依照省颁抗战时期中心工作开发金属资源第三项之规定订定本办法。

二、本署为奖励及统制人民挖淘沙金并便于变卖起见，特饬各县将淘金工人登记并设沙金收买处以资办理流通。

三、本办法实施后，一切私营收买沙金业者应概行停止营业。

四、凡民间淘得之沙金，无论数量多寡，悉交本处照价兑换法币，不得自由变卖。

五、凡携沙金来本处变卖兑换者，一律以公秤定量折合法币，给回单据并双方当面结清，不得短欠，以免纠纷。

六、凡本处收换之沙金一经积有成数时，即汇解四川省银行或国家银行调换，不得自由储藏。

七、沙金兑换法币，按其实含纯金成分按日悬牌，依照时价计算。

八、凡存户有将沙金收买转卖者卖价应全归卖主，但卖主得事先约定酌给手续费若干以资酬报，但收买处不得需索勒捐以杜流弊。

凡有主业之金矿公司不适用本办法时，按实际情形处理。

（资料来源：阿坝州档案馆所藏民国档案，全宗号 8，目录号 1，案卷号 825）

### 杨伯安为探采理番县属威州较场坝姜维城地方沙金
### 敬请备案并祈保护给四川省十六区行政督察专员公署的呈

职伯安原籍崇庆县人，现因上峰奖励淘取沙金，以应国家需要，觅定理番县所属威

州较场坝姜维城地方，拟予试行淘取，俟有成效，即遵照矿业法呈报立案，除呈报理番县府备案外，理合呈请钧署鉴核备查，并给示保护，至感德便。

谨呈四川省第十六区行政督察专员公署

主办人：杨伯安

中华民国二十七年一月

答复：四川省第十六区行政督察专员兼保安司令谢令兹具杨伯安呈请在理番属威州姜维城试探金矿请予保护等情前来。合行告仰该处军民一体保护为要。

此告。

准予备查并出示保护。

一月十一日

（资料来源：阿坝州档案馆所藏民国档案，全宗号8，目录号1，案卷号825）

## 四川省第十六区行政督察专员公署代电
### （建拾肆字第 126 号）

急松潘县萧县长，汶川李县长、李中队长，漳腊何区长，龙溪袁区长、李分队长，茂县傅大队长、阮代中队长，威州徐中队长，雁门曾分队长钧览：

案奉川康绥靖主任公署廿七年一月十六日十二时蓉绥电□开云：〈略〉等因。奉此，除分电外，合行令仰遵照，切实保护（金矿勘探队）为要。

四川省第十六区行政督察专员兼司令谢○○叩（印）

中华民国二十七年一月二十日

## 前衔代电
### （建拾肆字 29 号）

成都川康绥靖主任公署钧鉴：

蓉绥忝电奉悉。金矿勘探队长曾璋到松，已饬沿途县府区署及保安队切实保护矣。谨此电呈。

第十六区行政督察专员谢○○叩（印）

（资料来源：阿坝州档案馆所藏民国档案，全宗号8，目录号1，案卷号825）

## 靖化县长於竹君关于农贷、矿产、夷民、土官等问题
## 给四川省第十六区行政督察专员公署的呈

专座钧鉴：

昨申分队长石泉、王服务员佐之归。自钧署赍到义经喇嘛特赈及借支保安经费等款，无任感荷，同时复奉。手谕教督以所不及并殷殷垂念于农贷矿产两事仰见。

钧座在远不遗关怀民瘼之至意。今农贷已矣，而俄热矿产之将来惟登秘座促拟计划书呈府核夺。其他稽刘卢三厅长均杳无回音。如欲有成仍非鼎力不为功。谕中有务得该

夷切实心愿一语，此境恐难办到。夫面从心违，人情大抵类然，何况夷性犬羊，贪利不顾义，畏威不怀德，而欲求其切实心愿，如孟获之对孔明，从此南人不复反者，诚存戛戛乎其难矣。且孔明虽以攻心为上，亦必先之以七擒七纵，故职以为该夷之真能切实心愿与否仍视我兵力，以为断假使趁此大军"剿赤"之后加以保安队数百兵力，职敢负责开采俄热金矿决不至引起该夷叛变。但求政府不时以飞机盘绕天空作势威吓，一面仍许土司头人地主等以相当权力当能无烦钧虑耳。崇屯义经印领赍呈禁种事向极认真保护。广法寺自谓不遗余力，兹后更当遵办。阿旺甲央来谒数次慰勉有加，并代募捐刻已晋省，当转知少田随时照料。冯静三若回绥可专任小学教员并在县署兼差，月薪约三十元上下。喇嘛特赈现正调查中，事后即妥速散放。绰斯甲划归靖化沿革，除省府函复各节外，此间县志散佚别无参政资料，尚此奉复恭叩。

钧安。

职於竹君谨呈
中华民国二十七年一月二十二日

（资料来源：阿坝州档案馆所藏民国档案，全宗号 8，目录号 1，案卷号 825）

### 松潘县龚龄等五十七人关于漳腊金厂福华公司违法擅加抽金矿税祸国殃民给四川省第十六区行政督察专员公署的呈

呈为漳腊金厂福华公司违法擅加抽金矿税至百分之十五囊括入私，祸国殃民协恳转呈中央经济部并请明令公布矿法以资遵守事。

窃我委座之经济建设重在开发资源金矿，无论国营商办黄金皆应集中国家，以供抗战之需。查松潘漳腊金厂原在西番地土，民初开办昂臻繁盛，二十五年六月，福华公司成立，向省府备案，租佃纵横八百公亩，自天灯杆起由阳山沿上至鸭舌沟止，逾矿地界十余里外竟敢蒙蔽擅收，凡商人提矿之前，须扯租佃证，缴租佃费计每亩按月三角，尚另征保安费津贴公司职员。继以资源委员会探勘队来松可避中央之耳目，计乃将矿商名称改为领工保安费，强名为分金。又因未发工本工具不合分金制度，则藉中央之名收矿产税百分之十五，一分起收，每月约收二百余两。但所收之税多数入私。现值国难期间，中央需要黄金购买军实，福华公司竟以巨量黄金航寄港沪以资敌用，言之殊堪痛心。又以大戥子秤金，每钱约大二分。闻上月大秤收进致余十余两之多，值洋二千余圆。巧捏罪，科罚动以数两至数十两。截至今日收入罚金计三百余两。真骇人听闻，而矿商因以破产者一半有余。该公司究属省府经营，抑或商办，既不受保甲编组，敢违禁商会朱主席及黄胜关张保长，而金河有联保办公处距一箭之远，有区署均不能禁其非法妄行，而政府之行政权司法权概为其推翻，一入该公司之方窗黑屋原被两造只有俯伏饮泣。卫兵如狼似虎，不与行贿辄毒打每至气绝，批示堂判，严于军令。其谍查四处凶焰逼人，造成恐怖气象，甚至贩卖枪弹，供给土匪，纵使许龙温泽周在雪山抢劫，包庇稽查谭足三霸王占民妻，暗使职员江月璀盘剥搕诈本市矿商黄金三十两及法币三千六百元。近如矿商龚泽林被多称二分，复请秤准而遭非法囚禁，断绝水米、禁会亲人，其士兵估吃霸赊，员□遍街吸烟，苛刻苦工，种种不法撮发难数。该公司屡声言股东内有刘

故主席夫人、甘厅长各伟人背景，故敢生杀自由莫可谁何，以致柴市坎斃人，并不宣布罪状。商等虽苦不聊生亦不敢上捋虎须。现将全体有噬脐之危，更愤我数千工商血汗所获之黄金尽以资敌，难安缄默，惟有据实呈报。

仰钧座痛痔在抱，伏祈准将矿商应尽之义务、应享之权利及全部矿业法令明令公布，俾共遵守，庶几全归国有。商工等虽不能上前线杀敌而努力后防，纵死亦瞑目矣。所有福华公司违法各事具呈钧署俯赐查核，专员调查尽法惩办，只冀示遵。

此呈四川第十六区行政专员谢

附呈课金单租、佃证各一份

具陈人：

| | | |
|---|---|---|
| 龚　龄 | 徐鹏程 | 魏洪章 |
| 陆鸣皋 | 易用之 | 林玉田 |
| 汤兴成 | 龚显阳 | 寇昌义 |
| 罗伦辉 | 李荣武 | 李树林 |
| 张占云 | 罗于杰 | 刘万坤 |
| 杨桂荣 | 陈绍云 | 陈庆云 |
| 鲁国璋 | 黄海洲 | 冉德文 |
| 陈爵五 | 陈　刚 | 毛俊臣 |
| 王　超 | 尹绍臣 | 帅汉武 |
| 杨海川 | 刘荣华 | 张泽沛 |
| 王绍卿 | 杨永清 | 刘　刚 |
| 李权杨 | 李海清 | 李兴顺 |
| 陈子良 | 叶茂南 | 彭吉廷 |
| 王品权 | 严少臣 | 陈皓月 |
| 蓝润华 | 李松三 | 周子涧 |
| 贺世骧 | 刘江荣 | 梁治君 |
| 周占云 | 王炳良 | 刘茂南 |
| 周少成 | 金海廷 | 崔绍华 |
| 刘青云 | 廖洪达 | 陈定国 |

中华民国二十七年九月　日　具

（资料来源：阿坝州档案馆所藏民国档案，全宗号 8，目录号 1，案卷号 825）

## 茂县县政府为金厂探勘队函请代为招募工人的布告

（丁五字第 297 号）

事由：为金厂探勘队函请代为招募工人附规程布告周知由

兹有军事委员会资源委员会四川金矿探勘队到本区松属漳腊地方试探金厂，需要工人多名，抄记应募规程，函请代为招募到此。查该队奉命为国家开发资源，待遇工人甚厚，合引照队原工程布告通知。若愿工作人民，每日午前十时，午后五时止，到本署核覆后报名登记，以凭定期送往工作。

此布。

中华民国二十七年四月二十六日

兹将金矿探勘队招募工人规程列后：

## 本处工人应募规程

一、年在十八岁至三十五岁之间者，过老过少均不可。

二、素无吸吞鸦片嗜好，而体格强健勤于工作者。

三、工资每月九元，本处供给饭食（菜自备）。

四、每月以三十日计算（无论廿八天或三十一天），如一月内无怠工及受罚而殷勤工作者奖工一日。

五、每十日开支工资一次。

六、如该工人犯规被革除或无论自行辞职者得追还路费。

七、本处给来矿路费每人贰元伍角。

八、工人工作佳良者在相当时期之后本处得酌予增薪。

九、每人工作足一年时给二十天假期，在此假期内仍工作者付双薪。平素请假者其请假总日数得由假期内扣除。

资源委员会四川金矿探勘队（代用）<br>四月二十一日

（资料来源：阿坝州档案馆所藏民国档案，全宗号 8，目录号 1，案卷号 825）

## 17. 抗战期间有关川西北森林采伐及植树造林的部分档案文献

四川省第十六行政督察区专员公署关于和记木号租佃山场开发的训令<br>（建陆字第 2041 号）

事由：为据和记木号呈报租佃该县山场以备开伐姑准备查一案仰遵照由

令理番县政府：

案据和记木号称："以租定理番县属夹石口一带山场以备开伐，恳予出示保护备案。等请具呈至署。除以姑准备查。"云云。除饬其具图呈报外，俟该号砍伐放漂时再出示保护。合行令仰知照！

此令。

专员：谢

（资料来源：阿坝州档案馆所藏民国档案，全宗号 8，目录号 1，案卷号 771）

## 第十六行政督察区专员公署关于和记木号开发森林予以保护的批示

（建陆字第 2042 号）

呈一件——原具呈和记木号租佃理番夹石口山场请予出示保护备案由

呈悉，查该号租佃山场，应具图呈报，以凭查核，姑准备查。仰将开伐区城绘具图纸，呈准予砍伐放漂时，再出示保护可也。

此批。

专员：谢

中华民国二十六年十二月一日

附一：

## 和记木号就开发理番夹石森林资源
## 请予保护给四川省第十六行政督察区专员公署的呈

具呈人和记木号，为租佃山场请予出示保护备案事。窃和记租定理番县属夹石一带山场以备开伐，藉以繁荣地方，一俟筹备就绪，即当招工砍伐，理合依法先行呈报钧署核示备案，出示保护并恳令理番、汶川两县政府于漂木经过时一体保护实为公便。

谨呈第十六区行政督察专员谢

和记木号（印）

回复：本署先备案并令理番知照备案，俟砍伐放漂是再出示保护。

十一、十九

附二：

## 四川省第十六行政督察区专员
## 谢培筠关于和记木号请予保护给秘书的信函

东侯秘书雅鉴：

兹寄回署和记木号备案呈文一件，指令应饬具图并训令理番县府知照，俟砍伐放漂时再出示保护。

奉此即颂时绥。

附和记木号呈文一件又账目查张转交马会计照折支新并及

谢培筠（印）

十一月十九日

附三：

## 四川省第十六行政督察专员公署
### 为准予开放本区森林以应需求而资救济给四川省政府的呈

（建陆字第 113 号）

事由：呈为准予开放本区森林以应需求而资救济恳核示遵照

查本区署各县地属偏僻，涧丛岭复，九石一土，农产无多，人民生活向极穷苦。自遭"匪"后，残破不堪，尤难恢复。职督察斯土已阅一年，虽重承钧府意旨，尽力从事，安辑抚绥，究以凋敝过甚，疮痍难起，附躬循省，良用悚惶，兹根据夙苦经历及一年来之考察，虽现耕熟土有限，食粮产量难图增加，然若从事林、矿、药材之开发，垦殖牲畜之推进，亦易使残破不堪之农村日就荣繁，生活窘迫之边民有所改善。即于国家富源，亦不无关系。不过，开发本区，以汉夷杂处，风俗闭塞，而蕴藏之富，又经年属于夷地，着手次第，必须先择可能者以实施，方不致惹起边民之反感。又须选择易于收效并以举办即能取得内地企业人士之信心。故宜先经营林业，次为药材、矿产，再次则及于垦牧。

开发森林为本区目前最急要之开发事业，特将经营理由及办法坦陈于后：

本区森林分布之区域极广，漂运之便此无论也。其在岷江、沱江（杂谷脑河）流域以及理番以西由猛古沟来汇于沱江芦捍桥之猛古河流域，可以砍伐漂运之木林为建厅委员刘有栋调查数目十倍以上，皆为原始森林，可供长期之采伐。查我屯殖督办署经营期间，本区社会安定，益以义昌、松茂荣、泰和三大木厂及其他小厂，先后在各地伐木。人民因之多所收益，金融亦极活动，榛莽之边区已微有繁荣之气象。不意民二十二年叠溪积水溃发，各厂漂运在途，及堆积于灌属紫坪铺之木材悉被洪水冲没。继复因灾患停工，木厂固已受损。本区人民亦多不聊生。去年"赤匪"经过，有数木厂入山施工，多半在岷江之威州以下，及理属沱江沿岸抽伐。故一年以来，商旅负贩，自灌城至威州一段极多，由威州至理番之来苏沟以及由威州至茂城则比较稀少，由茂县至松潘则更稀少。虽非路断人稀，实已极萧条之致。

足见设厂伐木与否对本区社会荣枯实相关联。本区人民生活困难情形，迭细沥陈，请予拨款举办农贷，奉令以本省农村合作委员会因经费所限，对于农贷事宜，目前无法举办等因。值此春荒可虑，农贷未经确定之先开办木厂亦救济之途。

惟上年松泰木厂依据森林法援照旧案，呈请继续砍伐新桥沟大沟两处木材业经特呈核准。嗣该厂以该两处森林难以持久，据呈转请开发理番属之二道桥一颗印沟森林。奉令以发放森林，正有整个计划，应候办法决定，另令饬遵。以故其他木厂虽呈请立案，即未便据以转呈。

据本署调查，本区现有木厂将从事继续经营者，计有五家。或则已经呈准省案，或只与当地居民租佃。前者尚无若何流弊，后者每以不明森林法关系，将国有林认为私有林，希图租金，各厂藉此认为取得林业所有权，滥行砍伐。经本署查办制止，则本厂与地主双方，又因之时生纠纷。故欲开发本区森林必须依照森林法规完具立案手续，其合于规定呈请立案者应即准许。

现成渝铁道行将开工，所属枕木最初或在二百五十万乃至三百万筒之间。逐年更换所需木材更多。本区森林，自应列入国产枕木之列。上年行营召集川黔专员会议，经建议开放本区木材以作成渝铁道枕木。奉令候省府核办。钧府明令候定整个计划，当系顾及此点。惟查本区森林树种可供枕木之用者，只铁杉一种较多，桦榆木材极少，此外木材大都木质疏松，不堪用作枕木，而可供各项建筑之用。近来成渝附近县份建筑日益发达，正需多量木材。其来源不外松、理、茂、汶、雅安、荥经、乐山、雷马屏等各地。如不开放伐木，则建筑所需必感缺乏。重庆方面，近已有洋松洋杉之输入，利权外溢，尤觉可惜。目前开发边区，呼声正高，实际亦经济建设运动之一，据调查在本区投资伐木者，类多内地热心企业家。在者鼓吹奖劝，尚恐召之不来，今则自愿投资，正可藉此增高其信赖，以为将来结合社会经济力整个开发边区之先擘。

至于各处林区，虽间属夷地，但各该边民已深蒙伐木利益，对于木厂极表欢迎，无虑发生若何反对者，并可进而谋其他事业之发展。且亦于谐和汉夷亦有关系。或者谓森林可以调和气候，涵养水源，如加砍伐，则于气候农事不无影响。实际伐木之际，务令抽留母树，不难萌芽更新。继更新困难，及时播苗造林，正可以补救。是在监督指导得与否之问题，非林木根本之顾虑也。即枕木问题，可于具立案时，严禁砍伐铁杉，桦榆等木材，以备成渝铁道日后之用，并于平日及放漂时派员检查，如发现砍伐枕木材料，即严加处罚，自可使枕木得以保留，为建筑材料亦不致废弃无用也。

综上各种理由，倘准开发本区森林，布告人民令具依照森林法规，承领砍伐则本区人民之生计，商业之繁荣，汉夷之融洽，内地建筑木材之供给，资金之集团，滥伐之管制均可解决。除各木厂呈请立案，分别考察情形，另文呈请鉴核外于省准予开放本区森林以应需求，而资救济。各缘由是否有当伏祈鉴核示遵。

谨呈四川省政府

全衔专员：谢○○

中华民国二十五年三月十八日

（资料来源：阿坝州档案馆所藏民国档案，全宗号8，目录号1，案卷号771）

## 来苏沟土官寨首出租山林木场同松泰伐木公司的契约

书立出租森林山场文约代表来苏各沟负责人团总孙少卿，保长王庆余、任大吉，乡约哈渣喇等。情因地瘠民贫，连年荒灾滋行，且遇道匪徒又常潜隐山林，思欲挽救地方经济，除谋建设一切公益，碍于经费无着。窃思山产林木过于茂密，既易潜隐匪盗，又妨碍交通，以有用之木材弃之于深山之中，真是怀玉无识，于地方社会两无补济。因此商同全沟民众将森林砍伐以备建桥路、庙宇及地方一切建设。故将狮子坪起至大秋地以上之大石堡此中间及沿河两岸并各沟山场所有杉树出租于松泰伐木公司，不拘年限尽量砍伐。议定押租银伍十元，每年乾租银一百八十元。其押租一年，现交乾租洋，进山砍伐时一季交清。两方各无异言，兹特订立合约，各持一张为处。

松泰负责人：饶寿川　李树藩　龙祥斋

来苏沟负责人：孙少卿　王庆余　任大吉　哈渣喇

松泰公司为开发国家富源补助社会建设,砍伐来苏大沟林木投资甚巨,凡地方建设历年尽量捐输,今因来苏大沟特别建设,全沟首人民众补助以林木代价由。松泰每年以伐木橛一季,认山场国币七十元,每年规定春秋两季两次分股,先交后砍,且租之后仍随砍伐。本沟已到未到之人不得异言。空口无凭,立条约,各持一张为拟。

　　松泰负责人:饶寿川　李树藩

　　来苏大沟各寨:王庆余　沙长发

　　承认负责代理人:柏玉山　木耳甲寨首

中华民国二十七年阴历又七月十六日

(资料来源:阿坝州档案馆所藏民国档案,全宗号8,目录号1,案卷号771)

### 理番县来苏沟土官与泰和木号租赁山场砍伐森林的契约

立写出佃山场文约人来苏沟民众代表孙根耳甲、黑耳甲等,情因我来苏沟树木繁荣,素甲逾一方,惟受资本限制乏力开采,以致天然富源湮没崖土,是以集众商议所有狮子坪至芦捍一带树木连年风摧自朽妨害道路,莫若一并出佃与泰和木号山场经理毕干成名下承领开伐,为国开源。况此一带树木逼近官道荫蔽极深,易于藏匿,大凡来苏发生贼盗案件每由于此。如能将两旁树木砍臻,路必宽敞,行商来往自能远望,纵有不测亦易准备。以此之故才有招佃开伐之必要。当托中证谈合收押金伍拾元,立约现交外砍伐一年再认租额一百元。年归年款跟循推进,不能短欠。砍伐地自狮子坪起至芦捍桥止。界限遵照规定,年限由客自主。自订约双方不得有违及越轨阻挠情事,爰双方同意议会,无毫分勒逼行为,故以立约为具。

　　出佃山场树木人:团总孙根耳甲　团正黑耳甲　甲长呵忠

　　凭中人:王维斌　王荫三　杨纯五　王增伯　陈宝光　陈德称　黄成鑫

　　代笔:余常庆

民国二十六年十月二十日立约

(资料来源:阿坝州档案馆所藏民国档案,全宗号8,目录号1,案卷号771)

### 懋功县造林实施办法

一、总理逝世十三周年纪念会,城区本府召集党政军及机关、法团、各学校、民众于三月十二日在第一区署举行植树式,其余就各区署举行。各地方机关法团学校及民众团体一律参加,不得规避,并于是日下半旗志哀。

二、造林时间,自三月八日起至十一日止各级公务人员、全体学生、民众,各在规定范围内自备苗木,实施造林。自三月十二日起至十八日止,为扩大造林运动宣传周,各校学生由各校教职员督率自制各色旗帜上书标语,努力宣传工作。

三、各区场镇街市民众由当地区联保甲长督率于各铺户前广地内植树以调和空气。

四、全县农民由当地保甲长督率于住宅周围造林以调和空气,并于各农民所有土地界内荒地河岸尽量造防灾林,以储蓄雨量防止旱灾。

311

五、本府全体职员由邓科长领导于粮台街县府旧址内外造风景林以调和空气。

六、本府直属机关法团及新街保甲长由杨区长领导于粮台湾一带造风景林。

七、懋功县立小学校全体学生由张校长领导于下场场口起至三官桥一带道旁植树并培植学院风景林。

八、天主堂私立小学校全体学生由何校长领导于天主堂起经正春门至县政府旧址城墙边一带，设防风林并培植学校风景林。

九、清真寺私立小学校全体学生由虎校长领导于营盘街场口起至石门一带造防风林。

十、省立懋功小学全体学生由苏校长领导于学校内培植学校风景林。

十一、懋功县在营模范队全体学员由李总队附领导于营盘街大操场周围造风景林。

十二、全体各校庙宇所有地由葛校长庙首主持培植风景林。

以上各条各级公务员暨全体学生民众应一律遵照以备培植风景，防旱防空防毒之用。

**标语**

1. 总理精神不死。

2. 各界民众施行造林以备防空防毒之用。

3. 全民抗战应努力造林运动。

4. 森林是吸炭吐氧对于人生有莫大的利益。

5. 森林能储蓄雨量防止旱灾巩固堤防。

6. 要防止旱灾必先造林。

7. 要防空防毒应积极造林。

8. 要调和空气应积极造林。

9. 大家联合起来打倒日本帝国主义。

10. 实行三民主义。

11. 中国国民党万岁！中华民国万岁！

中华民国二十七年五月三日

（资料来源：阿坝州档案馆所藏民国档案，全宗号 8，目录号 1，案卷号 772）

### 懋功县府就总理逝世十三周年纪念日
### 举行扩大造林运动给四川省第十六行政督察区专员公署的呈
（建陆字 396 号）

事由：呈为呈报总理逝世十三周年纪念日举行扩大造林运动宣传暨造林情形恳予鉴核备查一案由

二十七年三月六日案奉四川省政府二十七年建字第 3534 号训令开："查三月十二日为总理逝世十三周年纪念，各地方自应举行植树式及扩大造林运动宣传周，切实造林以备纪念，合行令仰该县遵照办理为要。此令。"等因。奉此，当即遵照规定，酌量地方情形，拟具造林实施办法，令饬各机关、法团、学校暨各区署转饬各保甲长督率民众于三月十二日以前，遵照造林实施办法，到达指定地点，切实造林，并布告全县民众一体遵照各在案。随派本府农林技士董慕舒为指导员，督促各团体努力造林工作，计于附城一带植有柳树苗五百六十株，白杨树苗二百一十株，榆树苗五十株，其他杂树苗六十株，总计植树八百八十株，以为民众倡导。并于三月十一日印刷标语贰仟份，分发各区张贴，印刷宣言三仟份，分散民众，作扩大造林运动宣传。十二日午前，召集党政军及所属机关、学校学生与新街、粮台街、营盘街三街保甲长民众，于县城开总理逝世十三周年纪念大会，同时举行植树典礼，计参加十一团体，每一团体为一队，实到人数八百余名。各团体自制各色旗帜，上书标语，于各该队指派主管人员一人领队，由社会军训教官李杰担任总指挥，行列整齐，情绪热烈，至午前时间开会，由职主席领导行礼。如仪后，即席报告开会理由，讲述总理事略，次由本府第三科科长邓健说明造林与防空之关系，及造林之利益，党政军、各学校、团体主管人员亦相继讲演，至十二时遵行，点验造林成绩。由第一区署出发，经新街、粮台湾粮台街、宜春门、中桥、营盘街御碑亭至石门卡，返省立懋功小学校。休息十分钟，仍转营盘街溯原路返第一区，评议造林成绩。沿途唱抗日歌，高呼口号，呼声震天，颇极一时之盛，迄午后二时散会。自三月十一日起，至十六日止，派附城各校校长督率学生于新街粮台街、营盘街分组讲演，作扩大造林运动之宣传工作。至各区署造林情形，一俟呈报前来，再为呈报所有遵办情形。除分呈外，理合具文连同造林实施办法、造林实施表、林场概况表、告民众书，各三份呈报钧署鉴核备查。指令祗遵。

谨呈四川省第十六区行政督察专员公署

附呈造林实施办法、造林实施表、林场概况表、告民众书各三份

懋功县县长：傅梾若

中华民国二十七年三月二十九日

**附一：**

### 懋功县林场概况表

懋功县林场概况表　二十七年三月二十日　　县长：傅梾若　第三科科长：邓健　农林技士：董慕舒

| 场地名称 | 亩数 | 树种 | 种植年月 | 种植株数 | 株数 | 高度 | 株距 | 生长状况 | 备考 |
|---|---|---|---|---|---|---|---|---|---|
| 懋功县政府旧址 | 8亩 | 榆树 | 民十二年三月 | 不详 | 1 | 50 | | 凋零 | 自被"赤匪"蹂躏尚存少数 |
| 粮台湾 | 90丈 | 柏杨柳 | 民十六年三月 | 不详 | 2 | 40 | | 凋零 | 同前 |
| 三官桥 | 90丈 | 柳 | 同前 | 不详 | 无 | | | | 同前 |
| 懋功县立小学体育场 | 4亩 | 柏杨 | 民十八年三月 | 不详 | 4 | 35 | | 茂 | 同前 |
| 省立懋功小学体育场 | 4亩 | 杏 | 民二十年三月 | 不详 | 5 | 30 | | 茂 | 同前 |

四川抗战历史文献
（少数民族卷）

续表

| 场地名称 | 亩数 | 树种 | 种植年月 | 种植株数 | 株数 | 高度 | 株距 | 生长状况 | 备考 |
|---|---|---|---|---|---|---|---|---|---|
| 新街 | 4 | 柏杨柳 | 民二十年三月及二十六年三月 | 不详 | 14 | 30 | | | 同前 |
| 粮台街 | 180 丈 | 榆 | | 不详 | 13 | | | 被"赤匪"砍伐业生新枝 | 同前 |
| 营盘街 | 30 丈 | 柏杨柳杏 | | 不详 | 40 | 不一 | 不一 | 茂 | 同前 |
| 合计 | | | | | 79 | | | | |

说明：懋功县城林场被"赤匪"摧残砍伐殆尽，惟美诺沟沿河两岸尚繁茂如故，其他离城十里外高山老林有胸围大者颇多，森林繁茂未改旧观。

**附二：**

懋功县二十六年度造林实施表

懋功县二十六年度造林实施表　二十七年三月二十日　县长：傅楸若　第三科科长：邓健　农林技士：董慕舒

| 林地名称 | 亩数 | 树种 | 株数 | 株距 | 栽种时间 | 苗木来源 | 管理方法 | 经费 | 备考 |
|---|---|---|---|---|---|---|---|---|---|
| 懋功县政府旧址 | 8 亩 | 柳 | 60 | 2 丈 | 二十七年三月十日 | 美诺沟河岸柳枝 | 派县府公差轮番灌溉并负保护之责，主派技士指导督促 | 无 | |
| 粮台湾道旁 | 90 丈 | 柳 | 45 | 2 | 同前 | 同前 | 派第一区署公差负专责灌溉保护并派技士指导督促 | 无 | |
| 三官桥道旁 | 90 丈 | 柏杨 | 45 | 2 | 同前 | 同前 | 派懋功县立小学学生负专责灌溉保护并派技士指导督促 | 无 | |
| 懋功县立小学体育场 | 4 亩 | 柳 | 20 | 1 | 同前 | 同前 | 同前 | 无 | |
| 懋功县立小学校园 | 50 丈 | 柳 | 12 | 1 | 同前 | 同前 | 同前 | 无 | |
| 省立懋功小学体育场 | 4 亩 | 柏杨、柳、榆 | 68 | 1.5 | 同前 | 同前 | 派省立懋功小学学生负专责灌溉及保护之责并派技士指导 | 无 | |
| 省立懋功小学学校校园 | 6 亩 | 柏杨、杏、榆 | 50 | 1.5 | 同前 | 同前 | 同前 | 无 | |
| 营盘街公共体育场 | 20 丈 | 柏杨、柳 | 120 | 2 | 同前 | 同前 | 派在营模范队学员负专责灌溉保护 | 无 | |

续表

| 林地名称 | 亩数 | 树种 | 株数 | 株距 | 栽种时间 | 苗木来源 | 管理方法 | 经费 | 备考 |
|---|---|---|---|---|---|---|---|---|---|
| 粮台街宜春门道旁 | 40丈 | 柏杨、柳、榆 | 80 | 1 | 同前 | 同前 | 派天主堂公信小学学生负责灌溉及保护 | 无 | |
| 新街 | 180丈 | 柏杨、柳、榆 | 240 | 1.5 | 同前 | 同前 | 由各铺户自行管理 | 无 | |
| 粮台街 | 50丈 | 柏杨、柳 | 40 | 1.5 | 同前 | | 同前 | 无 | |
| 营盘街 | 70丈 | 柏杨、柳 | 110 | 1.5 | 同前 | 同前 | 同前 | 无 | |
| 合计 | 42.5亩500丈 | 柏杨、榆、柳、杏、杂 | 880 | | | | | 无 | |

附注：1. 单位街市道旁植树株距以丈为单位。

2. 本县建设经费无法收入预算，故县所有造林苗木由造林人员自行赴美诺沟折取柳枝及柏杨枝施行插木法，自负灌溉保护之责。

（资料来源：阿坝州档案馆所藏民国档案，全宗号8，目录号1，案卷号772）

## 白龙池拓荒公社给四川省
## 第十六行政督察区专员谢培筠关于垦殖荒地的信函

竹勋先生执事：

天祸吾国，强寇入室，欲抗战胜利，必须持久，欲其持久，必须人尽其力，地尽其利，始克有济。汶川白龙池有荒地焉广袤万亩，水草丰美，土地肥沃，林木茂密，风景清幽而禾黍不繁，桑麻未殖，致原田膴膴，尽成荆棘之场。同人等怀国难之未已，睹莽原而兴叹，爰思竭其绵薄，辟此土田，诚能使地少弃，材亦庶几略充国力。惟是材力短浅，创始艰难，不藉登高之呼，曷收功倍之效。先生道隆德重，冠冕群伦，遇事有赖提倡后进，尤资奖掖。谨简章程敬呈。记室悦荷，赞助即乞。鸿题如能早观，厥成则馨香祷祝者当不仅同人而已也。谨此布达伏维台鉴。祗颂道安不备。

白龙池拓荒公社启

（资料来源：阿坝州档案馆所藏民国档案，全宗号8，目录号1案卷号772）

## 18. 抗战期间国民政府对川西北民间团体工作指导的相关档案文献

### 指导四川省松潘县采金业产业工会总报告

团体名称：四川省松潘县采金业产业工会

工作时间：自二十九年三月二十日至二十九年四月十六日，其间经过二十八日

发起人代表姓名及其略〔历〕：

| 姓名 | 略历 | 住址 | 姓名 | 略历 | 住址 |
|------|------|------|------|------|------|
| 张有余 | 涪陵高小毕业 | 松潘金河坝 | 梁治君 | 曾任军医 | 松潘金河坝 |
| 陆鸣皋 | 曾任县商会会长 | 同 | 王雨田 | 营山高小毕业 | 同 |
| 李荣武 | 军官校毕业 | 同 | 颜仿夷 | 永川中学毕业 | 同 |
| 李青云 | 曾任商会委员 | 同 | 杨永清 | 永川中学毕业 | 同 |

筹备员姓名及其略历：

| 姓名 | 略历 | 姓名 | 略历 | 姓名 | 略历 |
|------|------|------|------|------|------|
| 张有余 | 涪陵高小毕业 | 李青云 | 曾任商会委员 | 陈皓月 | 资阳高小毕业 |
| 李荣武 | 军官校毕业 | 颜仿夷 | 永川中学毕业 | | |
| 王雨田 | 营山高小毕业 | 梁治君 | 曾任军医 | | |
| 陆鸣皋 | 曾任县商会会长 | 杨永清 | 永川中学毕业 | | |

　　指导组织概况：民二十九年三月二十日经该团体发起人张有余等一百人呈请许可组织。二十九年三月二十四日经松潘县党部派助干周峰阳前往视察认为合格，发给民字第二十五号许可证书并派委员王毅为指导员。二十九年三月二十九日由指导员召集发起人谈话会组织筹备会推出张有余等为筹备委员报松潘县政府备案。又于四月五日拟定章程呈请松潘县党部核准并呈报县政府。四月十一日该团体筹备会召开成立大会通过章程，选举职员并将该团体章程呈请松潘县党部复核。于二十九年四月十六日呈请松潘县政府备案，该团体正式成立。

　　团体成立后之概况：

　　团体所在地：四川省松潘县金河坝

| 会员：男 255 人 | | 女　人 | | 共计 255 人（内党员 35 人） |
|------|------|------|------|------|
| 团体 | 机关或团体数 | | 会员代表数 | （内党员　人） |
| | 公司行号或工厂数 | | 会员代表数 | （内党员　人） |

职员姓名及略历：

| 职务 | 姓名 | 略历 | 是否党员 | 职务 | 姓名 | 略历 | 是否党员 |
|------|------|------|----------|------|------|------|----------|
| 常务理事 | 苏文华 | 曾任二十八军营长 | 是 | 理事 | 马祯明 | 曾任保长现任乡长 | 是 |
| 理事 | 李荣武 | 曾任二十八军连长 | 同 | 常务监事 | 易用之 | 永川中学毕业 | 同 |
| 同 | 谢建辉 | 曾任团附营长 | 同 | 同 | 黄再三 | 曾任禁烟所长 | 同 |
| 同 | 陆鸣皋 | 曾任民国大队长及商会会长 | 同 | 同 | 张有余 | 涪陵高小毕业 | 同 |
| 同 | 刘智中 | 曾任金河坝联保主任 | 同 | 同 | 陈皓月 | 资阳高小毕业 | 同 |

团体章程：已呈报松潘县党部备案。

经济状况：会员会费每月平均可收一百六十元，月支一百四十元。

重要工作计划：训练会员，改善各矿工待遇，开发新金矿区。

中华民国二十九年十月二十九日

松潘县执行委员会组织指导员王毅填报

（资料来源：阿坝州档案馆所藏民国档案，全宗号8，目录号1，案卷号49）

## 指导四川省松潘县采药业职业工会总报告

团体名称：四川省松潘县采药业职业工会

工作时间：自二十八年六月二十五日至二十八年七月二十五日，其间经过三十一日。

发起人代表姓名及略历：

| 姓名 | 略历 | 住址 |
|------|------|------|
| 马相义 | 前清文生 | 松潘东街 |
| 马凌云 | 曾任县党委及专属会计主任 | 松潘北街 |
| 马登山 | 曾任甲长 | 松潘火烧屯 |
| 周家祥 | 曾任甲长 | 同上 |
| 杨发春 | 现任保长 | 同上 |
| 赵文珊 | 曾任保长 | 松潘右所屯 |
| 马培龙 | 现任保长 | 松潘火烧屯 |
| 马玉泉 | 小学毕业 | 同上 |

筹备人姓名及略历：

| 姓名 | 略历 |
|------|------|
| 马相义 | 前清文生 |
| 马凌云 | 曾任县党委及专属会计主任 |
| 马登山 | 曾任甲长 |
| 周家祥 | 曾任甲长 |
| 杨发春 | 现任保长 |

赵文珊　　　曾任保长

马培龙　　　现任保长

马玉泉　　　小学毕业

赵文山　　　曾任保长

指导组织概况：

民国二十八年六月二十五日经该团体发起人马相义等五十人呈请许可组织。二十八年六月二十八日经松潘县党部派助干赵仁杰前往视察认为合格发给民字第十四号许可证书并派委员王毅为指导员。二十八年七月二日由指导员召集发起人谈话会组织筹备会推定马相义等为筹备员呈报松潘县政府备案，又于七月八日拟定章程草案呈请松潘县党部核准呈报县政府。七月二十一日该团体筹备会召开成立大会，通过章程、选举职员并将该团体章程呈请松潘县党部复核，于二十八年七月二十五日呈请松潘县政府备案，该团体乃正式成立。

团体所在地：四川省松潘县中街松江茶社

会员：

人数　男 八十五人　女（无）　　共计八十五人（内党员五人）

团体　机关或团体数（无）　　会员代表数　人（内党员　人）

　　　公司行号或工厂数（无）　会员代表数　人（内党员　人）

职业姓名及其学历：

职务　　姓名　　　略历

常务理事　马凌云　　曾任县党委及专属会计主任

理事　　杨发春　　曾任火烧屯保长

同　　　周家祥　　曾任甲长

同　　　马玉泉　　初小毕业

同　　　赵文山　　曾任保长

团体章程：已呈报松潘县党部备案。

经济状况：会员会费每月平均可收八十余元月支七十六元。

重要工作计划：训练会员，发展药业。

中华民国二十九年十月二十九日

松潘县执行委员会组织指导员王毅填报

（资料来源：阿坝州档案馆所藏民国档案，全宗号 8，目录号 1，案卷号 49）

# 19. 四川第十六区专署关于救济战区难民的代电

## 四川省第十六行政督察区代电

（建拾叁）

事由：为准微代电检发章则宣言答予组织分会进行劝捐一案因未奉到章则电请补

发由

成都四川省民众救济战区难民劝捐会共鉴准微代电：贵会业于皓日在成都市商会内正式成立。依照会章全川各重要城市应设分会，其余各县应设支会。兹由部检奉寄宣言，嘱邀集各界人士组织分会并督饬所属各县设支会，即日进行劝捐等由，自应照办。惟章则宣言迄今尚未奉到，依循请予补发，以凭办理。

中华民国二十六年十一月五日

第十六区行政督察专员谢○○

秘书杨○代行（印）

（资料来源：阿坝州档案馆所藏民国档案，全宗号 8，目录号 1，案卷号 901）

### 四川省民众救济战区难民劝捐会快邮代电

（壹 33）

第十六区行政督察专员公署公鉴：

自全面抗战发动以还，临近战区民众伤亡流离不可胜计，全国各地同胞纷起募捐以资救济，义问昭宣，举世同钦，吾川人民爱国好善素不后人，亟应急起直追共襄义举，爰由省会各界人士发起组织本会以为倡导，业于皓日在成都市商会内正式成立。依照会章全川各重要城市应设分会其余各县应设支会。兹除由邮本章宣□外，特此电陈，敬请贵署鼎力赞助，邀集各界人士组织分会一所并督饬所属各县各设支会一所，即日进行劝捐，一有成数即行。

成都四川省民众救济战区难民劝捐会执监常委：嵇祖佑、周道刚（印）

回复：代电。章则尚未奉到，请补发，以凭遵办。

十月二十八

（资料来源：阿坝州档案馆所藏民国档案，全宗号 8，目录号 1，案卷号 901）

## 20. 四川省政府关于战区流离失所儿童保养教育的档案文献

### 四川省政府为协助儿童保育及教养等工作的训令

（民字第 19062 号）

事由：奉行政院令饬协助儿童保育及教养等工作一案令仰遵示由

令第十六区行政督察专员公署：

案奉行政院渝字第四九二八号训令："案奉国民政府廿七年六月十日渝字第二六三号训令开：案奉中央执行委员会廿七年六月六日鄂感字第二九○号函开。查自抗战以来战区儿童多因避难栖流异地，亲属离散乏人教养，其于国家民族之损失亟巨且大。现战区扩大，流亡儿童日益众多，各地慈善机构及有识之士已纷起从事于儿童保育及教养等工作，各地党政机关自应尽量协助以宏效益。兹经本会第七十八次常会决议，令各省市

党部并函国民政府通饬主管机关及各地方政府对于此类团体尽量协助。在案除分行外相应函达即希查照办理，等因。到府应即照办，除函复外合行令仰该院通饬遵照此令，等因。奉此，除分令分行令仰该省政府遵照并转饬遵照。"奉此，饬分令外合行令仰该署遵照并饬所属一体遵照协助为要。

此令。

主席：王缵绪

民政厅长：稽祖佑

中华民国二十七年七月

（资料来源：阿坝州档案馆所藏民国档案，全宗号 8，目录号 1，案卷号 901）

### 四川省第十六区行政督察专员公署训令

（总十二字第　号）

事由：为奉令转饬遵照协助儿童保育及教养等工作由

令松潘理番茂县懋功汶川靖化县政府：

案奉四川省政府廿七年民字第一九〇六二号训令开：案奉行政院云云为要。等因。奉此，除分令外，令行令仰该县府即便遵照，特饬所属一体遵照，尽量协助为要。

此令。

转令各县政府遵照协助。

四川省第十六行政督察专员公署：谢〇〇

（资料来源：阿坝州档案馆所藏民国档案，全宗号 8，目录号 1，案卷号 901）

## 21. 关于防止外国传教士收留难民训练汉奸的档案文献

### 理番县县政府第三区区署训令

（民字第 3 号）

事由：为奉转严密注意外籍人士藉传教为名收容难民训练汉奸帮助敌人仰即遵照由

令新溪乡联保办公处：

七月二十二日案奉理番县政府民八六字第二四三号密令："奉转四川省政府准宪兵司令部密报洛阳发现意籍教士藉收容难民为名训练汉奸帮助敌人，及外国教士向西北移动甚多，各等情。饬严密注意防范。层转到署，除分令外，合行令仰该主任即便遵照，凡有外籍人士藉传教或其他工作者务须严密注意清查，勿稍玩忽为要。

此令。

中华民国二十七年七月　日

区长：王光白

（资料来源：阿坝州档案馆所藏民国档案，全宗号 4，案卷号 98）

## 22. 抗战时期有关没收敌货慰劳抗日将士的相关档案文献

### 松潘县府就本县并无敌货入境及查禁敌货案件给省府的呈

（民贰 7 字第 2172 号）

事由：为呈复本县并无敌货入境亦无执行查禁敌货案件及没收情况请予鉴核备查由

本年十一月七日案奉钧府秘字第一五九五四号训令开："以冬令已届，寒衣之需要方殷，各地检查机关没收之敌货布匹，作慰劳抗战将士之用，饬将执行查禁敌货案件，有无应行没收敌货布匹，分别遵办具报。"等因。奉此，查本县远处边区，番多于汉，从来人民服用布匹，多用土货。自抗战以还，匪特无敌货入境，即国货来源亦少，并无执行查禁敌货案件，亦无没收情况。兹奉前因，理合具文呈请钧府鉴核备查。

谨呈四川省政府

松潘县长：黄

中华民国二十九年十一月七日

附：

### 四川省政府为没收敌货作慰劳抗战将士之用给松潘县政府的训令

（秘字第一五九五四号）

令松潘县政府：

案奉行政院二十九年十月十一日阳叁字第二零九五二号训令开："案准中央执行委员会秘书处公函，据陇海铁路特别党部执行委员会呈转第十七区分部呈为各省市对于劝募寒衣正在积极进行，但冬令已届，寒衣之需要方殷，拟请将各地检查机关没收之敌货布匹充作慰劳抗战将士之用，请鉴核等情转请查照核办等由。准此。除分令外合行令仰参酌办理。"等因。奉此，除分令各区专署、各市县政府及有关机关遵照外，合行令仰该县自行查禁敌货案件有无应行没收敌货布匹分别遵办具报。

此令。

主席：蒋中正

中华民国二十九年十月　　日

（资料来源：阿坝州档案馆所藏民国档案，全宗号 8，目录号 1，案卷号 330）

## 23. 川西北民族地区禁烟禁毒的档案文献

### 川康绥靖主任公署防止私贩麻醉药品的训令
#### （二十六年法字第 6885 号）

令四川省第十六区行政督察专员公署：

案奉国民政府军事委员会委员长兼禁烟总监禁统字第八四零三号训令开："禁烟总会案呈准行政院第壹一四零一六号公函开：'前据外交部呈请，转请将国际防止私贩麻醉药品公约公布俾便实施等情，到院当经转呈鉴核施行在案。兹奉国民政府二十六年十月六日第二零七七号指令开："呈悉准予公布。除刊登公报外，合行抄发约文，令仰转行知照。此令。"等因。在此除分行外交部及卫生署知照外，相应抄同原件函达查照转呈。'等由。除分令外，合行抄同原件随令附后，仰即知照并通饬所属一体知照。此令。"等因。附抄送国际防止私贩麻醉药品公约一份。奉此除分令外，合行印发国际防止私贩麻醉药品公约一份，令仰该署即便知照，并转饬所属一体知照！

此令。

计印发国际防止私贩麻醉药品公约一份

主任：刘湘

中华民国二十六年十二月八日

（资料来源：阿坝州档案馆所藏民国档案，全宗号 8，目录号 1，案卷号 648）

### 防止私贩麻醉药品公约

各缔约国为严行惩办违犯一九一二年一月二十三日签订之海牙禁烟公约、一九二五年二月十九日之日内瓦禁烟公约及一九三一年七月十三日之限制制造及调节分配麻醉药品公约所规定之犯罪行为，并采取适宜于现在状况最有效办法以便取缔私贩前项公约所载之麻醉药品及原料起见，遣派下列全权代表……其全权证书经审查合例议定各条如下：

第一条（一）奉公约内所称之麻醉药品，即指一九一二年一月二十三日海牙公约及一九二五年二月十九日与一九三一年七月十三日两日内瓦公约业经载明或以后加入之药品及原料；（二）本公约内所称"提制"之意义，即指自一种原料或化合物中提取麻醉药品之行为，亦指实施制造或变造而言，但自罂粟取得生鸦片之行为乃属于"生产"之范围，不得视为"提制"。

第二条 各缔约国应制定法律条文对于下列各项之犯罪行为严行惩办，尤宜科以徒刑或用其他方式剥夺犯罪者之自由。

甲、违背上述各公约之规定而制造、变造、提制、调制、持有、供给、兑售、分配、购买、出售任何名称之交割、经纪、发送过境、寄发运输、输入输出各项麻醉药品；

　　乙、有意协同共犯本条所列各罪；

　　丙、同谋违犯任何上述各罪；

　　丁、未遂犯及本国法律所规定之预备行为。

　　第三条　凡缔约国在他缔约国领土内享有领事裁判权者应由该国制定法律，对其国民在他国领土犯第二条所列各罪予以惩办，最低限度应与在其本国犯上述各罪同样严厉。

　　第四条　第二条所指每种犯罪行为如在非同一之国内构成应各自分别论罪。

　　第五条　各缔约国之法律对于以获得麻醉药品为目的而从事种植、收获及生产等事有所规定，则凡违犯该项法律之行为亦应严行惩办。

　　第六条　凡承认国际累犯原则之国对于在他国犯第二条各罪之宣告应承认其累犯之原因，但以不违背本国法律所定之条件为限。

　　第七条　（一）在不承认"引渡本国人犯"之原则各国，其人民在外国犯其二条之罪而返回本国时，应予究办与该犯在其本国犯罪者同，即便该犯获得国籍在犯罪之后，应同此；（二）如在类似之案件中外国人之引渡不能准许者，前项规定不能适用。

　　第八条　外国人现在缔约国领域内曾在他国犯第二条所列各罪，如具备下列条件，应与该缔约国领域内之犯罪同样究办。（一）曾被请求引渡而因与其犯罪无关之他种理由，不能照准者；（二）逃往国之法律，其原则对于检举外国人在他国之犯罪视为可行。

　　第九条　（一）各缔约国已订或将订之引渡条约内当然包括第二条所指各罪；（二）各缔约国如不以有条约之根处或不以相互为引渡之条件，应承认上述各罪为彼此间可以引渡之罪；（三）引渡之准否应按照被请求国之法律决定之；（四）被请求之缔约国如其主管官吏对于所追究或宣告之罪认为情节不重者，得拒绝逮捕或引渡。

　　第十条　凡用以犯第二条各罪之一切毒品或原料及器具得依法缉获没收之。

　　第十一条　（一）各缔约国应在其本国法律范围内设立一中央事务所藉资监视及调剂一切必要工作以防止犯第二条所列各罪，并能使执行追究各该犯人之办法；（二）此项中央事务所，甲、应与其他管理麻醉药品之官吏或团体密切联络；乙、应集中所有便于检查及防止第二条所指各项犯罪行为之消息；丙、应与其他各国中央事务所密切联络，并得直接通讯；（三）如缔约国之政府为联邦制或其行政权分配于中央与地方政府时，则本条第一节所列之监视与调剂事宜及第二节（甲）（乙）两项之规定，应依各该国之宪法或行政制度执行之；（四）凡本公约已根据第十八条施行于任何领区本条之规定得由设立于该领区内或为该领区设立之中央事务所执行之，遇有必要时得与中央区域之中央事务所联络进行；（五）中央事务所之职权得委托一九一三年签订之限制制造及调节分配麻醉药品公约第十五条所规定设立之特殊行政机关承办之。

　　第十二条　（一）各中央事务所应在可能范围内与外国中央事务所密切合作，以便防止及惩办第二条所指各项犯罪行为；（二）此项中央事务所如认为便利得与任何有关国之中央事务所接洽下列事项：甲、各种便于调查或处置正在进行或企图私贩之消息；乙、事务所之获得私贩籍贯年貌之特征以便监视其行动之确实情报；丙、秘密制造麻醉药品工厂之发现。

第十三条　（一）关于送达第二条所列各罪之请求书应照下列办法为之：

甲、最好以各国主管官吏之直接照会或经由中央事务所；乙、或以两关系国司法部长之直接通讯或以请求国另一主管官员对被请求国司法部长之直接照会；丙、或经由驻被请求国之请求国使领代表为达此目的计请求书应由该代表送达被请求国所指定之官员；（二）各缔约国得照会其他缔约国表示希望将在其领域内执行之请求书由外交机关送达；（三）如照第一节（丙）项办法，请求国使领代表应同时将请求书之誊本一份送达被请求国之外交部长；（四）除另有协议外，请求书应用被请求国官员所用之文字或用两关系国所同意之文字；（五）各缔约国应将其所决定采用上述一项或数项送达请求书之方法通知其他各缔约国；（六）执行请求书除报酬鉴定人之用费外，无须缴纳税金或他种用费；（七）本条任何部分不得为各缔约国关于刑事案件承认采用与其本国法律相抵触之认证方式或方法或承认对于请求书在本国法律范围容许外而为执行。

第十四条　各缔约国对于国际公法上刑事管辖之一般问题所持之态度，不因参加本公约而受其影响。

第十五条　本公约对于第二条及第五条所指各罪应按照各国法律惯例究办之原则并不变更。

第十六条　各缔约国应经由国联秘书长交换该国为使本公约发生效力起见，所颁布之各种法规条例及本公约在其领域内施行结果之长年报告。

第十七条　如各缔约国间对于本公约之解释或适用发生争执而不能用外交手续圆满解决时应按照缔约国现行解决争执之协定解决之，倘该缔约国间无此协定，则该项争执应提交仲裁或按照司法手续解决之，倘另行选择法庭不能同意而争执国皆为一九二○年十二月十六日国际常设裁判法庭规约议定书之签约国时，该项争执得因任何一方之请求提交该法庭处理，如该争执国中有一国非上项议定书之签约国时，应交依照一九○七年十月十八日海牙和平解决国际纷争公约所组织之仲裁法庭处理之。

第十八条　（一）各缔约国于签订批准或加入本公约时得声明虽接受本公约，但对于一切或若干殖民地保护国及享有宗主权或受国联委治之海外领域不负任何责任，则本公约不得实用于该项声明所指各地；（二）各缔约国俟后，无论何时得通知国联秘书长愿将本公约适用于前项声明中所列一切或若干领域，则本公约对于该项通知所指各地自国联秘书长接到通知之日起，九十日后应即适用；（三）各缔约国于本公约第二十一条所定五年期限届满之后，无论何时得声明本公约对于该国一切或若干殖民地保护国及享有宗主权或受国联委治之海外领域停止适用，则本公约对于该项声明所指各地自国联秘书长接到声明之日起，一年后应即停止适用；（四）国联秘书长应将根据本条所接到之各项声明及通知转送国联会员国及第十九条所指定之非会员国。

第十九条　本公约以英法两国文字为标准载明本日之日期，自本日起至一九三六年十二月三十一日止，凡国联会员国或非会员国曾被邀请参加起草本公约会议者或经国联行政院寄送本公约一份请签字者均得签字于本公约。

第二十条　本公约应经批准手续，批准书应送达国联秘书长由该秘书长通知国联各会员国及上条所指之非会员国。

第二十一条　（一）自一九三七年一月起，凡国联会员国及第十九条所指定之非会员国得加入本公约；（二）加入证书应送达国联秘书长，由该秘书长通知国联会员国及该条所指之非会员国。

第二十二条　本公约自国联秘书长收到国联会员国或非会员国十国之批准书或加入证书之起，九十日后发生效力，届期应由国联秘书长登记之。

第二十三条　批准书或加入证书在本公约发生效力以后，收到者应自国联秘书长收到该项文书之日起，九十日后发生效力。

第二十四条　（一）自本公约发生效力之日起，五年期满后得用书面送交国联秘书长申请退出本公约，此项退约声明应自该秘书长收到之日起，一年后发生效力，但以提出此项声明之国联会员国或非会员国为限；（二）国联秘书长收到某国退约声明后，应通知国联会员国及第十九条所指之非会员国；（三）倘缔约国同时或相继退约致受本公约拘束之国联会员国及非会员国为数不足十国时，自最后一国退约声明依据本条之规定发生效力之日起，即停止施行。

第二十五条　任何受本公约拘束之国联会员国或非会员国，无论何时得函达国联秘书长请求修正本公约，该秘书长应将此项请求通知受本公约拘束之其他国联会员国或非会员国，倘赞成修正之国家达三分之一时，缔约国得开会讨论修正本公约。

（资料来源：阿坝州档案馆所藏民国档案，全宗号 8，目录号 1，案卷号 648）

## 四川省第十六区行政督察专员公署
## 关于转发《防止私贩麻醉药品公约》的训令
### （民捌字第 2164 号）

令茂县、松潘、理番、汶川、懋功、靖化县府：

案奉川康绥靖主任公署二十六年法字第 6885 号训令："特奉委员长兼禁烟总监令，据禁烟总会案呈准行政院函，以据外交部呈请转请将国际防止私贩麻醉药品公约公布，俾便实施等情。径呈奉国府令准抄发约文，转行到署，饬转知照。"等因。合行抄发公约一份，仰即知照。

此令。

抄发公约一份。

专员：谢

秘书：杨（代行）

中华民国二十六年十二月二十一日

（资料来源：阿坝州档案馆所藏民国档案，全宗号 8，目录号 1，案卷号 648）

## 理番县政府关于黑水禁烟的呈
### （民一发第一八三六号）

十二月二十五日案据第三区署呈称："前奉钧府令饬查禁种烟具报等因，遵即会同唐科员普州前往职区三番黑水查勘，业将遵办情形会报呈核在案。兹据黑水头人苏永和、芦花头人塔斯哥、杂窝头人功高杨平会呈称：二十六年十月十七日各奉钧

署二十六年民字第二七号训令开……查禁种事项早经层峰三令五申严饬查禁在案，法令森严岂容忽视，奉令前因除分令并随时派员查勘外，兹制发条令四张仰该头人即便遵照切实督同小头人一致查禁，勿容再有一株烟苗发现，务使达到根绝要举并查明各地前此偷种未铲之户，一律予以处罚报核，仍将遵办情形随时报查为要。附发条令四张，后于同月十八日钧座暨县府唐科员等亲临职等所属各地查勘面谕前情，各等因。奉此，自应遵照切实严禁所属人民偷种鸦片并将布告张贴通道，惟职等所属人民自奉层峰禁令，职等挺身前赴种烟各地铲绝毒卉，未留根株，并于今春偷种烟苗人民亦分别处罚，所有今春冬苗及明年春苗情事实难措办。人民缘黑钵寨上年偷种烟苗未尽铲绝均感不平，藉为口实，现有偷种情事，再三谆谆劝导，说明鸦片害及自身并连累国家，置之罔闻并有汉奸运来枪弹调换鸦片，煽惑抗种。故有冬烟偷种发生，无法制止。上呈钧座转呈上峰核示有效办法以资遵办。至面谕各具切结二份，谨遵缮具随文赍呈。钧署鉴核指令祗遵附呈切结六份，刘耀辰原函件一件。等情。据此查该呈所称汉奸运来枪弹调换鸦片等情与具缴刘耀辰函件印证，虽未指名具报然已显明。但耀辰系现任四十五军谢部副旅长刘耀奎之弟，是否汉奸不敢断定。至贩枪弹换烟既有函业已证明，复查该耀辰所运枪弹系前自行率兵两排至杂谷脑夹带运往，所夹带之枪弹究有若干尚未查明。据呈前情除指令并于会呈文内坩呈切结及呈明提留各该头人切结一份存署备查外，复据各该头人暨三齐番联保主任蔡兴隆、新番联保主任陈木匠、保旧番联保主任王南康，遵奉钧令各又出具未种烟切结五份，先后无文呈缴前来理合备文连同复具切结及照抄刘耀辰函件一并赍呈钧府鉴核，指令祗遵。"等情。

附呈照抄刘耀辰致苏永和函一件、切结三十份，据此。除切结汇案另呈并以"呈附均悉。查刘耀辰率兵两排，经过县境，曾由本府电报专署奉令饬各该区署澈查有无私运枪弹售卖情形，并饬拿办在案，复于电报时一面因该区长赴夷地查禁种烟，曾由本县长密令就近详查具报。兹据来呈及附件，该耀辰竟夹带出售枪弹，且运弹至三十箱之多，查该耀辰曾行至该区地段，此累累三十箱之子弹，何以当时竟无觉察，究竟夹带之情形如何，枪弹确有若干，除先行据报，专署并令二区署查覆外，仰该区署仍遵照澈查再报，以凭核转。至该耀辰仅系售卖枪弹，抑或确有汉奸行动，事关重大，不能忽略，仰一并查确报核。又关于禁种部分，前据该区长会同唐科员呈报时，已予明白指示并仰遵照切切此令，切结存转"。等语指令，并再令催二区署澈查呈覆外，理合照抄呈刘耀辰致苏永和函一件，具文报请钧署鉴核示遵！

谨呈四川省第十六区行政督察专员谢○○
附照抄呈刘耀辰函一件

理番县长：龚万材（印）
中华民国二十六年十二月二十六 日

（资料来源：阿坝州档案馆所藏民国档案，全宗号8，目录号1，案卷号916）

## 松潘县政府为烟民登记清理告民众书

同胞们：

六年禁绝烟毒计划已过去一年，二十九年限期一满，无论种运售吸都一律处死刑，法令是何等的严厉？蒋兼总监为要贯彻禁绝计划，同时又怕无知民众不悉法令的严厉，自陷死地，所以要彻底把烟民登记起来，以便分年统筹施戒，到了限期，烟民绝尽，烟毒也就禁绝了。但是，以前登记的册子，多半不实，所以有些烟民没登记，有些应登甲乙等的，登记成赤贫，应登记成赤贫的，又列入甲乙等。此次省政府和禁烟特派员公署，秉承蒋兼总监的意思，颁布烟民登记清理办法，已由本府受交各区署及联保甲长，实行清查，另行登记，另受新执照。意思不过要烟民数目实在、等级合适，以便由政府办大规模的戒烟医院，分期传戒，不至于烟民吃得起戒不起！所以各级保甲人员，职责所在固应尽量举发登记，就是烟民本身也应立即自动向保甲长报请登记。经过此次总登记以后，如果再发现没有执照的烟民，那么保甲长固然要受严重的处罚，因为他调查不实，烟民的本身就要勒戒，要罚款，要坐监。即便没有被政府察觉，但是规定要有执照才能买烟，烟土又是由政府统运统销，那么没有执照，瘾也把你害死！况且真是贫穷人，还可以领取免费执照，有钱人一季出三五块钱照费，也算不了一回事。吸烟的人们，请自己想一想，究竟登记好还是不登记好？现在国难严重到这样，还不戒烟，再等何时？本府深恐你们执迷不悟，贻害终身，所以不殚烦琐，一再向你们解释。如果仍像过去，隐匿规避，抗不登记，那本府也算仁至义尽，只好执法以绳了，何去何从，望再三思。

中华民国二十六年十一月十日

（资料来源：阿坝州档案馆所藏民国档案，全宗号5，目录号1，案卷号116）

## 理番县政府关于夷地清厘烟民登记办法的呈
### （禁十二字九十二号）

事由：为据转本县夷地清厘烟民登记办法恳祈

二十七年一月二十七日案奉署同年民捌字第一四八号训令奉令："转饬迅速拟具夷地清厘烟民登记妥善办法，呈候核转。"等因。当经转饬第三区署遵照办理在案。兹据该区署以：遵令拟具夷地烟民登记清厘办法，赍请核转示遵等词并连同拟具办法，呈复前来。除指令印发外，理合具文连同原办法赍恳。

核转示遵。

谨呈四川省第十六区行政督察专员公署

附呈原办法一份

理番县长：龚万材<br>中华民国二十七年二月十二日

附：

## 理番县第三区署遵令查酌夷地情形拟具烟民登记清厘办法

一、查区属夷地烟民至多，其性强悍愚疑，妄以一经登记，政府即按名征收照费及以戒烟为痛苦，自恃居山险以为自吸藏土莫奈我何，故曾一度宣传拒不接受。若以兵力强制登记，即正式军队恐亦难为。惟其性独畏飞机，见则视为神圣，跪拜齐服。请派飞机散发汉夷文传单宣传登记之意义，并明示决不取照费以威服其心。否则恐难收效。

二、经飞机散发传单后，县长区长随带翻译同时亲至各夷地召集各级头人与保甲人员确切晓谕烟民登记之利益及不登记之弊害，一面督饬各该头人保甲人员分转晓谕所属烟民，然后分组实行登记。盖以夷民头人夜郎自大，恐非县长亲临难以服从，故拟恳同往也。

三、查本区三番、黑水夷地纵横数百里，居民距离甚远，又系高山，登记日期至快必需四月方能办竣。

四、查各该夷地食品如油米盐肉菜均无，必须由外间购运，所需工作时间又久，因之需款至巨，恳予核定足用经费数目以资办理。

（资料来源：阿坝州档案馆所藏民国档案，全宗号 8，案卷号 931）

## 理番县县政府呈明夷地烟民登记困难请予展限的快邮代电
### （民六二字第二号）

事由：据三区署呈明奉办三番夷地烟民登记困难情形恳予展限办竣另案具报转请核示由

茂县专员谢钧鉴：

案据第三区区长段从康微代电开二十六年十二月四日案奉钧府二十六年民一字第一七三五号训令奉转专座养代电饬即遵限奉办三番夷地烟民登记等。因职查三番夷民虽渐向化，然因经费困难保甲尚未查编，推行新政较已编保甲各地百倍困难，尤其登记烟民。前经职与唐科员会查各该夷地烟苗，会同宣传登记烟民之意义，再四劝导登记。殊一般烟民妄疑一经登记将仍取照费俱不遵从。经职等晓谕仍听之貌貌，且各该地纵横百余里，当此严寒之际积雪阻碍交通，而奉限期迫仅有旬日。现即勉强再去举办，到达该地而期限已届。况因区域辽阔、气候严寒、夷人强悍，种种特殊情形又非短时间所能办理完竣。此系事实，非空言所能济事。理合再电呈明恳予展限于二十七年四月底办理完竣，另行专案报核。至于已编保甲各地决谨遵限完成。呈报伏祈鉴核电示祗遵等情。据此查所说各情尚属实在。可否如请展缓敬祈鉴核示遵。

理番县长龚万材叩（佳印）

中华民国二十七年一月九日

（资料来源：阿坝州档案馆所藏民国档案，全宗号 8，案卷号 931）

## 理番县政府关于黑水夷地查铲烟苗的呈
（民陆 3 字 15 号）

事由：继续呈请对于县属黑水夷地禁种工作并恳转呈迅采有效办法施行一案由

窃职办理县属黑水夷地禁种情形，曾经迭次呈报并将第三区区长段从康、科员唐普州到黑水查禁。发现冬烟情形详报，奉有指令在案。除遵照特派员公署、省府指令敬候筹定有效办法外，兹遵将继续办理情形呈报如次：

一、黑水头人苏永和派有通司彭子华等到府，请予转恳发还来苏沟头人田地，除派员协助清查钧署核示外，并即详告种烟之害，禁令之森严，令转达苏永和，更书具白话函件饬交苏永和负责查铲。又该苏永和送有夷民王启新到县城求学，经职令在县立第一小学肄业，并由职资助伙食费用。学期终了，该启新暂回黑水。职复书函令交苏永和、高羊平、塔斯哥各头人，谕令督铲烟苗，并饬王启新返黑水时沿途尽量宣传禁政及政府的威德。

二、凡遇黑水人来城，如石碉楼夷民阿六等十余人，及龙坝管家丹丹等，均用跳锅庄方式令其集合，派员宣传鸦片之毒害及政府禁种之决心。

三、复印制大量简单明了之禁种布告，送往黑水张贴。

四、再函宣谕委员李阳三，请其协同多方宣禁。

以上系用不断宣禁方法以求万一之效，惟探该黑水夷人之语意，似认禁种问题既已迫切至多能再种一年，故不惜冒不韪以下种，且恐有扩大种烟地段之势。职府权力既属有限，应请钧署将办理困难情形赐转特派员公署、省府，迅将有效办法筹定施行，以收宏效。无任沾感。仍候指令祗遵。

谨呈四川省十六区行政督察专员公署谢

中华民国二十七年二月二日

理番县长：龚万材

（资料来源：阿坝州档案馆所藏民国档案，全宗号 8，案卷号 931）

## 理番县政府关于任用土官夷地查铲烟苗的呈
（民陆 2 字 20 号）

事由：呈报遵令查铲夷地烟苗情形由

案奉钧府二十七年民捌字第二五四号训令饬派妥员查铲夷地烟苗具报等因。职查县属黑水三番夷地自去岁由府派员前往查禁烟苗时即着手普遍宣传，先后印制白话布告、标语、条令分发各夷地张贴，并于二十六年十月十九日分委苏永和、公高羊平、塔斯哥为各该地查禁种烟委员负责查禁。复于十月令派本府科员唐普州、第三区区长段从康驰往查铲，又跌函宣慰松理茂懋汶土官边民委员李阳三派员前往协同办理。遇有来县夷民并讲解种烟利害及政府禁烟决心，复派通司彭子华及黑水夷民王启新等持谕饬苏永和负责查铲并到黑水广为宣传禁政。所有一切经过情形业于二十六年民 1 字一六七二号、二十七年民陆 3 字一五号、民陆 2 字第一六号呈报在案。最近又印制白话布告、标语多份

送各夷地张贴，并严令邻近隘口保甲团队封锁夷地烟土外运，以期完成夷地禁烟任务。但夷人罔识义理，畏威而不怀德，绝非文告、口舌所能肃清毒卉。兹奉前因除再令第三区派干员驰赴夷地查处禁种并饬令苏永和、公高羊平、塔斯哥负责铲禁外，理合将办理情形报请钧府鉴核俯赐，转请采取有效办法指令祗遵。

谨呈

中华民国二十七年二月二十日

理番县长：龚万材

（资料来源：阿坝州档案馆所藏民国档案，全宗号 8，案卷号 931）

## 理番县政府关于夷地查铲烟苗的呈

### （民陆 2 字 18 号）

事由：据黑水头人苏永和函呈夷人偷种烟苗铲禁恐生他故转呈请迅采有效办法以肃禁政由

案据属县头人苏永和函呈称："顷奉来示敬悉种切对于种烟一事自应遵命办理，无奈百姓等自遭地震、'共祸'之后饥寒交迫，哀鸿莫救，竟有暗地偷种以冀救济目前之举。职闻悉后即切实劝谕令已种者立铲，未种者勿得犯禁。乃伊等谓去岁政府既未派军队督铲，又未派飞机炸毁。现在饥寒众多，若不允人民种点以维持生计。虽头人严令禁止，恕不能遵。且去岁三溪、黑钵等种烟，风闻向政府认有罚款。民等亦欲援例一次。"等语。似此情形职欲严行铲尽又恐发生他故，特此肃覆，敬乞示遵等情前来。查黑水夷民强悍，前曾有负隅自固情事，匪特纸片文告及徒手劝谕不能济事，即派遣军队督铲亦难免持险抗拒，查所措各词纯系捏故推诿，其情大可想见。倘黑水烟苗不能禁绝，则比邻之三番亦将效尤。其唯一有效办法只有派遣飞机先往散发传单，继择种烟之处略施轰炸。盖夷民所恐者唯有飞机。即职府向夷民宣传及该头人约束其部属亦系以飞机轰炸为警告。此种情形前经具陈报恳转请采取有效办法办理早在洞鉴之中。旋职将继续施禁情形速报。恳速定有效办法施行各在案。兹具该头人函陈前情，益觉非有飞机宣传轰炸不能肃清夷地烟苗，除指令驳斥所呈各点纯非事实，令该头人仍负责铲毒勿得诿卸并再多制禁烟布告广为张贴宣传外，理合据情转恳钧府念夷地情形特殊迅赐转请采取有效办法以肃禁政。是否有当，伏候令遵。

谨呈四川省第十六区行政督察专员公署谢

中华民国二十七年二月十六日

理番县长：龚万材

回复：指令仍勒令各头人负责查铲，不得诿卸责任并转呈核示。

二月二十一日

（资料来源：阿坝州档案馆所藏民国档案，全宗号 8，案卷号 931）

## 四川省政府关于黑水夷地禁烟及派飞机协禁的指令

### （民禁字 01600 号）

事由：据转呈理番县府报黑水夷地禁烟工作及苏永和函陈夷民偷种烟苗请迅采有效办法转请核示，经本府再请派机协禁奉核后再饬遵由

令第十六区行政督察专员公署：

二十七年三月五日呈一件，为转呈理番县府续报黑水夷地禁种工作及苏永和函陈夷民偷种烟苗请迅采有效办法转请核示由。呈悉。查理番县长龚万材曾以本案情形呈报到府，当以呈悉。查本省边地各县夷民彪悍，施禁困难，已由本府复请行营酌派飞机协助查禁，俟奉核示，再行饬遵。惟现值烟苗长成之时，在未奉核示以前，该县长仍须督饬该黑水头人苏永和运用政治力量妥为查禁，毋任兹延。并仰遵照指令去讫，仰即知照，并督饬办理为要。

此令。

中华民国二十七年四月十六日

主席：张群

民政厅长：嵇祖佑

（资料来源：阿坝州档案馆所藏民国档案，全宗号 8，案卷号 931）

## 四川省第十六行政督察区专员公署
## 为严令切实铲除烟苗否则派飞机轰炸的训令

### （民捌字第 64 号）

事由：为严令切实铲除烟苗否则派飞机轰炸一案由

令松潘、靖化、理番、茂县、懋功、汶川县政府：

查本区辖县为绝对禁种区域，迭经三令五申严行查禁，不准有一茎烟苗出现在案。现据调查所得仍有不肖汉夷人民在深山偏僻地方偷种烟苗。现冬烟势旺成熟，春烟亦复出土，似此违法犯禁殊堪痛恨！兹为采取有效办法业经呈准派遣飞机前往督铲。特恐一般无识夷民执迷不悟，一旦遭受轰炸，事皆可怜。为此令仰县长即便遵照，切实查禁，妥为宣传，无比反复开导，令其自先铲绝，免受飞机轰炸，是为至要！切切！

此令。

中华民国二十七年四月二十四日

专员：谢

（资料来源：阿坝州档案馆所藏民国档案，全宗号 8，案卷号 931）

### 代理懋功县第一区区长就禁烟困难
### 给四川省第十六区行政督察专员公署的呈

事由：为闻多土劣勾结种烟恳请派队来县镇慑以便铲除而重禁政由

窃区长偎以铨才，得力警讯，自愧力薄，无补时艰，去岁九月谬蒙省府特达殊知，委代懋功县第一区区长之职，尸位半载，幸免衍尤。惟查懋功地处边陲，汉夷杂处，民风刁悍，每多贪利种烟。去岁上峰派队来县铲除，殊杨营长不尽职责，受众贿赂，得银四千余元，以故至今人多藐视禁令。现值春耕下种之际，区长一再三令五申，并随时出巡，召集民众讲解禁烟意义，如有偷种，准即来署密报，奖银10元。其中彻底了解者固多，而顽梗不化者亦不少。近闻有枪土劣勾结民众偷种烟苗，虽得诸传言，不足凭信，而一旦发现将来受累何堪？再四思维，实难缄默。四月二日呈报县府转请上峰派队来县镇慑，如有发现立予铲除，以便肃清而重禁政。俟至四月十日，奉到县府指令开："呈悉。该员所请转呈。上峰派队来县镇慑，以便督铲之处，本府早已转呈省府核示矣。仰即知照！此令。"等因。奉读之余，但未定办法。兹有不能已于言者。复查此间，地处边疆，民多悍不畏法，稍不如愿，动辄约集戕官。曾闻民国五年因禁烟而击毙汉军营长张春发，十一年为判案而截杀御任知事张仕君，十四年因挟嫌而砍死驻军副官王玉龙，十六年为捕人而逐走清乡司令张炳增，二十五年因争权而枪害保安队长杨范九。仗恃边远，习以为常。今区长处此汉夷杂处之处，又值人都悍不畏法之地，若操诸过激诚恐险象环生，如敷衍因循，又觉有负委任，究应如何办理之处，尚祈钧署核夺令遵！

谨呈四川省第十六行政督察专员公署谢

中华民国二十七年四月

代理懋功县政府第一区区长：杨春泽

回复：指令仍仰督饬查铲，并叙明越级呈诉不合。惟案关禁政姑予免究。

四月二十三日

（资料来源：阿坝州档案馆所藏民国档案，全宗号8，案卷号931）

### 茂县第三区区长刘直材发现曲谷乡及黑钵寨烟苗
### 给四川省第十六区行政督察专员公署的呈

事由：为呈复遵命随同理番龚县长查铲辖境烟苗。于龚县长离去后在黑钵寨地方发现烟苗两处，虽经饬令偷种之户自行铲除，但该地接壤黑水夷地，民性未训，不特虑其阳奉阴违不予助铲，且恐兹漫他乡，拟恳派兵督铲并查禁他处下种，以肃毒卉，仰恳鉴核由

本年四月四日案奉钧署二十七年民捌字第五七一号训令："以理番龚县长取道茂西查铲黑水烟苗，特饬就便查勘茂西沿途，如有偷种即予督铲。饬随同工作至边境，竣事具报。"等因。职遵于本月五日晨会同理番龚县长由刁林沟出发，道经松溪堡、水草坪，是夜宿沙坝。六日由沙坝继续前进，经哈渣、二木瓜子等处，于午后四时许抵洼地，以上所经各地经职查勘，均未发现烟苗。七日召集第十二三保两保长会商查禁偷种春烟及

维持沿途治安诸问题，遂留洼地一日，故未得与龚县长同行。八日由洼地起程，经苦地瓜子、两河口、半边街，于午后五时许抵黑钵寨。住宿该乡联保主任王国栋家。九日亲赴该寨各处查勘，计发现烟苗两处，一在半边街路侧，面积约数升地，二在黑钵寨河边，面积仅一方地。两处烟苗均方出土。职发现后当即向联保主任王国栋商量铲除方法，据该主任声称，该乡地连黑水夷地，民性未训，铲除烟苗非有相当兵力不可，否则恐生意外，且今春偷种之户虽无去岁之多，但也不仅此一二地方，盖时令关系，多未出土。等语。查该主任声称各节尚属实情，而斯时龚县长已率队远去，职随行仅两人，未敢贸然行事，恐酿事端，徒失政府威信。乃于是日午后三时约集当地保甲人员及民众在王国栋家中开会。计到四十余人。首由职向众说明最近国战情势及我国必胜理由，次讲述政府禁烟之决心，与夫禁令森严，末则饬令凡已偷种之户，准其自行铲除，改种粮食，不予深究。否则派队督铲时，偷种之户除按律治罪外，保甲人员亦应受连带处分。其未种者及时播种粮食，不得存观望之心，自蒙损失。职训示后，与会民众均表示遵从。但默察当地形势，若政府不派兵前往督铲，则该乡各地禁种必成问题，且有滋漫他乡之虞。似此情形，或由钧署酌派兵力前往，仰俟龚县长率队回转时便道督铲，以肃毒卉，是否有当，理合呈请钧署鉴核示遵。

谨呈四川省第十六区行政督察专员公署

茂县县政府第三区区长：刘直材<br>中华民国二十七年四月十七日

回复：（硃谕）并谕王国栋切实查铲具报备考。指令一面严令保甲人员切实查铲具报，一面商同龚县长于返署之便，武力查铲。

四、二十一

（资料来源：阿坝州档案馆所藏民国档案，全宗号 8，案卷号 931）

## 四川省第十六区行政督察专员公署<br>饬曲谷乡联保主任王国栋督铲烟苗的谕单

（民捌字第 758 号）

事由：饬曲谷乡联保主任王国栋督铲曲谷乡半边街及黑钵寨等处烟苗由

四川省第十六区行政督察专员谢谕：

兹查得该管曲谷乡半边街及黑钵寨河边等地，今年又有偷种烟苗情事，实属显违禁令，干犯国法。为此谕仰该联保主任王国栋务即严行督率当地保甲人员清查铲绝，勿得违误，以肃禁政，并将遵办情形报该管区署转呈查核为要。

此谕。

中华民国二十七年四月二十四日<br>专员：谢

（资料来源：阿坝州档案馆所藏民国档案，全宗号 8，案卷号 931）

## 四川省政府关于禁烟办法给第十六区行政督察专员公署的训令

（二十七年民禁字第 01766 号）

令第十六区行政督察专员公署：

案照查禁种烟之施行，以烟苗下种时为第一期，烟苗出土时为第二期，所有分期查禁方法在禁烟禁毒实施规程内规定甚为明晰，各该区县局自应依照规定分期严行查禁，用收根株禁绝之效果。本府于上年九月间曾经会同前四川禁烟特派员公署规定查禁办法两项，以二十六年会民禁字第三九三三号训令通饬遵办烟苗下土时之查禁事宜，一面注重宣传劝导改种粮食，一面层层督饬深入乡村认真查勘。凡属绝对禁种地方，均不准再有颗粒罂粟下土，并经颁贴布告，刻切谕禁在案。旋据各区各县局先后呈复遵办情形，除少数边县夷地外，多称遵令禁绝并无偷种情事。然愚民趋利，难保不玩视法令，而偏僻区域，尤虑查勘有疏。现届春末夏初烟苗已长，二期查禁事宜不容稍缓，极应积极办理。兹再规定办法以利推行：

（一）各县长局长应层饬区联保甲人员就所属境内认真查勘，尤须注意边界区域及偏僻地方，不可稍有疏漏。倘有发现烟苗之处，应即厉行铲除，勿留根株，并呈报查核。

（二）各县长局长应抽查所属境内各区乡地方禁种情形，并层饬具结。

（三）各县局长抽查完毕后应出具肃清烟苗嗣后再无发现之切结，限四月底前呈送该管行政督察专员查核属实，由该行政督察专员加具切结汇转本府查核。

（四）查看发现偷种烟苗者种地充公、种户严办，各级禁烟行政人员分别议处。但在该管区域内自行发现者，准予免处。所有发现偷种之处，并应将发觉及处理情形呈报查核。

以上四项办法，合行通令祗遵。须知国家禁烟政策始终不变，凡属禁种县份均须一律肃清，各该专员县长局长负有禁烟专责，如有贻误，其责非轻。与其事后追惩，贻毒卉潜兹之害，何若事先严厉，为珍灭根株之图，务望层层督厉，如期报核，以凭汇考。除分令外，合行令仰该署遵照办理为要。

此令。

计发结式一张

中华民国二十七年四月十八日

主席：邓汉祥（代行）

民政厅长：嵇祖佑

（资料来源：阿坝州档案馆所藏民国档案，全宗号 8，案卷号 931）

## 四川省第十六区行政督察专员公署关于黑水铲烟改种粮食的训令

（民捌字 450 号）

事由：令切实查铲黑水各地偷种烟苗，多方开导改种粮食以期贯彻由

令理番县长龚万材：

查禁烟法令至属严厉，据调查所得，发现违禁偷种情事，殊堪忧虑。此次，该县长

前往黑水，务切实查禁，多方开导，以贯彻禁政之目的。勿得因循贻误，自干谴责。兹由署拟行命令三纸、标语数种随发该县长转各头人遵照，并将办理情形报核为要。

附发令文三件、标语数份。

中华民国二十七年三月十一日

专员：谢

（资料来源：阿坝州档案馆所藏民国档案，全宗号8，案卷号931）

## 给黑水各头人铲烟改种粮食的训令
### （民捌字第451号）

令理番县龙坝、麻窝头人兼松理游击司令苏永和、木苏头人公高羊平、沙板沟头人忒斯哥：

查偷种鸦片，违犯中央、蒋委员长法令，不用说你们是知道的。只是你们有些百姓不明白利害，贪图小便宜，仍然想今年再偷种一次，明年才断种。不知所得无几，要来干犯国法，并且连累你们头人，认为你们都是在安心犯法了。本专员很知道这种情形，查得你们哪种地方偷种了烟，哪些种了好多，我们都明白。不过，我们希望你们趁早赶快铲了，改种粮食，粮食才是要紧的东西。你们如果趁此铲了的时候，不管人民也好，头人乡约也好，我们都免议。如果百姓再要顽皮不铲，头人乡约也装着不管，我奉行中央法令，就不怪我一一地报上去，等中央、蒋委员长来惩罚你们，就不能宽缓一些了。我们是你们多年的上司，并且同你们有感情，所以这样切切实实地告诉你们，希望要踏实听我的话一齐把烟铲了才好。

此令。

中华民国二十七年三月十一日

专员：谢

1. 偷种鸦片烟是犯中央和蒋委员长法令的！
2. 要当好百姓就不要犯法去种鸦片烟！
3. 头人乡约一齐动手把烟铲了！中央、蒋委员长和我们都很嘉奖你们！
4. 不要贪小利再想偷种一年鸦片烟来犯国法！
5. 赶快铲了烟好种粮食与我们黑水大家有益！

处理意见：龚县长定期到黑水，应令其切实查铲烟苗，善为开导，并由署制标语发严令（汉夷文对照），令各头人遵办。速解送龚带去。

一科　三、十一

此前意见：令苏永和、公高羊平、忒斯哥严禁百姓种烟。上年种者处罚报核，本年自种者惟该头人是咎。汉奸贩枪贩烟，枪准没收，有烟可向土行正大光明求售。

一科　速办　二、八

（资料来源：阿坝州档案馆所藏民国档案，全宗号8，案卷号931）

### 四川省第十六行政督察专员公署给苏永和的训令

（民捌字 250 号）

令松理剿匪游击司令苏永和：

兹派本府宣抚委员蔡沅江前往理番黑水等地处理烟民清厘登记复清事宜，仰该司令于该员到达时，务须妥为保护，予以协助。俾得早日完成复清工作，勿得忽误为要。

此令。

中华民国二十七年二月十二日

专员：谢

（资料来源：阿坝州档案馆所藏民国档案，全宗号 8，案卷号 951）

### 松潘县政府关于参酌理番县政府清厘烟民登记办法的呈

事由：呈复清厘烟民登记情形恳请抄发理番县拟就之办法以资参酌办理由

二十七年二月四日案奉钧署民捌字第一四七号训令后开："查该县汉夷杂处，所有清厘烟民登记，与理番县有同样情形，仍应斟酌当地实际情况，迅拟妥切办法，呈候核转。除分令外，合行令仰遵照。"等因。奉此，遵即转饬各区按照当地实际情形，迅拟妥切办法，呈候核转在案。二十七年三月十七日案据第三区区长雷国纲呈称："呈为呈复事，案奉钧府禁字第三号训令开：'为夷地特殊情形，所有清厘烟民登记办法应按当地实际情形变通办理，不以规案为限，迅拟妥切办法，呈候核转。'等因。奉此，查本区汉夷杂处，清厘颇形困难，前呈报之清厘登记烟民册，虽经派员到各处切实清厘，仍恐不无挂漏，现正复行清厘中，并请理番县之办法抄发一份，以便参酌办理。所有呈报及恳请缘由，理合呈文钧府鉴核指令祗遵。"等情。据此，除以"呈悉，准予转请专署抄发俾资参考"指令印发外，恳将理番县拟就办法抄发一份，以便转发各区参酌办理。是否有当，理合具文恳请钧署俯赐鉴核。指令祗遵。

谨呈四川省第十六区行政督察专员公署

松潘县长：萧廉武

回复：指令并抄发理番县拟夷地清厘烟民办法。

二十七年四月十三日

（资料来源：阿坝州档案馆所藏民国档案，全宗号 8，案卷号 951）

### 四川省第十六行政督察专员公署就农民代表密报
### 懋功前任县长包庇种烟擅收铲烟费请予查办给懋功县府的指令

（民捌字第 396 号）

事由：训令饬查据游绍清密报该前任县长乐九成包庇种烟勒收铲烟费一案以凭核查由

令懋功县长傅楸若：

案据该县农民代表游绍清以贪鄙成性、包庇种烟密报前任县长乐九成等情前来。仰该县长迅即查明密报各项调查呈报，以凭核办为要。

此令。

专员：谢

中华民国二十七年四月二十八日

附：

## 懋功县农民代表游绍清就该县县长乐九成包庇种烟
## 借事敛财请求依法严惩给第十六行政督察区专员公署的密报

呈为密告懋功县卸任县长乐九成贪鄙成性、包庇种烟、借事敛财、擅抽铲烟经费，恳予拘案严究、依法惩办，追还铲烟经费，以维禁政，而裕民生事。

窃查吾懋功地处边隅，交通阻塞，遭匪劫余，民生凋敝，十室九空，自乐九成莅任县长以来，毫无建树，禁种鸦片一事，不但废弛，反奖励种鸦片区域内之保甲长，实属万恶滔天，为世界人士所不耻，全国同胞所共弃，禁烟法令所不容。当此抗战期中，竟有如此祸国殃民之毛贼，甚于洪水猛兽，绍清未敢缄默，应进国民之天职，依法检举包庇种烟借事敛财之懋功县长乐九成。

查该县长于二十七年四月到职，即召集各区保甲人员、土司、守备、千总、把总、机关发团、士绅等百余人，开春季行政会议，适有省府派来禁烟视察员李维章到县视察，被邀列席。该九成，公然谓遭"匪"劫余，民生凋敝，准其农民种植鸦片，以裕民生，对于上峰禁令，力求吻合，各屯土及保甲长，首先种植，全县农民闻风兴起，互相竞种，遍地皆烟。

绍清未知该九成有何图谋，未敢种植。不意省府察觉，派来杨芳震营长带兵两连，前来犁铲烟苗，不得一茎收获。该九成乘机召集各区长、土司、守备、千总、把总、机关发团、士绅等开铲烟大会，估派铲烟费八千元，倘有种烟之家，不出铲烟费必将烟苗铲除，不准收获，已缴纳铲烟费者，准其收获。以致一般农民被其欺骗，无不忍痛踊跃缴纳铲烟费。当指派马兴武、马绥之、米国仁为经收员，各区长，联保主任为催款员，加以各保甲长从中渔利，浮派铲烟费，上下交征。该九成以十分之一作奖，以十分之一作津贴，以致全县共派铲烟费约贰万元之多，已收者一万四千元之普。送杨芳震营长四千元，尚存经收员手中及民间者，约三千元，除奖励开支外，悉数为乐九成所得。

该县长迷梦未醒，至省府予以撤职处分之后，四处派走狗张子成、朱海廷、米国仁、马绥之、马兴武等赴各地催收尾欠。各区农民所交农贷，该九成竟移作铲烟费，以致农贷无法归还，总计全县收获鸦片五百余万两，粮食收入损失过半。去岁新烟上市，每两定价一元，准其农民以鸦片折合，缴纳铲烟费。并于新街，私设坭秤，司征坭秤捐。该县长贪心未足，秘密派其公差勤务及其亲友故旧，至三官桥、石门卡、老营、抚边、两河口、美诺沟、僧格宗检查鸦片，以致人民所受损失较"匪"为甚，全县人民莫不含忿填膺，敢怒不敢言。

至今该九成交卸月余，秘密派其爪牙，逗留此间，潜伏农村中，以武力逼迫人民，勒缴铲烟费尾欠。

总上各情，仰恳钧座拘案严究，依法惩办，追还铲烟费，并予严令制止催收铲烟费尾欠。

谨呈四川省第十六区行政督察专员公署

具密告人：农民代表游绍清

中华民国二十七年三月三日

（资料来源：阿坝州档案馆所藏民国档案，全宗号 8，目录号 1，案卷号 918）

## 四川省第十六行政督察专员公署
### 就汉民赴夷地租地种烟令切实查铲给土官荣德清的指令
#### （民捌字第 821）

事由：为据大小姓宣慰员荣德清呈报该管区内有汉民租地种烟一案令往切实查铲并报查由

令大小姓宣慰员、土守备荣德清：

为呈报该管辖区内有汉民租地种烟请设法制止。呈悉。据称该员管辖区内，有汉民租地种烟殊，堪痛恨。除本署严令松潘县政府前往切实查铲外，仰该员仍恪遵先令各令，转饬所属各牌头，不分番汉土地遇有烟苗发现均应一律铲除，务绝根株，以免请派飞机轰炸。仍将遵办情形报查为要。

此令。

专员：谢

中华民国二十七年五月五日

## 四川省第十六行政督察专员公署
### 就汉民赴夷地租地种烟令切实查铲给松潘县府的训令
#### （民捌字第 822 号）

事由：为据大小姓宣慰员荣德清呈报该管区内有汉民租地种烟一案令往切实查铲并报查由

令松潘县长萧廉武：

案据该县大小姓宣慰员荣德清呈称："呈为汉假番地，呈请鉴核示遵。"等情。到署。除以呈悉，据呈称该区内云云，以免请派飞机轰炸等语，指令印发外，合行令仰该县长恪遵迭令，迅赴该地督同各头人切实查铲，务绝毒卉，并层具切结报查为要。

此令。

专员：谢

中华民国二十七年五月五日

## 大小姓土官荣德清就汉人在夷地租地
## 种烟请予制止给第十六区行政督察专员公署的呈

呈为汉假番地违抗禁令，恳请设法制止事。窃查职属小姓沟界连猓地，去年偷种鸦片均系汉奸所为。职因赴省，政府恤念人民痛苦未便根究以为效尤。近查一般滥民前去小姓各寨煽惑鼓吹租地种烟，经职查确除出禁令外，并饬令各寨牌头立锄，严禁各属不得违种及取切结，俟经一茎烟苗发现以该牌头是问在案。惟该滥汉民等鼓吹无识愚番不但不遵反言猓地种得我地亦种得，自遭赤后地方痛苦非仗种烟不足恢复，不然要求籽种一百余石亦能改种。职家寒微，安用何法筹措。去年乎挪籽之款该等现已未还，职亦无法可设。至番民番地本位辖区而汉民则无辖权，若不呈明钧座设法布告制止，对于禁政何堪设想，为此理合具文呈请鉴核示遵。

谨呈四川省第十六区行政督察专员谢

大小姓宣慰员、土守备：荣德清

中华民国二十七年四月

（资料来源：阿坝州档案馆所藏民国档案，全宗号 8，目录号 1，案卷号 918）

## 四川省第十六行政督察专员公署
## 就懋功督铲烟苗经过及调兵协铲给懋功县府的代电
### （民捌字第 835 号）

事由：据懋功县长傅栋若电呈督铲烟苗经过并恳派员调队督铲等情一案由

懋功傅县长鉴：

文代电悉。查该县少数愚民贪利违禁偷种烟苗，上年查禁不力，即经滋植遍地致费兵力督铲，本年下种期，本署曾先行一再令饬严禁种植。据该县府一月二十、二十八，二月十七各先后呈复并无偷种情事在案。现既毒卉仍未清净绝，该县长考成所系，仰仍一面切实运用政治力量禁令查铲勿稍延误。关于调队震慑，顷经呈准上峰于必要时派遣飞机及调大兵督铲，除呈请立即核调部队外，仰即遵照，仍将办理情形随时具报查核。

专员：谢

中华民国二十七年五月六日

## 四川省第十六行政督察专员公署
## 关于懋功铲烟问题及请求调兵督铲给四川省府的呈
### （民捌字 200 号）

窃查懋功县府上年奉办禁政不力，迭经电令严饬办理，仍到处发现烟苗，致费兵力查铲。本年第一期即由署先行一再令饬防禁偷种，及据报该县人民违禁种烟暨转行，钧府会同前禁烟特派署一月皓日会省民禁电先后饬其严行查铲具报在案。经据该府一月二十、二十八，二月十七各日先后呈复并无偷种情事，旋该县前任县长乐九成去职，新任

339

县长傅㮃若到任，本署复饬力行查禁。惟须据文代电称："窃查职县素以产烟著称，云云。不胜迫切待命。"等情。是该县前县长本年仍玩忽禁种，饰词朦隐，现既毒卉滋生，除责成该傅县长切实运用政治手腕禁令查铲外，惟该县民情剽悍，且多反复，实非武力难期根绝。为此据请呈请钧府恳叩调军队前往或派保安队驻防协铲，俾早绝根株，以免贻误。是否有当，伏候示遵。

谨呈四川省政府

四川省第十六区行政督察专员：谢

中华民国二十七年五月六日

附：

## 懋功县府因铲烟困难请派员督铲
## 并调兵协铲给第十六行政督察区专员公署的呈

事由：为电呈督铲烟苗经过并恳派员督铲调队震慑用灭毒卉而肃禁政一案由

茂县专员谢钧鉴：

窃查职县素以产烟著称，近数年来腹地已厉行禁种而懋抚则以位居边徼山险水逆，汉夷杂处，民情反复，偷种之风今犹未杀。职到任后对于禁政时凛冰渊，业经三令五申言行查禁并派员驰赴各区剀切晓谕，俾知禁令森严，期其断绝根株，刻值春耕深恐无知乡愚罔识利害阳奉阴违，仍蹈故辙，特于歌日出巡，经过老营、高店子、乾沟各地察觉土人偷种烟苗约计四千余茎均已铲净，官寨达维、日隆关一带尚无发现，真日返城。又据职复密查报称一区猛固山、唐家山、新桥沟暨抚边特区均有烟苗发现，并称土人密约势将拼死抗铲，职为贯彻禁令计，除多方运用政治力量努力宣传严密查禁，厉行督铲外，万不得已只有不惜一己尽忠职守。第念边民剽悍，好乱性成，职以只身手无寸铁如或精诚不足以资感召，一旦不测致贻西顾之忧，则万死莫赎之愆，更无容辞矣。谨电奉呈伏乞密示机宜，俾有遵循并恳迅予派员督铲调队震慑，用灭毒卉而肃禁政，不胜迫切待命之至。

懋功县长傅㮃若叩（文印）

中华民国二十七年四月十二日

回复：先用政治手腕尽力查铲并将该县选呈本署指令、训令办理各情缕呈，省府请派兵前往协铲或派保安队驻防协铲。

四、二十八

## 四川省第十六行政督察专员公署就懋功县县长呈出巡
## 第三区查铲烟苗经过可否择尤就地正法以立威信给懋功县府的代电

（民捌字第848号）

事由：据懋功县长电呈出巡第三区查铲烟苗经过可否择尤就地正法以立威信一案仰

候转呈核示饬遵仍一面运用政治手腕推进工作由

懋功傅县长鉴：

马代电悉。边民愚诈玩忽禁令，阳奉阴违，自是实情，拟请择尤就地正法以立威信。仰候转呈省府核示办理，一面仍尽力先运用政治手腕切谋推进，以达目的，并将办理情形随时具报查核为要。

专员：谢<br>中华民国二十七年五月八日

<h3 align="center">四川省第十六行政督察专员公署就懋功县县长呈出巡<br>第三区查铲烟苗经过可否择尤就地正法以立威信给四川省府的代电</h3>

（民捌字第 204 号）

事由：据懋功县长电呈出巡第三区查铲烟苗经过可否择尤就地正法以立威信一案仰候转请核示饬遵由

成都省政府钧鉴：

案据懋功县县长傅桬若马代电称："窃职于铣日出巡第三区云云，立候示遵。"等情。除以边民愚诈，据报查核等语代电饬遵外，可否准予择尤就地正法以立威信？据理合转请察核电示饬遵。

专员谢叩（文印）<br>中华民国二十七年五月八日

<h3 align="center">懋功县长傅桬若就出巡第三区查铲烟苗经过<br>可否择尤就地正法以立威信给第十六行政督察专员公署的呈</h3>

（民捌字第 204 号）

事由：为电出巡第三区查铲烟苗经过情形并恳迅示机宜可否择尤就地正法以立威信而敬效尤一案由

茂县专座谢钧鉴：

窃职于铣日出巡第三区，经过石灰窑、下油房、柏杨林、黄水沟、何家桥、沙龙沟等处，沿途尚无烟苗发现。即日在区署召集第一联保所属保甲长训话。筱日转道汗牛，经过蛇皮梁子、马厂、热溪、足木中蜡，巧日在第二联保办公处召集上四保甲长训话。皓日在阿司垄、足木两处发现夷人纳寨首等偷种罂粟，立饬犁铲，夷人畏罪潜逃。午后召集春卡窝、第街、潘安、蜡东下四保保甲长训话并发觉潘安夷人偷种罂粟，立令第三区区长侯定远、职府委员刘曦和前往查铲。哿日于返县途中复在小杉木林山麓察觉谢姓偷种罂粟，已饬区署派员督铲。惟查边民愚诈，阳奉阴违，恃险负隅玩忽禁令，虽三令五申犹茫然无睹。纵唇焦舌敝，亦置若罔闻，且以前两任县长对于禁政从未彻底，致潜滋暗长毒卉蔓延，并经上峰派兵到县督铲又竟获侥幸收成，乃贻夷民以口实，视前者为宽大爱民，今则苛刻特甚，益以土劣包庇奸商唆使，更四布流言，以前方抗战紧张，边防关系安危，趁此政府威力无暇顾及之际，乘机偷种希图渔利。似此情形，惟有秉承钧

341

署一面多方运用政治力量启发其爱国家民族之意识，自动相互制止，一面明密派员驰赴各区厉行查禁。职复随时出巡，尽量督铲，第以县境纵横四百余里，山险水恶、雪地冰天，人口复极为散，食宿俱感困难，一往返间辄需旬日，东芟西蔓，顾此失彼。在职则近来驰驱载道，汲汲遑遑，犹恐弗胜，而市井谣传尚谓懋抚禁烟已历数十年，何年不禁，何年不种，何年不铲，何年不收。今某务求断绝根株，贪功害民，誓将拼死反抗予以不利，职以值守攸关责无旁贷，公忠在抱毁誉何惜，只有尽心竭力，匪懈匪驰，伏乞迅示机宜可否择尤就地正法以立威信而儆效尤之处，立候示遵。

懋功县长：傅棻若<br>二十七年四月二十一

（资料来源：阿坝州档案馆所藏民国档案，全宗号 8，目录号 1，案卷号 918）

### 四川省府宣慰松理茂土官边民委员给四川省第十六行政督察专员的函

竹公专座钧鉴：

前奉严令赴各沟调查烟苗以便呈请钧署遴选人员会同铲禁，一面以便覆呈特派公署并遵前令将松坪金厂交涉妥当，将泽坝各土官等率茂谒见，并松城附近各土官亦恳家严领导来谒。自松启行沿途亲查，只小姓一沟种有烟苗，小黑水申能河坝点有少数，自木林、蛇湾二寨也不少，大黑水遍种。因此关系接近该地之区域，皆以效法偷种，此刻派员铲除改种农产推行尚易。如俟收割时则恐夷民铤而走险反为棘手。松坪金矿无大问题，今接宜玛派来人云伊恐稍延半旬方可出沟。代呈新派员同往各土至今未奉复示，昨日黄士元兄顺呈一切。待率领伊等到茂再为面呈一切。

四川省府宣慰松理茂土官边民委员：李<br>中华民国二十七年五月一日

（资料来源：阿坝州档案馆所藏民国档案，全宗号 8，目录号 1，案卷号 918）

### 关于黑水夷人意图抗铲烟苗及对县长不利的实况函复

专座书闻有黑水夷人意图联合抗铲烟苗及对杰人县长种种不利谣言各节，当经查询苏永和在茂之高通司，据述近情由龚县长适在麻窝受苏请留小住数日，藉便督铲该处烟苗，不日将赴沙板沟取道马塘返县，并已分拨所带保安队兵一部由得石窝小路出孟董沟返理番。并无不利情事云云。顷并据秦委员柄及阳分队长台普偕同到署报告情形亦均相符，足证讹言无稽，幸勿为虑。专座五日因事赴省代覆希释历念。再，贵府前处报苏有调兵攻犯来苏之事，讹言不为无因，惟双方虽有戒备，不过虚张声势，不致擅兴动地盘，此次杰人与苏晤面想已切实开导，制止矣。专座为其衡处，今又生端情节，差互须俟车驾返时始得厘决，目前仍妥为劝谕双方息争，勿任妄动，是所切仁并此附违即颂勋绥。

弟：杨○○<br>五月　日

（资料来源：阿坝州档案馆所藏民国档案，全宗号 8，目录号 1，案卷号 918）

## 四川省第十六行政督察专员公署
## 饬懋功县府尽力运用政治手腕查铲烟苗的代电
### （民捌字 949 号）

事由：据呈奉饬切实铲烟苗否则请派飞机轰炸呈复经过情形并恳立示机宜一案仰遵，代电尽量先运用政治手腕查铲请准派机后再饬知由

懋功傅县长兼佳代电悉：

本署业经呈请仰遵齐日民八字第 848 号代电先事尽量运用政治手腕切行查铲俟请准派机后再行饬知。

专员：谢

中华民国二十七年五月二十一日

附：

### 懋功县县长请求派飞机督铲鸦片给第十六行政督察专员公署的呈

事由：为遵从严令切实铲除烟苗否则请派飞机轰炸呈复经过情形并恳立示机宜一案由

茂县专员谢钧鉴：

案奉钧署民八字第 764 号训令："饬切实铲除烟苗，否则请派飞机轰炸。"等因。窃职县查铲烟苗情形，业经先后电呈请示在案。奉令前因，特再将经过情形缕呈于次：

一、前据职府委员刘曦和、曾辅钧查报，三区所辖发现冬烟，计窝底沟约五千茎，足木约四千茎，热溪约五百茎，均经令饬该员等于三月三日前往分别铲除净尽，并饬种户具结不得再有偷种情事。冬烟确已根绝。

二、职县辽阔且系蛮荒，对于禁种曾经三令五申，并派员驰赴各区宣传，虽唇焦舌敝，仍觉徒劳无补，又复令委各联保主任兼任检举委员相互查铲，以期肃清毒卉。乃近据职复密查报称一区所辖猛固山、大坝口、新桥沟等处仍有一二不肖汉夷愍不畏法，于深山僻野偷种春烟，已严饬一区杨区长切实上紧查铲。又抚边特区两河口等处亦查得有少数春烟行将出土，已令刘区长严厉铲净去讫。职并拟最近出巡该两区实行复查。

三、职县对于种户办理情形在第一期内以地方瘠苦人民愚诈，一经查出，立饬铲除，并具永不偷种烟苗切结后即交由该管保甲长监视。现值第二期凡发现春烟出土之种户，除立饬铲除外，并予监禁，确未罚金。此查铲经过情形也。

县境夷民仍有执迷不悟者钧署请派飞机督铲实有必要，仍恳从速派遣以资示威而利推行。马代电拟请可否择尤就地正法，以立威信之处，近复据各区长恳同前情伏乞立示机宜俾有遵循不胜迫切待命之至。

懋功县长：傅楸若

中华民国二十七年五月九日

（资料来源：阿坝州档案馆所藏民国档案，全宗号 8，目录号 1，案卷号 918）

### 四川省第十六行政督察专员公署
### 饬松潘县府尽力运用政治手腕查铲烟苗的指令
（民捌字 984 号）

事由：据转松潘县府恳请派飞机宣传调动旅震慑以资督铲夷地烟苗等由

令松潘县政府：

五月十六日禁字第 2 号呈一件，据情恳转请派机宣传示威，以资督铲各地烟苗并请令饬苏永和铲除。呈悉。查理番黑水头人苏永和所辖地面，去岁发现偷种烟苗，曾经上峰及本署派员先后督铲，以该处地形险僻，勘察不易，自未能一次根绝。几经清铲，始查竣事。夷情互关，或以此引起讹传，如苏永和人民最初亦以茂县曲谷乡黑钵寨有烟未铲，欲图藉口情事。其间更不免有狡黠渔利之徒，为之播扬，以至误会滋大。惟各有主管，职责所归，不能藉词诿卸。本年黑水地方复有少数顽昧夷民，不知法令，不明利害，贪利偷种，顷已令饬理番县长亲往查铲，务必根绝。该县长考成所在，自应一体严切遵办。勿得循迟误机，致干咎戾。除既适呈省府应核示办理外，仰仍一面切实运用政治力量，迅行躬赴各地查铲，用绝毒卉。不得搪卸，仍将遵办情形报核。

此令。

专员：谢

中华民国二十七年五月二十六日

（资料来源：阿坝州档案馆所藏民国档案，全宗号 8，目录号 1，案卷号 918）

### 四川省第十六行政督察专员公署
### 关于理番、松潘铲烟应调兵及派飞机协铲给省府的呈
（民捌字第 229 号）

本署近据查报松潘县属云昌寨小姓及小黑水申能河坝、刺木林、蛇湾等地发现偷种烟苗。经于五月十二日令饬松潘县府查铲去讫。兹据该府五月十六日呈，为据该县第一区区长冯博文呈转该管联保主任杨泽孚报称番民藉口理番黑水苏永和地面既然种烟，请开恩准再种一年，稍苏"匪"后元气，否则只有拼命各情。转请迅筹制止办法。该府经一面商同土官边民宣慰委员李阳三召集云昌土官迅饬铲除，并令冯区长派员查勘乌木树一带报核，后以关内七寨前因土官承袭及他种纠纷，已厉兵秣马，跃跃欲试，经多方抚劝，至今犹未安定。现恐闻风言督铲，酿成惨剧。请转呈行营派遣飞机宣传示威。或动旅一营震慑，派员劝铲，及专饬苏永和一并铲除，等情，分呈到署，呈悉。仍将遵办情形报核。等因，指令去讫。查所呈各情，系属事实。颇有严重可虞之处，应筹确切办法，以免发生意外，本署力有不逮。为此具呈钧府，恳予如请指调动旅，或转呈行营派机及筹他项妥善办法，示饬遵照，以利禁政。至理番县长查铲黑水烟苗，该地险僻，夷情复杂，能否顺利铲绝，殊难预料，及懋功烟苗滋植情形，拟恳并为衡处。指令祗遵。

谨呈四川省政府

专员：谢

中华民国二十七年五月二十三日

（资料来源：阿坝州档案馆所藏民国档案，全宗号 8，目录号 1，案卷号 918）

## 松潘县府为据情转呈行营派遣飞机来县宣传示威
## 以资督铲各地烟苗并请令饬苏永和一并铲除给第十六行政督察专员公署的呈

事由：呈为据情转呈行营派遣飞机来县宣传示威以资督铲各地烟苗并请令饬苏永和一并铲除由

案据第一区区长冯博文呈称："卷查本署迭奉钧府上转严令饬查铲烟苗勿令再有一茎发现。于向系产烟地带，尤应特别注意等因，各在案。窃本区去岁仅小黑水、乌木树、刺木林、泽坝、荣昌土官属之小姓沟有偷种情事，经钧府及费检举员覆检委员先后宣谕督铲净尽，经呈报有案。因恐各该夷民顽梗不化，故态复萌，遂遵令于解冻后烟苗出土期亲往镇平一带视察。据该管联保主任杨泽孚报称：'小姓番民仍有多数偷种烟苗，经职向其开导违禁种烟之害，冀其悔悟，自行铲除，殊彼辈不特不铲，反称去岁便令铲除，原为汉番一律平等，俱不得种，故忍痛铲净，耗费许多人工肥料。殊黑水头人苏永和所辖地面并未一律铲净，政府亦未处罚，获利至多不平孰甚。今年黑水依然普种，我等松属番民又不准种。同在政府管辖之下，岂伊苏永和势大力强，逐可独享。请转呈区长县长开恩准种一年。俾"剿匪"损失之元气得以稍苏，感戴无涯，否则只有拼命。等语。主任亦无可如何，只得报请区长作主。'等语。前来经职复查该小姓沟确有烟苗并闻乌木树、泽坝等处因秘通黑水亦藉口种烟。窃查烟禁之严区长绝不感稍有忽视，单番民之横悍，窥其蓄意似今年已再不可理喻。第一苏永和连年种烟，不能令其心折；第二当此次抗战严重关头似又不能派队督铲，引起边衅，且以区长之力亦无从强迫铲除，此禁绝之期，愈迫烟土之价愈高，利令智昏并坚其横悍之气。区长巡视归来，寝食难安，几于束手无策，理合缕呈钧府俯赐迅筹制止办法，不胜屏营待命之至。"等情。据此，查该小姓沟土官番民，曾于去岁具结不种烟苗于先。经察觉偷种，复悔过具结于后，以系番民愚顽，曾商同省府所派费、谌二委员，恳予从宽，面饬在案。乃仍冥顽不灵，藉词要挟，破坏禁政，莫此为甚，殊堪发指。除商同土官边民宣慰委员李阳三立即召集荣昌宣委员兼大小姓土官荣德清来府，剀切训诫，转饬限期铲除，并指令该区长迅予派员查勘乌木树一带是否确有烟苗，具报备案核办外。窃查抗战军兴，后方空虚，本县关内七寨，前因土官承袭及种种纠纷，已属厉兵秣马跃跃欲试，经县长多方抚劝，稍得安谧，至今犹未全定。该诸不肖部落，生活迫于后，大利诱于前，且有苏永和为之藉口，若县长据以区区保壮各队，声言督察，万一启番民易兴之心，促成流血惨剧。谅非钧署安定后防之至意，拟请转呈行营派遣飞机来县宣传示威，或经派劲旅至少一营来松震慑，一面以军事武力为后盾，一面派员竭诚开导。庶几兵不血刃，禁政得以推行，威信亦可不坠。至于苏永和历年以来兼并需索，日益坐大，边区禁种，具伊为之阻，应请转饬一并铲除制止，免别部有所藉口。禁种前途，实深利赖，除经呈省府核示外，理合请

转呈钧署核示祗遵。

　　谨呈四川省第十六区行政督察专员公署

松潘县长：萧廉武

中华民国二十七年五月十六日

　　回复：指令仍运用政治力量切实查铲，不得借口苏永和地界偷种就玩忽禁令并候转呈省府调遣大兵及飞机到县镇慑。

五、二十一

（资料来源：阿坝州档案馆所藏民国档案，全宗号 8，目录号 1，案卷号 918）

## 四川省府就请准行政院派机协禁
## 督铲烟苗给第十六行政督察专员公署的指令
### （民禁字第 03366 号）

　　事由：据呈请派飞机宣传示威以资铲烟一案已经请准派机协禁所请派兵应毋庸议黑水烟苗及时督铲仰遵照由

　　令十六区行政督察专员公署：

　　二十七年五月二十六日呈，为据松潘县府呈恳转请派机宣传示威及调动劲旅震慑以资督铲各地烟苗情形请核示办理由。呈悉。查此案业经松潘县府经呈前来当以呈悉。查本省边夷各地，违禁种烟情形，业经本府据情电转，行政院指派飞机协助查禁，已奉核准，并商空军学校准于本月五日起，几次飞行各边县巡视，散发禁烟传单。曾以（世）电饬知各该县在案。据呈各情，着即乘此派机巡视之际，赶速派员分头督谕查铲，勿稍诿延。所请派兵一节，应勿庸议。至称黑水地方，依然普种等请，仰候令饬该专署县府并责成宣慰委员李阳三及时督铲，该黑水头人苏永和负责铲除，以重禁令。并仰知照，等语。指令并分饬理番县府暨宣慰委员遵照在卷。仰即遵照，及时督率办理为要。

　　此令。

主席：王缵绪

民政厅长：嵇祖佑

中华民国二十七年六月十一日

## 四川省第十六行政督察专员公署转饬松潘县府奉到
## 省府派机宣传以资查铲烟苗的指令要松潘、理番县府及时督铲的训令
### （民捌字第 1195 号）

　　事由：为本署据转松潘县府请派飞机宣传示威以资查铲烟苗呈奉到省府指令转令遵照由

　　令松潘、理番县政府、松理茂懋汶土官边民宣慰委员李阳三：

　　案据该县府、松潘县政府以边区夷民偷种烟苗呈请派机宣传示威，及调动劲旅震慑，以资督铲。等情。案经本署据请转呈在案。兹奉四川省政府指令开："呈悉。查本省边夷各地，违禁种烟，业经本府据情电请行政院指派飞机协助查禁。已奉核准，决于

本月五日，派机以次飞行各边县巡视，散发禁烟传单。仰各县政府乘此派机巡视之际，赶速派员分头督谕查铲，勿稍透延。至黑水地方，依然有普种情事。仰该专署县府并责成宣慰委员李阳三及时转谕该黑水头人苏永和负责铲除，以重禁政。"等因。奉此。除分令外，合行令仰该县府即便遵照。利用机会，及时督铲，务绝根株。

此令。

专员：谢<br>
中华民国二十七年六月二十七日

（资料来源：阿坝州档案馆所藏民国档案，全宗号8，目录号1，案卷号918）

### 四川省松潘县政府造呈查禁种烟支付旅费预算书

第一项 查禁种烟旅费支付旅费预算数：43200

第一目 赴白草一带查禁种烟旅费：43200

第一节 夷务员旅费：4800（查该处辖地东西相距一百六十余里，南北相距两百余里，距城三百六十里，派事务员一员会同区长率壮丁二十名、队长一名前往查铲，计往返全程约二十四日，该事务员日支旅费两元，合支如上数）

第二节 区长及队长旅费：12000（区长日支费三元，队长支二元，合支如上数）

第三节 壮丁二十名及公差二名旅费：26400（壮丁二十名公差两名，每名日支五角计二十四日合支如上数）

合计：43200

说明：查松城至白草一带道路崎岖，山险林密，普通每日行程约六十里，故本书所到往返日期系以最快速度计算，合并呈明。

县长：萧廉武<br>
中华民国二十七年五月

（资料来源：阿坝州档案馆所藏民国档案，全宗号8，目录号1，案卷号918）

### 四川省第十六行政督察专员公署
### 关于严饬铲除大小姓土官荣德清管内烟苗给松潘县府的指令
（民捌字1068号）

事由：据呈复遵办查铲大小姓土官荣德清管内种烟情形一案仰一面严饬该土官自动铲除由

令松潘县政府：

五月未列日呈一件——呈覆遵办查铲大小姓土官荣德清管内种烟情形。呈悉。仰仍一面严饬该土官遵令切实铲除，违则遣飞机轰炸，勿自忽误贻咎。

此令。

专员：谢<br>
中华民国二十七年六月八日

附：

## 松潘县政府为大小姓土官荣德清
## 管内铲烟问题给第十六行政督察专员公署的呈

（禁字第 3 号）

事由：为奉令饬大小姓土官荣德清呈报该管区内有汉民租地种烟一案呈复遵办情形由

案奉钧署二十七年五月五日民八字第 822 号训令，为据大小姓宣委员荣德清呈报该管区内有汉民租地种烟一案后开："合行令仰该县长恪遵迭令，迅赴该地，督同各头人，切实查铲，务绝毒卉，并上具切结，报查为要。此令。"等因。奉此。查此案前据第一区署，察觉小姓沟一带番民，藉词抗令，偷种烟苗，具报来府，曾经本府迭次严令该土官限期铲除，并指令第一区署饬镇江关联保，予以协助，复据情转请钧署核示各在案。乃该土官，既未遵办，竟藉词朦报，以图卸过推诿，殊属狡诈，奉令前因，除再令饬第一区署，迅派委员前往会同该土官将该地汉夷民众所种烟苗一律铲除净尽，取具不再种烟切结报核，并严令该土官切实遵办外，理合将奉令遵办情形，具文呈请鉴核，指令祗遵。

谨呈四川省第十六区行政督察专员公署

松潘县长：萧廉武

二十七年五月

回复：指令速饬各土官切实查铲，违则派飞机轰炸。

六、一

（资料来源：阿坝州档案馆所藏民国档案，全宗号 8，目录号 1，案卷号 918）

## 四川省第十六行政督察专员公署
## 就小姓沟及小黑水发现烟苗问题给松潘县府的训令

（民捌字第 874 号）

令松潘县政府：

据查报该县云昌属小姓一沟及小黑水申能河坝夷民种有烟苗，刺木林蛇湾两寨偷种尤属不少。值此禁政森严之际，本署曾一再饬查铲竟仍有烟苗发现，足见奉行实有不力。夷地偷种烟苗前经呈准派机轰炸及调兵督铲，惟念夷民愚昧，未遏功令，拟于必要时始请执行。仍先切谋政治解决，合行令仰该府迅即派员前往切实劝谕铲除，免干咎戾，并将办理情形报查为要。

此令。

专员：谢

中华民国二十七年五月十二日

## 四川省第十六行政督察专员公署
## 就黑水发现烟苗问题给理番县府的训令
### （民捌字第 875 号）

令理番县政府：

据查报该县黑水各地现正遍地烟苗，并影响其他临近各地亦有效尤偷种之势，实属不合已极。查前各地发现烟苗饬该县长前往严堪，后经训令切实运用政治手腕劝谕铲除，乃现更为滋蔓，隐患堪虞。前经呈准派机调兵督铲，惟必要时始克执行，用免炎昆之祸。合行令仰赶行各地晓示利害，务令铲绝，免贻罪咎，并将办理情形报查为要。

此令。

专员：谢

中华民国二十七年五月十二日

## 四川省第十六行政督察专员公署
## 就黑水禁烟问题督饬责备苏永和禁烟不力的训令
### （民捌字第 876 号）

令松理游击司令苏永和：

据查报大黑水各地人民现已遍种烟苗，该司令不加查禁，实属不合。黑水去年违禁种烟，中央、省府查悉，对该司令深为责备。本署曾一再原情代明委屈。本年各地人民仍贪利偷种，本署后经迭令饬早铲除，免干国法。上峰现经洞悉情形，必要时即派飞机前来轰炸，及调大兵督铲。惟念边民无知，犹恐玉石俱焚，先令自动铲除，如有不从，再行派遣飞机轰炸。此令仰该司令火速督同各沟头人早行犁铲，具报理番县府办理为要。转呈查核，切勿迟误。

此令。

专员：谢

中华民国二十七年五月十二日

（资料来源：阿坝州档案馆所藏民国档案，全宗号 8，目录号 1，案卷号 918）

## 懋功县府为第一区区长杨春泽被杀给第十六行政督察专员公署的电呈

茂县专员谢钧鉴：

窃职县第一区区署于文日午后十一时半突被暴徒捣毁，区长杨春泽惨遭狙击殒命。职据报立即飞调壮丁分别安设警戒，断绝交通，挨户严查城内外住户并跟踪追捕，殊暴徒等已乘间远飏。随经勘验，区署被捣毁，杨区长被乱刀戮毙于寝室。其炊事女佣王女子亦戮毙于同室中。区员蒋崇高伤重命危，区内所有钤记文卷公私各物俱被扫劫。除将杨区长及王女子尸身验明，暂殡填单另呈并飞令各区严密缉拿凶犯，务获归案究办。另

349

文呈报外，谨先电呈伏乞垂察示遵。

懋功县长：傅楙若

中华民国二十七年五月十三日辰

### 四川省第十六行政督察专员公署
#### 为懋功一区署被暴徒截毙区长杨春泽电省迅派保安队驰镇协缉
（民捌字第　　号）

事由：为懋功第一区署被暴徒毁劫截毙区长杨春泽等情形严重已电请速派保队驰镇协缉应变由

成都省主席王缵绪钧鉴：

顷据懋功县长元代电称，文夜二时暴徒捣毁一区署，截毙区长杨春泽及一女佣重伤，区员蒋崇高伤重命危，钤记文卷公私物扫劫远飘，调丁搜捕未获，详情另报，等情。除饬缉凶犯外，谨陈第六大队驰镇鉴察并协缉防变。

专员：谢

中华民国二十七年五月二十四日

### 懋功县政府林泉给
#### 四川省第十六行政督察专员谢培筠关于区长杨春泽被杀一案的函报

竹师专座钧览：

懋功于本月十二夜十钟突来暴徒数十人，短刀手枪将第一区署围困洗劫一空，将杨区长春泽登时砍毙，周身二十余伤，约二钟散去。闻此原因系由杨区长铲烟遏烈。值此禁政森严，有责任不得不尔，为此遂遭杀害，在边区任职兢兢业业，不寒而栗。伏乞钧座设法保障边区公务人员，否则另调他县工作。况泉在懋服务将近两年，虽无成绩表现，差幸无过。若蒙俯察下情，定当努力报效。

学生林泉顿首

中华民国二十七年五月十三日

### 懋功县府关于第一区署被毁区长杨春泽狙击殒命
### 详细经过转请从优议恤给第十六行政督察专员公署的代电

事由：为电呈职县第一区署被毁区长杨春泽狙击殒命详细经过转请从优议恤发给治丧费并自请处分由

茂县专员谢钧鉴：

窃职县第一区署于文日午后十一时半突被暴徒捣毁，区长杨春泽及该署女佣王女子同被狙击殒命，业已元辰代电呈报在案。

兹于五月十三日正午十二时据该区文书区员蒋崇高报告称："昨（十二）日午后十

一时许，本署突来暴徒数人，露刃入署，至区长室连称解送偷种烟苗人犯，请见区长。杨甫经开门即连被数刀倒地呼号。职在书记室闻警殆即出询。暴徒等又以乱刀相加。职随即口称我系文书区员蒋崇高，当于伤重昏迷中似闻暴徒等云：'不关你事，我们是来捉奸的。'旋又闻炊事女佣王女子在区长室呼救之声惨不忍闻。所有本署区丁曾子卿、陶礼相等均已奉令查铲烟苗出差。本署事务员王国栋、吴怀良二人当事变时即被暴徒押禁，不许声张。历时约十分钟，暴徒等始悄然而去。事后经王国栋、吴怀良等查视则见区长已毙命倒卧血泊中，女佣王女子亦被砍毙于同室，至于钤记文卷公私各物扫劫一空。除俟清得实数另文列单呈报外，理合先将区长杨春泽及女佣王女子被杀经过与被毁劫各情形报请钧府鉴核示遵，谨呈。"等情。

除以呈悉仰候令饬各区严缉凶犯务获归案法办、以伸法纪等语指令印发外，窃职查该区长杨春泽平时服务颇属认真，惟秉性刚愎自用，未免操切用事，以致过失未见，讥谤时闻，猝遭暗杀。虽为怨家似有藉口而事实俱在究不能掩其勤劳，正拟详报间复据密查报称该区长近两月来时率区丁深入高山僻野查铲烟苗，偶或发现类似野生或偷种少数而种户及临近均难免谴责，故切齿者颇多。殊真日由乡返署，次日即惨遭不测。似此情形足见该区长忠勇殉职，壮烈牺牲，拟恳钧署转请从优照现在死事例议恤并先拨给治丧费伍佰元以慰忠魂。至职忝司县政，瞬届三月深知边情复杂，民性反复，口是行违习以为常。故每一举措皆用政治力量未敢轻率操切，卒以精诚不足以资感召，招兹不测，所幸临事妥慎未至扩大事态。职虽无恙，内疚实深，除暂派该署区员代行职务并恳迅予转请省府派员接充外，理合将经过详情电呈，恳予鉴核并自请除分，以为不能者戒。

懋功县长：傅棽若

中华民国二十七年五月十四日辰

**四川省第十六行政督察专员公署就懋功县县长电呈**
**被暴徒截毙区长杨春泽请予优恤拨给治丧费给懋功县府的代电**

（民捌字第 29 号）

懋功傅县长鉴：

元辰寒辰两代电均悉。区长杨春泽被暴徒戮毙，区员蒋崇高伤重命危，殊深悯惜。除电呈省府核示从优抚恤拨给治丧慰灵费并派员接充，迅调保安队驰镇外，仰严缉凶犯归案究办，勿任漏逸，并妥维地方治安。再，该暴徒等围劫区署人数究有若干，持有何凶器，事后逃窜何地，迅查报为要。

专员：谢

中华民国二十七年五月三十日

**四川省第十六行政督察专员公署**
**就懋功县第一区区长被杀请予优恤给省府的呈**

（民捌字第 39 号）

案据懋功县长傅棽若元辰代电称："职县第一区署云云。伏乞，示遵。"等情。同时

候得情报言暴徒数十人，携有手枪，杨区长被害，身中二十余刀，系其厉行铲烟所致。等语。当以情事严重。经敬电先行呈报在案。正拟办间，后据该县寒辰代电称："职县第一区署云云。以为不能者戒。"等情。除电复候转呈核示暨请优恤该殉职区长，拨给治丧费，另派员接充，妥予筹维，以防他故外，并详查暴徒踪迹。理合据请转呈请予从优抚恤杨区长，拨费治丧。其继任人员，恳即遴委前往，以免宕悬。窃以该县民情狡悍，豪暴成风，凡推行要政，如禁烟等事，若无兵力辅助实感困难。去岁击毙保安队长杨畴之凶犯马春啸投军以护，一般顽民视戕杀官吏为常，公务人员岌岌可危。刻下惟饬该县长行缉暴徒，不特难获，恐亦无实力逮击。此种情势致该县局面骤生极大困难。禁种前途应请调保安队驰往震慑，协缉凶犯，维持治安。目前禁种事宜亦庶得以推进，免再贻患。至杨畴前案，应立行澈究，缉治正凶。其现任某旅副官之首犯马春啸，即饬褫职送案处办，以伸法纪。慭事此后庶归安谧，边区公务人员亦得保障。是否有当，伏候示遵。至该县长自请除分之处，并望衡核办理。

　　谨呈四川省政府

专员：谢

中华民国二十七年五月三十日

（资料来源：阿坝州档案馆所藏民国档案，全宗号8，目录号1，案卷号918）

## 四川省第十六行政督察专员公署
### 从优抚恤杨春泽给懋功县各界的指令
（总四字第1039号）

令懋功县代理财务委员米国仁等：

　　呈一件……据呈已悉。查该县第一区区长杨春泽突被暴徒狙击殒命，殊堪悯恻，前据该县县政府呈报来署，业经转请四川省政府从优抚恤在案。仰即知照。

　　此令。

专员：谢

中华民国二十七年六月四日

附：

## 懋功县各界要求从优抚恤区长杨春泽的呈

　　事由：为第一区区长杨春泽猝遭暴徒狙击殒命恳予抚恤以慰英灵一案由

　　窃本县第一区区长杨春泽，于二十六年十月到任来，推行新政，不遗余力，四邻出巡，更不辞劳怨，兹忽猝遭变故，于本月十二日夜半，突有暴徒闯入区署，将杨区长春泽狙击殒命，同时杀毙女佣王女子一名。惜区丁二名出差未归，四面敞壁，又值半夜人静，措手何及？幸承县府发觉，立令调集壮丁追捕，而暴徒已乘间悄然逃飙，杳无踪迹，且幸全程居民安静无扰。地方安堵，复以杨区长两袖清风，家境萧条，似此勤能，惨遭不测，咸深痛悼。除已分呈省府及本县县府外，只得伏恳钧署，俯准转请从优抚恤，用慰英灵。

　　谨呈四川省第十六区行政督察专员谢

　　懋功县代理财务委员长米国仁

　　教育会长苏仁和

　　农会会长刘增

　　工会会长刘华甫

　　商会会长丁德轩

　　第一区区队附刘从周

　　第一区第一联保主任马元光

　　第二联保主任张龙福（代）

　　第三联保主任喻世全、保长罗耀廷、陈炳南（代）、徐保初，士绅刘仲篾、马绥之、马伯伦、边秀夫、吴双发

中华民国二十七年五月三十日

## 懋功铲烟殉职区长杨春泽妻
## 请求抚恤并将凶犯捉拿究办的呈请

　　具呈人杨周氏，年五十五岁，住华阳外南柳阴街四十四号，内附八号住家。为尽职捐躯情惨已极，泣恳抚恤遗婆，并祈严缉凶犯，以维幽魂事。缘民夫杨春泽历任各县警政有年，世守清白，家无立锥。兹由警官训练所毕业，蒙四川省政府前主席刘暨民政厅长嵇委任代理懋功县第一区区长。自接任以来。勤慎办公，对于应尽职务，苦干硬干不遗余力。爱管内历来惯种烟苗，经民夫多方告诫，实因地处偏夷，文化不能骤达，略加强制，则生反感。于种烟时间尽量铲除冀符禁政，以尽职责，竟为强梁所忌。民于本年五月二十日接得懋功县府快电报称以上各节并云民夫于五月十二夜因铲烟回署，喘息未定，被匪徒狙击殒命。民居成都得音之余愤不欲生。本拟殉难，经同居劝阻谓民家有八旬老母无人侍奉，死不足惜，多方劝解代谋善后。民窃思故夫杨春泽既无叔伯终鲜兄弟，仅有一子杨敬民［怀远］任中央第二军九师二十六旅五十一团二营四连少尉排长。于去年十一月十日已在上海江桥镇夜敌阵亡，民已痛彻骨髓。默思春泽远在他乡不敢告知，意在有待。今春泽遭此凶耗痛也何如，忍痛之余，别无生计，只得泣恳大署对民老母杨夏氏稍赐抚恤。民之生死不足计也，并祈令饬懋功傅县长严缉凶犯，明正典刑以昭法纪，且春泽灵柩筹备路资回归省里，以便安息而慰幽魂，泣血具呈魂销骨裂，倘蒙俯诺，存殁均感。

　　谨呈四川省茂县行政督察专员谢

具呈人：杨周氏（画押）<br>中华民国二十七年六月

### 懋功县县长傅桬若为殉职区长杨春泽妻所言属实
### 并请从优抚恤给第十六行政督察专员公署的代电

事由：为职县故区长杨春泽及子杨怀远均因公殒命特据情转请电恳从优抚恤一案由

茂县十六区专员谢钧鉴：

顷据职县故区长杨春泽之妻周氏函呈，内称："民于五月二十日奉到钧府快电令悉，仰春泽在区署被匪杀毙，得音之余不胜悲痛。本拟殉难追随九泉，实因老母在堂，无人侍奉，聊残存以谋善后。窃职维寒士，下场宦途结果竟如是耶。山遥路远，见面无由，徒唤奈何而已。再四思维，只得泣恳县长念在春泽因公殒命情惨已极，伏祈格外垂怜，且民子怀远在中央第二军九师二六旅五一团二营四连任少尉排长，于去岁十一月十号在上海江桥镇作战阵亡。只此一子抱痛已极。今春泽复遭不幸，民何能生存于世。爰为老母年逾八旬，生计无路，得此噩耗，不敢告知痛也何如，情迫莫何，只得哀恳钧府俯念民同老民遗孀，将春泽薪俸如数核发邮寄寒舍以度残生。至春泽灵柩即恳筹备路资，命区署原有书记王国栋送回省垣以便安葬，仍恳转请上峰从优抚恤。一面严缉凶犯明正典刑，倘蒙钧恩不惟生者感德不忘，即春泽九泉有知亦当衔结以报也。临书泣血不尽所言。"等情。据此。窃查该氏所称各节均属事实，一门忠烈两世孤孀，惨痛光荣，殊堪悯敬。除分电外，理合电恳钧署转请从优抚恤，用慰英魂，以恤孤孀。谨电转呈伏乞垂怜核示。

懋功县长：傅桬若

中华民国二十七年六月四日

（资料来源：阿坝州档案馆所藏民国档案，全宗号 8，目录号 1，案卷号 918）

### 理番县县长龚万材就查铲三番黑水
### 各地烟苗详细情形给第十六行政督察专员公署的呈报

（民陆 2 第 38 号）

事由：为呈报查铲三番黑水各地烟苗详细情形由

窃职县所属黑水夷地违禁种烟，曾经职府迭次派员查禁，并将办理情形具报请采有效办法在案。嗣因冬烟业经长成，春烟又届下种，时机迫切，深恐滋延。始呈准钧座由职亲往查禁，并奉三月十日函谕，饬仅带一个分队，往促该地大头人苏永和自行查铲。复奉省府二十七年民禁字第 01658 号训令饬遵第 217 次省务会议议决，须顾虑周详，慎重办理，以不引起边乱为原则，各等因。

遵于三月二十八日离府，率同该管区署军事区员秦柄、驻县保安队阳台普分队、通译员彭子华等，先到茂县晋谒钧座。因闻苏永和尚在松潘，先电松潘县长萧廉武询问，得覆后，复电饬转促永和速归黑水。一面于四月五日由茂启行，于四月七日到达职县新番所属赤不苏。因新旧三番去岁虽具报未种冬烟，然仍恐有播种春烟情事，爰派区员秦柄前往详查并亲在赤不苏周围巡视。该赤不苏地面，确未播种。惟秦柄四月十日查毕报称新旧番除赤不苏外，其余各处均有部分春烟下种。职因召集该两番首人及民众代表共九十余人，于四月十二日在赤不苏详谕以种烟之害、不种烟而改种粮食之利。反复晓谕，该首人民众等唯唯散去。职赓即派秦柄及分队长阳台普统率队丁将已种各地烟苗逐一肃铲。旋据报已铲除一大部分，惟少数尚未出土者，犁铲无效，拟俟出土后再铲。及职到黑水麻窝后，于四月二十七日计时上项未铲之烟，当已出土，具粮食将尽，给养困难，黑水方面，亦无再留部队之必要。即仍派该区员及分队长率同队丁再赴新旧三番逐一肃铲，并到三齐番严密查铲，务绝根株去讫。

旋据该区员由区署转呈报告称："四月三十日午前十二时，到新番鸦都寨，即协同保安队将该地烟苗全数铲尽，该寨以上地区系职负责，以下地区由办案队阳分队长负责分头办理。并由该管联保主任陈木匠具有木结一支，以后不得再有烟苗发现。原结附呈备查。五月一日午前经过大寨子，该地发现烟苗十余亩，即督率保安队兵一律铲去。达到前股子午膳后，派出队兵两班，将该寨附近出土之烟苗铲去共约六七亩左右。一面令接管联保主任王南康甫召集所辖首人开会，午后七时许，到会人数二十余人，当由职宣示：（一）鸦片之危害；（二）政府禁烟计划及法令之严重；（三）粮食的需要。该管首人等尚无反抗情形，各愿将烟苗铲去，改种粮食。王南康甫并具有切结一纸，负责以后不得再有偷种情形，结附呈。五月二日因行程关系及保安队粮食不济，必须赶到瓦子寨宿营，中途不能久驻，故经过中股子发现该地烟苗，即饬当地陈保长督饬该管各居民，自行铲除，同时派保安队吴中士协同陈保长率兵一班前往黑水四寨，查铲该地烟苗。次晨据吴中士回队报称，已将黑水四寨全数铲尽。五月三日傍晚达到瓦子寨，发现该地冬烟二亩，春烟约六七亩。本日拂晓，即督率保安队尽行铲去。县长指定地点，原不止此，但因保安队无地采办给养，并查当前后其寨各地人户既稀，烟苗亦少，且前进途程必须一日方能到达。曾由是寨张天富保长具结督铲，早膳后转到前股子宿营，中间经过之四瓦梁子，西部登，随即督队全数铲尽，结附呈。五月四日午前派出队兵两班，复查当地未铲绝者烟苗计四五亩。限于午前已全数铲去。约十一时许，转呈新番鸦都宿营。五月五日行至中途对岸阿阿寨，发现烟苗约四亩，即派保安队一班，由河滩浅处，徒涉过河，直达该地尽行铲去。十一时许达到大瓜子时，将保安队分成两组，以一班由吴中士率领沿大小瓜子小道铲至赤不苏，以两班由职率领督铲赤不寨附近烟苗。但是日对两路工作之成效，有少数未铲，结果在次日一律铲去。五月六日本晨拂晓，乘各夷民不备，督率保安队行至小瓜子，一面戒备，一面派兵一班，由职率领过河。当时小瓜子烟苗铲去，晨八时许达到赤不寨，在该地铲去烟苗共计六七亩。午后二时，到达瓜李寨，该管首人匿不出见，并有当地豪恶夷首杨银匠唆使各夷民反对铲烟。职等觅见杨银匠屋上鸣枪一响，暨红旗一面，即有各寨犷悍夷民约三十余人，荷枪分各要隘据守，与我方抗拒。旋又有夷民等，派代表二人，向职等要求免铲该地烟苗。经职多方开导，晓以利害，该代表承认自动铲除，职当时即商同阳分队长，我等以在该地，受地形限制，有不利军事行动，更不便强迫进行，恐激变乱。但因政令所关，及政府威信，不能漠然置之，乃假托借马，将该杨银匠之弟格而马哐出解送县府讯究。此地烟苗共约十余亩，仅铲去十分之二。五月七日经过黑不寨，发现该处有春烟十余亩，冬烟并无，但非属地域，不便督铲。午饭后，即到色耳窝宿营。五月八日午后二时，到达三齐番，即召集当地首人会议，并查得余保长地区内有少数烟苗，张宝长区域内确无一苗，会议时即令饬

余保长将该管地区内所有烟苗铲去。该保长亦负责遵办，惟因天时届晚，商于九日进行。五月九日即在该地留驻一日。早膳后派吴中士率兵一班，协同余保长前往种烟各地施行铲除。据吴中士回队报称，已将各地铲去无余。"等情。据此，此即查铲三番烟苗办理职经过也。

至黑水方面，职到赤不苏后，一面派人到黑水麻窝通知苏永和寨中，一面因闻上黑水沙板沟老管家三溪乓在新番附近之大瓜子亦种有烟，遂派通译员前往召其来见。并派秦柄、阳台普率丁将烟苗铲去。旋该管家率同瓦钵梁子三沟（大瓜子在内）乡约纳希姆等共七人来见。职酌予赏赐，并详宣禁政。尤告以成都松潘均在设计扩充飞机场。将来飞机经过黑水，见有烟苗，必遭轰炸，且封锁甚严，夷人既不能携烟出售，而外来商人，亦须登记取缔，不能购烟。即令种烟能收，不能变卖，亦等于零。又现刻粮食甚为缺乏，上峰严令垦荒，各级人员之三餐者均只准两餐，食米者只准食糙米，厉行节食，将来决售高价。较诸种鸦片而不能售者，相判天渊也。该管家年事已老，颇识大体，故同乡约等闻言，亦颇首肯。但称临近各地，均已下种，故黑水亦种有烟，须俟头人为整个之解决。四月十五日，苏永和之妻邓珠略妈派人来迎，谓永和尚未返黑。职于十六日，即启行入黑，沿途查视，行经瓦钵梁子、瓦岗寨、六丁寨、哑巴寨、鹅石坝、危古、速古、鱼巴渡（即一瓦多）雪耳瓜子、白耳瓜子以至麻窝，均种有烟。危古最多，在二十亩左右。其余大都二三亩，或不及一亩。由鹅石坝至白耳瓜子，各有一部冬烟。其余均悉春烟。计于十九人到达麻窝，沿途每经一寨，均张贴布告，并召集首人老民详切宣谕，如告三溪乓，该首人老民均推诿于临近各地。职即告以理番所属三番，已着手查铲，决予钧座亦有严令查铲等语。最终该首人老民等，多表示候永和返后决定。惟危古人最剽悍，背职后对外扬言，愿与鸦片同死。职到麻窝后，复派人四处查勘，具报如塞耳古、石雕楼、龙坝、木苏、别窝等地均已播种或占地一二亩或七八亩不等，而其他各地，均已购种准备普点。职因于邓珠略妈来谒时，详切开导，督令犁铲。伊以系属女流，不能主持相对。职凡遇夷人来见者，均舌敝唇焦，详为劝谕。尤于经鱼巴渡时，有杂窝大喇嘛牙巴来谒，在麻窝时有红教活佛工乓来谒，对之尤多方譬喻，令协助宣禁并将钧署夷人布告与之。若辈谓种烟为喇嘛教所忌恶，不过百姓贪利，多不听话。今见职来此，又多得宣传材料，决为尽力。

四月二十五日，苏永和派其原有代表马良五赍函称，渠尚在松潘毛尔盖，事务甚多，恐短期不能返。特先派良五来表示欢迎。如有商可询良五。职因询良五以永和对禁种意见。良五谓永和颇愿遵令肃铲，惟民众极端不愿，故永和亦无办法。

职因在麻窝久延无益，遂一面派秦柄、阳台普等经由木苏履勘，再到三番，一面将钧署公文及职履永和督令自行肃铲之函交与邓珠略妈及马良五，令转交永和，遂于四月二十八日离麻窝到沙板沟。仍专人赍钧署公文及职函谕送交杂窝头人功高阳平，令将辖地烟苗肃铲，并嘱到沙板沟一见。职到沙板沟时，该处头人塔斯哥方在喇嘛寺诵经，闻职至即于二十九日返寨谒见，职告以禁政森严，彼之辖地又多，督令肃铲，并将钧署公文付之。彼谓现刻百姓多不听话，且黑水全部负责人为苏永和，闻永和二三日可归，请职稍待。三十日午前功高阳平由杂窝派人来，谓杂窝前虽已准备种烟，但因牙巴喇嘛回寺宣传，及彼遵命禁止之结果，业已制止不种。至伊本人，则须数日后始能到沙板沟晋谒（后卒未至）。

午后苏永和即由毛尔盖抵此。献哈达来谒。职仍详谕以禁政，及现刻抗日必需之工作。渠对抗日事甚表热忱，对铲烟事，则谓百姓已下决心种烟，且因受四周影响，铲除碍难，将被百姓反对。职后再三劝喻，督令负责，伊谓愿与塔斯哥商办。嗣后来见，谓决召集五十五沟约老民到沙板沟开会解决。旋于五月三日返麻窝下令召集，职则留住沙板沟以待。延至五月十四日，以后复来沙板报称夷民齐集困难，伊因从权即召至麻窝陆续询问，并加宣谕，刻已先后竣事。并谓麻窝六沟以上，均遵令铲净，表示服从。惟以下则尚有条件，因复用书面报告称："此次奉上峰命令不辞艰辛来黑查勘烟苗，窃黑水烟苗一项，自鱼巴渡以上一带历年早已自行禁种，向无根株，耳目亲闻。职今春因事去松麻阿一带，缘去岁三溪黑钵等寨种烟获利，人人欣羡，纷纷准备普种。俟钧座临已种者立即铲耕而未种者即行禁止。惟自鱼巴渡以下稍有偷种情事，由松返黑职奉令当即召集各该地老民寨首开会将偷种之害谆谆告诫，并将政府立法森严岂容甘犯。现值困难当头，需粮即极明晰了解，决议自愿铲除，以重国律。但稍有不肖一二地所言去年查铲烟苗职奉令先行办理分头各地当即铲绝，勿留根株，而三溪黑钵复未能禁铲，安全收获而政府又未如何处罚，民众纷纷言之是何居心。若今年又先行办去，又与去岁受其欺骗，有何异焉。今春十六区各县属若松属大小姓沟，茂属黑钵寨、松坪沟，懋属大小金等偷种亦复不少，若能禁尽勿容根株发现则黑水仍滞凝不铲，自甘认咎听其处决，无所措词。恳请钧座转呈上峰设法办理，不胜迫切待命。"等情，据此。

职复反复督令立即一律铲净，永和终称目前无法办理。职因派人查视所称麻窝六沟以上，确已铲去，且亦确未添种。遂于五月十六日由苏永和随行，直至上黑水尽头之得胜窝沿途履勘，尚待下种之烟苗，确已制止。履勘毕后，永和返麻窝，职即逾大雪山经柏树桥、孟董沟，于五月二十一日返府。旋复据秦柄报称木苏确有春烟数亩，曾经谕铲无效。此又查铲黑水烟苗办理之经过也。

综上经过，职遵照迭令，运用政治方式，并严厉督饬，力量实已穷尽。而黑水方面，仅铲去一部，并将未种而将种之各地制止，其余则尚推诿于邻近地段。三番方面之瓜李寨亦发现抗铲情事。职既未敢引起边乱，有违省令，以贻上峰之忧，且奉令所率部队，并极有限，而本区能增加之部队，仍属寥寥。即欲不顾一切以行之，其结果仍有损无益。应请钧座查核转呈省府迅采有效办法，派遣飞机。但因屡次宣传派机，而机终不至，夷人对飞机方面，已渐怀疑。恐飞机到时，尚须择要轰炸，方能生效，非仅散发传单可以集事也。

至该黑水夷人，推诿于邻近各地。在职县所属三番方面，自应首先肃清。该区员秦柄所报新番隶属之瓜李寨抗铲地段，敬恳钧座派遣保安队至少在一中队以上，前往查铲，并将该抗铲之夷人杨银匠拿办。而茂松方面，亦请钧座严饬迅铲，与该尚未改土之黑水，同时采用有效办法数管其下，以免推诿。

再者职此次到新番时，查确有遂宁人邓吉三（又呼为邓布客）在木鱼寨租地约三四亩种烟。正在下种，经职派队往时，虽已制止，而伊已逃去。据其雇工陈书迁供称，邓吉三原住茂属黑不寨之王观音姐处，本日亦系逃往该地，旋到黑水危古，又查有绵阳新店子人江宗绪（常寓茂县）在该地种烟苗数亩（俗呼绊青山）。至麻窝时，查有温江人

杨绩成在木苏租地约三四亩，已种春烟。又崇庆州小罗人徐绍唐在别窝沟内，租地约三四亩，已播种春烟。

查本年夷地烟苗之滋蔓，其大部分原因，系由奸商在内宣传时局紧张，政府不暇顾及禁政。且封锁夷地，必须取缔商人，如任其购烟，则夷地鸦片销售有人，万难根绝。除由职经饬苏永和、功高阳平缉捕外，应请钧座令饬黑不寨联保主任王国栋将邓吉三严捕交案。其余江宗绪、杨绩成、徐绍唐三人并请转呈省府通缉法办，避免破坏禁政。所有以上呈请核示各情形，是否有当，统候指令祇遵。

谨呈第十六区行政督察专员谢

理番县长：龚万材

中华民国二十七年五月二十九日

（资料来源：阿坝州档案馆所藏民国档案，全宗号8，目录号1，案卷号918）

## 松潘县府呈复第十六行政督察专员公署
## 查铲小姓沟小黑水等处偷种烟苗办理情形
### （禁字第 6 号）

事由：为遵令呈复查铲小姓沟小黑水等处偷种烟苗办理情形一案由

案奉钧署二十七年五月民八字第 874 号训令开："据查报该县云昌属小姓沟及小黑水申能河坝夷民种有烟苗，刺木林、蛇湾两寨偷种尤属不少。值此禁政森严之际，本署曾一再令饬查铲，竟仍有烟苗发现，足见奉行实有不力，合行令仰该府迅即派员前往切实晓谕铲除，免干咎戾，并将办理情形报查为要。此令。"等因。奉此，查小姓一沟偷种烟苗，前经本府第一区署查觉呈报到府，迭令该管土官荣德清限期铲除，后复奉钧署民八字第 822 号训令又由府严饬第一区署，指派妥员前往会同荣德清分别汉番民众，一律铲除，净绝根株，取结报查，并严令该土官荣德清恪遵办理，曾先后呈覆各在案。至小黑水等处，发现烟苗，早经本府察觉因松理茂懋汶土官边民宣慰委员对于禁种问题，负有相当责任，已函请该宣慰委员前往劝谕督铲，一面仍由本府派员严查铲除，正办理间，兹奉令前因，除仍严厉督饬进行外，理合将遵办情形，具文呈请鉴核，指令祇遵。

谨呈四川省第十六区行政督察专员公署

县长：萧廉武

中华民国二十七年六月一日

（资料来源：阿坝州档案馆所藏民国档案，全宗号8，目录号1，案卷号918）

## 懋功县政府就懋功六三禁烟节
## 纪念活动给四川省第十六区行政督察专员公署的呈
### （禁字第 16 号）

事由：为呈报举办六三禁烟纪念节办理情形并赍呈印发宣传文字国画等件请予鉴核备查由

二十七年五月三十日，案奉省府第 2485 号皓省民禁代电，为举行六三禁烟纪念节一案后开："一俟办竣将办理经过情形及印发宣传文字图画照相等件呈赍来府以凭备转为要。"等因。奉此，窃职自应遵照办理，除令饬各区于是日同时举行并由职复印制告民众书及标语多种，在城厢通衢及各区要道妥为张贴外，县府由职府召集法团机关即士绅隆重纪念扩大宣传，于六月三日午前八时在县城公共集合场举行六三禁烟纪念大会。由主席阐述纪念六三禁烟节之意义，并从鸦片战争说到外抗期中之后返禁烟问题。听众均颇兴奋，情绪表出极为紧张。礼成后，即率参加民众沿街游行，并高呼口号。计到民众不下千余，秩序井然，始终如一，并由各团体学校担任宣传工作，分头在城乡各处努力宣传。惟懋地边僻下邑，素无照相馆之营业。致未摄影留念，奉令前因，理合将办理情形，连同宣传文字、图画等件备文赍呈钧署鉴核转呈。

谨呈四川省第十六区行政督察专员公署

懋功县长：傅椕若

中华民国二十七年六月四日

附：

## 懋功县政府六三禁烟节告全县民众书

救国必先救民，必先禁烟，所以禁绝鸦片是复兴中华民族的唯一先决条件。我国因鸦片战争失败而招致外侮，以毒卉蔓滋毒氛弥漫，致农村崩溃，民生凋敝，把整个国家民族弄到累卵危的境地，确是烟祸所造成。溯鸦片战争，肇自清宣宗时，英人贩运鸦片流毒全国，命林则徐赴广东禁之，绝英人互市，焚鸦片二万余箱。英人以兵攻粤，扰及沿海，进攻南京，乃斥林则徐与英人和偿兵费，开沿海五口通商，割香港之地。事乃已此，诚我国全民族历史上最大之耻辱也，故我国政府订今日为六三禁烟节。

今者抗战发生，倭寇已深入堂奥，固不仅强种复兴民族问题，乃是救亡图存的紧急关头。在此民族争生存的今日，对于烟禁当如何上紧推动，应如何消灭毒卉，以努力增进粮食生产，扫荡毒氛，以节省民力浪费，以有用之民力、财力、物力作撑持长期抗战之准备。

蒋总监所昭示：外侮尤能抵制，惟国家充满了烟毒，不待别人采取行动，自己就先灭了种。敌人用飞机大炮，向我进攻，占我土地，这是有形的，容易抵抗的。只有烟毒对国家民族的危害有如附首之疽，流毒所至，将逐渐使人腐溃，以至于死灭。故鸦片烟为国家民族内在的公敌。要抵抗外敌，必先除去内在的隐患，所以在抗战中的禁政，更不能漠然置之！

吾川居国防之后方，关于人力、物力、财力其赖以贡献于此次抗战者甚大。而吾川之烟祸在昔又较诸他省流毒为深。吾懋住居后防之后防，其于人力、物力、财力毫无贡献于国家，且吾懋之烟祸，过去又较诸内地为害尤烈。故省府对于边县禁烟，认为战时中心工作之中心。军事委员长行营复拟于最近派遣飞机轮飞边区各县，实行督铲以期肃清毒卉。

我们的口号是：1. 林则徐先生精神不死。2. 鸦片烟是国家民族内在的公敌。3. 鸦

片是敌人无形的炸弹。4. 政府对于禁烟已下最大决心。5. 禁绝鸦片是复兴民族的先决条件。6. 戒绝鸦片是救亡图存唯一良策。7. 纪念六三禁烟节要自动铲除烟苗。8. 纪念六三禁烟节要自动戒除烟瘾。9. 维护政府实行六年禁烟计划。10. 拥护禁绝鸦片，复兴中华民族。

懋功县政府<br>中华民国二十七年六月三日

（资料来源：阿坝州档案馆所藏民国档案，全宗号 8，目录号 1，案卷号 918）

## 四川省第十六行政督察专员公署
## 关于派飞机督铲鸦片给各土官头人的谕令
### （民捌字第 1055 号）

谕理番龙坝二水麻窝头人苏永和、理番木苏头人功高阳平、理番沙板桥头人忒思歌、理番旧番周德陈木匠、松潘云昌寨大姓宣委员荣德清、松潘小黑水毛牛沟土官朗介、茂县第三区曲谷乡联保主任王国栋、松潘小黑水泽坝土官泥玛、松潘小黑水刺木林土官、松潘小黑水蛇湾土官：

查你所管的地方有些人民违背政府明令今年偷种鸦片烟，本专员曾经一再谕饬自行查铲，并令你们县政府转知你们赶快尽铲，哪知你们仍未铲除。现在中央和省政府派飞机来查看来了，不能再替你们隐瞒，很替你们着急。你们要赶紧督率人民清铲干净，免得查着说你纵容他们犯法。你本来是很服从政府的，不要被政府认为你在安心犯法，也辜负我平时爱护你的苦心。好在政府对你们还是存心宽大，此次派飞机先来考查，如果赶紧铲了，也就没问题，并不就来轰炸你们的地方的。如遇飞机飞下查看时，要叫人民大家保护为要。

此谕。

中华民国二十七年六月

（资料来源：阿坝州档案馆所藏民国档案，全宗号 8，目录号 1，案卷号 918）

## 第十六行政督察专员公署
## 令各县府及苏永和缉拿种烟犯邓吉三等的训令、布告
### （民捌字第 10910 号）

事由：饬查报、查拿租地种烟奸犯邓吉三、江宗绪、杨绩成、徐绍唐等踪迹以便法办由

令茂松理汶懋靖县政府、理番黑水头人兼松理茂游击司令苏永和：

查有遂宁人邓吉三（又呼为邓布客）及绵阳新店人江宗绪在理番后番木鱼寨租地偷种烟苗。又温江人杨绩成、崇庆州小罗市人徐绍唐亦租理番木苏及别窝沟地偷种。当此禁政森严之际，该邓吉三、江宗绪、杨绩成、徐绍唐等敢于作奸犯科，贪利种烟，实属目无法纪，应予通令拿办。除布告及训令合行各县府各夷目一体严缉外，合行令仰该府查拿，仰区署各县人民一体知照，如发现该犯等到案踪迹，即行报请

县府拿获依法究办为要。

　　此令。

专员：谢

中华民国二十七年六月

（资料来源：阿坝州档案馆所藏民国档案，全宗号 8，目录号 1，案卷号 918）

## 四川省政府就委员长行营关于发现
## 少数烟苗及佃耕私种鸦片处理办法给第十六行政督察专员公署的训令

（民禁字第 4096 号）

　　事由：奉行营真代电核示查禁种烟总检举时期发现少数烟苗及佃耕种鸦片分别治罪没收各办法饬遵照由

　　令十六区行政督察专员公署：

　　本府前以查禁种烟发现少数烟苗及佃耕私种鸦片可否免充田亩一案，电请委员长行营核示去后，兹奉真宿渝代电开："寝省民禁代电悉。查粮田发现烟苗不能证明其确系野生，无论茎数多寡，应按情节依照禁烟治罪暂行条例第三条分别处罚。"等因。奉此。仰即遵照办理为要。

　　此令。

主席：王缵绪

民政厅长：嵇祖佑

中华民国二十七年六月二十八日

　　抄本府代电：

　　重庆行营委员长蒋钧鉴：

　　一、查禁种烟总检举时期发现少数烟苗情事不能证明其确系野生，自未便援照前奉钧行营二十五年元行发导武代电第三项之规定不予论罪。然乡民愚昧，干禁可恨，亦殊可怜。且地幅无多，有时不过数尺，依法没充承买直无其人办理，亦感不便。此种发现少数烟苗案件，如查明并无违禁图利之情节，除依法酌予科刑外，可否免充田亩，藉示矜原而便处理。二、农户佃耕田亩私种鸦片，业主既不知情并非伙同偷种，如依法没充田亩，未免使业主无辜受累，此种案件可否仅科种户违禁罪刑，田亩准免没充，以昭允协。上二项谨电恳示遵。

代理主席：王缵绪（寝省民）（禁印）

## 四川省第十六行政督察专员公署就省令代电
## 核示查禁种烟检举日期发现少数烟苗没收办法给各县的训令

（民八字第 1257 号）

　　事由：为奉省令转行营宾代电核示查禁种烟总检举时期发现少数烟苗及佃耕种鸦片分别治罪没收各办法并抄寝代电饬遵照一案转令遵照由

令松潘、理番、茂县、懋功、汶川、靖化县政府：

案奉四川省政府二十七年民禁字第4096号训令开："本府前以云云。遵照。"等因。计抄发本府寝代电一件。奉此，除分令外，合行令仰该县府即便遵照，并转所属一体遵照。

此令。

专员：谢

中华民国二十七年七月十日

（资料来源：阿坝州档案馆所藏民国档案，全宗号8，目录号1，案卷号918）

## 四川省第十六行政督察区专员公署为核转理番县府呈报
### 奉令及时派员到三番黑水夷地宣谕禁烟情形并指令理番县府派员禁烟
#### （民八第 392 号）

事由：为核转理番县政府呈报奉令及时派员到三番黑水宣谕禁种情形一案由

案查本署前转呈理番县长呈报出巡三番黑水各地查铲烟苗情形一案，于本年七月二十八日奉钧府民禁字第5072号指令提示五项，当经转饬遵照去后，旋据该县长呈复前来，亦经以民八字第337号呈转饬鉴核在案。兹复该县长第55号代电报称："九月十四日案复云云，示遵。"等情。前来查核，故称各情当属实在。惟据称于八月二十四日拟具方案，以民六二字第54号文呈核一层，本署并未收到，除指令补呈查核，并饬遵本署此次拟订本年秋季第一期查禁种烟方案办理，暨通全区辖各县，严切主义，以防边区夷地偷种外，所有以上据呈各情，理合具文转请钧府鉴核，指令饬遵。

谨呈四川省政府

专员：谢

## 四川省第十六行政督察区专员公署
### 就及时派员到三番黑水夷地宣谕禁种及补呈的指令
#### （民八字第 1761 号）

事由：为据呈报奉令及时派员到三番黑水夷地宣谕禁种一案仰转呈核示饬遵又该府民代2字第54号呈本府并未收到仰即补呈查核由

令理番县政府：

民六二字第55号筱代电一件，为呈报奉令及时派员到三番黑水夷地宣谕禁种情形由，代电悉。仰候转呈省府核示。惟据呈于八月二十四日拟据方案，以民六二字第54号文呈核等语，本署并未收到。仰即补具来署，以凭查核。

此令。

专员：谢

中华民国二十七年九月

（资料来源：阿坝州档案馆所藏民国档案，全宗号8，目录号1，案卷号917）

### 理番县府就派员到三番黑水夷地
### 宣谕禁种情形给四川省第十六行政督察专员公署的代电
#### （民六二字第 55 号）

事由：呈报奉令及时派员到本县三番黑水夷地宣谕禁种情形

茂县专员谢钧鉴：

九月十四日案据本府通译员彭子华报告称，窃职奉令前往三番黑水劝铲烟苗。于六月十九日自县出发，经孟董沟至三番各地查勘，发现旧番之后七寨新番之希希哈哈寨有少数铲后补种生长烟苗，至新番之瓜李寨杨银匠地段仍有六七亩地烟苗未遵令铲去。当即会同该处各头人重向各百姓反复开导晓以飞机威力，不铲将遭轰炸。终以百姓未见政府飞机及兵队，不信宣传，实难免全禁绝。当以黑水夷地烟苗将割时期将届，未敢在此久住，复于七月二日起身经得石窝于七月九日至沙板沟，适遇苏永和、功高阳平各头人于塔斯哥头人处。当将铲烟公文分别投交并将政府已派飞机即日来黑水各地侦讯意见，飞巡如有烟苗决被轰炸，并据功高阳平暨塔斯哥谈，本人属地今年得石窝一沟、沙板沟一沟沙石多，大沟阳山七寨，阴山银林寺至麻窝七沟、杂窝六沟、石雕楼之色二古一沟，木苏一部分均遵令禁种或强制铲去，仅石雕楼剩余五沟、瓦钵梁子三沟确感困难，未能完全铲绝。据苏永和谈，本人辖地龙坝五沟、老衙门一沟、罗河一沟遵令禁绝，仅西苏、爪苏、雷打碉、二巴老至石雕楼、二水两沟、危古在内，无法完全铲绝。复据该头人等申称，以上各地均曾于二十五六年由头人等强制将烟苗铲去，但同年附近邻县地带迄未铲禁。至收割时，被铲烟苗之百姓竟群相诘问，迭有烦言。本年百姓因恐又像往年均反对先铲，咸请待邻县铲时再铲以免待遇不平。经头人等一再亲往督铲，各百姓亦为表示服从政府明令，并非藉口观望互相推卸起见，始将上述得石窝等三十五沟、龙坝等七沟完全禁绝。此次均可调查。职将命令传达后即往上述各地查视并向民间宣传劝导并告以政府决心禁种已派有飞机前来巡查，如敢违种将被轰炸。于八月中旬全部履勘完竣，各地禁种情形均与各头人所称情形相符。其未铲各地以终未见飞机多不信从，致各地仍未遵铲。

在瓦钵梁子时复奉钧座民 62 字第 54 号训令转饬遵照规定办理。第一期查禁种烟事宜复由瓦钵梁子起经上述各地再详为劝导。各地头人等均称如邻地有禁种表示，自当具结绝对禁绝，不再有一苗发现。

旋赴三番各地向各负责人详加开导。各负责人均以夷民漠视政令咸请派兵震慑并择要拿办，抚令之一二夷人严办以作警诫，来年自易办理。

职以任务完成，于八月底经旧番一角返府。理合将办理情形报请钧核示遵等请前来，查三番黑水夷地违禁种烟迭经派员并躬亲查禁，仍未肃清，经于八月二十四日拟具方案，以民 62 字第 54 号文呈请核示在案。兹据前情，除分呈并批令外，理合报请钧署鉴核示遵。

理番县县长：龚万材

中华民国二十七年九月

（资料来源：阿坝州档案馆所藏民国档案，全宗号 8，目录号 1，案卷号 917）

## 懋功县府关于禁烟困难情形给四川省第十六行政督察专员公署的呈

### （民字第 291 号）

事由：呈为造具肃清烟苗切结三份恳予察核存转令遵一案由

窃查职县万山丛薄、歧径百出，奸人亡命啸聚其间，加之夷情复杂，民情犷悍，恃险负隅，反复无常，对于查禁种烟之推行极感困难。复因气候殊于内地，国历四五月间始为烟苗下种时期，职昕警夕戒，厉行查禁，迭出通俗布告，再作扩大宣传督导人民尽种粮食，严饬区联保甲深入各屯沟寨认真查堪实行铲除，凡属政治力量所能达到之夷地均经职实地督铲，确无一苗发现，于现为以县境辽阔，所辖纵横五百余方里，山径崎岖，人间窵散，喘汗奔驰，裹粮而行，深邃荒陬，人际稀罕，故查铲烟苗多费时日，正拟实施全县肃清烟苗总检举间适于九月八日奉钧署民八字第 1526 号敬代电饬限文到日赍呈禁烟切结来署，以凭备转，等因。职遵即严令催促各区联保甲层具切结。现经职驰赴各沟寨严密抽查，凡属职巡视各乡尚无烟苗发现，奉电前因，理合造具切结三份，随文赍呈钧署俯赐鉴核分别存转指令祗遵。

谨呈四川省第十六区行政督察专员公署

懋功县长：傅梾若

中华民国二十七年九月十六日

附：

### 懋功县县长傅梾若切结

为具切结事。实结得本县境内经切实查勘并无偷种烟苗情事，如查报不实，甘受最严厉之处分，所具切结是实。

具切结懋功县县长：傅梾若

中华民国二十七年九月十六日

（资料来源：阿坝州档案馆所藏民国档案，全宗号 8，目录号 1，案卷号 917）

## 理番县府关于制定本县禁烟方案
## 给四川省第十六行政督察区专员公署的呈

### （民六 2 字第 61 号）

事由：赍呈本县禁种方案由

茂县专员谢钧鉴：

十月三日奉民六字第 1761 号指令，饬补来禁烟方案呈核，等因。窃查八月二十四日漏赍之原拟方案已于九月中旬奉四川省政府二十七年民字第 8283 号指令，分别指示发还现正遵令拟就新方案，除分呈外，理合缮具一份，附电赍请钧核。

理番县长：龚万材

中华民国二十七年十月七日

附：

## 理番县禁种实施方案

一、组织夷地禁种宣传队

1. 组织：为扩大禁种宣传，并适合夷情计，拟组织夷地禁种宣传队，由县府及县禁烟委员会遴选妥慎人员，驰往夷地种烟区域，会同各该夷地首长，剀切宣传。

2. 经费：地方经费奇绌，无可挹注，计惟有就陆续缉送私土变价，专案呈请权准拨充伍佰元到县，作为夷地宣传队经费，事前报预算，事后报决算。

3. 工作时期：在冬烟下种前实施。

二、利用夷地首人协调施禁

查三番、黑水夷地种烟，迭经查禁，因情形特殊，迄未禁绝，夷民首长复互相观望，藉词推诿。本季拟划分区域，责由该首长等，各负绝对查禁责任。必要时并准其以武力制止，其力有不逮者，则报请拿办，以期达到禁绝目的。

三、劝导夷民改种粮食

将种烟害处、种粮食好处制汉夷文对照标语，交由夷地禁种宣传队，带去张贴散布。一面责成该队口头剀切宣传播种粮食之好处，使夷人一体周知。

四、收毁鸦片种子，杜其播种

饬夷地宣传队，于所到之处，晓谕当地夷头，切实清查辖地夷民，如有烟籽者即予收毁，不许残留一颗播种。

五、严缉奸人运枪换烟及煽惑种烟

1. 严令各区随时督饬所属，择要盘查缉拿，勿任允往换烟。

2. 饬夷地宣传队，于所到之处，召集商人，严切告诫，禁其煽惑。

六、择尤惩处藉故顽梗

夷民有故违禁令，抗拒收毁烟籽，或竟仍播种烟苗者，责由当地夷头实力制裁。若夷头有阳奉阴违，或力有不足，而县府力量不能贯彻者，则酌量情势，呈请本管行政督察区，或省政府实力援助，俾收实效，免蹈空谈。

七、请配发步枪八百枝、子弹五万发充实本县地方武力，俾得完成禁种缉私严缉奸人运枪换烟及地方治安各任务。

曩因防区流毒，奸人贪利忘义，往往贩运枪弹，赴夷地售卖或掉烟。故夷地枪弹原就不少，及“驱共”之后，多所夺获，夷地武力益厚，且地势险阻，民性剽悍。往年二十八军为开色耳古金矿，为黑水夷人抗拒，损失至巨。而县属编入保甲区域，则民间除明火枪外，其可用之杂枪，只有十余枝。值此抗战期间，正规军既多调赴前线，似应加强边地武力，以防止奸人煽动，至强制禁种缉私，严缉奸人运枪换烟，尤应有充实武力。县属地瘠民贫，无力价购，拟仍请核发步枪八百枝、子弹五万发，俾得完成任务。

理番县长：龚万材

中华民国民国二十七年十月

（资料来源：阿坝州档案馆所藏民国档案，全宗号8，目录号1，案卷号917）

## 四川省政府就懋功铲烟问题给四川省第十六行政督察区专员公署的代电
### （民捌字第 2065 号）

事由：据懋功县电呈督铲烟苗经过并恳派员督铲调队震慑令该署派员会同县长妥慎办理具报查核由

茂县第十六区谢专员鉴：

据懋功县长傅棽若文电称："窃查职县素以产烟著称，近数年来腹地已属行禁种而懋抚则以位居边徼山险水逆，汉夷杂处，民情反复，偷种之风今犹未杀。职到任后对于禁政时凛冰渊，业经三令五申严行查禁，并派员驰赴各区剀切晓喻，俾知禁令森严期其断绝根株。值春耕深恐无知乡愚罔识利害阳奉阴违，仍蹈故辙，特于歌日出巡经过老营高店子乾沟各地，察觉土人偷种烟苗约计四千余株，均已铲净。官寨达维日隆关一带尚无发现。真日返城又据职复密查报称，一区猛固山、唐家山、新桥沟暨抚边特区均有烟苗发现。并呈土人密约势将拼死抗铲。职为贯彻禁令计，除多方运用政治力量宣传，严密查禁，厉行督铲外，万不得已，亦只有不惜一己尽忠职守。第念边民剽悍，好乱成性，职以只身，手无寸柄，如或精诚不足以资感召，一旦不测致贻西顾之忧，则万死莫赎之衍更无容辞矣。谨电奉呈伏乞密示机宜，俾优遵循并恳迅予派员督铲调队震慑，用灭毒卉而肃禁政，不胜迫切待命之至。"等情，前来。除以文代电悉。据呈该县一区暨抚边特区均有烟苗发现，并呈土人密约将拼死抗铲，乞示机宜派员督铲调队震慑，各等情应候电饬该管专署派员会同该县长相机妥慎办理，在督铲之际仍须审酌边情，勿稍操切，免滋滞碍。仍将办理情形随时具报为要，等语。代电饬遵外，合亟电饬该署遵照仍将遵办情形报查。

代主席：邓汉祥（江省民）（禁印）

中华民国二十七年五月九日

（资料来源：阿坝州档案馆所藏民国档案，全宗号 8，目录号 1，案卷号 917）

## 松潘县政府就禁烟方案
## 并呈复办理禁烟情形给四川省第十六行政督察专员公署的呈
### （民贰 1 字第 1961 号）

事由：为奉钧署支代电检发禁种方案饬即遵办一案先行呈复办理情形请予鉴核令遵由

二十七年九月十二日案奉钧署支代电奉省令为重申前令，严禁偷种鸦片，饬依照规定办理第一期查禁种烟事宜，随时报核一案，特制定方案，转电遵照办理一案，原文□□冗录后开："除分电外，合行检方案电仰该县长即便遵照办理，勿稍涉敷衍致干严谴，仍将遵办情形随时报查为要。"等因。计检发禁政方案一份。奉此，除检发奉发方案分令各区署，砵谕各土官头目遵照，认真办理报查外，并由本府选派干练人员，轮赴各地，严厉督饬，并鸣锣召集汉番民众，切实宣传，以期肃清毒卉，而维禁政。鉴核备查指令祗遵。

谨呈四川省第十六区行政督察专员公署

松潘县县长：萧廉武

中华民国二十七年十月二十四日

附：

## 四川省第十六行政督察专员公署回批（二十七年民捌字第 2076 号）

松潘县政府二十七年十月二十四日民贰 1 字第 1961 号呈为呈复奉到禁种方案及办理情形一案，于同年十月三十一日到署，准予备查，回批去讫。

中华民国二十七年十一月二十四日

（资料来源：阿坝州档案馆所藏民国档案，全宗号 8，目录号 1，案卷号 917）

## 四川省政府就松理茂三县夷地种烟情形<br>并令切实督铲将派机宣禁给十六行政督察专员公署的训令

### （二十七年民字第 3102 号）

事由：据宣慰松懋汶土官边民委员李阳三呈报松理茂三县夷地种烟情形并请派机协禁一案令饬该署切实督铲并不日派机宣禁由

令十六区行政督察专员公署：

案据宣慰松懋汶土官边民委员李阳三二十七年五月十四日呈报松理茂三县夷地，最近偷种烟苗及宣传之经过情形，并请派机协禁一案到府。当以呈悉，据报松理茂三县夷地偷种烟苗情形，该员协助查禁，具见认真。仰候分饬该管专署县府切实督铲，务绝根株，并不日商派飞机，飞往各县夷地，协助宣查，以利推行。着并知照，并转饬各土官头人等一体周知。

此令。

抄发原呈一件

主席：王缵绪

民政厅长：嵇祖佑

中华民国二十七年六月十二日

附：

## 李阳三原呈

呈为呈报事，窃查宣传夷地禁种一案，前以达奉钧府函电督令宣传查禁，除已遵令严饬各属土官头人切实遵照，并函各县府协同办理外，一面分区遴员宣传查禁，迭经呈禀核示在案。

兹据本处宣传主任李叶苍报称，窃职奉令前往松理茂三县所属各夷地巡查烟苗，遵

于三月二十日率领通事马有权等三员自松城出发，经荣昌小黑水一带转复理属黑水芦花九十九沟半，理属松坪大小姓各土巡查四十余日，于昨（五月一日）返松。将巡查经过情形谨分别胪陈如下：

1. 松属各沟寨惟接近理属黑水荣昌所属之小姓沟与小黑水之自木林数寨藉口他县遍种为词，稍有偷种，业已面饬荣昌大土官荣德清及小黑水林玛支队长，自木林土官徐家孝等严厉查禁。又第二区南坪所属之黑河高山亦闻有少数烟苗发现。除已派人前往查报外，应请令饬该区宣传主任赵受百切实宣传查禁以专责成。至其他关内外各土则已完全绝种矣。

2. 茂属接近黑水之松坪沟大小姓黑不六寨等处均已遍种，并查该松坪等地及松属荣昌之小姓沟各土多系汉奸从中刁唆，乘隙偷种毒卉，谮滋后患何堪设想。此应请亟谋禁铲者也。

3. 理属黑水芦花九十九沟半除上芦花与龙坝老衙门一沟外，其他则已完全下种而中下芦花玩法尤甚，专署三令五申本处一再宣导。理番龚县长又复亲往巡视，该夷等又顽抗不铲，以致接近该土之个数沟寨并效偷种。职以该地烟苗如能首先犁铲，则其他各县之以偷种者将不铲而自刹矣。

以上三项在职之考察，以为徒口宣传不但逆番藐法如故实亦难收效果。诚能威以迫禁，机以督铲则毒卉绝种必矣。谨此呈报核夺。等情。查选据各区宣传主任即禁种宣传员密查呈报均以理番夷地偷种最多，虽经本处多方宣导及龚县长之亲查禁铲，该逆番等仍抗令如故。次则茂属各土偷种亦多，惟松属地则以萧县长之勤劳廉干，各区长之推动有方，上下一心，推行得力，故只接近理属之小姓沟自木林数寨稍有烟苗而已。第念禁毒卉为国家救亡根本大计而以逆夷之藐法抗令，汉奸之狼狈为奸，长此因循，果不严厉加禁，则蔓延日广益深，似此情形恐非派机协禁不易收效。为此呈恳钧座核夺，指令祇遵。

谨呈民政厅长齐

宣慰松理茂懋汶土官边民专员：李阳三

（资料来源：阿坝州档案馆所藏民国档案，全宗号8，目录号1，案卷号917）

## 四川省府就理番县县长出巡三番黑水夷地
## 查铲烟苗情形给第十六行政督察区专员公署的指令
### （二十七年民禁字05972号）

事由：为转呈理番县长呈报出巡三番黑水夷地查铲烟苗情形分饬五项仰即遵照并转理番县府遵照由

令十六区行政督察专员公署：

二十七年七月一日为转呈理番县长龚万材呈报出巡三番黑水夷地查铲烟苗情形请予鉴核由，呈附均悉。据转呈理番县长龚万材呈报率区员秦柄及保安队阳台普、通译员彭子华等出巡三番黑水各地查铲烟苗各情，分饬如次：

一、黑水方面仅铲去一部，其余未经铲除之地段，仍应督饬黑水头人苏永和转饬铲除尽净，勿任藉故推诿。

二、三番之瓜李寨杨银匠胆敢集众抗铲，实属顽梗，应饬斟酌情形，缉案究办，以儆效尤。

三、所请派机轰炸一节，最近已由空军学校派机飞往该县，散发传单。该县应及时施铲宣传，以资为请。

四、余保长地段内有少数烟苗，务须派员复查，已否铲尽，勿使敷衍塞责。

五、邓吉三违禁种烟畏罪潜逃，及江宗绪、杨绩成、徐绍唐等在该县租地，播种春烟，均已逃匿。除由该县经饬苏永和、功高阳平缉捕外，其邓吉三一名，由该署令饬黑不寨联保主任王国栋严捕交案。其江宗绪等，由本府分饬各该原籍县府逮捕归案究办。

以上各项，仰即遵照，并转饬理番县府遵照。仍将遵办情形，报查。附件存。

此令。

主席：王缵绪

民政厅长：嵇祖佑

中华民国二十七年七月二十一日

（资料来源：阿坝州档案馆所藏民国档案，全宗号 8，目录号 1，案卷号 917）

**松潘县府就飞机协助查铲烟苗情形**

**给四川省第十六行政督察专员公署的呈**

（民贰 1 字第 1586 号）

事由：为遵奉民捌字 1195 号训令呈复飞机来到并呈报省府各情请鉴核备查由

案奉钧署二十七年六月二十七日发民捌字第 1195 号训令，为据转请派飞机宣传示威，以资查铲烟苗一案。奉到，省府指令转令遵照一案后开："合行令仰该县府即便遵照，利用机会及时督铲，务绝根株为要，此令。"等因。奉此，查此案。本府前于奉到钧署六月来电、省府五月世电令后，当即飞令小黑水狪猓子四部、关内七寨，及毛尔盖、大小姓各土官牌目，将饬遵照，切实迅速铲除。后据漳腊方面传说，在上三寨最高空，似闻有飞机声音，然既未见机身，又未见有禁烟传单，故番民知者甚少。且该地实未偷种烟苗，距偷种烟苗之大小姓、小黑水等地尚有三四百里。本府曾以民贰 1 字第 1509 号呈，恳请省府先派飞机一架随带小型炸弹，飞抵漳腊机场，再饬该种烟边民，限期铲除，到期由府派员随机指导路线，径往小黑水、大小姓沟等地，查具有烟苗地亩、房屋稀少之处，掷弹一二枚，方足以昭威信，而收禁烟实效等语呈报在案。尚未奉令，至七月八日始发现飞机一架来松，散放禁烟及采金两种传单于高空中飞巡一周即循岷江而去。大小姓、小黑水一带似仍来往，所发禁烟传单仅有汉文，番民亦难通晓，唯边民是否遵从，自应澈查。除南坪方面已由第二区长雷国纲率领员丁亲往辖区查铲，第一区辖境仍由该区派员前往巡查。至小白草方面查铲情形，前已由该区区长冯博文于查铲过茂时面报钧署。俟该区长详呈来府后，再行专案呈核。奉令前因，理合将奉令督铲情形具文呈请鉴核备查，指令祗遵。

谨呈四川省第十六区行政督察专员公署

松潘县长：萧廉武

二十七年七月二十五日

（资料来源：阿坝州档案馆所藏民国档案，全宗号 8，目录号 1，案卷号 917）

369

## 理番县政府就查铲黑水三番夷地烟苗
## 提示各项情形给四川省第十六行政督察专员公署的呈
### （民六 2 字第 52 号）

事由：遵令呈报奉办查铲黑水三番夷地烟苗提示各项情形由

八月二日案奉钧署二十七年民捌字 1371 号训令奉转省令饬遵照查铲烟苗提示各项办理具报，等因。敬谨遵将奉办情形列呈如次：

一、黑水方面除铲去部分外，其余未经铲除地段前奉准派飞机明令，已及时加派熟悉夷情之通译员彭子华前往宣谕督铲。兹复再严令黑水各头人遵令，铲除尽净并申令通译员彭子华就近上紧劝导督铲完全肃清后具报。仍令该管辖区署协同办理。

二、三番瓜李寨杨银匠集众抗铲已遵令斟酌情形相机缉案究办，并通令各区于可能范围内一体协缉。

三、余保长地段已遵令转饬该管第三区署立即派员前往复查具报。

以上各项办理情形是否有当，理合报请钧署核转示遵。

谨呈四川省第十六区行政督察专员公署

理番县长：龚万材

中华民国二十七年八月

（资料来源：阿坝州档案馆所藏民国档案，全宗号 8，目录号 1，案卷号 917）

## 四川省政府关于理番县县长出巡黑水查铲烟苗日记、图表、旅费等的指令
### （二十七年民字第 07930 号）

事由：据转呈理番县长出巡黑水查铲烟苗日记图表旅费粘据等件所饬各节仰即转饬知照由

令十六区行政督察专员公署：

二十七年八月十九日，为据呈理番县长龚万材出巡黑水查铲烟苗日记及路线图、旅费表粘据册等件，请鉴核指令遵由，呈附均悉。查该县长出巡黑水铲烟日记尚属详明，且能深入夷地，不避艰险，尤堪嘉尚。惟各夷地发现烟苗各案前已具报，应遵本府先后各令认真办理，不得先勤后惰，务须贯彻到底。现在又届播种罂粟时期，尤宜严饬苏永和负责将各夷地方，严密查禁，不准一粒入土以资肃清，并由该县府随时派员四处查勘，勿稍疏懈。至该县长此次出巡旅费，据报共支二百五十九元七角，核与粘据相符，准在该县二十六年秋季以前提留禁烟照证费项下列支具报，仰即转饬遵照。附件存。

此令。

主席：王缵绪

民政厅长：嵇祖佑

中华民国二十七年九月

（资料来源：阿坝州档案馆所藏民国档案，全宗号 8，目录号 1，案卷号 917）

## 松潘县府就奉令派员
## 督铲大小姓烟苗情形给第十六行政督察专员公署的呈
### （民贰1字第2261号）

事由：为据第一区呈复奉令派员督铲大小姓烟苗一案据转呈请予鉴核令遵由

案奉本年五月十一日钧署民八字第823号训令，为据大小姓宣慰员荣德清呈报该管区内有汉民租地种烟，饬即迅赴该地督铲，取结报查一案，等因。奉此，本府遵即硃谕宣慰员荣德清迅予督铲净尽，并令饬第一区署派员前往镇江间，督饬联保主任杨泽孚前往该地，会同荣德清严切办理，当将办理情形具文呈报。已奉钧署民八字第1068号指令各在案。兹据第一区署呈称：二十七年五月二十七日案奉钧府禁字第32号训令，为据大姓土官呈报汉番地区偷种烟苗，饬派员会同该土官铲除净尽，取结报查一案，等因。奉此，遵即派本署巡官冯任朝前往镇坪令饬联保主任杨泽孚前往该地会同大姓土官荣德清协力办理，务期铲尽去后。兹据该主任杨泽孚称，案奉钧署禁字第9号训令，并派员到职处督饬前往小姓沟协助土官荣德清查铲烟苗。等因。奉此，职遵即前往，于废历又七月七日到达该地，面向荣德清宣示钧令，饬即办理。当据该土官面称，所属番民，并无偷种烟苗情事，前次钧座出巡，视察所发现之烟苗，纯系无业游民及他处无知番民来此偷种，自奉县政府硃谕，随即亲往查铲，凡有烟苗之地，不分汉番，一律铲除净尽，并向番民说明利害，一般无业游民早已望风远飙，各头目均已明了禁令，出具切结，永不再违法令。此事实无烟苗可铲，等语。职恐不实，复向该土官又亲巡一周，所称尚属相符，确无烟苗及容留汉人等情事。理合将经过情形，及所取各结，一并附文赍请钧署鉴核指令祗遵，谨呈，等情。计呈切结三份。据此，复查该员所报各情，与职署派出之巡官呈报经过相符。除指令准予转报外，理合具情呈请钧府俯赐鉴核示遵，谨呈。等情，即呈切结三份。据此，查所办理各情，尚属不虚，除将原结存案备查并指令外，理合抄附切结，据请具文呈请鉴核。

谨呈四川省第十六区行政督察专员公署

中华民国松潘县长：萧廉武

二十七年十二月七日

附：

### 小姓坝及五寨等处土官头人的禁烟切结

为切结事，窃查职属各寨人民违法偷种烟苗因遭"赤匪"后地方痛苦，无力恢复元气，今经上峰查出将派杨主任泽孚、荣土官德清同奉县区两座命令前来督铲净尽，并未存留一苗。自此痛改前愆，自寻维新，永远不得违法偷种，再蹈覆辙。职辖区内再有一茎烟苗发现，愿受政府禁令严厉处分，自干共咎中间，不虚切结是实。

具结人：小姓坝及五寨土目严慕孝、斋期头人泽窝孝、娘杠头人罗及鸦、纳溪泥巴

头人泽訾巴、甘崖土目甘涌泉、孤纳土官勒家孛、碑志寺头人呢彭初、萝葡村头人勒他学、平安头人谢里罗排、拔慎头人拔古他

（资料来源：阿坝州档案馆所藏民国档案，全宗号8，目录号1，案卷号917）

## 靖化县府就懋功偷种鸦片影响
## 靖化禁政给四川省第十六行政督察专员公署的呈

案奉钧署二十七年民八字第1735号训令，以种烟季节将届，饬遵照前颁禁烟、毒实施办法，及本年秋季第一期禁种烟方案，切实办理。一面严密收毁罂粟种子，以免毒卉蔓延，并将收毁情形，随时报查。等因。查本县对于查禁种烟事宜，迭经遵照上峰禁令，努力以赴，故县属境内，两季以来，并未有一茎毒卉发现。近据密报，一般民众，以懋功连年种烟，收获甚巨，且军队到懋，竟以大批法币购买，认为政府累次文告，虽极森严，究无彻底禁绝之决心。并认本府先后严令，近于欺枉，坐使邻县人民独获厚利。际此种烟季节，不免罔识利害，蠢蠢欲动，大有联合普种之概。兹查照奉颁之禁烟、毒实施办法及禁种方案，其法虽较前尤严，但以迫于时势，危于环境，似觉潜势所趋，恐难制止，惟然窥民意，咸将以懋功禁烟案之有无具体解决□□□□□，而因循又显违功令。事体重大，有效殊难，心所谓危，□□□□□□职一面布告周知，一面分饬所属预为查禁外，所有实际情形，理合具文呈报钧署核示祗遵。

谨呈四川省第十六区行政督察专员公署

靖化县长：刘绍绪
二十七年十一月十四日

## 四川省第十六区行政督察专员公署给靖化县政府的指令
### （民捌字第76号）

呈为遵令呈报查禁种烟实际情形请予核示，已悉。仰候转请省府核示，俟奉指令，再行饬遵。

此令。

专员：谢
二十七年十二月

（资料来源：阿坝州档案馆所藏民国档案，全宗号8，目录号1，案卷号917）

## 理番县政府就懋功奸民偷种鸦片恐蔓延理境
## 请采取有效禁种方法给四川省第十六行政督察专员公署的快邮代电
### （民六2字第74号）

茂县专员谢钧鉴：

据报懋功方面上季偷种鸦片已全数收获，奸民得金累累。现刻冬烟又完全下种，且风闻有土劣把持，宣称有人不种即予驱逐出境，因之职县毗连懋境各夷地，连年均未种烟者现亦发生羡慕。查此事关系之巨，除令饬该管区署切实宣禁复勘外，谨此电呈恳赐核转省府对本区迅采整个有效之禁种方法，以免蔓延。如仍仅责之地方官吏则力所不能，终成敷衍，禁政前途不堪设想矣。冒昧直陈仍候令遵。

理番县长：龚万材
中华民国二十七年十一月

## 四川省第十六行政督察区
### 就懋功奸民违禁偷种鸦片恐蔓延理境给理番县府的指令
（民捌字第 2135 号）

令理番县政府：

代电一件为据报懋功奸民违禁偷种鸦片呈恐蔓延理境，请转采整个有效方法迅速施行由。代电悉。现值禁烟严重时期，该懋功奸民竟又违禁偷种，实属藐玩禁令，胆大妄为。据呈前情，除予转请省府核示外，仰仍督饬区保甲长遵照先令各令切实查禁为要。

此令。

专员：谢
中华民国二十七年十二月

## 四川省第十六行政督察专员公署为据理番县政府电呈
### 懋功奸民偷种鸦片请转采整个有效禁种办法迅速施行给省政府的呈
（民捌字第 490 号）

事由：据理番县政府电呈懋功奸民偷种鸦片请转采整个有效禁种办法迅速施行一案转请鉴核示遵由

案据理番县政府省代电称，据报懋功方面云云，仍候令遵等情前来。查本署对于区辖各县查禁种烟，迭经三令五申，谆谆告诫。本年八月奉钧府文省民禁代电，饬加紧办理。本年秋季第一期查禁种烟事宜，赓即拟定方案，令发本区各县遵照办理，并呈报在案。旋又重申前令，饬照方案所定步骤，严密收毁鸦片种子并将办理情形具报。继以上年各县办理禁种未能彻底，遥远地方夷人贪图小利，未禁绝，本年难保不踏覆辙。复经印制汉夷文对照布告，令发多县普遍张贴，并饬乘此烟苗下种时期，严密查禁结报，以免烟苗出土后查铲困难。十一月上旬奉钧府阳省民禁电，各县不许有一茎烟苗发现。亦经转令遵照去讫。兹据前情，该懋功地面竟又完全下种，藐玩禁令。该奸民等竟不畏法，殊属可恶已极，似此情形倘仍纯用政治力量查禁，收效当属甚微，究各县办理之要，理合具文转呈钧府鉴核指令祗遵。

谨呈四川省政府

专员：谢
中华民国二十七年十二月八日

（资料来源：阿坝州档案馆所藏民国档案，全宗号 8，目录号 1，案卷号 917）

## 川康绥靖主任公署关于颁布禁烟督察处查缉毒品给奖章程的训令

### （民二十七年绥法蓉字第 5961 号）

令四川省第十六区行政督察专员公署：

财政部筱渝密特代电称："据密报称近来乐山私土销量月在二十担之间。大都由军队包运，地方流氓包销。前由泸县驻军派副官两人护送。来乐者有贵土十余担之多，其他零星之数不一而足。在缉私人员未到之前为航务处人员拿获者共数千两之多，为壮丁队截获者亦时有所闻。又西昌一区更不堪问，武力专横造成整个走私世界。各特商鉴于私土到处倾销不敢着手投资，各地土行迄未成立者在在皆是。如不设法补救，关系禁政前途至为重大等语。查不肖军队凭借武力包庇走私，不仅乐山西昌为然，其他各地亦层见叠出，为禁政前途一大障碍。况且川省幅员广大，禁烟督察处所设缉私机构及担任缉私部队力量薄弱，不无顾此失彼之虞，自然由各级地方政府及驻军团队负责协缉不足以戢私风。除令饬禁烟督察处四川分处责成各事务所随时商请当地军警团队及地方政府协助缉拿。并分电外，相应抄附禁烟督察处查缉毒品给奖章程一份，电请查照转饬所属一体协缉以肃禁政为荷。"等由。准此，除分令外，合行抄发禁烟督察处查缉毒品给奖章程一份，令仰遵照并转饬所属一体遵照为要。

此令。

计抄发查缉毒品给奖章程一份

中华民国二十七年十一月八日

主任：邓锡侯

副主任：潘文华

附：

## 禁烟督察处查缉毒品给奖章程

第一条　本处为严禁毒品（包括鸦片、吗啡、海洛英、高根、红白丸及其他毒物或化合物）奖励查缉人员起见，所有给奖办法悉依照本章程之规定办理。

第二条　凡缉获私漏鸦片或烟膏均按变价定数五成五解库，四成五充奖。精制吗啡、海洛英、纯高根每两给奖金四元五角，粗制吗啡每两给奖金二元贰角五分，红白丸每袋（以装满一万粒为一袋）给奖金十元。含有吗啡或海洛英之同类毒物或化合物应按其所含成分之多寡照每两二元贰角五分，以百分比例推算给奖。凡红白丸未满一袋者及烟灰、烟料、药丸或确系专为制毒购运的吗啡精乳糖及其同类物等均不给奖。前列吗啡等毒品之成分由本处送请化验机关分析鉴定，其手续费由奖金内支给。

第三条　本署直属缉私员兵经手缉获毒物于呈解处后应得奖金均照前条规定之数目分作四成五计算其支配如左〔下〕：

（甲）经手缉获之员兵得四成五中的四成；

（乙）经办案件的内外机关得四成五中半成。

第四条　报告人给奖成数规定如左〈下〉：

（甲）指明某人运藏毒品数量及存放处经查缉员按址查获情节相符者为确定报告人前条甲项四成奖额给三成充奖；

（乙）仅指明某人运藏毒品而不知数量或仅知数量而不知存放处经查获员兵查获者为普通报告人，于前条甲项四成奖额内拨一成五充奖。

第五条　军警团队及其他机关协缉之毒品（单独查获者为协缉）送解本处分别处置后按照本章程第二条规定之数目作为四成五计算，以四成五中四成给该协缉机关自行支配（如有报告人者应由该协缉机关就所得四成奖额内按本章程第四条规定之成数提给）。

第六条　本处与所属缉私员兵与军警团队或其他机关协同（即其他机关得有报告而力有未逮转报缉私机关或双方同时得有报告及无报告而同时发觉共同缉获者为协同）缉获之毒品将本章程第三条甲项所规定之四成奖额双方平分。

第七条　本处及所属缉私员兵由军警团队或其他机关协助（事前商请得其鼎力会同办理者为协助）因而缉获之毒品将本章程第三条甲项所规定之四成奖额拨给该协助机关一成五（如有报告人者应先行四成奖额内将报告人奖金提出后再就余额支配）。军警团队或其他机关仅处于证明人地位者不得以协助论。

第八条　关于第五条四成五协助奖金所余之半成照第三条乙项之规定归本处或分处办事处事务所等经办之内外机关支配之。关于第六第七两条协同协助四成五奖金中之半成归本处缉私主任办公室或各地缉私专员经办之内外机关支配之。

第九条　关于本章程第五条协缉之毒品应送本处验收保管处置或所属分处办事处事务所验收转解。关于本章程第六条协同第七条协助缉获之毒品应先会同验明交由本处缉私主任办公室或各地缉私专员分别转解。

第十条　军警团队或其他机关查获运鸦片之人犯应送交本处或所属处所依法惩办。本处与所属各处所或军警团队以及其他机关查获制造运输贩卖吗啡等烈性毒品之人犯应就近送交兼军法官之县长或行政督察专员或有军法职权的机关依法审判之。

第十一条　凡利用以掩护或夹获毒品之货物一并没收，变价后以五成五解库四成五充奖。其支配办法悉依照本章程第三四五六七八各条之规定。

第十二条　因私运鸦片而犯罪之人犯所处罚金于执行后以五成五解库四成五充奖并依照本章程三四五六七八各条之规定分别支配之。前项罚金奖解办法依照禁烟罚金充奖规则办理。

第十三条　凡查获私漏鸦片应领奖金项俟该案办结后方得提给，但经商定或呈准者得变通办理之。凡查获吗啡等毒品应领奖金项俟本处转解中央试验处化验提炼后方可提给，如有特殊情形事先商由本处核定或本处所属机关呈准得酌予变通，但案情重大奖金较巨者仍须呈请军事委员会南昌行营核示办理。

第十四条　本处所属员兵应得奖金均向本处请领分发。军警团队及其他机关应得协奖由本处所属经手转解之机关代领转发。

第十五条　报告人奖金应向所报机关亲身具领并须事先奖（与）该主管官面洽或将告密文件呈阅获案后查核相符照本章程第四条之规定惠数提给。

第十六条　关于没收毒品犯之财产提给奉发人及承办人员奖金办法应随时呈请军事委员会南昌行营酌情核给以命令定之。前项没收毒犯财产变价办法，应依照禁烟罚金充奖规则办理。

第十七条　凡破获制毒机关抄获造毒机器或拿获主要毒品人犯异常出力员兵得呈请酌予奖励之。

第十八条　本章程如有未尽事宜得随时呈请修改之。

第十九条　本章程自核准之日施行。

（资料来源：阿坝州档案馆所藏民国档案，全宗号 8，案卷号 951）

## 茂县封锁夷土暂行办法

一、现值夷地偷种鸦片成熟时期，为防止奸人私运侵入县境起见，特制定本办法。

二、凡有溜索等处，应责成当地联保甲酌派壮丁把守，对河西渡河人施行严密检查（如果派有保安队者，当地联保甲仍应协助），如查有私土，无论多寡，应立即同当地保甲验明记数，将人土一并挡送县府法办，依照禁烟督察处查缉毒品给奖章程给奖。

三、理汶交界新堡关，为夷土通过之要隘，由府呈请专署严饬驻防保安队认真协缉，为确达严密缉私效率起见，并由府一面商请四川督察分处灌县事务所调派部队来县查缉。在未到以前，暂由本府分别酌派保安队兵员、巡警察关卡分布各地协同严缉，并列表如下：

| | 区划 | 东路 | 南路 | 西路 | 北路 | 城区 |
|---|---|---|---|---|---|---|
| 茂县县政府缉私员巡检时部分分配表 | 地段及组别 | 土门第一组 | 白水寨第一组 | 沙坝第一组 | 太平第一组 | 第一组 |
| | 担任部分 | 区署 | 派守溜索保安队 | 本府员巡保安队 | 路款委员 | 区署 |
| | 地段及组别 | 观音梁子第二组 | 无定第二组 | 刁林沟第二组 | 石大关第二组 | 第二组 |
| | 担任部分 | 驻防保安队 | 本府员巡 | 派守溜索区署员丁 | 派守溜索联保处人员 | 警察 |
| | 地段及组别 | 无定第三组 | 新堡关第三组 | 松鸡堡第三组 | 蹋水漱第三组 | 第三组 |
| | 担任部分 | 本府员巡 | 驻防保安队 | 本府员巡 | 茶关保安队 | 保安队 |
| | 地段及组别 | | | 镇西桥第四组 | 无定第四组 | 第四组 |
| | 担任部分 | | | 保安谍查队 | 本府员巡 | 本府员巡 |

附注：

1. 检查人员，除本表指定者外，各地保甲有查报协缉责任。

2. 各路员巡应切实负责，如第二组查获私土，系由第一组地点通过，第一组应受处罚，以下类推。

3. 查获私土应送县府核办，照章请奖，不得擅自处罚，吞蚀干咎。

4. 各组除对于夷土实行查缉外，外来私土亦应拿送。

5. 汉奸及私运枪弹亦应挡送究办。

四、本办法以命令公布施行，如有未尽事宜，得随时修改。

四川省第十六行政督察区专员兼茂县县长：谢培筠

秘书：杨悫（代行）

中华民国二十七年六月十八日

（资料来源：阿坝州档案馆所藏民国档案，全宗号 8，目录号 1，案卷号 648）

## 土官头人服从政令铲除鸦片苗的切结

具切结人孤纳土官勒家孝、甘崖土官甘涌泉率各寨头人等为尊令服法铲除烟苗以肃禁政事。

窃职等所属各寨番愚无知偷种鸦烟有违禁政，经我政府查觉谕饬，钧土官督令铲除净尽。

职谨遵法令亲往各寨督率百姓统限三日一律铲尽。嗣后职辖境内再有烟苗发现，愿受严厉处分。自干其咎，中间不虚，切结是实。

孤纳土官：勒家孝

甘崖土官：甘涌泉

萝葡村头人：勒他学

平那寨头人：茨多□

拔慎寨头人：拔古他

孤纳寨头人：白马扎西

碑志寺头人：彭初

民二十七年六月

（资料来源：阿坝州档案馆所藏民国档案，全宗号 5，目录号 1，案卷号 283）

## 四川省政府关于夷地种烟给松潘县政府的训令

（二十七年民字第 3102 号）

令松潘县政府：

案据宣慰松理茂懋汶土官边民委员李阳三二十七年五月十四日呈报，松理茂三县夷地最近偷种烟苗及宣传之经过情形，并请派机协禁一案，到府，当以呈悉。据报松理茂三县夷地种烟情形，该员协助查禁，具见认真，仰候分饬该管专署县府切实督铲，务绝

根株，并不日商派飞机，飞往各县夷地，协助宣查，以利推行，着并知照，并转饬各土官头人等，一体周知等语，指令印发外，合亟抄发原呈令仰遵照，并时将遵办情形，呈复备查

此令。

民政厅长：嵇祖佑

## 附：原呈一份

呈为呈报事。窃查宣传夷地禁种一案前以迭奉钧府函电督令宣传查禁，除以尊令严饬各属土官头人切实遵照并函各县府协同办理外，一面分区遴员宣传查禁，迭经呈禀核示在案。兹据本处宣传主任李叶苍报称窃职奉令前往松理茂三县所属各夷地查烟苗。遵于三月二十日率领通事马有权等三人，自松城出发经荣昌小黑水一带，赴理属黑水、芦花九十九沟半及松茂属松坪大小姓各土巡查四十余日，于昨（五月一日）日返松，用将巡查经过情形，谨分别胪陈于下：

（1）松属各沟寨惟接近理属黑水、荣昌所属之小姓沟与小黑水之自木林数寨，借口他县遍种烟为词，稍有偷种。已经面饬荣昌土官荣德清，及小黑水林马支队长自木林土官徐家孝等严厉查禁。又第二区南坪所属之黑河高山亦闻有少数烟苗发现，除已派人前往查报外，应请令饬该区宣传主任赵受百切实宣传查禁，以专责成。至其他关内外各土则已完全绝种也。

（2）茂属接近黑水之松坪沟、大小姓黑不六寨等处，均已遍种，并查该松坪等地及松属荣昌之小姓沟各土多系汉奸从中叼唆乘隙偷种毒卉，既兹后患何堪设想，此应请亟谋禁铲者也。

（3）理属黑水、芦花九十九沟半除上芦花兴龙坝老衙门一沟外，其他则已完全下种，而其中下芦花玩法尤甚，专署三令五申，本处一再宣导，理番龚县长又复往巡视，该夷等又顽抗不铲，以致接壤之各属沟寨效仿偷种。职以该地烟苗，如能首先铲除，则其他各县偷种者将不铲而自刹也。

以上三项在职之考察以为徒口宣传，不但逆番藐视法律，故实亦难收效果，诚能威以迫禁机以督铲，则毒卉绝种必也。谨此呈报核夺，等情。查迭据各区宣传主任及禁种宣传员密查员等早报，均以理属夷地偷种最多，虽经本处多方宣导及龚县长之亲查禁铲，该逆番等仍抗令如故。次则茂属各土偷种亦多，惟松属地则以萧县长之勤劳廉政各区长之推动有方，上下一心，进行得力，故只得接近理番属之小姓沟自木林数寨，稍有烟苗而已。第念禁毒鸦片为国家救亡根本大计，而以逆夷之藐视法律，汉奸之狼狈为奸，长此因循，果不严厉加禁则蔓延日广。看此情形，非派机协禁不易收效，为此呈肯钧座核夺指令祗遵。

谨呈民政厅长嵇

宣慰松理茂懋汶土官边民委员：李阳三

（资料来源：阿坝州档案馆所藏民国档案，全宗号5，目录号1，案卷号42）

## 懋功县政府就制订懋功县
## 封锁夷土暂行办法给四川省第十六行政督察专员公署的呈
### （民字第 337 号）

　　事由：呈为呈报查缉私土政历弗逮并据报奸商流痞暗运枪弹，秘密调换夷土，特制订县封锁夷土暂行办法恳请鉴核示遵一案由

　　窃职县禁政办理历难，因地属边区，汉夷杂处，习俗犷悍，民性愚顽，凭隅恃险，一切弗愿，而山深岭复，夷地居多，亡命啸聚，藉作逋逃，作奸犯科，政力弗逮。奉命守此，夙夜兢兢，以禁政为当务之急，除遵层峰训示，尽量设法开导，三令五申外，并严饬区联保甲，层层督禁。惟以幅员辽阔，道路崎岖，于本年八月间，据各区署呈报肃清后，随即躬视出巡，所经政治力所能到达地方，确无一苗发现，业于九月十六日，以民字第二九一号专呈具结，赍请核示在案。惟刻值秋收，迭据查报，本县境内似有奸商流痞暗运枪弹，秘密调换夷土情事，根诘其源，则悉来于川康毗连边境，蛮荒夷地，行踪无定，夹带秘密，捕此窜彼，不可躬诘，实属政治力量所弗能及。职虽管教有责，实苦办理无从，所有据报私贩夷土情形，若知而弗陈，则为欺图蒙蔽，一味粉饰，且为明鉴所难逃。除遵令参酌钧署本年七月民捌第一二三八号颁发茂县封锁夷土办法，特为制订县封锁夷土暂行办法，赍呈钧署鉴核令遵。

谨呈四川省第十六区行政督察专员公署

附赍懋功县封锁夷土暂行办法一份

懋功县长：傅栎若

中华民国二十七年十月二日

　　附：

## 懋功县封锁夷土暂行办法

　　一、本办法参酌第十六区行政督察专员公署令颁茂县封锁夷土暂行办法制订之。

　　二、为防止奸人私运侵入县境起见，特制定本办法呈准专员公署核准施行。

　　三、凡有关隘及铁绳桥等处应责成当地区联保甲酌派壮丁把守，城外三关桥及中桥等处行人施行严密检查，如拿获私土，应立即同当地保甲验明记数，将人土一并挡送县府法办，并依照禁烟督察处查缉毒品给奖章程给奖。

　　四、川康交界处之夹金山为夷土通过之要隘，由县府呈请专署调派保安队驻防协缉，为确遵严密缉私效率起见，在保安队未到以前，暂由本府严饬区联保甲一体严缉。

　　兹表列如下：

懋功县政府缉私员巡临时分配表

| 区划 | 东 | 南 | 西 | 北 | 虹桥山路 | 别思沟路 |
|---|---|---|---|---|---|---|
| 地段及组别 | 石门关<br>第一组 | 美诺沟<br>第一组 | 三官桥<br>第一组 | 乾海子<br>第一组 | 八角<br>第一组 | 别思满屯<br>第一组 |
| 担任部分 | 本府员巡 | 本府员巡 | 本府员巡 | 当地保甲 | 当地联保 | 当地保甲 |
| 地段及组别 | 官寨<br>第二组 | 头道桥<br>第二组 | 新桥塘<br>第二组 | 崇德街<br>第二组 | 木坡<br>第二组 | 登春沟<br>第二组 |
| 担任部分 | 当地联保 | 当地保甲 | 当地保甲 | 当地保甲 | 当地保甲 | 当地保甲 |
| 地段及组别 | 达维<br>第三组 | 两河口<br>第三组 | 川北营<br>第三组 | 新店子<br>第三组 | 抚边<br>第三组 | |
| 担任部分 | 区属 | 当地保甲 | 当地保甲 | 当地保甲 | 区属 | |
| 地段及组别 | 日龙关<br>第四组 | 夹金山交界地<br>第四组 | 增格宗<br>第四组 | 喜神沟<br>第四组 | 两河口<br>第四组 | |
| 担任部分 | 当地联保 | 当地保甲 | 当地保甲 | 当地保甲 | 当地保甲 | |

附注：

1. 检查人员除本表指定者外，各地保甲均有查报协缉责任。

2. 各路员巡应切实负责，如第二组查获私土，系由第一组地点通过，第一组处罚，以下类推。

3. 查获私土应送县府核办照章请奖，不得擅自处罚，吞蚀干究。

4. 各组除对于夷土实行查缉外，外来私土亦应拿送。

5. 汉奸及私运枪弹亦应挡送究办。

6. 本办法呈请四川省第十六区行政督察专员公署核准后施行。

（资料来源：阿坝州档案馆所藏民国档案，全宗号8，目录号1，案卷号648）

## 四川省第十六行政督察专员公署
### 关于封锁夷土暂行办法及本年秋季第一期查禁种烟事宜给懋功县府的指令
#### （民捌1993号）

令懋功县政府：

呈一件为制定封锁夷土暂行办法恳请鉴核示遵一案由。呈附均悉，查核当无不合，应准备查。现值禁政紧张时期，该县私土充斥，实由本年上期对禁种责任多有未尽之所致。现正值冬烟下种时期，亟应遵照本署前颁本年秋季第一期查种烟方案，督率所属认真办理，不得再事疏忽，致干严谴为要。

此令。

专员：谢

中华民国二十七年十一月

（资料来源：阿坝州档案馆所藏民国档案，全宗号8，目录号1，案卷号648）

## 四川省第十六行政督察专员公署
## 就查禁奸民赴黑水夷地私贩烟土到理茂松各地销售给有关各方的训令

### （民八 1662 号）

#### 训令一

令保安第十六团一大队三中队队长徐啸楚、二分队长曾翔华、三分队长阳台普：

近据探报，本年上期理番属黑水等地夷人偷种鸦片，现值收割时期，有不少烟民藉贩卖盐、布、猪膘等为名，前往调换烟土，私运理茂松各地销售，且有私贩枪支前往调换等情。当经令饬驻茂保安团队及茂县负责办理各员全体出动，严密施行检查，迭有收获。本署对于夷土，并于本年夏季制定封锁办法，通饬施行在案。乃封锁期间，私土竟有如是之多，可见负责办理各员对于责任实有未尽！后据探报，私贩认为茂属各地检查严密，无法偷运，多由茂县河西绕道岷江下游偷渡溜索者。当地禁政紧张时期，该私贩等竟敢憨不畏法，实属胆玩已极！除令饬驻防各要隘保安团队及理茂第三区署与烟土关卡一体严密检查外，合行令仰该中队长即便遵照，特率所部对于往来行人必须注意检查，如查获私土及武器，立即报请核办。本署定予以丰厚奖励。倘敢隐匿或任意妄取其他财物，一经查出，必将严厉究办，绝不宽待！该中队长必须与理番第三区属切取联络，随时协助为要。

此令。

#### 训令二

令理番县第三区长王光昌：

近据探报，本年上期理番县黑水夷人偷种鸦片，现已成熟收割，有不少奸民藉贩卖盐、布、猪膘等为名，前往调换烟土，私运理茂松各地销售，且有私贩枪支前往调换等情。当经令饬驻茂保安团队及茂县负责办理各员全体出动，严密施行检查，迭有收获。查本署对于夷土，并于本年夏季制定封锁办法，通饬施行在案。乃封锁期间，私土贩卖能畅行各地，可见负责办理封锁人员，对于责任实有未尽。后据探报，该私贩等以茂属各地检查严密，无法偷运，多绕道后山经该区所属龙溪乡、两河口、桃坪乡、三岔沟等地，此憨不畏法，实属胆玩已极！特饬驻防各要隘之保安团队及沿途关卡，认真严密查缉，并令驻威州之保安十六团一大队第三中队长徐啸楚与该区署切取联络，随时协助外，合行令仰该区长即便遵照，特率所部注意检查缉捕，勿使脱逃，用严禁政为要。

此令。

#### 训令三

令茂县第三区属：

近据探报，本年上期黑水夷人偷种烟苗，现值成熟收割，有不少奸民藉贩卖盐、布、猪膘等为名，前往调换烟土，私运理茂松各地销售，且有私贩枪支前往调换等情。当经令饬驻茂保安团队及茂县负责办理各员全体出动，严密施行检查，迭有收获。查本署对于夷土，并于本年夏季制定封锁办法，通饬施行在案。乃封锁期间，私土贩卖能畅行各地，可见负责办理封锁人员，对于责任实有未尽。后据探报，私土贩等以茂县城区及附城各地检查森严，无法偷运，多由河西绕道过下游溜索，暨绕道后山，过理番第三

区所属龙溪乡之两河口，桃坪乡之三岔沟各地等情。当此禁政紧张时期，该私贩等竟敢悍不畏法，实属胆玩已极！特饬驻防要隘各级保安团队及沿途关卡，一体严查缉捕外，合行令仰该区署即便遵照，特率所部，对于来往行人严密施行检查，必须切实登记，用请奸宄，而肃禁政，如查获私土及武器，应立即报请核办，本署定予以丰厚奖励，倘敢隐匿或任意妄取其他财物，一经查出，定重究不贷为要。

此令。

专员：谢

中华民国二十七年九月

（资料来源：阿坝州档案馆所藏民国档案，全宗号 8，目录号 1，案卷号 648）

## 四川省第十六区行政督察专员公署关于用严禁政支持抗战的代电

### （民八字第 1588 号）

松潘、茂县、汶川、理番、懋功、靖化县政府览：

案奉省府文省民禁代电开：本省查禁种烟云云，为要，等因。奉此，查本区各县为绝对禁种区域，自不许有一棵烟苗丛生。禁令何等森严，乃历年以来因夷人顽梗嗜利，致使地方仍不免有偷种情事，足见各该县长奉行实有未力，有碍禁政，值此抗战激烈期间，肃清烟毒奠定后防工作尤关紧要。前奉前因特由本署制定禁种方案，饬区属各县一体遵行。种烟季节转瞬即届，务即认真办理，用严禁政。除分电外令行检□电，仰该县长即便遵照办理，万勿敷衍塞责并将遵办情形及时报查为要。

专员：谢○○（支印）

中华民国二十七年八月二十八日

附：

## 四川省第十六区各县廿七年第一期秋季查禁种烟方案

（1）现值种烟季节将届，本区各县为绝对禁种区域，不许有一棵烟苗丛生，为澈底肃清烟患，计各县应先行派遣干员分赴所属各区联保，饬负责保甲人员或土官头人尽量宣传并即发文告说明禁烟法令之森严、偷种鸦片之害处及改种粮食或它种农产品可以增加生产，暨对抗战之利益，以鸣锣办法晓谕乡民使之警惕。

（2）各县于宣传工作完竣后，即派专人赴所属各区联保，会同区保甲人员或土官头人将上年偷种鸦片地各居民严密检查，如发现罂粟种子立即没收并将所有人拘押法办。上年偷种者注意检查，倘聚众抗拒者即由该管县府酌派保安壮丁警队前往缉捕，将首犯照军法处死刑，次犯处三年以上十年以下有期徒刑。

（3）自经此次检查以后，各保甲人员或土官头人应随时巡视所管地区，严密注意奸民偷种。倘发现有租地种烟情事应先没收其罂粟种子并即将主佃一并送县究办，种烟地亩充公。保甲长或土官头人有奉行不力者即由该管县长加以惩戒。

（4）各县长应遵照禁烟禁毒实施规程督饬所属严厉执行并饬所属区联保甲长具结肃清烟苗切结，如以后某甲或某土官头人所管境内发现烟苗，除主犯依法严办外，将该管甲长或土官头人撤职法办。其保长联保主任区长或大头人均应连坐，受最严厉之处分。

（5）各县所属夷地发现不肖汉人奸商前往散布流言并携带罂粟种子租地种烟情事，应饬各土官头人将其逮捕，没收其种子，送县究办。倘有夷人敢租借地亩与其种植，由该管土官头人将种烟地亩没收充公，并将地主送县究办。

以上各条各县长考成所开，务须振奋精神，督率所属认真办理，用肃禁政，勿因循敷衍，致干严谴为要。

（资料来源：阿坝州档案馆所藏民国档案，全宗号 8，目录号 1，案卷号 916）

<h3 align="center">四川省第十六区行政督察专员公署关于肃清后方烟毒支持抗战的呈</h3>
（民八字第 376 号）

本年八月廿二日案奉钧府文省民禁代电："为重申前令严禁偷种鸦片，饬依照规定并妥定方案，办理第一期查禁种烟事宜，适时具报。"等因。奉此，遵查本区所属各县，位居边陲，地区辽阔，又因夷人嗜利，罔知利害，上年仍不免有偷种情事发生，当此抗战激烈期间，肃清后方烟患，不容稍缓。现值种烟季节将届，奉电前因，遵即妥拟方案，通饬区属各县一律严厉执行，决不许有一茎烟苗发生。去讫所属遵办情形，理合具文检同方案，赍请钧府鉴核备查，令遵。

谨呈四川省政府
计录呈方案壹份

全衔专员：谢○○<br>中华民国廿七年九月 日
（资料来源：阿坝州档案馆所藏民国档案，全宗号 8，目录号 1，案卷号 916）

<h3 align="center">四川省第十六区行政督察专员公署关于禁烟给所属各县的训令</h3>
（民捌字第 1906 号）

令松潘、茂县、汶川、理番、懋功、靖化县政府：

案查本署前奉省府文省民禁代电，以种烟季节将届，饬遵禁烟毒实施办法，办理本年秋季第一期查禁种烟事宜。当经本署制定方案，以民八字第一五八八号代电，饬本区各县遵办在案。兹值种烟时期已届，各县政府办理情形如何，本署亟应明了，以便考核。惟以上年各县办理禁政，多有不力，偏远地方仍多偷种，以致私土充斥，办理困难，须知禁烟年限转瞬即届，私土不能肃清，实于各该县长考成相关，不能再踏前辙，仍会有偷种烟苗情事发生。兹特由本署印发□第文□照布告一种，随令附发，仰即分发所属张贴，除分令外，合行检发布告，仰该县府即便遵办并恪遵前颁方案，并励所属，切实查禁，切勿仍前松懈，致干严谴，并将办理情形，具报查核为要。

此令。

计检发布：张
（资料来源：阿坝州档案馆所藏民国档案，全宗号 8，目录号 1，案卷号 916）

## 四川省第十六区行政督察专员公署关于禁烟的布告
### （第　号）

查鸦片烟毒，甚于洪水猛兽，若不禁绝，实有亡国灭种之祸，凡我国民，人所共知，不待本署专员再来讲述。

中央及四川省政府禁烟早具决心，故规定分期戒绝办法。本区所属各县，概为绝对禁种区域，不准有一茎烟苗发生。本专员曾屡次告诫，特饬你们的县长严禁偷种。上年边远的地方，因你们夷人智识浅薄，贪图小利，受不肖奸人的煽惑，忘却利害，不免仍有很多的人偷种鸦片，致被上峰查获，要派飞机来轰炸你们。本专员以为你们边地夷人，虽有偷种鸦片的，但是服从命令不种的也很多，若是一并轰炸，实在冤枉，所以一再替你们讲情，始准皆免。现在种烟的时期又到了，如发现再有偷种鸦片的那就决定不能再宽恕了。本专员已遵照上峰的命令，责成你们的县长，严密查禁偷种，你们如再执迷不悟，甘犯国法，那时被查获，定将种烟的人枪毙，土地充公，还要连累你们的土官头人及县长受罚。即使偷种鸦片一时能逃脱法网，但他偷种的烟苗被政府飞机发现了，必定要遭轰炸的，那时岂不要连累好人。所以本专员替你们担心，特再布告严厉禁止你们偷种鸦片，你们如再不能告诫，一旦遭了轰炸，也就辜负我爱护你们的心了。望各谨遵为要。

此告。

中华民国二十七年十月

专员：谢○○

（资料来源：阿坝州档案馆所藏民国档案，全宗号 8，目录号 1，案卷号 916）

## 懋功县县政府关于夷土封锁办法的快邮代电
### （民字第二九八号）

茂县专座谢钧鉴：

窃查职县汉夷杂处，情形特殊，禁政推行历感棘手，惟职奉命守此责任攸关，虽极度困难亦未敢□□历任以自解，所有到任以来对于办理禁政各情曾先后具报，并于本月十六日以民字第二九一号呈赍肃清烟苗切结恳予核转各在案。顷值秋收迭据查报本县境内似有奸商流痞暗运枪弹调换夷土秘密交易，正拟遵照钧署颁发茂县封锁夷土办法参酌制定职县封锁夷土办法，切实取缔严厉查缉并专呈钧署核示以凭。

中华民国二十七年九月二十二日酉时发

（资料来源：阿坝州档案馆所藏民国档案，全宗号 8，目录号 1，案卷号 916）

## 四川省第十六区行政督察专员公署
## 关于禁烟、抢劫、修路、防备汉奸给黑水土司头人的训令
### （民捌字第 497 号）

令理番龙坝、麻窝头人兼松理游击司令苏永和、木苏头人功高阳平、沙板沟头人忒

斯歌：

一、本专员现在查得维古及你们所管地方山坡偏僻地方有偷种的烟苗，你赶快督促铲了，不得违背，有犯国法。

二、你们的百姓，时常有抢劫别人和闹口嘴等情事，现在是中央和蒋委员长统一全国的时候，四川也是统一的了，百姓不能再做犯法的事，你要切实禁止。

三、道路关系你们的生计很大，你要统率百姓赶快修好。

四、我们现在正同日本鬼子打仗，各地方都要多准备粮食，你们黑水粮食经常是不够的，应该叫百姓赶快多种，免得闹饥荒。

五、现在要防备汉奸来扰乱，凡有私运枪支子弹来卖的，你们可以把枪弹没收了不拿钱给他，把人捆送到我这来重办。

中华民国二十七年三月二十二日
谢○○

（资料来源：阿坝州档案馆所藏民国档案，全宗号 8，目录号 1，案卷号 916）

## 四川省第十六区行政督察专员公署
## 关于禁烟给懋功县县长的训令
### （民捌字第 251 号）

令懋功县长傅棽若：

查该县为绝对禁种区域，前县长以禁种不力记大过二次并经调职。现值□烟行□入土，冬烟成苗，该县长到任伊始应切实查铲，勿蹈覆辙，贻误禁政，仰将遵办情形报查据为要。

此令。

中华民国二十七年二月十三日

（资料来源：阿坝州档案馆所藏民国档案，全宗号 8，目录号 1，案卷号 916）

## 靖化县崇化区署关于禁烟冲突区长被杀的报告

1. 此地人民凶悍成性，威逼政府驱逐官吏视为常事。

2. 播种烟苗叠经县区两署严令制止终以无实力为后盾，而人民置若罔闻，若实行督铲必随懋功县杨区长被杀之同样事件发生。

3. 训练民众组织民众为现时代一急切要务，因人民智识低落不知有政府更不知有国家，县府又无能力，一切皆在形式敷衍，何敢以言训组。

4. 社训（事为抗战中最重要事件），觉县府尚未注及，以致社训人员无从着手，而副总队长一职尤为重要，其人选原由省府指定，社训毕业者充任。然靖化县人口不多，地瘠民贫，经费无着，因此只派督练员一副区队长、一县长则负全权责任。今副总队长一职，县府以土豪宴沛田充任。查其人为过去未受训练之汉军军人，不学无术，智识能力俱不可一谈。以此重任足难达省府推政之意，切合现代之需要。

5. 县府内部六成职员与职员随时冲突吵闹，除李秘书及少数职员外染有嗜好者不

6. 本区区长因前同於县长到职，虽无若何政绩，但人民印象较好，於去后时闻诽议，确查亦无劣节。

7. 县府交卸时新来有嗜好职员则流言种烟不当大道之地，亦为人民张胆播种之一因，又因懋功毗连县长虽再严令亦若弗闻。

8. 五月十二日晚，懋功县杨区长之被杀纯系铲烟关系。初杨区长将猛古山之联保主任陈九如拘押（查此人为土豪马绥之之舅父），伊则承任净铲，同区丁二名于是日赴古工作，召集人民告以拘押情由，而人民则携枪提刀耀耀〔跃跃〕欲试，区丁见势不佳即行逃去，该人民等即行追逐将区丁之手枪二枝扯去，一外籍区丁当即射杀，又集合多人（新桥沟人民）到县，入夜以缴烟苗拥入区署杀毙区长及伤区员蒋崇高并将佣妇王女子杀死，以区长与伊有暧昧情事以伤风华为口实，并于事后估邀县长对将来地方之风化维持。

9. 政令之推行无阻首重威信树立，查此地人民过去对于政府毫无信仰，以逼迫政府驱逐官吏为能事，殊川政统一之今日亦复如是。去岁靖化县府之被抢劫，於县长之被杀伤，今五月懋功县杨区长之被杀死即其例也。然今后政府之威信恢复必先对于上之二案祸首澈底严办并派兵一团分驻于懋功、靖化两县，以督促新政之推行震慑人民之凶悍，剿灭沿途之匪类等。

10. 禁种一事人民多存观望，以懋功为转移又鉴于懋功杨区长之杀死更为张胆，县区两署因无实力亦莫可如何，如即实行督铲必然暴动效杨区长之故。此事务必以飞机散发警告传单，然后再以轻炸弹对于乡下之民房轰炸数处，方期以遵令铲除尽净，如以姑息或由当地政府办理决难收效，恐将日之政令更难推行，而有政府等于无政府已。

11. 据商人谈汶懋间之牛头巴躲木邓孙等处匪势猖獗，其首匪为宋老么，系本地人，匪徒百余，枪支数十枝，在沿途抢劫以致商人裹足，交通梗塞，暨须早除以免后日扩大危害匪浅。

12. 以后情形继续再为详报。

谨呈专员谢、侦查员杨钧鉴

靖化县崇化区署军事区员周朗勋（印）呈
二十七年五月二十一日

（资料来源：阿坝州档案馆所藏民国档案，全宗号8，目录号1，案卷号916）

### 刘耀辰给头人苏永和的函件

永和司令官仁兄大鉴：

前期吴占云屡次费神不胜感之至。兹又派吴侨等三人运来七九步枪弹叁拾箱，枪拾贰支，仍请兄费神安售或换烟或现金均无不可。弟现拟到草地一行，约半月来府视兄。即请大安。阳三统领致意。

弟刘耀辰（章）启
十月廿三日

（资料来源：阿坝州档案馆所藏民国档案，全宗号8，目录号1，案卷号916）

## 四川省第十六区行政督察专员公署
## 关于黑水种烟及偷运枪弹给理番县政府的指令
### （民捌字第 37 号）

令理番县政府：

呈一件——按转黑水各头人会呈禁种困难情形，并抄附私运枪弹换烟函件，请鉴核由。

呈悉。查禁种事项层峰功令森严，在人民方面无论汉夷地不容许偷种，在官厅方面无论如何困难须严厉办理。该县发现有偷种情事，足证奉行不力。前据呈请采用有效办法以民字第二一九七号示遵在案。不得诿卸，有碍禁政。至所称汉奸私运枪弹一节，前据梗代电以□代电饬即严查拿办在案。兹据称，竟敢有运枪十二支子弹三十箱之多，值此非常时期实属胆玩已极，仰遵先令各令查拿送究，并责成苏永和暨布告汉夷人民一体协缉，倘经缉获即以所有枪弹全数作奖，并另给缉获人以优厚奖励，用资鼓励而儆奸宄。切。

此令。

中华民国二十七年一月十日

谢○○

（资料来源：阿坝州档案馆所藏民国档案，全宗号 8，目录号 1，案卷号 916）

## 理番县二十六年下半年夷地禁烟情况半年报告表

谨呈四川省第十六区行政督察专员公署

附呈本县二十六年下半年夷地禁烟情况半年报告表一份

理番县县长龚万材（印）

### 夷地禁烟情况半年报告表（民国二十六年七月至十二月）

| | 理番县第三区三齐番乡 | 理番县第三区新番乡 | 理番县第三区旧番乡 | 理番县第三区石碉楼五沟 | 理番县第三区瓦钵梁子三沟 |
|---|---|---|---|---|---|
| 面积 | 一百方里 | 一百三十方里 | 一百六十方里 | 七十二方里 | 五十方里 |
| 人口 | 四百四十六人 | 一千三百三十六人 | 一千五百九十二人 | 未详 | 未详 |
| 偷种烟地亩数 | 二十四亩 | 二十亩 | 三十亩 | 七十二亩 | 四十五亩 |
| 偷种烟农户 | 十五户 | 十二户 | 二十四户 | 不详 | 不详 |
| 每年产烟数量估计 | 约计八百余两 | 约计七百余两 | 约计一千一百余两 | 约计二千八九百两 | 约计一千七百两 |

续表

| | 理番县第三区三齐番乡 | 理番县第三区新番乡 | 理番县第三区旧番乡 | 理番县第三区石碉楼五沟 | 理番县第三区瓦钵梁子三沟 |
|---|---|---|---|---|---|
| 查铲情形 | 二十六年五月派本府科员唐数日随同省府黄委员维周督铲净尽 | 同前 | 同前 | 二十六年五月派本府科员唐数日随同省府黄委员维周督铲净尽 | 同前 |
| 自吸及运销情形 | 除自吸外运销于附近不产烟各寨 | 自吸 | 除自吸外有多数汉人前往私运 | 除自吸外有多数小贩以物前往掉运 | 同前 |
| 地方政府如何处理 | 除由县长秋季出现亲往晓谕外，于烟苗下种时期又派科员唐普州、三区区长殷从康亲历各寨宣传晓谕并取具各寨首人切结在案 | 同前 | 同前 | 除由县长出巡马塘时严令头人苏永和晓谕各沟夷民不准偷种，又县长秋季出巡亲往各寨召集夷民详细晓谕外，于烟苗下种时期复派科员唐普州、三区区长殷从康深入各沟明白宣传并令头人苏永和、功高阳平、塔斯哥等出具切结在案 | |
| 备考 | | | | | |

理番县政府<br>中华民国二十七年三月（印）

（资料来源：阿坝州档案馆所藏民国档案，全宗号 8，目录号 1，案卷号 916）

## 松潘县政府第二区区署督铲烟苗临时计划书

### 第一章　总则

第一条：本计划书遵照中华民国国民政府历次颁发之禁毒规程为依据。

第二条：本计划书用于本区现在实际情况。

第三条：本计划书归纳党政军团参绅与禁协会意见。

第四条：本计划书如与法律抵触者无效。

### 第二章　面积

查本区面积辽阔，纵横二百余里山脉亘，且交通阻塞，且虽县过远，铲烟工作若无精密计划，颇难收效。

### 第三章　督铲烟苗人员之召集

1. 依法配合党政军团参绅与禁协会相互监督，以防弊端；

2. 每次酌予征调武装壮丁若干名，以备不虞。

### 第四章　督铲人员之配合

1. 配合党政军团参绅禁协会分组查铲；

2. 各组查铲人员须指定地区由该组人员负肃清之责，其各组指定之地区由禁烟大会决定之；

3. 各组查铲地区，当视该地区之实际情况酌予配备适当武力；

4. 各组督铲人员，应随时将督铲情形呈署用凭转报；

5. 各组督铲人员于任务达到后，应联名具就肃清切结，用凭转请复查；

6. 曾派员复查时，各该组分配地区，假如发现烟苗时，即由各该组人员负法律之责任；

7. 督铲烟苗期间，应责成原有哨卡切实执行封锁职务，惟合法商人如贩运粮食，应于放行。

### 第五章　奖惩

1. 督铲烟苗用力员丁得报请给奖；

2. 督铲烟苗不力员丁，得分别情形轻重，予以惩戒；

3. 督铲烟苗之各组人员，如一人贪污舞弊，全组人员应受牵连坐之处分；

4. 在督铲人员未到之前，各该偷种烟苗人民，如已自动铲净者，应与免议；

5. 督铲烟苗人员到达指定区域时，如该地保甲民众尚未铲除者，或偷种烟犯拒铲者，准予依法格毙其种烟田土充公，该管保甲长受连坐制处分。

### 第六章　铲烟经费

1. 全部督铲烟苗人员之食费，由部分充公之田土拍卖支，并报请县府备查；

2. 督铲人员除食费外，其余费用自给。

### 第七章　附则

1. 本计划书未尽事宜，得随时修改；

2. 本计划书呈准县政府后施行。

县政府回复：查区署为县府之附属分体，只负有督导及遂在法律办理，委办事项职责，无权拟定行政规章及单行法令，惟令仰照本府先后令电及禁烟法律执行任务，勿再另订方案。第1条，形同结论，第5条后设与法律抵触，除当可行，准予照办，但不得引为法定根据，仰即知照。

中华民国二十七年七月二十四日

县长：李

（资料来源：阿坝州档案馆所藏民国档案，全宗号5，目录号2，案卷号3）

## 各省市县被证壮丁戒烟办法

1. 凡年龄足服兵役之壮丁，而应被征调者，无论有无烟癖均须依照军政部之兵役法实施征调；

2. 凡被征入伍时，须派军医切实检验验收，如有烟癖壮丁或已领戒烟执照者，均应送交当地戒烟医院，按其烟癖之程度限期勒令戒绝；

3. 在戒烟院所勒戒期间之一切费用，准予免缴，但力能自备者得令自备；

4. 戒绝或限期已满时，仍服兵役不得擅离；

5. 已经实行戒绝限期已满而犹复犯时，应按禁烟治罪暂行条例第 8 条各项重刑处罚；

6. 被征调壮丁经检验，确有吸食烈性毒品嗜好者，应依禁毒治罪暂行条例办理。

中华民国二十七年十二月八日

内政部

（资料来源：阿坝州档案馆所藏民国档案，全宗号 5，目录号 2，案卷号 23）

## 督办四川省肃清私存烟土事宜公署训令

### （民政字第 5 号）

令松潘县县政府：

案查督办肃清私存烟土公署组织第 11 条规定，各县应设置监察委员会，兹由本署订定四川省各县肃清私存烟土监察委员会组织规则一种，合亟随令颁发，仰即遵照，迅速组织成立，具报备查为要。

此令。

中华民国二十八年十月二十日

督办：王缵绪

会办：贺国光

附：

## 四川省各县肃清私存烟土监察委员会组织规则

1. 本委员会依据行政院所颁督办肃清私存烟土公署组织规程第 11 条之规定设立之；

2. 本会设于政府所在地；

3. 本会委员定为 5—7 人，由各县县长延职，县党部书记长、省临时参议员、县禁烟委员会委员及当地热心士绅组织之；

4. 本会执行监察事宜，以会议行之；

5. 本会设办事 1 人、书记 2 人，分办文书记录保管誊写等事项；

6. 前条所列办事员及书记由县党部、禁委会调用之；

7. 本会委员均系兼职，其办公经费就县政府肃清私存烟土办公费项下支用，县政府一并报销；

8. 本会办事细则另定之；

9. 本规则自公布之日施行。

## 松潘县监察委员会履历表

| 姓名 | 年龄 | 籍贯 | 经历 |
|---|---|---|---|
| 王毅 | 42 | 成都 | 党部委员代理书记长 |
| 李洱刚 | 36 | 松潘 | 曾任参谋大队长等职 |
| 黄杰 | 38 | 遂宁 | 曾任团长，现任懋松理茂汶缉私员职 |
| 马仁寿 | 39 | 松潘 | 曾任保安大队部副大队长，现任城南联保主任 |
| 甘初严 | 38 | 成都 | 曾任营长，现任操练员 |
| 杨度 | 34 | 绵竹 | 现任商会会长 |
| 李抬康 | 35 | 松潘 | 现任松潘县财委员会审核主任及禁委会委员 |

（资料来源：阿坝州档案馆所藏民国档案，全宗号 5，目录号 1，案卷号 145）

## 四川省肃清私存烟土事宜公署给松潘县政府的训令
### （政字第 472 号）

令松潘县县政府：

查此次肃清存土，在拔本塞源，以贯彻六年禁政之目的，业经本署布告周知，并颁定宣传要点，一再号谕在案。乃近据报告，各县仍多不明政府真意，竟有认政府统收烟土，志在低收贵售，与民争利者，似此误解讹传，影响殊大。查烟土散存民间，烟民购买便利，禁吸工作势难彻底，而烟民即无由减少，烟民不减，则供求相需，流毒无穷也。不特此也，若许民间存土，则私运囤售之风，尤难杜绝，不肖者因缘为奸，为害更匪浅。是禁烟中心工作，首在肃清私存烟土，其理甚明。此次普遍清查，即系遏制毒源，以达到禁绝之目的，惟念农民生计维艰，所存烟土遂行没收，难免不使举家生计大受影响，乃规定时限，准其按期缴售，逾期不缴，即予没收，以示政府体恤，亦即备价统收之真意也。至于所没收烟土，除以少量用于施戒期内供烟民所需，及炼制药剂，作前线士兵疗伤之用外，其余兹应悉数焚毁，政府不从此希求分文之收入，为财政上之截流。此意曾于本兼督办告川省同胞书中明白宣示着案，现禁烟期限，为时已过，中央下最大决心，务期如限核绝，凡所设施，既无丝毫征敛之意，其于统收存土，尤为无可怀疑者。仰该县长详为宣示，务必人民皆能澈底明了中央对于禁烟之决心与意者〔志〕，

以期永绝毒祸，是为至要。

此令。

中华民国二十八年十二月二十八日

兼理督办：蒋中正

会办：贺国光

（资料来源：阿坝州档案馆所藏民国档案，全宗号 5，目录号 1，案卷号 145）

## 督办四川省肃清私存烟土事宜公署训令

（政字第 433 号）

令松潘县县政府：

查此次肃清私存烟土，为六年禁烟计划成败初击，关系之重，绝非寻常。中央迭令，如期完成，不得延展，本署亦已一再严令，加紧进行，殊近据派出视察委员报告，各县依照程限认真办理者固多，而因循玩忽，敷衍塞责者亦属不少，甚或误解法令，借词困难，故意延展，似此贻误要政，殊属非是，合亟令仰该县加紧努力，俾早完成。其办理不力，逾期限者，尤应急起直追，免违功令，致干查究，转所属，恪遵为要。

此令。

中华民国二十八年二月二十五日

兼理督办：蒋中正

会办：贺国光

（资料来源：阿坝州档案馆所藏民国档案，全宗号 5，目录号 1，案卷号 145）

## 松潘县政府关于推动肃清存土工作的意见

事由：为呈覆奉令推动肃清存土工作胪陈意见肯予指示遵办由

十一月二十二日案奉钧府汇发禁字〇一八〇至〇一八四号训令共 5 件，分别令饬本署加紧进行肃清私存烟土工作附颁各项规程法令。职署奉令后遵即召集全署职员及区属各联保主任详细商讨进行并研究各项法令章则，谨胪陈意见数点：

1. 照奉颁各县办理肃清私存烟土程限表第八至十五项之规定，区联保甲施行逐保挨户清查私土时由县府派员督同办理，职区清土工作静候钧府派员到区后赓即开始；

2. 登记私土所用表格式样未奉明令规定静候，钧府派员到区时指示办理；

3. 查得私存烟土登记数量后是否当场加封，加封手续如何，未奉有明白规定，又存土经登记表报以后，发生失称消耗，至于表报数量差错时似有不实嫌疑，如何证验亦未明令规定，保甲人员不敢率而举办，静候钧府派员督同办理；

4. 清查登记存土时，如发现顽梗住户，有虚报隐匿事情，清查人员是否可立即采断然手段加以搜索，以及因此而发生之种种纠纷之处理，县府似应明白规定；

5. 奉发训令 5 件就中之〇一八一〇一八四号训令及附件文字油印不明，应恳钧府重行抄发下署，以资遵循；

6. 在钧府派员未到区以前，职署督同联保人员先作宣传准备工作，惟各项宣传品及政府文告应请钧府迅速多予寄发下区，以资广布；

7. 省府令饬各县区举办瘾民自首登记，职署刻尚未奉明令，拟请仿照成都市先例，与此次肃清私存烟土工作同时举行以省人力财力；

8. 奉发禁字〇一八二号训令，上峰规定肃清存土以5个月为期，期满结束，不得任何理由请求展期，又奉颁程限表规定以二十九年二月底为肃清存土结束期间，边县各区交通关系，奉令勒迟即以职区署而论，奉到各项训令章则已届十一月下旬，距期满期间仅有三月，如何能完成功令，可否报特殊情形，请予宽限，应恳钧府迅速筹有效办法。

以上各缘由经职区区署联保人员会议提出，恳予明白指示以资遵循。所有奉文日期及遵办情形是否有当，理合据实呈报。

钧府俯赐核夺，指令示遵。

谨呈

中华民国二十八年十一月

县长：黄

区长：朱焕彬

（资料来源：阿坝州档案馆所藏民国档案，全宗号5，目录号1，案卷号145）

## 督办四川省肃清私存烟土事宜公署训令

### （政字第10号）

令松潘县政府：

查肃清私存烟土办法大纲施行细则第六条规定，各县收集存土，事先须派员分赴各区，督同区长联保主任保甲长逐保挨户清查存土数量，切实登记。兹特订定各县清查登记私存烟土须知及报告表式，随令颁发，仰该县长即便遵照为要。

计发下各县清查登记私存烟土须知一份，各区清查登记私存烟土报告一份，各区办理肃清私存烟土工作报告表一份。

中华民国二十八年十月十四日

兼理督办：蒋中正

会办：贺国光

附：

## 四川省各县清查登记私存烟土须知

一、注意事项

1. 未着手清查前，应切实宣传，务期人民彻底了解此次肃清私土之意义及政府所下之决心；

2. 未着手清查前，务使区联保甲人员彻底明了办理清查、登记、缴土、给价、罚

款各项办法；

3. 进行清查登记期内，县长区长联保主任及保甲应逐层督促，务使上下一心，集中精力完成肃清私土工作；

4. 各县到文先后不一，所到程限表后，应即根据时限，将各项工作分配妥当，务依限完成，不得延误；

5. 边远县份，请示或具报，应尽量用电呈，以免延误日期；

6. 为求迅速确实，使民间存土能根本肃清起见，各县县政府得酌订清查登记私存烟土切实有效办法，呈准施行。

二、推行办法

1. 县政府得到明令后，应即依照该县行政区数，分别派员前往督饬；

2. 县政府所派督饬人员到达区署后，应即会同区长，商谈该区着手清查日期，召集联保主任讨论推行办法，并邀请当地公正士绅或酌派壮丁协助清查；

3. 清查时，以保为单位，同一行政区域内各保应同时进行清缴；

4. 清查时，区长应派区员会同联保主任先到存土较多各保督察，县政府派赴各区督饬人员及区长，应分别亲自各保巡视；

5. 清查时，保长应依各甲次序，随同甲长挨户清查（对于以前种烟或经营烟土商户尤应注意）；

6. 每户清查完毕，即将"查过"标签贴于该户门首；

7. 凡查有存土之户，应即会同甲长将存户姓名及所存土量及种类，分别登记，填给登记证，当将存土加封盖印；

8. 每甲清查完毕时，甲长应即召集该甲全体户主，共同证明，清查后本甲内所有存土已查完登记，或查完绝无存土；

9. 每保清查完毕时，保长应即将登记证存根及证明书交呈联保主任办公处，转呈区署，汇呈县政府查核；

10. 每区清查登记完毕时，区长应即填具报告表3份，专呈县政府分别存转；

11. 县政府接到各区署呈报时，应即检同报告表一体通知临时仓库，派员前往验收给价；

12. 验收人员到达时，县政府应即依照核完各区集中收土地点，及规定日期，会同商定路线，挨次前往验收，并通知区署，转饬该区各联保办公处鸣锣晓谕；

13. 验收人员到达指定地点后，各联保主任应于2日内督饬各保甲长督率各存户，携带烟土及清查时所发登记证，驰赴指定地点，依照规定手续缴交；

14. 存户缴交烟土所领之验收证，该管保长应逐一查核有无讹误，并于验收证上加盖保长办公处记；

15. 每区验收烟土完毕后，区长应即将收验之存土总计，呈报县府备查核；

16. 县府接到区长呈报验收存土情形后，应即派员举行复查督同区长检查各报可疑之户；

17. 经复查或被人密告查出之烟土，应由区长派员勒令存户将烟土悉数缴交临时仓库验收，并照规定缴纳罚款，在二十九年一月以内罚款十分之一，二月以内十分之二；

18. 区长应于限满前半个月内，再派员会同联保主任查对各保存户验收证，并具报办理清查登记存土情形；

19. 县长或禁烟科长，应于限满前 10 天内，亲到各区考查办理清查登记情形，并据报专署查核；

20. 县政府应督饬区长联保主任及甲长遵照规定格式，逐级出具辖境内私存烟土业经肃清切结；

21. 县长审查各区联保甲人员所具切结，如属实在，并经考查辖境以内私存烟土确已肃清，应即出具切结，连同区联保甲长人员切结汇呈督署备查。

附登记证、存根等格式及私存烟土督察委员聘书〈略〉

（资料来源：阿坝州档案馆所藏民国档案，全宗号 5，目录号 1，案卷号 145）

## 督办四川省肃清私存烟土公署规定宣传要点

肃清私存烟土之意义：

1. 中央六年禁烟计划，系逐年推进，实施管制，现距禁绝期中，民间存土不能不统收集中，严加管制，使私土根本肃清，按计划得以如期完成。

2. 如民间存有烟土，可以自由买卖，则烟民购吸便利，禁戒不易彻底。

3. 施行统收后，即禁止私人采购，私人既无从得土，则私售私吸可完全杜绝。

4. 政府给价收买，全是体恤民艰，绝非于中取利。

政府肃清私存烟土之决心：

委员长令，在今明两年禁绝烟毒限期之内应即以禁绝种烟即肃清私土两项工作为第一考成。行政院训令，务期禁种禁运禁售禁吸四断，平行并进，贯彻到底，如限禁绝，倘有前此肃清完限，如有隐匿者，即以法论，没收充公，并加严惩。政府对缓禁县早已提前禁种，近对偷种查禁至严，此次对肃清民间存土，与本公署同抱最大决心，决当排除一切困难，俾期贯彻。

肃清私存烟土法令之严重：

1. 委员长手谕，本年秋冬，绝对不准再有一株偷种，违者从重一律处以死刑。行政院八月电，此次肃清民间存土，如发现县长敷衍塞责办理不力者，应即由该省督办径予撤惩，通知省府另选贤能接任，行政院令如发现有包庇纵容即贩私走私者，无论文武官员士绅，一律以军法从重处理。肃清私存烟土办法大纲第六条规定：五个月届满后，如发现存土，概以私论，除将烟土没收外，按其情节，依禁烟治罪条例惩办。如有不肖县长区长联保主任保甲长等共同隐匿或其他文武贪官士绅等包庇纵容事情，依同条死刑惩办。肃清私存烟土办法大纲第七条规定：经办肃清私存烟土人员徇私舞弊者，依法加等治罪。

2. 肃清私存烟土实施办法定期五个月，前三个月为办理期间，后两个月为检查期间，本省定自二十八年十月起开始，二十九年二月底截止。

3. 民间存土在规定限期以内，由中央核定给价收买，逾期即一概没收，并依法治罪。

4. 收集存土，由县长督饬各区长联保主任甲长挨户调查存土，加以登记，然后分区指定地点及日期，由保甲长督率存户按时运往指定地点验收，当场给价。

5. 验收烟土由本署特派专员会同县府所派鉴定员，当场鉴定验收证存查。

6. 检定期内清查之土第一个月应缴十分之一，第二个月应缴十分之二罚款，再依鉴定烟土种类及所定价格给价。

7. 实行统收后，绝对禁止私人采购，以前商收官运办法取消，所发采土证作废。

人民缴出存土之利益：

1. 缴出存土既可得钱，又可免受处分。

2. 私藏烟土属犯法又易遭烟匪觊觎，致受意外损失。

3. 暗中私售必受人剥削，所受之损失更大，不如缴给政府，安全妥当。

4. 政府收买存土，完全是体恤农民，只有一次机会，遇此不售，所存私土几是废物。

附拟定标语 8 条：

1. 肃清民间存土是禁绝烟毒的先决条件。

2. 要完成六年禁烟计划必先收尽民间存土。

3. 统收存土是要严加管制，按期禁绝，不是政府于中取利。

4. 存有烟土的人，快快缴卖政府，免受惩罚。

5. 施行统收后，绝对禁止私人采购烟土。

6. 隐藏或私卖烟土的都犯法。

7. 贩卖或运输烟土者，处无期徒刑或 5 年以上有期徒刑，500 两以上处死刑。

8. 私藏烟土，查出依军法治罪烟土没收。

蒋委员长手令：今年秋冬，绝对不准再有一株偷种，违者从重一律处以死刑。

中华民国二十八年十月

督办：王缵绪

会办：贺国光

（资料来源：阿坝州档案馆所藏民国档案，全宗号 5，目录号 1，案卷号 145）

## 督办肃清私存烟土事宜公署训令

### （政字第 3 号）

令松潘县政府：

查悬鹄观成，务在信赏必罚升黜贤愚，尤贵劝惩有度，是定办理肃清私存烟土事宜人员奖惩办法，以为考核标准。除分令外，合函附发该项办法，令仰该县长禀遵毋违，并转饬所属一体恪遵为要。

此令。

计附发办理肃清私存烟土事宜奖惩办法一份

民国二十八年十月十八日

督办：王缵绪

会办：贺国光

附：

## 办理肃清私存烟土人员奖惩办法

第一条　经办或兼办肃清私存烟土人员之奖惩悉依此办法办理之。

第二条　奖励分左〈右〉列三种：一、升叙；二、记功；三、嘉奖。

第三条　惩戒分左〈右〉列三种：一、免职；二、记过；三、申诚。

第四条　应奖事项如左〈下〉：

　　　　一、如限将辖境内存土肃清，经考查确无遗漏者；

　　　　二、办理周密，督率认真者；

　　　　三、办理过程中毫未发生弊渎者；

　　　　四、其它应奖事项。

第五条　应惩事项如左〈下〉：

　　　　一、玩忽功令，敷衍塞责者；

　　　　二、奉行不力，延误限期者；

　　　　三、办理不善，渎职舞弊者；

　　　　四、其它应惩事项。

第六条　县长区长联保主任保甲长如有伙同隐匿包庇纵容情事应依禁烟治罪条例第十三条之规定从严治罪。

第七条　前条以外其他经办或兼办肃清私存烟土事宜人员如有乘机舞弊情事应一律依法加等治罪。

第八条　本办法自公布之日施行。

（资料来源：阿坝州档案馆所藏民国档案，全宗号5，目录号1，案卷号145）

## 督办肃清私存烟土事宜公署训令
### （政字第6号）

令松潘县政府：

查肃清民间存土，重在专员县长之督导有方，区、联保甲长严密检查，切实奉行，始克有效。兹为明定指责，俾便考核起见，特予规定专员、县长、区长、联保主任、保甲长对于肃清存土应负之责任。随令办法，俾资遵循。除分令外，合行令仰遵照，并转饬所属一体遵照！

此令。

计发专员、县长、区长、联保主任、保甲长对于肃清存土应负责任一份

中华民国二十八年十月

督办：王缵绪

会办：贺国光

附：

## 四川省各专员、县长、区长、联保主任、保甲长对于肃清存土应尽之责任

一、行政督察专员

1. 调查辖区各县存土；

2. 派员轮往辖县督促办理肃清存土事宜；

3. 考核县以下各级人员办理肃清存土之事情及有无舞弊事情。

二、县长

1. 派员督同区联保甲人员逐户清查存土并办理登记；

2. 严饬区联保甲人员督促存户依限缴售存土；

3. 酌定本县集中存土地点及集中期限；

4. 考核区联保甲人员层递切结是否属实；

5. 举行复查；

6. 遴派仓库鉴定员；

7. 审理违犯肃清存土案件；

8. 宣传法令。

三、区长

1. 与联保主任及保甲长说明肃清私存烟土之意义并商讨推进办法；

2. 派员督同联保主任调查存户举行登记并饬排定日期指定地点缴售烟土；

3. 考察保甲长清查存土有无隐没勒索及其他不法事情；

4. 检查区内存土是否肃清并督饬联保主任具结；

5. 举发不肖军警官吏及地方豪绅扶同隐匿包庇纵容私土。

四、联保主任

1. 召集民众宣示政府依限禁烟之决心及肃清私存烟土之意义暨办法；

2. 督饬保甲长认真清查存土住户切实登记；

3. 督饬保甲长勒令存户依限缴售烟土；

4. 考查保甲长具结是否实在。

五、保甲长

1. 挨户清查有无存土；

2. 勒令存户登记并督率存户依限缴售；

3. 查验存户缴土后所领验收证与登记数量是否属实；

4. 验查各户查讫标识有无漏误；

5. 随时调查走私线索并请报核办；

6. 出具肃清私存烟土切结。

（资料来源：阿坝州档案馆所藏民国档案，全宗号 5，目录号 1，案卷号 145）

## 四川省第十六区行政督察专员公署
## 为肃清私土给松潘县县长的训令
### （民字第 917 号）

令松潘县县长黄白殊：

十一月六日，准督办四川省肃清私存烟土事宜公署第九区督导员邓杰未列字号公函开："径启者案奉督办四川省肃清私存烟土事宜公署二十八年政字第 16 号训令，查第一督导区属雷波、马边、屏山、峨边及第九督导区所属松潘、理番、茂县、懋功八县密迩夷地，情形特殊，民间所存烟土为数较多，关于统收工作究应如何进行始臻完善，仰即会同各该管专员公署、各县政府，切实研究拟具办法，电呈，以期切合实际推进顺利。除分令外，合行仰该员即便遵照。此令。因奉此杰即于四日驰抵茂县到职，旋于五日会同贵府及茂县县长，将茂县肃清私土切合实际办法会商决议，并电呈核示在案。所有松潘、茂县、理番肃清私存烟土办法应力求解决以利推进。除懋功一县因距离过远，已用书面商榷外，相应函达贵署，请烦查照分别电饬松潘、理番县长，于本月 14 日赶到茂县会商肃清私土办法或派禁烟科长代表参加。如何之处，仍希赐覆为荷。此令。"等由。准此。相应照办。除分令外，合行仰该县长即便遵照按时到茂参加或派禁烟科长前来代表出席，俾便筹备。事关禁政，不得违误！

此令。

中华民国二十八年十一月六日

专员：谭毅武

秘书：刘腾轩（代行）

（资料来源：阿坝州档案馆所藏民国档案，全宗号 5，目录号 1，案卷号 146）

## 松潘大小姓土官为禁烟给政府的切结

为切结事，窃查职等所属小姓各寨自民国二十四年遭"赤匪"后，家业凋零，生活莫解，衣食逼迫，不得已违法偷种洋烟。刻经政府禁期已竣，职等严束各寨番民，各务正业，遵守法纪，再不敢违法偷种。嗣后如有属境一茎烟苗发现，职等愿受禁条最严处分，即那寨百姓违法，以全寨连坐论罪，违法之家家长枪毙，财产没收，自干其咎，中间不虚切结是实。

此呈。

大小姓六十八寨土官：荣德清（子重甲代）

小姓十三寨土官：甘涌泉

小姓十三寨助理土官、普耳边五寨土目：浪家诸

孤纳九寨土官：勒家学

挨奇五寨土官：年布学

中华民国二十九年一月三十日

（资料来源：阿坝州档案馆所藏民国档案，全宗号 5，目录号 1，案卷号 186）

## 四川省民众自动戒烟促成会公函

径启者，鸦片之害，尽人皆知，国家厉禁，亦已百年。然而沉湎至今，国削种弱，我川人尤深受其病，举凡军失纪，家庭寡欢，工作荒怠，考其原因，十九皆烟误之也。今政府嘉惠吾民，厉行禁政，私种、私运、私售科以死刑，而至今年 3 月以后，吸者亦有重罚，是吾民应深自警惕，力求拯拔烟毒之中，惟习染既深且久，法网虽密虽周，欲免不教而诛之讥，须本与人为善之旨，发起斯会。广征会员，其加入者，所有义务，逢人说禁令之严，别无约束，律己显清白之体，始于家族，偏于乡邻，尽人如斯，成效必大。原于本月 9 日在成都学道街 101 号，召集全体发起人，开成立大会，推选理事 21人，并公推昌龄为理事长，奉池为副理事长，遵于即日就职。惟兹宏举，端赖众擎，不假推扶势难普遍，兹由本会征选，敦聘贵会正绅，照章组织，协助政府广为劝导，用期根绝，尚望贵会随时协助进行，期收实效，国家民族，利赖滋深，此致松潘县禁烟委员会。

理事长：尹昌龄

副理事长：周奉池

民二十九年三月三十一日

（资料来源：阿坝州档案馆所藏民国档案，全宗号 5，目录号 2，案卷号 53）

## 茂县县政府第三区区署二十九年秋季行政会议
### 关于禁烟、修路、生产、增设边民小学等的提案

（一）如何彻底禁绝种烟案

理由：本年度冬烟正值下种之时，明年春烟下种，亦届期不远。完成禁政，即在今冬禁种冬烟，务期彻底。本区从九月份起，奉令重新划分区界，范围广大，本署人员过少，武力薄弱，防范难周，深恐各乡秘密偷种。

办法：查禁种烟有效办法，仍采取本年春季铲烟会议，由政党军民各机法，联合深入各乡切实宣导，督种粮食，并组织秘密调查。若有偷种情事，立即报请派队守饬当地保甲用牛力督抄。同时迅请上峰于十一月份起，派部队一营，于沙坝中心地点，长久驻镇。挨明年春烟下种事情已过，始将兵力撤退。如此，禁种可望彻底禁绝。（审查意见：交付讨论）

（二）制造过沟口乡渡船案〈后略〉

（三）整修狭窄道路案〈后略〉

（四）增设短期小学案

理由：本区曲谷、龙坪两乡，素未设立学校。不惟学龄儿童失业可惜，即民智方面无从增进，关于政治经济禁政受其影响尤为重大。

办法：查曲谷乡属之黑钵寨、龙坪乡属河心坝中心地点各设短小一所，拟请县府令饬该乡公所责成保甲督送学龄儿童读书，教育普及，民智增高，新政可望逐渐推动。

（审查意见：本案交县府按边区实施国民教育计划办理，毋庸提付讨论）

以上提案是本区应兴革事宜，请付大会讨论。

茂县政府第三区署提<br>民二十九年十月二十四日

会议提案：

1. 如何设法铲烟苗案

理由：本区小北曲谷等乡，已种冬烟，曾经呈请派队查铲在案。今值冬烟下种时，深恐各乡仍然偷种，惟以夷地民性彪悍，山高路险，武力自持，本署人员太少，并无相当武力，迭次派员多方宣传，转饬保甲督铲，难用政治手腕，终难收效。

办法：禁政限期迫切，采取有效办法，迅请党政军绅组织查铲队，并于各寨各村长久驻镇，督种粮食。等春烟播种时期已过，始将兵力撤退。饬由保甲人员分具永不种烟切结。

2. 如何戒绝烟民案

理由：本区各乡烟民，除已登记送戒一部分外，查小北龙坪大姓曲谷各乡，均以道路辽阔，生活习惯情形，多数烟民不愿赴县受戒。

办法：本年三月底，规定烟民一律戒绝，限期行将届满，以夷地情形特殊，转请上峰戒烟展延日期，准在小北乡之沙坝设立戒烟分所，就地传戒。倘上峰以限期戒绝，不能例外，仰或无欲另设分院，可否由县立救济院，拨发款另行筹设，务将夷地烟民戒绝，其有穷远之老弱男女烟民，即拨药品饬其自戒，俾得因地制宜，因人制宜，用收实效，肃清烟毒。

3. 添设学校案

理由：本区小北龙坪曲谷大姓各乡，交通梗阻，文化落后，首应多办学校，增进民智，转移风气。

办法：先由各乡适合地点设立短小一所，俾学龄儿童得以读书，教育有所及，风气振兴。惟夷地苦寒，生活高昂，薪给过少，多不愿意工作。应请提高待遇俾得热心教务。倘因经费支绌，或将其它不应设立学校，裁一部分以款挹注，抑或专案呈请上峰多拨省款补助，同时校长兼任联保书记，规定薪俸，协办政务，兴革民俗，领导畜牧，种植杂粮，充实财源，新政可望推动。

4. 培修西路案

理由：本区西路为通黑水、芦花大道，近多崩溃，沿途崎岖，交通梗阻。关于禁政以及经济文化、政治无不受其影响。

办法：由县城镇西桥起至曲谷乡之哇底止，除泥路调集民工培修外，所有坡坎崖路偏桥，非雇石工大肆修筑不可。约需费用二千余元。除呈请松理茂懋筑路委员会拨款一千先行动修外，不敷之数或清理绝产公地变卖补助抑或专案呈请上峰拨款，以期早日完成。

5. 请免征壮丁案

理由：本区各乡自遭地震水灾后，人民稀少，多属独子及招赘者，尤鲜适龄合格壮丁，既非山上采药，便是外出揹力，下河淘金，知识低落，生活无着，除镇西黑虎两乡

去年义勇壮丁亦无法征送外，其余龙坪小北曲谷大姓四乡，纯属夷民，本性彪悍，不明大义，今若办理，更感困难。

办法：请由县府将本区地广人稀，应征壮丁逃避夷地无法征送，所有困难情形转请上峰核免。

6. 设立中西药房巡回治疗案

理由：本区幅员辽阔，既无场镇，又无医药，一般民众稍感疾病，除请巫师诅咒外，即用鸦片烟代药，久之男女均成瘾民。并夷民多未种痘，梅毒亦重，发生疾病，死亡率多，非公立中西医院不能救济，兼之牲畜发生时疫流行，只有坐以待毙。

办法：在区署所在地之高龙沟，公立中西药房，除分别巡回各乡治疗贫民免费外，余仍酌情取费，以资补助。拟请先将县立救济院之经费拨出办理巡回治疗，暂行救济。一面专案呈请上峰核发省款，派专门人员来茂主持一切。

7. 如何提倡生产案

理由：本区各乡经地震红军水灾残破之余，地广人稀，生产困难，所有荒土适于种椒牧畜及种粮食之处，多受经济压迫，无法经营。

办法：各乡迅速组织信用合作社，以便贷款，采买大批牲畜输入，或由政府派员组办，扩大组织牧畜场，将来发育，采取平价分售，或将牲畜租贷生息办法，俾资多得耕种牧畜，增加生产，贡献前方需要。

上提各案系本区应兴革事宜，请付大会讨论。

茂县政府第三区署提

民二十九年十月二十四日

（资料来源：阿坝州档案馆所藏民国档案，全宗号 2，目录号 1，案卷号 80）

## 平武县府控荣昌土官辖境种烟并请缉拿逃犯给松潘县府的咨文
### （军法字第一三号）

事由：据报荣昌土官辖境有种烟情事咨请查核办理并请缉究逃匿种烟犯张天伦等三名以肃禁政由

本年四月十日据密保称："查得果子坝莠民张天伦、黄璧荣、尚品章三人在荣昌辖地平坝地方偷种有烟苗多亩。荣昌土官与该张天伦等且给有步枪八九枝保护。职除再派人四处查捕外谨附报请鉴核。"等情。据此查本县及贵治均系绝对禁种区域，不容有一茎发现，早经奉令遵办在案。该张天伦违禁种烟并借荣昌土官为护符，如果不虚殊属胆玩已极。惟查所报种烟地段籍隶贵县未便单独径行查铲。当即令饬该密查员通知荣昌土官不分畛域会同铲除去讫。五月十日复据本府查禁种烟委员余乐年呈称："四月十九日奉钧府法字第九八号密令，职等于五月三日即到达果子坝当会同薛土知事沈即、虎牙联保主任及当地保甲人员亲往张运太偷种烟地查勘。其地在果子坝后山名竹林坪，山高十余里，崎岖难行，三面皆荒山石崖，仅后面系去岁党参药地。据查系经挖药过后暗将冬烟籽种播入。前月经该保保长张天润察觉乃报由吴委员凯臣派丁将该偷种人张运太捕获，并同保甲在种地扯得幼烟苗一束。当将人犯烟苗一并送请钧府查办在案。是日职等

402

在该地扯得冬烟苗数十株。勘查此地面积约纵长十八丈，横长七丈五尺。接连此地另种有春烟一块，计地积纵长三丈，横长二十七丈。此地现被该犯家属改种为荞子地，内幼烟苗尚多，茎高仅两分，荞苗烟苗合半，无法扯取。当经该地保甲人员出具书面证明偷种烟苗属实。至张天伦、黄璧荣、尚品章三人现时均未在家。据当地保甲长密保张天伦均匿在荣昌土官辖地之平坝偷种烟苗。据查该土官给有武力庇护，职等实无法缉捕。用是具文呈请钧府鉴核令示祗遵。谨呈。"等情。到府除将该张运太收禁依法迅办外，至该张天伦、黄璧荣、尚品章等三名逃匿贵县荣昌土官境内，本府未便越籍逮捕，相应咨请贵府查核办理并予查缉究办以重功令，仍希见复为荷。

此咨松潘县政府。

平武县县长：刘尚新<br>中华民国二十九年六月十一日

松潘县府处理意见：函复并谕荣昌土官查缉送府。

六、二十八

（资料来源：阿坝州档案馆所藏民国档案，全宗号 8，案卷号 381）

## 松潘县府关于所谓荣昌土官包庇种烟代为查缉一事给平武县府的公函
### （军法字第　　号）

本年六月二十八日案准

贵府二十九年六月十一日军法字一三号咨开：（略）"据密报果子坝莠民张天伦等在荣昌土官辖地有偷种烟苗情事咨请查核办理并请缉究逃匿种烟犯张天伦等三名以肃禁政，仍希见复为荷。此咨。"等由。准此。除令饬荣昌土官将该种烟犯张天伦等上紧查拿送案依法严惩，并饬其不得有容隐种烟及保护等事，俾肃禁政而重功令外，相应备文函请查照为荷。

此致平武县政府。

县长：黄○○<br>中华民国二十九年六月二十八日

（资料来源：阿坝州档案馆所藏民国档案，全宗号 8，案卷号 381）

## 松潘县府就缉送逃匿烟贩张天伦等及
## 清查偷种烟苗情事给荣昌土官的硃谕

事由：为谕饬缉送种烟逃犯张天伦等并竭力清查偷种情事由

谕你荣昌土官知悉，兹因平武县政府来公函云，有果子坝人张天伦、黄璧云、尚品章、张运太在你荣昌地面种烟，并受你土官的保护，给有步枪八九枝，意图用武力来护庇。现在已将张运太一名拿到平武县府严办，其余三名张天伦等藏匿未经拿到，请本府转谕缉案究办。等由。查烟禁森严，该土官早已知道，况且本府时常令你土官查禁偷种等事，想你所管地方未能认真办理，铲除尽净，所以尚有偷种的事。平武县府所查的想是实在的。该土官有无给予张天伦作保护种烟的事，仰即自行查明报府核夺，并将张天

403

伦、黄璧云、尚品章等三人上紧查拿，务获送府究办，勿得放纵。希以后务须竭力清查，制正人民不得再有偷种烟的事，否则定将该土官依法议处。

切切此谕！

县长：黄○○

中华民国二十九年六月二十八日

（资料来源：阿坝州档案馆所藏民国档案，全宗号 8，案卷号 381）

## 土官荣德清为报烟贩陈兴贵查办情形给松潘县政府的呈

呈为乘隙嫁害栽诬违法，谨将奉令调查偷种烟苗地盘及违法享利控词奸徒据实屡陈，并逮得偷种一人及查办经过各情形详报钧府依法分别严究以分真伪而儆奸贪伏祈鉴核示遵事

窃职案奉钧府砩谕内开平武县府来文咨称，职在松平番地界内违法大偷种烟又引诱该地无知乡愚来职境内偷种鸦片，请钧府严加办职，等因。奉此，奉谕之下不胜警惕，现在禁政非常严重，职助政府推行禁政，努力工作且受小姓影响天人共知，曷敢为此灭门大祸？当即特派得力伴当坭窝他率番丁二十余名前去查铲。谨将查办经过各情形详陈于后：

1. 查果子坝薛沇土司衙前对河岸滥坭塘、衙后牛厂湾、扯马索罗圈岩西、牛河坝、新鼎山、高山堡、绿背草地均有偷种鸦片等。

2. 查共计八处，约有二百四十人违法。

3. 查高山堡头人茨多六报称本年违法偷种均系薛沇土司包庇，现该土司派有伊叔薛麻子、领役赵元，计八处共扯收烟税已达一千两以上，并查当地民众均已同音不□。

4. 据高山堡头人茨多六称该堡违法人王通全、岳麻子、杜老大、谢一照、陈兴荣、郑老幺等昨夜闻职队抵平坝，乘黉夜均已潜逃。其他种地相距甚遥，违法姓名不易详知。

5. 职在绿背草地已逮获违法人陈兴贵、陈定富二人，下余孙应张、金老五等被逃。惟陈定富系刀把手，并未偷种，兼身带重病行走维艰，经当地证明取保释放。至陈兴贵一名解呈钧府请究。后附呈口供一张，请详情明鉴秋毫。

6. 其他六处均有准备，惟闻势力浩大，职队孤弱不易对敌，故未达到目的。

7. 职属平坝与高绿两地相壤，有外县流氓窜境，偷种小数目烟苗发现，已经铲除净尽，偷种二三人闻风潜逃。责成当地首人，下再不得招留，并取该首人切结，永远不得违法偷种。

8. 查薛茨土司连年违法包庇偷种，私抽烟税不法已极，尚于控词栽诬以隙嫁害享利遗祸，有福于彼，有祸于此，尚以控词具报。平武县府去今两次咨请钧府严究，职咎无辜，累此不美之名。想我恩公亦良痛莫名。为此分别转请查究奸贪薛茨以维禁政而安善良，而任该奸私享福利，希图侥幸，尚还信口簧惑、藉隙嫁害，不但影响禁政不易推行，对于复兴建国前途不堪设想，则肃清禁政何日而待也。

以上所呈各点及奉令查办经过各情形，并恳请转祈分别严究奸官各缘尤是否有当，理合具文呈请钧府俯赐鉴核指令祗遵。

谨呈松潘县县政府县长兼行营军法官黄

　　　　　　　　　　　　　　　　　大小姓土官：荣德清
　　　　　　　　　　　　　　　　　中华民国三十年八月

　　附呈违法偷种烟犯一名：陈兴贵，年四十七岁，住址，果子坝陈家院，口供一纸，烟桃一捆，系高山堡地。

　　又六月二十六日在职办公室陈兴贵供道："我本果子坝陈家院住居，今年已满四十七岁，一生务农。因去年点烟人甚多，成熟时薛茨土司在收烟厘，他手下人说有我老爷负责，鸦片可以点得。我老爷云，现与松潘连界，又系边境，政府来查，可全推在荣昌土官身上，我们暗中稳稳的得获大利。前因中央军禁〔经〕过，这六七年我都未敢种，今年听得薛老爷传话我才敢点。又因我家儿女颇多，小的很无法生活，又看人人在点，我才去绿背草地偷种。平武升子两升地之谱，工本均系呼借多人的，俟成熟时薛土司打发来的他叔子薛麻子同领班赵元来抽吸烟厘，欲共刈有拾肆两五分干烟。薛老爷的人收去厘肋正税陆两五，领班的工资五分。绿背草地只有四家人，共交纳烟税贰拾捌两外，手下工铺贰两均交给薛麻子、赵元。手的下剩的烟前两天我已带回去了，大土官来的人分厘未取。得我的烟，请大土官□。"

　　　　　　（资料来源：阿坝州档案馆所藏民国档案，全宗号 8，目录号 1，案卷号 330）

## 茂县县政府拟具禁政有效办法呈复四川省政府

　　本县种运售吸实际情形：
　　种：查本县属夷人习性，重利忘义，畏威不重德，以群山连绵，道路崎岖，负险自困，所有铲烟区域均属夷地，故本县第三区所辖之大姓、小北、龙坪、曲谷各乡夷地，历年均有偷种烟苗事情。政府虽历次派兵深入宣传，严厉查铲，结果仍未肃清。究其原因有四：一是县府武力薄弱，又经费有限；第二，不能制定计划；第三，缺乏宣传外勤人员；第四，烟苗铲除后之善后办法无法解决。
　　运：本县经由督署派纠察分队驻县时，专负稽私工作，县府主要协助。近来当有武装走私者之情形，哥老会及落伍军人，潜伏夷地调换烟土，及与无业流氓、流民与小本奸商，希图渔利，爬山越岭偷运情事。自二十八年十二月底，本县拿获私售者，均是无业穷民。
　　吸：本县瘾民，各区册报为 1148 人，经戒烟医治戒绝 788 人。本府勒令戒除 91 人，当中施戒 269 人，实际不仅此数。因各区册报数字大多不实之故。
　　有效办法：
　　本县禁种拟采取恩威并重办法，从事改进农业生产，教育穷苦之民，能获最低之生活。实行封锁一贯政策，并以兵力一营分驻县属各重要地方，由县府直接指挥，以便灵活运用。严禁汉人输运物品入内，增设检查人员，巡回深入夷地宣传政府禁烟政策，并放贷夷民，强迫改种粮食。采用供给，因封锁必生怨恨，或组织运输给予夷人日常必需品。若再有偷种烟苗者，应将其头人首领就地枪决。
　　本府现有兵力实行封锁，私运之烟土则已无法入内购买缉换，不禁而自禁也。如再有不畏法之民，偷运烟土者，拟仍处以枪决。

本县虽无正式售卖烟土者，但民间有奸民希图营利，秘密售卖，一经拿获，应处以死刑。

本县瘾民经施戒虽尚有少数未能戒除，但仍有不肖奸民秘密吸食，或戒除以后复吸，实属不畏法，拿获者拟仍处以死刑。

以上所述，均为本县实际情形。值此六年禁烟计划完成时期，若不严厉执行，恐难肃清。嗣后无论种运售吸烟犯，一经拿获证据确凿，拟一律先行就地处以死刑，再经报查，杀一儆百，使其有所畏而改昌他业，意图贩运而未遂者，有所警惕。切忌先紧而后驰，致夷人有所借口。是否可行请鉴核祗遵。

民国三十年一月十五日<br>代理茂县县长：黄

（资料来源：阿坝州档案馆所藏民国档案，全宗号 2，目录号 1，案卷号 106）

**四川省政府禁烟善后督理处**
**第十六区边区禁烟会议关于第十六区禁政决议案**

一、兵力

1. 封锁查铲部队暂不划分临时分派任务；

2. 每县就现有保安中队补充足额，每队配备机枪二挺，由县长直接管理指挥；

3. 每县组织警察队一中队，枪支由地方调用，子弹由保安处发给，装备及经常费在县预备费内开支。自三月份起，每中队每月并由省库补助四千元，先尽本年度省概算内所列补助边区各县款项下动支，不敷时再由省府第二预备金项下核补；

4. 由保安处拨保安队一营交由专员全权指挥；

5. 拨交专员指挥之保安队即时出发，所有增拨各县保安中队机枪及警察队子弹均由严专员领回分发；

6. 驻靖化之保安侯营，待四月春烟播种期过后再行调检。

二、经费

1. 专员特别办公费请照新规定标准增加一倍，办公费增加百分之五十，旅费请增加百分之五十；

2. 各县办公费、旅费、特别办公费，统照新规定加百分之五十；

3. 关于各县增加各费，在最短期间由县府改编总预算书呈核；

4. 每县于民政科内增设科员一人、办事员一人，办理禁政其经费仍列入县预算；

5. 各县三十年度县预备费未核准以前，省府补助费暂照二十九年度月支数目核发；

6. 办理禁烟经费，一律列在县预备费内开支。

三、医疗

1. 除茂县已派有医疗队、松潘已设中华职业学校医务科担任、理番已有边区施教团内医务人员外，懋功、靖化两县每县设医疗队一队，计医生一人、看护一人至二人，携带药品前往办理夷民施戒及治疗事项；

2. 四川省查禁边区种烟督察第一组，酌派医生或护士一人，随同出发，深入夷地，随时施戒；

　　3. 医务人员由胡厅长向卫生实验处商派；

　　4. 戒烟药品由各县签注量，请禁烟善后督理处核发。

　　四、救济

　　1、边地合作工作人员由合作管理处召考，以短期训练后分发各县工作；

　　2. 未设合作社及合作金库之县份，在最短期内成立合作金库及合作社，其资金由吴处长商请财厅办理；

　　3. 贫夷由专员签呈赈济委员会同本县府，转呈中央赈济委员会核发赈款二十万元作为贫夷铲烟后生活救济费。

中华民国三十年一月二十二日

（资料来源：阿坝州档案馆所藏民国档案，全宗号 2，目录号 1，案卷号 53）

## 禁烟告松理茂懋汶靖各县同乡书（汉文版）

同胞们：

　　谁都知道我们中国自从鸦片流毒以来，国家贫穷一蹶不振，以致时时遭受强邻的压迫欺侮，弄得几乎不成一个国家。过去，总裁蒋公鉴于烟毒为害之烈，若不厉行禁绝恐怕若干年以后一定弄到像林文忠公则徐所说的"鸦片不除必至亡国灭种，将来无可筹之饷，而且无可用之兵"的那种境地，所以总裁才亲自拟定禁烟六年计划，锐意施行不顾一切，虽然中日战争发生，增加了不少困难，但是禁烟计划仍然依照既定的步骤进行并未中止，因为禁烟和抗战建国都关系到国家的生死存亡，有同样的重要。如果烟不禁绝则抗战胜利之后尚有后辈无穷祸根。这样看来无论如何这三件事应该齐头并进。

　　现在禁烟六年计划已经满期，全国各地多已依限肃清，不过还有些偏远的地方管理难，有少数不知利害的人仍然不免有私自偷种烟苗的情事。政府对这件事非常的重视，并且下了最大的决心，已经拟定严厉处置办法，一面派遣军队并督饬地方官吏从严查铲。凡是私自偷种的人一经查获不但要把本犯处以死刑还要没收种烟的田地，同时地方保甲和邻近的人民都要受连带的处分，绝对不能幸免。本会因为关心我们同乡的民众，恐怕还有不明白利害私自偷种的，一旦被政府查出，弄得家破人亡，因小利而遭受大祸，未免不值。所以大家开会决议再作一度最后的劝告，希望你们恪遵政府的法令，认清当前的情形。种烟虽然有利，但是危害极大，破获之后既要受法律的严厉制裁，又要受社会的批评指责。况且田土生命都不能保，还有什么厚利可言？真是一失足成千古恨，那时要想追悔已是来不及了。

　　我们知道现在粮食价格相当的高，如果都能把田土种成粮食，那吗不但可以增加生产对抗战时期有很大的裨益，并且可以获得很好的利润，对于本身的生活也有保障，同时政府及社会人士都要认为你们是现代的好国民，可以说是有百利而无一害的。以上所说的种粮和种烟的利害都是很明显的，想来大家一定能够领会，用不着我们多说废话。总之，希望你们不要存幸免的心理，种得有的赶快自动铲去改种粮食，未种的万不可种，而且从今以后永远不要种。那才不愧是真正的好国民也，才对得起国家民族和我们

407

的领袖。同时本会同人这番苦口的忠言也算不辜负了。

完结。

四川省松理茂懋汶靖旅蓉同乡会启

民国三十年四月

茂县政府回复：转发各区乡广泛张贴，以为宣传。

四、十七

（资料来源：阿坝州档案馆所藏民国档案，全宗号2，目录号1，案卷号53）

## 四川省十六区行政督察专员公署、保安司令部
### 关于印发禁烟告全区同胞书的训令
#### （保禁字第1415号）

事由：为印发告全区同胞书一案仰即遵照由

令茂县政府：

兹印发告全区同胞书七十份，仰该府即便查收，迅发所属。依照书中意旨尽量宣传，俾消极方面丕变种烟杀人之恶习，积极方面促成富强康乐之风气。本专员、司令有厚望焉！

此令。

计发告全区同胞书七十份

专员、司令：严光熙

中华民国三十年十月六日

（资料来源：阿坝州档案馆所藏民国档案，全宗号2，目录号1，案卷号53）

## 民国三十年六三禁烟节茂县县政府告民众书

中华民族为了争取独立、自由、解放而与倭奴作全面抗战的今日，我们蒋总裁明告国人"精神重于物质"，乃策动全国之民动员争取最后的胜利，对于有碍抗战，危害建国的烟毒，迭经三令五申，严厉查处。这是从国家民族上看来是无上的所值。须知一个人的幸福和事业是完全寄托在有健康的身体中，如果坠入黑籍，即所谓"枕上灯红人影瘦""床头烟黑鬼风寒"的时候就到了。那么，他一定"事业可怜随败絮，聪明都付与余灰"呢。这是从每一个人的幸福立场看来，的确有及早戒绝的必要。我蒋前兼禁烟总监，遵奉总理禁毒遗训，从民国二十四年制定两年禁毒、六年禁烟计划，颁行全国，切实遵行。今天是我们前清禁烟先哲林公则徐在虎门焚毁烟土的纪念日，今年是一百零二年了。我国民政府及四川省政府为了彻底肃清烟毒起见，不知费了多少苦心，用了多少金钱，希望违背禁政的人们赶快觉醒，痛改前非。所谓放下屠刀，立地成佛。政府对于违反禁烟情事的民众们今天是最后的劝告了。

（一）种烟的人们

你们有好的田地，为什么不种粮食，偏偏要种烟来害人呢？现在抗战的前方和建设的后方到处都有饥民，如不铲除毒卉改种粮食影响国计民生，那就罪不可免了。政府已

三令五申的一律不准再种，这种犯法害人的事，劝你们不要再干了。我们国家现已达到民穷财困的地步，大家好好的多种粮食，恐怕还不能够说一个饥民都没有。俗话说："救人一命胜造七级浮屠。"只要你们下决心地去做，不使你们的田地里有一根烟苗出现就算是好国民。不但救了人民，并且把国家都救了。

（二）运烟的人民

凡是生意都可赚钱，为什么要去做那种贩运毒物的买卖呢？你们试想一想贩卖毒物虽说是可以多赚几文钱，但是多么危险啊！一旦被政府捉住，不但本钱没有了，还要受法律的制裁，有生命的危险，那又何苦呢？人生一世总要多做一点有益于国家民族的事，才不枉是国民的一分子。像你们这样做损人利己的事，实在是失掉了公民的资格了。要晓得这种买卖已经遭了别人的怨恨，就是再赚钱也是不名誉的事。劝你们快一点收手改行吧！

（三）售烟的人民

许多人都说："假使没有人吸烟，我又何必售烟呢？"这话初看来似乎有理，可是仔细一想就觉得售烟的人既做狠心的事又不肯负恶名，真是天下第一坏人了。试问：要是你们不管别人如何种、运、吸烟，你们不肯操这售烟的贱业，大家协力同心，改做别种职业，那么种、运、吸的人也会因为没有人代售，没有大利可图，也就不能肆行为恶了。我们每每看到售烟的人，也就是吸烟的人，只是吸而不售，还有戒绝的希望，又吸、又售的人，从不会有脱瘾的可能。你们能明了这点也许可以回头了。

（四）吸烟的人民

你们想想，一天到晚，一年到头还不能善待自己。因为你们找来的钱都送到烟枪里去了，一点储蓄都没有，老来时你们病了怎样，这都是鸦片烟害了你们。人生寻乐的事多得很，为什么拿钱去找痛苦呢？你们的身体在前不吸烟的时候又白又胖，现在吸上了瘾就像鬼一样，走路都要人扶了，真是值不得。现在吸烟的人末路已经到了，看看就要活不成了。不特不准种、不准运、不准售，而且拿着了吸烟的就要枪毙。你们为什么不丢脱它？俗话说得好："长痛不如短痛。"只要你们决心戒烟，老瘾定丢得脱的。

县属种、运、售、吸的同胞们，要知道我们既生在这大时代的当中，醉生梦死的生活已经没有存在的可能了。我们为了建国，为了建军，为了做人，为了救亡，尽有许许多多伟大的工作可干，千万要梦醒啊！希望你们服从政府的命令，接受劝告，从此跳出鸦片的坑。如果不的话，糊里糊涂地犯了法，设若一旦身首异处的话，那时后悔也来不及了！

标语

1. 六月三日是纪念林公则徐在一百零二年前焚毁烟土的一日；
2. 禁绝烟毒是复兴民族的先决条件；
3. 鸦片是中华民族的公敌；
4. 禁绝鸦片就是增加生产；
5. 禁烟与抗战并重；
6. 抗战胜利必须禁绝烟毒；
7. 严厉防止敌人的毒化；

8. 减少一个烟民，增加一个壮丁；

9. 铲除一亩烟土，增加一亩粮食；

10. 鸦片之杀人甚于炸弹。

茂县县政府制

中华民国三十年五月二十六日

（资料来源：阿坝州档案馆所藏民国档案，全宗号 2，目录号 1，案卷号 53）

### 军事委员会特派四川省川西区禁烟巡察执法监部布告

案奉军事委员会军法执行总监部法总一渝字第 912 号训令转奉，军事委员会办四渝二字第 16822 号训令以奉，国民政府三十年二月十九日渝文字第 201 号训令开："查禁烟禁毒治罪暂行条例现经制定明令公布，应即抄发该条例，令仰转所属一体知悉。"等因。计抄发禁烟禁毒治罪暂行条例一份，奉此除分令本管区内各县县长遵守严厉检举。

### 禁烟禁毒治罪暂行条例（三十年二月十九日公布）

第一条　本条例种烟者指鸦片、罂粟及罂粟种子，称毒者指吗啡、高根、海洛因及其他化合物或配合而成之各色毒丸；

第二条　若种罂粟或制造鸦片或毒品者处死刑；

第三条　聚众抗铲烟苗者依下列处断：

（1）首某或者指挥者处死；

（2）共同实施者处七年以上有期徒刑；

（3）在场助势者处三年以上七年以下有期徒刑。

第四条　运输或贩卖毒品者处死刑，意图贩卖而持有毒品者处死刑或无期徒刑，运输或贩卖鸦片者处死刑或无期徒刑，意图贩卖而持有鸦片者处十年以上有期徒刑，运输或贩卖罂粟种子者处五年以上十二年以下有期徒刑，意图贩卖而持有罂粟种子者处三年以上七年以下有期徒刑，自外国输入或贩卖罂粟者处死刑或无期徒刑，输出外国者亦同；

第五条　意图营利为人施打吗啡或设所供人吸食毒品者处死刑，设所供人吸食鸦片者处死刑或无期徒刑；

第六条　施打吗啡或吸食毒品者处死刑，吸食鸦片者处一年以上五年以下有期徒刑，得金科一千元以下罚金，有瘾者并限期交医勒令戒绝，经交医戒绝后而复吸食者处死刑或无期徒刑；

第七条　帮助他人犯本条例第二条至第五条者处七年以上有期徒刑，帮助他人犯本条例第六条者处一年以上七年以下有期徒刑；

第八条　制造、运输、贩卖或意图贩卖而持有专供制造毒品施打吗啡或吸用毒品之器具者处三年以上十年以下有期徒刑并科三千元以下罚金，制造、运输、贩卖或意图贩卖而持有专供制造或吸食鸦片之器具者处五年以下有期徒刑或一千元以下罚金；

第九条 持有烟或毒品而无其他犯罪之证明者处一年以上五年以下有期徒刑并科一千元以下罚金，持有专供制造鸦片毒品或吸食鸦片或吸用毒品施打吗啡之器具而无其他犯罪之证明者处三年以下有期徒刑或 500 元以下罚金；

第十条 栽赃诬陷或捏造证据诬告他人犯本条例之罪者处以各该条之刑，证人、鉴定人为虚伪之陈述或报告亦同，但以利益被告为目的者得减轻其刑，犯前二项之罪于该案裁判确定前自白者得减轻其刑；

第十一条 公务员、军警犯本条例第三至第五条之罪者处死刑，犯第六条第二项或第七条至第十条之罪者依各该条例最高刑处断；

第十二条 公务员、军警利用权力强迫他人犯第二条之罪者处死刑；

第十三条 公务员、军警包庇或要求收受贿赂而纵容他人犯本条例第二条至第八条之罪者处死刑，公务员、军警或经本条例之罪犯脱逃或盗换或隐没查获之鸦片毒品者亦同，犯本条第一项之罪者所受之贿赂没收，如全部或一部不能没收时，追征其价额，经追征而无力缴纳，没收其财产抵价，但其财产价值不及应追征之价额时，应酌留其家产必须之生活费；

第十四条 犯本条例第二条之罪而能供出罂粟种子或毒品原料之来源因而破获者得减轻其刑，犯本条例第四条至第七条之罪而能供出鸦片或毒品来源，因而破获者得减轻其刑，犯本条例第六条第二项之罪，如在未发觉以前自动戒绝经调验确实者得减轻或免除其刑；

第十五条 本条例第二条至第五条、第八条、第十二条、第十三条之未遂犯罚之；

第十六条 犯本条例之罪其罂粟种子鸦片毒品及专供制造或吸用鸦片毒品之器具均没收销毁之，咖啡、精奶、糖粉、鸡那素等查明确系专供制造毒品之用者亦同；

第十七条 犯本条例各条之罪受一月以上有期徒刑之宣告者，剥夺公权一年以上十年以下；

第十八条 犯本条例第二条至第五条之罪者，得没收其财产之一部或全部，没收财产之执行适用强制执行法之规定；

第十九条 死刑之执行得用枪毙；

第二十条 本条例所未规定者依其他法令之规定；

第二十一条 供医药及科学用之鸦片、吗啡、高根、海洛因及其同类毒性物或化合物依照麻醉药品管理条例办理，不适用本条例之规定；

第二十二条 犯本条例各条之罪者由军事委员会委员长指定有军法职权之机关或委任各级地方政府代为审判，依前项规定所为之裁判非经呈奉军事委员会委员长核准不得执行；

第二十三条 本条例施行期间定为三年；

第二十四条 本条例自公布日施行。

中华民国三十年五月十八日

执法监：杨绍东

（资料来源：阿坝州档案馆所藏民国档案，全宗号 2，目录号 1，案卷号 53）

## 军事委员会特派四川省川西区禁烟巡察执法监部
## 布告
### （法权字第 300 号）

查烟片为害之烈，甚于洪水猛兽，戕身伐性，耗时费工，积习不除，驯至亡国灭种。政府有见〔鉴〕及此，特于六年前悬为厉禁，期早肃清，诚以国于世界，必有兴立，优胜劣败，天演可循。以我炎黄五千年相传不替之胄，历史文化，公认称为先进国家，乃近百年来，误中外人毒化政策，多数同胞，沉沦黑籍，久而难拔，致令国民体格日弱，国家进步阻滞，建设事业，件件落后。殆至近十年来，暴敌侵略不已，强占我土地，杀戮我同胞，摧毁我文化，攫夺我生计，老弱转沟壑，亲故感流离，遭遇之困苦艰难，为亘古所未有。溯其原因所自，未尝不嗟叹愤慨，叹息痛恨于鸦片之作俑有以致之也。凡我地方父老昆季、兄弟姐妹，聪明智慧不下于人，宁不知鸦片之为害，乃如砒毒，甘之若贻，从属愍不畏法，幸免刑诛，自绝生机，自促灭亡，问心究复何忍。以现在川西各县而论，迭据密告，多有意图盈利，贩运走私，或开设红灯，供人吸食，并有少数公务人员，及在乡军人，亦利令智昏，借所居权位，包庇放纵，使烟毒禁令，不易彻底推行。

试使清夜自思，憧憬国家厄运，已进入如此险恶阶段，前方将士浴血苦战，与敌拼命，不稍退缩，目的所在，无非为求我国家独立民族生存，而在后方者，转而是日趋腐化阻扰抗建，揆诸国民职责，能无惭愧乎？夫刑辟处分，系科罪犯于既成，而恳制裁，乃止厉阶于未著，种烟之区，已定有禁种具体办法，务望已吸者，幡然醒悟，痛自戒绝，未吸者，洁身自爱，切勿尝试，百工技艺，谋食多方，坐贾行商，正业可务，奚必贩售烟土，开设红灯，害己害人，俱罗法网？至于公务人员，民具尔瞻，尊为表率，官威所系，操守弥严，依据密告所云包庇运售情形，如果属实，尚复成何体统。

本执法监奉令巡察禁政，于兹三月，目击此种情形，痛心疾首，如采不教而诛，尽绝以法，于心终有不忍，特再告戒。售运者速改其业，吸食者速断其瘾，包庇者更宜立即革面洗心，进而协助政府，推行禁政，使烟毒得早肃清。经此次劝告以后，如仍无动于衷，怙恶不悛，是自甘暴弃，国之罪人，除通令各县长严查、依法究办、绝不宽待外，合亟布告，一体周知。

此布！

中华民国三十年八月六日

执法监：杨绍东

（资料来源：阿坝州档案馆所藏民国档案，全宗号 2，目录号 1，案卷号 54）

## 四川省第十六行政督察区专员公署为
## 禁烟、禁随意杀人告全区同胞书

本区所管茂松理汶懋靖六县，幅员是很辽阔的，物产是很富饶的。果能精诚团结，一心一德，把农牧畜矿产各样正事积极经营，力求进步，不出十年，必成为富强康乐的地方了。独惜交通梗塞，风气闭塞，当这禁烟期间，敢以偷种鸦片为有利，当这法治时代，敢以擅自杀人为无害，这真是大错而特错的。兹将禁止种烟和禁止杀人两事，为我全区同胞提示如次：

第一，禁止种烟。鸦片足以戕贼个人的健康，影响社会的生计，动摇国家的根本，阻滞民族的文化，为祸之烈，令人寒心。这几句话，是我们的蒋委员长说的，所以才定了一个六年禁烟计划。算来昨年年底，已满期了，而本区今年，尚有奸民违禁种烟，这个固然是政府之忧，却也是全区同胞之羞了。现在，中央又有严厉查禁肃清川省禁毒办法，严令各县政府随时层级抽查，遇有播种罂粟，种子立即捣毁，烟苗立即铲除，种户拿案处死，土地没收充公，改种农作物。这是多么严厉的呀！故全区同胞，请本年冬季起，永远不要再种鸦片！

第二，禁止杀人。俗语说的好："杀人抵命，欠债还钱。"所以命债万拉不得的。这是什么原因呢？因为人民是国家的，只要不犯法，国家是要保护他的，断不许人民自相残杀，若有擅自杀人的，纵一时倖逃法网，终究是要破案的，是要抵命的，天网恢恢疏而不漏，谁见擅自杀人的有好死啦！故为同胞，从此誓言不再杀人。

以上两点，望我全区同胞，人人身体力行，不再偷种烟，不再乱杀人了。须知本专员有督察行政之责，同时也有转移风气之责。本专员不忍不教而诛，用特谆谆告诫，使全区同胞，人人成为明礼义、知廉耻、负责任、守纪律的人。这是本区的最大光荣了。还有一点，本区不认字的人太多了，务望识字的人，把这篇书向不识字的人讲说，务期一传十十传百，人人不再偷种烟，不再乱杀人，便是全区人民之福，也是本专员唯一的希望！

中华民国三十年八月

（资料来源：阿坝州档案馆所藏民国档案，全宗号2，目录号1，案卷号54）

## 松潘县政府关于严防播种冬烟并提示防种要点的训令

（禁政字 0165 号）

令第三区署：

案奉四川省政府三十年禁二字第二八二三号训令开："查本省边区禁种，年来已尽最大努力，而毒卉终未彻底肃清，其原因自属情形特殊，查防稍难，但各该县长之疏于事前防范，事后又未能排除万难，不畏艰险，努力督铲，亦无可讳言。转瞬又值冬烟播种时期，提示防播种冬烟要点如下：

1. 凡将乡村警察保安队等补充足额，分别配驻于上季偷种地带，严防下种；
2. 召集土司头人或保甲长面谕，并令负责辖地不再偷种；
3. 各该县长民政科长区长等，应于播种时期分道亲赴各地履堪晓谕；
4. 切实清查户口，不准外籍不正当商人逗留境内；
5. 严禁汉人潜入夷区租地种烟或帮人种烟。

上列各项仰该县长切实遵照办理，不得再误禁政，须知严防播种。在此播种时期，对于蓄意种烟奸民，即断然处置，毋稍姑息，各该县长，尤须立下决心，本烟禁不绝即以身殉职精神，勉力以赴，使该管境内再无一粒罂粟入土。切盼将遵办情形具报为要。

此令。"等因。奉此，除分令外，合行令仰该署即便遵照所示要点切实办理，并将遵办情形具报以凭转报为要。

此令。

中华民国三十年十月二十六日

县长：黄白殊

（资料来源：阿坝州档案馆所藏民国档案，全宗号5，目录号1，案卷号248）

## 松潘县政府关于救济铲烟后贫苦边民生计问题的训令

### （禁字第 014 号）

事由：为奉转订颁散放赈款救济十六区各县贫苦边民铲烟后生计办法

令第三区区署：

案奉四川省政府禁二字第一九五二号训令开："查本府前依据十六区边政计划会议决议案，会同省赈济会电，准中央赈济委员会拨发十六区各县贫苦边民铲烟后，救济赈款二十万元，已经如数汇到提存待发。兹由本府制订发赈款救济十六区贫苦边民铲烟后生计办法，除分别函咨内政部中央赈济委员会备查，暨分令并会同省赈济委员会省禁烟委员会派员克期分赴各县监放外，合行印发散放办法一份，令仰该府即便遵照办理，仍将奉文日期及遵办情形，据报查核为要。"等因。附发办法一份。奉此，除分令外，合行抄发办法一份，令仰该署即便遵照，迅速派员分赴铲烟地区，会同乡镇保甲，实地查勘，并切实依照规定，分等填具调查册，呈送2份来府，以便会同监放员核定，发放赈票及赈款，勿延误为要。

此令。

中华民国三十年九月二十四日

附：

### 四川省政府散放赈款救济第十六区各县贫苦边民铲烟后生计办法

1. 本府为散放呈准中央拨发之赈款救济本省第十六区各县贫苦边民铲烟后生计困难起见，特别订定本办法；

2. 赈济区域如下：松潘县、理番、茂县、懋功、靖化；

3. 各县发拨赈款，应以自动铲烟生活无着之贫苦边区为限；

4. 发给赈款，应以农民家庭及铲除烟苗地亩为标准，分为甲、乙、丙、丁四等，每等应发赈款数额，由监放员会同县长就当地种烟地区拟定专电呈核；

5. 赈济事务由各县政府负责，会同县赈会办理，并由四川省政府会同省赈委员会派员监放；

6. 各县政府应先派调查员若干人分赴铲烟地区，会同乡镇保甲实地查铲，依第四条规定，分等填具调查册，呈报县政府会同监放员拟定填发赈票给颁赈各户；

7. 各县于填发赈票后，应将放款日期及地点，先行公布，并召集地方各机关法团及公正士绅，推选验收员若干人，分若干组，每组3人，携款分赴指定地点，会同当地乡镇长或土司、头人，设场验放；

8. 验放员散放赈款时，应验明赈票，无讹命贿赈，贫民于赈票上加盖拇指印，并填具切结（样式另定），即将应领赈款如数交付，同时收回赈票，于票上加盖"发讫"木戳；

9. 验放员散放赈款时，如查觉有浮滥顶替等作弊行为，应即停止发赈款；

10. 验放员每日散放毕，应具验放记录列载共收票数核发款数，及放赈日期，由验放员会同当地乡镇长或头人等盖章，并将收回放赈票，每组订成一本，依照封面统计表，统计表式样另订之，详细填写，并呈缴县政府查核；

11. 县政府于收到验放记录及赈票，应即会同县赈会委员及监放员查核无讹，造具散放赈款花名册两份，由县长会同县赈济会委员出具切结两份，连同验放记录及收回账票，一并由县长与监放员会同备文呈缴，其赈票存根留县备查；

12. 监放员旅食费除另规定外，调查员验放员及其他办公等由县自主支给，办法在地方预备费项下列，如预备费不足时，呈由省府禁烟经费项下补助，监放调查验放人员，均不得受地方供应及馈赠；

13. 各县办理赈务人员之奖惩办法，悉依照办赈人员奖惩条例规定办理；

14. 本办法自公布之日施行，并分别函咨赈济委员会、内政部备查。

（资料来源：阿坝州档案馆所藏民国档案，全宗号5，目录号1，案卷号249）

## 四川省第十六区保安司令部
### 关于军警人员戒烟毒问题的代电
（保禁字第646号）

松潘县长黄转保安警察各队长览：

查厉行禁烟禁毒为复兴国家民族最要政令，上峰督饬甚严，属望于我军警协助努力者尤殷，现在军委会侍从室及执法监部于本区各县均派有特务工作人员密查军警员丁于禁政是否有违法舞弊情形，考查尤为注意。凡我军警同人，尤宜自好自爱，本身确能健全廉洁，始可立于不败之地，树之风声为民楷范，乃无忝乎所守禁令之推行亦自易也，否如己身不洁，匪特奸民得以借口，是真为禁政前途之累，国家民族之罪人耳。案发为戚党羞，为终身玷，国有常刑，首领莫保贪夫徇财，仰何愚也，特此严申告诫，务各清白自持，遵守禁烟禁毒法令，努力协助完成。

中华民国三十年十月三十日<br>专员兼司令：严光熙

（资料来源：阿坝州档案馆所藏民国档案，全宗号5，目录号1，案卷号283）

### 松潘县政府关于禁烟给小黑水土官的硃谕

事由：为饬切实改悔不再种鸦片免遭法办

谕你土官知悉，现在政府查禁种烟，异常严厉，你们土官竟不知畏惧，去前两年，

仍然偷种烟苗，不仅政府震怒，就是天神也是不容的，所以这次上天降落雪弹子，将你们的烟苗打坏，生虫将烟苗吃掉，近又地震多损房屋，人民死伤，这都是给予你们的一种惩戒。现在政府又要在马塘驻兵一团以上，小黑水驻兵一营以上，必要时还要派来很多的飞机，到各处监视。从今以后，如果你们土官百姓再不悔悟改种粮食，仍要偷种鸦片，不仅天神要惩罚你们，就是军队也要打你们，并且用飞机带很多的炸弹来轰炸你们人畜和房屋。那时不特烟收不着，连你们土官、百姓的性命和财产也是保不住的。悔之已晚时，你们才知道还是本县长爱护你们一片好心。除分令外特此砵谕你土官切实遵照，勿违。

此谕。

右谕小黑水四部

中华民国三十年十一月七日

县长：黄

（资料来源：阿坝州档案馆所藏民国档案，全宗号 5，目录号 1，案卷号 283）

## 兼四川全省保安司令关于转发《肃清烟毒善后办法》的训令

### （三十年保法字第 1542 号）

事由：为奉军政部令转奉行政院令发肃清烟毒善后办法等因，令仰知照由

令松潘县政府：

案奉军政部法字（30）渝字第 2949 号训令开："案奉行政院二十九年十二月三十一日阳字第 26431 号训令开：'查肃清烟毒善后办法业经制定公布，应即通饬施行，除呈请国民政府备案并函请国防最高委员会秘书厅查照转陈及分行外合极抄发原办法令仰知照。又前兼禁烟总监公布之禁烟禁毒实施规程已于同日废止并仰知照。'等因。附发肃清烟毒善后办法一份。奉此，除分令各省军管区司令、各全省保安司令、各警备防守司令、各补充兵总训练处、各补充兵训练处、各军事学校、各集团军总司令、长江上游江防司令、宪兵司令、本部各特务团、本部各署厅司处局外，合行抄发原办法，令仰知照并转饬所属一体知照。此令。"等因。抄发肃清烟毒善后办法一份。奉此，除分令各区保安司令部、各保安团队指挥部、保安第一二团团部、保安特务团团部、成都警备司令部、各县（市）政府等，除分令外合行抄发原办法一份令仰知照，并转饬所属一体知照。

此令。

附抄发肃清烟毒善后办法一份

兼司令：张群

中华民国三十年十月

附：

### 肃清烟毒善后办法

1. 为两年禁毒六年禁烟限满办理全国肃清烟毒善后事宜并履行国际禁烟公约特制

定本办法；

2. 肃清烟毒善后事宜由内政部督促各省市政府负责办理，各级军事机关有随时协助办理之责；

3. 在未设有临时参议会之省市政府，呈经中央核准，设立禁烟委员会，由各省市党部及地方公法团推选人员共同组织之，负督察检举各该省市肃清烟毒之责；

4. 各级督办或兼办禁烟禁毒善后事务人员，应定期考成，其考成规则另定之；

5. 各省市办理禁烟禁毒善后事宜所需经费，应列入各省市地方预算；

6. 各省市地方向来种烟者，由各级政府随时申缴其曾种烟，而经分期禁绝者，由各级政府每年分期查禁，其办法另定之；

7. 各级禁烟人员执行禁种不力，除依第4条之规定定期考成外，并得随时由上级主管机关查明情形分别严处；

8. 各省市政府应督饬各县市，会同军事机关于辖境内重要地点，随时严密检查烟毒，将人犯送交审判机关究办，设有海关地方之船舶，应由税务司执行检查，设有联合检查所地方，应依统一检查办法执行之；

9. 依前条破获之烟毒均依查缉毒品给奖及处理事程办理之；

10. 依照禁烟禁毒治罪暂行条例，经判处徒刑或罚金者得视其体力勒服劳役，办法另定之；

11. 各省市政府应督促所属分设调验所或指定医院办理调验，被举报吸食烟毒及戒后复吸等事项调验规则另定之，公务员吸食烟毒之检举及调验，另以规则定之；

12. 市售抵瘾药品，由各级政府开列名称布告查禁，并严禁以任何名义改装销售，违者一律没收，当众焚毁并依法究查；

13. 各级政府应利用各种机会普遍宣传中央查禁烟毒政策及法令，并于每年六三禁烟纪念日举行扩大宣传；

14. 关于办理战地敌后地区及有特殊情形地区之禁烟禁毒善后事宜，除适用本办法之规定外，得另订单行规则；

15. 关于毒品之查禁，各省市政府得视当地需要奉照消灭各省私存烟土办法订定联保切结办法，切实执行并报内政部查核；

16. 内政部得呈经行政院核准组织烟毒检查团分赴各地检查，其组织办法另定；

17. 内政部应依照国际禁烟条约，每年编制禁烟禁毒年报、缉私报告，及各项统计，制表送国际联合会，内政部对于国际禁烟禁毒之情形，应随时按需要酌量披露；

18. 国际禁烟委员会每年开会由内政部、外交部会同呈请遴派代表出席；

19. 本办法施行期间定为2年；

20. 本办法公布之日施行。

中华民国三十年十月十三日

国民政府行政院

（资料来源：阿坝州档案馆所藏民国档案，全宗号5，目录号1，案卷号283）

## 四川省第十六行政督察区专员公署关于转发《肃清烟毒考成规则》的训令

（民肆字第 1461 号）

事由：为奉转《肃清烟毒考成规则》一案仰即知照由

令松潘县政府：

案奉四川省政府三十年禁三字第 2116 号训令开："案奉行政院本年八月二日勇二字 11937 号训令开：'查《肃清烟毒考成规则》业经制定，应即通饬施行，除公布并呈报国民政府备案，请将二十五年八月十二日公布之禁烟禁毒考成规则明令废止及分行外，合极抄发原件令仰知照并转饬所属一体知照。此令。'等因。计抄发肃清烟毒考成规则一份。奉此，除分令外合极发原件令仰知照，并饬所属一体知照。"等因。计抄发肃清烟毒考成规则一份。奉此，除分令外，令行抄发原规则令仰知照！

此令。

计抄发原规则一份

专员：严光熙<br>中华民国三十年十月

附：

**肃清烟毒考成规则**

第一条　本规则依照肃清烟毒善后办法第四条订定之；

第二条　各级专办或兼办肃清烟毒善后事务之人员依本规则考核成绩分别奖惩之；

第三条　奖励分五种：

一、录用；

二、晋级；

三、加奉；

四、记功；

五、嘉奖。

第四条　惩戒分五种：

一、免职；

二、降级；

三、减奉；

四、记过；

五、申诫。

第五条　应奖励之事项如左〈下〉：

一、查禁种烟及肃清罂粟种子办理认真，境内确无烟苗及罂粟种子发现者；

二、迭次破获制毒机关或破获运、售、吸及私藏烟毒重大案件者；

三、查禁得力，境内确无制、运、售、吸及私藏烟毒案发现者；

四、调验院所设备完善者；

五、调验成绩优良者。

第六条　应惩戒之事项如左〈下〉：

一、禁种不力，仍有烟苗发现或罂粟种子未能收毁净尽，经查明属实者；

二、如有纵容或包庇种烟不尽发现之责经查明属实者；

三、查缉不力，境内仍有运、售、吸及私藏烟毒事情发生，经查明属实者；

四、调验所设备不善，管理无方，调验无成绩者；

五、境内有制毒机关未能破获经发觉者；

六、其他应惩戒之事项。

第七条　各级专办或兼办肃清烟毒善后之人员由各该管长官于每年终录报内政部举行考核分别惩奖，但对特殊案件，将由各该管长官随时报部分别奖惩之；

第八条　各省市军政长官办理肃清烟毒善后具有应奖惩事项，由内政部呈请分别奖惩；

第九条　对于上级限定定期办竣事项，有意违误限期或迭经督促而仍玩忽者，由内政部呈请撤职拿办；

第十条　办理肃清烟毒善后人员如所犯案情涉及刑事范围者，依法分别惩处；

第十一条　第三条第五款之嘉奖，第四条第五款之申诫，由各该主管长官行之；

第十二条　第三条第四款之记功，第四条第四款之记过，由各该主管长官行之，但记大功、大过者，应详细列事实报内政部备查；

第十三条　加俸减俸，依其现在核定之月俸加减百分之十或百分之二十，但不得多于其应晋或应降一级之俸额；

第十四条　记功分小功、大功两种，积累三小功为一大功，积累三大功为晋一级；

第十五条　记过分小过、大过两种，积累三小过为一大过，积累三大过降一级；

第十六条　经铨叙合格人员办理肃清烟毒善后事务之成绩，依照本规定第四条第六条规定标准考核，其余事项悉依非常时期公务员考绩暂行条例办理；

第十七条　本规则自公布日施行。

（资料来源：阿坝州档案馆所藏民国档案，全宗号5，目录号1，案卷号283）

## 松潘县第一区署关于小姓沟各寨查无鸦片下种的签呈

窃职于一月五日案奉钧座紧急命令饬查小姓沟等地有无冬烟一案。职于一月九日率队会同大姓沟大土官荣德清到小姓沟各寨视察一遍，并无冬烟苗发现。至大姓沟职于建牧场之余曾到大姓各寨视察，亦无烟苗发现。奉令前因理合具文呈复钧座鉴核示遵。

谨呈县长汪

职：曾焕棠

中华民国三十二年一月十四日

（资料来源：阿坝州档案馆所藏民国档案，全宗号8，案卷号678）

### 松潘县第一区署关于速请派队到署协助视查烟苗的签呈

据报小姓沟内姑纳哀及大耳边等地有西番偷种春烟情事，除令饬荣德清迅派可靠人员详查具报外，理合签请钧府速派保安队一中队到署，以便会同前往巡查复查。小姓沟各寨野性难驯，设无武力协助万难入境。可否乞核示。

谨呈县长汪

第一区长：曾焕棠

中华民国三十二年三月二十日

回复：签悉。仍应严饬荣德清派人彻查明白具实呈报后再夺定。

三、二十五

（资料来源：阿坝州档案馆所藏民国档案，全宗号 8，案卷号 678）

### 松潘县镇平乡公所关于饬令大小姓土官协助查禁种烟给松潘县府的呈

窃查职乡地面，幅员辽阔，河西与小姓沟毗连，道路复杂，难于防范。值此播种期间，在职管区内曾经三令五申，严饬各保甲，认真清查，加以防守，务绝根株。职拟一面会请区署戴指导员带武装壮丁亲赴各保地面搜查，力谋防范任务。惟小姓沟所管地面山深林密，路道既多，实难顾及，人民知识良莠不齐，绕道前往亦难预料。职为力谋彻底办法计，特恳钧府令饬大小姓土官荣德清，倘遇职乡愚玩人民潜往小姓偷种者，请土官将姓名通知职所。立即弋获解送到案，依法严办，以张法纪。否则恐有外来不肖之徒潜往偷种假冒本乡人民，藐法蒙蔽企图渔利，则鱼目混珠，真伪莫辨。果系本乡玩民如无力缉捕时，职当报请派队协缉，决不徇循。除分呈区署外，理合具文呈请钧府俯赐核夺！是否有当，敬祈祗令示遵。

谨呈松潘县政府

乡长：杨泽孚

中华民国三十二年四月十日

回复：呈悉。如请转饬大小姓土官荣德清办理。

五月十四日

（资料来源：阿坝州档案馆所藏民国档案，全宗号 8，案卷号 678）

### 松潘县关于查禁春烟将违法牌头、头人连坐治罪的训令

奉令于松潘县政府：

查春烟播种此其正时，该管邻近白草之云昌毗界黑水之小型〔姓〕热务均属过去烟区应予严密视查预为防制。仰即切实会商防止办法，于最近期内率兵分队会同荣德清先赴小型〔姓〕视察。若有违抗播种者即切实连坐，连同牌头、头人一并拿办，以张法纪。至一中队年粮，因灌毛革价涨，商人抢运，此间雇驮至不容易，除饬归化乡于安顺关截扣回脚

外该区应于镇江关扣脚押县运粮。俟粮运囤后即便出发。仍将遵办情形具报为要。

此令。

一大队一中队尹中队长、第一区曾区长

县长：汪

秘书：章世霖（代行）

中华民国三十二年四月十日

（资料来源：阿坝州档案馆所藏民国档案，全宗号8，案卷号678）

## 松潘县政府关于区长协同土官禁烟的密令

### （民禁字第 1235 号）

令第一区署：

案据该区大小姓土官荣德清呈报："查本管小姓沟地面地势复杂，东南毗连茂东松坪，云云。究应如何办理之处仍乞示遵。谨呈。"等情。据此，除分令该土官遵照外，合行令仰该区长于本月内率同该土官一同前往小姓沟查禁，并将遵办情形具报为要。

此令。

县长：汪

中华民国三十二年四月十四日

（资料来源：阿坝州档案馆所藏民国档案，全宗号8，案卷号678）

## 松潘县政府令荣昌土官查禁小姓沟春烟的指令

### （民禁字 1225 号）

事由：为具报小姓沟地面仍有偷种春烟情事一案仰令遵照由

送达机关：大小姓土官荣德清

令大小姓土官荣德清：

呈一件——为呈报小姓沟地面仍有偷种春烟一案令仰遵照由。呈悉。候密令该区区长率同该土官、番壮等于本月内前往小姓沟查禁。令仰该土官遵令一同前往为要。

此令。

县长：汪

中华民国三十二年四月二十四日

附：

## 荣德清呈

事由：为具报小姓沟地面仍有偷种春烟情事报请核办由

查本管小姓沟地面地势复杂，东南毗连茂属松坪，南接小黑水，北届热务各寨，向为产烟区域，自禁种烟苗以来，土官极为重视，去年枪毙土官林波学，均为谋禁烟彻

421

底。惟政府无雄厚兵力，以致功败垂成，故去岁仍多偷种者，此情此景，早在钧府洞鉴中。今年以来因县长早定禁绝决心，态度坚强，故土官亦敢严督所属，认真查禁，因之各寨尚无偷种春烟情事。惟小姓一地因受松坪、热务感染，倾据该管土官何贵长（哀溪五寨）、郎加珠（大耳边寨）报称：该地近来有外来匪徒多人，携带武器，潜往偷种。土著受其煽惑引诱，厚利所在，势难遏阻，土官既阻止无效，现已更派伴当八名前往查办并详细探勘，除详情俟伴当返回后续报外，兹因事关禁种，深恐蔓延，特具文呈请。究应如何办理之处仍乞示遵。

谨呈松潘县政府

荣昌大土官：荣德清

中华民国三十二年四月三日

回复：呈悉。候密令该区区长率同该土官、番壮等于本月内前往小姓沟查禁。

（资料来源：阿坝州档案馆所藏民国档案，全宗号 8，案卷号 678）

### 松潘县第一区区长曾焕棠关于查禁小姓沟春烟的报告

窃职奉令视察小姓沟烟苗等因，近闻小姓沟既已种烟复有抗铲准备。职已商得尹中队长同意尹率全队出发，同时荣德清率番壮三十名、杨泽孚率壮丁三十名维持后方交通与运输秣并令张建军调壮丁三十名由得胜堡至扑扒沟到六布村待命以作牵制其后背等布置。如该小姓沟番民无抗拒情事绝无丝毫骚扰，如该番民果有抗铲行为不能不见机处理乘势进攻以维政府威信而肃禁政。职定于明晨拂晓带队出发，特具文报告。

谨呈县长钧鉴

区长：曾焕棠

中华民国三十二年四月三十日

（资料来源：阿坝州档案馆所藏民国档案，全宗号 8，案卷号 678）

### 松潘县政府第一区署关于小姓沟铲烟经过并请奖励出力人员的呈
#### （禁字第一〇四号）

事由：为遵令呈报视查小姓沟烟苗并请奖励出力人员由

案查前奉钧座手令饬视查小姓沟烟苗一案等因。职遵令于四月二十五日晨会同尹中队长率全中队前往小姓沟。时闻小姓沟西番有抗铲准备，职复派荣德清率番壮五十名、镇坪乡长杨泽孚率武装丁五十名协助视查，归化乡长张建军率武装丁五十名进驻绿布村应援并视查附近番寨烟苗等布置。是夜到卑直寺，该番民果有抗铲准备。职恐以武力压迫发生战争影响全县禁种，为省钧座西顾之忧乃用政治手段，设计引诱武装番民到卑直寺，拟解除其全部武装。殊该番民疑惧不至。职复派人通知各寨头人到卑直寺开会。至二十七日各头人果到。即将各头人一律扣留押往各该管番寨视查，并责饬各头人解散各该管武装番民，自行铲烟，否则先杀头人后再普剿番寨等语威吓，因此各头人均甘愿铲烟并解散武装。职始于二十八日与尹中队长分道视查并监督翻耕烟土改种粮食。其僻壤茂林等处未查出之烟责由各头人负责肃清并具无烟切结。至五月三日查毕返署。复查小姓番民本年违禁种烟，复作反抗准备，本应送究，惟念该番民下愚罔知法纪，结果尚知觉悟业予宽恕。再此次查铲夷地烟苗公家未费一弹，未伤一丁，烟已铲尽而政府威信亦从此倍增，且收历年未有之功效，亦由尹中队长、杨泽孚与荣德清等协助得力之所至也。尹中队长、杨泽孚拟分别记功叙奖，荣德清拟请恢复大土官之职以资鼓励。可否之处理合将视查情形检同切结具报钧座俯赐核示祗遵。

　　谨呈县长汪

　　附呈切结三份

区长：曾焕棠
中华民国三十二年五月五日

附：

为具切结事

　　窃我大耳边无知愚民受奸人刁弄于偏僻之地偷种烟毒，倾经曾区长尹中队长前来查觉，当经曾尹两长督铲无存外。倘今后再发现株苗自愿受禁政法令之制裁。须至切结者谨呈县长汪鉴核。

大耳边土官：郎加珠
牌头：格那扎西、择热他
中华民国三十二年三月二十六日

为铲烟具切结

　　首人及各寨等挨奇五寨土官胡国昌、头人郝摄塔、头人白阿路、头人年阿比竹、年阿杜寨土官浪矩亚、拉其寨土官陈塔、栽其寨土官才望矩奉令各寨将烟铲尽。今后各寨尚有不法之徒胆大种烟者，以上各寨土官头人愿负全责。汝恐县长无把握，不信用者，挨（挨奇五寨）各寨土官头人愿家中财产充公，该首人愿具杀头之罚。

区长曾鉴转呈县长汪鉴

　　为铲烟一苗全无。具结首人、各寨头人姓名：挨奇五寨土官胡国昌、年阿杜寨土官浪矩亚、头人郝摄塔、头人白阿路、拉其寨土官陈塔、头人年阿比竹、栽其寨土官才望矩。

民国三十二年阳历四月三十日

（资料来源：阿坝州档案馆所藏民国档案，全宗号 8，案卷号 678）

### 松潘县政府要毛牛沟土官、喇嘛缉捕偷种鸦片的滥军流氓送府究办的指令
（民禁字第 1458 号）

事由：为饬随时集合番壮僧徒明密缉捕藉名挖金偷种鸦片之滥军流氓送府法办由

令毛牛沟土官郎介、喇嘛王敦：

呈一件——为藉挖金肆行种烟拟情转请惩办由。呈悉。该土官所属热务沟侧树寨近来发现滥军流氓藉名挖金偷种鸦片，实属不法已极。该土官、喇嘛应随时集合番壮、僧徒缉捕，送县法办，随时具报为要。

此令。

县长：汪

中华民国三十二年五月四日

### 毛牛沟土官郎介、喇嘛王敦关于滥军流氓偷种鸦片的呈

为藉名挖金肆行种烟据情随时请惩办事

倾据职属热务沟侧树寨宅汪报称，窃职属寨近来发现滥军流氓藉名挖金依仗伊等武器肆行种烟，以致山地禾苗辄糟践踏，而番民前往干涉，施行强压手段，该滥军流氓三五成群，横行无忌，似此恃强逞凶，番民莫敢与抗，而播种毒卉，难安含默，用特报请彻究，以免扩大等情。据此查该寨迭次发现游民假借挖金为名肆行播种毒卉，正值禁政森严之际，岂能任其肆行无忌，若不驱逐出境，该游民效尤成风影响整个禁政计划，危害颇巨，是以根据前情，理合报请钧府派队驱逐严惩勿使滋蔓难图，是否有当，伏祈衡夺示遵！

谨呈县长汪

松潘县毛牛沟土官：郎介

喇嘛：王敦

松潘县政府砵谕：谕尔土官知悉，据报该管所属之热务沟一带地方发现滥军流氓藉口挖金暗图种烟，仰即派丁驱逐。如有抗顽，准即拿府究办。遵照具报为要。此谕。

（资料来源：阿坝州档案馆所藏民国档案，全宗号 8，案卷号 678）

### 松潘县临时参议会关于荣德清土官呈报缉拿偷种烟苗者的公函
（松参字第九十七号）

事由：为据本县大小姓寨大土官荣德清呈报才汪勾结不肖之徒伙同偷种烟苗请予缉拿一案函请查照通令治属明密查实拿案法办以肃禁政由

案据本县大小姓寨大土官荣德清呈称："为勾结烟匪恳祈转请依法惩办，以儆效尤而肃禁政事。窃土官所辖咕噜依寨头人才汪不惟不遵，且有抽收安顺关番汉种户烟税四十余两情事。土官因其久未呈报肃清，即往该处调查，该头人所辖人民烟苗虽已铲去，而该头人所种者毫未铲除。经土官督饬铲除，方始馨尽。并又多方劝导，饬其以后不得

再种。该头人自知悔过，出具切结。殊至今年土官正分赴各寨严行禁种之际，具报本年正月二十四日有南坪马贞全率领十余人潜往才汪家中，住宿多日，企图不明。后该寨头人才汪又勾结孤腊以上不良分子二十余人在其家吃血酒，并与小姓、热霜、红土坡等寨莠民相约种烟。自此以后，该才汪随处宣传，本年种烟枉有希望。此次汪县长率队赴南清剿之际，又四处散布谣言，肆行煽惑，以致小姓等处跃跃欲试，希冀种烟得逞。土官以禁令森严，闻悉之后，乃派伴当回人前往缉捕，殊该头人事先早有准备，业与猼猡栓头，复于二月二十一日将全部财物，用牛八只驼往毛牛沟伊女人娘家寄放，本人迁往红土坡居住种烟。故伴当去时伊闻风远飏，跟迹追寻，一至孤腊。该头人才汪竟敢以手枪射击数十余发，幸均未中。该头人以追捕人众，乃弃物而逃，不知所往。伴当无法，乃返寨具报夺得物件如烟籽等物交付安顺关乡公所取据，并呈报县府在案。查才汪素行不法，危害禁政，现在小姓土官郎加珠、挨奇土官何保长，以该处发现滥军流氓，勾结莠民，意图种烟，请祈设法制止等情。兹才汪运贩烟籽，勾结莠民，破坏禁政，如任其逃出，不加捕缉，何足儆其余。为杜绝效尤计，用特具情呈请钧会鉴核，转请通令缉拿才汪到案法办，以儆奸宄，而肃禁政，否则小姓等处土官亦难负责。伏祈衡夺示遵。"等情。据此，查该土官荣德清报称才汪勾结不肖之徒偷种烟苗，其事如果不虚，殊属不法，应予逮办。兹据前情，相应据情函转贵府查照通令治属，明密查实拿案法办以示儆惕，而肃禁政，是为至盼！

此致松潘县政府。

议长：马正琳
副议长：尹辅周
中华民国三十二年四月十九日
（资料来源：阿坝州档案馆所藏民国档案，全宗号 8，案卷号 678）

### 松潘县政府第一区归化乡公所关于土官荣德清缴呈马匹烟籽的呈

（民禁字第　号）

案据大行（姓）土官荣德清缴呈咕噜村头人蔡汪黑母马一匹、烟籽一小袋、用具等物两大袋请予转呈等情前来理合具文送请钧府鉴核示遵。

谨呈县长汪

附呈黑母马一匹、烟籽一小袋、用具等物两大袋

归化乡兼乡长：张建军
中华民国三十二年四月十七日
（资料来源：阿坝州档案馆所藏民国档案，全宗号 8，案卷号 678）

### 松潘县政府各区及土官缉拿才汪的指令

（民禁字第 1483 号）

呈一件——为按转呈荣德清缴呈马匹烟籽等一案令仰遵照由

呈悉。该咕噜村头人才汪愍不畏法，除已严令各区查拿外，该乡长土官仍应认真查

缉归案究办为要。

此令。

县长：汪

中华民国三十二年五月十五日

（资料来源：阿坝州档案馆所藏民国档案，全宗号 8，案卷号 678）

## 松潘县县长汪一能给四川省政府主席张群的函电

成都主席张钧鉴：

（一）职于九日出巡南路，督促区乡保甲长及土官头人分别详查，春烟防种亦已成功，仅夷堡深沟发现偷种数块，正查办中；（二）途间奉专员电召赴茂令职协办茂北松坪沟及猼猓子属一带督铲工作；（三）现已配备部队加以封锁，俟准备完成，即率队分路进入督铲；（四）南坪平靖，现以两中队进入甘肃文县协剿流窜股匪以防回窜川境；（五）职于昨日返县，谨此电告。

职：汪〇〇

（资料来源：阿坝州档案馆所藏民国档案，全宗号 8，案卷号 678）

## 松潘县第一区署关于小姓沟番民极贫请求速予放贷以稳定地方的报告

窃查小姓沟西番素极贫乏，每年大多于春夏之交绝粮。断炊者恒十之八九，即向此地汉人告贷以维持现状。近来小姓沟之西番又向汉人告贷，因本年烟已禁绝，汉人中宽裕者均拒不借与。职恐西番于穷极无聊之际生出非法行为扰乱后方治安，并闻松坪沟之猼夷于此刻趁机煽惑小姓番人反动，确有此事。除由职召集耳边三寨土官郎加珠、曾计他等到署晓以利害，责令严加约束所属民众勿受奸人利用并令镇坪乡保甲长严密防范外，拟请钧府速派农村合作社指导员前往组织合作社放款救济并密令荣德清暗中监视用弥乱源。可否乞核示。

谨呈县长汪

区长：曾焕棠

中华民国三十二年六月二十七日于第一区署

松潘县府回复：据呈悉各情当属固致。更须对该管除毒保甲人员切实开导用弥隐患。所请于该管番寨组设农村合作社放款救济一节。查本府现有合作社人员不敷分配，俟得相当人员后再为筹设。着即知照。

六、三十

（资料来源：阿坝州档案馆所藏民国档案，全宗号 8，案卷号 678）

## 大小姓土官荣德清关于小姓沟禁烟及枪毙烟匪给十六行政督察区署的呈
### （禁字第二一四三号）

为奉令清铲小姓毒卉经过详情恳请鉴核事

窃职奉钧座命令负责肃清小姓各处毒卉，曾于三月会同区长及保安队前往铲除，只以小姓各寨人民受毒益深，而遭奸人煽惑，执迷益坚，以致禁政推进更形棘手，驻沟半旬，乃即同返原地。未及休暇即奉钧座面谕，饬职单独率队前往肃清，务使不留一卉。职乃于四月十日率队前往，一面宣传政府威信，一面根究奸佞，乃据小姓各寨土官纷纷密报，以烟匪系陕西汉中籍之杜红花，同本地烟匪郑王宝在亚各、古拉、拔城、平安等寨种烟多年。本年随时宣传种烟，播散种种谣言，实属阻挠禁政。当经密查，该杜红花确有播散流言之事实，而在亚各等寨确有毒卉数亩，出土寸余。即将该烟匪杜红花捕获，而郑王宝闻风远飏。该匪杜红花供认不讳，乃即枪决，以示儆戒。郑王宝所遗老马一匹充作出力队兵奖励。各寨土官玩民，亦以法律所在断难姑息。费时旬日即将生熟山地清铲净尽，并由各寨具结以后不敢再犯。职亦复查，次第肃清，乃即率队回寨，理合具文呈请鉴核。

谨呈第十六区行政督察专员兼保安司令王

松潘县大小姓土官：荣德清

中华民国三十二年七月十日

（资料来源：阿坝州档案馆所藏民国档案，全宗号 8，案卷号 678）

## 四川省第十六区行政督察专员兼保安司令公署
## 关于松潘县大小姓土官荣德清清剿小姓沟毒卉的指令
### （禁 3 字第 970 号）

令松潘县政府：

三十二年七月二十日民禁字第二一四三号呈一件——为处本县大小姓土官荣德清清剿小姓毒卉经过详情转请备核示遵由。呈悉。准予备查。

此令。

专员兼司令：王元辉

中华民国三十二年七月三十一日

（资料来源：阿坝州档案馆所藏民国档案，全宗号 8，案卷号 678）

## 松潘县大小姓各寨土官状告平武土劣吴凯臣种烟请求查禁的呈

为据情转请鉴核事

倾据职属扑扒土官包弼臣、丢骨土官丁名扬、拉波土官陈光明、烟柑土官万德塔、北地土官文波他、甘延土官甘友全、大耳边土官郎建周、埃溪土官何保长、平安土官郎郎等报告称："窃查本县禁政，自政府颁给法令，严行禁止而后，所有大小

姓六十八寨迭经严为痛铲，次第肃清。我大小姓各寨人民在政府领导之下，完成禁政大计，以尽国民天职。但我大姓所辖果子河各寨，自平武土劣吴凯臣霸据以后，迄今九载，迭经呈报政府严缉归案法办，虚悬日久，未能解决，刻烟已将收获而置法令于不顾。人民处此情况之下同情愤慨，实为我大小姓民众莫大之奇耻，不能置之不顾。是以六十八寨人民自动武装全体动员，前往果子坝一带彻底剿办，誓以不成功即成仁之精神与烟匪莠民相搏斗，期为国家除大患，为边区去大毒，是以联名报请查核。"等情。前来，职曾一再严为阻止，［此］刻武装人民已逾广坪，未能生效，理合具文呈请钧府鉴核衡夺示遵。

谨呈县长汪

大小姓土官：荣德清

中华民国三十二年八月三号

松潘县府回复：呈悉。查松平交界烟匪，本县长短期率队出巡。该处仰即静候查明，函请严办。着转所属勿自行动致酿纠纷。

（资料来源：阿坝州档案馆所藏民国档案，全宗号 8，案卷号 678）

## 松潘县土官荣德清要求收回原辖地给松潘县政府的呈

为据情转请收回原属区域恳予鉴核事

兹据大寨番民代表安登塔、狼克择利、格克木、喀扎久、王选民，高山堡番民代表宋子福、府禄处、胡花错、约他久、龙波牙，果子坝代表萧正荣、李秀儒，龙溪堡代表苏占武、苏占文、戴子荣等呈称："为受害逃出，恳请主究事。窃民等原属丢骨寨管辖，以六寨编制，共计百数十家，由牌头领导。清道光时奉圣令直属丢骨寨。白莲教变，平武商人薛佳欠债剥削，侵夺主权，遂由薛姓领导。当时丢骨寨以荣昌等纠纷，无力顾及，薛姓更趁机霸占。数十年来，年年剥削，人民生活莫保，故迁移他地，尚存四十余家。民国肇始，三十余年仍剥削利害，并勾结土劣孙绍武、吴凯臣在民等各寨种贩烟土，剥削人民。去岁土劣孙绍武抽收烟捐及收获烟土达四千八百余两。弟兄伙陈启科等十余人抽得四百余两。殊分赃不匀，内乱杀毙。土劣吴凯臣更加厉害，将孙劣妻产霸去，□□□□□□□□□□□□□□□□□□□□□□，行至叶塘割去王天杜身肉三块，活祭土劣孙绍武墓前，后送平武县府，不知生死。土劣吴凯臣即派爪牙黄二、张天润、陈启科等人将农民向灼章杀毙于果子坝，房屋祖墓烧毁。民等见此情形，不敢在处。现土劣以开纸厂为题，派爪牙陈启科普种烟苗，本月正值收获。霸抽烟捐，似此情形，不过略举。他如以布油米等调换洋烟及高利剥削，不胜牧举。民等本拟忍暂处，殊土劣吴凯臣移种烟等情加害，民等实不敢再处，遂逃大行〔姓〕暂居。是以沥呈，土官转呈上峰准予派员勘界，收回原地，方得返家，仰祈鉴核。"等情。据此，查果子坝六寨原属职寨丢骨寨（现名丁谷寨）管辖。清道光九年四月曾奉圣令发下管辖区域一纸（此约尚存职处），其界东至二百里交木瓜塘汛界，粮饷均由职缴呈政府。民二八年九月曾向区县会勘，均无结果，悬至今日。果子坝番民受害逃出，不愿返籍，查属实情。职本责任所在，不忍流离，值此国难之中，后方治安不无关系，用特具文转恳钧府准予收回原属区域。土劣无法手段，恳予严究。若蒙允准，不胜戴德之至。是否有当，伏祈鉴核示遵。

　　谨呈县长汪

松潘县大行〔姓〕土官：荣德清（印）
中华民国三十二年八月二十日

松潘县政府回复：查案并公函平武县政府。

（资料来源：阿坝州档案馆所藏民国档案，全宗号 8，案卷号 678）

关于松坪沟、犭罗猓子沟等夷地禁烟的签呈

　　上峰明令、钧座面谕，饬调集壮丁查铲松坪沟、犭罗猓子沟区域烟苗一案，等因。奉此职派员前往松坪沟探查内外五寨及二八四寨。当地居民甚少，外地烟匪借居该地人数有三百上下。复查内五寨情形，牙骨寨、岩窝寨乃泽坝猓匪勾结偷种，木梳寨、墨石寨两地系龙坝犭罗猓子勾结偷种。职查松坪沟与泽坝、龙坝等地毗连，民性刁野，昔年归茂县所辖，但近十余年来，迭遭天灾人祸，政府忙于办理善后，关于该地人民未惶顾及，因此失却管辖效力颇久，兼以近年编制保甲亦未受其编制，以致职乡禁政现已肃清八九，其他偷种之地实因交通不便之故，但该松坪沟禁政查铲烟苗要政由钧座指挥，何时近〔进〕行请祈赐令指〔祗〕遵，俾便速调壮丁准备抚〔辅〕助遵令进行。恳请钧座计划妥善办法予以查铲，用绝根株而肃禁政。该松坪沟内五寨情形并征调壮丁深入夷地查铲烟苗情形查明确复。是否有当理合具文呈报。签请鉴核示遵。

　　谨呈县长汪

蚕陵乡乡长：张定华
副乡长：谢汉卿
中华民国三十二年六月一日

　　松潘县府回复：三县接壤地区，崇山峻岭，交通闭塞，以致犭罗猓居住其间，勾结外来烟匪，偷种烟苗。若不及早驱逐，铲尽烟苗，加强治理，后患堪虞。现奉命协办茂北督铲工作，当以犭罗猓子区域与松坪沟为中心。该乡其他地区既已肃清，殊堪嘉许。但须待会同茂县县府人员复查。至于松坪沟内，着该乡长于本月十五日调集壮丁组织铲烟。现待命分路进入督铲。但当随时派探侦查加以封锁为要。

六、九

（资料来源：阿坝州档案馆所藏民国档案，全宗号 8，案卷号 678）

四川省第十六行政督察专员兼保安司令公署关于剿办<br>松潘热务沟一带土官武装抗铲烟苗及陇南流窜烟匪给松潘县府的代电<br>（参字第 327 号）

松潘汪县长：

　　奉成都行辕元辕密电开："接军委会电据报：（一）松潘热务沟一带土官武装抗铲，不肖军人为其背景；（二）南坪匪势愈众，收集民枪，迫令种烟。该匪以刘万源、苏文

429

华、唐昆、黄有仁为首，均为落伍军官官阶。需械弹由文县输入，而匪亦藉军政机关护照等语。希迅查明具报以凭核办为要。"等因。又奉川陕鄂边区绥靖公署卯陷边东一逊电开："奉委座电开据报武都有匪二千五百余有审成□（电码不明）一带。除电朱主任剿办外，希即协剿并防止为要。"等因。奉此除分电外查松潘接壤陇南，希即注意剿办该匪窜蔓。仍希将办理情形及所得情况报署查核为要。仰该县长将查明情况就近具复凭转为要。

专员兼司令：王元辉<br>中华民国三十二年五月二十二日

（资料来源：阿坝州档案馆所藏民国档案，全宗号 8，案卷号 678）

## 四川省第十六行政督察专员兼保安司令公署
## 关于松潘热务沟禁烟问题给松潘县府的电报
### （保参字第 612 号）

松潘汪县长：

奉省府禁丙字第 0348 号马代电准内政部电转蒙藏委员会本年庚卯马代电据报……谓"该县热务沟一带（即倮络子区，距松潘二百里程）土官集中土民进行武装训练以备维护种烟。冬烟刻出苗二三寸，春烟正在翻地普种中"等语。层转到署，除电复外仰即从速查禁，连同黑河余匪近情并报来署，勿延为要。

专员兼司令：王元辉<br>中华民国三十二年五月三十一日

（资料来源：阿坝州档案馆所藏民国档案，全宗号 8，案卷号 678）

## 茂县公民张左清等控茂县参议员
## 廖鸿基串通松坪沟夷人种烟给松潘县府的报告

身为参议员审种鸦片。

窃有茂县参议院廖鸿基者，市井无赖，曾充沟口乡副乡长兼袍哥龙头。原与黄子材、刘元通上下其手，以禁政作面具，利用夷人常以慈善宣传谓黄刘二人本领有限故遭失败，如我廖某现居要津，凡政府有事非由本会议决不敢直〔执〕行，尔等放心满种，况又有神人内中保护般降谕放心不怕。我在从中保障，有事自会通知汝等。去年种烟收获数千两之多，售币数十万元。今年复派羽党杨先第在岩窝寨种三十余桶，游海清在牙角寨种二十余桶，刘元生在二八溪种四十余桶，郭云生在屋基寨种三十余桶。以上四人皆廖鸿基所放资本，乃廖羽党心腹之多难以尽述。伊父现为乩手，而夷人信神者多，人人听其言而信之。所呈各节可查可考。前有人在茂县县府报告，自如今如石投海，可知伊之魔力甚大。若不以斯人做榜样，松坪沟之夷人决不信公家有铲烟之能力。倘能将其人拘禁候查，则夷人胆寒，松坪沟之烟不用武力皆自铲也。夙仰厉行禁政，故直言上达，无千善一恶之意耳。

除另呈专署、司令部、茂县政府外，特此缕呈伏祈鉴核。

谨呈松潘县县长汪

呈具人：张左清、张世靖

中华民国三十二年六月

松潘县府回复：转呈专署并茂县县府。

六、一○

（资料来源：阿坝州档案馆所藏民国档案，全宗号8，案卷号678）

## 茂县政府关于彻查廖鸿基指使夷人种烟一案给松潘县县长的公函
### （秘民禁字第六一号）

事由：为函请于铲松坪沟烟苗时代为密查本县参议员廖鸿基种烟情形并逮捕种烟各犯函送过府以凭法办由

本年六月十日奉第十六行政督察区专员兼保安司令公署发下茂县公民等具控茂县临时参议会参议员廖鸿基指使杨先第、游海清等在岩窝寨、牙角寨、二八溪、屋基寨等地栽种鸦片一案饬即认真密查。如果属实即予拘办不贷等因。正遵办间复准贵府三十二年秘民禁字第一七五二号公函案同前由，嘱即彻查严究用遏祸源等由。准此。查所呈种烟地点均系敝县松坪沟内小地名。本县松坪沟内所种烟苗前奉本区兼专员王面谕划归贵县长查铲。相应抄同原呈函请查照于铲松坪沟烟苗时便中代为密查，如所控各节属实，即请就近将此案种烟各犯代为逮捕迅供根究，并函送过府以凭法办。再廖鸿基现任县参议员，其沟口乡（即蚕陵乡）副乡长一职去岁已经辞去。倘贵县长铲烟时查出廖鸿基种烟有据或该杨先第等所供系廖所指使，函知后即予拘办。准函前由相应查照办理见复为荷。

此致松潘县长汪。

附抄送专署发下茂县公民等具控茂县临时参议会参议员廖鸿基原呈一件

中华民国三十二年六月

（资料来源：阿坝州档案馆所藏民国档案，全宗号8，案卷号678）

## 松潘县保安队分队长蒋仲臣关于围剿烟匪战斗过程给松潘县府的呈

窃职奉钧座派遣前往松坪沟查铲烟苗。于本月十四日午前十时由松城出发至十七日午后三时行抵松坪沟尾之红土坡，突有烟匪约五十向我猛烈射击。当将队伍疏开，与夷匪相抗约四小时，两次冲锋，始将匪徒击溃。是役阵亡下士陈伯详、上等兵杨青山、一等兵凌国安，负伤中士耿树林，消耗机枪弹四百八十五发、步枪弹四百二十七发、手榴弹四颗，夺得匪械新式步枪一支，码号5756、汉阳马枪一支，码号2661，步弹七发。当将匪阵地占领。因天已入暮，未便穷追，是夜露营红土坡之雪山岭，向松坪沟警戒。十八日拂晓，复奉钧座命令继续搜索前进并进占岩窝寨以为根据。殊进入松坪沟约十里之茂林地区，其地形异常复杂。当派第一班赴左翼山嘴占领据点，掩护第三班前进，第二班则住于右后。殊一班仅至山腹，三班于前进中，烟匪即在茂林中向我鸣枪，当即构

成火线予以远击。相抵约五小时，匪方愈增愈多，并由两翼构成包围，卒以众寡悬殊伤亡过大，乃向红土坡突围引退，撤回松潘。是役阵亡中士杨仕孝，下士卢焕章、唐荣生，一等兵刘吉三、魏永德，下士王绍安负伤，失机枪一支，码号0271，弹药盒五个（因中士杨仕孝突围时阵亡，人枪俱坠落岩下），步枪三支，码号01862、02183、0070（均系突围时阵亡士兵所失）。是役消耗机枪弹七百五十发、步枪弹八百五十三发、手榴弹六颗，遗失园匙一把、被盖三十一床、棉大衣三十一件、铜碗三十一个、铜锣锅一口（奉钧座命令，所有被服装具概用马驮，减轻士兵疲劳，增强战斗力，突围时因驮夫失散，驮马被匪击毙，以致全数遗失）。除伤亡士兵恳请钧座转请上峰从优给与恤金，损耗枪弹、装具予以注销备案并乞补发外，理合将两次战斗经过呈报钧座俯赐鉴核存案备查。

　　谨呈松潘县长汪

保四团第一大队第四中队分队长蒋仲臣呈
中华民国三十二年六月二十六日

松潘县府回复：1. 该分队分拨中队部；2. 该分队官兵忠勇为公，以寡敌众，准予核转。

六、二十七

（资料来源：阿坝州档案馆所藏民国档案，全宗号8，案卷号678）

## 四川省第十六行政督察区专员兼保安司令公署
## 优抚松坪沟铲烟伤亡官兵的指令
### （保参字859号）

令松潘县政府：

　　三十二年六月保禁字第一九八一号代电悉，分别指示如下：1. 阵亡士兵准由该县妥为安葬，负伤士兵亦由该县从优抚恤，统在该县禁烟经费项下动支，专案呈报候核。2. 所有蒋分队损失武器装具、消耗弹药及缴获械弹等仍应依照表式由直属中大队转呈团部指挥部呈省鉴核以明系统。除转省核示外仰即遵照并分别具报为要。

　　此令。

专员兼司令：王元辉
中华民国三十二年七月十六日

（资料来源：阿坝州档案馆所藏民国档案，全宗号8，案卷号678）

## 四川省保安团队第二指挥部、理番县政府
## 关于禁烟查缉补充办法的训令
### （民禁会字第　号）

　　事由：为规定禁烟查缉补充办法令仰遵照办理由

　　令新堡乡公所：

　　关于理番境内禁烟封锁查缉办法，兹经第二次党政军机关及县参议会会同执法监部胡督查官，联席会议决定补充办法数项：

一、自即日起龙溪乡之阿耳、桃坪乡之三岔沟、上孟乡之栱桄寨、下孟乡之甲米寨一带增加游动封锁站，无论何人不能从该地带通过进入三番及茂属夷地。

二、阿耳、三岔沟两组由警察队担任，甲米寨、栱桄寨两组由保安部队担任。

三、通化及县城两封锁站对往来行人于严格检查后准其通过。

四、各封锁站官兵轮流调换，并随时由党政军及各机关交换派员调查，如有违法舞弊从严惩办。

五、其余仍照原定办法加紧执行。

以上各项除分令外，合行令遵该所即便遵照并转所属一体知照！

此令。

中华民国三十二年四月　　日

指挥官：谢宁撑

县长：米珍

（资料来源：阿坝州档案馆所藏民国档案，全宗号 4，案卷号 383）

## 四川省第十六行政督察区专员兼保安司令公署
## 关于四川省政府就松坪沟铲烟伤亡官兵及损失物资指令的训令
### （参字第 249 号）

令松潘县政府：

案查保安第四团一大队松坪沟剿匪损耗俘获经过情形请核示一案，兹奉四川省政府三十三年一月民禁保一字第六九一号指令开："呈悉。查此案阵亡士兵八名，负伤士兵两名，既然该署查明属实，准予备查。损失捷克式机枪一挺、步枪三支应饬设法清回。夺获枪弹及消耗弹药应饬遵照规定分别列表呈报来府再予核夺。至关于被服装具该中队第四分队在茂属松坪沟围剿烟匪先后阵亡士兵仅八人，何至损失被服棉大衣三十一件之多？所有损失各物并应严格清回具报。余无不合，仰转遵照。"等因。奉此，合行令仰该府转饬遵照。

此令。

专员兼司令：王元辉

副司令：蔡嘉宾（代行）

中华民国三十三年三月九日

（资料来源：阿坝州档案馆所藏民国档案，全宗号 8，案卷号 678）

## 毛牛沟、下泥巴土官具保谷司寨副土官六交的呈

具呈保结人公民毛牛沟土官、下泥巴土官、大寨牌头等公呈：为联名具结祈恳鉴察，俯赐恩准事，窃公民等实保得谷司寨副土官六交为所属地百侧树头人民抗种烟苗，触犯刑章事由，拘禁在案，公民等查访违禁政令情形，原系雄鸡屯居民李德富在该地偷种，在侧树顶任布地中前次下泥巴土官等奉命赓即着人到所属地面遍寻铲除，情因副土官六交日前到东路赶牛驼脚将隆屋，遇铲除该地烟苗事由，殊□□两耳蒙聋，愚昧无

知，祈恳钧府姑念伊家寨数口，生活靠伊苦工农耕谋养，仰望恩施格外垂怜赦释，以戒下次，民等负完全责任，不得发现一株烟苗，倘今后再有抗种违令情事，与公民等是咎如蒙恩施格外，鉴核赏准，公民等不胜感激，待命之至。

谨呈松潘县政府县长汪

具联名保结人：

毛牛沟土官：狼介

下泥巴土官：桑介牙

大寨牌头：俄乃孝

被保人谷司副土官：六交

中华民国三十三年五月

松潘县政府回复：呈悉。仰候。令饬该管乡长将李德富辑案迅明再夺。此令。

五月十日

（资料来源：阿坝州档案馆所藏民国档案，全宗号5，目录号2，案卷号46）

### 大姓土官荣德清等关于铲烟改种粮食给松潘县政府的呈

具报告公民大姓土官荣德清、烟村小土官王德他等公呈

为呈报恳请鉴察事，窃公民等奉命铲除烟苗事由，今大姓土官奉到钧府命令，即亲到烟村寨传集小土官王德他督饬该寨老民种烟花户等立即铲除，有架牛耕铲，有用锄挖铲，各户未许停留铲尽。公民等又亲往该寨上下左右查验，实未剩一苗。故特抄附种烟花名于后具文详呈钧府鉴核。当又公民等将政府禁令法律训诫无知番愚，幸蒙钧府仁德，爱民如子，从宽恕免，准其悔过，痛改前罪，以戒下次，另种粮食。公民等详情呈请钧府鉴核示遵，倘今后烟村三寨再有未铲烟苗一苗发现，钧府日后派员查出，自愿公民等照禁政法律认罪无悔，如蒙允准公民等不胜感德待命之至。

谨呈松潘县政府县长汪钧鉴

附呈种烟花户等于后

烟村三寨居民：

| | |
|---|---|
| 吉泽乃 | 8升 |
| 阿哥 | 7升 |
| 吉哥介 | 8升 |
| 林窝孝 | 3斗1升 |
| 额乃 | 1斗 |
| 泽介 | 1斗 |
| 泽汪扎西 | 7升 |
| 泽乃他 | 1斗1升 |
| 邓福兴 | 1斗11升 |
| 任奔 | 3斗 |
| 泽乃介 | 1斗11升 |

重波介　　　1 斗

甲兮泽培　　4 斗

王青　　　　1 斗 8 升

纳阿洞州　　3 斗

桑鸡他　　　8 升

朋错　　　　2 斗

工喝多介　　2 斗 8 升

六支　　　　2 斗 8 升

大哥　　　　3 斗

扒他　　　　1 斗

六他　　　　1 斗 8 升

林介　　　　7 升

仁青　　　　11 斗

甲他　　　　5 升

彭聪　　　　1 斗 8 升

格西家　　　4 斗

甲他包　　　1 斗

狼布　　　　2 斗

能波　　　　1 斗 8 升

索躯他　　　3 斗

噶让　　　　1 斗

林交牙　　　1 斗 8 升

具呈人公民：

大姓土官：荣德清

小姓土官：王德他

中华民国三十三年五月

松潘县政府回复：1. 查该土官疏于防范，以致烟村一带偷种烟苗甚多，虽督铲已尽，法亦不赦，着记大过一次；2. 种烟土地着即充公交由该土官暂行保管；3. 种烟人犯缉拿归案，究办。

五月十八日

（资料来源：阿坝州档案馆所藏民国档案，全宗号 5，目录号 2，案卷号 46）

## 松潘县政府第一区区署关于夷地偷种烟苗的呈
### （民禁字第二十八号）

窃查职区防种工作曾经于四月十六日，派本署指导员张健军随同钧府督学贺熙阳前往镇坪乡第四保开会导戒。据称，该保与松坪沟地域相连，而人民等有此动机尚待查核等语。职随即令该管乡长经常派员监察。至其他各地职已分饬本署员丁明确查考，以求禁政之贯彻。再查大小姓沟各地近来均有偷种情形，职署以武力毫无，人员缺乏，无法

435

前往查禁。事关要政，理合具文呈请。

谨呈松潘县政府

中华民国三十三年五月十一日

第一区区长：夏

松潘县政府回复：大小姓沟番民竟有违法种烟事情，由该署调集各乡汉番武装丁，前往督铲，倘有反抗事情，仰即逮捕，报请惩究。

此令！

五月十二日

（资料来源：阿坝州档案馆所藏民国档案，全宗号5，目录号2，案卷号46）

## 下泥巴七寨土官老民关于铲烟及偷种烟苗问题给松潘县政府的呈

具报人下泥巴七寨土官、老民等呈：为据实呈报，恳请鉴核事。窃公民等所属地面，自中央军"剿共"来边禁种烟苗之后至今，民等地面概未违令种烟。今不料有不肖汉奸等，前期钧府因公到省数月未回任，伊等趁势吹动无知番愚，加之大行〔姓〕土官所属地面，每年种烟获利，今为烟村寨番汉普遍种烟，与侧树顶地界相连，情因番民不知纪律，受不法之徒煽惑，误种少数烟苗。前日，土官奉命协同老民等前往查铲，即刻督命两寨铲尽。因侧树顶任布违延未铲，土官再再追究走后，任布因与雄鸡屯、李德富三人伙种，前往问伊等。该恶李德富抗不准铲，延至钧府亲临侧树顶查验烟苗，看到任布架牛耕铲，〔被〕触怒，照抗铲法律将任布处决在烟地外，各地查验过后，土官亲又复到两寨山地前后遍查，实未剩一苗。民等今奉钧谕特详情呈报，附呈种户数目于后，如蒙允准宽恕初犯，实感恩戴德。

谨呈松潘县政府县长汪

谨将种烟两寨人民种地数量列后

| 侧树顶寨 | 谷司寨 |
| --- | --- |
| 任布与雄鸡屯、李德富三人伙种三斗 | 足多种一斗 |
| 常吉他种一斗 | 泽州种一斗 |
| 其休种一斗 | 辛贝吉种一斗 |
| 三哥种一斗 | 林窝孝种一斗 |
| 六金种一斗 | 只密种一斗 |
| 莫他种一斗 | 双实种一斗 |
| | 从喜种一斗 |
| | 俄包种一斗 |

| 侧树顶寨 | 谷司寨 |
|---|---|
| 外具实申明以上两寨总计种户十四户，番民汉人李德富三人共种数量一石六斗。土官、老民奉命铲尽完全肃清改种洋芋等粮。无知番愚再若偷种烟苗违令不遵等情形，土官老民负担完全责任，甘愿照禁政法律认罪，请派员查验，民等静候公便待命之至。 | |

下泥巴七寨土官桑介牙及七寨老民等呈

中华民国三十三年五月十八日

松潘县政府回复：

（一）查该土官虽督铲尽是实，但疏于防范以致偷种众多着记大过一次；

（二）种烟土地着即充公交由该土官暂行保管；

（三）种烟人犯缉捕归案究办。

五、十八

（资料来源：阿坝州档案馆所藏民国档案，全宗号5，目录号2，案卷号46）

## 毛牛沟土官禄哥、郎介关于铲烟问题给松潘县政府的呈

为呈报遵令铲烟情形仰祈

鉴核事。窃土官奉令铲除烟苗当即巡视各寨所有辖内番民，均未种烟，仅石坝子之番民少数偷种烟苗，已由土官督率铲除净尽，无复存留，可赐查验。惟受命之时，除一面铲除石坝子之烟苗，并一面派朗介前往戎沟铲除，随带20余人，不惜唇焦舌燥，多方劝导，曾将红杂以上之烟完全铲尽，而红杂以下之番民能否铲除，尚在观望中。其心以为大小姓连年种烟，得利甚厚，非得大小姓之烟铲尽不可。该红杂以下之番民以此为对付，并集合汉番约1万余人在较场坝开会。其内容无非抗铲烟苗，以贪非分之渔利。去年腊北庸中保赴泽坝收债，被泽坝土官指为铲烟向导派人杀害，含冤未伸。因此土官之侄郎介不敢前往，理合具文呈请，钧府鉴核示遵！

谨呈松潘县县长汪

松潘县毛牛沟土官：禄哥、郎介

中华民国三十三年五月十六日

松潘县政府回复：1. 查该土官疏于防范，以致偷种者多，督铲亦无力完成，着即撤职留任；2. 着该土官继续督铲，敢有违抗者送县究办；3. 待大小姓督铲毕即率队督铲，着先以种烟地带人犯查明呈报，以凭查办。

五、十八

（资料来源：阿坝州档案馆所藏民国档案，全宗号5，目录号2，案卷号46）

## 松潘县政府第一区署考察夷地鸦片偷种情况后给县长的呈
### （民禁字第四十三号）

　　窃职于本月23日率署员丁及镇坪乡壮丁前往归化复查毒卉，是晚宿该乡第五保所辖之龙潭堡。二十四日晨早出查该保附近汉民地带犁翻耕地内有出土烟苗少许。当即饬该管保长白文信派丁铲尽，查至小姑鲁深沟山地前有番民数户自"匪患"后人死户绝①，其中偷种烟苗十余亩间。职复查当晚始行铲去。溯思该地无人耕种，敢有在此偷种罂粟情形。当饬第五保保长白文信查烟匪姓名及地方呈请缉捕充公。查龙潭堡对山大姑鲁系姑腊所管，属小姓沟，常有番匪防范，情形较为复杂。职感武力薄弱未往查勘。是日宿营安顺关。二十五日前往云登堡西宁关、石河桥等地复查。确系钧座前次出巡后完全肃清。由云登堡至安顺关后山，地名金斗山尚有偷种地两块，确系前日未行铲去。二十六日率队直往各鲁村一带复查，见耕翻之地中亦有少许烟苗出土，当饬该寨牌头派人除去。由此下山到得胜堡经地坎过阳关磴抵新塘关，沿途所种之地早已犁翻，其中亦有少许出土烟苗，派丁铲去。是晚抵宿归化。职意出查入耳五寨当派密探数名前往侦察地形及情况，据该探等报称："查五寨地形犬牙交错，互相扶助，兼之外籍烟匪潜于各寨，人枪约有数百，各寨所种之烟，全未铲除。"等语。前来查入耳五寨系荣昌土司所管，职已饬该管土官前往督铲具报。二十七日返署。职此次复查归化乡，深感所调壮丁武力实不堪用。恳请钧府派警察队以便继续查镇坪乡及各番民地带。以上各情是否有当理合具文报请。

　　谨呈县长汪

职：夏述绕

中华民国三十三年六月二十八日

（资料来源：阿坝州档案馆所藏民国档案，全宗号5，目录号2，案卷号46）

## 四川省第十六区行政督察专员兼保安司令公署
## 关于松潘县县长汪一能因铲烟被杀的代电
### （禁字第1143号）

　　松潘县县政府（并转所属），据谢指挥宇撑午艳省代电称："汪县长肃清南坪烟毒复出巡松南，惨遭汉夷烟匪数千人抗铲，以致壮烈殉职，深为悲愤。禁政为国策所系，越艰巨越努力，今后愿踏着死者血迹，在钧座策划之下，以完成此大政，成败利钝不计也"等语。合电知照副处长兼专员王元辉。

未佳茂禁（印）

中华民国三十三年八月十一日

（资料来源：阿坝州档案馆所藏民国档案，全宗号5，目录号2，案卷号46）

---

　　① 此为国民政府官员对红军的污蔑。

## 松潘县善后委员会关于赴夷地查禁偷种鸦片情况的呈

### （善字第十六号）

事由：为据报该员等赴六不村工作情形

据本会委员杨泽孚、杨达三等呈称："窃职于本日午前由平安寨出发到达六不村，当即召集该寨人前来。据该番头人等面报，该寨烟苗前日自受张副指挥官过镇江关时宣谕后，回寨即劝番民自动铲去。请求职同往勘查。旋于午前十二时，亲往该寨地区内查勘，情实不虚。除嘉勉外，并劝该番等今后始终恪守张指挥官宣谕，真诚服从政府命令，该番甚为雀跃。理合将经过情形报请均会鉴核备查。"等情前来，除分呈张副指挥并指令具文报请鉴核备查令尊。

谨呈松潘县政府

主任委员：李阳三

副主任委员：马玉琳、马级三、王梵英、申云

中华民国三十三年九月七日

（资料来源：阿坝州档案馆所藏民国档案，全宗号5，目录号2，案卷号46）

## 四川省第十六区行政督察专员兼保安司令公署
## 关于禁烟多宣传督导勿轻易用兵的指令

### （参字第506号）

令松潘县政府：

事由：三十四年年三月二十一日秘字第四三五号呈一件——为据情防剿烟匪绘具图说转请鉴核示遵由

呈附均悉。仰即督饬该区长，多用政治方法，切实宣导严密查铲，以期除毒弥祸，防患于未然，勿轻易用兵扩大事态，仍将办理情形随时转报核为要。

此令。

兼专员、司令：王元辉

副司令：刘觉鲁（代行）

中华民国三十四年四月七日

（资料来源：阿坝州档案馆所藏民国档案，全宗号5，目录号2，案卷号47）

## 松潘县第一区区署关于烟匪逼迫夷人种烟情况的签呈

窃职区属之小姓沟关于本年防种春烟各情前已具呈在案。复于日前派镇江关前任甲长马元有同壮丁十人深入埃溪五寨及大小耳边各寨，持职署硃谕，一面宣导，一面调查。该员于四月十八日返镇报称："员等已将各寨（小姓沟）硃谕分别送到，并分别宣导政府彻底禁绝烟毒一切情形，惟调查所得埃溪五寨受烟匪傅光烈率汉人数百，估逼各寨，已将春烟种下（傅光烈系受李阳三所派），而大耳边、小耳边等各寨虽未将春烟下

439

种，但均在观望中，亦有企图情事云云。"等情。据此均经调查属实，理合签请钧座核示祗遵。再傅光烈拟夏历三月初十日召集小姓沟各寨土官于龙头寺开会。合并陈明。

　　谨呈县长任

第一区区长：张泽膏

中华民国三十四年四月十八日

（资料来源：阿坝州档案馆所藏民国档案，全宗号 5，目录号 2，案卷号 47）

## 毛牛沟土官关于汉人强迫各寨番人种烟给松潘县政府的呈

　　为呈诉汉人侍势欺瞒武断，抗令种烟事

　　缘民郎介、禄哥于正月二十日派毛牛六寨老民牌头前往热务十八寨宣言今年决不要种烟致干禁罪。当时各寨老民牌头都甘愿不种。二月初二三日，钧长又令民等须将热务十八寨老民牌头召集到毛牛沟开禁烟大会。不知何故而无一人来。又奉钧长谕令责民等如何一人都召集不来。民即派老民牌头复往该各寨说禁烟之严，并将钧长之硃谕交具各寨，而亦一人不来。当时下九寨老民牌头承认，今年不种烟，如照昨年种烟自甘认罪，并有老民牌头负责，于二月十六日全行具结在案。

　　二月十七日，突有汉人大爷五六人，知其姓名者即傅光烈、白登联、唐麻子，在热务十八寨宣传今年不管汉番，一律种烟，否则议罚。还在各寨开会。是夜，汉人竟将民派去老民牌头围击，虽未致命，皆潜逃回寨。其时有南坪马大爷率兄弟十余人一并被困，同其逃回。请钧长派人调查，必知真相。临其回寨，民即派老民牌头进城将汉人抗令种烟情形回报钧长。当时钧长饬民整顿壮丁待大兵到时，同往肃剿。民等一面整顿壮丁，迄今约七天竟未见行动，即又派壮丁四人前去审查，于昨日逃回两人，其余两人因在进击之中遂失去联络，不知生命如何。据逃回人说，下九寨汉番已普种，上九寨未种而有汉人在此施威恫吓，亦在必种之中。兼以汉人向各寨番民开会"你们不种烟，我们就要向你们借地种烟，如寨大者借地 60 桶，小者亦必借地 40 桶，不借不行"。如西盖煲未与他寨会同种烟，昨日汉人大爷派人前来将该堡之一老汉捕去问罪，此人现未回。又闻泽坝土官最近与热务十八寨有信其意，即是不种烟不行。如各处会同普遍种，民则实无办法，如民之人力武力有限，何敢与战，是以特将经过情形呈报均长鉴核示遵。

　　谨呈县长任

具呈人：郎介、禄哥

中华民国三十四年四月二十日

　　松潘县政府回复：毛牛沟土官郎介、禄哥呈诉情事云云等。查所报属实，理合电请钧座示遵。

松潘县长：任

四、二十一

（资料来源：阿坝州档案馆所藏民国档案，全宗号 5，目录号 2，案卷号 47）

### 松潘县大姓土官请求政府派队肃清烟毒的呈

前据职属果子坝土官安登塔报称："近有虎牙乡乡长池养泉指使保长陈启科，偷种毒卉，址马索之洞岩由蒋天和负责，格夽岩由唐兴和负责，罗圈岩由陈启武、宋老五负责，黄蜡坪由蒋兴和负责，于农历二月二十四日后一律播种，并封锁虎牙关，以便统制一切。迫我番民种植毒卉，恳祈派队肃清，以救民命。"等情。前来查该地区，历为大姓所辖，并对禁政具结在案，在此禁政森严之际，断不能徇情包庇，刻已饬番队前往肃清，恳祈核准，以便出发。

谨呈县长任

松潘县大小姓土官：荣德清

中华民国三十四年五月十八日

松潘县政府回复：是否属实，仰候平武县政府查复，该土官不得于事前率队前往，免兹误事。此令。

（资料来源：阿坝州档案馆所藏民国档案，全宗号5，目录号2，案卷号48）

### 松潘县政府关于鼓励土官捕获烟匪给奖的砵谕

事由：为谕饬捕送事

据报，现有烟匪携带枪弹，到该寨作违禁种烟事情，送府究遵谕。将该烟匪等，严密捕获，送府究办。其枪支子弹跟捕获物，即充作该寨奖励之用。合解谕兼办理要。

此谕。

县长：任和平

中华民国三十四年四月二十四日

（资料来源：阿坝州档案馆所藏民国档案，全宗号5，目录号2，案卷号48）

### 松潘县政府鼓励土官捕获过境烟贩给奖的谕令

谕尔土官、土妇，悉如有烟贩及偷种烟苗之人过境，准予捕获送府究办，其枪支货物除烟缴府外，其余作奖励。合行谕仰该土官、土妇，遵照办理为要。

此谕。

右（上）谕毛牛沟土官、土妇

县长：任和平

中华民国三十四年四月二十七日

（资料来源：阿坝州档案馆所藏民国档案，全宗号5，目录号2，案卷号48）

## 毛牛沟土官要求政府体恤民困的呈

事由：为呈报肃清禁政恳请鉴核一案令仰遵照由

窃职自办理毛牛各寨公务以来，守法奉公，未敢陨越，此次松南事变，复奉钧座面谕，谆谆以安定后防，肃清禁政为急务。职返寨时，召集各寨老民牌头，转饬知照，嗣于十二月初七经禁烟委员马仁齐函告：肃清冬烟。遵即于初八前往热务等寨晓谕，督其负责肃清，果有滥兵流氓来境偷种，即由各寨捆送惩办，万一仗势强种，即行呈报派队肃清。各寨老民牌头，咸知敬戒，职一再前往查禁，均能恪尽职守，并无冬烟情事。此次又经马委员于十二月二十三日到寨召集各寨老民牌头等，指示查禁办法，各寨老民牌头等，曾经申明，并无冬烟，甘愿具结。至于明春禁烟办法，务请政府在明正下旬内，随时派员会同各寨老民，按寨宣导，方可收效。职以职责所在，绝对服从，效忠政府，矢志不二。况马委员年逾耳顺，为地方不避风雪，奔走宣导，职更五体投地，负责进行，以后查出有冬烟情事，愿请钧座执法以绝。至于军队驻防，系属绥靖地方，而在松城受此寒冻，实为可悯，前奉令捐输木材，以作燃料，遵即呈缴在案。但职寨人民素极贫困，贩柴为生，每日约计一百余驮，且一进城，即行抽头，稍不如意，打骂随之，以致各寨老民纷纷责难，既派有柴，何用抽头，毛牛生计，何以维系，是以呈请钧座核示以恤民困。

谨呈县长任

松潘县毛牛寨土官：郎介

中华民国三十四年二月

松潘县政府回复：呈悉。仰随时密切注意及县府自有处理。县政府。

三十四年二月七日

（资料来源：阿坝州档案馆所藏民国档案，全宗号5，目录号2，案卷号171）

## 24. 有关日本飞机轰炸川西北民族地区及防空救济的档案文献

### 松潘县政府为敌机轰炸及善后详情致省政府呈

（1941年7月6日）

窃本县于六月二十三日被敌机空袭轰炸，受灾情形业经先后分别电呈在案，兹将经过详情及善后办法逐项缕陈查核。

一、事前防空准备

自抗战以来，本县地处边陲，距前线较远，对于防空准备，虽经迭饬筹设，而人民心理终以敌机一时不易达到。积习太深，颇难推动。本年六月，奉令由县属小河营运输大批汽油存储距县城四十里之漳腊，维时深恐暴敌觊觎，难免不有一试可能，遂即加紧防空宣传，组设防空机构。

殊于六月十三日午前十一时许，即发现敌侦察机一架，由西北向县城及漳腊机场上空旋绕一匝而去。随于十四日召集防空紧急会议，由各机关分组作扩大之防空宣传，饬县属人民星夜组织消防、救护、警卫各队，并饬防护团整理警报器具。又于十八日，如今保甲长及各户户长于县城公园详切阐述消极防空之重要，俾家谕〔喻〕户晓，加紧人民疏散，减少无谓牺牲。自十九日起即饬各户安设水缸，设置沙包，开□入城之水源，并定二十四日举行各种检阅，二十六日举行防空演习，事未果行，敌机即于二十三日来县轰炸。

二、敌机轰炸情形

二十三日上午十二时半，敌机二十七架由南向城飞来，肆意狂炸，低飞扫射，计城内投弹七十余枚，另有五枚未爆；城外投弹五十余枚，另有三枚未爆，并投有烧夷弹十余枚。计人民死亡一百九十八人，重伤二百零四人，轻伤二百九十三人，燃烧房屋五十八幢，炸毁房屋一百八十七幢，县城人户本稀，遭此损失亦云巨矣。

三、损失较大之原因

（甲）未得情报

本县仅一防空电台设置城内，一监视哨所设置城外金蓬山顶。此外，即无情报联络。而电台与监视哨之间，又未加设电线。本府前曾请增设哨所及架设电线，尚未实现，仅奉防空部令俟材料运到，再行统筹办理。当二十三日敌机入川时，电台所得情报，谓敌机在新津盘旋，随即渺无消息，嗣敌机临空始觉。事后得报，敌机系由平武到漳腊，盘旋达半小时之久，若平〔武〕松〔潘〕消息灵通，城中预先准备，损失当无若是之巨。且漳腊航空站电台与此间电台从未取得联系，以致彼方发现敌机无从传达，殊属遗憾。

（乙）民心误会

当敌机尚未到达前，本府曾奉省令，谓将派拨飞机来县助铲烟苗，此项消息先已晓谕民众周知。是日闻得机声，以为系本国飞机，多在街头观望，且有一部分民众毫无防空常识，不知空袭危险；虽平时宣传，尚存半信疑心理，迨仓促走避，人多聚集一隅，机枪扫射有以致之。

（丙）无防空设备

本县因处边区，无积极防空设备，虽有消极防空，然准备尚未完善；加以情报不通，临时仓皇不及应付；敌机狂炸扫射，低飞将及屋顶，死伤之重，殆由于此。

（丁）目标显著

县属番民，更无防空常识，习惯喜着红色衣服。是时正值番民入城贸易，予以敌机目标，便于扫射。

四、善后处理

（甲）灾民收容

城内中街火势正炽时，职即督饬各镇长及防护团，与夫后备队、青年团、警察、民壮等努力扑救，折〔拆〕开火巷，以防延烧，幸只烧毁房屋五十余幢。平民无家可归者，即指定以清真寺、青云镇中心小学、玉真宫、城皇〔隍〕庙等处为灾民暂时收容所。

（乙）死亡掩埋

自县城被炸后，满街民众哭声震天，除已慰死者家属妥为安葬外，其无人收葬，即炸死之牲畜，即命青云、岷山两镇立即掩埋，以防发生疫疾。

（丙）伤民救治

受伤民众即时集中在公园内、省立小学校医疗，并请中央职业学校师生、绵羊改良场医生及国民兵团医官到场义务医治。惟中职校所存药品被炸，现借绵羊改良场药品暂时应用，又经美国人傅教牧师德儿克捐出少数药品，并承亲临医治，无如受伤人多，药品难寻为继，曾电请专署迅派治疗队携带巨量药品来县医治，蒙派张医官到县，并另择定北门外龙王庙为治疗所，若遇空袭以便隐蔽。

（丁）难民救济

受害民众内有不能维持最低生活者，经本府令县赈济会，将购存备灾青稞提出六十石，酌量受灾情形分别发放平价借贷，暂维生计。

（戊）恢复市面

县城被炸，人心惶惶；大都朝出晚归，关门闭户；市面萧条，殊非久计。经开导，各铺户每日午前六钟照常开铺贸易，九钟出外疏散，午后一钟均可回家开业。各铺户均能遵行，市容渐有可〔改〕观。

五、恢复办公

县府被炸后，业查清损失，分别先后电呈在案。所有档卷幸未遭毁，业悉数搬往城外拱北保存。该地尚属宏厂，即就此作临时办公地点，已于六月二十七日召集各级职员开始办公，前电请拨购置用具及搬运费三千元，应请迅予拨发。

六、以上五项均系就实际情状录呈查核，其未尽事宜，容再继续呈报。

七、所有县城被敌机轰炸，受灾经过及善后办法除分呈防空司令部、省赈济会、专署外，理合具文呈请监核令遵。谨呈四川省政府。

松潘县长：黄白殊

（资料来源：四川省档案馆编：《川魂：四川抗战档案史料选编》，西南交通大学出版社2005年8月，第108～111页。）

# 第四章　抗战时期川康民族地区的社会与经济

## 一、公路建设

### 1. 川康公路

#### 川康公路深入边围，边民兴奋争相效劳

（西康讯）西康是我国西部的一大高原，境内山岭重叠，峻峰插天，所以从成都入康，自东徂西，都是上坡路。更因为横断山脉自北而南，形成无数的峡谷，所以水流亦是自北而南，急湍直泻，不利于航运。以往的交通，论陆路，不要说是汽车，就是国内通行古老的手推车也不能利用，在这里除了翻山越岭外，就专靠骡马代步。至于货物的出入流通，更非靠牲畜牛马驮运［不］可，所以行旅往来非常的濡滞。因为交通阻塞，所以民智非常落后，甚至还有过着原始人类相似的生活的。自年来公路路线向内伸展以后，一切新的事物不断地介绍到冷落的边围来。而且在公路工程建筑期间，沿线的壮丁应征参加工作的，也不在少数，等到工成通车的时候，他们看到风驰电掣的汽车的来往奔驰，一方面表示莫名的惊讶，一方面欣幸他们的劳力没有白费，而得着无上的安慰。因此加强了他们对于现代交通的认识。就是寺院里的喇嘛，也有参加从事路工的，至于身体健硕的倮族，来服劳役的，在现在已不算是一件稀奇的事了。不过边民虽质朴重信用，但往往因为习尚保守，仍有许多不可理喻的地方，比如在筑路的时候，工作地段一经分配，无论在时间上人力上如何经济，绝不容许调整变更，否则他们很容易误会，认为这种适当合理的举措，是一种欺骗的手段，而相率作鸟兽散。这一点是从事边疆建设工作者感觉到头疼的一件事。反过来说，只要你能把握住这点，他们就会心悦诚服地为国效力。

现在，公路落成通车，对于内地与边疆文化的沟通，关系重大，将来甘玉段打通，和青藏路衔接，此路将成为联络我国西南西北公路网的一条绳索，对于战后的建设，贡献尤大。

（资料来源：《公路月报》1944 年第 8 期）

### 川康公路筑路民工，刘主席优加体恤

刘主席以川康公路乾竹段现正征工兴筑，事关后防交通，未可稍涉疏虞，特令征工各县县长于开工后，务须亲临巡视，监督工作，考核公务人员，慰劳应征民工。关于民工食粮及卫生等项，办理是否妥善，须详为注意。关于筑费部分，尤须使用得当，使民工得有实惠，劳而不怨。如察觉有中饱情事，即严加惩处云。

（又息）川康路乾竹段与二郎山紧接，困难相同，刘主席体恤民工艰苦，特电成都行辖贺主任，请增加筑路土方工资二角为二角五仙，石方为四角正。

（又息）省府顷通令各县云：查各县联保保甲人员，征调筑路民工，于贷工金外，擅征办公费。查征工筑路，凡不合规定之借款，应为查办云云。

（资料来源：《康导月刊》1939 年第 1 卷第 7 期）

## 2. 乐西公路

### 蒋总裁手谕：饬工建筑乐西公路，并限六个月内完成

民工管理处谢副处长：

现奉刘主席电谕，饬往商交通局局长骆美轮及省府建设厅，计划川康公路通车并乐西公路开工事项。因主席现奉总裁手谕，谓乐西公路饬速开工，并限开工后六个月内完成。现由成都、西昌两行辖以所属区域分别主持工务。西昌行辖负泸沽至大树堡责，余由成都行辖负责，各设民工及夷工管理处各一。谢氏因此次修筑川康公路乾竹段，成绩卓著，又复奉派为乐西公路西昌行辖民工管理处处长职。此外，夷工管理处处长已任羊仁安氏云。

（资料来源：《康导月刊》1939 年第 1 卷第 10、11 期合刊）

### 动员民工数万人，乐西公路开工修筑

乐西公路川境内乐山至冷竹坪段现已开工，康境第一段冷竹坪至富林，计长六十公里，决以汉工三千名、夷工二千名担修。第二段富林至擦罗，长七十公里，以汉源民工二千、盐源三千、西昌五千担修。第三段擦罗至黄土坡，以越嶲民工四千、冕宁五千，并以夷工万余人担修。第四段黄土坡至西昌，以第〔会〕理民工若干担修，此段并已开工。合由三段计其长一百七十五公里，各段分处督修司令羊仁安、邓秀廷暨民工管理会督修，赓即先后动工云。

（资料来源：《康导月刊》1939 年第 2 卷第 3 期）

## 筹划乐西公路驿运机构

驿运总管理处以乐西公路即将完成，该路原有之川境及康境粮料运输处，办理之板车及驮马运输成绩甚佳。现拟于公路通车后，将该两运输处合并该组成驿运机构，用维持川康滇之间运输能力，此线良为一重要驿运线云。

（资料来源：《驿运月刊》1941 年第 2 卷第 1 期）

## 乐西公路进展甚速，民工食粮名洪两县运往接济

川滇西路乐西段自开工以来，进展甚速，惟因各地出产食粮有限，难于接济。顷委员长成都行辕电康省府，关于该路民工食粮，每月在名山洪雅两县各买二百石，运往接济。省府已转电雅安县府予以协助云。

（资料来源：《康导月刊》1940 年第 2 卷第 5 期）

## 乐西公路加紧赶筑，康省民工增为五个总段

乐西路关系重大，迭经蒋委员长电令加紧赶筑，依限完成，然以工程浩大，赶工不易，现为增加效率计，特将康省民工工作范围增加为五个总段，并将驻工组由二组增加为四组，自六月份起实施。

拖乌工段，地处高寒，天气恶劣，入秋即不便工作。又迭奉层峰督催，刻不容缓，兹西昌县府为求增进工作效率计，特颁定办法四项：（一）火速集中工粮，星夜赶运，根〔限〕本月至少运足一个月粮食。（二）县保路协会负责委员率领一部民工，限二月内出发赶赴拖乌驻工办事处，请该处主任指示桩号赶搭工棚，务于本月内将工棚搭好。（三）农大段民工，时逾三月，疲劳已极，多难继续使用，应立即澈底配备精壮民工，遵照迭令，准备雨具工具及御寒器具，限月底以前到达拖乌工段开工。（四）查照人数比例每日工一名，发预支工款五元。以上四条，不分星夜，克速办理，如有违误，按军法惩办云。

（资料来源：《康导月刊》1940 年第 2 卷第 10 期）

## 汉夷民兵工不避艰苦，努力修筑乐西公路，交部拨发奖金五十万元

交部以本省汉夷民工兵工努力修筑乐西路，不避艰苦，加以近来各种食粮上涨不已，经刘主席一再电请发给奖金，现已电西昌工程处拨款五十万元作为筑路民工奖金，正由乐西路民工管理处接洽领取，并代汉夷民工兵工购置背心及购储食粮，以免冬季衣食问题发生困难。

（资料来源：《康导月刊》1940 年第 3 卷第 2、3 期合刊）

### 乐西路方价增加，夷工奖金交部亦有规定

乐西路民工前因物价高涨，原定方价实难维持生活，特呈省府转请交部酌增方价。兹经交部复电，准石谷方照川省增至每公方七角六分八厘，采集砂石每公方九角六分，敲碎石一元九角五分，敲卵石二元八角八分。实行日期仍与川省，一律自三月一日起。至夷工奖金，亦经规定云。

（资料来源：《康导月刊》1940年第2卷第11期）

# 二、文化教育

## 1. 德格头人请设学校

德格县府年来抚字得宜，民众莫不欣然向化，输诚拥戴。头人辈有深明大体者，鉴于时势趋迫，汉康文化亟待沟通。俾两民族精神融成一片，携手共进。日前各□头等而恳范县长仲三特办一学校，将各头人子弟并送入学。即旧土司泽旺登布〔登〕亦将入校肄业，以为各家贵族子弟倡导。闻范县长拟仍以县小名义，特另觅地点，先开办第一班，以陶融各贵族子弟，正呈报省府核示中。又闻此举系夏克刀登吹嘘之力居多，因渠去年曾赴康定入保安行政讲习会毕业，一度陶融，深感教育之重要，故有此举云。

（资料来源：《康导月刊》1939年第1卷第7期）

## 2. 国府命令褒奖岭光电

国民政府八月廿三日令："行政院呈，据教育部蒙藏委员会会呈，以西康省越嶲县岭光电捐助斯补边民小学经费计国币三十四万余元，核与捐资兴学褒奖条例相符，除由部授与一等奖状外，转请鉴核明令嘉奖，并颁给匾额。"等情。查岭光电慨捐巨资，热心边区教育，洵堪嘉尚，应予明令褒奖，并题颁嘉惠青年匾额一方，以昭激劝。

此令。

（资料来源：《边疆通讯》1944年第2卷第10期）

## 3. 提高夷族同胞文化水准，靖边部广设学校，前后成立五处，学生百五十人

靖边司令部自成立办理宁属夷务以来，迄今念〔廿〕载。历年经过，煞费苦心，无

如宁属交通不便，文化至为低落，尤以深山夷人区为最。兼夷族同胞生性强悍，素无文化组设〔织〕，生活简陋，与原始时代无异。值此抗战建国开发宁属之际，提高夷民文化水准，为推行夷政之首要。去秋特于铜厂沟、箐坝二夷区建修校舍，遴选优秀青年前往召集夷族儿童数十名，朝夕讲授，推进民族文化。全〔去〕春近复于李子沟、鲁鸡梁子及深山中之红毛等地。各设边民学校一所，并于三月初先后开学，给予严格之识字教育。师□精神讲话外，并着重生活之指导与改善，一俟稍有效果，并开于下年秋间，将多为增设云。兹调查，现有边民学校如下：铜厂沟教员施正文，有学生二十名，离过街梁二十里；箐坝教员赵大伦，有学生二十名，离礼州二十里；李子沟教员赵国士，有学生二十名，离礼州八十里；红毛教员余十全，有学生二十五名，离礼州一百六十里；鲁鸡梁子，赵云祥，四十五名，离义农□十里。

（资料来源：《康导月刊》1940 年第 2 卷第 8 期）

## 4. 省府补助羌民学生求学

成都私立高琦初级中学，本期招收羌民学生陈天和一名。以其家境清贫，呈请省府补助前来。闻已准予每期补助学食费四百三十六元云。

（资料来源：《教育视导通讯》1941 年第 15 期）

## 5. 抗战期间有关中央军校在松潘选送民族学生入校学习的有关档案文献

### 四川省府回复松潘县府呈请降低选送夷生资格电

松潘黄县长览：

（所呈）"该县夷籍学生既无合格人选，可否降低资格选送？"仰俟电商中央陆军官学校得覆后再行饬遵。

四川省政府主席：王缵绪佳教（印）

（资料来源：阿坝州档案馆所藏民国档案，全宗号 8，目录号 1，案卷号 143）

### 四川省政府关于选送夷生入中央军校的训令

（教字第 07316 号）

令松潘县政府：

案查前据该府呈明选送夷生困难情形请予降低资格选送前来，当经电商中央陆军军官学校降低选格并经指令饬知在案。兹准中央军校盐代电略开："即请封饬降低选格，以曾受初级教育通晓洋语汉文之苗夷优秀青年选送并展限至本月底以前送成都。"等语。

除分令外合亟令仰该府遵照如期选送以凭核转为要。

此令。

民国二十八年二月二十八日

主席：王缵绪

教育厅长：杨〇〇

（资料来源：阿坝州档案馆所藏民国档案，全宗号8，目录号1，案卷号143）

## 松潘县青年黎戴德给松潘县县长黄白殊呈请入中央军校学习的函件

### （民二十八年一月十九日）

白殊县长钧鉴：

久违教范实深歉疚，敬呈者学员乃军人出身，历次受训具未上进。近阅一月三号报章，内载中央军校特设边区学生队，在松县选二名有志青年到校受训。员久到校受训之心恨无机会可入，现在政府有栽培边区青年之意，员欲去受训，恐时间错过，特先呈明。

恳祈申送到军校受训，如有丁进，铭感不忘。

专此上呈敬请。

钧安。

附略历表一纸：

姓名　黎戴德

年龄　20

籍贯　松潘

备考　四川省第十六区壮丁队干部训练班第一期毕业；四川省第十六区保安队班长训练班第一期毕业；四川省保甲干部训练班第二期毕业。

学员黎戴德呈

一月十九日

（资料来源：阿坝州档案馆所藏民国档案，全宗号8，目录号1，案卷号143）

## 松潘县为令饬措调陶成德等克日来府报到转入军校的训令

令第二区：

案奉四川省政府二十八年二月教字第七三一六号训令开：案查，云云，为遵。等因。奉此，查该区下塘联保第七保罗尾坝小队副陶成德、永安联保第五保阳坡甲长侯吕富洋文汉语皆通，应申送受训。合行令仰该区署于文到后立即特饬该员等克速来府以便特选转送其招生规则、报名单、志愿表、保证书、调查表等随令检发，仰即转饬遵照，克速来府以凭申送为要。

此令。

计检发招生规则、报名单、志愿表、保证书、调查表各一份

中华民国二十八年三月十二日

（资料来源：阿坝州档案馆所藏民国档案，全宗号8，目录号1，案卷号143）

## 四川省第十六行政督察区专员公署训令
### （教壹5字第1541号）

令松潘县政府：

案奉四川省政府二十九年教三字第二一四三号训令开："案准中央陆军军官学校四〇三号铣代电开：'本校为充实边区军事人才增强抗战力量起见，特于第十七期增设边区学生大队，招收边区优秀青年入校受训。请饬住有夷民各县选送夷生壹一零名于明年二月汇送本校肄业。'等由。并附招生规则暨考试规则各二十份到府，自应照办。除分令并函复外，合行捡发原附招生规则暨考试规则八份令仰该署遵照并请饬所属松理汶茂懋靖等县选送体格健壮真正夷生（即不设字□可）共六十名，至各县应选送名额着由该署妥为分配，并饬各该县政府造具名册先期派员率领送来以凭汇送，所需护送员旅费即由该县府拨给正式报销。该夷生等途中所需生活费用一并该县政府暂行垫拨，取具收据汇呈本府补发归垫，合并饬遵，此令。附招生规则暨考试规则各一份。"奉此，合行捡发原则规令仰该府即使遵照选送十六名，造具名册如限派员率领呈送。

此令。

计检发招生规则暨考试规则各一份。

秘书代行署务：刘腾轩

中华民国二十九年二月七日

（资料来源：阿坝州档案馆所藏民国档案，全宗号8，目录号1，案卷号143）

## 四川省政府关于中央陆军军官学校
## 派员前往招收边民学生请协助的训令
### （教字第3105号）

令松潘县政府：

案准中央陆军军官学校第五七号敬招代电开："本校派同上校政治教官孟体廉同少校物理教官陈初尧、夷语翻译员猷珠八德少尉、助教张珪等，赴松潘招收夷生约一五〇名。于必要时并赴拉卜楞及附近各地招收。即请转电松潘及附近各县长或设治员，如遇该员等有所请求时，尽量予以便利及协助。"等由。呈府，查中央军校电本府代招边民学生壹壹零名，早经令行第五区及第十六区行政督察专员公署转饬选送有案。兹准前由，除分令该区各县县政府尽量予以便利及协助外，令仰该府遵照办理。并与中央军校所派上校政治教官孟体廉等商洽招收。仍将遵办情形，具报查考。

此令。

中华民国二十九年二月十五日

监理主席：蒋中正

教育厅长：郭有守

（资料来源：阿坝州档案馆所藏民国档案，全宗号8，目录号1，案卷号143）

## 松潘县府关于选送边区夷生八名来府以入中军校受训训令

### （教字 0771 号）

令一、三区署：

案奉：四川省第十六区行政督察专员公署教壹5第1541号训令开……等因。奉此，计检发招生规则、考试规则各一份。奉此，除分令外，合行令仰该区署于二月二十四日以前选送体格健壮真正夷生八名并造具学生姓名册一份呈来府，以凭汇送受训为要。

此令。

民国二十九年二月十二日

县长：黄〇〇

（资料来源：阿坝州档案馆所藏民国档案，全宗号8，目录号1，案卷号143）

## 松潘县府饬有关土官来府
## 听候指示中央军校招番生办法的硃谕

### （教字 014 号）

（全衔）谕下三寨、大姓土官知悉：中央政府为普及军队教育，增加抗战力量，特派中央军校教官来县招收番生训练，已于昨日到达此地。这种学生的待遇，毕业后的任用恐你土官不知道，特谕你土官遵照准于正月二十四日午前亲自来府。本县长同教官们与你详细训话，你土官不得藉故不到。

特谕。

中华民国二十九年二月二十六日

县长：黄〇〇

（资料来源：阿坝州档案馆所藏民国档案，全宗号8，目录号1，案卷号143）

## 松潘县府令饬尽量替中央军校招收夷生勿稍忽视的训令

### （教字第 0786 号）

令第二、三区署：

查中央军事学校派员到本县考收夷生一案，早经本府转饬该区选送真正夷生八名，来府听候考试在案。刻中央军校考试官孟体廉、藏文书记猷珠八德等已到县城，城区附近夷生业经定期考试，不日即到该区招考，仰于各考试人员到达时，尽量开导，务使收□□名以上学生。漳腊区招考，该区窵远，各招生人员不能亲至办理，仰遵照前令迅速申选真正夷生（不通汉文洋语均可）来府以凭入校。事关军政要务，勿忽视为要。

此令。

中华民国二十九年二月二十八日

县长：黄〇〇

（资料来源：阿坝州档案馆所藏民国档案，全宗号8，目录号1，案卷号143）

## 中央陆军军官学校请派人护送并饬沿途人民维护的公函
### （厅（松）字第壹号）

案据本校松潘区考试官陈初尧呈称："由松潘经过草地前往夏河途中地广人稀道途不靖……"等由。准此。即仰贵县选派武装员兵十名、马十六匹护送并请饬所属沿途各族人民一体维护俾策安全，实为公便。

此致松潘县县政府。

中央陆军军官学校校长：蒋中正

教育长：陈继承

第十七期招生委员会松潘区主试委员：孟体廉

中华民国二十九年三月五日

（资料来源：阿坝州档案馆所藏民国档案，全宗号 8，目录号 1，案卷号 143）

## 松潘县府给上三寨土官要求
## 选派兵马保护中央军校赴拉卜楞招生人员的谕令

（全衔）谕你土官知悉：中央军官学校在松潘招收学生的事已经办理就绪。现在要派人到川青交界的拉卜楞一带地方去招收学生，要经过阿坝地方，途中需要兵马护送，要你们选派兵马，由招收学生队担任口食马料，我们应该同他们商量。特谕你土官于本月十一日（即二月初三）午前来府会商面定，不得藉故迟到或不来为要。

民国二十九年三月八日

县长：黄〇〇

（资料来源：阿坝州档案馆所藏民国档案，全宗号 8，目录号 1，案卷号 143）

## 松潘县政府给大寨、七寨、毛牛沟土官的谕令
### （教字第 17 号）

（全衔）谕你大寨、七寨、毛牛沟土官王道生、尚渣、陈邦杰知悉：中央军官学校陈教官到拉卜楞招收学生需要兵马护送，本县长现召集你们各土官来府商定方案。陈教官快要启程，所需兵马由本县分配，你土官应派骑兵两名、骑马四匹，骑兵每名每日给口食草料费两元，骑马每日给草料费一元五角。特谕你土官遵照，先将兵马备齐全，听候定期起程，不得藉故推诿延误行程为要。

此谕。

中华民国二十九年三月十一日

县长：黄〇〇

（资料来源：阿坝州档案馆所藏民国档案，全宗号 8，目录号 1，案卷号 143）

## 为中央军校在松潘区招收边疆学生一百名请予协助的公函

### ［厅（松）字第捌号］

中央陆军军官学校公函：

窃查边疆军事教育关系国防至巨，本校为培育边疆军事人才，增强抗战力量起见，特派本校政治部上校政治教官孟体廉为松潘区主试委员，即日前往贵治，招收边疆学生一百名，即请贵县政府协助。

此致松潘县县政府。

中华民国二十九年三月十二日

中央军军官学校校长：蒋中正

教育长：陈继承

（资料来源：阿坝州档案馆所藏民国档案，全宗号 8，目录号 1，案卷号 143）

## 松潘县府给各土官依限送学生入中央军校受训的砵谕

### （教字第 0878 号）

（全衔）谕你山巴、祁命土官山邦俊与祁郎吉知悉：中央陆军军官学校派教官来松招收真正番生一百名。前经本府令各区署特谕你土官报送，现军校迭次电催，昨由本县长会同孟教官召集你土官到会决定你山巴、祁命本寨应送学生四名，限旧历三月二十五日在本府报到。此外巴□及下五寨应送三名，□沟四寨应送三名，上四寨应送三名，东北寨应送三名，仰你土官遵照，严为对待，依限报到，不得延误为要。

此谕。

（全衔）谕你凌波寺、哈密寺活佛，雪布寺、后寺喇嘛知悉：中央陆军军官学校派孟教官来松招收番生一百名，已与本县长会同孟教官召集各土官会议决定，除由各土官保送外，你活佛、喇嘛应送学生（照上注教字）凌波寺四名、哈密寺八名、雪布寺三名、后寺二名、上泥巴二名前往受训，限旧历三月二十五日在本府报到，特谕你活佛喇嘛遵照，依限申送前来，不得延误为要。

此谕。

（全衔）谕你巴□土官吴范久知悉：中央陆军军官学校，招收番生受训，早经本府令各区署特谕你土官遵照在案。现在山巴本寨已经令饬申送学生四名，你及下五寨共应该申送学生三名，着即遵照于旧历三月二十五日照数申送来本府报到，至长沟四寨应送学生三名，你土官要督促办理。务须依期送至，不能缺少一名，如有缺少，即以该土官是问。

此谕。

中华民国二十九年四月十五日

县长：黄〇〇

（资料来源：阿坝州档案馆所藏民国档案，全宗号 8，目录号 1，案卷号 143）

## 松潘县府令土官限期于旧历五月初四将应送学生送交来府的硃谕

### （教字第 049 号）

　　谕你大寨、七寨、毛牛寨、大小寨土官王孟家、尚渣、陈邦杰、荣德清知道：你土官应送入中央军校的学生，限期几次了，一个也没有送来。蒋委员长来电，其他各处的边民学生都送到成都了，专等松潘的学生送去，就开始行课，如再耽延，定要重重处罚。现在本县南坪的学生已经来呈，只待你土官的学生送来，马上就起身到成都，兹再限期于旧历五月初四日，将应送的学生送来。以须由孟教官率领到成都，倘敢再故拖延，定照蒋委员长的命令重重处罚，决不姑宽。

　　此谕。

中华民国二十九年六月四日<br>松潘县县长：黄〇〇

（资料来源：阿坝州档案馆所藏民国档案，全宗号 8，目录号 1，案卷号 143）

## 松潘漳腊区关于送来所招学生给松潘县府的呈

### （教字第 999 号）

　　窃我署迭奉钧座令饬协助中央军官学校松潘区主试委员孟体廉招考番生三十名在案，经数月之努力于昨日由上三寨送到学生十九名，当同孟教官检验尚属合格，理合造具姓名清册申送钧府，附送松潘区考试委员会验收是否有当，指令祗遵。

　　谨呈县长黄

第三科科长兼三区区长：雷国纲

（资料来源：阿坝州档案馆所藏民国档案，全宗号 8，目录号 1，案卷号 143）

## 松潘县政府第三区区署申送番生花名清册

| 姓名 | 年龄 | 籍贯 | 住址 | 备考 |
|---|---|---|---|---|
| 哈渣孝 | 30 | 松潘漳腊 | 山巴寨 | |
| 格他孝 | 28 | 同 | 同 | |
| 李泽修 | 24 | 同 | 长沟寨 | |
| 李元儿 | 21 | 同 | 同 | |
| 勤波 | 20 | 同 | 巴躺寨 | |
| 王秀 | 19 | 同 | 下五寨 | 以上据山巴寨申送 |

| | | | | |
|---|---|---|---|---|
| 罗桑 | 30 | 同 | 寒盼安比寨 | |
| 达波 | 25 | 同 | 寒盼寨 | |
| 娃哥 | 27 | 松潘漳腊 | 寒盼麻衣寨 | |
| 德哥 | 24 | 同 | 寒盼川监嘴 | |
| 王庆孝 | 27 | 同 | 寒盼寨以 | 以上据寒盼寨申送 |
| 格玫 | 30 | 同 | 祈命寨 | |
| 答界 | 18 | 同 | 同 | |
| 共波牙 | 30 | 同 | 同 | |
| 藏旺哲西 | 19 | 同 | 同 | |
| 喀蒸牙 | 21 | 同 | 水晶波寨 | |
| 栋珠 | 18 | 同 | 东北寨 | |
| 即介 | 16 | 同 | 同 | |
| 地黎牙 | 27 | 同 | 尧儿寨 | |

中华民国二十九年六月二十六日

兼代区长：雷国纲

（资料来源：阿坝州档案馆所藏民国档案，全宗号 8，目录号 1，案卷号 143）

## 6. 抗战时期川西北民族地区国民教育、社会教育、民族教育方面的部分档案文献

### 四川省府关于国民教育实施纲领及中心小学与保国民学校设施要则的训令

（民国二十九年教三字第 0539 号）

令松潘县政府：

教育厅案呈：奉教育部二十九年四月七日普 51 字第 1034 号训令内开："查本部为谋国民教育之迅速普及起见，业经订定国民教育实施纲领。呈奉行政院核定公布，复经根据纲领第三章之规定，订定乡（镇）中心小学设施要则及保国民学校设施要则，公布各在案，合行随令颁发，仰即遵照实施。"等因。并附国民教育实施纲领及中心小学及保国民学校实施要则到府，并依照国民教育实施纲领之规定，制定本省各县（市）普设乡（镇）中心小学及保国民学校实施办法，并令饬遵并分行外，合行抄发前项实施纲领

之设施要则各一份，令仰知照。

此令。

兼理主席：蒋中正

教育厅长：郭有守

中华民国二十九年五月

计抄发国民教育实施纲领、乡（镇）中心小学设施要则、保国民学校设施要则各一份

附件一：

## 国民教育实施纲领

### 第一章　总则

第一条　教育部为谋全国国民教育之迅速普及起见，依照县各级组织纲要保国民学校及乡（镇）中心学校之规定订定本纲领，以便国民教育之实施。

第二条　国民教育分义务教育及失学民众补习教育两部分，应在保国民学校及乡（镇）中心学校内同时实施，并应尽先充实义务教育部分。全国自六足岁至十二足岁之学龄儿童，除不能受六年制小学教育者外，应依照本纲领受四年或二年或一年之义务教育。全国自十五足岁至四十五足岁之失学民众应依照本纲领分期受初级或高级民众补习教育，但得先对十五足岁至三十五足岁之男女实施，继续推及年龄较长之民众；十二足岁至十五足岁之失学儿童得视当地实际情形及其身心发育状况，施以相当之义务教育或失学民众补习教育。

第三条　国民教育之实际应遵照中华民国教育宗旨及其实施方针，注重民族意识、国家观念、国民道德之培养及身心健康之训练，并应切合实际需要，养成自卫自治之能力，授以生活必需之知识技能。

### 第二章　施行程序

第四条　国民教育之普及以五年为期，自民国二十九年八月起至民国三十四年七月止，分三期进行。

一、自民国二十九年八月起至三十一年七月止为第一期，在本期内，各乡（镇）均应成立中心学校一所，至少每三保成立国民学校一所。在本期终了时，须使入学儿童达到学龄儿童总数百分之六十五以上，入学民众达到失学民众总数之百分之三十以上。

二、自民国三十一年八月起至三十三年七月止为第二期，在本期内，保国民学校数应逐渐增加或就原有之国民学校增加班级。在本期终了时，须使入学儿童达到学龄儿童总数百分之八十以上，入学民众达到失学民众总数之百分之五十以上。

三、自民国三十三年八月起至三十四年七月止为第三期，在本期内，保国民学校数应尽量增加以期达到两保一校为目的或就原有之国民学校增加班级。在本期终了时，须使入学儿童达到学龄儿童总数百分之九十以上，入学民众达到失学民众总数之百分之六十以上。

四川抗战历史文献
（少数民族卷）

其有特殊情形之省市，国民教育普及期限得呈准中央缩短或延长之。

第五条　乡（镇）及保在第一期内，应先就当地原有之公立小学及单独设立之民众学校改组为中心学校及国民学校，但改组时，至少应维持其原有之学级。其未设有学校者，应依前条之规定，分期筹设。当地原有之私立小学，得维持其原状，但当地因经费关系不能设置学校者，得指定私立小学并补助其经费作为代用中心学校或国民学校。当地改良之私塾，得由国民学校指定代办一年或二年结束之班级，当地各机关团体附设之民众学校，仍应继续办理。

第六条　各省市应于本纲领实施后六个月内，将所属地方各保学龄儿童数及失学民众数调查完竣，造具统计表册，呈报教育部。

第七条　各省市应于本纲领实施后四个月内核定所属地方，分期推设国民学校计划，在第一二期内，须使国民学校平均分配于每三保及二保内。

第八条　各省市应于本纲领实施后六个月内，依据全省市筹集经费，造就师资，分期增设国民学校及设置中心学校之计划，拟就全省市整个实施计划，呈报教育部。

### 第三章　学校设施

第九条　国民学校以确保设立一所为原则，称某保国民学校。保之人口稠密，面积不及四方里者或一村一街之自然单位不可分离者，得就二保或三保联合设立一所，称某某保联立国民学校。保之面积过于辽阔而村落疏散者，其国民学校得分设于各村落，或依照实施巡回教学办法，设置巡回教学班。

第十条　每一乡（镇）应设中心学校一所，称某乡（镇）中心学校兼负辅导本乡（镇）各保国民学校之责。乡（镇）内已设有中心学校之保或各保距离中心学校不足三里者，不另设国民学校，其应就学之儿童及失学民众即入中心学校肄业。

第十一条　保国民学校及乡（镇）中心学校均应设置小学部及民教部，国民学校之小学部以完成四年制小学为原则，但为社会教育起见，得办理一年或二年结束之班级；民教部以办理初级成人班及初级妇女班为原则。乡（镇）中心学校之小学部以办理六年制小学为原则；民教部以办理高级成人班及高级妇女班为原则。

第十二条　保国民学校及乡（镇）中心学校校长在教育经济发达之地方，应由县政府遴选具有修正小学规程第六十四条规定资格之人员任之。

第十三条　乡（镇）中心学校应专设教导主任一人，除主持本校教导事宜，并应协助校长辅导各保国民学校关于教导之一切责任。

第十四条　保国民学校及乡（镇）中心学校小学部应遵照修正小学规程及有关小学教育法令办理；民教部应遵照修正民众学校规程及有关之民众教育法令办理。

### 第四章　经费筹集

第十五条　保国民学校之经费应以由保自行筹集为原则，不足时应由县市经费项下支给之。

第十六条　保国民学校应由保在一定期限内筹集相当之基金为扩充学校设备之用，基金筹集办法另定之。

第十七条　乡（镇）中心学校之经费、校长教员之薪给由县市经费项下开支；办公费及设备扩充等费应由所在地自筹之，并应参照保筹集基金办法筹足基金。

第十八条　保国民学校教员之薪给至少以学校所在地个人食衣住等生活费之两倍为标准。校长应酌量提高乡（镇）中心学校教员之薪给以得与保国民学校校长同额为原则，校长并应酌量提高县教育经费之支出及保国民学校基金之筹集，其薪金支出部分均应依照此项标准。

第十九条　各县市筹设国民学校及中心学校经费不足时，应由省在省经费及中央拨助之经费项下酌予补助之。

第二十条　训练师资之经费应由省市在省市经费及中央拨助经费项下动之。

第二十一条　贫瘠省份及其他有特殊情形之省（市）推行国民教育，得由中央酌量增加其补助经费。

## 第五章　师资训练

第二十二条　各省（市）将原有小学及单独设立之民众学校改组为中心学校暨国民学校之前，应调集准备任为中心学校及国民学校校长人员施以一个月至三个月之短期训练。

第二十三条　各省（市）应于纲领实施后六个月内，举行各县小学教员及民众学校专任教员总登记及检定，检定不合格而其学力尚可胜任者，得分别予以三个月至六个月之短期训练，作为代用教员。

第二十四条　各省（市）应确实统计所属地方所需中心学校及国民学校师资数量，依照部颁师资训练办法，订定分区分期训练师资计划呈部核定后实施。

第二十五条　各省（市）分期训练师资，中心学校校长教员及国民学校校长，以由师范学校及特别师范科训练为原则，国民学校教员以由简易师范学校及简易师范科训练为原则。

第二十六条　各省（市）办理上列二十二条及二十三条各项师资训练之专任人员，由教育部会同内政部及中央训练团调集，施以相当时期之训练。

第二十七条　各省市训练师资办法另订之。

## 第六章　校舍设备

第二十八条　乡（镇）中心学校及保国民学校之校舍，除改组者仍用原有校舍外，其新设者，应充分利用当地公所、祠庙及其他公共房屋，并得借用民房。

第二十九条　乡（镇）中心学校及保国民学校之未有适当校舍者，应在四年内择定相当地址，规划建筑正式校舍，其建筑费以由乡（镇）保自筹为原则，其不能自筹者，由县（市）政府统筹之。

第三十条　乡（镇）中心学校之校舍，应在乡（镇）公所邻近，保国民学校之校舍应在保办公处邻近，其校舍建筑标准另订之。

第三十一条　乡（镇）中心学校及保国民学校之教室及课桌椅，以小学部与民教部合用为原则。

第三十二条　乡（镇）中心学校应备之图书、仪器、标本、模型及各项教学用具，应分别设置完全，保国民学校得较中心学校酌量减少，其标准另订之。

第三十三条　乡（镇）中心学校应设简单之诊疗室，保国民学校应设简单之药箱，以便紧急治疗之用。

### 第七章 强迫入学及缓学免学

第三十四条 在所设乡（镇）中心学校及保国民学校已足收容当地学龄儿童及失学民众之地方，应由乡（镇）公所及保办公处实行强迫学龄儿童及失学民众入学，凡应入学而不入学者，应对其家长或保护人予以一定限期必须就学之书面劝告，其不受劝告者，得将姓名榜示警告，其仍不遵行者，得由县（市）政府处以一元以上五元以下之罚款，或以相当日期之工作抵充，并仍限期责令入学。

第三十五条 学龄儿童及失学民众之有疾病或有其他一时不能入学原因者，得由家长或保护人或其本人请求缓学，其有痼疾不堪受教育者，得请求免学。

第三十六条 强迫入学及缓学免学之详细办法另订之。

### 第八章 考成及奖惩

第三十七条 各省（市）主管教育行政长官办理国民教育之成绩，应由教育部于每年度终了时，依照考成办法，严加考核，分别奖惩。

第三十八条 各县（市）主管推行国民教育之长官及科长督学等应由省教育厅，依照考成办法，于每年度终了时，严加考核，提请省政府分别奖惩。

第三十九条 区乡（镇）保各级负责推行国民教育人员及中心学校与国民学校校长，应由省教育厅订定考成办法，于每年度终了时，严加考核，分别奖惩。

### 第九章 附则

第四十条 本纲领公布后，各地方依照实施时，以前颁布之实施义务教育暂行办法大纲及施行细则实施失学民众补习教育办法大纲及施行细则均停止适用。

第四十一条 本纲领由教育部呈请行政院备案后公布施行。

附件二：

### 乡（镇）中心学校设施要则
（教育部二十九年四月公布）

第一条 本要则依照国民教育实施纲领第三章之规定订定之。

第二条 乡（镇）应设置中心学校一所，称某乡（镇）中心学校，除为所在保办理国民教育外，并为本乡（镇）各保国民学校毕业学生升学之所，并负辅导各保国民学校之责。

第三条 中心学校应设在乡（镇）公所所在地，其校舍须以与乡（镇）公所邻近为原则。

第四条 中心学校设置小学部与民教部。小学部依照小学之编制，自一年级起至六年级止，设置六个以上之学级，收受该乡（镇）六足岁至十二足岁之学龄儿童，分别施以六年、四年或二年之小学教育，并得附设幼稚园或幼稚班。民教部依照修正民众学校规程之规定，设置高级成人班及高级妇女班，收受乡（镇）内已受初级补习教育之民众施以高级补习教育，并应设置初级成人班及初级妇女班，收受学校所在地之失学民众施以初级补习教育。上项高初级成人班及妇女班，应尽先收受自十五足岁至三十五足岁之男女，分别施教。小学部及民教部均得视当地实际情形，分别酌收超过十二足岁至未满十五足岁之失学儿童。

第五条　中心学校小学部应于儿童入学时依其年龄智力等分别编制学校，每班学额以五十人为度。民教部得依其职业、性别分班教学，每班学额以五十人为度。

第六条　中心学校小学部应于日间上课，其课程及教学时数应照小学课程标准及短期小学课程标准办理。民教部视季节选择适当时间上课，其课程及教学时数应依照修正民众学校规程办理。

第七条　中心学校之经费，其相当于国民学校部分之薪给、办公设备等费，由保自行筹集，其余经费由县（市）政府支给之。

第八条　中心学校小学部不收学费，其必需之学用品，得由学校联合当地合作机关以廉价售诸儿童。民教部不收学费，其应用之课本，由学校呈请县（市）政府拨发之。

第九条　中心学校校长一人，主持全校校务，并负辅导改进本乡（镇）内各保国民学校之责。在教育经济较为发达之区，应由县（市）政府遴选具有修正小学规程第六十四条规定资格之人员专任之。人才经费困难地方校长暂兼任乡（镇）长或副乡（镇）长，乡（镇）长或副乡（镇）长之具有小学校长资格者，亦得暂兼校长。

第十条　中心学校应专设教导主任一人，除主管本校教导事宜外，并应协助校长，辅导各保国民学校关于教导之一切改进事项。

第十一条　中心学校教员由校长遴选具有修正小学规程第六十二条规定之资格及检定合格者聘任之。人才经济困难之地方，得依照修正小学规程第六十六条之规定，聘任代用教员。

第十二条　中心学校教员得于教学工作时间外，兼办乡（镇）公所事务。

第十三条　中心学校为辅导各保国民学校起见，应办理下列事项：

1. 召集各保国民学校校长会议讨论各校应革事宜，是项会议，每月应举行一次。

2. 督促各保国民学校教员研究改进教材教学及训育等事项，每三个月召集各校教员举行研究会一次，讨论关于教学及训育等问题，并举行某种成绩展览会或讲演会等。

3. 由中心学校教员或各保国民学校教学方法优良之教员，轮流担任师范教学，以供各校教员观摩，并举行批评会，以讨论教学方法之改进，是项示范教学，每三个月至少举行一次。

4. 由中心学校校长择定科目规定日期，延聘教育专家讲演教育问题，以资各校依照。

5. 由中心学校选购各种教学参考图书及教师进修用书，巡回选送，供给教员阅览。

6. 其他有关小学教育及民众教育之辅导事项。

第十四条　中心学校应斟酌地方需要依照修正民众学校规程第二十三条之规定，举办各种社会教育事业。

第十五条　中心学校应于学期开始后一个月内，将本校组织及经费设备概况、教职员名册、入学儿童名册、入学民众名册等呈报主管教育行政机关备案。

第十六条　中心学校之经费、编制、训育、设备、成绩考查、教职员等事项，除本规程各条之规定外，均遵照修正小学规程及修正民众学校规程之规定。

第十七条　本要则自公布之日施行。

附件三：

## 保国民学校设施要则

（教育部二十九年四月公布）

第一条　本要则依照国民教育实施纲领第三章之规定订定之。

第二条　为普及国民教育起见，各保设国民学校，称某保国民学校。

第三条　国民学校以每保设立一所为原则。保之人口稠密而面积不及四方里者，或一村一街之自然单位不可分离者，得就二保或三保联合设立一所，称某某保联立国民学校；保之面积过于辽阔而村落疏散者，其国民学校得分设于各村落，或依照实施巡回教学办法，设置巡回教学班施行巡回教学。已设有中心学校及中心学校周围距离三里以内之保，不另设国民学校，其应就学之儿童及民众，应入中心学校小学部及民教部肄业。

第四条　国民学校应设在保办公处所在地，其校舍须以与保办公处邻近为原则。

第五条　国民学校设置小学部与民教部。小学部依照初级小学之编制，自一年级起至四年级止，设置四个以上之学级，收受保内六足岁至十二足岁之学龄儿童，分别施以四年或二年或一年之小学教育，并得附设幼稚园或幼稚班。民教部应设置初级成人班及初级妇女班至少各一班，依照修正民众学校规程之规定，尽先收受自十五足岁至三十五足岁之失学民众，施以初级补习教育，并得设置高级成人班及高级妇女班，收受初级成人班或初级妇女班毕业学生，施以高级补习教育。小学部及民教部均得视实际情形分别酌收超过十二足岁至未满十五足岁之失学儿童施以教育。

第六条　国民学校小学部应于儿童入学时，以其年龄智力等，分别编制学级，每级学额以五十人为度，视地方情形采用二部编制或复式单级等编制。民教部得依其职业性别分班教学，每班学额以五十人为度。

第七条　国民学校小学部应于日间上课，其课程及教学时数应依照小学课程标准及短期小学课程标准办理。

第八条　国民学校之经费，以保自筹为原则，其筹集办法另订之。

第九条　国民学校小学部不收学费，其必需之学用品，得由学校联合当地合作机关以廉价售诸儿童。民教部不收学费，其应用之课本由学校呈请县（市）府拨发之。

第十条　国民学校设校长一人，主持全校校务，在教育经济较为发达之区，应由县（市）政府遴选有修正小学规程第六十四条规定之资格，或检定合格人员专任之。人才经济困难地方，校长得暂兼任保长或副保长，保长或副保长之具有小学校长资格者亦得暂兼校长。

第十一条　国民学校校长暂兼任保长者，应增设专任教员兼教导主任一人，襄助校长处理校务。

第十二条　国民学校教员由校长遴选具有修正小学规程第六十二条规定之资格及检定合格者聘任之。人才经济困难地方，得依照修正小学规程第六十六条之规定，聘任代用教员。

第十三条　国民学校教员得于教学工作时间外，兼办保办公处事务。

第十四条　国民学校应斟酌地方需要依照修正民众学校规程第二十三条之规定，举办各种社会教育事业。

第十五条　国民学校应于学期开始后一个月内，将本校组织及经费设备概况、教职员名册、入学儿童名册、入学民众名册等呈报主管教育行政机关备案。

第十六条　国民学校之经费、编制、训育、设备、成绩考查、教职员等事项，除本规程各条之规定外，均遵照修正小学规程及修正民众学校规程之规定。

第十七条　本要则自公布之日施行。

（资料来源：阿坝州档案馆所藏民国档案，全宗号 5，目录号 5，案卷号 209）

附件四：

## 中心学校、国民学校校务实施纲要

一、国民基础教育普及程序

（一）语文教育

1. 第一步先要达到除学龄儿童外每户至少有一个人识字。

2. 第二部要达到三十五岁以下的成人、妇女、少年、儿童，至少有百分之八十以上读书识字。

3. 第三步要达到全体民众有百分之八十以上读书识字。

（二）公民教育

1. 第一步要达到每户至少有一个人能参加团体生活。

2. 第二步要达到三十五岁以下十八岁以上的男女民众都能参加各种社会组织。

3. 第三步要达到每一个公民都能连用四权，推行地方自治。

（三）生计教育

1. 第一步先要达到每家都有正当的职业，足以维持其生活。

2. 第二步要达到四十五岁以下十八岁以上的民众，都能自营正当的职业，独立生活。

3. 第三步要达到生产事业科学化，能够以合作的组织调节民众生计的需要与供给。

（四）康乐教育

1. 第一步先要达到各家庭都能注意清洁，每一个人都能戒除不良嗜好。

2. 第二步要达到各人都有适当的运动和娱乐，并且有注意公共卫生的习惯。

3. 第三步希望公共卫生与娱乐，有健全的组织、永久的设施，并且疾病及死亡有逐年减少，人的平均寿命有逐渐加高的趋势。

上列各项普及国民基础教育的标准，各中心学校及国民学校，应先就语文教育及公民教育努力普及，以后再逐渐推及生计教育及康乐教育。又各项教育分步普及的标准，各校可斟酌经济及人力，自行拟定完成之年限。

二、学校行政及组织

（一）中心学校及国民学校的行政组织，应绝对遵守下列三个原则

1. 学校行政与地方自治要打成一片，推行地方自治应列为学校行政之重要工作。

2. 学校事业的经营要地方人士都有参加意见、贡献力量的机会，使学校成为全社会的学校。

3. 学校的行政组织要力求简单，运用要力求灵活。

（二）中心学校及国民学校分设下列二部

1. 小学部——掌理小学教育事宜。

2. 民教部——掌理民众教育事宜。

（三）中心学校及国民学校应设置下列各种班级

1. 小学高级班、初级班及二年结束之班级。

2. 初级成人班级、初级妇女班。

3. 高级成人班级、高级妇女班。

4. 其他各种职业补习班。

（四）中心学校及国民学校设校长一名，应照下列的规定任用

1. 在教育经济发达的地方，中心学校及国民学校校长以专任为原则。

2. 人才经费困难的地方，校长与乡（镇）保长、副乡（镇）保长得由一人兼任。

（五）中心学校应于校长以下设置下列各项人员

1. 教导主任一人。

2. 教员若干人［每一小学班（兼办成人班）平均以用一个半人为标准］。

3. 辅导员一人。

4. 酌设校医或护士。

国民学校教师人数的标准，应比照中心学校办理，并得于校长之下，设专任教员一人。

（六）中心学校及国民学校学生的人数应照下列各项规定办理

1. 初小班以五十人为原则，在城镇不得少于三十人，在乡区不得少于二十五人。

2. 高小班以四十五人为原则，在城镇不得少于二十五人，在乡区不得少于二十人。

3. 成人班以五十人为原则，不得少于三十人。

（七）中心学校应设置下列各种会议

1. 校务会议：由校长召集全体教职员组织之。

2. 教导会议：由教导主任召集全体教职员组织之。

3. 辅导会议：由校长召集各国民学校校长组织之。

4. 研究会议：由校长召集本校教员及各国民学校校长教员组织之。

国民学校亦应组织校务会议，如教员人数过少，可改为校务谈话会。

三、环境设备

（一）中心学校及国民学校的环境设备，应绝对遵守下列三个原则

1. 各种设备要力求经济，各种物品的购置，务求经久耐用。

2. 各种设备和布置，都须用本国货，尤须尽量利用本地出产的材料。

3. 环境设备，要简单清楚，并注意能随时保持清洁。

（二）中心学校及国民学校的校舍设备，应依照下列几点规定办理

1. 以由地方自筹经费规划建筑正式校舍为原则，新建校舍，并应力求简单、坚实、合用。

2. 如一时无法筹建新校舍者，得充分利用当地公所、祠庙及其他公共房屋。

3. 校舍应与乡镇公所及保办公处合在一处，如有困难，亦应在乡镇公所及保办公处临近。

（三）中心学校及国民学校对于下列各种设备，应尽量充实

1. 教学用具（可以自制）。

2. 儿童读物、民众读物、教员参考书。

3. 医药卫生设备。

4. 运动游戏用具（可以自制）。

（四）中心学校及国民学校除教室课桌椅，应以小学部与民教部合用为原则外，对于下列各种设备，应特别注意开放供民众应用的权利

1. 图书报室或图书馆。

2. 体育场或游戏场。

3. 大礼堂或会议室。

4. 医药卫生室或简易药箱。

5. 娱乐室或音乐室。

（五）中心学校及国民学校为推行民众教育便利起见，得设置下列各种特殊设备

1. 留声机或无线电收音机。

2. 实验农场。

3. 问字处、问事处、代笔处等。

4. 壁报墙。

5. 戏剧、表演及幻灯等用具。

6. 各种常识挂图。

7. 各种标本模型。

8. 各种乐器。

9. 各种棋类。

四、教学实施

（一）中心学校及国民学校教学的实施，应绝对遵守下列三个原则

1. 要尽量养成学生自动学习的习惯，无论儿童与成人，务使离开教师，自己会用功，自己会求进步。

2. 学生所学习的材料，一定是社会方面或生活方面亟需应用的材料，并且要使学生学过的东西，随时有应用的机会。

3. 无论儿童与成人，在学校毕业以后，仍应使他有继续受教育的机会。

（二）中心学校及国民学校的学级编制，应特别注意下列各点

1. 学级编制以采用单式编制为原则，亦得酌采单级编制或复式编制，并可采用二

部编制。二年结束之班级，如人数太少，不能开班时，可编入其他班级中作为一组。

2. 学级编制要有弹性，无论何人要入校受教，都可以编入相当班。

3. 各种班级，都应当遵照规定招足学额。

4. 各种学级编制的方法及上课的时间，要与当地人民工作时间及生活相适应。

5. 男女成人以分班教学为原则，每班学生的年龄，不要相差过大。

（三）中心学校及国民学校的课程编制及教材选择应特别注意下列各点

1. 科目应尽量的减少，并应酌量地方需要，增设特种纸业科目。

2. 各科教学，应优先采用有关乡土之教材，尤其注意社会状况、自然环境、民众生活、风俗习惯之观察与研究。

3. 各科教材之选择，应以能实地应用为第一要义，如写字应多练习小字，作文应多练习应用文，算术应多练习珠算等。

4. 各科教材，除照课程标准编选外，对于地方自治、保甲编制、农林水利、农村合作、兵役宣传、防空防毒常识、抗战建国纲领要义等，应特别加以补充。

（四）中心学校对于课程表的编制，应特别注意下列各点

1. 各科目的名称及上课的时间，应遵照部颁小学课程标准短期小学课程标准及民众学校课程标准的规定。

2. 课表的编制，可采用分数制，每节上课时间的长短，应视科目的性质而定，如常识科上课时间可延长，写字科上课时间可缩短。

3. 复式学级的课表应注意直接教学与间接教学的配合、如用脑与用手的配合，发声的与不发声的配合。

（五）中心学校及国民学校，对于各科教学之实施，应特别注意下列各点

1. 应多用观察、讨论、报告、实习等方法，不要完全由教师讲授，使学生处于被动状态。

2. 教师与学生问答题多用先发问后指名的方法，少用先指名后发问的方法。

3. 符号及技能的教学应多变化的反复练习，知识教学应注重内容的了解，不要死读教科书。

4. 指导学生做笔记，应由学生自己将讨论或研究之结果，摘要记出，切忌照教授书的表解抄写。

5. 学生各科的课卷，要按时订正发还。订正课卷，可尽量利用订正符号，令学生自己改正，订正作文，须尽量保留学生之原意。

6. 教学时对于教室的空气阳光，应随时加以注意，而学生坐立须有正常的姿势，不将铅笔毛笔等物放在嘴里，走路脚步要轻，要说话先举手等，尤须养成习惯。

（六）中心学校及国民学校已学习之教材，应尽量指导应用。应用之机会，计有下列几种

1. 已读过的书，可指导学生再教别人读。

2. 指导学生为民众代写各种应用文件。

3. 指导学生编绘各种壁报，供民众阅读。

4. 指导学生从事各种宣传讲演。

5. 指导学生举行社会调查，并从事各种宣传工作。

6. 指导学生自己经营生产事业。

（七）已毕业之学生应实施继续教育，重要之方法有下列几种

1. 与毕业生取得密切联系，如组织毕业学生同学会议。

2. 毕业生应参加社会上各种会社之组织。

3. 充实各种社会教育之设施。

4. 提倡毕业生自己组织各种进修之团体。

5. 随时举办毕业生各种短期讲习会或训练班。

五、训育实施

（一）中心学校及国民学校训育的实施，应绝对遵守下列三个原则

1. 应以三民主义，礼、义、廉、耻的共同校训，及忠、孝、仁、爱、信、义、和平固有道德的国训，为训育实施之最高原则。

2. 应将训育与教学，打成一片，实行训教合一。

3. 全校教员都要负起训育的责任，而各种教员对于训育的态度，并须完全一致。

（二）中心学校及国民学校对于公民训练的实施，应特别注意下列各点

1. 公民训练应注意品性的陶冶、习惯的养成，以及理想的培育，绝对不用教科书。

2. 公民训练的实施，应特别注意实践，应从各种实际活动里实行各种训练，不能完全采取训话的方式。

3. 公民训练的实施，应多用积极的指导，少用消极的惩罚，并不得以工作为惩罚，对于体罚及苛罚尤应绝对废除。

4. 公民训练的实施，应特别注意生产劳作的训练，务使学校训练与社会生活相符合，以免学生毕业后，轻视农工，不肯回乡从事本业。

（三）中心学校及国民学校对于学生自治的指导，应特别注意下列各点

1. 学生自治组织，要力求简单而实行有效，不必过事扩大，最好以每一个学生级为组织的单位。

2. 学生自治的各种事业，应由学生自己去计划进行，教员只能从旁指导，切忌越俎代庖。

3. 学生自治的指导，应使学生都具备为社会服务兴趣与理想，尤须使学生有直接参与各种社会生活的机会。

（四）中心学校及国民学校对于家庭的联络，应特别注意下列各点

1. 应认为家庭联络是学校重要工作之一，一方面希望家庭与学校采取一致之态度，对于学生。另一方面，对于家庭教育的方法，也可以做适当的指导。如父母对于子女应不偏心不溺爱等。

2. 家庭联络的方法，如恳亲会、家庭访问、家庭通讯等均可采用，但须力求切实有效。

3. 联络家庭应避免无谓的应酬，如吃酒、打牌等。

六、社会事业

（一）中心学校及国民学校举办社会事业，应绝对遵守下列三个原则

1. 要使学校有关系的人员，如教师、学生、各种社会之分子等，全体动员，努力推动各种事业。

2. 进行各种社会事业，要尽量鼓励民众自动的精神，不能完全由学校代办。

3. 社会事业的推动，应尽量利用乡（镇）民众代表会保民大会及保甲长会议等，务使学校的社会事业，在地方自治组织中，取得合法的根据。

（二）中心学校及国民学校在政治方面，应举办之社会事业有下列几种

1. 推行地方自治。

2. 编组保甲。

3. 举行社会调查及查报户口异动。

4. 协助组织乡（镇）民众代表会及保甲会。

5. 协助办理壮丁训练及地方自卫。

6. 调解民众之纠纷。

7. 推行或宣传各种政令。

（三）中心学校及国民学校在教育方面应举办之社会事业，有下列几种

1. 举行通俗讲演，扩大总理纪念周、国民月会等，召集民众及学生家长来学校参加。

2. 举行巡回宣传。

3. 开放学校图书馆，供民众阅览。

4. 开放学校体育场，供民众运动。

5. 举办时事壁报及常识壁报。

6. 举行卫生运动或清洁运动。

7. 提倡新生活运动。

8. 设立民众代笔处、问字处、问事处。

9. 举行家庭访问。

10. 举行各种竞赛及各种展览。

11. 设立民众俱乐部。

12. 组织各种合法之会社。

13. 其他。

（四）中心学校及国民学校在生计方面，应举办之社会事业有下列几种

1. 提倡合作，指导组织合作社。

2. 提倡造林筑路，兴修水利等。

3. 指导改良农事。

4. 提倡农村副业。

5. 协助办理农本贷款或仓库。

6. 举办农民经济调查及生活指导。

7. 提倡节约运动及国民经济建设。

8. 其他。

（五）中心学校及国民学校举办社会事业，应依照下列的程序办理

1.每月月初召集一次保甲会议，将本月应举办之社会事业详加讨论，并分别决定办法。

2.在保甲会议以后，再召集一次民众大会，开会的时候，将保甲长会议的决议案分别报告，并详加解释，使全体民众都能了解。

3.在举行民众大会的时候，同时举行各种有计划的宣传及游艺表演，引起民众参加会议的兴趣。

4.在民众大会开会以后，便照着保甲长会议去办理，并相机举行沿户宣传或指导。

5.每月终了的时候，应定期考察各项工作进行情形，在下一次保甲长会议及民众大会上提出报告，如有须奖励的，即当众给奖。

6.乡（镇）民代表会及保民大会开会的时候，应将保甲长会议决议案及执行情形提出报告。

七、辅导工作

（一）中心学校校长辅导本校教员以及中心学校辅导国民学校，应绝对遵守下列三个原则

1.要鼓励教师自动的努力，激发教师研究的兴趣，使他们能随时随地自谋改进。

2.要鼓励教师确立终身努力教育的志愿，并帮助教师决定推进事业的计划。

3.应充分发挥互助协作的精神，希望辅导人员与被辅导人员共同努力增进辅导的效率。

（二）中心学校校长对于本校教员，辅导工作有下列几种

1.教学视察与指导。

2.教育参考书报的介绍。

3.教育实际问题的商讨。

4.教育成绩的考察与指导。

5.其他辅导事项。

（三）中心学校对于国民学校应辅导之工作，有下列几种

1.学龄儿童及失学成人之调查。

2.学校设备之充实及改良。

3.学校经费之等化及支配。

4.教学方法之改进。

5.训练方法之改进。

6.学校行政之规划。

7.教员之研究及进修。

8.社会事业之领导。

9.乡土教材及普通教材之供给。

10.各种实际问题之讨论。

（四）中心学校对于辅导工作之进行，应采用下列几种方法

1.定期或不定期举行实地视察指导。

四川抗战历史文献
（少数民族卷）

2. 定期或不定期举行个别谈话或团体指导。

3. 由中心学校校长召集各国民学校校长举行辅导会议，每月一次。

4. 由中心学校校长召集本校教员及各国民学校校长教员举行研究会，每三个月一次。

5. 由中心学校教员或各国民学校教学方面优良之教员，举行示范教学，由其他教员参观批评，至少每三个月一次。

6. 由中心学校校长规定日期及科目，延聘教育专家讲演教育问题。

7. 由中心学校选购各种参考图书及教员进修用书，巡回选送，供给各教员阅览。

8. 中心学校与各国民学校举行通讯研究。

（五）中心学校实施辅导工作，还要注意下列几点

1. 中心学校校长应将辅导本校教员及国民学校列为重要工作之一，至少以百分之二十的时间从事辅导工作。

2. 中心学校校长辅导本校教员时，应设法使教员完全明了辅导之意义，接受校长之辅导，以增进其工作效率。

3. 中心学校辅导国民学校，应使各国民学校之间取得密切之联络，并常举行各种联合活动。

4. 中心学校辅导国民学校应集中人力及物力辅助各国民学校完成其重要工作，如社会调查、筹建校舍、强迫入学、举行保民大会等，中心学校应尽量予以协助。

（资料来源：阿坝州档案馆所藏民国档案，全宗号8，目录号1，案卷号76）

## 附件五：

## 中心学校及保国民学校教师服务须知

一、教育之理想

（一）应确信三民主义为教育实施最高原则，教育之实施应恪守中华民国教育宗旨及一切法令，尤须注意礼、义、廉、耻共同校训之实践，及忠、孝、仁、爱、信、义和平固有道德的国训之发扬。

（二）应确信普及国民教育为抗战建国过程中最基本之工作，愿意终生从事。

（三）应确信国民教育为推行地方自治及改造社会之动力，努力使学校成为社会文化中心、一切社会事业之领导者。

（四）应确信"教学做合一"之原理，务使学生（包括儿童及成人，以下同）均能学以致用，用其所学，而个人在服务期间，更能于教上学，于做上学，随时自求进步，自谋改进。

二、生活之标准

（一）应笃行"新生活"，仪容举止，务求端正，以期为学生及民众之模范。

（二）衣食住行应力求简单朴素，务期生活水平，与普通学生及民众相近。

（三）生活须有纪律，作息须有定时，并应定订个人作息时间表，将全日工作及休

息时间作适宜之分配（住在学校以外者，应按时在校服务，不得迟到或早退）。

（四）工作之余暇，应有相当之娱乐及适宜之运动，并须养成各种卫生习惯，赌钱吸烟等不良嗜好，应一律戒除。

（五）个人之精神及时间，应力求经济，不随便浪费，更应谢绝无谓之应酬。

（六）应绝对服用国货，尤应提倡采用本地土产，藉为学生及民众表率。

三、对人之态度

（一）对于学生应表示亲爱，并随时加以爱护，不分贫富、智愚、男女、美丑，应一并平等看待。

（二）对学生应和蔼而不轻浮，诚恳而不姑息，庄重而不严厉，大声呵斥、任意打骂、随便戏弄等，均非正常态度。

（三）对于民众应多多接近，相机与民众联络感情，以期深入民间，推动各种社会事业。

（四）对民众之态度，应注意谦和，对于民众之贫穷、愚昧、肮脏等，勿心存鄙视，对老人尤特别表示尊重之意。

（五）对同事，应充分发挥辅助协作之精神，说话诚实无欺，任事不互相推诿。

（六）对同事应互敬互爱、互切互搓，不讥笑别人之短处，不忌妒别人之长处。

四、职业之智能

（一）对于教育之基本理论，应有深切之了解，如儿童学习心理、成人学习心理、国民教育原理，须随时注意研究。

（二）对于各种教育方法，应有深切之研究，如儿童教育法、成人教育法、公民训练法等，应随时注意改进。

（三）对于自己所担任之学科，应有特别之研究，并须能自编教材、自制教学用具，对于教学之进行，尤须有熟练之技术。

（四）对于世界大势、各国政治经济情形、中国政治经济情形应有相当之了解，对于时事尤应随时注意研究。

（五）应具备各种普通常识，如医药常识、法律常识、军事常识、政治经济常识、农业常识、防空防毒常识，以备随时教导学生及民众，并供学生及民众咨询之用。

（六）应具备帮助民众处理日常问题之技能，如开会、讲演、演戏、唱歌、打拳、幻术等，亦须具备一种或数种。

五、服务之精神

（一）应恪遵总理"人生以服务为目的"之遗教，注意提起服务之兴趣，充分发挥为社会民众服务之精神。

（二）应以牺牲奋斗之精神，去担任一切工作，不因困难而灰心，更不因失败而消极。

（三）应时时保持着研究之态度与进取之精神，凡事须随时予以充分之实验与研究，不因袭陈说，更不畏难苟安。

（四）应随时随地注意经验之获得，对于已有之经验，并尽量设法应用，不故步自封，更不敷衍塞责。

（五）应力求本位之向上，认定事业之成功，即个人之成功，不心存侥幸，更不见异思迁。

（六）一切事业之举办，应注意深刻切实，并应随时自行检点，不假装门面，更不文过饰非。

六、教导之方法

（一）教学之实施，应确实遵照部颁课程标准教学通则，及各科教学要点之规定进行。训练之实施，应切实遵照部颁公民训练标准及实施办法之规定施行。

（二）教学之材料，应选择在社会上有应用之价值者，每教学一种材料，务使学生在学校或社会上有应用之机会。

（三）教学时课前应有充分之准备，上课时应慎重其事，下课后如有应订正之课卷，应按时订正，不得积压。

（四）教学时应尽量利用观察、讨论、报告、实习等方法，教学各种符号及技能，俾学生了解各种学习之方法能实行自修，切忌死读死背之方法。

（五）训练时教师应以身作则，学生课外各种组织及活动教师均须亲自参加。

（六）训练之实施，应多用奖励少用惩罚，并充分发挥其自治之能力。对于体罚及苛罚尤应绝对废除。劳作、体育之活动，应尽量鼓励。但学生之年龄及体力，亦应顾及，以免妨碍健康。

（七）考查学生之成绩，应尽量用客观之标准，务求公平周到，各种成绩尤应妥为保存，以便检查。

（八）应特别注意社会服务之能力及兴趣之培养，务使学生有机会直接参与各种社会活动，帮助教师推行地方自治普及国民教育等。

（九）已毕业之学生应设法加以组织，使与学校发生最密切之关系，俾能继续实施教育。

七、社会之领导

（一）对于社会事业，应负起领导之责任，务使学校与社会能打成一片。

（二）举办各种社会事业，应尽量提倡民众自动，各项工作可由学校发动，但不必完全由学校越俎代庖。

（三）举办各种社会事业，学校中各个分子，应全体动员，除教师及学生应负责倡导外即各种会社中之分子，如会社社员、妇女会会员等均应使之参加。

（四）举办各种社会事业，应从组织入手，务使全社会之民众，均参加各种组织，共营团体生活。

（五）举办各种社会事业务使切实有效，以免失去民众之信任，举行各种宣传，尤须防止言过其实。

（六）举办各种社会事业，以及处理民众间之问题，态度须力求公平、正直，绝不以私害公，更不假公济私。

八、研究及进修

（一）应斟酌自己工作时间及兴趣，自行拟定研究进修计划逐步进行。

（二）平时除研究教育理论及方法随时注意改进外，应随时留心各种教育法令，并注意其变更及修改。

（三）平时应注意购置各种工具书籍，如字典、辞典、年鉴、杂志、地图等，以供参考。

（四）平时应利用工作闲暇，阅读各种教育书报，并笔记要点，如有机会参加研究会、讲演会等，并须随时笔记心得以供参考。

（五）举行示范教学、教学批评会时，应踊跃参加，并尽量发表自己之意见。

（六）随时留心研究各种实际问题，并撰为论文，向各种定期刊物投稿。（如《教育通讯》《四川国民教育月刊》等）。

（资料来源：阿坝州档案馆所藏民国档案，全宗号 8，目录号 1，案卷号 76）

## 四川省政府关于检发本省
## 普设乡（镇）中心学校及保国民学校实施办法给松潘县政府的训令
### （二十九年教三字 7665 号）

事由：为检发本省普设乡（镇）中心学校及保国民学校实施办法及分配表统计表注意事项表式要点等令饬遵照由

令松潘县政府：

查本省实行新县制，对于乡（镇）中心学校及保国民学校之设置、地点等予以规划。经依照部颁国民教育实施纲领，定订四川省普设乡（镇）中心学校及保国民学校实施办法，先后提经本府三五九次及三八八次会议议决通过在案，除分别呈咨行政院及教育部备案并分令外，合行检发前项办法以资遵循。又，本府为各县（市）计划实施国民教育便利起见，经定订各县（市）实施国民教育三年增设班级分配表，各县（市）实施国民教育应注意事项，各县（市）乡（镇）面积、人口、学龄儿童、失学儿童、失学成人统计表，各县（市）实施国民教育三年计划表，各县（市）普设乡（镇）中心学校及保国民学校简图制作要点等，合行一发。仰即遵照规划切实推行，并将遵办情形随时具报备核。

此令。

计检发：

四川省普设乡（镇）中心学校及保国民学校实施办法一份

各县（市）实施国民教育三年增设班级分配表一份

各县（市）实施国民教育应注意事项一份

各县（市）乡（镇）面积、人口、学龄儿童、失学儿童、失学成人统计表一份

各县（市）普设乡（镇）中心学校及保国民学校简图制作要点一份

各县（市）实施（国民教育）三年计划表一份

兼理主席：蒋中正<br>教育厅长：郭有守<br>中华民国二十九年五月

附件一：

## 四川省普设乡（镇）中心学校及保国民学校实施办法

（省政府委员会第 380 次会议决议通过）

### 第一章　总则

第一条　本办法依照县各级组织纲要及国民教育实施纲领之规定订定之。

第二条　本省各县（市）均应遵照本办法之规定，普遍设立乡（镇）中心学校及保国民学校。

第三条　乡（镇）中心学校及保国民学校之设施，应遵照中华民国教育宗旨及有关国民教育之各项法令办理之。

第四条　乡镇中心学校一律称"某某县（市）某某乡（镇）中心学校"，保国民学校一律称"某某县（市）某某乡（镇）第几保国民学校"。

第五条　乡（镇）中心学校及保国民学校均分设小学、民教（包括男女成人）两部。

第六条　乡（镇）中心学校之小学部，以办理六年制小学为原则，分设高小班及初小班；保国民学校之小学部以办理四年制小学为原则，但为迅速普及义务教育起见，得办理一年或二年结束之班级，各年级均得采复式编制，并得分设班级于较疏远之村落或设置巡回教育班。

第七条　乡（镇）中心学校及保国民学校之小学班，以收容六足岁以上十二足岁以下之学龄儿童为原则，其有十二足岁以上不满十五足岁之失学儿童，亦得斟酌情形编入相当班级。

第八条　乡（镇）中心学校之民教部，得分设高级成人班、初级成人班，保国民学校以设初级成人班为原则，中心学校之高级成人班并应视地方之需要注重职业训练。

第九条　乡（镇）中心学校及保国民学校之成人班，以招收十五足岁以上四十五足岁以下之失学民众为原则，如所在地失学民众较多，得尽先收容三十五足岁以下之失学民众。

第十条　乡（镇）中心学校及保国民学校之成人班修业期间，暂定为三个月，每班每年至少须办理二期。

### 第二章　施行程序

第十一条　乡（镇）中心学校及保国民学校之设置，依照本省实施县各级组织纲要之期限，暂分三年（自民国二十九年八月至民国三十二年七月）普遍设立，其程序如下：

一、自民国二十九年八月至民国三十年七月为第一年，在本年内各县（市）所辖各乡（镇）应一律成立中心学校一所，至少每三保成立保国民学校一所，乡（镇）中心学校及保国民学校应就原有之学校尽先改设。

二、自民国三十年八月至民国三十一年七月为第二年，在本年内至少每二保成立保国民学校一所。

三、自民国三十一年八月至三十二年七月为第三年，每保应办保国民学校一所，其在人口密集之区，两保或三保合设国民学校一所者，则每保平均至少须有初小班一班，初级成人班一班。预定本年终了时，学龄儿童有90％以上入学，失学民众有60％以上入学。

上项实施程序，在财政特殊困难之县，不能达到预定标准时，得专案呈请省政府核办。

第十二条　在本办法开始实行时，各地原有之私立小学，得维持其原状，但地方如因经费关系不能设置学校者，得指定私立小学为代用中心学校或国民学校，并补助其经费。

第十三条　各县（市）于二十九年四月以前，将各该县（市）乡（镇）保数、学龄儿童数、入学民众数及失学民众数调查清楚，详列统计表册呈报省府备核，并于六月以前，拟具分年普设乡（镇）中心学校及保国民学校计划表，呈请省政府核准施行，统计及计划表式另订之。

## 第三章　经费筹集及支配标准

第十四条　乡（镇）中心学校及保国民学校之经费，应由县（市）自筹，如整理地方公款公产，提倡经营公耕及发展合作事业等新增之收益，均应酌提一部列为发展地方教育之经费，俾各县（市）国民教育实施，可逐渐达到经费自足自给之原则。

第十五条　乡（镇）中心学校之开办费及设备费，应在县（市）教育经费项下支给之，保国民学校之开办费，应由所在地方自筹，不足时得由县（市）政府补助之。

第十六条　乡（镇）中心学校经常费预算标准，除教职员待遇另有规定外，其办公费以小学部一班（附民教班）为计算标准，应年支七十二元，购置费由县另列专款统筹支配。新设之乡（镇）中心学校之开办费，每班暂定为二百五十元至五百元，其由原有学校改设者，不另支开办费，得酌列扩充设备费。

第十七条　保国民学校经常费预算标准，除教职员待遇另有规定外，其办公费以小学一班（附民教班）为计算标准，应年支六十元，购置费由县另列专款统筹支配。新设之保国民学校，每校开办费暂定为二百元至四百元，其由原校改设者，不另支开办费，得酌列扩充设备费。

第十八条　乡（镇）中心学校及保国民学校教职员之待遇暂定如下：

一、乡（镇）中心学校校长之待遇最低不得少于三十元。

二、乡（镇）中心学校教员之待遇最低不得少于二十元。

三、保国民学校校长之待遇最低不得少于二十元。

四、保国民学校教员之待遇最低不得少于十八元。

前项待遇标准适用于合格校长、教员为限，其不合格者，得酌量减低之。在经费特殊困难之地方，不能依照第十六、第十七、第十八各条标准办理时，得另定标准呈请省政府核办。

第十九条　训练师资之经费得由省在省经费及中央补助之经费项下支给之。

第二十条　边远贫瘠县份推进国民教育之经费，得由省呈请中央特别补助之。

## 第四章 师资训练

第二十一条 在乡（镇）中心学校及保国民学校未成立前，所有原任小学及单设民众学校之校长教师，除甄选合格参加自治保甲人员训练者外，其余应利用农忙或假期调集训练，其详细办法另订之。

第二十二条 推行国民教育所需新增之师资补充方法如下：

一、现有师范学校、简易师范学校，增设简易师范科、特别师范科等。

二、增设师范学校或简易师范学校。

三、举办国民教育师资训练班。

四、招收师范学校以外之中等学校毕业生，予以三个月或半年之短期训练。

五、初中三年级加授教育及地方自治课程。

六、举行教师登记及检定。

师资养成及训练计划另订之。

## 第五章 校舍设备

第二十三条 乡（镇）中心学校及保国民学校之校舍，应设于乡（镇）公所及保办公处所在地，除改设者仍用原有校舍外，其新设者应充分利用当地公所祠庙及其公共房屋，并得借用民房。

第二十四条 乡（镇）中心学校及保国民学校之未有适当校舍者，应在开办前由县（市）就乡（镇）公所及保办公处所在地择定相当地址规划建筑，建筑经费以各乡（镇）保自筹为原则，其不能自筹者，由县（市）政府补助之。

第二十五条 乡（镇）中心学校及保国民学校之设备，以小学部与民教部合用为原则，设备标准另订之。

第二十六条 乡（镇）中心学校应设备简单之诊疗室，保国民学校应设备简单之药箱。

## 第六章 组织及课程

第二十七条 乡（镇）中心学校设校长一人、教员（得兼乡镇公所文化经济股主任或干事）若干人、事务员一人、工役若干人，保国民学校设校长一人、教员（得兼保办公处干事）若干人、工役一人。乡（镇）中心学校及保国民学校聘用教员人数之标准，以每一小学班（兼民教班）用一个半人为标准。在经济文化发达之地方，中心学校及国民学校校长以专任为原则，在经济文化不甚发达之地方，中心学校校长得兼任乡（镇）长，国民学校校长得兼任保长，但中心学校应设置专任教导主任一人，国民学校应设专任教员一人，襄助校长处理校务。

第二十八条 乡（镇）中心学校及保国民学校之初小班，以五十人为原则，中心学校之高小班以四十五人为原则，初小班在城镇不得少于三十人，在乡区不得少于二十五人；高小班在城镇不得少于三十人，在乡区不得少于二十人；成人班每班以五十人为原则，最低不得少于三十五人，边区县份不能达此标准时，应逐年提高。

第二十九条 乡（镇）中心学校及保国民学校课程，在乡（镇）中心学校及保国民学校课程未颁布以前，应仍依照修正小学规程、修正民众学校规程、短期小学规程及小学课程标准、民众学校课程标准、短期小学课程标准及总纲办理之。

第三十条　乡（镇）中心学校及保国民学校课程，如因地方之需要酌拟变更时，须经呈准后行之。

第三十一条　乡（镇）中心学校及保国民学校除办理小学部及民教部外，并应办理所在地之社会教育事业，其种类及实施办法另订之。

乡（镇）中心学校应负所处各保国民学校之责。

### 第七章　强迫入学及缓学免学

第三十二条　在所设乡（镇）中心学校及保国民学校已足收容当地学龄儿童及失学民众之地方，应由乡（镇）公所及保办公处实行强迫学龄儿童及失学民众入学，凡应入学而不入学者，应对其家长或保护人予以一定限期必须就学之书面劝告，其不受劝告者，得将姓名榜示警告，其仍不遵行者，得由县市政府处以一元以上五元以下之罚款，成人得科以相当日期之劳役，并仍限期责令入学，强迫入学施行细则另订之。

第三十三条　学龄儿童及失学民众之有疾病或其他不能入学原因者，得由家长或保护人或其本人具结请求缓学，其有痼疾不堪受教育者，得具结请求免学。

### 第八章　附则

第三十四条　本办法经省政府委员会议通过施行，并咨教育部备案。

## 附件二：

### 各县（市）实施国民教育应行注意事项

一、各县（市）计划实施国民教育，应切实遵照部颁国民教育实施纲领及四川省普设乡（镇）中心学校及保国民学校实施办法办理，除专案呈经核准者外，不得擅自变更。

二、各县（市）在计划实施国民教育以前，应将全县学龄儿童及失学成人加以精确之调查，并先将乡（镇）面积人口、学龄儿童、失学成人统计表报核。

三、各县（市）计划实施国民教育时，应将省颁三年普设乡（镇）中心学校及保国民学校计划表，逐项填列，于本年六月底以前报核。表中如有未尽事项，或不便填列者，得另附简要之说明或附表，但均须于原表内注明"说明一""说明二""附表一""附表二"等字样。

四、各县（市）填列统计及计划表时，应以填写数字为原则，各项数字，并应力求确实，如须用文字说明，务力求简单扼要，对于填表说明，尤应切实注意遵照，不得随意删略。

五、各县（市）呈送实施国民教育计划表时，应同时绘送普设乡（镇）中心学校及保国民学校简图，以凭审核。（另附简图制作要点）

六、各县（市）计划实施国民教育，应由主管科长秉承县长主持之，各该县（市）督学、区教育视导员、义务教育委员会、民众教育委员会，均应负协助之责。

七、各县（市）呈送各项计划图表时，均应同样缮写二份呈核，并另自缮存一份备查。

八、各县市实施国民教育计划表呈经核准后，实施应附乡（镇）中心学校及保国民学校筹设状况［包括校址、校长姓名、是否兼乡（镇）保长、校舍及设备状况、经费分配情形、教师人数、班级数、学生数等］按时列表呈报，每年终了时，以便考核。

附三：

## 各县（市）普设乡（镇）中心学校及保国民学校简图制作要点

一、此项简图至少应标明下列各点：

1. 县（市）的四界。

2. 乡镇保的区划。

3. 县（市）城镇及重要之村落。

4. 重要山脉及河流。

5. 交通路线。

6. 乡镇中心学校及保国民学校所在地。（符号：国民学校〇，中心学校◎）

7. 其他教育机关。

二、乡镇中心学校及保国民学校设置年期之先后，其符号应用不同之颜色以为表明。（第一年者用红色，第二年者用蓝色，第三年者用绿色）

三、各乡镇之区域应以线分明，如能沿线略注色别尤佳。

四、同在一保国民学校范围以内之村落，应以箭头方向标明其属于何一国民学校。

五、各乡镇保之学龄儿童数及失学成人数，应于适当之地位列出，列入图内或列附表于图之一角均可。

六、地图比例一律按十万分之一尺绘制，（如县之面积超过三千方公里，得绘制二十万分之一地图）并标明以北为上方。

（资料来源：阿坝州档案馆所藏民国档案，全宗号5，目录号5，案卷号209）

## 茂县政府关于颁发保国民学校
## 师资短训班暂行办法暨征调人员名额分配表的咨文

事由：为奉省令颁发保国民学校师资短训班暂行办法暨征调人员名额分配表饬遵办一案咨明办理困难情形请查照见复由

本年六月十二日，奉四川省政府二十九年教二字第八四三七号训令，以本省推行国民教育，已定自本年下期起开始施行，所有增加小学班次，必须大量师资，亟应由县市先行举办短期保国民学校师资训练班，以供需要，并订定保国民学校师资训练班暂行办法暨征调员名额分配表，通饬遵照办理等因，惟查本县分年实施国民教育计划与省令颁发之三年增设班级分配表。小学改设，即以原有教师继任，实际并不缺乏师资，无急于办理训练班之必要，且查各县征调人员名额分配表所载，本县与松理汶懋靖各县合并办理，究系各县派员到本县商办或系由本县单独筹办，班长及副班长是否以一县或各县县长兼任，原办法均未注明，无从臆解，又各县与本县相距均极穷远，公文往返商讨，大费时日，决难照规定于七月一日开班。再规定之经常费，以边区生活之高昂，实际亦难敷用。除将各种困难情形分呈本区专员公署暨四川省政府核示外，相应备文咨达贵府，即悉参酌赐复为何！

县长：黄君穆

中华民国二十九年六月十五日

（资料来源：阿坝州档案馆所藏民国档案，全宗号 5，目录号 5，案卷号 209）

## 抗战时期适用于民族地区的
## 《中心学校、国民学校民教部成人班、妇女班暂行课程标准》
### （中华民国二十九年六月颁布）

一、说明。

本课程标准编订之目标如下：

1. 坚定建国信仰。

2. 激发民族意识。

3. 培养国民道德。

4. 灌输公民常识。

5. 传习通用文字

6. 增进生产技能。

高级班并注意职业常识的培养，妇女班并注意家事常识的培养。

二、本课程标准按照国民教育实施纲领第十一、十四两条规定编订之。

三、本课程标准分国语、公民、常识、算术、音乐、职业常识五科编订之。

四、国语科之作业分识字、写字及作文三项，公民常识包括宇宙、世界、民族、国家社会、家庭个人生活、处世接物等知识，算术科包括笔算及珠算。

五、本课程标准系供高初级成人班及妇女班之用。

|  | 国语 | 公民常识 | 算术 | 音乐 | 职业常识 | 总计 |
|---|---|---|---|---|---|---|
| 初级 | 280 | 175 | 105 | 70 |  | 630 |
| 高级 | 210 | 140 | 105 | 70 | 105 | 630 |

附注：

（一）每日授课二小时，分作三节，每节三十五分钟，余为休息时间。

（二）公民常识每周教学分数中，提以三十五分钟为举行总理纪念周时间。

（三）乐歌及国语科之写字应注意鼓励课外练习。

六、各科课程标准。

甲、国语

第一，目标

1. 能由注音符号读出字。

2. 学习浅近的语体文，以培养阅读普通书报及文字的能力和兴趣。

3. 运用日常应用的语体文，以发表自己的意思并使人了解。

4. 练习书写，以达到正确清楚的程度。

第二，作业要领

| 项别 | | 要目 |
|---|---|---|
| 识字 | 认识注音符号及汉字 | 1. 认识基本符号（初）<br>2. 学习注音符号办法（初）<br>3. 书写注音符号（初）<br>4. 认识并运用普通单子（初）<br>5. 求注音符号及单子应用之熟练（高） |
| | 读书 | 1. 认识并运用简单语词（初高）<br>2. 阅读实用文和简易文字（初高）<br>3. 认识并运用简易标点符号（初高）<br>4. 练习使用字典（高） |
| | 作文 | 1. 简易记叙文或实用文及练习（初）<br>2. 叙事和日常事项、偶发事项的记述（包括日记）（高）<br>3. 简易记叙文实用文及说明文的练习（高） |
| | 写字 | 1. 笔顺的练习（初）<br>2. 简易熟字的书写和练习（初）<br>3. 正审中小字的练习（高）<br>4. 简易行书的认识与学习（高）<br>5. 国语课本之抄写或默写（高） |
| | 附注 | 初级班最初期读作写应混合并注重铅笔练习，仍可混合教学联络，但书写宜逐渐注重毛笔。高级班读作写虽分别，仍应互相联络，必要时仍得混合教学书写宜侧重毛笔 |

第三，教学方法要点

一、识字及读书。

1. 教学注音符号时，如认为必要得遵照教育部各省市县推行注音符号办法第十九条及第二十一条之规定加方音注音符号于下左旁。

2. 应从学生经验内就眼前的事实，引起动机。

3. 文字的分析应约略指示文字构成的意义（例如吃从口、烧从火等），以助记忆

4. 读书匀速率要设法训练使之增进。

5. 要培养自动阅读的能力。

6. 要奖励课外阅读和欣赏的兴味。

7. 国语教材宜与公民常识教材联络教学。

二、作文

1. 须以思想正确、层次清楚的文字为主。

2. 题材须适合学生的经验和想象力及以公民常识中已看过的材料为基础。

3. 初级作文指导多用助作法，高级多用自作法。

4. 订正作文不要多改，只须略为增删。

5. 共同的错误共同订正。

三、写字

1. 利用阅读的教材为练习材料以便互相联络。

2. 要作速写的练习，高级尤应注重。

3. 随时指导笔顺并订正错误。

乙、公民常识

第一，目标

1. 集中意志，激发爱国思想。

2. 充实现代公民必备之知识。

3. 培养地方自治必备之知识。

4. 改善个人及家庭生活习惯。

第二，作业要领

| 类别 | 要目 |
|---|---|
| 宇宙知识 | 1. 日月和地球（高）<br>2. 昼夜的运行（高）<br>3. 四季变化和节令（初高）<br>4. 雷电（初）<br>5. 空气（初）<br>6. 水的变化（初）<br>7. 动物植物（初高） |
| 世界知识 | 1. 大洋大洲（高）<br>2. 世界上的人种（高）<br>3. 世界上的国家（初高）<br>4. 世界大势（高） |
| 民族国家知识 | 1. 中华民国（初）<br>2. 国旗和党旗（初）<br>3. 国父（初高）<br>4. 总裁（初高）<br>5. 三民主义（初高）<br>6. 各级政府和地方自治（初高）<br>7. 人民的权利和义务（初高）<br>8. 战时国民的任务（初高）<br>9. 国民经济建设（高）<br>10. 本国人口和疆域大概（初）<br>11. 本国的气候、交通和国防概要（高）<br>12. 首都和重要都市（初）<br>13. 本国的重要资源和物产（初高）<br>14. 本国的农工商业（高）<br>15. 中华民族（高）<br>16. 黄帝建国（初高）<br>17. 大禹治水（初）<br>18. 周公和孔子（初高） |

续表

| 类别 | 要目 |
|---|---|
| 民族国家知识 | 19. 秦汉唐元的强盛（初高）<br>20. 中华民族的创造力和历代伟大的建设（高）<br>21. 民族英雄（初高）<br>22. 辛亥革命（初高）<br>23. 近年国耻概要（初高）<br>24. 国民精神总动员（初高）<br>25. 抗战救国与民族复兴（初高） |
| 社会家庭知识 | 1. 乡村与都市（初高）<br>2. 合作社（初）<br>3. 电报和邮政（初）<br>4. 防灾和救济（初高）<br>5. 防空和防毒（初高）<br>6. 公共卫生（初高）<br>7. 邻里互助（高）<br>8. 破除迷信（初）<br>9. 家事管理和家庭卫生（妇）<br>10. 儿童保育（妇）<br>11. 国乐小工艺及其他家庭副业（妇） |
| 个人生活知识 | 1. 人体生理大概（初）<br>2. 个人卫生和急救方法（初高）<br>3. 节约与储蓄（初）<br>4. 读书和娱乐（初高） |
| 处世接物的知识 | 1. 中国国民党员十二守则之释义（初高）<br>2. 新生活之实行（初高） |

第三，教学方法要点

1. 多用图表实物以增进教学效能。

2. 力求切合日常生活并期躬行实践。

3. 力求通俗浅易并引起学者之兴趣。

4. 于必要时得选取时事及乡土材料补充教学。

丙、算术

第一，目标

1. 增进日常生活中关于数量的常识和计算的能力。

2. 能计算（珠算和笔算的练习）。

3. 能记不同的账目。

第二，作业要领

| 类别 | 要目 |
|---|---|
| 珠算 | 1. 数数和计数法（初）<br>2. 擦珠和算盘计数法（初）<br>3. 加减法口诀及其运算法（初）<br>4. 九遍口诀打法（初）<br>5. 乘除法口诀及其运算法（初）<br>6. 定单位法（初）<br>7. 加减法运用题练习（初）<br>8. 乘除法运用题练习（初）<br>9. 码子写读和记账法（初）<br>10. 加减乘除法熟习（高）<br>11. 简单四则应用题练习（高）<br>12. 斤两法练习（高） |
| 笔算 | 1. 基本数字的认识和写读（初）<br>2. 计数法的练习（初）<br>3. 五位以下加法练习（初）<br>4. 五位以下减法练习（初）<br>5. 三位乘法练习（初）<br>6. 两位除法练习（初）<br>7. 加减乘法的熟习（高）<br>8. 小数的练习（高）<br>9. 诸等数的练习（高）<br>10. 简单普通应用的利息算法（高）<br>11. 记账及算账的练习（高）<br>12. 简易日用四则应用题的练习（初高） |
| 附注 | 1. 珠算与笔算应视民众需要择一教学，惟选珠算时，仍应使用笔算上应用之符号。<br>2. 在认为必要时，得珠算与笔算并教，但须处处联络，使发生相互之关系。<br>3. 高级民众学校学生未习算术者得仍用初级标准。 |

第三，教学方法要点

1. 每次上课开始数分钟内，应多多练习心算。

2. 教授新的方法和原理，应从实际需要与具体的问题出发，用归纳法逐步进行。

3. 新教材教学以后应反复练习。

4. 练习问题须从衣食住行、家庭、学校、社会各方面经济问题等出发，特别注重买卖找钱折扣等练习，以应其生活需要。

5. 应用题文字要力求浅显。

6. 教学珠算歌诀，应分别解释帮助记忆，避去机械的诵读。

7. 常用速算竞赛法，以引起浓厚的学习兴趣。

8. 注意革除学生计算时足以影响速率的种种不良习惯。

9. 随时举行测验，诊断学生缺点，以资补救。

10. 注意个别指导，课内时间不足，可在课外练习。

11. 学生成绩应用各种方法，认真订正。

丁、音乐

第一，目标

1. 启发并增进欣赏音乐的能力和应用音乐的兴趣。

2. 涵养亲爱、勇敢、团结、进取的精神。

第二，作业要项

| 类别 | 要目 |
|---|---|
| 歌唱 | 1. 发音的方法及熟练（初高）<br>2. 声音高低长短的办法及熟练（初高）<br>3. 简单歌词和段子的演习（初高）<br>4. 国歌和儿歌的练习（初） |
| 附注 | 练习时间之排练应在用脑工作之后 |

第三，教学方法要点

1. 初级学生宜多用听唱法教学。

2. 高级学生由听唱法转入视唱法。

3. 对于歌曲的高低遵循节拍要使学生十分明了。

4. 歌词教学应使学生通统歌词的意义及情感，由教师充分表明并表演。

5. 弹琴不用抖音加花和副音，以免混乱学生的听觉。

6. 教新歌时应由教员范唱奏乐，以便学生倾听，为避免混淆听觉起见，范唱时最好不用乐器伴奏。

7. 利用社交集会等需要授予适当的歌曲。

8. 为培养学生欣赏能力起见，可开留声机。

9. 所用乐器以风琴为主，在经费缺乏的学校可用笛、口琴或胡琴教学。

戊、职业知识

第一，目标

1. 培养报国及乐业精神。

2. 补充普通职业知识。

3. 引起改善空气事业志趣。

第二，作业要项

| 类别 | 要目 |
|---|---|
| 农事 | 1. 选种及施肥<br>2. 防除病虫害<br>3. 农田耕种 |
| 工艺 | 1. 手工艺<br>2. 机械工业<br>3. 工艺常识<br>4. 职业技能<br>5. 工人福利 |

| 类别 | 要目 |
|---|---|
| 商业 | 1. 筹记文稿<br>2. 商业检发<br>3. 商业连编<br>4. 金融 |
| 家事 | 1. 家务<br>2. 烹饪<br>3. 缝纫<br>4. 家庭副业<br>5. 家庭管理 |

（资料来源：阿坝州档案馆所藏民国档案，全宗号5，目录号5，案卷号209）

### 抗战时期适用于民族地区的
### 中心学校、国民学校教师参考用书
（中华民国二十九年九月颁布）

书名/编译者/适用学校/出版者/备注

国民学校、中心学校教学技术概要/刘百川/国民学校及中心学校/四川教育厅/教育厅主编各大书局代售

国民学校、中心学校公民训练实施法/裴养泉/国民学校及中心学校/四川教育厅/教育厅主编各大书局代售

小学抗敌教育实施法/成都实小/国民学校及中心学校/教育部

小学教师进修概论/曹南风/国民学校及中心学校/正中书局

复式教学法/姚虚谷/国民学校及中心学校/商务印书馆

单级新教学的实际/何清钊/国民学校及中心学校/商务印书馆

小学、幼稚园课程标准/教育部/国民学校及中心学校/各大书局

各科教具自制法/王国元/国民学校及中心学校/商务印书馆

小学行政/俞子夷/国民学校及中心学校/中华书局

学校儿童心理卫生/胡祖荫/国民学校及中心学校/中华书局

教育心理学/艾伟/国民学校及中心学校/商务印书馆

新教育的原则及实际/崔载阳/国民学校及中心学校/中华书局

各国小学教育比较论/袁学礼/中心学校/商务印书馆

儿童活动指导法/谢颐年/国民学校及中心学校/中华书局

小学公民训练之理论与实际/费锡胤/国民学校及中心学校/商务印书馆

小学高级音乐教材和教法/沈子善/中心学校/商务印书馆

小学高级美术教材和教法/温肇桐/中心学校/商务印书馆

小学高级劳作教材和教法/袁璧/中心学校/商务印书馆

小学高级珠算教材和教法/宋文藻/中心学校/商务印书馆

国民教育概说/陈剑恒/国民学校及中心学校/四川教育厅/教育厅主编各大书

局代售

国民学校中心学校体育教材及教法/文启高/国民学校及中心学校/四川教育厅/教育厅主编各大书局代售

国民学校中心学校算术教材及教法/吴云鹏/国民学校及中心学校/四川教育厅/教育厅主编各大书局代售

国民学校中心学校国语教材及教法/胡颜立/国民学校及中心学校/四川教育厅/教育厅主编各大书局代售

中国教育史大纲/王凤階/中心学校/商务印书馆

小学教材及教法/赵廷为/中心学校/商务印书馆

小学生产教育的理论和实际/吴守谦/中心学校/中华书局

童子生教育要义/范晓六/中心学校/二二五童军书报用品社

童子军操法教练纲要/范晓六/中心学校/二二五童军书报用品社

小学抗敌音乐集/成都实小/国民学校及中心学校/教育厅

幼稚园、小学低级唱游集/成都实小/国民学校及中心学校/成都实小

组织民众及民众训练/阮毅成等/国民学校及中心学校/战时出版社

教养卫合一之新教育/程其保等/国民学校及中心学校/正中书局

三民主义全集/孙中山/国民学校及中心学校/各书局

心理建设/　①/国民学校及中心学校/黄埔出版社

社会建设/　/国民学校及中心学校/黄埔出版社

政治建设/　/国民学校及中心学校/黄埔出版社

抗战建国纲领浅说/　/国民学校及中心学校/黄埔出版社

蒋委员长言论类编 革命救国言论/　/国民学校及中心学校/正中书局

五十年来蒋先生与中国/刘大元/国民学校及中心学校/正中书局

蒋委员长言论类编新生活运动言论论集/　/国民学校及中心学校/正中书局

中国近百年史/蒋恭晟/　/国民学校及中心学校/生活书店

战时民众组织与训练/成文秀/　/国民学校及中心学校/中央陆军军官学校

地方自治概论/林众可/　/国民学校及中心学校/商务印书馆

乡村自治/杨开道/国民学校及中心学校/世界

保甲运动之理论与实际/郎警霄/国民学校及中心学校/大东

社会调查方法/樊弘/国民学校及中心学校/商务印书馆

中国新村之建设/王骏声/国民学校及中心学校/商务印书馆

乡村建设实验/张元善/国民学校及中心学校/中华书局

中国乡村卫生行政/陈建吾/中心学校

四川民政法规汇编/四川省政府民政厅/中心学校

物质建设/　/中心学校/黄埔出版社

中国农业经济问题/秦含章/中心学校/新世纪书局

---

① 空格处为缺项，下同。

四川农村经济/吕平登/中心学校/商务印书馆

中国农业经济实况/李锡周/中心学校/生活书店

四川地理/胡焕庸/中心学校/正中书局

合作社之理论与经营/于树德/中心学校/中华书局

四川重要物产分布图/成都实小/中心学校/成都实小

中国革命史/蔡元培/国民学校及中心学校/商务印书馆

国防常识业书/生活书店/国民学校及中心学校/生活书店

国防教育与各科教学/汪懋祖/中心学校/正中书局

现代中国外交史/蔡元培/国民学校及中心学校/商务印书馆

上海抗日血战史/何天言/国民学校及中心学校/现代

日本侵略中国史/孙豫寿/中心学校/商务印书馆

化学战争概论/孙豫寿/中心学校/商务印书馆

列强现在的军势/训练总监部/中心学校/陆军印刷所

空袭与防空/郑文耀/国民学校及中心学校/商务印书馆

纪念日怎么演讲/俞子夷/国民学校及中心学校/儿童

日用百科全书/黄绍绪等/国民学校及中心学校/商务印书馆

动植矿物学大辞典/杜亚东等/中心学校/商务印书馆

少年百科全书/王云五/中心学校/商务印书馆

辞源戊种/陆尔奎/国民学校及中心学校/商务印书馆

王云五字典/王云五/国民学校及中心学校/商务印书馆

中国名人大辞典/方宾欢等/中心学校/商务印书馆

历代名人年谱/吴荣光/中心学校/商务印书馆

中国古今地名大辞典/臧励酥/中心学校/商务印书馆

外国人名地名表/于祥森/中心学校/商务印书馆

教育杂志/国民学校及中心学校/商务印书馆

东方杂志/中心学校/商务印书馆

国民教育月刊/国民学校及中心学校/正中书局/每月一册

新四川/国民学校及中心学校/四川省政府/每月一册

教与学/国民学校及中心学校/四川教育厅/每月一册

（资料来源：阿坝州档案馆所藏民国档案，全宗号 8，目录号 1，案卷号 76，出自四川省国民教育委员会主编《中心学校、国民学校教学设备标准》（全一册），正中书局，1940 年 9 月，第 4～12 页）

**抗战时期适用于民族地区**
**中心学校、国民学校儿童及民众读物**
（中华民国二十九年九月颁布）

1. 整套读物

书名/编译者/适用学校/出版社/备注

小学生分年级补充读物 一年级补充读物/徐应昶等/国民学校及中心学校/商务印

书馆

　　小学生分年级补充读物 二年级补充读物/徐应昶等/国民学校及中心学校/商务印书馆

　　小学生分年级补充读物 三年级补充读物/徐应昶等/国民学校及中心学校/商务印书馆

　　小学生分年级补充读物 四年级补充读物/徐应昶等/国民学校及中心学校/商务印书馆

　　儿童半角业书/　/国民学校及中心学校/儿童

　　儿童科学业书/陈鹤琴等/中心学校/儿童

　　世界发明家故事业书/林逸之/国民学校及中心学校/儿童

　　中国名人故事业书/章一萍等/国民学校及中心学校/儿童

　　小学低年级补充读物一二集/计志中等/国民学校及中心学校/新中国书局

　　小学中年级补充读物一二集/钱申之等/国民学校及中心学校/新中国书局

　　我们中心活动业书/陈伯吹等/国民学校及中心学校/儿童/低中高各 40 册

　　新连环图书革命伟人传/陈伯吹等/国民学校及中心学校/儿童

　　民族英雄业书/易君左等/国民学校及中心学校/新生命

　　民众文库/李清悚/国民学校及中心学校/儿童

　　卫国健儿业书/教育部/国民学校及中心学校/正中书局

　　大众读物/　/国民学校及中心学校/全民出版社

　　2. 单行本名著

　　苦儿劳力记/章一萍/中心学校/儿童

　　爱的教育/夏丏尊/中心学校/开明

　　续爱的教育/夏丏尊/中心学校/开明

　　木偶奇遇记/徐凋孚/中心学校/开明

　　稻草人/叶圣陶/中心学校/开明

　　古代英雄的石像/叶圣陶/中心学校/开明

　　鲁宾逊漂流记/戴望舒/中心学校/开明

　　水孩/恒信潞峰/中心学校/开明

　　狗的自述/文楠在春/中心学校/开明

　　天鹅/郑振铎/中心学校/商务印书馆

　　寄小读者/冰心/中心学校/北新

　　公平的裁判/顾均正/　/中心学校/开明

　　伊索寓言/孙立源/中心学校/开明

　　希腊民族的故事/廖凡/中心学校/中华书局

　　依利亚特/高歌/中心学校/中华书局

　　奥特赛/高歌/中心学校/中华书局

　　两条腿/李小峰/中心学校/北新

　　安徒生童话集/徐培仁/中心学校/儿童

印度七十四故事/汪原放/中心学校/亚东

野小鬼/贺宜/中心学校/少年出版社

3. 单行本抗敌读物

战时模范日记/雷瑞英/国民学校及中心学校/战时出版社

火线上的孩子们/　/国民学校及中心学校/商务印书馆

国耻纪念史/沈百英 徐应昶/国民学校及中心学校/商务印书馆

我们的革命史/沈百英 徐应昶/国民学校及中心学校/商务印书馆

儿童革命故事/　/国民学校及中心学校/商务印书馆

革命先烈小传/沈百英等/国民学校及中心学校/商务印书馆

抗敌歌谣/成都实小/国民学校及中心学校/成都实小

输财救国/教育部民众读物编审委员会/中心学校/正中书局

牛贩子却敌/教育部民众读物编审委员会/中心学校/正中书局

平壤血/教育部民众读物编审委员会/中心学校/正中书局

好国民/教育部民众读物编审委员会/中心学校/正中书局

汉奸的认识和防范/教育部民众读物编审委员会/中心学校/正中书局

日本是一只纸老虎/教育部民众读物编审委员会/中心学校/正中书局

淞沪血战记/教育部民众读物编审委员会/中心学校/正中书局

深明大义的富翁/教育部民众读物编审委员会/中心学校/正中书局

战时儿童国语选/杨晋豪/中心学校/儿童教育社

八百好汉死守闸北/赵景深/国民学校及中心学校/大众

纪念日/林荫/国民学校及中心学校/进步

我们的研究国防/儿童/国民学校及中心学校/儿童

我们的避灾设计/儿童/国民学校及中心学校/儿童

我们的救火队/儿童/国民学校及中心学校/儿童

我们的南京/儿童/国民学校及中心学校/儿童

我们的生产日记/朱文浩/中心学校/儿童

儿童新生活/儿童/国民学校及中心学校/儿童

儿童爱国故事/徐学文/国民学校及中心学校/儿童

其他新出版抗战补充读物/

4. 定期刊物

少年科学杂志/国民学校及中心学校/新中国

科学书报/中心学校/中国上海科学图书仪器公司

高级儿童常识书报/中心学校/儿童

知识与趣味/中心学校/科学书店

小学生/中心学校/北新

儿童世界/国民学校及中心学校/商务印书馆

小战士/中心学校/群力

中级儿童常识书报/国民学校及中心学校/儿童

低级儿童杂志/国民学校及中心学校/儿童

抗战儿童/国民学校及中心学校/儿童

我的书报/国民学校及中心学校/新中国

儿童书报/国民学校及中心学校/新中国

附：

## 儿童读物选择和编辑的标准

甲、积极方面

1. 适合国情，能发扬民族精神。

2. 事理正确，思想正当，能增进儿童知识。

3. 积极前进，乐观、解放、平等、博爱。

4. 提倡合作、互助、勇敢、劳动，能鼓励儿童奋发有为。

5. 切合儿童经验，并能引起儿童学习兴趣。

6. 注意科学常识。

7. 含有文学性质，富有艺术兴趣（叙述曲折生动，措辞真实恳切，描写传神）。

8. 文字浅显流利，合乎儿童阅读能力。

9. 图画生动优美，含有相当意义。

10. 印刷清楚，纸质坚实，纸色不伤视力。

11. 低级读物，要于生字多有变化，而又能反复练习。

12. 富于想象，能启发儿童创造能力及伟大思想。

13. 情节激昂，能增强抗敌情绪。

乙、消极方面

1. 不违背三民主义。

2. 非退缩、束缚、悲观、厌世。

3. 非陈腐、鄙陋，或含有封建思想、帝国主义意味和富贵气。

4. 非神秘、怪诞，及含有迷信色彩而违背自然法则。

5. 非凶恶残忍。

6. 非虚伪、侥幸、颓废、诡诈、自私自利。

（资料来源：阿坝州档案馆所藏民国档案，全宗号8，目录号1，案卷号76，出自四川省国民教育委员会主编《中心学校、国民学校教学设备标准》，正中书局，1940年9月，第12~21页）

## 抗战时期适用于民族地区
## 中心学校、国民学校的各科挂图
### （中华民国二十九年九月）

名称/数量/适用学校/出版社/备注

总理遗像/1/国民学校及中心学校/各书局/各种挂图各校可自制

国府主席肖像/1/国民学校及中心学校/各书局

蒋委员长肖像/1/国民学校及中心学校/各书局

新生活运动须知/4/国民学校及中心学校/新亚

国民公约/1/国民学校及中心学校/新亚

世界最新形势大地图/1/国民学校及中心学校/东方舆地学社

中华最新形势大地图/1/国民学校及中心学校/东方舆地学社

抗日救国大挂图/8/国民学校及中心学校/东方舆地学社

帝国主义侵略中国图/1 本/国民学校及中心学校/文化教育社

中国历代疆域变更图/1 本/中心学校/文化教育社

总理实业计划图/1/中心学校/东方舆地学社

最新四川全省分区水陆图/1/国民学校及中心学校/大中华印刷局

自然科动物组挂图/1 套/国民学校及中心学校/新亚或中华

自然科植物组挂图/1 套/国民学校及中心学校/新亚或中华

自然科矿物组挂图/1 套/国民学校及中心学校/新亚或中华

防空常识挂图/1 套/国民学校及中心学校/新亚或中华

学校卫生挂图/1 套/国民学校及中心学校/新亚或中华

卫生习惯图/1 套/国民学校及中心学校/新亚或中华

急救法挂图/1 套/中心学校/卫生署或新亚中华

人体生理解剖图/1 套/国民学校及中心学校/新亚

注音符号发音形态图/4/中心学校/新亚

科学战争利器图/6/中心学校/新亚

东北四省形势图/1/中心学校/新亚

中日对峙形势图/1/中心学校/新亚

科学发明人物图/6/中心学校/新亚

世界人种风俗挂图/6/中心学校/新亚

法定传染病预防图/9/国民学校及中心学校/新亚

国际形势图说/1/中心学校/长风书店

自然现象挂图/4/中心学校

四川省重要物产分布图/1/国民学校及中心学校/成都实小

（资料来源：阿坝州档案馆所藏民国档案，全宗号 8，目录号 1，案卷号 76，出自四川省国民教育委员会主编《中心学校、国民学校教学设备标准》，正中书局，1940 年 9 月，第 21～24 页）

## 松潘县国民教育实施办法
### （民二十九年六月）

第一条　本办法依照四川省普设乡（镇）中心学校及保国民学校实施办法并参酌地方实际情形订定之。

第二条　自二十九年八月起至三十二年七月止，设置中心学校六所、保国民学校三

十一所。

第三条　中心学校一律称"松潘县某某乡（镇）中心学校"，保国民学校一律称"松潘县某某乡（镇）第（地名）保国民学校"，如系联立者，加某某乡（镇）或某某保联立字样。

第四条　中心学校第一年就原有之三所完全小学改办，校地仍设原处；第二年增设一所，设镇江乡、下塘乡两处。将原有国民小学改办，各校均依六年制规定办理，分设高级两班、初级四班。

第五条　国民学校第一年将小河营初级小学改为保国民学校，就原有之短期小学三十所改二十所为保国民学校于右所屯、火烧屯、清真寺、玉真宫、石河桥、安顺关、镇江关、镇平南坪城、安乐乡、永平乡、黑河、月南乡、踏藏、四生堡、小河营、施家堡、溜索屯、抹地沟、易珠河等三十处；第二年、第三年各改短期小学五所为保国民学校，改办时，学生、班次均不增加，以后则每年招新生一班于金河乡、归化、靖夷堡、三舍驿、回龙镇等五处；第三年改所存五所短期小学为保国民学校，设二道桥、斜坡、黄胜关、罗家村、吊坝等五处。

第六条　乡（镇）中心学校及保国民学校依照规定均应附设成人班一班，修业期间定为三月，每班每年办理二期，并办失学民众初级教育。

第七条　本县地处边陲，交通困难，生活高昂，中心学校校长及教职员月薪每人月支九十元，国民学校教职员月薪每人月支八十元，办公费暂定每班一律年支七十二元，新设中心学校之开办费每校暂定一千元，保国民学校办公费每班一律年支六十元，开办费为六百元；原有学校改设者，不支开办费。

第八条　乡（镇）中心学校及保国民学校各种经费预算，每年依照规定本县不能担负之数额专案呈请省府核办。

第九条　乡（镇）中心学校及保国民学校之校舍由本府指定适宜公共地点为校舍。若无相当地址，由当地乡（镇）保自行筹建，其不能自行筹建者，由本府补助之。

第十条　乡（镇）中心学校设校长〔得兼任乡（镇）长〕一人、教员〔得兼乡（镇）公所文化经济股主任或干事〕若干人、事务员一人、工役二人；保国民学校设校长（得兼任副保长，保长有教员能力）一人、教员（得兼保办公处干事）若干人、工役一人。

第十一条　乡（镇）中心学校及保国民学校之课程未颁布以前，中心学校仍依照完小办理，保国民学校仍依照短小办理。

第十二条　乡（镇）中心学校应负辅导所属各保国民学校之责。

第十三条　凡中心学校及保国民学校所在地之应入学儿童及失学民众而不入学者，应对其家长或保护人予以一定期限必须就学之书面劝告，其不受劝告者，乃将姓名标示警告，其仍不遵行者，由本府处以一元以上五元以下之罚款，成人得科以相当日期之劳役，并仍限期责令入学。

第十四条　学龄儿童及失学民众之有疾病或其他不能入学原因者，乃由家长或保护人或其本人具结请求缓学，其有痼疾不堪受教者，乃具结请求缓学。

第十五条　本办法实行时，未改办之短小及私立学校仍继续存在，但须依照规定办理。

第十六条　本办法呈请省府后实行，若有未尽之事宜，后随时修改，仍应呈请省府核准备案。

（资料来源：阿坝州档案馆所藏民国档案，全宗号 5，目录号 5，案卷号 209）

## 四川省政府关于转发中心学校国民学校办理社会教育要点的训令

### （民国二十九年教三字第 0294 号）

令松潘县政府：

教育厅案呈：奉教育部普十五字第 15331 号训令内开："查中心学校、国民学校民教部分，除设置成人班、妇女班，并应办理其他各项社会教育，以为各地方教化之中心，兹订定中心学校、国民学校办理社会教育要点，随文颁发，仰即遵照并饬遵照，切实办理为要。"等因。附中心学校、国民学校办理社会教育要点到府，除分令外，仰即切实遵照并于中心学校及国民学校成立后转饬照办为要。

此令。

兼理主席：蒋中正<br>教育厅长：郭有守<br>中华民国二十九年六月

附：

## 中心学校、国民学校办理社会教育要点

一、中心学校、国民学校除设置成人班、妇女班外，并应办理其他各项社会教育为乡（镇）保社会教育实施机关。

二、中心学校办理社会教育以乡（镇）为施教范围，国民学校办理社会教育以保为施教范围。

三、中心学校、国民学校办理社会教育以改善民众生活为主旨，除直接办理文化事业外，并应协助各主管机关办理政治经济自卫等方面有关教育工作。

四、中心学校、国民学校应办理之社会教育工作举例如下：

（一）文化方面：如编贴画报，开放图书室，指导民众阅览，举行通俗讲演，提倡民众娱乐，普及民众歌咏，倡导风俗改良等事项。

（二）政治方面：如实施抗敌宣传，举行总理纪念周及国民月会，协助办理保甲教育及地方自治等事项。

（三）经济方面：如实施合作教育，举行职业补习，办理农事，指导举行生计展览等事项。

（四）自卫方面：如协助壮丁训练，举行国术团体，办理民众体育及卫生等事项。

五、中心学校、国民学校应斟酌地方环境及人力物力分期办理前列各项工作，并应

于每学年开始时，拟具工作计划呈报主管教育行政机关核准施行。

六、中心学校、国民学校办理社会教育得视工作性质，联络有关机关团体协同进行。

七、中心学校、国民学校办理社会教育由校长负责主持，全体教职员均应参加工作。

八、小学部高年级学生应由教员指导参加办理社会教育。

九、中心学校、国民学校办理社会教育由县民众馆辅导，遇必要时得请求县民众教育馆及其他社会教育机关协助其进行。

十、中心学校、国民学校于每学年结束时，应编制工作报告，呈报主管教育行政机关核备。

（资料来源：阿坝州档案馆所藏民国档案，全宗号 5，目录号 5，案卷号 209）

## 四川省府关于修正四川省各县（市）普设乡（镇）中心小学及保国民学校实施办法的训令

（民国二十九年教三字第 10887 号）

令松潘县政府：

案查本府前订定四川省各县（市）普设乡（镇）中心小学及保国民学校实施办法，案经本府于本年五月十七日以教三字第 7665 号训令颁发各县（市）遵照，并分别呈咨行政院及教育部备案各在案。兹准教育部本年六月八日参字第 17899 号咨开："悉准贵省政府二十九年五月十八日调字 17746 号咨，检送修正四川省各县（市）普设乡（镇）中心小学及保国民学校实施办法，属查核备案。等由。准此。查该项实施办法，除第十七条下应谓第十八条为'乡（镇）中心小学及保国民学校办理社会教育所需之事业费，由县另列专项'等因；并附国民教育实施纲领及中心小学及保国民学校实施要则到府，并应依照国民教育实施纲领之规定，制定本省各县（市）普设乡（镇）中心小学及保国民学校实施办法，另令饬遵并分行外，合行抄发前项实施纲领之设施要则各一份。根据各校实施计划，分别抄发：一、原第十八条改为第十九条；原第十八条内'教师'统应改为'教员'；原第二十七条末'主持校务'应改为'襄助校长处理校务'；原第三十一条'并应兼办所在地'应改为'并应办理所在地'及原第三十二条'保'下漏'国'字外，其余大致尚合，应照备案，相应咨询，查照为何。"等由。准此。除依照修正，并呈报分令外，合亟令仰遵照修正为要。

兼理主席：蒋中正

教育厅长：郭有守

中华民国二十九年七月

（资料来源：阿坝州档案馆所藏民国档案，全宗号 5，目录号 5，案卷号 209）

## 松潘县府关于查报办理国民学校地点及保长姓名、能力的训令

### （教八字第 1044 号）

令各区署：

查新县制施行，上级规定于本年八月一日起实施，关于教育事宜，应与保甲合一办理，合力推进保教工作。本府奉令自本年下期起将原有三所完小改为中心小学，短期小学三十所改二十所为国民小学。三年后，务须每乡镇有中心小学一所，每保有国民学校一所，以资普及教育。保教办理负责之人，以乡镇长兼任中心小学校长，保长兼任国民学校校长，原有校长为副校长并兼任乡镇副保长；若乡镇保长不能兼任校长，后兼任副校长，原有校长为正校长。查本县人口稀少，现改设十乡镇六十一保，确实人数不足规定；若乡镇保各设学校一所，学生确无来源，兹由本府斟酌，拟定三年内全县设中心小学六所、国民小学三十一所，分年增办，第一年应办各校亟待筹划进行。本府规定于本年八月起每区各设中心小学一所，将原有完小改办，第一区设国民小学九所，将在右所屯、火烧屯北门外、南门外、石河桥、安顺关，镇江关、镇坪、溜索头等短小改办；第二区设国民小学八所，将汤珠河、南坪城、安乐乡、永平乡、黑河乡、郭元乡、月南乡、耕地沟等短小改办；第三区设国民小学四所，将永和塘、四望堡、施家堡等短小及小河初小改办。各校地点及办理负责人，中心小学已由本府转定，惟改办之国民小学应否设在原有地点；当地保名应以地名不能再称番号，究应改称为何保名；保长有无能力兼任校长，本府无从考查。除分令外，合行令仰该区署于文到三日内将办理国民学校地点及保名称与该保长有无能力具报来府，以资核办。事关保教要政，切勿敷衍，凭空拟报或延误为要。

此令。

县长：黄

中华民国二十九年八月一日

（资料来源：阿坝州档案馆所藏民国档案，全宗号 5，目录号 5，案卷号 209）

## 四川省第十六行政督察区专员公署
## 关于军训部呈拟国民兵教育纲要请颁布施行一案的训令

### （民九一字第 1021 号）

令松潘县政府：

案奉四川省政府二十九年七月秘一字第 171 号训令开："案奉军事委员会二十九年七月六日办制渝字第 1563 号训令开：'查前次军训部呈拟国民兵教育纲要请颁布施行一案，业经指令照办并公布施行在案，兹次该部呈拟修正前颁之国民兵教育纲要请通饬前来，经核尚属可行，除指令照准并公布施行及分令外，合行检发修正国民兵教育纲要，令仰通饬遵照。'等因。附发修正国民兵教育纲要一份，奉此除分令外，合行抄发原附修正纲要，令仰遵照并饬所属各县政府一体遵照。"等因。附抄发修正国民兵教育纲要

一份。奉此，除分令外，合行抄发原附件，令仰该府遵照。

此令。

专员：严光熙

中华民国二十九年八月三日

附：

## 国民兵教育纲要

### 第一章　总则

第一条　本纲领报拟修正兵役法施行暂行条例及国民兵组织管理教育实施纲领订定之。

第二条　国民兵教育之主旨在施行国民皆兵制度，发扬尚武精神，坚定爱国观念，普及军事技能，准备入营服役，树立动员补充，达成建军建国之目的。

### 第二章　教育区分

第三条　国民兵教育分区如下：

甲：国民兵初期教育（即基本教育）在十九岁至二十岁两个年次内施行之。

乙：国民兵前期教育（即正规教育）在二十一岁至二十二岁两个年次内施行。

如在所定之年未参加或未完成者得于次年补成之。

丙：国民兵中期教育（即后习教育）在二十六岁（中一期第一个年次）及三十一岁（中二期第一个年次）两个年次施行。如在所定之年未参加或未完成者，得于次年补成之。在中三期有必要时，亦得施行复习教育。初级中学及同等学校学生年达十六岁以上者，应受本县甲项教育。

第四条　预备军士教育分为平时训练及集中训练两种，平时训练在高中及同等学校行之，集中训练在各省（市）设学生集中训练总队之所。

第五条　预备役候补军官教育在专科以上学校行之，但任用前仍须先受短期训练。

第六条　国民兵中级干部教育由中央或军管区设干部训练班训练之，初级干部教育由国民兵团设干部训练班训练之，必要时，区乡（镇）队长得由团管区设干部训练班训练之。

### 第三章　教育时间

第七条　国民兵各期教育均为两个月，分两年（每年集训一个月）考成之，每月教育时间为一百八十小时，两个月共三百六十小时，其余为预备时间。国民兵教育课目时间之分配，术科约占百分之七十，学科及精神教育（含政治训练）约各占百分之十五，两精神教育除在规定时间外，尤须利用机会随时随地施行之。初级中学及同等学校学生自第一学年至第三学年在校行之，每学期教育时间为六十小时，每周三小时，其课目时间之分配与国民兵教育同。

第八条　预备军事平时训练在高中及同等学校学生（包括五年制专科学校前三学年）自第一学年至第三学年行之，教育时间每星期三小时，共约三百二十四小时；师范学校学生在第一第二学年行之，教育时间每星期四小时，共约二百八十八小时；简易师范及初级职业学校学生在第四学年行之，教育时间每星期四小时，共约一百六十小时。集中训练分为三个月，高中及同等学校学生在第三学年学科完毕后举行；师范学校学生在第三学年第一学期举行之。预备军士平时训练课目时间之分配，高中及同等学校学生术科约占百分之六十五，学科约占百分之三十五；师范学校学生第一学年术科约占百分之七十五，学科约占百分之二十五，第二学年学术科约各占百分之五十；简易师范及初级职业学校学生第四学年术科约占百分之七十五，学科约占百分之二十五；其集中训练术科约占百分之五十，学科约占百分之二十，精神教育（含政治训练）约占百分之三十。

第九条　预备役候补军官教育在专科以上学校学生（包括五年制专科学校后二年）其修业期间三年以上者，第一学年至第三学年行之，教育时间每星期二小时，其修业期间二年者，每星期三小时，总时间均约二百一十六小时。备役后补军官教育课目时间之分配，其修业期间三年以上者，各学年学术科各占百分之五十；其修业期间二年者，第一学年术科约占百分之六十五，学科约占百分之三十五，其第二学年术科约占百分之三十五，学科约占百分之六十五；短期训练学术科时间之分配另定之。

第十条　国民兵中级干部教育以二个月为一期，初级干部教育以四个月为一期，国民兵中级干部教育课目时间之分配，术科约占百分之四十，学科约占百分之五十，精神教育（含政治训练）约占百分之十。初级干部教育术科约占百分之六十，学科约占百分之二十五，精神教育（含政治训练）约占百分之十五。

第十一条　国民兵各级干部与备役干部集中训练每日时间为以八小时为准。

### 第四章　教育主要课目

第十二条　国民兵教育课目务求简单适用，以修得必要之学识与技能为主，并注意体格之训练与集团意识之养成，其精神教育在养成志勇爱国之观念，尚武奋斗之精神，坚定对主义领袖之信仰，革除其旧习，端正其人生观，使能明礼义、知廉耻，负责任守纪律。

第十三条　国民教育学术科主要课目如下：

甲：术科教育以完成备补兵各个必要之技能为主，如基本战斗教练之各个班动作射击教育之举枪瞄准、击发距离测量、手榴弹投掷、步兵各种掩体之构筑、伪装障碍物之设置、破禁地地形地物识别与利用气候、步哨传达诸动作及夜间教育等。

乙：学科教育在补术科教育之不足，应选择必要了解且实用者摘要教授之，如步兵操典纲领、士兵在战斗间应遵守事项及军队内务规则、摘要军事常识、兵役法规等。初级中学及同等学校学生教育学术科主要课目与国兵初期（基本）教育同。

第十四条　预备军事教官学术科主要课目如下：

甲：术科教育以养成班长在战斗间必具之技能为主，如基本战斗训练：各个班排动作、射击教育（包括手榴弹投掷）、阵中勤务筑城作业、简易测绘、夜间教育等。

乙：学科教育在使修得班长必具之军事知识为主，如步兵典范令摘要、各种军事常识及兵役法规等。

第十五条　备役后补军官教育学术科主要课目如下：

甲：术科教育以养成初级干部必要之技能为主，如基本及战斗训练、射击教育（包

括手榴弹投掷）、阵中勤务筑城作业要图、防空防毒演习、夜间教育等。

乙：学科教育以修得初级干部必要军事学识为主，如步兵典范令摘要及战术与军制兵器、筑城地形、六人通信概要、兵役法规等。

第十六条　国民兵各级干部教育学术科主要课目如下：

甲：术科以教练军事技术养其指挥能力为主，如基本及战斗教练、连以下之动作与指挥及射击教育（包括手榴弹投掷）、阵中勤务筑城作业、简通信兵役实施演习、夜间教育等。

乙：学科教育因各级干部程度不同而有差异，以充实军事学识而能实施国民兵教育及办理兵役必要之常识为主，如步兵典范令摘要、军事有关之课目、兵役法规等。

第十七条　国民兵及备役干部与各级干部各项教育应分别程度按步实施，其教育计划另定之。

## 第五章　教育注意事项

第十八条　各项教育应遵照预定计划实施，不得随意变更，遇有特殊情形不能如期施行时，仍须设法补足之。

第十九条　实施国民兵教育应与附近驻军或军事学校取得联系，以便有见学各种兵器及各种参加演习之机会。

第二十条　教育人员应以身作则，循循善诱以达潜移默化之效，殴打侮辱行为应严加制止。

## 第六章　校阅视察

第二十一条　国民兵各项教育期满，应呈报军管区司令部派员校阅。

第二十二条　各项教育于训练期间除主管各部及军管区司令部随时派员视察（督练）外，国管区及国民兵团亦应随时派员视察。

第二十三条　军训部每年定期会同有关各部派员校览各项教育情形，以定期改进或委讬当地高级军事机关行之。

第二十四条　国民兵各项教育之校阅及视察（督练）规则另定之。

## 第七章　附则

第二十五条　警察及地方团队适用本纲要国民兵各期教育。

第二十六条　国民兵教育得请当地军事机关学校及驻军长官调派干部协助之。

第二十七条　本纲要自公布之日实行。

（资料来源：阿坝州档案馆所藏民国档案，全宗号 5，目录号 5，案卷号 209）

### 松潘县各级小学改中心学校或保国民学校后的教员待遇及经费预算

（教字第 1056 号）

事由：为造具中心学校、国民学校、短期小学八至十二月经费预算书表请提前核转示遵由

窃查本县各级小学奉令改为中心学校或保国民学校后，内容充实，班次增多，依照一班以多半教员担任原则，各校教员应行增添，经费也应加支。原有经费预算不敷，非

加增不可以应事宜，且原预算教员待遇过低，又当物价节节上涨，刻已高出国难前十二倍以上，故非另造预算，提高待遇不可。查原预算教员待遇最高日薪为四十元，少至二十五元，现物价升涨，白米每斗五十银元，稍有不能购买之势，预算每人一月最低生活费必需六十元以上，各教员以生活困难故不愿就，本年上期曾有两度停课。查本年一五七月预算，校长月薪四十元，教职员月支津贴二十元。自五月份起，校长月支六十元，教职员月支五十元，勉强将上期现状维持过去。下期行将始业，各校教员再四联名坚请提高薪给，月支不在八十元以上则食不饱腹、衣不暖体。此种情况为派驻十六区教育视导员秦彰宿所深悉。若不即予设法提高薪金，立见学校停闭，用特另造预算呈请鉴核。查预算所列经费共为贰万八千八百四十五元。本县教育经费全年收入估计不过一万零数百元，已将全数开支净尽。□。另百分之五十仅支出之半数，其余半数□款拨支，请于本县八至十二月经费予以全数。经费开支在急，并悉提前。核示以上缘由是否有当。理合造具中心学校、国民学校、短期小学经费预算书贰拾份、校名一览表拾五份具文赍请钧署俯赐提前查核加具切实考语，待请四川省政府鉴核予以核准，实为公便。

谨呈四川省第十六区行政督察专员公署

松潘县县长：黄〇〇

秘书：秦〇（代）

中华民国二十九年八月七日

（资料来源：阿坝州档案馆所藏民国档案，全宗号5，目录号5，案卷号209）

## 松潘县府关于印发中心学校、国民学校办事通则的训令
### （教字第 1066 号）

令城区、南坪、漳腊小学、各短期小学：

查县立城区、南坪、漳腊三所完全小学，奉令自八月一日起改为乡（镇）中心学校，县立三十所短期小学亦于同日起改二十所为保国民学校，并将小河营初级小学改为国民学校。兹依照四川省普及教育办法及本县国民教育实施办法拟定中心学校国民学校办事通则，颁布实施，除分令外，合行抄发通则一份，仰该校长及教职各员切实遵照办理为要。

此令。

松潘县长：黄

中华民国二十九年八月十一日

附：

## 松潘县乡（镇）中心学校及保国民学校办事通则

一、本通则根据本县国民教育实施办法规定拟定之。

二、原有县立三所完全小学，自二十九年八月起改为中心学校，城区小学改为松潘

县古松镇中心学校，漳腊小学改为松潘县漳腊乡中心学校，南坪小学改为松潘县永安乡中心学校；县立三十所短期小学改二十所为保国民学校。

三、中心学校校长兼副乡（镇）长，乡（镇）长兼中心学校副校长；国民学校校长兼本保副保长，保长兼本保国民学校副校长，分工合作推进学校事务。

四、校长职权除原有各种规定外，乃襄助乡（镇）长或保长办理保甲事务，副校长职权在于襄助校长办理学龄儿童、失学民众调查及强迫入学与去学校一切应学之事务。

五、各校于开学招生期内，应将本境内学龄儿童数及失学民众数详细调查确实，与乡（镇）公所或保长办公处会同再报来府备查。

六、中心学校高级办两班，初级办四班，并办成人班一班；国民学校除有短小一班以外，本期招新生一班，并办成人班一班，每班人数城镇以四十人为足额，乡村每班人数不足，总以收完所在地学龄儿童为原则。

七、各校于开学一月内务须依照规定造报教职员及学生一览表，修业后一星期内造报学生成绩表或毕业学生表，行课期内应造报教导工作之报表。

八、各校开学后一月内，应发儿童玩具、卫生用具、制服等。

九、开学后一月内，应将各级学生人数比较、教室清洁比较表、教职员一览表等表张贴在办公室。

十、教职各员每日应精神抖擞，认真教学，若有不终职务擅自离职者，校长将警告之。警告又仍不改者，将呈报本府查办。若知情不报者，一经查出，定将该校长一并处分。

十一、教职各员对于操行要有充分的修养，务要能以身作则，做学生的模范。

十二、每四星期应举行考试一次，考查学生学业与操行是否进步。每次考试后开教导会议一次，共同研究学生学业与操行。

十三、每学期应举行学生家庭访讯两次，告诉学生在校概况及学校教学方针，问学生在家情况并告诉家庭教育方法，征求家长对学校办理意见，访讯时间在第八周、第十六周举行，由学校印制访讯表交各级之任教员办理，访讯结果提交校务会议讨论，当有错者，则立即劝导之。

十四、中心学校应成立图书室。

十五、九月份起因天气太短，各校不放午学，于应放午学时作一长时间之休息。

十六、各校行课时间应以周期为标准，每学期须行课二十一星期。

十七、中心学校有辅导国民学校推进校务之责，应于每年开学时拟具辅导计划呈报县府备查。

十八、各区署有教育指导员专门指导国民学校之进行。

十九、国民学校应绝对接受区指导员及中心学校之指导。

二十、本通则未提出之事件，由各校教职员先行办理之。

二十一、以上事项关系各员考成，如有违反者，一经查出，定于议处。

（资料来源：阿坝州档案馆所藏民国档案，全宗号 5，目录号 5，案卷号 209）

## 四川省实施国民教育强迫入学施行细则的训令

### （二十九年教字第 13962 号）

令松潘县政府：

查本省实施国民教育，已于本年八月一日开始，兹依据部颁国民教育实施纲领第七章及四川省普设乡（镇）中心学校及保国民学校实施办法第七章之规定，订定四川省实施国民教育强迫入学施行细则十三条，并提经本府 416 次省务会议议决通过，公布施行在案。除咨请教育部备案，并分令外合行检发原细则，暨附名册格式一份，令仰遵照办理。

兼理主席：蒋中正

教育厅长：郭有守

中华民国二十九年九月十一日

附：

## 四川省实施国民教育强迫入学施行细则

第一条　本细则依国民教育实施纲领及四川省普设乡（镇）中心学校及保国民学校实施办法之规定订定之。

第二条　在乡（镇）中心学校及保国民学校已足收容当地学龄儿童及时失学成人之地方，应由乡（镇）公所秉承县（市）政府之命令，开始实施强迫入学。

第三条　前条所称学龄儿童系指六足岁至十二足岁之儿童而言，失学成人系指十五足岁至四十五足岁之成人而言，各县（市）如有十二足岁至十五足岁之失学儿童，亦在强迫入学之列。

第四条　各县（市）政府在实施强迫入学以前，应督令所属各乡（镇）公所，于编查户口时，将学龄儿童数、失学成人数及失学儿童数分别调查清楚，列明呈报县（市）政府备查，名册格式另定之。

第五条　各乡（镇）学龄儿童数、失学成人数及失学儿童数调查清楚后，即按照名册分别通知限期入学，如所在地失学成人众多，得尽先抽调三十五足岁以下之失学成人入学。

第六条　经通知入学之儿童及成人，如不依限入学，应照下列办法实施惩罚：

（一）劝告：由保办公处予以口头或书面之劝告限期入学。

（二）警告：劝告无效时，由保办公处将其姓名报由乡（镇）公所，核示警告，仍限期入学。

前项办法，经依次采用后，仍不入学者，得由乡（镇）公所报请县（市）政府依行政执行法之规定办理。

第七条　凡已入学之儿童及成人如发现下列情形之一者，亦得比照规定惩罚：

（一）无故缺席连续七日以上者。

（二）未经核准而中途停学者。

（三）间次缺席日数占上课日数五分之一以上者。

第八条　应入学之儿童或成人有下列情形之一者，得由家长或保护人或其本人提出相应证明，请求缓学：

（一）现受国民训练者。

（二）在入学期间有重大疾病者。

（三）旅居异乡尚未回籍者。

（四）妇女在生产前后两月以内者。

（五）其他特殊事故经核准者。

前项缓学原因消失时，仍应督令入学。

第九条　应入学之儿童或成人有下列情形之一者，得由家长或保护人或其本人提出相当证明请求免学：

（一）本月内应服兵役者。

（二）心神丧失者。

（三）有重大痼疾不堪受教育者。

（四）其他特殊情形经核准者。

第十条　应入学之失学成年妇女，如有特殊情形不能入校受课，经核准后，得在家中自习或受传导生传习，但须按时参加考试。

第十一条　缓学、免学、自学之请求经保办公处查明属实后，转请乡（镇）公所核准公告，并转呈县（市）政府备查。

第十二条　缓学、免学、自学之请求，如有假冒、虚构事实情事，经查明属实后，得比照第六条之规定办理，保办公处经手人员如有朦报情事，应负连带责任。

第十三条　本细则自公布之日施行。

（资料来源：阿坝州档案馆所藏民国档案，全宗号5，目录号5，案卷号209）

## 茂县国民教育训练班招生简章招收学生十名的代电

（教四字第 424 号）

（一）各县考送学生十名。

（二）资格：

（甲）初中毕业或四年制简易师范毕业服务期满一年，年龄在十五岁以上者；

（乙）同等学力生有小学教育一年以上经验者，年龄在十八岁以上者（同等学生取录总额百分之十五）。

（三）报告地点各县自定。

（四）报考手续缴毕业证书或服务证件。

（五）考期各县自定。

（六）九月底以前申送到威州本班。

（七）考试科目：

（甲）笔试：公民、国文、数学、史、地、理、化、动植物；

（乙）口试。

（八）待遇每月由省库津贴伙食十元，各县津贴二十元。

（九）服务本班学生受训一年，毕业后须遵章回原籍，向县府报到，听后分发，除分电外，合电遵照。

专员：严光熙

中华民国二十九年九月十九日

（资料来源：阿坝州档案馆所藏民国档案，全宗号5，目录号5，案卷号209）

## 松潘县县长就无人报考国民教育
### 师资训练班给四川省第十六行政督察专员公署的呈
（教字01190号）

茂县严专员钧鉴：

案奉钧署教四字第四二四号代电，饬本县遵照钧署国民教育师资训练班招生简章招收学生十名，等因。查本县奉令定于十月十一日依法放试，惟届时并无一生应放，无从升送，理合电请鉴核。

松潘县长：黄（叩）

中华民国二十九年十月十八日

（资料来源：阿坝州档案馆所藏民国档案，全宗号5，目录号5，案卷号209）

## 松潘县政府关于原有学校改为中心学校、国民学校校名一览表的训令
（教字第1228号）

查本县原有初级小学及短期小学奉令改为乡镇中心学校或国民学校，各校虽已遵照改办，但学校名称，因乡镇保名未定，故未遵令公布。现在各校名称均已规定完备，除呈报并分令外，合行抄发学校校名一览表一份，令仰遵照原改后领经费。十一月起，一律改用新名称，应即抄发至学校，自应由县府统一颁发。在来府颁发以前，一切行文仍暂借用旧有□□，不得自行借用为要。

此令。

松潘县政府

中华民国二十九年十一月十六日到

附：

### 松潘县立中心学校一览表

| 原有名称 | 现在名称 | 班数 | | | |
|---|---|---|---|---|---|
| | | 高级 | 初级 | 成人班 | 合计 |
| 城区小学 | 松潘县城镇中心学校 | 2 | 4 | 2 | 8 |
| 南坪小学 | 松潘县永安乡中心学校 | 2 | 4 | 2 | 8 |
| 漳腊小学 | 松潘县漳腊乡中心学校 | 2 | 4 | 2 | 8 |
| 松潘县立城区小学 | 松潘县岷山镇中心学校 | | | | |

### 松潘县立保国民学校一览表

| 原有名称 | 现在名称 | 保长姓名 | 班数 | | | |
|---|---|---|---|---|---|---|
| | | | 小学 | 成人 | 合计 | |
| 玉真宫短期小学 | 松潘县青云乡镇第三保国民学校 | | 3 | | 3 | 该校拟办岷山中心学校成人班未经办成 |
| 清真短期小学 | 松潘县岷山镇第二保国民学校 | | 2 | 1 | 3 | |
| 羊芋屯短期小学 | 松潘县青云镇第五保国民学校 | | 3 | 1 | 4 | |
| 大屯短期小学 | 松潘县青云镇第六保国民学校 | | 2 | | 2 | |
| 火烧屯短期小学 | 松潘县岷山镇第一保国民学校 | | 3 | 1 | 4 | |
| 石河桥短期小学 | 松潘县归化乡第二保国民学校 | | 3 | | 3 | |
| 安顺关短期小学 | 松潘县归化乡第一保国民学校 | | 3 | | 3 | |
| 得胜堡短期小学 | 松潘县归化乡第三保国民学校 | | 2 | 1 | 3 | |
| 镇江关短期小学 | 松潘县镇坪乡第一保国民学校 | | 3 | 1 | 4 | 该校计划于三十一年改为中心学校 |
| 小河乡初级小学 | 松潘县小河乡第一保国民学校 | | 4 | 1 | 5 | 该校计划于三十年改为中心学校 |
| 施家堡短期中学 | 松潘县小河乡第二保国民学校 | | 3 | 1 | 4 | |
| 三舍驿短期中学 | 松潘县小河乡第三保国民学校 | | 2 | 1 | 3 | |

### 松潘县国民学校校名及校址地名变化表

| 原/现地名 | 国民学校名称 |
|---|---|
| 南门月城内 | 照屏国民学校 |
| 北门清真北寺 | 凤鸣国民学校 |
| 洋芋屯 | 扬誉国民学校 |
| 大屯 | 达胜国民学校 |

| 原/现地名 | 国民学校名称 |
|---|---|
| 火烧屯 | 靖安国民学校 |
| 石河桥 | 雄鹤国民学校 |
| 安顺关 | 安顺国民学校 |
| 得胜堡 | 百胜国民学校 |
| 镇江关 | 镇江国民学校 |
| 南坪 | 南坪国民学校 |
| 安乐 | 安乐国民学校 |
| 永丰 | 永丰国民学校 |
| 月南山 | 月南国民学校 |
| 郭元乡 | 郭元国民学校 |
| 汤珠河 | 汤珠国民学校 |
| 斜坡 | 中河国民学校 |
| 四道城 | 绕蟥国民学校 |
| 三舍驿 | 三舍国民学校 |

### 民二十九年松潘县各保保长及是否有能力兼任国民学校校长调查表

| 国民学校地点 | 保名称 | 保长姓名 | 能力 | 备考 |
|---|---|---|---|---|
| 下塘联保汤珠河 | 下塘联保第四保 | 吴有福 | 无力兼任校长 | 原设短小地点改设始为适中 |
| 永安联保城内中心小学内 | 永安联保第一保 | 薛镛城 | 同上 | 原设小学内仍旧小学地点方为适中 |
| 永安联保安乐乡刘家院内 | 永安联保第四保 | 李维槐 | 有能力兼任校长 | 此处地点可称适中 |
| 永安联保下永丰乡龙王庙内 | 永安联保第六保 | 薛增懋 | 同上 | 原有短小地点改设方为适中 |
| 上塘联保黑河四道城 | 上塘联保第五保 | 漆王宗 | 无能力兼任校长 | 此处原有短小一所改设甚为适中 |
| 下塘联保郭元乡 | 下塘联保第二保 | 潘世贵 | 同上 | 以原有地点改设方为适中 |
| 下塘联保月南山 | 下塘联保第五保 | 马玉元 | 同上 | 同上 |
| 斜坡乡 | 斜坡特编保 | 何永福 | 同上 | 下塘过多以抹地沟学校改在斜坡乡可否请核 |

### 民二十九年松潘县政府第一区中小学校、国民学校校长副校长及学校名称表

| 学校名称 | 校长副校长姓名 | 所在地点 | 乡镇保名 | 备考 |
|---|---|---|---|---|
| 岷山镇中小学校 | 马贡三 | 县城东街 | 岷山镇第四保 | |
| | 马仁寿 | | | 镇长兼副校长 |
| | 林刚如 | | | 同上 |
| 玉真宫保国民学校 | 骆丰如 | 青云镇公所侧室 | 青云镇第三保 | |
| | 汪全刚 | | | 因程静如一再辞退故填该保保长汪全刚为副校长 |
| 洋芋屯保国民学校 | 赖素聪 | 洋芋屯 | 青云镇第六保 | |
| | 黎崇仁 | | | 保长兼副校长 |
| 大屯保国民学校 | 万守胡 | 大屯 | 青云镇第六保 | |
| | 黎崇仁 | | | 保长兼副校长 |
| 火烧屯保国民学校 | 唐长焕 | 火烧屯 | 岷山镇第一保 | |
| | 杨发春 | | | 保长兼副校长 |
| 石河桥保国民学校 | 罗载春 | 石河桥 | 安顺镇第二保 | |
| | 钱朝安 | | | 保长兼副校长 |
| 安顺关保国民学校 | 刘全忠 | 安顺关 | 安顺镇第一保 | |
| | 赵永祺 | | | 保长兼副校长 |
| 镇江关保国民学校 | 陈福章 | 镇江关 | 镇坪乡第一保 | |
| | 杨永昌 | | | 保长兼副校长 |
| 镇坪保国民学校 | 刘全忠 | 镇坪 | 镇坪乡第五保 | |
| | 岳忠义 | | | 保长兼副校长 |

### 中心学校及国民学校校长训练班科目及每周时数表

| 科目 | 每周时数 | 备注 |
|---|---|---|
| 精神讲话 | 二 | 注重中国民族精神及国有道德之发扬讲述，总理有关教育方面之训示，国民精神总动员纲领及其实施新生活运动纲要等心得 |
| 中华民国政府 | 二 | 包括国民政府成立历史，建国大纲，国府及五院组织，省市政府组织，县各级组织纲要 |
| 国势概要 | 二 | 包括国民革命简史，世界大势，本国国防形势及国力，检讨敌情研究，抗战建国纲要，交通经济军事文化政治建设及本省建设纲领 |
| 地方自治 | 四 | 包括县政要议，地方自治开始实行法，自治法规，乡行政（民政经济文化警备）民权初步参议制度 |

| 科目 | 每周时数 | 备注 |
|---|---|---|
| 教育行政 | 四 | 包括中华民国教育宗旨及政策，三民主义教育实施原则，国民教育意义及中心学校国民学校之组织及行政（国民教育实施纲领、中心学校及国民学校设施要则），中心学校及国民学校之教导实施及校舍建设及设备经费之筹集与处理地方教育行政，学龄儿童及失学民众之调查与劝学，中心学校辅导国民学校之实施 |
| 民众教育 | 三 | 包括民众教育之意义及发展概况，中心学校、国民学校高初级成人班之课程教务及教学法，民众之组织及训练，家庭教育与社会教育之推行 |
| 教学法研究 | 二 | 注重教学方法实际问题之研究改良及教学辅导 |
| 应用文 | 二 | |
| 体育及卫生 | 三 | 于体格锻炼外，应补习社会体育及公共卫生之实施 |
| 地方建设问题讨论 | 四 | 强迫入学问题，地方教育经费问题，地方行政与教育之合作问题，学校与社会家庭之联系问题，保甲问题，地方保甲问题，地方行政问题，农村水利问题，兵役问题，禁烟问题，卫生问题及其他有关问题，可按人数及性质分组讨论并请有关教员及公务员出席指导 |
| 农村经济及合作 | 三 | 经济要议，中国农村经济概况，国民经济建设，农村经济之发展合作要议，各种合作之组织与经营 |
| 军事训练 | 五 | 于一般军事训练外，应注重壮丁训练及自卫训练 |
| 实习 | | 免除教学实习，注重地方行政之参观记实习，除于课外定时举行外，并须于课业结束后集中举行时间至少一周 |
| 总计 | 三六 | |
| 说明：训练班之期限无论为一个月或三个月均适用本表所定科目，至教材分量，可按期限长短增减 | | |

### 国民教育师资训练班及进修班科目及每周时数表民国（二十九年七月公布）

| 科目 | 每周时数 | 备注 |
|---|---|---|
| 公民 | 二 | 除社会伦理及法制各部分外，其余政治及经济可分别并入地方自治农村经济及合作，此外并应议成三民主义、孙文学说、国民精神总动员纲领及其实施新生活运动纲要等项 |
| 体育 | 二 | |
| 军事训练 | 二 | |
| 音乐 | 一 | |
| 国语 | 四 | 除普通国语文外，须兼习注音符号或应用文 |
| 算术 | 四 | 包括四则分数诸等利息度量衡等项之实际应用 |
| 史地 | 四 | 历史方面注重我国疆域沿革，民族扩展，文化政治之演进；近百年国际交涉，国民革命简史，抗日战争形势，本省先贤学者功业；地理方面注重我国国防形势，抗战地理交通建设物产情形，边疆情形，本省乡土地理 |

续表

| 科目 | 每周时数 | 备注 |
|---|---|---|
| 自然 | 四 | 以衣食住行为中心并授公共卫生及防空防毒常识 |
| 教育概要 | 二 | 包括教育之意义及功能，中华民国教育宗旨及政策，中国教育制度及学制系统，国民教育之意义及职能（国民教育实施纲领），中国教育概况及趋势 |
| 学校行政 | 二 | 包括中心学校、国民学校之组织及行政（中心学校及国民学校设施要则）教学设备，学校卫生地方教育行政概要 |
| 教学法 | 四 | 包括学习心理及教学原则，课程教材普通教学方法及各科教学法举例训育原理及方法（均须兼顾儿童及成人两部分） |
| 地方自治 | 三 | 包括宪政要义，地方自治开始实行法县各级组织纲要，自治法规，乡保行政（民政经济文化警备）民权初步参议制度 |
| 农村经济与合作 | 二 | 包括经济要议，中国农村经济概况，国民经济建设，农村经济合作发展要议，各种合作之组织与经济 |
| 实习 | | 包括教学实习及地方行政之发现及见习，可于课程结束后集中举行，时间至少两周 |
| 总计 | 三六 | |

说明：1. 国语、算术、自然、史地四科可按照教员对各该科之实际发展见习一科或两科，其余修习科目之放学时间可酌情增加。

2. 进修班之期限无论为三个月或六个月都适用本表所定科目，至教材分量可按期限长短增减

（资料来源：阿坝州档案馆所藏民国档案，全宗号 5，目录号 5，案卷号 209）

## 松潘县政府第二区区署拟呈教育视导计划
### （发文南 16 号）

一、视导目标

本署依照四川省各级视导纲制拟本计划，俾合本区教育得以推广充实与改进，以达普及教育扫除文盲、促进文化之日的。

二、视导时间

本区计永安中心学校一所，保国民学校三所，上塘乡保国民学校一所，下塘保国民学校三所，暂定每半年视导该学校两次，以资改进。

三、视导要点

1. 行政组织——是否健全；

2. 经济支配——是否合法；

3. 建筑设备——是否完善；

4. 学校训练——是否合法；

5. 精神训练——是否改进健全；

6. 特殊教育及战时后方服务训练——是否遵令实行；

7. 体格训练——是否加强；

8. 卫生状况——设备是否完善力行是否确实；

9. 生产劳动训练——是否实行；

10. 兼办社教情形——是否实行；

11. 学校人数——是否合法；

12. 强迫教育——是否实践。

四、视导会议

暂定每三个月开教育视导会议一次（于每次视导各校完毕后举行），由区署召集所属中心学校、保国民学校正副校长及各乡公所文化股主任共同研究视导结果及改进办法。

五、视导行政

1. 按期视导各该校后视导人须将各该校应行改进要点分别通知各该校，俾资改进；

2. 按期视导情形由区署呈报县府备查；

3. 视导后如有勤慎厥职办事认真之校长、教员应由视导人签请区长转呈县长嘉奖记功或加薪，如有急情职务不事改进者由视导人签请区长转呈县府申斥记过或罚薪。

六、附则

1. 本计划如有未尽事宜由区长签请县府改订之；

2. 本计划呈请县府校准后施行。

区长：朱焕彬

中华民国二十九年十一月十七日

（资料来源：阿坝州档案馆所藏民国档案，全宗号5，目录号5，案卷号209）

**四川省政府转发教育部颁定**

**《中心学校、国民学校民教部成人班、妇女班暂行课程标准》的训令**

（二十九年教三字第18073号）

令松潘县政府：

教育厅案呈：奉教育部二十九年六月二十九日民壹5字第20952号训令开："查中心学校、国民学校民教部成人班、妇女班暂行课程标准，业经本部订定公布在案，兹再随令检发一份，令仰遵照并转饬遵照。至成人班、妇女班所用课本，本部业已依照此项课程标准分别编辑，一俟编印竣事，即可颁发样本，在未颁发以前，应即转用本部前编民众学校课本乙种，并仰遵照。"等因。并附中心学校、国民学校民教部成人班、妇女班暂行课程标准一份到府，除分令外，合行抄发原课程标准一份，令仰遵照！并仰饬所属各中心学校及国民学校在未奉到新编民教课本以前，其成人班及妇女班准暂采用教部前编民众学校乙种授课为要。

此令。

计发中心学校、国民学校民教部成人班、妇女班暂行课程标准一份

兼理主席：张群

教育厅长：郭有守

中华民国二十九年十二月

（资料来源：阿坝州档案馆所藏民国档案，全宗号5，目录号5，案卷号209）

四川抗战历史文献
（少数民族卷）

## 四川省政府关于国民学校设置给松潘县府的训令

（民三十年教民三字第 12065 号）

令松潘县政府：

查派款应以人民之负担能力为标准，不得按保以筹，征兵应以壮丁数目之多寡为依据，不得按保配。各县为征兵派款而扩大保之范围，减少保之单位。前经本府先后通饬遵照各在案。近查各县整编保甲多顾虑每保须设保国民学校财力有所不胜，竟任意扩大保之范围，以减少学校单位，就经费预算似此削足适履，不但破坏保甲编制之完整且妨碍国民教育之发展。嗣后各县关于整编保甲、清查户口，务须遵照查口查户，按户立甲，编保之程序，所有保甲编制必须遵四川省各县整编保甲清查户口实施办法第六条之规定办法，以资确实至国民学校之设置。在人口密集之区，自可两保或三保合设一所，惟每保平均至少须有初小班级、初级成人班各一班，若在距离边远通学校不便之乡村，更不应扩并保数少设学校，致碍进行，且四川省普设乡镇中心学校及保国民学校实施办法第十一条末项原有"上项实施程序在财政特殊困难之县，不能达到预定标准时，得专案呈请省政府核办"之规定，各县市如确有困难情形，尽可专案呈核，均不得任意扩并，致干咎戾，除分令外合行令仰遵照。

此令。

兼理主席：张
教育厅长：郭有守
中华民国三十年四月

（资料来源：阿坝州档案馆所藏民国档案，全宗号 5，目录号 5，案卷号 209）

## 四川省教育厅就成人班、妇女班设置给松潘县政府的公函

径启者：查各县各乡镇中心学校及保国民学校，除小学部外，所有成人班及妇女班多未能遵令设置，即有设置，其人数亦都过少。殊与四川省普设乡镇中心学校及保国民学校实施办法第五条暨第二十八条之规定不合。似此情形，不仅损失推行国民教育之意义，且影响失学民众补习教育之普及与扫除文盲之工作关系匪浅。并应涵请贵府查照前令，切实办理并随时视察各乡镇中心学校及保国民学校是否业经设置成人班及妇女班，如未设置应令其如期设置，人数过少者，应令其迅即设法收足，用副政府之明察。如果招收学生困难，亦应遵照本府前颁国民教育强迫入学施行细则，切实办理，以凭规定为荷！

此致松潘县政府。

四川省政府教育厅第三科
中华民国三十年十一月

（资料来源：阿坝州档案馆所藏民国档案，全宗号 5，目录号 5，案卷号 209）

## 松潘县民三十一年度教育推进计划（节选）

（教三字第0492号）

### 人　事

一、县教育行政人员依照规定设科长一人，承县长之命，总理全县教育行政事宜；督学二人至五人，承县长及科长之意，计划全县教育推进事宜，并分区视导及考核公私立各级学校教育与社会教育；科员三人，事务员、社务员各一人，承各级主官之意，处理科内各件及一切事务。惟本县僻处边陲，交通不便，物色人才困难，职员不足，暂照原有人位设置，至尚差之人员，一俟物色后，当即补充。

二、视导人员、县督学分县驻区视导学校教育及社会教育，依照视导规定，每一行政区应设教建指导员一人，每乡镇设文化经济股主任一人，依据法令及秉承各级主管之意辅导各种教育运行。查本县督学为数不够，要予以补充。若区教建视导员仍未设置，即已设置亦不合格，依照本府三十一年规定，饬各区赶紧设置，若延不设置或设置不合格者，由教科遴选合格人员鉴请县府核委充任；乡镇文化经济股主任未设置者，饬即设置，已设置而不合格者，由教科在各中心学校教员中遴选合格者鉴请县府核委兼任，各中心学校有辅导所属国民学校之责，严令各校依照法令竭力辅导各国民学校。

三、各校教职员、中心学校校长，除永安乡、水彤乡中心学校仍以原人继任外，本年下期遵此三年普及教育计划应增设镇坪乡中心学校一所，校长拟以屯区师范毕业学生杨泽孚充任。岷山镇中心学校校长乌云因三十年松潘被炸，该校损失财产过大，学生亦感推动困难，一再辞职，另顾全校务进行顺利计划，拟将该员调充民教馆图书室主任，遴选函托第二区长在永安乡中心学校教育中甄选合格者接替；小河乡中心学校之长杨润根系乡长兼任，依照最近法令规定校长应以专任为原则，查该员乃兼任，对于校务确实不能兼顾，拟另委人员专任，以专责成，将该员调任副校长，以资协助。全县原有合格者及善征代用者约二十人仍予继用外，尚差三十六人，拟专函托财政科长周宗武在省管训之便，代为甄选补充。

### 经　费

一、增加来源：除原有之教育经费收入不计外，依照规定将田赋改增实物之增益列为教经来源之一，此外即照部颁造产办法，就地方可能范围内，努力造产，以资增加来源。

二、保管：依照法令规定组织保管委员会，实行专账保管，每月按照预算拨足，即有未用尽或全未用，亦应还交县金库，作各文化户之存储，以便合法动支。

三、支配：教师薪金决定实行等级支薪，应即严饬各教师检查证件审核，以便决定等级，其临时支配各种教经，由教育经费审核委员会议议交教科复审决定，最后动支，若须专案呈请者，俟呈准后动支。

四、发放：各校经常费之发放，于每月二十日以前由视导会议决定，通知主管会计复核后，转知县经库照发。本县幅员辽阔，学校散漫，设视导人员在外工作，不易集会时，各校经费应否发放问题，县督学就任时，即由县督学核定，县督学他去，距校太远不便时，中心学校经费由该区教建指导员代该县区长复核决定；国民学校经费由乡镇文

经主任初核，教建指导员复核，区长再核决定，核定后再就当地县经收处分设经收机关呈领，但每次领款，领款人须具正式收据二份，一份交放款人，一份交区署；每月三十日以前，各代放款人（各经收处）、各代领款机关（区署）应收领款人所具收据分别呈转本区驻区督学及县经收处由县保管委员复核列账，以资月清月账。

五、造产：依照本府拟呈造产办法，本年上半年指定岷山镇中心学校及青云镇第五保国民学校试行养鸡养羊，八月起仰善编推行，俾各校基金稳固，经费将早日自给，是项工作试办时所需成本，即以三十年结算教经批注，善行时之成本，拟具预算专案呈请在县预备费项下开支。

## 各校设备

本县各级学校设备异常简陋，教学设备极困难，乃遵法令充实各校内容，减轻教学困难，除将三十年度教经发之六百元呈请教所代购部分图书分发各国民学校应用外，拟于本年内斟酌各校需要，移用县预备费一部与之设备，如果可行，即事先专案呈准，以便陆续动支。

## 增设学校

依照本县三年普及教育计划，本年八月起，应增设中心学校一所，国民学校五所。除中心学校已计划决定设镇坪乡不计外，国民学校五所饬督学于视导之便，详择选中地点报请增设。

## 社　教

一、失学民众补习教育：依照国民教育实施办法及地方实际情形，令饬各中心学校、国民学校在本年内每学期至少办民教班一班或一期，督学考核此种教育，应列为各校及各乡镇保甲考绩之一。

二、民众体育：依照本府拟呈三十一年度民众体育办法大纲成立各区民众体育场，除大纲内定教建指导员及中心学校体育教员应负指导民众运动外，督学于视导之便，切实督饬进行。

三、书报：本县书报历年因经费拮据，民众教育馆不能成立，从未举办，长此以往不但于法令不符，且于全县文化影响甚大。本年拟就民教馆现有经费设图书室一所、简报一处、乡镇民众阅报十一处。图书室由本科直接管理，设县城内；简报由本科会同青年团共同管理，地址在城内，报张按期印发各机关法团学校阅览；民众阅报分设各乡镇适中地点，由乡镇公所管理，县府监督之。此外并组织讲演，城区由教育科长随时邀请往来名人于适中地点集合民众讲演；乡区由督学于视导之便随时召集民众讲演。

## 师资训练

查本县师资训练本应于三十年举办，因经费无着，教官乏人，一再呈恳上级准予缓至本年暑期办理。惟本县选报本年概算时，本科所造概算中师资经费一目被会计室剔除，查当经本科之用，请会计室收回成命，仍予列入□□□□，俟专案呈请追加，若蒙上级准予追加，定于本年暑期遵令举办。

此计划呈请县长核定后施行，并专案呈报专署省府及告知驻区视导员备查。

松潘县长：唐

中华民国三十一年二月二十日

（资料来源：阿坝州档案馆所藏民国档案，全宗号5，目录号5，案卷号209）

## 四川省政府就松潘县三十一年度教育推进计划给松潘县府的指令

（三十一年教三字第04692号）

令松潘县政府：

三十一年二月八日教三字第零四九二号呈一件——为赍呈三十一年度教育推进计划核示由。呈件均悉。查该府所赍三十一年度教育推进计划尚有未合，兹予核示如下：

一、该府教育科人员之设置应即遵照专章办理，其未设足人员，不得诿为边区一任缺旷，应即克速遴员保委以重事功。

二、中心学校副校长一职与规定不合，不准设置。

三、小学教师每月薪给支配办法应遵本府前核定该县之小学教员薪给支配及实施办法施行细则办理。

四、关于造产暨各校设备所拟原则尚无不合，惟应妥拟详细办法专案呈核。

五、民教馆应遵规定进行成立，原有经费不得移用。

六、国民教师讲习会应即举办，经费漏列专案呈请追加。

其余尚无不合，仰即遵照。

此令。

兼理主席：张

教育厅长：郭有守

中华民国三十一年四月

（资料来源：阿坝州档案馆所藏民国档案，全宗号5，目录号5，案卷号209）

## 松潘县政府要土官送子弟入学的砝谕

（教中校字第963号）

谕你○○○土官晓得，本府接得国立松潘初级实用职业学校的公函说："本校为谋培养边区建设人才起见，设番生预备班一班，招收番生入校肄业，并附送招生广告十张函请砝谕上下三寨土官报送学生入学一案。"等由。查这个学校是培植边区人才的地方，你们的儿女都未读书，没有知识，不能做大事，就应该送到这个学校里去读书。既不要钱，还供给伙食衣服一切用品。这是最便宜的事，但是本府前谕饬你土官保送儿女去读书，到现在只有大寨土官乔登保送去了。其余土官都未送去，实在不对。本县长爱护你和你的百姓起见，特再谕饬你土官务必把你的儿女和你亲属的儿女、寺庙的小和尚保送去读书。勿再玩忽干咎为要。

右谕○○○寨土官○○○准此。

中华民国三十一年八月

县长：汪

附：

## 国立松潘初级实用职业学校公函

　　查本校为谋培养边区建设人才计，曾于本年上期附设番生预备班一班，当即函请贵府转饬上下各寨土官保送子女入校肄业在案。殊为时日久，遵令保送者仅为大寨土官乔登保送学生来校肄业。其余各寨均无一人保送，致使预备班原定之名额相差甚巨。特重善招生番生预备班招生广告十份，特此函达贵府请烦查照碟谕各寨土官遵即保送前来用副政府培植边建人才之旨意。

　　此致松潘县政府。

　　附招收番生预备班广告十份

国立松潘初级实用职业学校校长：王德熙

中华民国三十一年八月

（资料来源：阿坝州档案馆所藏民国档案，全宗号 8，目录号 1，案卷号 846）

## 国立松潘初级实用职业学校为招收番生预备班再给松潘县府的公函
### （公函职字 0010 号）

　　查本校招收番生事自本年八月起蒙贵府碟谕上下各寨土官保送其子女或其亲属之子女来校肄业，时至于今，其间除大寨土官乔登遵令保送学生八名外，其余各寨土官竟无一遵令保送者。拟请贵府再予严令，并派员偕同本校招生委员贺国柱前往各寨索领番生入校。如有抗命土官并饬严法以绳，否则教育事业永无推进可能。专此函达，请烦查照办理为荷。

　　此致松潘县政府。

国立松潘初级实用职业学校校长：王德熙

中华民国三十一年九月三十日

松潘县府回复：派贺督学偕往各寨招收并分令各寨土官遵照。

十月二日

（资料来源：阿坝州档案馆所藏民国档案，全宗号 8，目录号 1，案卷号 846）

## 松潘县府就督促土官保送子女入学给夷务主任任羽通的训令
### （教中校字第 137 号）

　　令漳腊夷务主任任羽通：

　　案准国立松潘初级实用职业学校第 0010 号公函略开："请再予严令各寨土官迅予保送子女入校肄业一案。"等由。准此。查国职校招生本府已先后谕饬各该土官保送子女前往肄业在案。殊至今尚未保送学童，实属玩延已极，除派本府督学贺煦阳偕同国职校招生委员贺国柱前往劝导外，兹特仰该员尽力劝导三区所属各土官勿再玩延干究，保送子女入职校肄业为要。

此令。

县长：汪

中华民国三十一年十月十三日

（资料来源：阿坝州档案馆所藏民国档案，全宗号 8，目录号 1，案卷号 846）

## 松潘县政府再次要土官送子弟入学的砩谕

（教中校字第 1021 号）

谕你土官知道，查本府前准中央职业学校函论招生，除一面谕你土官申送子女入校读书外，一面并派督学贺煦阳今同中职校招生委员贺国柱前来劝导，殊迄今日久竟未申送学生一名，殊属不合已极。兹限你土官砩谕，接到三天内将所有学生交贺督学率领到中职校来读书。如再玩延定予严惩不贷。

此谕。

右谕○○○土官准此。

县长：汪

中华民国三十一年十月二十一日

（资料来源：阿坝州档案馆所藏民国档案，全宗号 8，目录号 1，案卷号 846）

## 松潘县督学贺煦阳就土官不送子女入学给松潘县府的签呈

（十月十九日于漳腊乡）

窃职奉令代中职校来上三寨招收番生，本月六日抵第三区区署，商同黄区长召集各寨大小土官于八日会议，决议十七日回话决定。土官等十四日起即下二十余顶帐房于云杭场专事讨论。十七日土官等答称：土官大半无子女不能送，百姓子女又不愿送。经职各方考查其中原因，为一中职校长上半年招生与番人纠葛；二为上三寨土官人民不满意大寨土官与中职校接近；三为中职校聘任三寨人民素不相信之林波活佛为学校教官；四为在军校毕业回来之番生蔡德学、陈有德等打土官、骂土官，搕诈番民财物，假县府名义作威作福。我同区长又查□环境再为开导，土官等仍请职帐房商议。十九日答称百姓不受土官之意见，不愿送子女入校，请职亲至各寨，由土官□出学生，坐寨守收。但土官指学生必受人民之怨，倘因此有冲突，要职负责。查西番不愿进学校，尤其不愿进中职校是事实。西番狡猾设局骗人亦是常见，且三寨番人与大寨土官、林波活佛不睦，是有番人的政治作用。职因此不顾亲至各寨，现在办法是一面同任羽通商量以私人交谊劝各寨送学生，一面请令曲兴云科长带着警察来漳同中职校招生委员贺国柱到各寨挨户劝导，限期申送第三区署，职同区长住漳接收。是否有当，伏祈鉴核示遵。

谨呈科长唐核转代县长章钧鉴

督学：贺煦阳（印）

中华民国三十一年十月二十四日发还

松潘县府回复：签呈悉。查本府已一面正式令饬，一面私函请任羽通协助招生在

515

案。又兹据王校长德熙称，本日赴漳面托任羽通尽力帮忙，是此结果还佳。倘各该土官再玩延再采积极办法。所请令曲科长带警察赴寨劝导暂勿庸议。

此令。

十、二十

（资料来源：阿坝州档案馆所藏民国档案，全宗号8，目录号1，案卷号846）

## 松潘县府为代招得番生十名给国立松潘初级实用职业学校的公函

### （教中校字第 227 号）

案查前准贵校函请代招番生入校肄业以利边教等由到府自应照办。兹已招得番生郎哥等十名到县，相应随函转送。贵校请烦查收见复为荷！

此致国立松潘初级实用职业学校。

县长：汪△△

中华民国三十一年十一月二十八日

## 松潘县第三区署于上三寨招得番生七名送交学校给县府的呈

案查前奉钧府训令，饬即将上三寨番生送交国立松潘初级实用职业学校报查，等因。奉此，职等遵即一面转饬三寨土官照送，一面亲赴各寨劝导，刻已收到学生七名，径交国职校招生委员贺国柱收讫，取得收据一份，理合备文赍请鉴核示遵。

谨呈松潘县政府

区长：黄声之

督学：贺煦阳

中华民国三十一年十二月三日

### 附呈收据一份

兹收到松潘县府贺督学、第三区署交来番生七名。此据。

国立松潘初级实用职业学校招生委员：贺国柱（印）

三十一年十二月四日

松潘县政府回复：呈悉。附均悉。番民不谙读书，处处视就学为当差役。

该员等能代招到番生七名，足见劝导有方，殊堪嘉尚。俟下三寨番生送齐后再行嘉奖。

十二、五

（资料来源：阿坝州档案馆所藏民国档案，全宗号8，目录号1，案卷号846）

## 松潘县府为招收番生入学给山巴寨老土官的朱谕

### （教中校字第 号）

谕尔山巴寨老土官邓巴见叶知悉，查得该寨应派送学生两名到国立松潘初级实用职业学校读书，迄今尚未送去。据报因该寨百姓曾经筹集雇请学生费五十元交尔土官转交雇送。尔土官竟将此款握措不交，以致受雇学生至今未去。须知申送学生是尔土官的责任，学生一天不能送去，尔土官就一天不能卸责。兹特谕饬迅将上项雇请学生硬币五十元交给受雇学生家属并负责将学生两名克日送入国职校，如再将该款握措不交，不送学生入校，本府定予严惩不贷！

切切此谕！

右谕山巴老土官△△△△准此。

县长：汪

中华民国三十一年十二月　　日

（资料来源：阿坝州档案馆所藏民国档案，全宗号8，目录号1，案卷号846）

## 松潘县府为再送学生五名给上下三寨、上寨土官的硃谕

### （教职校字第0983号）

谕你△△土官△△知悉，国立松潘初级实用职业学校今年搬至黄胜关办去了。校长说在旧历二月二十七日开学，你土官去年送去的学生赶快叫他们到学校去，你去年送的学生太少，不足开一个班，今年还要再送五名去。至迟于三月初一前送齐。下三寨的学生送在城内国职校合作社报到，上三寨的送到黄胜关报到。此事非常重要，不得违背不送！

此谕。

县长：汪

中华民国三十二年三月　　日

附：

## 国立松潘初级实用职业学校公函

### （教字第0028号）

本校为教化边民建设边地而创设业已四载，而就学边生竟视读书为畏途。去岁贵府多方协助，几经周折始收到番生十余名。今选奉教部训令，饬本校多收边生以期达成边区文化之提高。兹本校开学在即，用特函请贵府令饬各寨土官于四月十日以前再送新生五名来校（上三寨学生直赴黄胜关本校报到，下三寨学生到县城北街本校合作社报到）肄业。

此致松潘县长汪。

校长：王德熙

中华民国三十二年三月二十三日

（资料来源：阿坝州档案馆所藏民国档案，全宗号8，目录号1，案卷号846）

### 国立松潘初级实用职业学校就补助番生入学情况给松潘县府的公函

（教字第 124 号）

查本校奉教育部令办理预备班，全为教育边民子女而设，足证中央爱护边民无微不至。而边民犹不能仰体中央德意，多所怀疑，以读书为畏途，深堪痛惜！素念贵县长重视边教，特将教部对边生之待遇坦列于后：每生每月食米二市斗三升，零用金 10 元，副食费 100 元，每年制服补助费 300 元（今年请求增加为 500 元，尚未奉批示）。希烦确切，晓谕贵属各土官转饬各生家长早日送其子女入学（原在预备班之学生）以期造就至纫公谊。

此致松潘县长汪勋鉴。

校长：王德熙

总务主任：王德熙

中华民国三十三年五月五日

松潘县府批示：谕令各寨土官遵照办理。

五、九

（资料来源：阿坝州档案馆所藏民国档案，全宗号 8，目录号 1，案卷号 846）

## 7. 关于抗战功勋子女教育优待的相关条令

**抗战功勋子女就学免费条例（二十七年十月二十二日修正公布）**

第一条　抗战功勋之文武官佐士兵，及人民之子女，若入各地各级公立学校时，其家境贫苦，不能担负费用等，得依本条例请求免费待遇。

第二条　免费办法分左〈右〉列四种：（一）免学费、实验费、讲义费，并补助在校时膳宿、制服、书籍等费全部。（二）免学费、实验费、讲义费，并补助在校时膳宿费全部。（三）免学费、实验费、讲义费，并补助在校时膳宿费半数。（四）免学费、实验费、讲义费。

第三条　前条规定之膳宿、制服、书籍等费，由校分别照规定辅助数额，于每学期开始及学期中间，分两次发给，其由校代办者，于应收费用内，扣除其补助数额。前项书籍费之补助，以指定采用之教本为限。

第四条　应免之学费实验费及讲义费，由各校于应列收入数内，照数扣除，应补助之膳宿、制服、书籍等费，由各校专案报由主管教育行政机关，在教育住费内专项列支其详细办法，由教育部审查。

第五条　受免费待遇者，有左〈右〉列情形之一时，得停止其待遇：（一）操行不良或学业不堪造就，经受开除学籍之处分者。（二）经褫夺公权者。

第六条　请求免费待遇时，应填具申请书四份，黏附第一条第二项所定证件，及本人二寸半身照片四张，报由学校呈请主管教育行政机关，转送核定申请书格式如附表。

第七条 免费待遇之核定，国立学校由教育部组织抗战功勋子女就学免费审查委员会办理之。省或直隶于行政院之市所立之学校，由省、市政府组织审查委员会核定，转报教育部备案。县市所立之学校，由县、市政府组织审查委员会核定，呈报省教育厅备案。

第八条 本条例自公布日施行。

附：申请书格式〈略〉

（资料来源：阆中市档案馆所藏民国档案，全宗号 362，目录号 190，案卷号 1）

## 8. 四川省关于收容疏散同等学校学生的训令

四川省政府关于对战区或奉令疏散之同等学校学生应尽量收容，

并照规定收免各费训令

（二十八年教字第 17227 号）

令阆中县立初级中学：

教育厅案呈：奉教育部二十八年六月总字第 14863 号训令开：案查本部于战事开始时，订有各级学校处理校务临时办法，规定："各校对于因战事关系，由他地迁来之同等学校学生，向本校请求转学或临时借读者，应设法尽量收容……"并规定："……公私立学校膳宿费，均定为由学生按月缴纳。公立学校学生各学期学费由学生分两期缴纳。私立学校征收学费，应尽可能范围内，援照公立学校学费办理。公私立学校制服费，得分秋冬两季缴纳。"通令饬遵在案。是项办法，自适用于因敌机轰炸奉令疏散之各中等学校及小学学生。乃查近日各地中等学校及小学，对于奉令疏散之中等学校及小学学生，有托故拒绝转学或借读者，有难于收容，仍迫令缴纳学膳制服各费全部。不论其时间长短者，拒绝收容，是忍任学生失学。中途照收全费，是使学生加增担负，均属不合。

嗣该各中等学校及小学对于战区或奉令疏散之同等学校学生，应尽量予以收容，不得托故拒绝，膳宿费应由学生按月缴纳，学费分两期缴纳。其不足半学期者，应按月收费或另予减免，中等学校学生备有制服者，小学生无论备制服与否，均得免缴制服费，已额外收取各费者，应予退还。

除分令外，合函令仰知照，并令饬所属中等学校及小学一体遵照。

中华民国十八年七月

主席：王缵绪

教育厅长：郭有守

（资料来源：阆中市档案馆所藏民国档案，全宗号 362，目录号 190，案卷号 5）

## 9. 中国回民救济协会请求发展回民中小学教育的相关电文

### 四川省政府关于中国回民救济协会请辅助发展回民中小学教育及职工教育、社会教育办法的训令

（二十八年教字第 016439 号）

令阆中县立初级中学：

教育厅案呈：奉教育部蒙字第 9670 号训令开："案据中国回民救国协会函：请辅助发展回民中小学教育，暨职业教育、社会教育等情。据此，查厅呈各部，确有特有特难情形，自应酌予采纳，以示提倡。惟不必另立回民教育之名，以免误会。兹将本部核定办法开示如左〈右〉：（一）关于中小学教育部分，以尽先设置小学为原则。准令各省教育厅督促各县清真寺附设小学及所需经费，由义务教育辅助费内酌量补助之。（二）关于训练师资，应由本部统筹办理。（三）补助□□皆进中学，准令湖南教育厅酌量办理。（四）中学生奖金，仍由各校及教育厅按章则规定办理，但请酌予优待。（五）社会教育部分，准令各省教育厅尽量协助，呈转饬各教育电影施教区，限时前往各清真寺放映。（六）发展西北职业教育，本部已有整个计划。除分令外，合行抄发原函。令仰遵照。分别办理。"等情。并附中国回民救国协会原函一件到府。除饬本府教育厅遵照办理暨公令外，合行抄发原函。令仰该校遵照教育部核定办法四项办理为要。

此令。

计抄发中国回民救国协会原函一件。

中华民国二十八年六月

主席：王缵绪

附：

### 中国回民救国协会公函

径启者：本会自奉令加紧推进会务以来，对于回民各级教育之推进，皆有具体计划，除关于大学部分，已函评述一切外，兹谨将本会对于发展回民中小学教育暨职业教育、社会教育之计划，为大部委陈之：

（一）原则：回教同胞为构成中华民族之一固定分子，其教育在大体上实际普通教育之一部。本会促进教育之本旨，绝非为回民教育有别于普通教育。据回民教育之一般状况，力求实现与需要之设施。再则促普及回民教育□，为普及全国教育之一助。现将中国回民教育中华之低落，不容讳言。□，一曰，其远因种于满清专制时代，当局对回民之压迫，尤其对回教文化之权益，佐回民之精神萎靡不振。二曰，基于回教教长之保守成性，恐回教青年一经新教育之熏陶，即驰于宗教之信仰。三曰，由于回民一般经济能力之薄弱，谋生不遑。青年亦往往有家庭负担，必须从事生产，不能兼顾学业。铲除弊病为首要：即一则以政府力量，提倡回民教育，以鼓舞回民精神，使其热心回学。二则融合宗教教育与学校教育。三则采用奖金方式，使回教优秀青年有就学之机会。提倡职业教育，使求学即为解决生产问题之要点，并旁及社会教育。

（二）小学教育：发展回民教育之基础。因各地回民之人数不同，教育上之需要亦异。宜分别筹划与整顿短期小学、普通初级小学及完全小学。拟两项办法如左〈右〉：1. 拟恳本部筹划回民短期小学一百处，普通初级小学四十处，单式与复式各半，暨完全小学二十处。2. 老寺已有小、初级或完全小学者，应切实加以整顿，亦请本部暂定进行，并对经费不敷者惠予辅助。宜加添阿文一科，为回教学生所必修，非回教学生可自由选修。每日授课一小时，教员即以阿訇充任之。

（三）中学教育：目前国内回民中学校教育寥寥，办学办法如左〈右〉：1. 对于自费办理之回民中学，应予以经费上之辅助，每年四千八百元，使扩充班次，并增加招生名额。2. 对回教清寒优秀中学生，予以奖金待遇，俾不因家境贫苦而弃学，并资鼓励其努力向上。

给予奖金办法，请仿照边疆学生待遇之成例，即采取分等制度。施行之初，名额上应予以较严之限制：凡回教中学生之家境经调查或证明确属清寒，学业成绩在甲等者，每月给予辅助金十二元，额数限一百四十人以上，每年合计三万零九百六十元。

（四）职业教育：为辅助回民生产事业，以发展职业教育为首要。为目前计，拟请本部充检西北设立回民职业学校一处，地点以在甘肃平凉为宜。因在陕甘宁青四省，以平凉之地点为最适中，交通亦属便利，较易召集各地回教青年前来就学。课程设施应力求与西北之需要相适应，至于其他回民家多之地方，以后再集本部次第设立回民职业学校，皆以适应地方需要为首。

（五）社会教育：关于促进回民社会教育，本部认为以下五项均属重要：即广设民众学校，以推广识字运动，并普及基本写读能力，与办业余补习学校，以增加与生产有关联之学识。设立图书馆及阅报室，使回民可利用余暇，自动求知，并增广见闻，放映教育影片，以达生动之教育效果。装置播音机，使回民对于国家有普遍亲切之认识。以上均可以各地主要礼拜寺为实施地点，前三者以由地方当局辅助进行为宜，凡有本会分支会设立地方，即由各该分支会与当地教育当局接洽办理。关于后二者，视为本部对全国各地之大礼拜寺，须发各种教育电影，俾轮回放映，并须发播音机，使中央每日传播之消息，可直达回民。

此致。

教育部　中国回民救国协会理事会理事长：白崇禧

（资料来源：阆中市档案馆所藏民国档案，全宗号 362，目录号 190，案卷号 15）

## 10. 抗战时期边区服务部川西区杂谷脑喇嘛寺施教计划草纲

一、缘由与目的

杂谷脑在理番县城西，相距六十余里，为汉夷交易中心，为草地边胞入内之必经孔

道。此地有喇嘛寺，在昔盛时有喇嘛三百余人，为附近一带最大之寺院，尤为五屯番戎民族之宗教生活中心。现虽稍感没落，然喇嘛在此区域内仍有领导社会风尚之作用。喇嘛生活向由原家庭供给，故不事生产，致游惰成性，又以缺乏现代知识、国家观念，几等于无，可怜亦复可叹。地方当局及本部同人均久欲施以教化，惟限于财力人力未克如愿。本年理番新县长徐均良先生到任后，即深感喇嘛教育刻不容缓，乃商定与本部合作，以双方之力量在杂谷脑喇嘛寺作施教之试验。事属创举，困难必多，且喇嘛以信仰关系，不易接受外来文化，施之过急，难免误会，开始之初须特加慎重。

二、实施步骤

（甲）第一期初步实施：以三十四年春夏二期为初步实施时期，教育采取活动方式，目的首在联络感情，工作内容大致如左〈下〉：

（1）个别访问：以友谊方法联络感情，利用机会作个别访问，藉以探知其生活需要，随时解决其疑难问题。

（2）团体讲话：利用其悠闲时间作团体讲话内容，以讲述富有宗教意义之故事为主，副之以故事体裁介绍现代知识。

（3）宗教诗歌：喇嘛寺内不易接受外来音乐，如能取得主管人之同意，可先教以适宜之宗教诗歌。

（4）图画展览：利用战事画片或其他有关卫生及教育或普通常识之挂图等予以有计划之展览，藉以激发其求知兴趣。

（5）幻灯放映：租借或绘制有关卫生教育或一般普通常识或连环故事之幻灯片子，定期放映，以增进其常识。

（6）施送医药：遇有普通疾病，即予以免费治疗，藉以促进友谊，破除迷信。

（7）其他：设立交谊室，备置富有教育意义之娱乐品，如棋类、球类，以增加其生活乐趣。

（乙）第二期具体工作：自三十四年秋季起，着手第二步工作：

（1）设立学校：初步工作将告段落时，即商同寺内当局，依照实际需要开设短期识字班或学校劝导喇嘛特别是儿童喇嘛读书，藏文国语并重，以提高其知识，藏文师资即以寺内品学兼优之大喇嘛任之。此校应一面教授其喇嘛国语及现代知识，一面藉实际工作训练工作人员，使其明了边地风俗习惯、宗教背景，并学习边地语文以为进一步推动工作之准备。

（2）卫生设施：根据需要得在学校内设诊所一处，或备巡回医疗箱，定期施医。

（3）书报阅览：在寺内适当地点设一书报阅览室，备设最通俗之书报刊物等，定时开门阅览。

（4）组织合作社：依据生活需要，指导组织合作社一所，供给寺内人员之日常用品。

（5）生计训练：如喇嘛已感有需要，寺院且能许可，即可设计生产训练工作，如小规模之工厂、农牧场等，俾渐渐养成其谋生技能。

（丙）第三期扩展时期：第二步工作成功后，即可根据实地经验，将工作扩展至草地四土一带。

三、合作办法

（甲）开办费：由理番县政府与边疆服务部川西区共同筹措之。

（乙）经费：全部工作经费由理番县政府与边疆服务部川西区共同负担之。

（丙）人事：工作人员由边疆服务部川西区推荐经县政府同意聘请之。

（丁）教学：关于教学实施由边疆服务部主持之。

（戊）方针：关于教育方针，由县府与边疆服务部川西区遵照教育部法令共同拟定之。

附则：本办法经理番县政府与边疆服务部共同核准后呈教育所备案施行之。

（资料来源：阿坝州档案馆所藏民国档案，全宗号 8，目录号 2，案卷号 615）

# 编后记

　　本卷是 2014 年课题组获准立项之后，课题组成员在编纂过程中多方搜寻抗战史料的成果。

　　本卷之所以能够完成，首先要感谢四川省地方志工作办公室主任马小彬和丛书总主编何一民教授的筹划、指导。在丛书副主编、本专辑主编王川教授的安排统筹下，副主编田利军教授等各位参与者，近年来在中国第二历史档案馆和四川省成都市、马尔康市、康定市、西昌市、阆中市等地，积极查阅历史档案，并最终完成整理，形成目前的成果。

　　本卷得以完成，实际上也是课题组成员在十余年来的研究过程中注意收集西南区域抗战史料的结晶。如王川教授主持的教育部人文重点社科基地巴蜀文化研究中心 2010 年度重点项目"西康近代社会研究"、田利军教授主持的 2011 年度教育部人文社科研究一般项目"民国时期川西北民族地区土司土官研究"（11YJA770046），均曾进行过史料长编等基础工作，想方设法搜集了多种抗战专题史料。

　　本卷得以完成，还是课题组各位成员精诚团结、齐心合力、分工协作的结果。

　　感谢本研究团队的各位合作者，感谢四川师范大学历史文化学院中国近现代史专业硕士研究生导师、中国近现代史教研室主任田利军教授；感谢执行主编四川师范大学历史文化与旅游学院朱晓舟讲师；感谢阿坝州档案局原局长曹智荣及执行副主编阿坝州档案馆龙显章馆长的鼎力支持；感谢课题组成员，他们是西藏民族大学马克思主义学院温文芳副教授，四川师范大学马克思主义学院邹敏副教授、图书馆左茜讲师、历史文化与旅游学院陈鹤讲师，四川师范大学硕士生卿建、刘朋乐，阿坝师范学院陈沛杉副研究员、成都市地方志编纂委员会办公室杨柳硕士、新疆自治区党委党校（行政学院）马正辉硕士、四川大学道教与宗教文化研究所博士生王睿、上海师范大学人文学院博士生陈艺瑞等。没有诸君的热心参与、细心工作、耐心整理，本卷要成功编纂是难以想象的。

　　本卷得以完成，还要特别感谢四川省阿坝州档案馆、阆中市档案馆等部门的管理人员，他们给予了我们资料查阅的方便。本卷责任编辑高庆梅女士为了本书质量的提高，从原始文献查找、原始数据核对等，反复认真细致工作，仅是骑车到狮子山，就来了三次。对于高女士认真负责的敬业精神，本卷各位编者充满敬意与谢意。

最后，还应感谢为历史档案整理付出辛勤劳动的四川师范大学历史文化学院各位硕士研究生，他们是侯萍（目前在西南医科大学工作）、马正辉、杜巧霞（目前在甘肃省玉门市工作）、钟吉利、李佳豪、李会敏（目前在四川文理学院工作）、王乔君、郭学成（目前在四川民族学院工作）、姜玉娟，感谢他们的大力协助。

努力收集四川少数民族的抗战文献，既是本丛书的任务之一，也希冀日后能有机会开展《四川少数民族抗战》的编纂。但是，限于历史档案开发的规定等各种条件，仍有相关文献留存于社会各个角落。希望本卷的出版，引起社会各界对于相关史料的关注，推动相关史料的搜集工作，并推动四川少数民族抗战研究工作的深入开展。

**2020.7**